Sven Hanuschek

Keiner blickt dir hinter das Gesicht

*Das Leben
Erich Kästners*

Carl Hanser Verlag

1 2 3 4 5   03 02 01 00 99
ISBN 3-446-19565-3
Alle Rechte vorbehalten
© Carl Hanser Verlag München Wien 1999
Satz: Fotosatz Reinhard Amann, Aichstetten
Druck und Bindung: Franz Spiegel Buch GmbH, Ulm
Printed in Germany

Die Mutter verliert ihr Söhnchen und schreibt ein Gedicht – und jedes Wort ist *gelogen*. Der kinderlose Dichter, gegen Frauen allergisch, schreibt ein Gedicht über eine Mutter, die ihr Söhnchen verliert – und das ganze Land schluchzt vor Rührung. Die Gefühle mitsamt ihrer Aufrichtigkeit verklingen im Abgrund, nur das kälteste Menschenwerk bleibt, Mammutfleisch im Eis von Sibirien.

Harry Mulisch, *Selbstporträt mit Turban*

Inhalt

Erich Kästner, der undurchschaubare Aufklärer 9

Ein Kind als Spielkarte:
Der beste Schüler und der bravste Sohn 13

»E.« oder »Z.«?
Keiner weiß, wer ist der Vater... 32

Immer dasselbe Fressen:
Lehrerausbildung und Soldat 47

Kästner wird Kästner:
Student und frühreifer Journalist in Leipzig 68

Éducation sentimentale:
Ilse 98

»Der kleine Erich wird immer berühmter«:
Die ersten Berliner Jahre 118

Emil geht ins Kino:
Kästners Genie-Jahre 156

Fabian 195

»Wie im Frieden«?
Kleine Kompromisse im ›Dritten Reich‹ 212

Drei Männer im Schnee:
Verwandlungen eines Stoffs   249

»Bleiben Sie übrig!«
Die Kriegsjahre   267

Münchhausen   294

Notabene 45:
Der Übergang   305

Der zweite Schub   322

»Das Leben auf dem Pulverfaß ist kompliziert genug« 360

Die letzten Jahre:
In der Kitschhölle des Volkschriftstellers   401

Anhang

Kürzel   435
Nachweise   437
Bibliographie der Erstausgaben   468
Filmographie   474
Bildnachweis   477
Personenregister   478
Werke Erich Kästners   489
Dank   493

Erich Kästner,
der undurchschaubare Aufklärer

Kästner ist heute vor allem ein berühmter Kinderbuchautor, einer der ersten deutscher Sprache und einer der wenigen von Weltgeltung; seine Kinderbücher sind in mehr als 30 Sprachen übersetzt. Hier hat sich ein Autor sein Publikum erworben, das ihm oft ein Leben lang treu bleibt, und das ist ihm offensichtlich leichtgefallen. Sein Einfühlungsvermögen in die erdachten Kinder und in die, die ihn lesen, hat meistens mit solch nachtwandlerischer Sicherheit funktioniert, daß man meinen möchte, er habe näher am Unbewußten gebaut als die meisten anderen Schriftsteller – das würde die Begeisterung erklären, die viele seiner Arbeiten immer noch wecken und die auch empfänglichere Erwachsene noch beim Wiederlesen der Kinderbücher empfinden.

Der »Kästner für Erwachsene« gilt als politischer Schriftsteller und Lyriker mit frivolem Einschlag, als Satiriker und Humorist; neben der Satire wären allemal noch Melancholie und Sentimentalität zu nennen, »zum großen Warner und Propheten ist Kästner zu höflich.«[1] Nun hat aber jeder einen sentimentalen Winkel, und Kästner hat oft in diese Winkel hineingeleuchtet. Er hat das Prädikat ›neue Sachlichkeit‹ als junger Mann verworfen, später dann in einem umgangssprachlichen Sinn gutgeheißen. Die großen Gefühle und die Rührung, die sich aus seinen Texten immer wieder erheben, sind der Trockenheit und Lakonie ihrer Schilderung zuzuschreiben – da suhlt sich niemand, sondern untertreibt eher, und er faßt seine Anliegen so allgemein, daß die Leser ihr eigenes Leben in seine Geschichten hineintragen können.

In Kästners Romanen, durchaus auch in den Unterhaltungsromanen wie *Drei Männer im Schnee*, gibt es das, was in der deutschen Literatur immer vermißt wird – sie gilt als schwer, unverständlich, philosophisch, abstrakt, unsinnlich und was dergleichen Prädikate mehr sind. Kästners Prosa ist sinnlich, sozusagen angelsächsisch im besten Sinne; Abstraktionen haben ihn nie interessiert, er verwendete sie, konnte und wollte sie aber nicht füllen. Auch das verbindet ihn mit seinem Publikum. Er schrieb von Gut und Böse, von Krieg und Frieden, von Moral und Verbrechen, und jeder wußte, was er gemeint hatte. Daß das immer noch so ist, haben wir dem großen Stilisten Kästner zu verdanken; seine Sprache ist kristallklar und hat nur in einigen schwächeren Arbeiten Patina angesetzt. Nach einigen stürmischen Jugendjahren schrieb er langsam und sorgfältig, polierte so lange an seinen Texten, »bis es, wenn irgend möglich, wie hingespuckt wirkt.«[2]

Er war kein Avantgardist, Kästner hat kaum jemals die Möglichkeiten der Literatur erweitert; und auch das hat ihn nicht gestört – »zur A-Klasse gehört er nicht«, schrieb er in Tennis-Kategorien über sich (II: 324). Er wollte ein großes Publikum erreichen, er wollte »das Einfache / Das schwer zu machen ist« (Brecht), und das ist ihm gelungen. In dieser selbstgewählten Figur des »Volksschriftstellers« liegt aber die Gefahr der falschen Vertraulichkeit. Wer sich in vielen seiner Bücher so freundlich plauderlings gibt, den meint man zu kennen, dem möchte man metaphorisch schon mal auf die Schulter klopfen; und Kästner mußte diese Art Verehrung in seinen letzten Jahren ertragen, obwohl er ein überaus distanzierter und schwieriger Mensch war. Ein Süßwarenfabrikant hat ihn zum Beispiel hartnäckig überzeugen wollen, seine neu entwickelte Schokolade, deren Füllung von ihrer Umhüllung kaum zu unterscheiden sei, müsse unbedingt »Das doppelte Lottchen« heißen. Kästner hat auf solche und ähnliche Ansinnen immer nur gequält geantwortet, man möge doch bitteschön von einer solchen Verwendung seines Werks absehen.

Was er uns über sein Leben mitteilen wollte, scheint überaus viel gewesen zu sein; immer wieder klingen seine Gedichte und Romane so autobiographisch, kommen die gleichen Typen eines *alter ego* vor, schreibt er von »ich« und »mir« und »meiner Mutter«, seine Kindheitserinnerungen heißen scheinbar unverstellt *Als ich ein kleiner Junge war*. Freunde wie Hermann Kesten haben diesen Eindruck noch bekräftigt, sogar die Träume, die Kästner beschreibe, »er hat sie selber geträumt.« (I: 18) Aber hier ist Vorsicht geboten – Kästner sprach in Rollen. Was er von sich erzählt hat, sind – in einigen Fällen oft wiederholte – Erzähl-Geschichten, Stilisierungen mit bezeichnenden Auslassungen und Verschiebungen. Frühere Biographen sind der falschen Vertraulichkeit oft erlegen, ließen sich von albernen Kästnereien um Vorwörtchen und Vorgärtchen anstecken, und sie vertrauten Kästners Lebensgefährtin Luiselotte Enderle – und damit letztlich ihm selbst – immer ein bißchen zu sehr.

In den Nachlässen Erich Kästners und Luiselotte Enderles sind planmäßige Lücken zu beklagen. Bis auf wenige Ausnahmen wie die sogenannten Muttchen-Briefe, einige übersehene Privatbriefe und den eingegliederten Nachlässen von Kästners Sekretärinnen Elfriede Mechnig und Liselotte Rosenow erhält man den Eindruck, als habe jemand systematisch Privates, Persönliches entfernt und vernichtet. Gefühlsäußerungen Kästners sind in diesen Nachlässen nur ausnahmsweise überliefert – nur ›literarische‹, die ihm so nicht unmittelbar unterzuschieben sind; zusätzlich liegt der Filter einer trockenen, niemals aggressiven Ironie über ihnen. Öffnet sich der junge Autor, im narzißtischen Genierausch, in den Briefen an seine Mutter und in einigen frühen Arbeiten, ändert sich das durch sein Leben unter dem nationalsozialistischen Regime drastisch. Auch nach dem Krieg bleibt er bei der Haltung, ›sich nicht hinter das Gesicht blicken zu lassen‹, am besten noch rückwirkend.[3] Es ist also gut möglich, daß er in seinen letzten Jahren selbst noch seine Papiere aussortiert hat. Luiselotte Enderle war zwar ebenfalls an einem bestimmten Kästner-Bild interessiert, hat ihn aber wohl zu sehr verehrt, um in den 17 Jahren zwischen seinem und ihrem Tod Materialien zu vernichten – selbst wenn es um ihr eigenes Bild vor der Nachwelt ging.

Biographien haftet stets ein Gutteil Voyeurismus gegenüber ihrem Gegenstand an, der gleichzeitig aber Gegenstand ihrer Verehrung ist. Voyeurismus ist auch nicht zum Geringsten Anliegen des Publikums, und vielleicht hat das Wort ja zu Unrecht seinen negativen Beigeschmack. Was ist schlecht am Interesse an Menschen, denen dieses Interesse – freilich erst nach ihrem Tode – gleich sein kann? Für Lebende gelten völlig andere Maßstäbe. Bei toten Schriftstellern kann jedes biographische Indiz zur Interpretation eines Werks dienlich sein; zumal im Falle Kästners, wo lange ein rigider Maßstab zwischen Diskretion und Weichzeichnerei galt. Enderle schrieb in der Nachbemerkung ihrer Kästner-Biographie, sie habe »auch nach Frauenbeziehungen gefragt. Erich Kästner lehnte ab, jemals darüber zu sprechen. Das verbiete ihm die Diskretion.«[4] Diese Diskretion hat auch anderwärts ihre schattigen Stellen; und wo das neue Wissen noch so im Fluß ist, sich im Zuge der Arbeiten zu Kästners 100. Geburtstag sicherlich noch erweitern wird, kann auch dieses Buch nur vorläufig bilanzieren. Sein Werk ist ebenfalls erst ungefähr zu überblicken – warum soll es heutigen Forschern besser gehen als Kästner selbst? Als er zusammen mit seiner Sekretärin die *Gesammelten Schriften* zusammenstellte, konnte er nur einen Bruchteil seiner frühen Erzählungen und Geschichten ausfindig machen. Auch als Herausgeber seiner selbst ein sicherer Stilist, hielt er einen rigiden Qualitätsanspruch aufrecht, der über Aufnehmen oder Verwerfen der frühen Arbeiten entschied. Nicht alle neuen biographischen Details sind schon zwingend mit dem Werk zusammenzubringen; obwohl letztlich nur dem Werk eine Beschäftigung mit Kästner auch noch ein Vierteljahrhundert nach seinem Tod geschuldet ist.

Es mag legitim sein, einen erklärten Moralisten nach der Moralität seines Lebens zu fragen. Das sollen andere tun; in diesem Rahmen sollen nur seine Stilisierungen und sein Verhalten mitgeteilt werden. Dieses Buch ist aus einer Haltung des Belegs heraus geschrieben. Der Verfasser hat natürlich ausgewählt, angeordnet und sich mit recht unterschiedlichem Erfolg bemüht, Distanz zu wahren und die Urteile den Lesern zu überlassen.

Ein Kind als Spielkarte:
Der beste Schüler
und der bravste Sohn

Einer Erzählung von Erich Kästners Kindheit und Jugend steht ein großes Hindernis entgegen: Er hat sie selbst in *Als ich ein kleiner Junge war* (1957) beschrieben, in einem seiner lebendigsten Bücher, das er »ein bißchen für mich selber« (AN) verfaßt haben will. Die soziale Welt seiner Kindheit ist durch die zeitliche Distanz für einen noch größeren Leserkreis von Interesse als damals: »Ich wollte erzählen, wie ein kleiner Junge vor einem halben Jahrhundert gelebt hat« (VII: 149). Die bisherigen Biographen mußten sich zum größten Teil damit begnügen, zu erzählen, was Erich Kästner erzählt hat – nicht nur seine subjektiven Erinnerungen, sondern auch deren eingeschränkte Auswahl und die Wertungen, die er als knapp Sechzigjähriger vorgenommen hat. Das hat aber über weite Strecken auch sein Gutes: So detailliert wie Kästner selbst konnte niemand über seine frühen Jahre erzählen, und das soll deshalb hier nur gelegentlich geschehen; eher soll seine Auswahl akzentuiert und kommentiert werden.

Über die Herkunft seiner Eltern wußte er ziemlich genau Bescheid, weil er zusammen mit ihnen in der Mitte der dreißiger Jahre den zeitüblichen ›Ariernachweis‹ führen mußte. Er recherchierte also in sächsischen Kirchenbüchern nach den Vorfahren Emil Kästners und fand deren Namen sowie die Daten von Geburt, Tod und Hochzeiten. »Meines Vaters Vater, Christian Gottlieb Kästner, lebte als Tischlermeister in Penig, einer sächsischen Kleinstadt an einem Flüßchen, das die Mulde heißt, und hatte mit seiner Frau Laura, einer geborenen Eidam, elf Kinder, von denen fünf starben, ehe sie laufen gelernt hatten. Zwei seiner Söhne wurden, wie der Vater, Tischler. Ein anderer, mein Onkel Karl, wurde Hufschmied. Und Emil Kästner, mein Vater, erlernte das Sattler- und Tapeziererhandwerk.« (VII: 16) Unter seinen Vorfahren finden sich auch Bauern und ein Gärtner; Emil Kästner wurde am 5. März 1867 in Penig geboren. Kästner schrieb ihm und seinen Vorfahren die »handwerkliche Sorgfalt« zu, »mit der ich meinem Beruf nachgehe«; außerdem seine »echte und unbelehrbare Abneigung vorm Reisen.« (VII: 16)

Die Quellenlage zur Herkunft seiner Mutter war sehr viel besser. Kästner konnte auf eine Chronik von Emil Reinhold-Großweitzschen zurückgreifen: *Geschichte der Familie Augustin und vom Obergasthof »Goldne Sonne«. 1568–1927* (1927). Der Gasthof lag zur Reformationszeit am oberen Tor von Döbeln, im Unterschied zum Niedergasthof. Kästner hatte das Buch aus dem Besitz seines Onkels Franz Augustin, der in seinem Werk und Leben eine größere Rolle spielen wird. In dieser Chronik werden Anekdoten über die aus Meißen nach Döbeln eingewanderten Augustin-Bäckermeister im 16. und 17. Jahrhundert mitgeteilt, die zu kleine Brötchen buken und vom Stadtkämmerer mit einer Geldstrafe belegt wurden. Später verstießen sie gegen so komplizierte Regelungen wie das Verbot, Semmeln oder Butterwaren herzustellen, wenn sie Fastenbrezeln buken. Wer keine Fastenbrezeln verkaufte, durfte zwar Semmeln, aber weder Kuchen noch Zwieback, weder Butterwaren noch Mohnsemmeln backen.[1] »Ja, die Augustins waren ein verwegenes Geschlecht!« (VII: 19) Die 1568 begonnene Kette der Bäckermeister und Bierbrauer wurde von Erich Kästners Urgroßvater Johann Carl Friedrich Augustin unterbrochen. Er zahlte seit 1843 keine Innungsbeiträge mehr, 1847 wurde er aus der Innung gestrichen, weil sich der Bäckermeister in einen Fuhrwerksbesitzer verwandelt hatte.[2] Seitdem »haben die Vorfahren meiner Mutter mit Pferden zu tun.« (VII: 20)

Carl Friedrich Louis, Kästners Großvater, war Schmied und Pferdehändler in Kleinpelsen. Er heiratete 1840 Amalie Rosalie Berthold, ein Jahr nach ihrem Tod 1876 wurde Christiane Emilie Lauenstein seine zweite Frau. Mit beiden hatte er elf Kinder, sieben Jungen und vier Mädchen. Kästners Mutter Ida Amalie Augustin wurde am 9. April 1871 in Kleinpelsen geboren. Sie wird eine erdrückende Mutter werden – vielleicht auch, weil sie als Sechsjährige die eigene Mutter verloren hatte. Kästner spielt diese einschneidende Erfahrung herunter, wenn er schreibt, ihre Stiefmutter sei »eine gütige noble Frau« gewesen (VII: 25). Er verschweigt die Namen seiner Großmutter wie seiner Stiefgroßmutter, der gütigen, obwohl er sie »noch gekannt« hat (VII: 25); ebenso wie er das Alter seiner Mutter zum Zeitpunkt des Verlustes verschweigt. Dagegen hat Kästner ausführlich Idas Kindheit und Lebenslauf idyllisiert: Sie sei auf einem Bilderbuchbauernhof aufgewachsen und habe sich in der Dorfschule von Börtewitz gelangweilt. Für die vorgeschriebenen acht Jahre Schule gab es nur zwei Klassen bei ein und demselben Lehrer, und da »war außer Lesen, Schreiben und Rechnen nichts zu holen«. (VII: 21) Ihre Zeugnisse haben sich erhalten; mit dem Abschluß Ostern 1885 stand sie auf Platz 4, mit einer Notenreihe wie später bei ihrem Sohn, eine Eins neben der anderen. Die Reihen davor sehen allerdings anders aus, sie begann mit Platz 26 und arbeitete sich langsam hinauf. Für das zweite Halbjahr 1883 sind 57 Fehltage eingetragen, »Versäumnisse wegen Krankheit in der Familie«. Unter den benoteten Fächern finden sich neben bürgerlichen Sekundärtugenden wie »Sittliches Verhalten«, »Fleiss« und »Ordnungsliebe« auch Fächer wie »Denken u. Urtheil« und »Gedankenausdruck«.

Anstatt brav in diese Schule zu gehen, handelten drei der Augustin-Brüder schon als Kinder mit Tieren, allerdings vorerst nur mit Kaninchen. Daraus entstand so etwas wie eine familiäre Grundkonstellation, die das Verhalten Ida Augustins charakterisiert. Als ihr Vater hinter den Handel kam, verprügelte er seine Söhne, erfuhr aber nichts weiter von ihnen. Da »knöpfte er sich die kleine Ida vor. Sie erzählte ihm, was sie wußte. Und sie wußte allerlei. Dem Robert, dem Franz und dem Paul gefiel das ganz und gar nicht. Deshalb unterhielten sie sich anschließend in aller Stille mit der Schwester, und sie hatte nach dieser Unterhaltung noch sehr lange blaue Flecke«. (VII: 23) Kästner billigte ihr einen moralischen Konflikt zu und mochte niemandem recht geben. Ihr Vater habe die Wahrheit wissen wollen, und sie hätte in der Schule und zu Hause gelernt, die Wahrheit müsse man sagen. Die Brüder dagegen waren der Ansicht, ihre Schwester habe »geklatscht«, sie sei »kein guter Kamerad und keine ordentliche Schwester. Und sie solle sich schämen.« (VII: 23f.) Ihr Leben lang habe sie darunter gelitten, daß sie die Wahrheit gesagt habe, und ihr Bruder Franz, »längst der steinreiche Pferdehändler Augustin samt Villa, Auto und Chauffeur« (VII: 25), konnte sie immer wieder damit aufziehen, sie sei jedesmal wieder rot vor Ärger geworden. Sie hatte starre, abstrakte Moralbegriffe internalisiert, bei denen sie ihr Leben lang blieb, ganz anders als ihre flexiblen Brüder; und sie hat diese doch sehr allgemeinen Begriffe, mit denen sich im sozialen Leben wenig ausrichten läßt, ihrem Sohn zum eigenwilligen Gebrauch weitergereicht.

Die Gebrüder Augustin lernten das Fleischerhandwerk, bei dem aber nur Kästners »Lieblingsonkel« Hugo blieb, »nach mehreren verlustreichen Ausflügen ins Land der Pferde« (VII: 28). Die drei Kaninchenhändler hatten mehr Glück, sie betrieben neben der Fleischerei immer größere Pferdeställe, bis sie auch auf den großen europäischen Pferdemärkten mitmischten. Ida Augustin wurde Dienstmädchen wie ihre älteren Schwestern, zunächst kurze Zeit auf einem Rittergut. Kästner schreibt, sie sei nachts nach Hause gerannt, als der Rittergutsbesitzer »zärtlich werden« wollte (VII: 30) – wieder eine Formulierung, die der Gattung Kinderbuch geschuldet sein mag und viel Raum zur Spekulation offenläßt. Vor die Wahl gestellt, ein alterndes Dienstmädchen zu werden oder zu heiraten, ließ sie sich von ihren älteren Schwestern einen Bräutigam aussuchen. Der Kandidat »war vierundzwanzig Jahre alt, arbeitete bei einem Döbelner Sattlermeister, wohnte in der Nachbarschaft zur Untermiete, war fleißig und tüchtig, trank nicht über den Durst, sparte jeden Groschen, weil er sich selbständig machen wollte, stammte aus Penig an der Mulde, suchte eine Werkstatt, einen Laden und eine junge Frau und hieß Emil Kästner.« (VII: 32) Sie liebte ihn zwar nicht, heiratete ihn aber mangels besserer Möglichkeiten; am 31. Juli 1892 fand die Trauung in der Dorfkirche von Börtewitz statt.

Die Ehe blieb nicht nur jahrelang kinderlos, sondern auch wirtschaftlich glücklos. Die in Döbeln gegründete Sattlerei mußte das Paar nach nur drei Jahren mit Verlust verkaufen; Kästner schreibt, sein Vater sei ein »Lederkünstler« gewesen, »aber ein schlechter Geschäftsmann.« (VII: 34) Seine Portemonnaies, Hundeleinen, Schulranzen, Zaumzeuge und Sättel waren unverwüstlich und deshalb etwas teurer als anderswo. Wer »Schulranzen macht, die nie kaputtgehen, verdient zwar höchstes Lob, aber es ist für ihn und seine Zunft ein schlechtes Geschäft.« (VII: 35) Die Rivalität der Eltern führte Kästner parteiisch in seinem Erinnerungsbuch fort. Er berichtete nach einer Erzählung seiner Mutter, sein Vater habe einmal einen besonders schönen Sattel einem Husarenrittmeister nicht verkaufen wollen: »Er gefiel ihm selber zu gut! Dabei konnte er nicht reiten und hatte kein Pferd, – ihm war nur eben zumute wie einem Maler, der sein bestes Bild verkaufen soll und lieber hungert, als es fremden Menschen für Geld auszuliefern!« (VII: 35) Emil Kästner soll zu der Geschichte gesagt haben, an ihr sei kein wahres Wort. »Aber ich möchte trotzdem wetten, daß die Geschichte stimmt«, lautet das Fazit Erich Kästners, einmal mehr auf seiten Ida Kästners. Seine Notizen »zur Vorordnung« des Buches *Als ich ein kleiner Junge war*, datiert auf »St. Moritz, Jahresende 1955«, unterscheiden sich an einigen Stellen deutlich von der Ausarbeitung. Generell wird das Bild der Mutter im fertigen Buch gegenüber den Stichworten geschönt, Emil Kästner wird etwas reduziert dargestellt; so auch hier. Das Kaiserreich war ein autoritärer Staat mit ausgeprägten Klassengrenzen: Der elterliche Konkurs lag auch an den Kavallerieoffizieren – Husaren und Ulanen –, die »auch manchmal nicht« (AN) zahlten und deren Schulden, so muß man wohl ergänzen, kaum einzutreiben waren.

Auf Anregung eines Onkels von Emil Kästner zog das Paar 1895 nach Dresden, in die Königsbrücker Straße. Der Ehemann arbeitete zuerst in der Kofferfabrik Lippold, während des Kriegs im Dresdner Arsenal, den Militärwerkstätten, später in verschiedenen Dresdner Fabriken, zuletzt, vor seiner Pensionierung, als Heimarbeiter. Nebenher reparierte er Bekannten ihre Lederwaren, selbständig war er nie mehr, und er entwickelte wohl auch keinen entsprechenden Ehrgeiz. Ganz anders seine Frau. In Kästners Notizen heißt es: »Viel lebhafter, sehnsüchtiger, ehrgeiziger, wollte Aufstieg. Wollte ihn dann, kurz entschlossen, für mich. Investierte auch ihre Gemütskräfte restlos in den Sohn. Für andre, auch für Papa, blieb nichts übrig. Nur Strenge, Egoismus (für mich), Sparsamkeit.« (AN) Sie versuchte, den Aufstieg zu erzwingen. In Heimarbeit nähte sie an der Maschine schlecht bezahlte Leibbinden für dicke Damen, dann Babywäsche für den Eigenbedarf: Am 23. Februar 1899 wurde Erich Kästner nach sieben Jahren Ehe in der Königsbrücker Straße 66 geboren. Jahre nach Kästners Tod wurde das Gerücht veröffentlicht, der leibliche Vater sei nicht Emil Kästner gewesen, sondern der Hausarzt der Familie, Dr. Zimmermann; davon wird in einem späteren Kapitel die Rede sein.

Kästner hat die wirtschaftliche Konsolidierung der Eltern an ihren Umzügen innerhalb der Königsbrücker Straße in Dresden-Antonstadt festgemacht: »In diesem Viertel lagen die drei Häuser meiner Kindheit. Mit den Hausnummern 66, 48 und 38. Geboren wurde ich in einer vierten Etage. In der 48 wohnten wir im dritten und in der 38 im zweiten Stock. Wir zogen tiefer, weil es mit uns bergauf ging.« (VII: 46) Die Familie rückte dem Albertplatz näher, wo die wohlhabenden Bürger lebten; auch Franz Augustin. Zu den ganz Armen haben Kästners nie gehört. Alle drei Wohnungen gehörten zu den besseren der Häuser, weil sie nach vorne hinaus, zur Straße hin gingen. Das Geburtshaus Kästners war damals neu, die Fassade dürfte etwa wie heute ausgesehen haben, wo sie frisch renoviert ist. Jeder Umzug bedeutete eine Verbesserung, sowohl der sanitären Ausstattung als auch der Wohnungsgröße. Das Geld war knapp, weil die Mieten sehr hoch waren; dennoch blieben Kästners nicht in der jeweils billigeren Wohnung und gaben statt dessen, zum Beispiel, mehr Geld für ihr Essen aus – der äußere Eindruck war ihnen wohl wichtiger. Im Mai 1920 mußten die Eltern für einen Stipendiumsantrag ihre Vermögensverhältnisse offenlegen, sie ließen sich die Summen von ihrem Untermieter Schurig und dem Bäckermeister Hermann Ziesche beglaubigen. Demnach hatten sie mitten in der Hyper-Inflation nach dem Ersten Weltkrieg 5000 Mark gespart und verdienten im Jahr zusammen 6000 Mark, Geld, das bis zum Höhepunkt der Inflation 1923 immer weniger wert war.

Kästner hat immer ein Hohes Lied auf die Schönheit Dresdens gesungen, »eine wunderbare Stadt« sei das gewesen, »Kunst und Natur schwebten über Stadt und Tal« (VII: 38). Er habe Schönheit nicht erst aus Büchern lernen müssen, sondern durfte sie »einatmen wie Försterkinder die Waldluft« (VII: 39). Eine verbale Beschreibung der »stillen Musik« Dresdner historischer Bauten hielt er für unmöglich und bat daher »den Herrn Illustrator«, doch »eine Reihe Zeichnungen« zu machen (VII: 39). Kästner steht mit seinem Enthusiasmus über die Silhouette seiner Geburtsstadt in einer Reihe von Poeten von Herder bis Thomas Rosenlöcher. Von Herder stammt die Bezeichnung »Elbflorenz«, und in Reiseführern läßt sich nachlesen, daß hier zwar nicht das Pulver erfunden wurde, aber doch so schöne und unverzichtbare Dinge wie Teebeutel, Bierdeckel, Dominostein und Gartenstadt. Nur Heinrich von Kleist zeigte sich nicht ganz so überzeugt von der Stadt im Bergkessel, die er aber immerhin »reizend« fand: »Der Kessel ist fast zu weit. Unzählige Mengen von Häusern liegen so weit man sieht umher, wie vom Himmel herabgestreut. Die Stadt selbst sieht aus, als wenn sie von den Bergen herab zusammengekollert wäre. Wäre das Tal enger, so würde dies alles mehr konzentriert sein.«[3]

Die wilhelminische Königsbrücker Straße war das Kasernenviertel, in dem nicht nur die Regimenter von Grenadieren, Infanteristen, Schützen, Jägern und Gardereitern lebten. Die zivilen Mietshäuser sahen nicht viel anders aus, und die rechte Auflockerung boten Kommißbrotbäckerei, Gefängnis und Exerzierplatz auch nicht. Einige der Kasernen stehen heute noch. Die ersten körpernahen Erinnerungsbilder aus Kästners Kindheit nach all den von ihm selbst kühl rekonstruierten Jahren vor seiner Geburt stammen aus der Königsbrücker Straße 48. ›Gedächtnis‹ war für ihn nur ein individuellen Schwankungen unterworfener Speicher im Kopf. ›Erinnerung‹ schien ihm geheimnisvoller, weil sie nicht dem Willen unterworfen scheint und von jedem Körperteil wachgerufen werden kann: »Wenn ich, in diesem Augenblick, in München und als, wie man so sagt, älterer Herr, die Augen schließe, spüre ich die Treppenstufen unter meinen Füßen und die Treppenkante, auf der ich hockte, am Hosenboden, obwohl es, mehr als fünfzig Jahre später, wahrhaftig ein ganz andrer Hosenboden ist als der von damals. Wenn ich mir die vollgepackte Einkaufstasche aus braunem Leder vorstelle, die ich treppauf trug, zieht es zunächst in meinem linken Arm und dann erst im rechten. Denn bis zur zweiten Etage hielt ich die Tasche mit der linken Hand, um an der Wand nicht anzustoßen. Dann nahm ich die Tasche in die rechte Hand und hielt mich mit der linken am Geländer fest. Und schließlich seufze ich, genau wie damals, erleichtert auf, als ich die Tasche vor der Wohnungstür niedersetzte und auf den Klingelknopf drückte.« (VII: 49)

Im dem Gedicht *Kurzgefaßter Lebenslauf* schrieb Kästner über seine Schulzeit: »Ich war ein patentierter Musterknabe. / Wie kam das bloß? Es tut mir jetzt noch leid.« (I: 136) Er war ein vielfältiger Musterknabe: Mit sechs, ein Jahr früher als üblich, wurde er in den Turnverein Neu- und Antonstadt aufgenommen, er war ein »begeisterter«, ein »ziemlich guter« Turner und »glänzte beim Schauturnen« (VII: 63). Seinen Turnlehrer Paul Zacharias, einen seiner Lieblingslehrer, traf er im Fletcherschen Lehrerseminar wieder. Eine lose Verbindung hielt sich über die Zonengrenze hinweg bis zu Zacharias' Tod 1961. Ein Musterknabe war er als Sohn seiner Mutter, als Zimmerkellner und Schüler der Lehrer, die zur Untermiete in der elterlichen Wohnung lebten, und natürlich als Einserschüler an der IV. Bürgerschule in der Tieckstraße. Alle Schulen hätten ausgesehen »wie Kinderkasernen«, und auch diese sei ein »vornehm düsteres Gebäude« gewesen.[4] Nach einer Woche sei es Kästner gelungen, die mütterliche Begleitung bis zur Schule zu verhindern: »Man war doch, mit seinen sieben Jahren, kein kleines Kind mehr!« (VII: 67) Er fand die Schule so langweilig, daß er sich während des Unterrichts die Wimpern auszupfte, sie »in Reih u Glied auf die Schulbank« legte und »mit Gerstenkörnern reich gesegnet« war.[5] Trotz der Langeweile ließ er sich nicht vom Schulbesuch abhalten – nicht einmal, als er sich bei einem Sturz auf der Haustreppe die Zungenränder durchgebissen hatte und nicht sprechen und kaum schlucken konnte. Nach zwei Jahren bei dem eher gemütlichen Lehrer Bremser und zwei Jahren bei den Herren Neumann und Leupolt, über die er sich ebensowenig geäußert hat wie über seinen Präparandenlehrer Dr. Scheinert (1912–13), kam er für drei Jahre, von Michaelis 1909 bis Ostern 1912, unter die Fuchtel des gefürchteten Lehrers Paul Lehmann. Man habe bei ihm zwar in einem Jahr mehr gelernt als bei anderen in zweien, aber Lehmann war »auf tägliche Zornesausbrüche fest abonniert«. »Er gab uns Ohrfeigen, daß die Backen anschwollen. Er nahm den Rohstock, ließ uns die Hand ausstrecken und hieb uns fünfmal oder zehnmal über die geöffnete Handfläche, bis sie brandrot anlief, wie Hefeteig schwoll und niederträchtig schmerzte. Dann kam, da der Mensch auch als Kind schon zwei Hände hat, die andre Hand an die Reihe. Wer die Hände vor Schreck schloß, dem schlug er auf die Faust oder auf die Finger. Er befahl einem halben Dutzend von uns, sich nebeneinander über die vorderste Bankreihe zu legen, und vermöbelte sechs strammgezogene Hosenböden in gerechtem Wechsel und rascher Folge, bis ein sechsstimmig schauerlicher Knabenchor die Luft erschütterte und wir übrigen uns die Ohren zuhielten.« (VII: 127) Er arbeitete Rohstöcke bündelweise auf, und das nicht aus Sadismus, sondern »aus Verzweiflung. Er verstand nicht, daß wir nicht verstanden, was er verstand. Er begriff nicht, daß wir ihn nicht begriffen. Darüber geriet er außer sich. Darüber verlor er den Kopf und die Nerven und schlug wie ein Tobsüchtiger um sich. Es war zuweilen wie im Irrenhaus.« (VII: 128) Trotz protestierender Eltern, Schadensersatzforderungen und ärztlicher Atteste blieb Lehmann Lehrer. Dabei fehlte ihm »die wichtigste Tugend des Erziehers, die Geduld.« (VII: 128) Er habe das Klassenzimmer zum Raubtierkäfig gemacht, aber dem Musterschüler gelang die Zähmung des Dompteurs. Kästner und zwei Mitschüler hatten die Aufnahmeprüfung für die Vorbereitungsklasse zur Lehrerausbildung »mit

Glanz und Ehre« (VII: 129) bestanden und wurden seither verschont. Als weitere Auszeichnung durfte der Schüler mit seinem Lehrer einen Sonntag in der Sächsischen Schweiz eine halsbrecherische Klettertour unternehmen. Dort lernte er die angenehmeren Seiten des »zwiefachen Herrn Lehmann« kennen. Er »verstand den Steinen zuzuhören«, »begriff die Dialekte der Vögel« und »kannte die Gräser beim Vornamen« (VII: 131); er scheint auch etwas politischer als die übrigen Lehrer gedacht zu haben, erzählte seinem Schüler von der »unheilvollen und unheilbaren Rivalität zwischen Preußen und Österreich« und meinte am Vorabend des Ersten Weltkrieges, Europa begehe immer wieder »Selbstmordversuche«. »Die Besseres wüßten, schimpfe man Besserwisser. Und so werde Europas krankhafter Plan, sich selber umzubringen, eines Tages endlich glücken.« (VII: 132) Auf dieser Wanderung soll Lehmann auch sein verfehltes Leben gestanden haben: »›Ich wäre ein ganz brauchbarer Hofmeister geworden‹, meinte er, ›ein Hauslehrer und Reisemarschall für drei, vier Kinder. Das brächte ich zuwege. Doch dreißig Schüler, das sind für mich fünfundzwanzig zuviel.‹« (VII: 132) Als Kästner dieses Porträt seines Lehrers veröffentlichte, wußte er nicht, daß Lehmann noch lebte. Er erhielt einige Zuschriften, die dem negativen Teil seiner Charakterisierung zustimmten, aber auch Proteste gegen die Verzeichnung des Lehrers; in der Tat dürfte die Beschreibung der Prügelorgie in ihrer Konzentriertheit stilisiert sein. Kästner ließ sich hier wohl nicht nur von seiner Schulzeit, sondern auch von William Saroyans *Ich heiße Aram* anregen, das ihm viel bedeutete.[6] Lehmann selbst hat *Als ich ein kleiner Junge war* wohl gelesen, aber Kästner keinen Kommentar dazu geschrieben. Das Porträt schließt ja versöhnlich, und Kästner war der Ansicht, daß er Lehmann »trotz allem so sehr viel verdanke«.[7]

Erich Kästner war sich sehr klar darüber, wie es kam, daß er zum Musterknaben wurde. Trotz aller guten Erinnerungen war seine Kindheit ein Alptraum, und das nicht aus materiellen Gründen: »Ida Kästner wollte die vollkommene Mutter ihres Jungen werden. Und weil sie das werden wollte, nahm sie auf niemanden Rücksicht, auch auf sich selber nicht, und wurde die vollkommene Mutter. All ihre Liebe und Phantasie, ihren ganzen Fleiß, jede Minute und jeden Gedanken, ihre gesamte Existenz setzte sie, fanatisch wie ein besessener Spieler, auf eine einzige Karte, auf mich. Ihr Einsatz hieß: Ihr Leben, mit Haut und Haar! Die Spielkarte war ich. Deshalb mußte ich gewinnen. Deshalb durfte ich sie nicht enttäuschen. Deshalb wurde ich der beste Schüler und der bravste Sohn. Ich hätte es nicht ertragen, wenn sie ihr großes Spiel verloren hätte.« (VII: 102) In der Tat unterstützte Ida Kästner ihren Sohn enorm und entwickelte ein Engagement, das kaum in das weibliche Rollenklischee des Kaiserreichs paßt. Sie ließ sich zur Friseuse ausbilden: »Als sie meine Talente merkte, lernte sie, Ende 30, bei Schuberts Frisieren, Kopfwäsche, Ondulieren, Schwedische Gesichtsmassage. Porzellanschild neben der Haustür. Visitenkarten für Kundschaft (ich hab noch eine Karte!). Ging im Abonnement frisieren, morgens 6 Uhr.« (AN) Sie wollte ihrem Sohn die einzig erreichbare Aufstiegsmöglichkeit verschaffen, den Besuch eines Lehrerseminars; und Emil Kästner verdiente zu wenig. Zu einem eigenen Laden reichte das Geld nicht, sie richtete »das linke Vorderviertel des Schlafzimmers« (VII: 84) als Frisierecke ein. Kästner hatte denn auch einige ›Erlebnisse eines Frisiersalons‹ zu erzählen, denn dank der Geschäftsfrauen der Umgebung florierte das Unternehmen: Er schleppte das warme Wasser eimerweise aus der Küche ins Schlafzimmer, kochte das Mittagessen, begleitete seine Mutter zu auswärtigen Kundinnen. Kästner hat diese Arbeit seiner Mutter im ersten Kapitel von *Emil und die Detektive* beschrieben.

Viel Geld bedeuteten Hochzeiten. »Da galt es, in der Wohnung der Brauteltern zehn, zwölf, wenn nicht gar fünfzehn weibliche Wesen herzurichten«. (VII: 87) An zwei Hochzeiten erinnerte sich Kästner besonders gut. Die eine fand in einem strengen Winter »hinter Wachwitz oder Niederpoyritz« (AN) statt, »weit draußen im Elbtal« (VII: 93). Die nach stundenlanger Arbeit völlig erschöpfte Mutter und ihr Sohn verpaßten die Straßenbahn und mußten in der Kälte 20 Minuten auf den nächsten Zug warten, der ungeheizt war. Ida Kästner war nach dieser Strapaze zwei Monate krank, in den Vornotizen erinnert sich Erich Kästner, sie sei überhaupt »oft krank« gewesen. Er mußte sich dann »aus der Volksküche ›Volkswohl‹« (AN) verpflegen oder selber kochen, sein Vater fiel aus – die Fabrik lag weitab in Johannstadt, es gab damals noch keine Achtstundentage, und abends und nachts saß er im Keller, um bezahlte Lederarbeiten für Bekannte auszuführen.

Dann erzählt Kästner noch von einer »*fingierte[n] Hochzeit*« (AN). Ein älteres Fräulein bestellte Frau Kästner in die Oppellstraße, um zehn Frauen zu frisieren, und als die Friseuse mit ihrem Sohn kam, war niemand da: »Hier wohne kein Fräulein Strempel, und niemand denke daran, mittags in der St.-Pauli-Kirche zu heiraten!« (VII: 89) Sie waren angeführt worden. Kästner sah das Fräulein ein paar Wochen später auf dem Heimweg von der Schule wieder und verfolgte sie. Den Musterknaben als Detektiv hat Kästner in *Emil und die Detektive* verarbeitet, und er selbst war ähnlich erfolgreich wie seine Figur. Das Fräulein erkannte ihn nicht, es fiel ihm daher leicht, ihr quer durch die ganze Stadt bis zum Altmarkt zu folgen, wo sie »hinter den gläsernen Flügeltüren von Schlesinger & Co., feinste Damenkonfektion« (VII: 90), verschwand (in seinen Notizen bei Messow & Waldschmidt). Sie arbeitete dort unter anderem Namen als Verkäuferin, und der Junge erzählte seine Geschichte flugs dem Geschäftsführer. Der entließ sie nicht, zwang sie aber, mit dem Schüler mitzugehen und mit Frau Kästner die Modalitäten auszuhandeln, nach denen sie der den entgangenen Gewinn abzahlen mußte. »Sie verzog keine Miene. Der Schaden ließ sich verschmerzen. Und trotzdem war es eine Katastrophe. Wir erfuhren es mit der Zeit. Die Gläubiger kamen von allen Seiten. Das Hotel, die Weinhandlung, der Fuhrhalter mit der Hochzeitskutsche, der Blumenladen, ein Wäschegeschäft, alle fühlten sich geschädigt, und alle wollten einen Teil des Schadens ratenweise ersetzt haben. Und Fräulein Nitzsche zahlte ihn ab. Monatelang.« (VII: 92f.) Die Witzfigur der alternden Mamsell war ein Beispiel dafür, was damals Frauen passieren konnte, die vielleicht in ihrer Jugend ein Verhältnis hatten, aber dann doch nicht heirateten – kein Mann wollte sie mehr haben, die Traumhochzeit fiel aus, und dieses Fräulein hatte sich ihren Traum durch Ersatzhandlungen erfüllen wollen. »Es war ein teurer Traum. Ein vergeblicher Traum. Und als sie erwacht war, bezahlte sie ihn ratenweise und wurde mit jeder Monatsrate ein Jahr älter. Manchmal begegneten wir uns auf der Straße. Wir sahen einander nicht an. Wir hatten beide recht und unrecht. Doch ich war besser dran. Denn sie bezahlte einen ausgeträumten Traum, ich aber war ein kleiner Junge.« (VII: 93)

Diese Zeit um 1910 hat Kästner in seinen Notizen als »die guten Jahre« bezeichnet, trotz der gegenseitigen Fixierung, in der Mutter und Sohn lebten. Anderen Menschen sei Ida Kästner »kalt, streng, hochmütig, selbstherrlich, unduldsam und egoistisch« erschienen (VII: 103), kaum eine vollkommene Mutter also oder eine der mütterlichen Idealgestalten, die Kästners Werk bevölkern. Der Erwartungsdruck und die Dominanz Ida Kästners wurden durch ihre emotionale Unberechenbarkeit noch gesteigert. In depressiven Phasen unternahm sie Selbstmordversuche; der Schüler fand »hastig bekritzelte[.] Zettel« auf dem Küchentisch: »Ich kann nicht mehr!« oder »Sucht mich nicht!« Das Kind lief, »von wilder Angst gehetzt und gepeitscht, laut weinend und fast blind vor Tränen, durch die Straßen, elbwärts und den steinernen Brücken entgegen.« (VII: 103) Es kamen die Marien-, die Augustus-, Königin Carota- und die Albertbrücke in Frage, eine Strecke von gut fünf Kilometern; ein Achtjähriger wird dazu eineinhalb Stunden gebraucht haben. Er habe sie fast jedesmal gefunden, auf einer der Brücken, bewegungslos in den Strom starrend. Er mußte sie aus ihrer Apathie aufrütteln und sie nach Hause bringen. Es sei auch vorgekommen, daß er sie nicht fand; sie saß dann zu Hause an seinem Bett, wenn er aus dem Erschöpfungsschlaf erwachte. In den Notizen für *Als ich ein kleiner Junge war* nimmt diese Episode nur einen ganz geringen Stellenwert ein, Kästner hat nur einen Satz notiert, der beinah nach dem üblichen Resultat eines Ehekrachs klingt oder gar wie ein Spiel: »Mamas [1 Wort unleserlich]: ›Ich gehe.‹ Und [1 Wort unleserlich] ich sie suche!« (AN)

Die Prügelstrafe war nicht nur in der Schule verbreitet: »Mama, wenn sie mich schlug: Es tut ihr weher als mir« (AN). Kästner unterlag auch den zeitüblichen Disziplinierungsmaßnahmen, sollte mit ›Haltung‹ gehen (»Geh auswärts! Halte dich gerade!«, AN), sich im Winter mit kaltem Wasser abhärten, mit Salzwasser gurgeln – wahrscheinlich eine billigere Form des Zähneputzens. Kästners lebenslang angebotenes probates Erziehungsmittel, im literarischen Werk wie schließlich auch dem eigenen Sohn gegenüber, waren gemäß der eigenen Sozialisation Ohrfeigen – trotz seines Lehrers Lehmann, trotz der Prügel von Muttchen. Sein Vater wirkt wie nicht recht präsent, ein wegen seines stinkenden Leims aus der Küche in den Keller verbannter Nicht-Vater, der im Unterschied zur Mutter den Nachteil hatte, seinen Sohn nicht zur Arbeit mitnehmen zu können. Aber auch Emil Kästner, der »bravste Mann, den ich je kannte«, nur »manchmal jähzornig«, hatte seine Ressorts, sie sind nur nicht in die endgültige Fassung von *Als ich ein kleiner Junge war* übernommen worden: »*Varieté Königshof* in Strehlen: Papa führte mich hin. Das war *sein* Revier.« (AN) Und die Spaziergänge in der Umgebung Dresdens, an den Wochenenden, mit Einkehr in diversen Gasthöfen, hat die Familie zusammen unternommen.

Am heftigsten trugen die Eltern ihre Rivalität um die Gunst ihres Kindes an Heiligabend aus. Sollte das Fest gelingen, mußte das Kind an diesem Abend erwachsener sein als die Erwachsenen. »Ich hatte Angst. Ich fürchtete mich vor der Bescherung! Ich hatte Furcht davor und durfte sie nicht zeigen.« (VII: 97) Sein Vater hatte wochenlang im Keller gearbeitet, »geschnitzt und genagelt, geleimt und gemalt« (VII: 97), ihm einen Pferdestall oder einen Bierwagen mit vielen Details gebaut, »Geschenke, bei deren Anblick sogar Prinzen die Hände überm Kopf zusammengeschlagen hätten« (VII: 98). Seine Mutter hatte ebenfalls in wochenlanger Rennerei Geschenke gekauft, »bis sich deren Versteck, die Kommode, krumm bog.« (VII: 98) Erich Kästner mußte beiden das glückliche Kind vorspielen und sich paritätisch über beide Geschenktischhälften freuen, im Pendelverkehr: »Ich freute mich rechts, zur Freude meiner Mutter. Ich freute mich an der linken Tischhälfte über den Pferdestall im allgemeinen. Dann freute ich mich wieder rechts, diesmal über den Rodelschlitten, und dann wieder links, besonders über das Lederzeug. Und noch einmal rechts, und noch einmal links, und nirgends zu lange, und nirgends zu flüchtig. Ich freute mich ehrlich und mußte meine Freude zerlegen und zerlügen.« (VII: 100) Diese Darstellung hat Kästner sechs Jahre nach dem Tod seiner Mutter geschrieben. Er beherrschte seine emotionalen Register in literarischen Texten mit völliger Sicherheit. 1945, noch zu ihren Lebzeiten, beschrieb er die Weihnachtsabende als herzbrechend schöne Erinnerungen, am ersten Heiligabend, den er wegen der Reiseverbote ohne seine Eltern verbringen mußte. Die »sieben Sachen«, die er einmal seiner Mutter schenkte, werden in beiden Texten aufgezählt: »eine Rolle schwarzen Zwirn, eine Rolle weißen Zwirn, eine Spule schwarzer Nähseide, ein Briefchen Sicherheitsnadeln, ein Heftchen Nähnadeln und ein Kärtchen mit einem Dutzend Druckknöpfchen.« Im älteren Feuilleton *Sechsundvierzig Heiligabende* vermerkte er, sie habe sich sehr gefreut, »und ich war stolz wie der Kaiser von Annam.« (II: 20) In *Als ich ein kleiner Junge war* heißt es dagegen: »ich wäre stolz darauf gewesen, wenn ich mich nicht so gefürchtet hätte.« (VII: 99) An diesen Abenden zeigte sich am stärksten, wie sehr das Kind der elterlichen Situation vollständig ausgeliefert war. In den Notizen heißt es – man beachte die Reihenfolge –: »*Die Kindheit ohne*

Balkon. Die Kindheit ohne Haustier. Als Mama mir schon fast einen Hund schenken wollte, sah und hörte ich, wie einer überfahren wurde. Damit war es aus! (Tami.) Ohne *Geschwister.*« (AN)

Bei einer solchen häuslichen Situation mußten die auswärtigen Abwechslungen mehr als nur ein erfreuliches Kontrastprogramm sein. Sie klingen bei Kästner fast ein wenig wie utopische Räume, Orte eines anderen, besseren Lebens. Dazu gehörte die Villa seines Onkels Franz in der Antonstraße 1, an der Ecke zum Albertplatz, der bis 1910 Bautzner Platz hieß. Kästner konnte dort abends mit seinen Eltern in der Küche sitzen, reich bewirtet von Tante Lina, seiner Kusine Dora und der Wirtschafterin Frieda, mit zeitweiligen Unterbrechungen des Hausherrn. Sollte er einmal kurz nach Hause kommen, verfrachtete er sie ins Wohnzimmer und schalt seine Frau für den dienstbotenhaften Umgang mit den Verwandten. Nachmittags war der Schüler öfters alleine dort, fühlte sich als Hausherr, verzehrte vergnügt die vorgesetzten Wurstbrote, trank Kaffee in der Gartenlaube, beobachtete von der Gartenmauer aus das Treiben auf dem Albertplatz, erntete im Garten Nüsse und Johannisbeeren; ging einkaufen für Frieda, erledigte Botengänge für die Tante. Die reichen Verwandten retteten auch die Heiligabende, nach der Bescherung in der Königsbrücker Straße gingen sie in die Villa, die Kinder klimperten auf dem Klavier herum und sangen Weihnachtslieder, Frieda »schleppte Stollen, Pfefferkuchen, Rheinwein oder, wenn der Winter kalt geraten war, dampfenden Punsch herbei und setzte sich mit an den Tisch.« (VII: 101) Franz Augustin hänselte seine Schwester für die Kaninchen-Geschichte, und Emil Kästner »genoß es von ganzem Herzen, daß meine Mutter endlich einmal nicht das letzte Wort haben sollte. Das war für ihn das schönste Weihnachtsgeschenk!« (VII: 101) Franz Augustins Villa steht noch am Albertplatz, heute eine Ruine.

Kästner notierte, er habe eine Herkunft »ohne Tradition« (AN), also keine ›gebildeten‹ Vorfahren. Sein Stolz, sich hervorgetan zu haben, ist spürbar – unter einer Sippschaft aus Handwerkern, Fleischern, Pferdehändlern ist »ein einziger von ihnen allen« Schriftsteller geworden, »der kleine Erich, das einzige Kind der kleinen Ida…« (VII: 28) Aber ausgerechnet der von ihm stets als grob und laut beschriebene Onkel Franz hat ein Bändchen Gedankenlyrik verfaßt, »Ersehntes, Erfülltes und Unerfülltes«. Es ist allerdings nie gedruckt worden, Kästners Kommentar dazu: »Ein Leipz. Verleger, der 500 M

Druckkostenbeitrag verlangte! Onkel F. lehnte rundweg ab. (Welch ein Glück!)« (AN) Seine Mutter wollte ihm alle Bildung vermitteln, die ihr selbst nicht zuteil geworden war. Sie besuchte mit ihm die Dresdner Gemäldegalerie, Giorgiones »Schlummernde Venus« ist als bleibender Eindruck in den Notizen vermerkt. In der Hofkirche hörte er Messen, und vor allem gingen Mutter und Sohn regelmäßig in die Dresdner Theater, ins Alberttheater (das spätere »Theater des Volkes«), das Schauspielhaus und die Oper, meist auf billigen Stehplätzen. »Wer jemals den ›Faust‹ oder eine Oper von Richard Wagner buchstäblich durchgestanden hat, wird uns seine Anerkennung nicht versagen.« (VII: 80) Seine Liebe zum Theater sei eine Liebe auf den ersten Blick gewesen. Wenn auch die Ansichten über seine Versuche als Theaterkritiker und Dramatiker auseinandergehen könnten, meinte er, als Zuschauer sei er »nicht zu übertreffen.« (VII: 80) Abgesehen von ihren depressiven Schüben und den Heiligabenden wird die Mutter-Kind-Beziehung in *Als ich ein kleiner Junge war* stets als ideal beschrieben, durchgängig, nicht ein Pubertätskonfliktchen ist erwähnt, nicht einmal ein ganz kleines. Ein solches scheint sich anläßlich von Theaterbesuchen ereignet zu haben, und zwar im Alberttheater: »Ibsen, Strindberg. Ich: schweigsam und reizbar zu Mama, die das nicht verstand.« (AN) Und das trotz ihrer vorbildlichen Strindberg-Ehe.

Glücksorte auch schon von Kästners Kindheit waren die öffentlichen Orte, die Cafés, Gastwirtschaften, Ausflugslokale. In seinen Aufzeichnungen sind aufgezählt: »Der Weiße Hirsch, Luisenhof, Schillerhäuschen, Antons, die Saloppe, Lehmanns und die Fremden. Café Wachendorf. Waldschlößchen.« (AN) Das glückliche Nicht-Zuhause-Sein hatte viele Gesichter, schlichtes Einkaufen gehörte ebenso dazu wie das Spielen mit Freunden oder mit der Tochter des Schneiders Großhennig; die Blumenausstellungen im Großen Garten wie der regelmäßige Besuch des Zoologischen Gartens, für den er eine Dauerkarte hatte; auch das Baden im König-Friedrich-August Bad in Klotzsche. Dort gab es eine Umkleidekabine mit Krone für den sächsischen König, wie sich Kästner erinnerte, dort nahm er an einer Frühform des Bodybuildings teil, dem »Müllern«, brachte sich selbst das Schwimmen bei, und es gab »Damenbad und Familienbad. Mittagessen vor der Kantine, Bratwürste. Schmetterlingsjagd.« (AN) Auch die Ferien durchlüfteten die drangvolle häusliche Situation, er fuhr allein mit dem Untermieter Schurig, oft auch allein mit seiner Mutter oder mit ihr und der Kusine Dora Augustin. Seine Mutter lernte schwimmen und notdürftig radfahren, sie erwanderten sich die Umgebung Dresdens, den »Thüringer Wald und die Lausitzer Berge, die Sächsische Schweiz und das böhmische Mittelgebirge, das Erzgebirge und das Isergebirge« (VII: 135).

Am allmorgendlichen Einkaufen des Jungen zeigt sich, daß man sich damals noch anders ernährt hat. Kästner hat sich einen typischen Einkauf aufgeschrieben: »Morgens vor der Schule: ¼ Pfd. Blut- und Leber- oder Mettwurst. ½ Pfund Querrippe und Gehacktes, etwas Schweinsniere. / *Studium des Einwickelpapiers.* Im *Konsum*: Zwölferlei. Noch warmes 4 Pfd-Brot. Schön, wenn gerissen. *Petroleum.*« (AN) Noch in dieser handfesten Liste ist die wohl wichtigste Fluchtwelt genannt, das Lesen, seine »Lese*wut*« (AN). Die ersten Erfahrungen mit dem »Reich der Buchstaben«, dem »Land des Lesens«, das ein »geheimnisvoller, unendlicher Erdteil« sei, hat uns der Autor nicht überliefert, *Huckleberry Finn* und griechische Mythologie hat er erwähnt, seinen Mitdresdner Karl May konnte er schon als Kind nicht ausstehen.[8] Er las alles, was ihm vor die Augen kam: »Ich las und las und las. Kein Buchstabe war vor mir sicher. Ich las Bücher und Hefte, Plakate, Firmenschilder, Namensschilder, Prospekte, Gebrauchsanweisungen und Grabinschriften, Tierschutzkalender, Speisekarten, Mamas Kochbuch, Ansichtskartengrüße, Paul Schurigs Lehrerzeitschriften, die ›Bunten Bilder aus dem Sachsenlande‹ und die klitschnassen Zeitungsfetzen, worin ich drei Stauden Kopfsalat nach Hause trug. Ich las, als wär es Atemholen. Als wär ich sonst erstickt.« (VII: 69f.) Und er las Wilhelm Scharrelmann und Gustav Nieritz (AN).

Scharrelmann war ein norddeutscher Heimatdichter, der auch für die Jugend schrieb; in *Großmutters Haus und andere Geschichten* (1913) gibt es einige Episoden, die Kästner ähnlich erzählt hat – *Theater* über Heimvorstellungen von Kindern, *Der kleine Flüchtling* über eine Flucht aus dem Internat. Wesentlich wichtiger sind die Bücher von Gustav Nieritz (1795–1876), der es bis zu einem kleinen Auftritt in Kästners Buch brachte: Er habe in der Nähe der Augustin-Villa am Albertplatz gewohnt, »war Lehrer und Schulinspektor gewesen, hatte viele, viele Kinderbücher geschrieben, und ich hatte sie alle gelesen.« (VII: 117) Sein Häuschen wurde zum Museum, auch eine Marmorbüste bekam Nieritz in Dresden. Ein ungeheuer populärer Volksschriftsteller, erreichten seine mehr als 110 Jugendbücher Millionenauflagen. Er litt unter seiner niedrigen Herkunft aus der Dresdner Neustadt, seine Produktivität soll den Geldnöten seiner Großfamilie geschuldet gewesen sein. Arm sind meistens auch seine Helden, die er in rührseligen Geschichten feierte; er propagierte Zufriedenheit »als das unfehlbarste Glücksrezept für die niederen Klassen.« Friedrich Schnorr von Carolsfeld meinte zehn Jahre nach Nieritz' Tod, seine tüchtige und liebenswürdige Persönlichkeit sei »über die niedrigen Regionen des Lebens […] nie ganz hinausgewachsen«; spätere Enzyklopädisten sehen ihn als »Vertreter einer epigonalen Gefälligkeitsliteratur« mit erzieherischer Tendenz, der dürren deutschen Spätaufklärung verbunden, ein »Rationalist positivistischer Prägung«, der stets auf eine »platte Verständlichkeit« bedacht gewesen sei.[9]

Die Lektüre von nur wenigen seiner schematischen Bücher hält einige Überraschungen bereit – man könnte sich in die Kinderwelt Erich Kästners versetzt fühlen, in anderer zeitgeschichtlicher Draperie. In allen Nieritz-Geschichten gibt es den gleichen Stich ins Sentimentale, die gleichen ›kleinen‹, unerkannten Leute, die zeigen, was ›wirklich‹ in ihnen steckt, unerträglich gute Menschen, die in besonders enger Beziehung mit ihren Müttern leben. Sie haben keine Väter oder unfähige, die ihre Familien nicht ernähren können; solche Väter sind nötig, sonst könnten sich die Musterknaben im Kontrast nicht so hervortun. In *Der Kantor von Seeberg* rettet der Schüler Paul Grundmann seinem verehrten Kantor und Lehrer während der napoleonischen Besatzung das Leben, indem er mit seinen Freunden französische Wachsoldaten belagert: »In kurzem sahen die erstaunten Seeberger das Schauspiel, wie ein paar hundert Kinder jene zwölf französischen Soldaten umringten, an deren Armen und Beinen hingen, welche sie auch auf wiederholtes Schütteln nicht losließen.«[10] Einige Kinder stehlen die Gewehre und ziehen den Kantor fort, während die anderen die Soldaten von der Verfolgung abhalten; die Kinderschar hat Macht über die Erwachsenen wie in *Emil und die Detektive*. In Nieritz' *Der Lohn der Beharrlichkeit* heißt der Primus Karl Schwarz, und hier liegen die Parallelen zu Kästners Erzählungen auf der Hand: Schwarz ist ein »Wunderkind[..]«, »die Freude seiner Lehrer, der Neid seiner kleinen Mitschüler, das Staunen der Erwachsenen«. Wie Emil ist er trotzdem ein ›richtiger‹ Junge, der schon auch mal Streiche macht; er bemalt zwar keine Denkmäler wie dieser, aber er sperrt Mäuse hinein. Karls

Vater kann die Familie nicht versorgen, weil er ein leichtlebiger Nichtsnutz ist. Die Mutter sucht durch »Fertigung weiblicher Handarbeiten [...] für sich und ihre Kinder einen allerdings sehr kärglichen Unterhalt zu verdienen, weshalb sie vom frühesten Morgen bis in die späte Nacht hinein am Nähtische saß.« Den geringen Erwerb muß sie mit ihrem Mann teilen. Wegen des dauernden Gezänks zu Hause ist die Schule für den kleinen Karl »sein liebster Aufenthalt, seine einzige Freude«. Sein Tag ist wie der des kleinen Kästner »ausgefüllt wie der Terminkalender eines Generaldirektors« (VII: 71): er schreibt »Kirchenstuhlzettel, Noten, Empfehlungskarten, tat Botengänge und wies keinerlei Arbeit zurück«, außerdem ist er noch »Kirchenknabe«. Seine Aufstiegschance liegt darin, Lehrer zu werden; er bekommt eine Freistelle und geht auf die »Präparande«, sogar der Kauf des unumgänglichen Lehrerklaviers wird beschrieben.[11] Auch der kleine Karl begnügt sich nicht mit dem Lehrerdasein und kommt groß heraus – er wird zwar nicht Schriftsteller, aber immerhin kann er als Seidenfabrikant seiner geliebten Mutter Rente zahlen.

Es soll nicht unterstellt werden, daß Kästner Nieritz plagiiert oder gar seine Biographie für *Als ich ein kleiner Junge war* erfunden hat. Aber mit diesen Kisten von Büchern hat er als Kind an seiner inneren Welt gebaut, und aus ihr heraus sind seine Bücher geschrieben. Nieritz' Ängste und Wünsche liegen offen da, wie bei aller Trivialliteratur; Kästner konnte sie viel besser kaschieren – dennoch gehören Nieritz' Motive zu seinem eigenen Fundus, und sie haben ganz unwillkürlich Kästners Stilisierungen mitbestimmt.

Seine Kindheitserinnerungen schließen mit dem Beginn des Ersten Weltkriegs. Die Aufzeichnungen weisen etwas über das Buch hinaus. Dort hat er »Drei starke Eindrücke« aufgelistet, die in erster Linie eine politische Dimension haben. Zwischen 1903 und 1909 fanden in Dresden 185 Streiks statt, es gab mehrfach Straßenkämpfe.[12] Kästner erlebte die Niederschlagung eines Streiks durch berittene Polizisten: »Gaslaternen in Splitter. Steine. Gezogene Säbel.« (AN) Diese Episode hat er in dem Feuilleton *Die Chinesische Mauer* ausführlich berichtet; die Gendarmerie habe mit den Säbeln auf die Menge eingeschlagen. »Ich stand am Fenster, und meine Mutter zerrte mich weinend weg.« (II: 57) Früh während des Krieges explodierte das Arsenal, während Emil Kästner dort arbeitete: »Flammen und Rauch bedeckten den Himmel. Die Feuerwehr, die Polizei und die Sanitätswagen der Stadt und der Umgebung jagten in Kolonnen den Flammen und dem Rauch entgegen, und hinter ihnen, außer Atem, meine Mutter und ich. [...] Die Flammen fraßen sich weiter, und immer neue Munitionslager und -züge explodierten. Die Gegend wurde abgesperrt. Wir durften nicht weiter. Nun, am Abend kam mein Vater verrußt, aber heil nach Hause.« (VII: 46f.) Der dritte »Eindruck« war dann schon das Kriegsende 1918. Während der Revolutionswirren traute sich niemand auf die Hauptstraße. Der Heimkehrer ging durch die Altstadt und wunderte sich: »Allein durch die Johannstraße. Vom Pirnaischen Platz bis Altmarkt ganz leer. In Nebenstraßen gestaute Menge. Maschinengewehre.« (AN)

»E.« oder »Z.«?
Keiner weiß, wer ist der Vater...

Werner Schneyder veröffentlichte 1982 ein Buch über Erich Kästner, in dem er erzählte, Kästners Sohn Thomas Kästner und dessen Mutter Friedel Siebert hätten ihm erzählt, Erich Kästner habe ihnen erzählt, seine Mutter habe ihm erzählt, sein Vater Emil Kästner sei nicht sein Vater, sondern »der freundliche Hausarzt mit dem Knebelbart« (VII: 73), der Sanitätsrat Dr. Zimmermann. Eine vielfach gebrochene ›Erzählung‹ also, die seither ohne eindeutigen Beleg unbezweifelt immer wieder weitererzählt wird.

Zwei Episoden berichtete Schneyder: Siebert sei 1957, »nach einer schweren Geburt, [...] mit dem Kind die erste Nacht wieder aus der Klinik« gewesen. »Erich Kästner war bei ihr. Er teilte ihr mit, das Kind wäre [!] Vierteljude, er Halbjude. Erich Kästner hatte die Information von seiner Mutter.« Die Terminologie ist befremdlich; »Vierteljude«, »Halbjude« sind die Kategorien der Nationalsozialisten, es dürften kaum die Kästners gewesen sein. Und man wüßte gern, wann ihm Ida Kästner den etwaigen Fehltritt gestanden haben soll. Der anderen Episode nach soll Thomas Kästner »von einem Mitglied der Familie Zimmermann in einem Lokal auf Grund der Familienähnlichkeit als Enkel erkannt und angesprochen« worden sein[1] – das klingt nun vollständig nach Räuberpistole. Thomas Kästner hat Edith Arnhold zufällig im Café kennengelernt, die Ehefrau eines Zimmermann-Enkels. Nach der gegenseitigen namentlichen Vorstellung habe sie ihn gefragt, ob er mit Erich Kästner verwandt sei. Er habe das bejaht, und im Gespräch habe sie ihn dann gefragt, ob er das Gerücht über Zimmermanns Vaterschaft kenne; und sie glaubte – sehr unsicher – eine vage Ähnlichkeit mit dem Großvater ihres Mannes feststellen zu können.[2] Andererseits – warum sollte jemand ohne Not Kästner einen anderen Vater zuschreiben, eine solche Geschichte erfinden? Und ein solcher Vater würde ja auch manches erklären.

Dr. Emil Zimmermann wurde 1864 im oberschlesischen Hindenburg (heute Zabrze) geboren,[3] von 1893 bis 1938 lebte er in Dresden. Er war Sanitätsrat für physikalische und diätetische Behandlungen, praktischer Arzt, Wundarzt und Geburtshelfer. Zimmermann war verheiratet und hatte zwei Kinder, Else und Hans; sein Sohn starb schon 1925. Emil Zimmermann wohnte und praktizierte in der Radeberger Straße 25, im ›Preußischen Viertel‹ Dresdens, wo vor allem Offiziere ihre Häuser hatten. Er muß einigermaßen wohlhabend gewesen sein; das Haus gehörte ihm, die Praxis ging gut, und er konnte sich einen Wagen samt Chauffeur leisten. 1938 emigrierte Zimmermann zusammen mit seiner Familie, zunächst nach England, seit 1940 war er in Brasilien. 1953 starb er im Alter von 87 Jahren in São Paulo, »bis zuletzt unerhoert frisch und geistig auf der Hoehe, voller Interesse fuer alles«, wie seine Tochter an Kästner schrieb. Seine Frau überlebte ihn um wenige Wochen.[4]

Else Arnhold bedankte sich für Kästners freundliches Gedenken an ihren Vater in *Als ich ein kleiner Junge war* und bedauerte, daß er das Buch nicht mehr erlebt hat; er habe »oefter von Ihnen« erzählt »und las stets mit Interesse Ihre Buecher.«[5] Zimmermanns Tochter hat Kästner, wohl in den frühen sechziger Jahren, in München besucht. Else Arnhold soll sich, wie sich ihr Sohn erinnert, mit Kästner bei diesem Besuch gut verstanden haben; Kästners Lebensgefährtin Luiselotte Enderle war ihr dagegen unsympathisch, deshalb habe sie sich entschlossen, den Besuch nicht zu wiederholen. Sie kannte die Gerüchte über die Vaterschaft Emil Zimmermanns, die in Dresden-Neustadt kursierten, aber nach Auskunft von Werner Arnhold wurde in seiner Familie nie darüber gesprochen – Kästners seien mit ihrem Hausarzt sehr eng gewesen, von mehr war nicht die Rede.

Was spricht für Zimmermanns Vaterschaft? Zu allererst natürlich die Rolle, die leibliche Väter in Kästners Gesamtwerk spielen – eine zweitrangige, überflüssige, schief angesehene. Falls all die hervorragenden Kindsmütter nicht gleich Witwen sind wie in *Emil und die Detektive*, bleiben die Väter farblose, etwas begriffsstutzige Gestalten im Hintergrund wie in *Fabian*. Die wenigen Ausnahmen sind dann aber gleich Fabrikdirektoren – Pünktchens Vater, der »Geheimrat« in *Drei Männer im Schnee*. Metzger und Pferdehändler von der Augustin-

Seite, die durch Kästners Werk geistern, haben ja wenigstens kuriose Berufe; aber zu einem schlichten Fabrikarbeiter ist dem Autor nur ganz selten etwas eingefallen.

Emil Kästner ist im Verhältnis zwischen Mutter und Sohn immer außen vor geblieben, deutlich ablesbar an den ›Muttchenbriefen‹ der zwanziger und dreißiger Jahre. Seinen Bankrott hat er nicht verwunden, er versuchte das möglichste, um die Scharte wieder auszuwetzen. Das war bei seinem Beruf nicht viel – tagsüber arbeitete er in einer Kofferfabrik, nach Feierabend schuftete er im Keller weiter, und immer war es zuwenig für seine Frau. Natürlich war er dadurch auch für Erich Kästner wenig präsent. Die Ehe der Kästners muß über Jahrzehnte eine Strapaze gewesen sein, für beide Seiten. Ida Kästner war ihr Ehemann zu ruhig, zuwenig ehrgeizig; und Emil Kästner muß ein vollständig von seiner Frau beherrschter, ja tyrannisierter Mann gewesen sein. Entsprechend schlecht kommt er in den Briefen des Sohns an die Mutter weg; »Grüße an Papa« ist eine geradezu ausführliche Erwähnung, oft mußte er sich mit gar keiner, meistens mit »Grüße an E.« begnügen. Falls er sich in einem seltenen cholerischen Anfall darüber aufregte, wurde er beschimpft: »Daß [!] ist ja kindisch, die Abkürzung E übelzunehmen. Das ist ein Spitzname, wie wir uns Pfefferkuchen nennen. Nähme er auch übel. Mach Dir, bitte, ja nichts draus. Über sowas zu ärgern, lohnt nicht.« (30.3.1932, MB) Wo sich Möglichkeiten zu Seitenhieben ergaben, kann man sicher sein, daß sie von Mutters Sohn wahrgenommen wurden: »Hör mal, arbeitet EK voll? Und verdient da nur 18 Mark? Das ist ja furchtbar. Ich verdiente vorige Woche 19 Mark bei 33 Std. Arbeit!« schrieb der stolze Student aus Leipzig, der gerade dabei war, sein erstes Geld mit Zeitungsartikeln zu verdienen (Febr. 1923, MB). Die härteste, höhnischste Beschimpfung und gleichzeitig das deutlichste Indiz, daß Emil Kästner nicht zur eigenen Familie gehörte, sei nicht verschwiegen: »Der Fritz Kästner ist ein Rindvieh. Das liegt bei denen so bißchen in der Familie. Was?« (3.1.1927, MB)

Auf Reisen gingen Mutter und Sohn gemeinsam, Emil Kästner blieb zu Hause und arbeitete. Als Trost bekam er ein Kistchen Zigarren und ein paar Postkarten von unterwegs. Für Festtage ergibt sich kein anderes Bild; der Vater oder Nicht-Vater wurde stets nur mit-beglückwünscht: »Wie geht's denn mit EK? Sag ihm nur: ich schickte ihm durch Dich Neujahrswünsche zum Ausrichten. Das ist besser, als

Erich Kästner in Agra, Anfang der sechziger Jahre

wenn ich ihm extra eine Karte schicke.« (30.12.1926, MB) Kästners Freundin Ilse Julius berichtete von den Weihnachtsvorbereitungen 1924: »Deine Muttel hat alles sehr nett hergerichtet. Sogar E. K. ist abgewimmelt, wenn's auch schwer gehalten hat.« (22.12.1924, JB) Auch wenn der Vater schrieb, wurde er nicht unbedingt einer direkten Antwort gewürdigt; statt dessen erhielt er indirekte Grüße: »Viele Grüße an Papa. Dank für die Zeilen. Kamen heute früh an. Schrieb, er wolle Dich abholen und gratulierte zum Pünktchen-Erfolg.« (22.12.1931, MB) Nicht einmal an seinem Geburtstag konnte auf den Umweg über Ida Kästner verzichtet werden; 1932 schenkte der Sohn ihr, für ihren schwachen Kreislauf, zwei Dutzend Flaschen Sekt, die Hälfte herb, die Hälfte halbsüß, Emil Kästner als ›Geburtstagskind‹ bekam einen Zwanzigmarkschein: »Bei Pollender gibt's doch auch Spargel und Eier und so! E. mag essen gehen, wo's ihm Spaß macht. Seinen Geburtstag hatte ich nicht vergessen, hab ihm 20 M für Zigarren in den Brief getan.« (5.3.1932, MB)

Nur zwei literarische Texte scheinen sich ausdrücklich mit Kästners ›zwei Vätern‹ zu beschäftigen. 1939 schrieb er zusammen mit seinem Freund Eberhard Keindorff die Komödie *Das goldene Dach*; sie ist nur als Theatermanuskript bei Suhrkamp, damals noch in Berlin, erschienen. In diesem Stück hat der Apotheker Konrad Quandt eine Apotheke, das ›goldene Dach‹, das er, wie seit Generationen üblich, nur an einen Konrad Quandt vererben will; von seiner Frau hat er aber vier Töchter, die älteste heißt Ulrike. Sein Neffe Konrad Quandt macht sich daher Hoffnungen; aber Ulrike Quandt wird Apothekerin, und sie bekommt ein uneheliches Kind – das natürlich Konrad Quandt heißt und somit erben wird. Außerdem hat aber Konrad Quandt senior noch einen Geheimsohn, Fritz Stiegemann; von dessen Pflegevater, einem Kolonialwarenhändler, wird er deshalb jahrelang erpreßt. In einer Aussprache gegen Ende des Stücks stellt sich heraus, daß Quandts Ehefrau von Anfang an Bescheid wußte; und auch Fritz weiß von seinem biologischen Vater: »Das haben mir die Jungens in der Volksschule schon vor zehn Jahren erzählt.« Er verlangt, Quandt solle dem Kolonialwarenhändler kein Geld mehr geben: »Mein Vater hat genug an mir verdient.«[6] Der Stoff enthält wichtige Teile von Kästners Geburten-Dramolett, sogar das Gerücht der Dresdner Neustadt. Als ›Beleg‹ kann er allerdings kaum herhalten – das ganze Stück spielt mit den schiefen Verhältnissen auch minder wichtiger Protagonisten.[7]

Emil Kästner in den fünfziger Jahren

Schließlich gibt es noch einen ungewöhnlichen Aufsatz Erich Kästners, der indirekt zum Thema ›Vater‹ einiges aussagt: *Mutter und Kind im Kunstwerk*. Der Text ist für die Weihnachtsnummer der *Neuen Leipziger Zeitung* 1928 geschrieben, wirkt gegenüber anderen Arbeiten aus dieser Zeit stilistisch merkwürdig unbeholfen und fällt schon durch seine Länge auf. Kästner begründet hier unter dem Vorwand einer motivgeschichtlichen Untersuchung, warum das Christentum »keinen Wurzelraum für das Faktum ›Vater‹« habe; Christus war nun einmal das Kind eines »*unsichtbaren* Vaters«.»Grundsätzlich, als Motiv, büßte die Familie ihren Vater ein.« (GG I: 83) Es habe zwar Versuche gegeben, die Heilige Familie zu dritt darzustellen, »in einer komischen Disharmonie«.»Doch wer hätte nicht empfunden, daß der alte weißbärtige Zimmermann […], hinter der jungfräulichen Mutter und dem Jesuskind lehnend, gar nicht an diesen Platz gehörte! Wer hätte nicht sogar zuweilen mit dem alten Manne ein bißchen Mitleid gehabt, den die kirchliche Tradition als Ersatzvater einführte, um die Idee der Familie nicht zu gefährden?« (GG I: 84) Von einem Knebelbart des alten Zimmermanns ist nicht die Rede. Er gehörte ja auch nicht an diesen Platz, deshalb hätten die Künstler den Vater lieber weggelassen, er war »von vornherein und nahezu für immer diskreditiert. Um so reiner und schöner konnte sich im Christentum die *Gestalt der Mutter* entwickeln.« (GG I: 85) Kästner spricht in seinem Artikel diese Gestalt heilig, beschreibt sie als derart vollkommen, daß man dahinter einen Fehltritt seiner eigenen Mutter vermuten möchte. Als stünde der Autor unter Schock, als sei ihm *kein* Vater lieber als eine so verwirrende und belastende Situation wie die späte Eröffnung, sein Vater sei nicht sein Vater. Aber, so verblüffend in diesem Zusammenhang einzelne Formulierungen in *Mutter und Kind im Kunstwerk* auch sein mögen, diese Deutung ist kein Beleg; sie ist spekulativ.

Gute Gründe sprechen denn auch *gegen* die Vaterschaft Emil Zimmermanns. Er war ein frommer Jude, 25 Jahre lang sogar Gemeinderat.[8] Als Erich Kästner vor 1933 aus der Kirche austreten wollte, »versprach mir meine darüber verzweifelte Mutter, aus dem Fenster zu springen«.[9] Zimmermann und Ida Kästner waren fromm, sie waren verheiratet, beiden war Ehebruch streng verboten, und diese Gebote waren 1898 wirksamer als heute.

Im gesamten Kästner-Nachlaß finden sich nur äußerst schwache

Emil Zimmermann auf seiner Terrasse in São Paulo, Anfang der fünfziger Jahre

Indizien für einen außerehelichen Vater. Emil Kästner ist und bleibt bei aller Distanz der »Papa«, der seine Briefe an den Sohn mit »Dein Vater« unterschrieben hat. Ist er krank, wird er bedauert; er kritisiert auch schon mal das allzu enge, betuliche Verhältnis von Frau und Sohn, wenn er bezweifelt, daß der Sohn die langen Bulletins Ida Kästners überhaupt liest. »Was E sagt: ich würde Deine lieben Briefe gar nicht lesen – weißt Du ja, ist Kohl. Natürlich lese ich sie. Und oft paarmal. Wenn ich dann doch das Eine oder Andre zu beantworten vergesse, bist Du mir nicht böse.« (15.10.1929, MB) So falsch wird der Vater nicht gelegen haben, viele Muttchenbriefe klingen aus der Distanz eher wie eine Beschäftigungstherapie für die Mutter. Es ist doch wohl kaum so ernst zu nehmen, wenn Kästner auf Muttchens Vorwurf, er wechsle seine Wäsche zu selten – sie hat ja den Überblick, sie wäscht sie schließlich! –, antwortet: »Du wirst mir, wenn Du hier bist, einen Plan dafür machen.« (22.10.1929, MB)

Die lange Pause zwischen Eheschließung der Kästners und Geburt des Sohnes läßt keine Schlüsse zu; ihr mußte nicht notwendig ein Seitensprung der Mutter abhelfen – das Paar hatte nach dem Bankrott des eigenen Betriebs kein Geld. Miteinander verkehrt haben sie wohl am Anfang der Ehe; Versuche, die Beziehung wieder aufzunehmen, hat Emil Kästner auch später noch unternommen: »Daß EK wieder diese dummen Annäherungsversuche machte, ist zu peinlich. Aber daß er gleich wieder zur Vernunft kam, beruhigt mich ein bißchen. Schließt Du Dich gut ein abends?« (6.1.1927, MB) Wieso soll der Sohn nicht durch einen früheren Annäherungsversuch zustande gekommen sein?

Gegen den Vater Zimmermann spricht überdies, daß es keine Äußerung Kästners über diesen Sachverhalt gibt, nachdem Ida und Emil Kästner gestorben waren; nach Kriegsende hätte er, zumal gegenüber den amerikanischen Besatzungsbehörden, kaum noch einen Grund gehabt, einen jüdischen Vater zu verschweigen. Hätte ihm daran gelegen, ein eventuelles ›Geheimnis‹ zu lüften, hätte er es ohne weiteres auch testamentarisch hinterlegen können; das hat er nicht getan, daher kann die Gerüchteküche munter weiterkochen.

Luiselotte Enderle, mit kurzen Unterbrechungen Kästners Lebensgefährtin über 35 Jahre, wußte anscheinend nichts von einem Vater Zimmermann. Als selbsterklärte Sachwalterin und engste Vertraute Kästners konnte sie das aber nicht zugeben; von Schneyder befragt, mochte sie sich deshalb nicht äußern und ließ sich zu Verlegenheitsaussagen drängen.[10] Nach den Recherchen zu ihrer Kästner-Biographie befragte Enderle Maria Hurtig, die Betreuerin Emil Kästners, nach dessen Eheleben, unter Beteuerung ihrer Diskretion und dem Hinweis, daß sie die Information nicht benutzen wolle – sie wolle nur selbst Klarheit gewinnen, weil sie die Frage seit Jahren beschäftige. Sie erinnerte Hurtig an einen gemeinsamen Spaziergang während des München-Besuchs von Emil Kästner 1956, auf dem sich die Frauen über ihn unterhalten hätten: »Und daß er eigentlich, seit einem ganz kurzen Anfang seiner Ehe, kein Eheleben mehr mit seiner Frau geführt hat. Wie war das denn damals, ehe Erich auf die Welt kam. Was hat er dazu gesagt? Frau Kästner war egoistisch, egozentrisch und herrschsüchtig. Vater Kästner war das nicht. Er war ein einfacher Mensch mit normalen, freundlichen Ansprüchen.«[11] Eine Antwort von Maria Hurtig fehlt im Nachlaß. In späteren Auflagen des Enderle-Taschenbuchs findet sich in der Chronik eine ergänzende Notiz für das Jahr 1981; sie klingt wissend und entschieden: »Im Sommer gab Erich Kästners Sohn einem österreichischen Satiriker ein Interview, in dem er mitteilte, daß sein Vater nicht der Sohn von Emil Kästner, sondern vom Hausarzt der Familie, Sanitätsrat Dr. Zimmermann, sei. Dieses Familiengeheimnis war bis dahin auf den Wunsch Erich Kästners, der es aus Liebe zu seiner Mutter gewahrt wissen wollte, auch von denen respektiert worden, die bereits eingeweiht waren.«[12] Zu diesem Zeitpunkt lebte Luiselotte Enderle zwar noch; aber die Ergänzung ihrer Monographie hat einen entscheidenden Makel: Es läßt sich im Archiv des Rowohlt Verlags nicht verifizieren, daß tatsächlich die Autorin selbst diese Ergänzung vorgenommen hat. Möglicherweise stammt sie von einem übereifrigen Redakteur, der Schneyders Buch gelesen hat.[13] Als Enderle 1981 ihre Auswahl der Muttchenbriefe zusammenstellte, hat sie sich gelegentlich Kommentare und Notizen auf die Briefumschläge gemacht, einmal auch über Zimmermann; auf dem Umschlag von Kästners Brief vom 27. Februar 1931 findet sich die bescheidene Notiz: »Zimmermann Muttchens Arzt in Dresden.« Ein Satz in Enderles Biographie, seit der ersten Auflage enthalten, kann daher nur als Kuriosum gewertet werden, nicht als weiteres Indiz: »Es ist ein Unterschied, ob jemand als Sohn eines Arztes oder als Sohn eines Sattlers erzogen wird.«[14]

Es war nicht ungewöhnlich, daß jüdische Ärzte sich karitativ verhielten; die Förderung, die Kästner unzweifelhaft von Zimmermann erhalten hat, muß nicht bedeuten, daß er sein Vater war. Ein Geburtshelfer kennt ein Kind von Geburt an, bemerkt seine Begabung und hilft weiterhin – auch eine Erklärung. Emil Zimmermann kommt in der Korrespondenz zwischen Mutter und Sohn einige Male vor; nur einmal steht er in einem zweideutigen Zusammenhang. Ida Kästner schrieb: »Heute frug ich Zimmermann was du für deine Nerven machen solltest. Da sagte er heiraten. Ich sagte dazu hättest du so jung keine Lust. Auch hättest Du bisel Abneigung immer eine Frau. Du schienst nach jemand geraten zu sein. Da holte er im Spaß aus der alberne Kerl und lachte. Aber bald heiraten wäre bestimmt das beste behauptete er.« (n. dat., MB) Mehr an Deutlichkeit ist nicht zu haben; auch dieser Beleg ist nicht eindeutig.

Ida Kästner war seit den zwanziger Jahren kränklich, und ihr Sohn schickte sie regelmäßig zu »Z.« – zu ihrem Arzt eben. Im Zusammenhang mit »Z.« ist sonst nur von Ida Kästners Gesundheit die Rede: »Warst Du bei Z.? Was meint der?« (8.7.1921, MB) »Grüß ihn von mir! Und laß Dich gründlich untersuchen!« (29.9.1927, MB) Kästner und Zimmermann scheinen sich gemocht zu haben; wenn er ihn grüßen ließ, dann recht herzlich, nie mit irgendeiner Zweideutigkeit.

Beide ›Väter‹ lasen die Bücher des ›Sohns‹, auch Emil Kästner: »Daß E der ›Emil‹ gefallen hat, ist schön und freut mich.« (21.11.1929, MB) Zimmermann erhielt ebenfalls den ersten Kinderroman, Kästner schickte ihm das Buch zu Weihnachten (21.12.1929, MB). »Die nächsten Bücher kriegt er aber nicht. Hat sicher kein Interesse. Ist ja auch nicht nötig.« (10.1.1930, MB) Zimmermann bedankte sich Ende Januar 1930 und mahnte Kästner, er solle auf seine Gesundheit aufpassen (22.1.1930, MB); auf Nachfrage schrieb er seiner Mutter, der Brief sei »ganz nett« gewesen, das »Buch hat ihm gefallen.« (30.1.1930, MB)

Die Würdigung Emil Zimmermanns in *Als ich ein kleiner Junge war* (1957) zeigt eine große Vertrautheit zwischen Mutter, Sohn und Arzt. Als sich der Schüler die Zungenränder durchgebissen hat, heißt es über den Arzt: »Er kannte mich, seit ich auf der Welt war, und hätte sich die Zunge lieber selber mit Nadel und Faden zusammenflicken lassen als mir.« (VII: 73) Der Entschluß, ein Zimmer zu vermieten, sei mit ihm abgesprochen gewesen (VII: 53); und am ausführlichsten ist von einem Gespräch die Rede, das der Junge mit ihm über die depressive Mutter geführt hat: »Eines Nachmittags ging ich, statt zu spielen, heimlich zu Sanitätsrat Zimmermann in die Sprechstunde und schüttete ihm mein Herz aus.« Der Arzt beruhigte ihn. »Während er mich zur Tür brachte, klopfte er mir auf die Schulter. ›Mach dir keine Vorwürfe! Wenn sie dich nicht hätte, wär es viel schlimmer.‹ [...] ›Und Sie glauben nicht, daß sie wirklich von der Brücke... vielleicht... eines Tages...?‹ ›Nein‹, sagte er, ›das glaub ich nicht. Auch wenn sie alles um sich her vergißt, wird ihr Herz an dich denken.‹ Er lächelte. ›Du bist ihr Schutzengel.‹« (VII: 104) Seit 1932 erscheint Zimmermann nicht mehr in den ›Muttchenbriefen‹; Ida Kästner hat den Arzt gewechselt, obwohl sich der Sanitätsrat nicht zur Ruhe gesetzt hatte. Sollte er der biologische Vater gewesen sein, hätte er sich von diesem Zeitpunkt an nicht mehr weiter für seinen ›Sohn‹ interessiert – es gibt keinen Brief, keine Erwähnung mehr in seinen weiteren zwanzig Lebensjahren.

Ida Kästner war eine labile, wenn nicht kranke Frau; in das Gesamtbild ihrer psychischen Probleme würde auch der Wahn passen, Emil Zimmermann sei Vater ihres Sohnes.[15] Auch so würde sich ihr oben zitierter Brief erklären lassen – als gemeinsamer Witz. Der amerikanische Familientherapeut Dan Kiley hat eine Reihe von Symptomen – Einsamkeit, Bindungsunfähigkeit, Chauvinismus gegenüber Frauen, Narzißmus, Unfähigkeit zu sozialem Verhalten usw. – vor allem junger Männer unter dem Begriff »Peter-Pan-Syndrom« zusammengefaßt. Erich Kästner hat J. M. Barries *Peter Pan*-Bühnenstück ins Deutsche übersetzt, und die Übersetzung war ihm wichtig genug, sie in die *Gesammelten Schriften für Erwachsene* aufzunehmen. Kileys Buch über »Männer, die nie erwachsen werden« liest sich über weite Strecken und bis in abwegige Details hinein wie eine Analyse Erich Kästners. Opfer dieses Syndroms sind die ältesten Kinder von Eltern, deren Zusammenleben nicht funktioniert, aber aufrechterhalten wird. Die Söhne erhalten unterschwellige Signale, daß etwas in der Familie nicht stimmt, und daß sie daran schuld sind; die Väter vermitteln ihren Kindern, sie dürften keinesfalls die Mütter verletzen, und die Mütter vermitteln den Söhnen, sie sollten sich von ihren Vätern fernhalten. Genau das hätte Ida Kästner erreicht; einen größeren Keil hätte sie zwischen Emil und Erich Kästner nicht treiben können als ihre Behauptung, sie seien überhaupt nicht Vater und Sohn. Kästner war sich über die Labilität seiner Mutter im klaren; vielleicht findet sich keine Notiz in seinem Nachlaß, weil er die ganze Zimmermann-Geschichte nicht recht geglaubt, aber gern mit ihr kokettiert hat – Zimmermann als Wunschvater. Mehrere Zeitzeugen haben berichtet, daß Kästner unter seiner ›niedrigen‹ Herkunft gelitten habe. Er habe ihnen von seinem jüdischen Vater erzählt, einem Akademiker noch dazu – aber eben kokettierend, als Gerücht, das auch er nicht ungern weitererzählt habe.[16] Einige enge Freundinnen Kästners sagen gar, sie hätten noch nie von dem Gerücht gehört, und er selbst habe ihnen nie davon erzählt.[17] Ida und Emil Kästner haben sich über die Jahrzehnte einigermaßen zusammengerauft. Während einer Lesereise Kästners 1930 waren sie beide in dessen Berliner Wohnung, auch der reiseunlustige Vater (12.12.1930, MB). 1932 scheint es zu einem größeren Konflikt gekommen zu sein; auf dem Umschlag eines Briefs an die Mutter hat die spätere Herausgeberin Enderle die kryptische Notiz »Jüdische Schwierigkeiten« geschrieben, ohne jeden Bezug zum Inhalt des Briefes (16.1.1932, MB). Die Streitigkeiten finden bis zum April 1932 ihren Niederschlag in den Briefen Erich Kästners an seine Mutter: »Zu dumm, daß Du mit E solche nervöse Sachen durchmachst. Das paßt jetzt gar nicht zu Deinem Zustand. Nun schließt Ihr also Eure Zimmer voreinander ab. Na, ich werde mir das ja nächste Woche in Ruhe begucken und meinen Senf dazugeben.« (2.4.1932, MB) Seither fehlen kritische Bemerkungen über Emil Kästner; im Gegenteil, er sorgte für seine immer gebrechlichere Frau. Zumal gegen Ende des Kriegs lag die Hauptlast des Haushalts auf dem Achtundsiebzigjährigen. Nach der Teilung Deutschlands versorgte er seine Frau größtenteils ohne Hilfe des Sohnes, dessen Einflußmöglichkeiten über die Zonengrenze hinweg gering waren und sich auf regelmäßige Paketsendungen beschränkten. Sollte er tatsächlich nicht der leibliche Vater Kästners gewesen sein, muß Emil Kästner das gewußt haben. Das deutet zum einen der oben zitierte Brief Enderles an Maria Hurtig an. Sollten die Gerüchte in der Dresdner Neustadt tatsächlich so verbreitet gewesen sein, müssen sie auch Emil Kästner erreicht haben; und es ist nicht plausibel, daß Ida Kästner sich in ihren letzten, verwirrten Jahren nicht einmal gegenüber ihrem Mann ›versprochen‹ haben soll. Statt dessen schrieb sie von sich und ihrem Mann: »denn wir haben uns nur 1 Kind angeschafft denn er war mit Drei Jahren schon so klug das wir Eltern uns sagten er soll einmal was richtiges erlernen und so ist es auch geworden«.[18] Überdies ist unglaubwürdig, daß in der ganzen

Neustadt während des ›Dritten Reichs‹ niemand Kästner denunziert hätte, um dem ohnehin verfemten Autor sozusagen noch den Rest zu geben.

Seit 1947 war Ida Kästner in einem Sanatorium; sie konnte ihrem Sohn nicht mehr schreiben. Emil Kästner übernahm ihre Rolle – es gibt für diese Jahre, auch nach Ida Kästners Tod 1951, einen vergleichbar dichten Briefwechsel zwischen Vater und Sohn wie zuvor zwischen Mutter und Sohn. Der angeblich so tumbe und illiterate Emil Kästner schrieb bis eine Woche vor seinem Tod an Silvester 1957 einen langen, rührend besorgten Brief nach dem anderen, stilistisch und von der Klarheit der Gedankenführung her denen der Mutter übrigens überlegen. Er schenkte Erich Kästner, von seinem Buchhändler beraten, Bücher über Dresden und Victor Klemperers *Geschichte der französischen Literatur im 18. Jahrhundert* (1954); und er wurde sozusagen Mitarbeiter von *Als ich ein kleiner Junge war*. Kästner schrieb ihm in der Zeit der Konzipierung seiner Kindheitsautobiographie lange Briefe mit detaillierten Fragen zu diesen Jahren; Emil Kästners entsprechende Antwortbriefe sind aus dem Nachlaß systematisch entfernt worden, wohl von Erich Kästner selbst.

Er hat in diesem Buch einige Eigenschaften seines offiziellen Vaters geschildert, die er von ihm geerbt haben will. Etwa die notorische Reiseunlust: »Wir sind, fürchte ich, Hausfreunde der Gewohnheit und der Bequemlichkeit. Und wir haben, neben diesen zweifelhaften Eigenschaften, eine Tugend: Wir sind unfähig, uns zu langweilen. Ein Marienkäfer an der Fensterscheibe beschäftigt uns vollauf. Es muß kein Löwe in der Wüste sein.« (VII: 17) Außerdem stilisierte er den Sattlermeister Kästner zum Künstler, der seinen schönsten Sattel nicht verkaufen wollte – »Handwerker und Künstler scheinen miteinander verwandt zu sein.« (VII: 35) Sein größtes Kunstwerk wird das lebensgroße Pferd gewesen sein, das er sich mit 70 Jahren im Keller zusammenbastelte: »Fuchsbraun, mit echter Mähne und langem Schweif, mit Zaum- und Sattelzeug, von der Hand eines Meisters gefertigt, und das Mittelstück, vom Widerrist bis zur Kuppe, von einer fast am Boden schleppenden Schabracke bedeckt.« (II: 213f.) Unter der Schabracke befand sich eine »komplizierte Stangenkonstruktion mit zwei Paaren achsenverbundener Gummiräder. Das vordere Paar war lenkbar, und die Lenkstange befand sich, braungefärbt, oben in der fuchsbraunen Mähne, kaum zu sehen.« (II: 214) Die Nachbarn bewunderten Emil Kästner, die »Mama [...] blickte erst verblüfft das große Pferd an und dann den kleinen Mann, mit dem sie seit vierzig Jahren verheiratet war und den sie nicht kannte.« (II: 214) Die Anekdote vom künstlichen Pferd ist eine Liebeserklärung an diesen Mann, Vater oder nicht – einer »von jenen großen alten Männern [...], die heute achtzig Jahre oder älter sind, übermütig, heiter, vital, genußfroh, zäh wie Sohlenleder und in ihren Berufen wie auf ihren Steckenpferden so sattelfest, daß man sie beneiden könnte.« (II: 215)

Emil Kästner war jedenfalls der ›reale‹ Vater, der anwesende Vater, mit dem der Sohn trotz aller Distanz zusammengelebt hat, mit dem er aufgewachsen ist; deshalb wird er in diesem Buch umstandslos als solcher bezeichnet. Die genetische Frage ist ein Biologismus und ziemlich zweitrangig. ›Ähnlich‹ sah Kästner eher dem Sattlermeister – Statur, Ohren, Nase, das Kinngrübchen in jungen Jahren. Kästners eigener Umgang mit dem Thema entbehrt durchaus der Ernsthaftigkeit – immerhin hat er daraus in *Das goldene Dach* ein Schwankmotiv gemacht. Als Fazit bleibt eine lakonische Bemerkung des Sächsischen Hauptstaatsarchivs an den Verfasser, die Theorie, daß Emil Zimmermann der leibliche Vater von Kästner sei, »ist mit Dokumenten nicht zu beweisen.«

Und ein toskanischer Kinderreim: »Ein bißchen Hund, / ein bißchen Kater, / keiner weiß, wer ist der Vater.«

Immer dasselbe Fressen:
Lehrerausbildung und Soldat

Eine erstrangige biographische Fundgrube über Erich Kästner ist der Briefwechsel mit seiner Mutter. Er hat ihr über Jahrzehnte fast täglich geschrieben, ihr vom Fortgang der Arbeit und seiner Liebesaffären berichtet, wen er wann und wo getroffen hat, was er von seinen Freunden im einzelnen hielt. Diese Briefe sind so detailliert, daß sie geradezu als Chronik seines Lebens bis zum Ende der vierziger Jahre gelesen werden können; mit signifikanten Einschnitten während des Nationalsozialismus. Seine Mutter war stets dankbare Zuhörerin und (manchmal unerwünschte) Ratgeberin, ihr Teil der Korrespondenz zeugt von einer praktisch denkenden, eher schlichten Frau, deren Befinden starken Schwankungen unterworfen war. Sie hat ihren Sohn vergöttert, und sie hat alles aufgehoben, was irgend mit ihm zu tun hatte, die ersten Schuhe und die obligatorische Locke, jede Zeile von ihm und über ihn. Umgekehrt gilt das nicht, und ohnehin ist Kästners gesamter Besitz mitsamt seiner Wohnung im Februar 1944 verbrannt. Aus Ida Kästners Briefen kann daher kaum zitiert werden – frühere haben sich selten erhalten, die späteren sind zwar in ihrer Weise sprechend, können aber kaum für typisch gelten. Sie war zu diesem Zeitpunkt schon eine alte Frau, wiederholte sich ständig und litt zunehmend unter Verwirrungen. Ihre letzten vier Jahre verbrachte sie im Sanatorium, zuletzt nur mit Momenten der Klarheit.

Die ersten schriftlichen Zeugnisse sind Postkarten von einer Fahrt des Zehnjährigen mit dem Untermieter Paul Schurig nach Falkenhain bei Wurzen. »Euer dankbarer Sohn« beruhigt seine Mutter, man könne »höchstens von einem Mistwagen überfahren werden«, und er freut sich an den ländlichen Beschäftigungen: »Heute gehe ich mit Herrn Schurig und dem Kantor seinem Sohn zum Fischen. Heute nachmittag gehe ich mit beiden in die Pilze. Gestern haben wir Birnen abgenommen.« (29.9.1909, MB)

Dann zwei Postkarten des Vierzehnjährigen an seine Eltern. Er grüßte sie, wohl von einem längeren Seminaristenausflug, »von den Nollendorfer Höhen«, kurz und geschäftig: »Wahrscheinlich komme ich eher nach Hause als die Karte. *Keine Zeit!* Erich!« (2.6.1913, MB) Erich Kästner wollte von klein auf Lehrer werden. Von seinen Erfolgen als Schüler war bereits die Rede, der wichtigste Grund für diese Wahl waren aber die Untermieter in der Wohnung seiner Eltern. In *Als ich ein kleiner Junge war* erzählt er, wie er in seinem Gitterbett immer nachts vom Rattern der mütterlichen Nähmaschine aufgewacht sei. »Mir gefiel das soweit ganz gut. Doch meiner Mutter gefiel es gar nicht. Denn die Lebensaufgabe kleiner Kinder besteht, nach der Meinung der Eltern, darin, möglichst lange zu schlafen.« (VII: 53) Sie besprach sich mit Dr. Zimmermann, der derselben Meinung gewesen sei; und nachdem es ohne Nebenverdienst nicht ging, beschloß sie, ein Zimmer der kleinen Wohnung zu vermieten. »Der Papa war, wie fast immer, einverstanden.« (VII: 53)

Der erste Mieter war der Volksschullehrer Franke, und auch alle weiteren Mieter waren Lehrer. Die gemeinsamen Abende beschreibt Kästner, als sei die elterliche Küche das erste Café seines Lebens gewesen: Franke »war ein junger lustiger Mann. Das Zimmer gefiel ihm. Das Frühstück schmeckte ihm. Er lachte viel. Der kleine Erich machte ihm Spaß. Abends saß er bei uns in der Küche. Er erzählte aus seiner Schule. Er korrigierte Hefte. Andre junge Lehrer besuchten ihn. Es ging lebhaft zu. Mein Vater stand schmunzelnd am warmen Herd. Meine Mutter sagte: ›Emil hält den Ofen.‹ Alle fühlten sich pudelwohl.« (VII: 54)

Einer von Frankes Nachfolgern, Paul Schurig, wurde sogar »eine Art Onkel« (VII: 55). Er blieb Untermieter bis nach Kästners Abitur und zog mit von der Königsbrücker Straße 48 nach der Nummer 38; mit einigem Verständnis für die materiellen Nöte seiner Wirtsfamilie bewohnte er zeitweise zwei der drei Zimmer und ließ Kästners sein Wohnzimmer gelegentlich mitbenutzen. Der Junge durfte dort auch Klavier üben und seine Schularbeiten machen, er unternahm seine erste Reise mit ihm, und beinahe wäre eine verwandtschaftliche Bindung entstanden: Schurig wollte Erich Kästners Kusine Dora Augustin heiraten, was am Widerstand ihres Vaters Franz scheiterte. Käst-

Ida Kästner (hinten Mitte) und Dora Augustin (vorne) mit Wanderfreunden, um 1910

ner wuchs also mit Lehrern auf, die üblichen Ängste im Umgang mit ihnen in der Schule entfielen. Verwandte schwatzten darüber, als sei es heute, wie gut es doch die Lehrer hätten mit ihren vielen Ferien, der Pensionsberechtigung und den paar Stunden Unterricht dazwischen, »immer dasselbe« (VII: 61). Schon vor seiner eigenen Schulzeit wollte Kästner Lehrer werden, sozusagen aus Neid auf den »Vielfraß« (AN) Schurig: »[W]enn ich meiner Mutter dabei half, für Herrn Schurig abends den Tisch zu decken, wenn ich den Teller mit drei Spiegeleiern auf Wurst und Schinken ins Vorderzimmer balancierte, dachte ich: ›So ein Lehrer hat es gar nicht schlecht.‹ Und der blonde Riese Schurig merkte überhaupt nicht, wie gern ich mein Abendbrot gegen seines eingetauscht hätte.« (VII: 61)

Eine Lehrerausbildung war auch ein Gebot der Vernunft – sie war die einzige ohne weiteres erreichbare Aufstiegsmöglichkeit für intelligente Kinder, deren Eltern nicht das Geld hatten, Oberrealschule oder Gymnasium zu bezahlen; das Lehrerseminar war staatlich bezuschußt. »Der Junge ging bis zur Konfirmation in die Volksschule, und dann erst machte er seine Aufnahmeprüfung. Fiel er durch, wurde er Angestellter oder Buchhalter wie sein Vater. Bestand er die Prüfung, so war er sechs Jahre später Hilfslehrer, bekam Gehalt, konnte damit beginnen, die Eltern zu unterstützen, und hatte eine ›Lebensstellung mit Pensionsberechtigung‹.« (VII: 59f.) Kästner bestand die Prüfung, ging ein Jahr in eine Vorbereitungsklasse für das Seminar (»Präparande«) und konnte 1913 an das »Freiherrlich von Fletchersche Lehrerseminar zu Dresden-Neustadt« wechseln, ein Internat, nur wenige Straßen von der Königsbrücker entfernt.

Er war von einer Kinderkaserne in die nächste geraten; diese besuchte er fünf Jahre, bis er zur Ableistung seiner Wehrpflicht einberufen wurde. In seinen Notizen für *Als ich ein kleiner Junge war* zählt er einige Namen von Lehrern auf, zu denen ihm außer »Sadismus« nichts mehr eingefallen ist (AN). Das Fletchersche Seminar war militärisch organisiert, Kästner hat es in einem Aufsatz *Zur Entstehungsgeschichte des Lehrers* (1946) eine »Lehrerkaserne« genannt, dessen Erziehung sich auf der Ebene von Unteroffiziersschulen bewegt habe – obwohl der Stoff derselbe war wie an anderen höheren Schulen. Aber es waren eben die ärmeren Schüler, und sie kosteten den Staat Geld. »So war es nur folgerichtig, daß die Schüler, wenn sie auf den Korridoren einem Professor begegneten, ruckartig stehenbleiben und stramm

Front machen mußten. Daß sie in den Arbeitszimmern, wenn ein Lehrer eintrat, auf das zackige Kommando des Stubenältesten hin aufspringen mußten. Daß sie zweimal in der Woche nur eine Stunde Ausgang hatten. Daß nahezu alles verboten war und daß Übertretungen aufs strengste bestraft wurden. So stutzte man die Charaktere. So wurde das Rückgrat geschmeidig gemacht und, war das nicht möglich, gebrochen.« (II: 77) Kästner schrieb es solchen Schulen zu, daß die Lehrer im ›Dritten Reich‹ versagt hatten, und wollte die falsche Erziehung ausdrücklich schon in einem Buch für Kinder – *Als ich ein kleiner Junge war* – thematisieren: »Man soll durch Überzeugen erziehen, nicht durch Drill und Zwang.« (AN)

Als einzige positive Erinnerung hat Kästner sich seine ersten Bälle notiert, die er als Seminarist erlebt haben muß, den »Fleischerball«, die »Bälle der Dtsch Werkstätten. Im ›Goldnen Anker.‹« Die seien »[w]underschön« gewesen, hatten »Fantasie« und »Geschmack« (AN). Für einen Faschingsball hatte er sich mit Hilfe seiner Kusine Dora als Mädchen verkleidet – nie sei er so umschwärmt worden »wie als angeblicher Backfisch in der festlich geschmückten Turnhalle des Freiherrlich von Fletcherschen Lehrerseminars!« (VII: 143)

Auch den Kriegsbeginn erlebte er zusammen mit Dora. Ihre Mutter Lina Augustin hatte die beiden zusammen mit Kästners Mutter in die Sommerfrische nach Müritz an die Ostsee geschickt. Es war seine »erste große Reise« (VII: 145), und auf dem Weg kam er ein erstes Mal durch Rostock und durch Berlin – man mußte vom Anhalter zum Stettiner Bahnhof durch die Stadt. Das Meer scheint ihm großen Eindruck gemacht zu haben, er schrieb vom »atemberaubend grenzenlosen Spiegel aus Flaschengrün und Mancherleiblau und Silberglanz« (VII: 146) und stellte sich versunkene Schiffe mit toten Matrosen vor, Nixen und die versunkene Stadt Vineta. Die Küstenlinie gefiel ihm sehr viel weniger, man sei dort noch enger zusammengehockt als in den Großstädten, die Mietskasernen lägen während der Ferien am Ozean. Noch bissiger beschreibt er den Strand von Warnemünde, Ziel eines Fahrradausflugs von Müritz: »Sie schmorten zu Tausenden in der Sonne, als sei die Herde schon ›geschlachtet und läge in einer riesigen Bratpfanne. Manchmal drehten sie sich um. Wie freiwilige Koteletts. Es roch, zwei Kilometer lang, nach Menschenbraten. Da wendeten wir die Räder um und fuhren in die einsame Heide zurück.« (VII: 147) Am 1. August 1914 erklärte das Deutsche Reich Rußland

den Krieg, alle Urlauber brachen panikartig auf und fuhren nach Hause.
»Wir flohen, als habe hinter uns ein Erdbeben stattgefunden. Und der Wald sah aus wie ein grüner Bahnsteig, auf dem sich Tausende stießen und drängten. Nur fort! Der Zug war überfüllt. Alle Züge waren überfüllt. Berlin glich einem Hexenkessel. Die ersten Reservisten marschierten, mit Blumen und Pappkartons, in die Kasernen. [...] Extrablätter wurden ausgerufen. Der Mobilmachungsbefehl und die neuesten Meldungen klebten an jeder Hausecke, und jeder sprach mit jedem. Der Ameisenhaufen war in wildem Aufruhr, und die Polizei regelte ihn.« (VII: 148) Dora kommentierte lakonisch: »Jetzt wird mein Vater noch viel mehr Pferde verkaufen.« (VII: 148) Paul Schurig und dessen Freunde und Kollegen, die Brüder Tischendorf, wurden Reserveoffiziere.

Trotz seiner relativen Armut als Seminarist spendete Kästner Geld – im August und September 1914 fünf und sieben Mark an die »Genossenschaft freiwilliger Krankenpfleger im Kriege vom Roten Kreuz«, im Oktober 1916 zeichnete er sogar eine Kriegsanleihe über den Nennwert von zehn Mark, die ihn 9,58 Mark kostete.[1]

In Ida Kästners Nachlaß haben sich auch die Schulhefte des Sohnes in großer Zahl erhalten. Sie sind nicht allein für Kästners Biographie von Interesse, sondern mehr noch ein mentalitätsgeschichtliches Dokument. Damit kein Mißverständnis entsteht – es kann hier nicht darum gehen, Kästner für Aufsätze zu kritisieren, die er als Sechzehnjähriger geschrieben hat. Vielmehr gilt es vorzuführen, was damals gelehrt wurde, welche harte Schule er durchlaufen mußte, wovon er sich befreien mußte, um der Autor zu werden, den wir kennen.

Es gibt im Nachlaß ein Heft »Deutsche Arbeiten« des Tertianers, also von etwa 1915. Darin findet sich eine Hausarbeit über »Das Auge im deutschen Sprachgebrauch« und eine über das Goethe-Zitat »Was du ererbt von deinen Vätern hast,/ Erwirb es, um es zu besitzen.« (*Faust* I, 682f.) Auf 24 eng beschriebenen Seiten sind die Antworten eines Musterschülers auf Detailaspekte wie »Warum enthält Goethes Wort für unser Volk gerade eine solch tiefe Wahrheit?« und »Inwiefern sagt Goethes Wort zuviel« bzw. »zuwenig« zu lesen. Als Quelle gab er »Das deutsche Volkstum‹ von Prof. Mayer« an, sein Aufsatz klingt oft referierend und strotzt von völkerpsychologischen und deutschnationalen Phrasen, der »deutschen Gemütstiefe«, dem »deutschen Volks-

Ida und Erich Kästner zur Seminaristenzeit, um 1916

charakter«, der »Zeit, die ganze deutsche Männer und Frauen verlangt«, und so fort. Dem einzelnen »als Glied der Volksgemeinschaft« tue sich »mit erdrückender Gewalt die Frage auf: ›Warum haben wir nur, wohin wir auch blicken mögen, nichts wie Feinde? – Warum?‹« Die Antwort im Aufsatz lautet, die »deutsche Art« habe eben noch nie Freunde gehabt, und »[w]ir haben das Erbe unsrer Väter angetreten.« Was man davon nicht nutze, sei eine schwere Last, zitierte Kästner den nächsten Goethe-Vers. Eine der zu nutzenden deutschen Tugenden, die der Seminarist feierte, ist die Sentimentalität: »glücklich wollen wir uns preisen, die wir sie noch unser Eigentum nennen dürfen, – sie, die unser Volk jung und rein erhält, die uns davor bewahrt, angewidert der Welt den Rücken zu kehren oder zynisch über das tiefe deutsche Fühlen anderer zu belustigen und so deren Innerstes und uns selbst zu entheiligen, zu beschmutzen, – das deutsche Volk ist noch ein unverdorbenes, kindliches Volk, das nie aus der Reinheit und Tiefe seines Gefühls ein Hehl machen wird.« Unter die Eigenschaften der Väter, die beerbt werden sollten, zählte Kästner »Kindlichkeit, Ehrlichkeit, Mitleid, Offenheit und Gutmütigkeit«, auch die »deutsche Gründlichkeit« darf nicht fehlen. Später ist von Beweisen »der unerschrockensten Tapferkeit und von der erschütterndsten Vaterlandsliebe und Kameradschaftlichkeit« die Rede, gerade in der »Jetztzeit, die die schrecklichsten Kämpfe heraufbeschworen, die jemals die Welt gesehen hat«. Es sei auch »verständlich«, daß der Deutsche »im allgemeinen Idealist ist«, viel eher als »der Engländer zum Beispiel, der nüchtern und kalt den Willen fast nur vom Verstand leiten läßt«. Auch die Religion sei dem Deutschen »Herzenssache«. Die einzige leise Distanzierung, die man aus der Arbeit herauslesen mag, ist Kästners Feier der »Innerlichkeit als höchstes, unschätzbares Erbgut« mitten im Krieg, die sich in Dichtkunst, Musik und auch Kulturarbeit ausdrücke; auch diese Art der Fluchtbewegung freilich war eine zeittypische und tolerierte.[2]

Kästners Entlassungszeugnis »über die wissenschaftliche Befähigung für den einjährig-freiwilligen Dienst«, datiert auf den 20. Juni 1917, ist ein Kriegsabgangszeugnis; er hätte noch ein weiteres Jahr bis zum Ende der Ausbildung absolvieren müssen. Ein Einjährig-Freiwilliger meldete sich nicht freiwillig zum Militär, vielmehr verpflichtete er sich, für Unterhalt und Ausrüstung selbst aufzukommen, und mußte dafür nur ein Jahr Dienst ableisten.

Daß die Einberufung etwas Bedrohliches war, mußte jedem Seminaristen klar sein. Seit 1914 war Krieg, im selben Jahr gab es die »ersten Gefallenen im Seminar, bald in der eigenen Klasse.« (AN) Kästner hat darüber 1929 das Gedicht *Primaner in Uniform* veröffentlicht, in dem er wohl authentische Namen des Lehrerseminars einsetzte; zumindest der Name des Direktors Jobst, »Theolog/ für Gott und Vaterland«, stimmt überein, wahrscheinlich dann auch die Namen der Gefallenen Rochlitz, Braun und Kern.

»Der Rektor dankte Gott pro Sieg.
Die Lehrer trieben Latein.
Wir hatten Angst vor diesem Krieg.
Und dann zog man uns ein.

Wir hatten Angst. Und hofften gar,
es spräche einer Halt!
Wir waren damals achtzehn Jahr,
und das ist nicht sehr alt.

Wir dachten an Rochlitz, Braun und Kern.
Der Rektor wünschte uns Glück.
Und blieb mit Gott und den andern Herrn
gefaßt in der Heimat zurück.« (I: 140)

Kästner hatte Glück, auch er durfte in der Heimat zurückbleiben; er war in Dresden und einige Wochen in Köln stationiert. Allerdings unter ungleich härteren Bedingungen als seine Lehrer, er muß mindestens in der ersten Zeit ein schwer geschundener Rekrut gewesen sein. Der habituelle Langschläfer mußte vor der übrigen Stadt aus den Federn: »*Das Reiten und der Stalldienst*. Morgens 4^h nach der Kaserne. Reitstiefel über der Schulter. Die Wecker in den stillen Straßen.« (AN) Als Ziel der Ausbildung sah er den Versuch an, »den Stolz zu brechen, um *brauchbare* Lehrer und Offiziere zu erzeugen. Der Gehorsam als Staatsziel. Die Kadettenanstalten. Die Seminare.« (AN)

Das einschneidendste Erlebnis scheint aber einer der Ausbilder gewesen zu sein, *Sergeant Waurich*, über den Kästner das gleichnamige Gedicht geschrieben hat.

»›Die Knie beugt!‹ war sein liebster Satz.
Den schrie er gleich zweihundertmal.
Da standen wir dann auf dem öden Platz
und beugten die Knie wie die Goliaths
und lernten den Haß pauschal.

[...]

Er hat mich zum Spaß durch den Sand gehetzt
und hinterher lauernd gefragt:
›Wenn du nun meinen Revolver hättst –
brächtst du mich um, gleich hier und gleich jetzt?‹
Da hab ich ›Ja!‹ gesagt.

Wer ihn gekannt hat, vergißt ihn nie.
Den legt man sich auf Eis!
Er war ein Tier. Und spie und schrie.
Und Sergeant Waurich hieß das Vieh,
damit es jeder weiß.

Der Mann hat mir das Herz versaut.
Das wird ihm nie verziehn.
Es sticht und schmerzt und hämmert laut.
Und wenn mir nachts vorm Schlafen graut,
dann denke ich an ihn.« (I: 65f.)

Aus Kästners Militärpaß ist kein Zeichen der Auflehnung gegen den Drill oder gegen Waurich im besonderen herauszulesen, das kann aber an der Form des Dokuments liegen. Seinen unveröffentlichten Erinnerungen nach hat er durchaus die spärlichen Möglichkeiten genutzt, und das nicht erst gegenüber diesem Sergeanten; ausformuliert und publiziert hat er diese Notizen möglicherweise nicht, weil sie ihm zu sehr nach Eigenlob klangen, das er auch selbst vermerkt hat: »Mein Sinn für Gerechtigkeit, gegen Zwang. In der Schule, beim Spielen, im Seminar, beim Militär. *Nie für mich.* Ich *war* ja fleißig, gescheit, guter Turner. Klingt sehr nach Selbstlob. Soll aber nur charakterisieren. War ja auch die Triebfeder meiner ›engagierten‹ Gedichte.« (AN)

Er kam als Einjährig-Freiwilliger zur Fußartillerie, ist am 21. Juni 1917 eingetreten und wurde einen Monat später vereidigt. Zunächst gehörte er zum »III. Rekruten-Depot Ersatz-Bataillon Fußartillerie-Regiment Nr. 19«, während seiner Dienstzeit wurde er einige Male innerhalb des Regiments versetzt. Er wurde am Karabiner 98 ausgebildet, als Richtkanonier und als Geschützführer, und außerdem gegen Pocken, Typhus und Cholera geimpft. Am 6. Juli 1918 beförderte man ihn zum »überzähligen Gefreiten«. Kästners Militärpaß vermeldet mehrfach gute Führung und keine Strafen.

Im September 1918, nach der relativen Genesung von seinen beim Militär erworbenen Herzschäden, wurde er an die Artillerie-Meßschule in Köln/Wahn kommandiert. Er nahm an einem »Beobachtungs-, im Anschluß daran auf Vorschlag an einem Auswerterkursus für Schallmeßwesen teil«.[3] Ein kleines Konvolut mit Briefen an die Mutter aus der Soldatenzeit hat sich erhalten, sie stammen aus Köln-Wahn, die datierten sind alle im Oktober 1918 geschrieben. Er strengte sich nicht mehr an, den militärischen Zumutungen zu genügen, seine Briefe wirken gelöst, manchmal fast albern, ein Davongekommener berichtet von Ausflügen in die Kölner Innenstadt und konzentriert sich verständlicherweise sehr aufs Essen. Er bedankte sich für die regelmäßigen Paketsendungen seiner Mutter, mit Socken, Pulswärmern und Lebensmitteln, er könne »ja leben wie der Herrgott in Frankreich«, schalt sie auch für ihre aufopferungsvollen Gaben, weil sie sich selbst dabei ganz und gar vergesse: »Sieh mal, wenn man so ein Ei ißt, denke ich daran, wie nötig Du es selbst hättest. Und das ist nur ein Ei!« Meistens lobte er sie aber überschwenglich. »Also der Kuchen ist *glänzend*, sage ich Dir. Ich habe einigen Kostbissen gegeben. Die haben auch geschmunzelt. Na, ich habe gleich alles gut verpackt, daß kein Zausel ran kann. Nun habe ich Vorrat für viele Jahre. – Ich bin Dir unendlich dankbar dafür. Die Blutwurst war etwas beschlagen. Ich habe sie gut abgewischt und im Schrank aufgebommelt.« (22.10.1918, MB) Auch bei den Ausflugsberichten ist von den Rationen die Rede und von den Versuchen, sich bei den Verpflegungsstellen mehrfach zu bedienen. Die Gruppe Kästners – ein weiterer Lehrer, »1 Architekt, 1 Obermonteur« – loste aus, wer sich für die anderen anstellen mußte. »Nichts wie das Fressen hat der Mensch im Kopf. [...] Im Rheinland scheint man sich nur vom Weißkraut nähren zu müssen. Hier heißt es allerdings ›Kappes‹. Ist das bei Euch auch so schlimm, immer dasselbe Fressen?« (27.10.1918, MB)

In einem nicht datierten Brief teilte er seiner Mutter mit, »woran ich

57

eine Woche bereits deichsle. Nämlich: Ich wurde heute einem morgen beginnenden *Auswerter*-Kursus zugeteilt.« Kästner bewies hier sein strategisches Geschick; diese Kurse wurden nicht sehr häufig angeboten, und nur wenige Soldaten – in Kästners Fall ein Dutzend – konnten daran teilnehmen. Ursprünglich war er für einen Beobachter-Kurs vorgesehen, aber der hätte nur eine Woche gedauert. »Wer fertig ist, kommt ins Feld«, von Kästners Batterie 1000 Mann pro Woche, noch vor dem im September 1918 auch für den Gefreiten absehbaren Waffenstillstand. Der Auswerter-Kurs dauerte dagegen »mindestens 4 Wochen«. Ein weiterer Vorteil: Auswerter saßen »in der Centrale, dh. weit hinten, während die Beobachter immerhin dicke Luft riechen können. Die Centrale ist weit hinten, durch lange Telefonstrecken mit der Front verbunden in Unterständen.« Ein Trigonometrie-Lehrbuch des derzeitigen Untermieter-Lehrers bat er sich von seiner Mutter für den Kurs noch aus – was er machte, wollte er gut und gründlich machen.

Sein Herzfehler, der als lebenslange Malaise durch alle Biographien geistert, machte ihm einige Monate lang schwer zu schaffen: »Meine Eltern mußten ihren neunzehnjährigen Jungen, weil er vor Atemnot keine Stufe allein steigen konnte, die Treppe hinaufschieben.« (II: 57) In einem handschriftlichen Lebenslauf vom November 1918 beschrieb er die Krankheit: »Auf Grund meiner durch die anstrengende Ausbildung beim Militär stark verschlimmerten Herzleiden (Herz-Erweiterung, -Klappenfehler und -Neurose) lag ich 6 Wochen im Kasernenlazarett IV Dresden-Loschwitzberg«. Das verbliebene »nervöse Herz« setzte er jedenfalls taktisch ein. Während seiner Ausbildungskurse mußte er weiterhin gelegentlich Kasernenwachen übernehmen. Er berichtete Ida Kästner, dabei habe er »über einen recht blödsinnigen Sergeanten ein bißchen gelächelt. Er wollte mich rumjagen. Ich sagte ihm von meinem Herzschaden. Er reagierte nicht. Da bin ich gemächlich losgerannt, dann habe ich mich ein wenig langgelegt. O jeh, dem Herrn Sergeanten war angst u. bange geworden. – Er wird mich zukünftig in Ruhe lassen. Auch merken sie mal, daß mit mir kein Krieg zu gewinnen ist.« (22.10.1918, MB) Vom Meßtrupp mochte er sich trotz Heimweh nicht nach Dresden versetzen lassen, weil ihm seine Eltern nicht geschrieben hatten, welche Tauglichkeitsstufe dort ins Feld geschickt wurde. Deshalb blieb er lieber noch etwas in Köln: »Ich brauchte bloß über mein nervöses Herz zu wimmern; beim Stoppen (den Abschuß und Einschlag eines Geschosses mit Osram messen) muß man sehr schauen. Aber wie gesagt, hier scheint mir sicher.« (n. dat., MB)

In den zwanziger Jahren kurierte er sein Herzleiden in Bad Nauheim aus, das daraufhin entstandene Gedicht *Brief aus einem Herzbad* nahm er in die Sammlung *Gesang zwischen den Stühlen* (1932) auf. Dort beschrieb er die diätetischen Einschränkungen der Kur mit dem Fazit: »Wer da nicht krank wird, darf für trotzig gelten.« (I: 207) Auf spätere Anfragen der Kurdirektoren, ob sein Gedicht tatsächlich in Bad Nauheim spiele, antwortete er stets gutgelaunt und offensichtlich mit guten Erinnerungen: »Sehr wichtig waren für mich drei Faktoren: 1. behandelte mich Professor Grödel, der ja für Nauheim und für die Patienten sehr wichtig war. 2. befolgte ich seine Kuranforderungen nicht, sondern lernte stattdessen auf den Plätzen hinter dem Kurhaus Tennis spielen. Und 3. verschönte ich mir die späten Abende durch nahezu regelmäßige Besuche der Hupfelbar. Diese etwas ungewöhnliche Kurkombination bewirkte endlich, daß ich meine lädierte Gesundheit wieder in Ordnung brachte.« Es sei die für ihn »angemessenste Herzkur« gewesen, er habe seitdem »nie wieder ein Herzbad aufgesucht«, aber »immer wieder Tennis gespielt.«[4]

Durch den Ersten Weltkrieg verursachte Herzleiden sind übrigens *auch* ein literarischer Topos, am ausführlichsten vielleicht in Georg von der Vrings Roman *Soldat Suhren* (1927) nachzulesen. Der Titelheld versucht sich dort ein Kapitel lang als Simulant. »Ich [...] gewöhne mir einen schlappen Gang an, lasse die Augenlider hängen und bringe mein Herz mit Antipyrin in ein überheiztes Tempo. Sodann eines Morgens: Krankmeldung.« Am Kneipentisch wird Suhren gefragt, was der Herzfehler mache, sein Freund hat tatsächlich einen und präpariert ihn für die nächste ärztliche Untersuchung. Er schüttet ihm ein Pulver in den Wein und Bohnenkaffee ins Bier, als Suhren alles getrunken hat, verliert er das Bewußtsein. In der darauffolgenden Nacht kotzt er auf seine Decke, geht hinaus und bricht Galle in den Schnee; es geht ihm so schlecht, daß er beschließt, er könne kein Simulant mehr sein.[5] In *Soldat Suhren* gibt es übrigens auch einen Sergeanten Waurich – zwei Jahre vor dem Erstdruck des Kästner-Gedichts in *Lärm im Spiegel* –, der hier Zutschky heißt, ein seit Jahren berüchtigter Leuteschinder und Ausbildungsunteroffizier ist und allgemein die Mordlust seiner Rekruten auf sich zieht.[6] Kästner kannte von der Vrings Buch, er rühmte dem Roman nach, er trage »Deutschlands dichterische Schuld ab.« (GG I: 326)

Etwa um die Jahreswende 1918/19 wurde Kästner nach Dresden zurückversetzt, am 8. Januar 1919 entlassen. In einem alten Rechenheft machte er sich Notizen über »Schwerwiegende Fragen« (NL). Aus ihnen geht hervor, daß er zu diesem Zeitpunkt nicht mehr Lehrer werden, sondern studieren wollte. Nur über den Weg war er sich noch nicht im klaren. Zweifel am Lehrerberuf waren ihm an der Übungsschule gekommen, noch während der Zeit am Fletcherschen Seminar; als »größte[n] Irrtum meines Lebens« hat er die frühe Berufsentscheidung später bezeichnet. Er sei vor der Klasse gestanden und habe das genauso begriffen wie die Kinder in den Bänken. Nur die Professoren, die pädagogischen Beobachter, hätten nichts gemerkt: Die Kinder »blickten mich verwundert an. Sie antworteten brav. Sie hoben die Hand. Sie standen auf. Sie setzten sich. Es ging wie am Schnürchen. Die Professoren nickten wohlwollend. Und trotzdem war alles grundverkehrt.« (VII: 57) Er habe Lehrer werden wollen, um möglichst lange ein Schüler bleiben zu können, und er sei zu ungeduldig und unruhig gewesen, um Erzieher werden zu können. Daß seine Mutter ihn verstanden hat, rechnete er ihr immer hoch an, die Szene in Schurigs Zimmer ist in *Als ich ein kleiner Junge war* beschrieben. Er sei, noch in Uniform, vor sie hingetreten und habe ihr »bedrückt und schuldbewußt« gesagt: »›Ich kann nicht Lehrer werden!‹ Sie war bald fünfzig Jahre alt und hatte geschuftet und gespart, damit ich Lehrer werden könnte. Nun war es so weit. Nun fehlte nur noch ein Examen, das ich in ein paar Wochen spielend und mit Glanz bestanden haben würde. Dann konnte sie endlich aufatmen. Dann konnte sie die Hände in den Schoß legen. Dann konnte ich für mich selber sorgen. Und da sagte ich: ›Ich kann nicht Lehrer werden!‹ […] Paul Schurig saß schweigend auf dem grünen Sofa. Mein Vater lehnte schweigend am Kachelofen. Meine Mutter stand unter der Lampe mit dem grünen Seidenschirm und den Perlfransen und fragte: ›Was möchtest du denn tun?‹ ›Auf einem Gymnasium das Abitur machen und dann studieren‹, sagte ich. Meine Mutter dachte einen Augenblick nach. Dann lächelte sie, nickte und sagte: ›Gut, mein Junge! Studiere!‹« (VII: 58f.)

Auf dem Blatt »Schwerwiegende Fragen« hatte er sich vor dieser Unterredung die möglichen Wege zum Studium überlegt. Sollte er auf ein Lehrerseminar gehen, 1919 abschließen, vier Jahre als Hilfslehrer arbeiten und nach der 2. Prüfung bis 1927 studieren; oder sollte er statt des Lehrerseminars das Realgymnasium in Glauchau besuchen, 1920 die Matura ablegen und bis 1924 studieren? Als Hilfslehrer hätte er ein paar Jahre ein Gehalt bekommen, das dann während des Studiums wieder weggefallen wäre. Im Falle des gymnasialen Weges wäre er drei Jahre eher mit dem Studium fertig, hätte »bessere Vorbildung« und wäre »Vollakademiker«. Auf dem Blatt sind drei Namen notiert, die er offenbar um Rat fragen wollte: seinen ehemaligen Direktor im Fletcherschen Lehrerseminar Jobst – die kritische Einschätzung des Rektors in *Primaner in Uniform* ist also eine spätere Setzung – und Dr. Zimmermann, der dritte Name ist unleserlich.[7] Es folgt eine pathetische Einschätzung seiner Situation: »Ich weiß es genau: Ich stehe am Scheidewege. An einem, vielleicht dem bedeutungsvollen Wendepunkte klarste Überlegung und festeste Willensanspannung täten not. Statt dessen hält mich eine Lethargie umfangen, die den Wert der Persönlichkeit, meiner Persönlichkeit erstickt. Fatalist und Pantheist bin ich jetzt weit mehr als ein egoistischer, vorwärtsdrängender Mensch, der ich sein wollte. Es ist zum Kotzen gnädige Frau.

Aber schließlich ist es doch nur ein Gefühl richtiger, maßstabgerechter Selbsteinschätzung. Was liegt denn am einzelnen? Nichts. Nicht das Mindeste! Wozu all dieses Hetzen, diese Treibjagd, diese Entbehrungen für nur scheinbar hohe Ziele! Laßt uns essen u. trinken! Laßt uns unserm Steckenpferd leben! Und wenn es Schmetterlingsfang oder seidene Strümpfe wären! – Denn wir sind wenig – und schon morgen können wir nicht mehr sein. Après nous le déluge!«

Die sehr konkreten Fragen passen wenig zum Beschwörungspathos, und daß ihm das selber bewußt war, zeigen diese Notizen und ihr koketter Ton. Nietzsches Idealbild eines Übermenschen ist ihm zwar vertraut, Kästner kann es aber nicht leben und bricht sein Ideal ironisch mit der komisch-verzweifelten Anrufung der Gnädigen Frau. Übrig bleiben wenig hehre dionysische – eher hedonistische – Ziele, Essen, Trinken, ›Hobbies‹.

Tatsächlich besuchte er dann kurz das Realgymnasium in Glauchau, noch während seiner Dienstzeit legte er einen Sonderlehrgang und die Übergangsprüfung zur nächsthöheren Stufe ab, bevor er am 15. Januar 1919 Hospitant des König-Georg-Gymnasiums in Dresden-Johannstadt werden konnte, ein »Reformgymnasium«. Er besuchte bis Ostern 1919 die Unter- bis 20. September die Oberprima, nach einer schriftlichen und mündlichen Prüfung erhielt er ein Kriegs-Reifezeugnis mit »vorzüglichen« Leistungen und »völlig befriedigendem« Betragen. »Er erklärt bei seinem Abgang die Absicht, Germanistik, Geschichte und Französisch zu studieren.« Bemerkenswert unter all den einzelnen »Vorzüglich (1)« seines Zeugnisses ist das »Gut (2a)« in Englisch – diese Sprache hatte er innerhalb eines Dreivierteljahres nachgelernt. Später hat er sein Gymnasium in den höchsten Tönen gerühmt, weil ihm hier zum ersten Mal andere als autoritäre Strukturen begegneten – er war auf Dauer den Kasernen entkommen und wußte sein Glück zu schätzen. Er habe »nie wieder im Leben so gestaunt« wie an den ersten Tagen des Unterrichts, »als ich plötzlich Professoren erlebte, die sich während des Unterrichts zwischen ihre Schüler setzten und diese, auf die natürlichste Weise von der Welt, wie ihresgleichen behandelten. Ich war überwältigt. Zum erstenmal erlebte ich, was Freiheit in der Schule war, und wie weit sie gestattet werden konnte, ohne die Ordnung zu gefährden. Die anderen, die wieder ins Seminar zurückgemußt hatten, wurden weiter zu Gehorsamsautomaten gedrillt.« (II: 77) Mit seinem Deutschlehrer, Walther Hofstaetter, korrespondierte er noch in den fünfziger und sechziger Jahren; er erinnerte sich gern an sein Kriegsabitur, »nicht ohne Rührung«, weil Hofstaetter ihm ein Einzelthema stellte, »Der junge Goethe und wir«: »Ich weiss auch noch, dass Sie mir gestatteten, den Prüfungsraum zu verlassen und vor der Schule auf einer der Parkbänke, Zigaretten rauchend, Notizen zu machen.«[8] Am König-Georg-Gymnasium lernte er auch seine Freunde Ralph Zucker und den ebenfalls an einem 23. Februar – allerdings 1901 – geborenen Werner Buhre kennen.

Aus dieser Zeit sind erste Gedichte überliefert, die noch stark den eigenen Lektüren hörig waren und einer zeitüblichen ›Weltanschauung‹ entsprachen. In einem Schulheft aus der Gymnasialzeit verteidigte Kästner den »übertriebenen Ich-Kultus« der Jugend, aus dieser Quelle bilde sich »nach kurzen Jahren, in denen das Ich wohl einem wilden Geißbock gleichen mag, der breite faßbare Strom, an dem so mancher seine Mühle bauen kann«. Zur Illustration dieses Ich-Kults schrieb er ein mehrere Seiten langes Gedicht, in dem das Ich noch recht bescheiden beginnt:

»Ich!
Kleiner Vogellaut
einst
in grünem Hag;
blauer Frühlingshauch
einst
am Maientag«

Dieses Ich wächst aber gewaltig an, es ist »Nicht mehr zu streichen« und sieht die ältere Generation erbleichen, die ganze Welt wird als »Nicht-Ich« zum Feind. Dagegen hilft nur »Schwert heraus«, mit dem sich das lyrische Ich beweisen und die eigene »gärende Macht« spüren will:

»Schwertkampf, Schreien und Blut!
Blute ich? – Blutet die Welt?
Wer fällt, der fällt!
Eine Flut
zuckender Leichen.
Ich muß es erreichen!
Ich will vom Bösen
vom Faulen und Schlechten
die Welt erlösen.
Drum muß ich *empor*!
Hinein in die Wolken!
Jetzt bin ich Thor!«

Der Germanengott, zu dem sich das Ich nun entwickelt hat, wirft dem Mythos entsprechend mit Blitzen und donnert, er beschuldigt die Menschen, daß sie feige, »von Schwächen und Ängsten umstellt« sind. »Erwacht!«, heißt es, auch »eure Brust« besitze dieses »unendliche Ich«, und wenn es allen bewußt geworden sei, wolle sich das Ich opfern, »aus zerfetzter Brust« das Herz herauszerren und das Alte zerbrechen.

»Für euch geflossen,
für euch vergossen!
Für euch, ihr Menschen,

> vergießt ein Ich
> sein brennendes Blut!
> Indessen ihr ruht
> und schlummert und gähnt
> und euch auf wollüstigen Lagern dehnt.
> [...] Menschen! Erhebt euch! *Werdet groß!*
> Schlürft
> mein für euch verströmendes Blut!
> Menschen! Umarmt euch! Und *werdet gut!*«

Dieses Gedicht ist sozusagen eine Stegreifarbeit, wohl in der Schule unter Klausurbedingungen geschrieben. Man sollte es also nicht allzu genau analysieren und die manchmal läppischen Reime mit Stillschweigen übergehen. Eher wäre die Leichtigkeit und Selbstverständlichkeit zu notieren, mit der Kästner als knapp Zwanzigjähriger schreiben konnte. Seine Arbeit ist tatsächlich von einem Lehrer korrigiert worden; freilich beschränkte der sich auf die Bemerkung »Engführung u. Aufbau fesseln.« Das Gedicht zeigt einen schlichten Nietzsche-Adepten, der dessen abrupte Sprünge seit dem *Zarathustra* nicht nachvollziehen mochte; das Ziel, die Menschheit groß und gut zu machen, wirkt einigermaßen unscharf neben dem doch recht konkret ausgemalten Weg dorthin, der ja viele Familien im just vergangenen Krieg ganz unmetaphorisch betroffen hatte, freilich ohne das gewünschte Resultat.

Im Nachlaß hat sich ein langer Brief von Kästners Freund Ralph Zucker erhalten, der ebenfalls die erhabene ›Lebensanschauung‹ zeigt, in der sich die jungen Männer nach dem Krieg bewegten; Nietzsche, Schopenhauer, Dostojewskis *Dämonen* und vor allem Oswald Spengler werden permanent zitiert, mit dem Zucker die »Vaterlandsliebe« erklären wollte. Es läßt sich kaum definitiv beurteilen, inwieweit Zuckers und Kästners Gedanken zu jener Zeit übereinstimmten, ein Antwortbrief fehlt; immerhin hat Kästner gegenüber Luiselotte Enderle seinen Freund zum »Frühvollendeten« erklärt, er sei »der Klügste von allen« gewesen,[9] und Zucker ist Vorbild für Labude in *Fabian*. In Zuckers Brief werden Völker individualisiert, jedes Volk habe seinen eigenen Gott, sei nicht »Rassen«- sondern »Schicksalsgemeinschaft«, und habe seine eigene Aufgabe, nach deren Erfüllung es absinken könne. Auch die Juden seien eine solche Schicksalsgemein-

Der Abiturient

schaft; Zucker war Jude aus einer reichen bayerischen Familie. Jedes Volk habe unbestechliche, uneigennützige »Führer, die Vertrauen besitzen, die auch im Einzelnen irren aber im Ganzen dem Volke helfen werden, zu werden was es ist, zu erfüllen was es soll und glücklich zu sein.« Zucker hat diese optimistische Variante selbst bezweifelt und war eher geneigt, an den »Untergang des Abendlandes« zu glauben, »Hauptsymptom: Der Sozialismus als allg. Unfallversicherung, die Nächstenliebe ohne Opfer auf Grund des ›do ut des‹, die anonyme Majorität die die Verantwortung der Staatslenkung übernehmen soll«. Auch »der Mensch«, der einzelne, sei nur »ein Mittel zu Übermenschlichem«, »Übermenschliches« aber »Selbstzweck.« In dieser Gedankenwelt stecke »die Kraft einer ungeheuren Bejahung des Lebens und zugleich einer ungeheuren Verneinung des Todes«; konsequenterweise studierte Zucker Medizin und fühlte sich von seinem Anatomieprofessor darin bestätigt, daß alle »geistigen und seelischen Regungen nervöser Natur sind.«[10]

Ein weiteres frühes Gedicht Kästners, *Die Jugend schreit!*, ist in einer Schulzeitung des König-Georg-Gymnasiums abgedruckt, erschienen am 1. Juni 1919.[11] Hier zeigt sich der Verfasser frei von jedem Welterlösungspathos und beklagt vielmehr das durch den vergangenen Krieg vertane Leben. Das Gedicht zeigt sich stark von expressionistischer Emphase beeindruckt: wie im vorigen zahlreiche aneinandergereihte Ausrufe, auf Mitte gesetzt, die dem vergangenen Grauen Herr zu werden suchen; der Beginn:

»Blutige Sonne
quält sich
durch blutende Nacht!
Wir atmen den giftigen Tag.
Tödliche Nebel
ballen sich hoch,
schwellen,
schwanken,
wanken,
quellen
in scheußliche, zerrzuckende Fratzen –
Laßt uns –
Krallende, greifende Finger
kreisen uns um die Kehle.
Wir werden – ersticken! – Ersticken!
Laßt uns –
den Atem!
Denn wir –
wir sollten,
wir wollten
das Morgen sein!
Hin – weg ihr!
Hinweg!
Schielende, tanzende Teufel!
Erdrückend gestaltloser, grauer Berg,
auf uns sich wälzend,
nah – näher – näher – grau!
Mütter!
Litten wir einzig deshalb Geburt,
um betrogen zu werden
um unser Leben?«

Die Kürze der Verse, der verknappende Satzbau deuten auf den 1915 gefallenen August Stramm; dessen Gedichte aus dem Krieg *Tropfblut* erschienen zuerst 1915 in Herwarth Waldens Zeitschrift *Der Sturm*. Stramms Gedichte sind um einiges härter, interpunktionslose Reihungen, in denen die Mitteilung mitunter auch die Sprache selbst destruiert. Die Jugend schreit beim jungen Erich Kästner immer noch in korrekten Sätzen, nur der Neologismus »zerrzuckend« überschreitet die Konvention. Kästner schrieb hier über etwas, was er nur mittelbar erlebt hat, und das in den Gedichten mitgeteilte Weltbild ist noch unklar, auch widersprüchlich – eher Fingerübungen als Gedichte. Sein Schulabschluß soll so erfolgreich gewesen sein, daß er das Goldene Stipendium der Stadt Dresden erhielt, er selbst schreibt ohne nähere Bezeichnung von einem »monatliche[n] Stipendium«, für das er sich bald durch die Inflation nur noch »knapp eine Schachtel Zigaretten« habe kaufen können (II: 57f.). In einem Stipendiengesuch vom 5. Mai 1920, das sich im Nachlaß befindet, ist in der entsprechenden Spalte – »ob der Bittsteller bereits ein Stipendium, oder die Zusicherung eines solchen erhalten habe und wieviel es betrage« – allerdings ein Strich gezogen. Es bleibt also offen, ob er tatsächlich wegen dieses Stipendiums, das zum Studium an der einzigen sächsischen Universität in Leipzig verpflichtete, die Stadt wechselte; jedenfalls zog er nach Leipzig um.

Kästner wird Kästner: Student und frühreifer Journalist in Leipzig

Im Wintersemester 1919 nahm er sein Studium in Leipzig auf. Er schrieb sich für Germanistik, Geschichte, Philosophie, Zeitungskunde und Theaterwissenschaften ein, aus Neigung und auch, weil diese Studienfächer außer ein paar Büchern keine großen Kosten erforderten. Sein erstes Untermieter-Zimmer suchte er zusammen mit seiner Mutter, dann setzte er sie in den nächsten Zug nach Dresden. Schon für Schulausflüge auf Elbdampfern hatte ihm seine Mutter Geld mitgegeben, das er immer wieder zurückbrachte, anstatt es auszugeben. Am Anfang seines Studiums hielt er das genauso und schränkte sich ein, wie es nur ging: »Auch erstes Semester in Leipzig. Mama fiel fast vor Schreck um, als sie mich wiedersah.« (AN)

Leipzig war eine anregende Stadt für den Studenten – eine der größten Verlagsstädte der Weimarer Republik, mit mehreren konkurrierenden Tageszeitungen. Hans Bauer hatte 1919 die satirische Wochenzeitschrift *Die Pille* gegründet, nach dem Vorbild des Münchner *Simplicissimus*. Nach einem Vierteljahr ging sie ein, das Publikum wollte nicht »allwöchentlich eine« schlucken. Mehr Glück hatte Hans Reimann mit *Der Drache*, die erste Nummer erschien pünktlich zu Kästners Studienbeginn am 1. Oktober 1919 mit dem Herausgeberkommentar: »Heutzutage gründet jeder hergelaufene Idiot seine eigene Zeitschrift. In allen Städten schießen sie wie die sauren Gurken aus der Erde. Warum solltest ausgerechnet du keine Zeitschrift gründen?«[1] Reimanns mäzenatischer Verleger war der Inhaber eines Sportgeschäfts. Reimann, zehn Jahre älter als Kästner, hatte schon im *Simplicissimus* und in der *Jugend* veröffentlicht, mit seinen Bänden *Sächsischer Miniaturen* war er einer der ersten satirischen Erfolgsschriftsteller. Seine »ungemütliche Zeitschrift«, die sich später »republikanische satirische Wochenschrift« nannte, gab sich links und fortschrittlich, ohne an eine Partei oder auch nur an klare politische Vorstellungen gebunden zu sein. Zu den Mitarbeitern gehörten Hans Natonek als stellvertretender Redakteur und Reimanns Freund Hans Bauer, der von 1921 bis zum Ruin 1925 die Herausgeberschaft übernahm. Fritz Hampel (»Slang«) und Bruno Apitz hatten hier ihre ersten Veröffentlichungen, Joseph Roth schrieb Reportagen, Walter Mehring Großstadtlyrik, Joachim Ringelnatz Kurzprosa und Gedichte; Kästner hat in seinen letzten Leipziger Jahren im *Drachen* ebenso veröffentlicht wie seine Bekannten Erich Gottgetreu und Ossip Kalenter. Keiner der Beiträger außer Reimann hatte schon zu *Drachen*-Zeiten einen großen Namen.

Auch das Leipziger Kabarett war von der Gründungseuphorie der Nachkriegszeit betroffen. Es gab nicht nur die üblichen anzüglichen ›Cabarets‹ zur Abenderholung einsamer Messegäste, sondern auch ein deutschlandweit bekanntes literarisches Kabarett, bei dem wiederum Hans Reimann eine zentrale Rolle spielte: 1921 gründete er zusammen mit dem Regisseur Hans Peter Schmiedel, dem Schauspieler Hans Zeise-Gött und dem Pelzkaufmann Dr. Walther Franke als Finanzier die *Retorte*. Kästner konnte hier auf der Bühne neben den Gründern alle Leipziger Schauspieler von Rang sehen, darunter Lina Carstens, Fritz Reiff und Agnes del Sarto, das erste Programm brachte Texte Walter Mehrings, dazu Schwitters, Klabund und Weinert; Joachim Ringelnatz gastierte mehrfach auf seinen landesweiten Tingeltouren.

Man kann sich ein vages Bild von Kästners Studieninteressen machen – er verschaffte sich den Überblick über das gesamte Fach der deutschen Literatur, las wissenschaftliche Werke von der *Deutschen Dichtung im Mittelalter* bis zur unmittelbaren Gegenwart. Sein Schwergewicht scheint auf wissenschaftlichen Werken zu deutsch- und englischsprachiger Dramenliteratur gelegen zu haben, ausgiebig beschäftigte er sich mit den deutschen Bearbeitungen von *Hamlet*.

Helga Bemmann hat in ihrer Kästner-Biographie die einschlägigen Auszüge des Leipziger Vorlesungsverzeichnisses für Kästners letzte vier Semester bis zum vorläufigen Studienende am 24. Oktober 1924 abgedruckt, demnach las sein ausersehener Doktorvater Albert Köster in dieser Zeit über Goethe und die deutsche Literatur im 16. und 17. Jahrhundert, sein tatsächlicher Doktorvater Georg Witkowski über die deutsche Literatur in der gleichen Epoche und über ein sozialgeschichtliches Thema, die literarhistorische Gesellschaft nämlich; Kästners Zweitgutachter Friedrich Neumann war Mediävist und las über das mittelhochdeutsche Epos.[2]

Trotz dieser vielfältigen Leipziger Anregungen blieben seine Bindungen an Dresden stark, die Distanz wuchs erst langsam über die Jahre. Seine Mutter lebte dort, und auch die nach ihr wohl erste und wichtigste Frau in seinem Leben, Ilse Julius, lebte und studierte in Dresden. Wann und wo er sie kennengelernt hat, wissen wir nicht; jedenfalls nicht in Rostock, wie überall zu lesen ist. Dort verbrachte er das Sommersemester 1921, aber ihre ersten erhaltenen Briefe in Kästners Nachlaß hat sie schon zwei Jahre vorher geschrieben. Er hatte also gute Gründe, mindestens die Semesterferien in Dresden zu verbringen; über das Rostocker Semester und das anschließende Wintersemester 1921 in Berlin gibt es kaum Informationen, außer daß Ilse »die Liebe selber« zu ihm war (8.7.1921, MB) und Muttchen ihn – wie üblich – gut versorgte und ihm Päckchen mit Kuchen, Nelken, Zigaretten und Geld schickte.

Seine Berufswünsche in dieser Zeit waren noch im Fluß: »Sollte ich – würde ich's nämlich können – Schriftsteller werden, oder Journalist oder – das war nun eine Frage für sich [...] – konnte ich denn nicht Regisseur werden?«[3] In Dresden war er weiterhin häufig ins Theater gegangen und auch in den Semesterferien als Statist aufgetreten: am Sächsischen Landestheater in Schiller-Stücken wie *Wilhelm Tell* und der *Braut von Messina*, im Chor der Semperoper, auch habe er sich »mit Bärten bekleben lassen als Brabanter«. Eines seiner Vorbilder war Berthold Viertel. Der war Mitarbeiter an Karl Kraus' *Fackel* gewesen und einer von Kraus' ersten Unterstützern, sein Theater-Essay *Karl Kraus. Ein Charakter und die Zeit* wurde 1917 in zwölf Folgen aufgeführt. Viertel hatte zuerst an der Wiener Volksbühne als Dramaturg und Regisseur gearbeitet, von 1918 bis 1922 war er Regisseur am Sächsischen Landestheater in Dresden; einige der bedeutendsten Inszenierungen expressionistischer Dramen hat er hier erarbeitet. Kästner beschrieb Viertel als »von kleiner Statur, er war auch im Aussehen ein Feuerkopf, er wirkte imposant, so klein er war, und sein künstlerischer Ernst umgab ihn wie eine Stahlkarosserie.« Diesen Mann wollte er kennenlernen und von seiner Arbeit profitieren, indem er »möglichst unauffällig« an den Proben teilnahm. In der Zeitung hatte er gelesen, Walter Hasenclevers Stück *Jenseits* solle von Viertel im Beisein des Autors einstudiert werden, das muß 1920 gewesen sein. Den Bühneneingang kannte Kästner durch seine Statistenrollen, die Probentermine konnte er am Schwarzen Brett lesen. Am nächsten Morgen postierte er sich am Bühneneingang, um Viertel abzufangen. Er sah ihn kommen und zum gegenüberliegenden Friseur gehen, wo er sich rasieren ließ. Danach ging er an dem wartenden Studenten vorbei durch den Bühneneingang ins Theater und – wurde nicht angesprochen. »Ich hatte [...] vor talentierten Menschen eine ausgesprochene Scheu und möchte ihre Kreise nicht im falschen Momente stören.« Auch am nächsten Morgen brachte Kästner es nicht fertig, den Verehrten zu stören, und dachte sich eine neue Strategie aus: Er würde sich gleichzeitig rasieren lassen. Kästner hat die Komödienszene dem Schauspieler Gerd Fricke erzählt: »Er setzte sich auf den rechten Stuhl, ich setzte mich auf den linken Stuhl. Der Meister rasierte ihn und der Gehilfe mich. [...] haben Sie schon einmal jemanden ansprechen wollen, der rechts von Ihnen rasiert wird, während auch Sie rasiert werden? Es ist außerordentlich schwierig, ins Gespräch zu kommen. Zunächst wurden wir beide, geradeaus blickend, mit Seifenschaum umwölkt, in dieser Situation konnte ich ihn nicht ansprechen. Dann, etwa gleichzeitig, drehten die Friseure ihre Köpfe nach links und begannen, die rechte Seite unserer Schläfen und Backen zu rasieren. Viertel saß nun also hinter mir und schaute meinen Hinterkopf an, und ich schaute auf die Straße. Es war wieder keine Gelegenheit, ihn anzusprechen.« So ging es einige Zeit hin und her: »Aber die Natur ist hilfreich. Viertels Bartwuchs war stärker als meiner, und so wurde er länger auf der rechten Seite rasiert, während ich schon aufgefordert wurde, meinen Kopf zu wenden. Nun sah ich Berthold Viertel an! Er sah mich natürlich nicht an [...], lag mit geschlossenen Augen da, überlegte sich wahrscheinlich den Fortgang der Proben. In dem Momente nahm ich mir ein Herz und sagte unter der Rasur: ›Herr Viertel‹ – nun hatte ich vor lauter Verlegenheit keine Hemmungen mehr –, ›ich möchte gerne Ihren Proben zu ‚Jenseits' zusehen.‹ Da sagte er: ›Wir sprechen uns nachher.‹« Viertel ließ sich Kästners Anliegen erklären und schleuste ihn tatsächlich ins Parkett, unter strengen Auflagen: »Setzen Sie sich in die Mitte, geben Sie keine Geräusche von sich, nach dem Ende der Probe verlassen Sie leise auf dem Weg, den Sie nun kennen, das Theater, und morgen früh sehen wir uns wieder. Entweder, wenn Sie sich wieder rasieren lassen, beim Friseur, sonst kurz vor Neun am Bühneneingang.« Kästner ließ sich nicht rasieren, kam aber zur nächsten Probe, fand die Auseinandersetzungen und »vulkanischen Ausbrüche«, die Unterbrechungen von Autor und Regisseur »sehr lehrreich und interessant«.

Kästner war vom Dresdner Expressionismus der Zeit beeindruckt: Kokoschka, Dix, Segall, Heckel, Schmidt-Rottluff lebten in der Nachkriegszeit in Dresden; in der Kunsthandlung Emil Richter fanden Kunstausstellungen, Lesungen und Vorträge statt, an die Kästner sich in den fünfziger Jahren als »vorbildlich«, als »außerordentlich interessant« erinnerte. Er habe dort »als Schüler, Soldat und Student« auch zum ersten Mal Kandinsky, Klee, Beckmann, Chagall, Felixmüller, Macke und Marc gesehen; einmal erlebte er dort sogar eine Lesung Hugo von Hofmannsthals. Im Kunstsalon »traf sich die Elite. Dort durfte ich sie beobachten, bewundern und, in aller Stille, kritisieren.« (8: 206)

Auch Walter Hasenclever las im Kunstsalon Richter. Er war seit 1916 in Dresden, wie Kästner und viele ehemalige Soldaten in den alten, geringfügig umgearbeiteten Uniformen. Hasenclever hatte nach Kästners Erinnerung »aus dem Weltkrieg einen Nervenschock heimgebracht, aber auch sein erstes Stück, ›Der Sohn‹ – ein Stück, das – zur Uraufführung mit Ernst Deutsch gespielt [...] – einen epochalen Erfolg hatte. Es beeinflußte das Theater und die Dramatiker jener Zeit.« *Der Sohn* war Hasenclevers erster großer Bühnenerfolg, geschrieben hatte er das Stück allerdings schon 1914. Auch *Jenseits* lobte Kästner im Rückblick: Es sei eine Chance gewesen, ein modernes Stück zu sehen, psychologisch und sprachlich interessant und mit zwei »ausgezeichneten Schauspielern«, Alice Verden und Walter Iltz, ein Zweipersonenstück, das sich darum bemühte, »eine nicht eben ungewöhnliche Dreicksgeschichte ungewöhnlich vorzubringen.« In *Jenseits* spielte Hasenclever mit okkulten Elementen – die erst kurz verheiratete Jeane erfährt vom Tod ihres Mannes bei einem Grubenunglück, während dessen Freund Raul bei ihr ist, von einer magischen Gewalt geführt. Jeane zieht Raul ins Bett, weil sie ihn für den Toten hält; als er erfährt, daß sie von ihrem Mann schwanger ist, »tötet er Jeane und befreit damit sich selbst vom Geist des Toten und zugleich ihre Seele, die sich im Jenseits mit der ihres Mannes vereinigt.«[4] Stefan Grossmann feierte das Stück im *Tage-Buch* nach Viertels Inszenierung, nie sei das

»Eingesperrtsein in das eigene Ich phantastischer und bildhafter gemalt worden«; Siegfried Jacobsohn dagegen meinte in der *Weltbühne*, wer *Jenseits* empfohlen habe, verdiene »Entlassung ohne Kündigung«, hier sei Hasenclever »das letzte bischen Talent ausgeronnen.«[5]

Bei der dritten Probe mit dem heimlichen Hospitanten Kästner ereignete sich ein Zwischenfall, er wurde entdeckt. Alice Verden habe gerufen, »in der Haltung einer Medea, den Arm und die Finger weit ins Parkett gestreckt: ›Da hinten sitzt jemand! Vorhang!‹ Der Vorhang fiel, hinter dem Vorhang wurde gerufen, gemurmelt, es gab Auseinandersetzungen.« Kästner wartete den Ausgang nicht ab, sondern schlich sich aus dem Theater, »noch immer auf Zehenspitzen, wie ich's nicht anders gewöhnt war«. Seine Lehre als Regisseur war vorzeitig beendet, er versuchte nicht einmal mehr, Viertel »für seine außerordentliche Freundschaft und Kameradschaftlichkeit zu danken.« 1948, als Viertel aus dem amerikanischen Exil nach Zürich zurückgekehrt war, sprach Kästner ihn auf die Episode an; für Viertel war sie aber weniger wichtig gewesen – Kästner hatte 1921 nur wenige und esoterische Publikationen vorzuweisen –, er hatte die Begegnung schlicht vergessen.

Viertel hatte Kästner vor einer der Proben gewarnt, ein akademischer Regisseur zu werden, und ihm empfohlen, sich erst einmal als Schauspieler zu versuchen, »ein schrecklicher Schlag«, meinte Kästner. Er war sicher, daß er für diesen Beruf ungeeignet sei. Immerhin versuchte er einige Zeit, »heimlich [...] Hamletmonologe und Partien aus ›Tor und Tod‹, von Hofmannsthal« aufzusagen und sich »als Darsteller einer fremden Person zu fühlen«, resignierte aber rasch.

Als Autor war er hartnäckiger; 1920 wurden seine ersten Arbeiten gedruckt. Im Verlag der Akademischen Nachrichten und Leipziger Studentenzeitung erschien zur *Weihnacht 1920* ein bibliophiles Heftchen mit *Dichtungen Leipziger Studenten*, die ersten drei der 26 Gedichte stammten von Erich Kästner – und sein Name ist auch der einzige späterhin berühmte. Seine Gedichte aber, *Dämmerung, Heimkehr, Deine Hände*, sind durchaus unberühmt, glatt, gefällig, dezent melancholisch, erinnern am ehesten noch an neuromantische Gedichte oder an die glatteren Arbeiten der Dresdner Expressionisten, die er gekannt haben mag, etwa A. Rudolf Leinerts oder Heinar Schillings. Bei diesen Gedichten drängt sich eine psychoanalytische Lesart fast auf, in *Heimkehr* etwa ist von einem lyrischen Ich die Rede, das in

Städten gestanden hat »wie einer, der seine Mutter sucht«, das auf unendlichen Straßen an gleichgültigen Menschen vorübergeht, Kindern zunickt und in der letzten Strophe endlich fündig wird:[6]

> »Jetzt aber lieg ich im Lied deiner Hände,
> aus tausend stummen Stunden erlöst. –
> Und wenn es mich wieder ins Dunkel stößt:
> Ich weiß ja, daß ich dich wartend fände!«

Nach den kurzen Intermezzi in Rostock und Berlin studierte Kästner von 1922 bis zum Abschluß in Leipzig; der Geheimrat Prof. Dr. Albert Köster hatte ihm eine mäßig, aber doch dotierte Stellung als Famulus angeboten, eher einer wissenschaftlichen Hilfskraft als einem Assistenten im heutigen Sinn vergleichbar. Er wohnte in der Nähe des Kristallpalasts, im zweiten Stock von Czermaks Garten 7, bei einer Frau Erler. Luiselotte Enderle hat in ihrem Kästner-Anekdotenband überliefert, daß die Witwe ihre Zimmer vorwiegend an Artisten vermietete, in der Küche schlief und »nervzerreißend auf ihrer Geige« übte; außerdem habe sie keinen Anstoß an nächtlichem Damenbesuch genommen, sondern das Frühstück mit der herzlichen Bemerkung ans Bett gebracht: »Na, heute werden Sie aber Hunger haben!«[7] Kästner hat sich ein groteskes Weihnachtsfest in einem derartigen – allerdings nach Berlin verpflanzten – Akrobatenhaushalt in dem Feuilleton *Feier mit Hindernissen* (1932) ausgemalt: Der Bekannte einer Frau mit Gummigelenken kommt unter die Zauberkünstler, Messerwerfer, Jongleure und Kraftakte und erlebt einen Heiligabend, daß ihm, »nur bildlich gesprochen, das Messer im Halse stecken« bleibt (GG I: 308–312).

Albert Köster war Sohn eines Weingroßhändlers und hatte sich als Theaterwissenschaftler und Editionsphilologe einen Namen gemacht. Seine erste Berufung erhielt er nach Marburg, seit 1899 war er Professor für neuere deutsche Sprache und Literatur in Leipzig. Er untersuchte die Theaterbühnen vor allem im 16. Jahrhundert und konstruierte Bühnenmodelle vom 16. bis 19. Jahrhundert; seine einzigartige Sammlung ging an das Münchner Theatermuseum. Er konnte als Verfasser der *Geharnschten Venus*, einer wichtigen barocken Lyriksammlung, Caspar Stieler nachweisen; er gab einzelne Bände großer Goethe- und Schiller-Ausgaben heraus, die Briefe von

Goethes Mutter, den Briefwechsel von Theodor Storm und Gottfried Keller sowie eine textkritische Storm-Ausgabe. Für eine großangelegte Geschichte der deutschen Literatur bearbeitete er die Aufklärung, beendete die Darstellung aber nicht mehr bis zu seinem Tode 1924; das Fragment erschien als *Die deutsche Literatur der Aufklärung* 1925. Schon aus dieser knappen Zusammenschau werden einige Bezugspunkte für den Köster-Schüler Kästner deutlich – seine frühe Liebe zum Theater mag ihn angezogen haben, er hat sich immer wieder auf die deutsche Aufklärung berufen, auf Goethe (und dessen Mutter!) bezog er sich gelegentlich; nur den Realisten des 19. Jahrhunderts stand er eher skeptisch gegenüber.

Unter seinen Mitstudenten traf er im Gottsched-Hauptseminar Kösters (Sommer 1922) seinen Dresdner Schulfreund Paul Beyer wieder, der auch mit Ilse Julius befreundet war. Beyer war etwas jünger als Kästner und hat zu seinem Mißfallen vor ihm promoviert. Einer von Kästners Dozenten, der Leipziger Nordist und Theaterkritiker Dr. Gustav Morgenstern, ließ die Studenten über Nacht Kritiken der aktuellen Premieren schreiben; Kästner soll einer seiner Lieblingsschüler gewesen sein, und wenn man die wenigen erhaltenen Besprechungen Kästners aus dieser Zeit liest, versteht man das gut. Ein frecher, brillanter Nachwuchskritiker zeigt sich hier, der seine Pointen setzen kann und keinen Respekt vor kulturellen Institutionen hat – wie etwa vor Gerhart Hauptmann. Zu dessen 60. Geburtstag spielten die Theater landauf, landab seine guten und auch seine weniger guten Stücke. Kästner hatte eine Rezension zu *Einsame Menschen* zu schreiben, einem damals 30 Jahre alten Stück und nach Hauptmanns eigenem Bekunden sein liebstes. Schon nach der Uraufführung waren die nicht mehr recht zeitgemäßen Konflikte moniert worden, der Student Kästner hatte 1922 nur noch Spott übrig: Als Hauptmann das weiße Pferd in Ibsens *Rosmersholm* wiehern hörte, »regte er sich so auf, daß er mit den ›Einsamen Menschen‹ darniederkam.« Kästner schrieb weiter: »*Handlung?* Nie sollst Du mich befragen!: Ein junges Ehepaar kriegt eine russische Studentin zu Besuch; 1. Stadium: Sie soll 8 Tage bleiben. Und bleibt; 2. Stadium: Sie will eigentlich nicht länger bleiben. Und bleibt noch 8 Tage; 3. Stadium: Sie soll nicht länger bleiben, läßt sich zur Bahn bringen, kommt wieder mit zurück. Und bleibt nochmals 8 Tage; 4. Stadium: Sie soll bleiben. Und bleibt nicht länger (Denn das Stück ist gleich zu End); 5. Stadium: Deswegen ersäuft sich der junge Gatte. – *Charaktere?* Das übliche Personal wird bemüht: Der junge Mann und Held des Stücks ist ein geistig hochstehendes Individuum (d.h.: Das muß man Hauptmann einfach glauben; denn innerhalb des Dramas merkt das kein Mensch); und ein rückgratloses feminines Geschöpf. Die junge Frau ist mit ›Nora‹ Ibsen eng verwandt. Anna Mahr, die Studentin, ist eine moralisch zensurierte u. verbesserte Auflage von Frl. ›Rebekka West‹. Die Eltern Vockerat sind herrnhutisch und bemerken mit Hebbel sehr richtig, daß sie die Welt nicht mehr verstehen. [...] Man verzeihe mir die unehrerbietige Sprache, aber es geht nicht anders. 4 Akte Psychopathologie um ihrer selbst willen und einen Akt Detektivfilm – das hält kein – Mensch aus! Und will es auch nicht aushalten. Denn es glaubt heute keiner mehr, daß dialogisierte Psychologie u. Drama identisch sind. Denn wenn das wäre, dann könnten die Theater zumachen, und der Staatsgerichtshof wäre Kunstgenuß genug.

Ein Privatgelehrter, der sich über seine Frau und auch sonst über jeden Dreck ärgert, der einer Studentin auf dem Müggelsee das 3. und 4. Kapitel seines philosophischen Werks vorliest (Vockerat ist ein ebenso großer Philosoph wie Hauptmann selber, und seine enorm hochstehende Geistigkeit, die ihn zur Einsamkeit verurteilt, glaubt ihm kein Metallarbeiter) – also, ein Privatgelehrter, der sich ärgert, Manuskript vorliest und sich dann ertränkt, weil er niemanden mehr hat, der ihm zuhört – gewiß, über Geschmack läßt sich nicht streiten. Trotzdem hatte ich das brennende Bedürfnis, die Stufen zur Bühne hinaufzuklettern und Herrn Dr. Vockerat jun. eine herunterzuhauen. Wahrhaftig! Denn Dummheit und Schwächlichkeit werden auch dann nicht wirksam, wenn man die quantitative Absicht merkt, daß man mit ihnen 5 Akte ausmöblieren will. Wenn jeder, der mich ohne tieferen Sinn schindet, ein Künstler sein soll, dann ist mein Zahnarzt der zweite Shakespeare! Aber das bestreite ich eben!«

Kästners Furor läßt dann das Stück hinter sich und wendet sich literaturwissenschaftlichen Wahrnehmungsweisen zu; immerhin wurde sein Text im Rahmen einer literatur- bzw. theaterwissenschaftlichen Veranstaltung geschrieben, der junge Autor löckt also auch gegen diesen Stachel: »Man ist vor lauter historischem Training beinahe unfähig gemacht worden, ›nein‹ zu sagen. Vor lauter aesthetischer Relativitätstheorie u. Einfühlung! Der Teufel hole das historische Verständnis, wenn es charakterlos macht! Und wenn irgendwer über die

Marlitt eine Toleranzpredigt hält und von Psychologie der Masse und Zeitcharakter faselt, dann soll er sich mit dieser Dame begraben lassen! Wir sollten wirklich einmal wieder ›ja, ja‹ – oder ›nein, nein‹ sagen lernen, ohne dreifache Parenthese und zehn Fußnoten.«[8] Dr. Morgensterns Hausaufgaben waren nicht auf Theaterrezensionen beschränkt, Kästner hat für ihn auch eine Protestversammlung gegen Arthur Schnitzlers Stück *Reigen* beschrieben. »Kunst und Entartung« hieß die Veranstaltung, sie dürfte 1922 stattgefunden haben. Schnitzler hatte das Stück 1896/97 geschrieben und hielt es für »vollkommen undruckbar«, »etwas Unaufführbareres hat es noch nie gegeben«. 1900 ließ er 200 Exemplare für seine Freunde drucken, 1903 erschien der *Reigen* in einem Publikumsverlag, bis 1914 waren an die 70 000 Exemplare verkauft. Schnitzler hatte nach einiger Überzeugungsarbeit seines Verlegers Samuel Fischer einer Uraufführung durch Max Reinhardt zugestimmt; nachdem Reinhardt 1920 die Leitung seiner Berliner Theater niedergelegt hatte, fand die Uraufführung am 23. Dezember 1920 im Kleinen Schauspielhaus in Berlin statt. Regie führte Josef Hubert Reusch, die Theaterleiter waren Maximilian Sladek und Gertrud Eysoldt. Sie und ihre Schauspieler wurden angeklagt, durch »unzüchtige Handlungen öffentlich ein Aergernis gegeben zu haben«, sie gewannen aber den Prozeß vor dem Berliner Landgericht III nach knapp zweiwöchiger Verhandlung. Am 18. November 1921 wurde der Anstoß, den insbesondere rechtsradikale, antisemitische und katholische Vereinigungen genommen hatten, abgewiesen – es handle sich um ein moralisches und sittliches Stück, das nicht die Absicht gehabt habe, Lüsternheit zu erwecken. Als Sachverständige traten Kästners Lehrer Georg Witkowski und Albert Köster und vor allem die »gesamte Crème der Berliner Theaterkritik auf« – Alfred Kerr, Herbert Ihering, Arthur Eloesser, Ludwig Fulda; und auch Gerhart Hauptmann als »berühmteste[r] Dramatiker der Zeit« ließ sich befragen.[9] Victor Schwanneke, in Berlin dann einer von Kästners Kneipiers, war als Schauspieler einer der Angeklagten und nach der Anklageschrift »hinreichend verdächtig [...], durch unzüchtige Handlungen öffentlich ein Aergernis gegeben zu haben«.[10] Nach dem Urteil wurde der *Reigen* in ganz Deutschland gespielt; die Kampagne von rechts wurde ungeachtet des Gerichtsurteils eifrig weiterbetrieben, Heinz Ludwig Arnold nennt einige Verbände: den »deutsch-völkischen Schutz- und Trutzbund, den deutschen Offiziersbund, den

Bund nationalgesinnter Soldaten, den deutsch-völkischen Geselligkeitsverein, den Bund der Aufrechten«.[11] Eine dieser Veranstaltungen also hat Kästner im Rahmen des Morgenstern-Seminars beschrieben; sie ist von mehreren – nicht genannten – Vereinen organisiert worden und war öffentlich. Kästner warf den Theaterdirektoren vor, sie benutzten das »allein Stoffliche dieses Kunstwerks, um aus der Geschmacklosigkeit des Publikums das ihnen so bitter nötige Kapital zu schlagen. Das Geschäft rentiert sich glänzend, denn das Publikum ist noch geschmackloser, als es sich selbst Theaterdirektoren träumen lassen.« Der Referent war ein »junger Privatdozent der Philosophie (man ist noch sehr unbekannt! ergo!)«, dessen Vortrag Kästner spöttisch zerlegte: Er »macht dem aufmerksamen dummen Zuhörer klar, daß da irgendwo eine Kunstanschauung existiere, deren Schlagwort sei: l'art pour l'art. Schon das fremdsprachliche Gewand dieses Mottos genügt, um zwingend darzutun, daß ein deutscher Privatdozent […] andrer, möglichst kontradiktorischer Ansicht zu sein hat. Nämlich: Die Kunst hat moralisch zu sein. Nun ist der *Stoff* des ›Reigen‹ höchst unmoralisch. Also ist das Ganze kein Kunstwerk. Nach diesem ergreifend schönen, ›wissenschaftlichen‹ System von Trugschlüssen gibt er sich natürlicher«. Der Dozent erzählte antiquarische und militärische Erlebnisse, wies darauf hin, daß Schnitzler Jude und Arzt sei und daß er seine Frau nicht zu ihm in die Sprechstunde schicken würde. Pikant an der Angelegenheit ist, daß dieser Privatdozent nicht unbekannt blieb: Hans Leisegang, damals 32 Jahre alt und für die Fächer Philosophie, Pädagogik und Psychologie frisch habilitiert, machte sich als Philosoph und Religionswissenschaftler einen Namen. Sein Buch über die Gnostiker (1924) ist ein bis heute immer wieder nachgedrucktes Standardwerk, er schrieb auch Bücher über Lessing, Goethe und philosophische *Denkformen* (1928). Der peinliche Auftritt gegen den *Reigen* paßt nicht unbedingt in seinen bewegten Lebenslauf, er saß 1934 wegen »Beschimpfung des Nationalsozialismus« ein paar Monate im Gefängnis, wurde dennoch erst 1937 seines Lehrstuhls in Jena enthoben, 1945 wieder eingesetzt. 1948, nach erneuter Absetzung, floh er nach Westberlin; bis zu seinem Tod 1951 blieb er dort Ordinarius für Philosophie.

Die Diskussion über Leisegangs Thesen scheint, nach Kästners sprunghaftem Bericht zu urteilen, ziemlich bunt verlaufen zu sein. Man beklagte den Verkaufserfolg Courths-Mahlers, während die

Werke Gerhart Hauptmanns – eines der Sachverständigen im Berliner Prozeß! – unverkauft blieben. Ein »junger jüdischer Student plaudert von der Unsittlichkeit in Korps und Offizierskasinos; [...] ein älterer jüdischer Herr wirft dem Referenten Unsachlichkeit und Unwissenschaftlichkeit vor; [...] ergraute Handwerker und kleine Beamte benehmen sich, als ob sie noch Deckelhosen trügen«. Eine vorgefertigte Resolution gegen die *Reigen*-Aufführungen wurde verlesen, und »lustig hüpft das Stimmvieh auf der Weide der Nachäffung«. Kästners Besprechung schließt mit einer Tirade auf den Referenten: »Vielleicht hat Herr Leisegang die verdienstliche Liebenswürdigkeit, Richard III. in eine Tugendboldiade umzuformen, das Dekameron zu konfiszieren und aus dem Hamlet die Vergifteten, Gespießten und Verrückten herauszuwerfen. Ein moralisches Publikum würde ihm dadurch zu größtem Danke auf ewig verpflichtet. Auch auf dem horriblen Gebiet der Aktmalerei böte sich ihm ein ungemein fruchtbares Feld: Feigenblätter und Badehosen dürfte er schon malen können. Soviel trauen wir ihm noch zu.«[12] Eine eigene Argumentation, ein Standpunkt Kästners ist in seinem Bericht kaum erkennbar. Er betont lediglich, bei dem *Reigen* handle es sich um ein Kunstwerk; und mit der Zuschreibung ›stofflich unmoralisch‹ reiht er sich in die Reihen der zeitgenössischen Verteidiger ein, für die offenbar Sexualität unmoralisch war und die Schnitzler die ›moralische‹ Behandlung des Themas zugute hielten. Ihre Einschätzung von Sexualität deckte sich also durchaus mit der ihrer Gegner.

Von seinem Einkommen als Famulus konnte Kästner keine großen Sprünge machen, er arbeitete daher noch nebenbei als Werkstudent, besonders zur Zeit der Messe. Die möglichen Tätigkeiten hat er in dem frühen humoristischen Feuilleton *Meß-Ouvertüre* (1923) beschrieben: Die Studenten konnten beim Meßdienst arbeiten, als lebendige Wegweiser; sie konnten mit Bauchläden herumlaufen und Kekse verkaufen, in einer der vielen Tanzkapellen mitspielen, kellnern, mit Plakaten auf Bauch und Rücken »wandelnde Litfaßsäule« spielen: »Vielleicht werde ich auch Feuerwehrmann. Oder Portier im ›Nachfalter‹. Oder Laufjunge. – Ich muß mal sehen ...« (GG I: 9) Tatsächlich soll Kästner Adressen geschrieben und Standaufsichten geführt haben, jedenfalls konnte er sich zuletzt schon als Student einen überdurchschnittlichen Lebensstandard leisten. So vermeldete er der Mutter stolz, er habe in seinem Leipziger Stammcafé Felsche üppig zu

Mittag gegessen – »Spargelsuppe & Kalbsbrust mit Leipziger Allerlei für 66 Pfg. & ein Glas Cognak, zur Verdauung, für 33 Pfg., 1 Pfg. Trinkgeld: Macht 1 Goldmark. Wenn Du wüßtest, was ich zusammenfresse! Manchmal esse ich sogar noch abends etwas warm! Eigentlich ist das unanständig, wie? Aber es bekommt mir gut. Wirklich ausgezeichnet. Ich glaube, meine Nerven haben sich ganz bedeutend gebessert. Und da bin ich doch recht froh drüber.« (Febr. 1923, MB)

Seine Bücher kaufte er sich noch auf Raten, zum Beispiel erwarb er 1924 eine 25bändige Dostojewski-Ausgabe für 65 Mark, zahlte 5.– an und verpflichtete sich, jede Woche 15 Mark abzuzahlen. Aber ein endgültiger – auch materieller – Aufstieg war in Sicht, im selben Jahr wurde er, noch vor Abschluß des Studiums, Zeitungsredakteur.

In den älteren Biographien ist zu lesen, er habe spaßeshalber eine Glosse über die Inflation, *Max und sein Frack*, an das *Leipziger Tageblatt* geschickt, zwei Tage später sei sie als »Lokalspitze« erschienen und der damalige Verlagsdirektor – der Journalist und Reiseschriftsteller Richard Katz – habe ihm eine Redakteursstelle angeboten. Das Feuilleton ist am 7. Februar 1923 erschienen, seiner Mutter meldete er die Redaktionsstelle beim *Leipziger Tageblatt* wohl mit dem 4. Februar 1924; die originale Postkarte fehlt im Nachlaß, ihr Abdruck in Enderles Ausgabe der ›Muttchen-Briefe‹ dürfte um ein Jahr rückdatiert (oder ein simpler Schreibfehler) sein. *Max und sein Frack* hat ihm jedenfalls die Stelle nicht verschafft. In der Glosse ist von einem Freund des Erzählers die Rede, der einen Frack besitzt und durch ihn mit Hilfe eines Leihhauses zeitweilig sein Leben bestreitet: Er löst den Frack aus, läßt ihn durch einen Freund gleich wieder abgeben, und in der kurzen Zwischenzeit ist der Wert des Fracks durch die Inflation von 3500 auf 15 000 Mark gestiegen.

Immerhin war dieser Text aber das Eintrittsbillett für regelmäßige Feuilleton-Arbeit. Ilse Julius beglückwünschte ihn an seinem Geburtstag: »Über die fabrikartige Herstellung & Nachfrage der Feuilletons freue ich mich sehr für Dich, vielleicht ein Anfang oder eine Vorbereitung für dermaleinst gewaltigere Taten.« (22.2.1923, JB) Um die gewünschte Redakteursstelle zu erlangen, begnügte sich Kästner nicht mit journalistischer Arbeit; er hatte spätestens in Leipzig das Nachtleben entdeckt und verstand es, als geschickter Lancierer auf sich aufmerksam zu machen. In einem Weinlokal, das nach der Polizeistunde noch geöffnet hatte, entdeckte er am Nebentisch den Chefredakteur der Zeitschrift *Das Leben*, Dr. Ploch: »Mit Frau, Schwägerin & einem Bekannten. Ich mache alle miteinander bekannt. Und es war recht fidel. Sekt &tc. Es wurde getanzt, & ich unterhielt mich mit Ploch & Frau. Er erzählte mir u. a., daß neben ihm noch ein Redakteur fürs ›Leben‹ angestellt wäre. ›Hallo! Weiß ich gar nicht, Herr Doktor. Wer ist das denn?‹ ›Ossip Kalenter!‹ Ich wunderte mich. Er sagte – aber ganz genau kann ich mich nicht mehr erinnern von wegen dem kleinen Schwips – Kalenter wäre viel krank &tc. Nun fing ich an zu flachsen: Wenn er schon noch einen Redakteur neben sich hätte, dann wäre *ich* der gegebene Mann. Seine Frau würde mir sicher beistimmen – Du weißt schon, wie ich sowas andrehe. War natürlich alles Spaß von mir.« (Febr. 1923, MB) Natürlich – aber am nächsten Tag fand Kästner einen Brief Plochs vor, der ihm eine Redakteursstelle anbot. Er hatte feste Vorstellungen, unter welchen Bedingungen er sie annehmen würde: »1) *Kein* 8-Stundentag, sonst wird meine Dr-Arbeit nie fertig. 2) Mindestens zweimal 4 Wochen Ferien 3) Etwa 200 M Gehalt mindestens«. (Febr. 1923, MB) Aus dieser Stelle scheint nichts geworden zu sein; die Zeitschrift *Das Leben* war erst im Gründungsstadium, in der ersten Nummer im Juli 1923 wurden immerhin Aphorismen von Kästner abgedruckt. Am 31. Januar 1924 dann lud Dr. Ploch Kästner ein, er möge einmal bei ihm vorsprechen, »da Aussicht besteht, daß wir Sie für den zweiten, bezw. dritten Redakteurposten engagieren.« (NL)

Jetzt ging Ploch auf Kästners Bedingungen ein: Er erhielt das gewünschte Gehalt, nur mit einem Probemonat mußte er sich einverstanden erklären. Ploch war für Kästner auch deshalb so überaus interessant, weil *Das Leben* in der Leipziger Verlags-Druckerei erschien; derselbe Verlag gab das Magazin *Der Die Das*, vor allem aber die beiden liberalen Tageszeitungen Leipzigs, die *Neue Leipziger Zeitung* und das *Leipziger Tageblatt* heraus. Nach der Erinnerung Hilde Deckes war Kästner seit Mitte Februar 1924 auch schon Redakteur der *Neuen Leipziger Zeitung*: »Als ich engagiert wurde, sagte mir Katz, dass sie ausserdem einen jungen Mitarbeiter in Aussicht hätten, der wahrscheinlich ebenfalls mit mir beginnen würde. Erich kam dann 3 oder 4 Tage später als ich. An seinem Geburtstag sass er mir schon gegenüber.«[13] Kästner schrieb seither kaum noch Feuilletons, dafür aber kontinuierlich Rezensionen über beinah alle kulturellen Gebiete, gelegentlich auch politische Artikel. Eine Gehaltsabrechnung vom August 1924 hat sich erhalten, danach verdiente Kästner 300 Mark, für Steuern und »Angestellten-Versicherung« wurden ihm 29,50 abgezogen; und Muttchen kaufte ihm vom Geld seiner Tante Lina Augustin eine *Erika*-Schreibmaschine für Hausgebrauch und Doktorarbeit.

Kästner gehörte nun dazu, er war nicht mehr der Zuschauer, der die wenig älteren Kollegen bewunderte – seit 1924 konnte er mit ihnen im Café Merkur am Dittrichring sitzen, mit Hans Bauer, Krell, Mehring, Natonek, Reimann, Weinert; auch die Maler Erich Ohser, Erich Hamm und Max Schwimmer gehörten dazu, auswärtige Gäste waren Andersen-Nexö, Kisch, Asta Nielsen, Joseph Roth und Rosa Valetti. Johannes Burkhardt war einer seiner näheren Freunde; er nannte sich als Publizist und Lyriker Ossip Kalenter und blieb Kästner bis auf kleinere Irritationen, die zwischen ›inneren‹ und ›äußeren‹ Emigranten allemal auftraten, bis in die letzten Jahre verbunden. Kästner ließ sich von dem ein Jahr jüngeren und früh erfolgreichen Dresdner beraten, an welche Zeitungen und Redakteure er seine Feuilletons noch schicken könnte. »Ich mache so gern Konzessionen«, schrieb ihm Kalenter vom Gardasee, wo er seit 1924 lebte: »Ich finde, Konzessionen zu machen ist an der janzen Kunst das Reizvollste. Schreiben was man will, ist garnischt; aber schreiben, was die anderen lesen wollen, das ist Kunst.«[14] Eine Kunst, die Kästner vortrefflich beherrschte – zeitungsbezogen, abnehmerbezogen zu schreiben. In Leipzig legte er die Grundlagen für die spätere publizistische Vielfalt in Berlin. Kalenter lobte seine Theaterkritiken, vermerkte aber, ein »wenig Nachhall der Doktorarbeit« hafte noch daran, »aber wie Sie gebaut sind, wird sich das Seriöse wohl geben«.[15]

Das Zeitungsmilieu war überschaubar, Ploch wurde dann auch bei der *Neuen Leipziger Zeitung* Kästners Chef – er wechselte und konnte dort offenbar dem Feuilletonchef Natonek hineinreden, nicht unbedingt zu Kästners Vergnügen: »Er wird vieles selber machen wollen. Na, wennschon. Dann hab ich wieder mehr Zeit für mich.« (27.11.1924, MB) »Wir ›plochen‹ uns so herum«, schrieb Max Krell, nach Ploch der zweite Chef Kästners in der Hierarchie, seinem Kollegen.[16]

Hans Natonek »sah aus wie ein bleicher Mongole«.[17] Er wurde 1892 in Prag geboren, seit 1917 war er in Leipzig und seit 1923 bei der *NLZ*. Er war mit seinem ironischen, sarkastischen, leichten Stil ein Vorbild Kästners; seine oft eminent politischen Arbeiten erschienen auch in der *Aktion*, der *Schaubühne*, der *Weltbühne* und im *Stachelschwein*. Natoneks Ehe wurde 1933 geschieden, seine Frau war eine hysterische Nationalsozialistin und hatte ihrem jüdischen Mann den Umgang mit seinen Kindern verboten. Natonek emigrierte über Paris nach New York und brachte sich dort zeitweise als Leichenwäscher durch, auch mit Autowaschen und Schneeschippen – an seine Karriere als erfolgreicher Schriftsteller und Romancier konnte er bis zu seinem Tod, 1963 in Arizona, nicht mehr anknüpfen; Kästner blieb ihm bis in die fünfziger Jahre verbunden.[18]

Sein Heimweh nach Dresden scheint sich mit zunehmender Entfernung gelegt zu haben. Das erste längere Dresden-Feuilleton in der *NLZ*, *Märchen-Hauptstadt*, zeichnet zwar auf den ersten Blick ein weithin verklärendes Bild, aber auch hier sind die Ironie- und Distanzierungssignale schon deutlich. Inmitten der Beschreibung poetischer Stimmungen und Sehenswürdigkeiten mit vielen schmachtenden Auslassungspünktchen (»weiße Federwolken hängen im Blau... Die Sonne neigt sich dem endlosen Wäldermeer entgegen...« usw.) fand Kästner, die Frauenkirche sehe aus »wie ein riesiger Kaffeewärmer« (GG I: 13). Mit dem alten lieben Dresden sei es vorbei, »Leipzig ist das Heute. Und Dresden – das Gestern... Leipzig ist die Wirklichkeit. Und Dresden – das Märchen...« (GG I: 16) Sein zweites Dresden-Feuilleton machte der alten Heimat völlig den Garaus: *Dresden im Schlaf.* Inzwischen stimmte die Stadt den Besucher melancholisch: »Tief und unfasslich hängt die Dämmerung über dir. Wie ein schwermütiger Baldachin.« Es war ihm zumute, »als erführe man die unheilbare Erkrankung eines schönen Mädchens!« Kästner fand Dresden jetzt provinziell, und er begründete seine Überzeugung mit Theaterereignissen. Ernst Tollers *Hinkemann*, revolutionäres Stück einer neuen Generation, kam von Leipzig nach Dresden und wurde abserviert, »man drohte den Schauspielern mit Erschiessen.« Dagegen stehe zu befürchten, daß Hanns Johsts *Wechsler und Händler*, »diese hoffnungslos traurige Komödie«, ihre 50. Aufführung erleben werde. »Dresden schläft. Der Schlaf unterscheidet sich vom Tod nur durch die Dauer. Sollte Dresden schon gestorben sein? Sollte ich versehentlich eine Leichenrede gehalten haben? Das wäre sehr, sehr traurig.«[19]

Nach dem Ende des Studiums wollte Kästner noch seine Doktorarbeit schreiben. Köster hatte sich 1924 umgebracht, Kästner erfuhr von dessen Witwe, die ihm auch eine Fotografie ihres Mannes schenkte,

»weil ihn jemand hätte verraten wollen. Gedacht hab ich mir's ja gleich.« (8.11.1924, MB) Die *Neue Deutsche Biographie* spricht nur von »einer Phase schwerer Depression« Kösters – was hätte verraten werden können?

Kästners Arbeit wurde nun vom außerordentlichen Professor Georg Witkowski betreut, den er schon länger auch privatim kannte – Ilse Julius erwähnte in einem ihrer Briefe einen Maskenball im Professorenhaushalt zur Faschingszeit 1925 (1.2.1925, JB). Witkowski hatte wie Köster zahlreiche Klassiker herausgegeben, darunter auch eine Reihe »Meisterwerke der deutschen Bühne«, eine Schiller- und eine Lessing-Werkausgabe. Er veranstaltete den ersten Neudruck des Stücks *Graf Ehrenfried* von Christian Reuter, anschließend auch eine Ausgabe *Sämtlicher Werke* des verschollenen Barockgenies. Witkowski bewegte sich oft am Rand seines Faches, untersuchte die Fragen *Was sollen wir lesen und wie sollen wir lesen?* (1904) und war ein Pionier auf sozialgeschichtlichem Gebiet; unter anderem schrieb er eine *Geschichte des literarischen Lebens in Leipzig* (1909). Sehr spät erst, mit 67 Jahren, wurde Witkowski 1930 doch noch zum Ordinarius ernannt; im September 1933 wurde er zwangsweise in den Ruhestand versetzt. Er durfte Bibliotheken nicht mehr benutzen, sein Ruhegehalt wurde ihm nicht gewährt; erst wenige Monate vor seinem Tod konnte er zu Verwandten seiner Frau nach Amsterdam emigrieren.[20]

Als Promotionsthema hatte sich Kästner zuerst Lessings *Hamburgische Dramaturgie* vorgenommen. Diese Arbeit scheiterte an der Fülle des Materials, die kargen Pläne und Skizzen im Nachlaß zeigen ein ungeheures Unternehmen, den Entwurf für ein umfassendes theater- und literaturgeschichtliches Werk über die ersten sieben Jahrzehnte des 18. Jahrhunderts. Ilse Julius bemitleidete ihn in der Krise – »noch immer weltfremd gestimmt, noch immer bös mit allem und jedem?« Sie empfahl ihm, eine Zeitlang nichts zu tun, zu bummeln, die Arbeit liegenzulassen, womöglich »besser Schluss & etwas Neues.« Ihr Brief stammt vom 17. März 1925; in dieser Zeit entschied er sich für ein eng umgrenztes Thema. Er ließ sich in der Redaktion vertreten und bearbeitete es in kürzester Zeit, innerhalb eines guten Vierteljahrs. Sein zuerst geschriebenes Buch sollte als sein letztes gedruckt werden, erst 1972 erschien die Dissertation unter dem Titel *Friedrich der Große und die deutsche Literatur*. Sie beschäftigte sich mit den *Erwiderungen auf seine Schrift »De la littérature allemande«*. Friedrich II. hatte 1780 ein

Pamphlet über die deutschsprachige Literatur in französischer Sprache veröffentlicht, in dem er behauptete, die deutsche Literatur stehe in ihren allerersten Anfängen, weise weder bedeutende Autoren noch Werke auf. Es versteht sich, daß kein deutscher Schriftsteller der Zeit dieses Urteil auf sich sitzen lassen mochte; Kästner referierte und kategorisierte in seiner Dissertation ihre Erwiderungen. Oft fielen die allerdings sehr knapp aus – es war schon 1780 deutlich, daß der frankophile Friedrich die deutsche Literatur seiner Zeit kaum kannte, und den bedeutendsten Autoren der Zeit – Wieland, Goethe – war die Schrift des Königs nur eine abfällige private Bemerkung wert, Lessing nicht einmal das. Unter den Verfassern ausführlicher Erwiderungen dürften sich nur noch Justus Möser, Johann Karl Wezel und Johannes von Müller eines gewissen Bekanntheitsgrades unter Germanisten und Arno Schmidt-Lesern erfreuen. Walter Müller-Seidel, der spätere Herausgeber von Kästners Arbeit, lobte die »differenziert dargestellte Überlagerung des Alten mit dem Neuen, der Aufklärung und des Sturm und Drang«;[21] Kästners Zwischenbilanz wirkt beinahe emotionsgeschichtlich, eine Teildisziplin, die erst Jahrzehnte später als solche ›erfunden‹ wurde: Friedrichs Kritiker aus der Epoche der Aufklärung seien »dem alten System durch anderes als durch bloße Kenntnisse verbunden: durch Tradition, Instinkt, Sympathie, – und ihnen mangelt der Kerntrieb zum Neuen: lebendig treibendes Gefühl, Liebe und Haß, herzlicher Glaube.«[22] Was die Doktorarbeit außerdem interessant macht, ist weniger ihr Stoff als Kästners argumentativer Stil. Seinen Schreibstil hatte er hier noch nicht gefunden, der ist noch über weite Strecken hölzern. Aber er urteilte sehr entschieden und oft scharfsinnig über die *minor poets* des 18. Jahrhunderts, warf dem einen »grobe[.] Taktlosigkeiten« vor (S. 94), dem anderen, sein Vortrag sei »als Ganzes ohne Wert« (S. 93), einem dritten, seine Schrift schwimme in einem »bilderwütigen Redestrom« davon, »ohne daß man dabei die asthmatischen Nebengeräusche des Phantasielosen vergessen kann« (S. 48). Er bewunderte Möser und seine Gesinnungsgenossen, sie seien »eine Art Revolutionäre in Permanenz« gewesen (S. 62), gleichwohl sei Revolution in Permanenz »ein Unding« (S. 14). Immer wieder artikulierte Kästner in seiner Arbeit die Grenzen der Ratio, betonte, daß Literatur und Sprache »rein intellektueller Annäherung widerstreben« (S. 24). Sein Fazit könnte heute so nicht mehr in einer wissenschaftlichen Arbeit stehen, an der ›unwissenschaftlichen‹ Begrifflichkeit würde Anstoß genommen. Er schrieb über die neue Epoche, wie sie in den wenigen entstanden sei, »ist Geheimnis und Schicksal« (S. 101). Das »Zeitalter der Aufklärung« herrsche weiter, »trotz subtilster Annäherungen an die irrationale Welt – […] denn […] eine Annäherung an jene andere irrationale, individuale, lebendige Welt des Gefühls ist menschlich verständlich und historisch notwendig, – aber sie ist weltanschaulich zwecklos; ohne Sinn, ohne Ergebnis und ohne Hoffnung.« (S. 101) Nicht nur die historische Aufklärung, auch die wissenschaftliche Erkenntnis hatte hier ihre Grenze; es ist, als habe Kästner sich in seiner Arbeit an die Grenze des Konzepts ›Wissenschaft‹ herangetastet, um sich nun sehr entschieden und fast ausschließlich der Literatur zuzuwenden, die für die ›Welt des Gefühls‹ ganz andere Möglichkeiten bietet, die nicht nur ›ohne Sinn, Ergebnis und Hoffnung‹ ist, sondern auch tatsächlich. Obendrein konnte Kästner von Justus Möser lernen, daß man bei einem »Volksstücke«, einem erfolgreichen Stück – *Götz von Berlichingen* war gemeint –, den »Geschmack der Hofleute bey Seite setzen« müsse (S. 35).

Helga Bemmann vermerkt, auch hier sei es Kästner wieder gelungen, zum Klassenprimus zu werden: Das Promotionsbuch verzeichnete 1925 »in den literaturhistorischen und kunstgeschichtlichen Disziplinen keine weitere Eins.«[23] Die Urkunde, in der Kästner die Philosophische Fakultät der Universität Leipzig »auf Grund seiner sehr guten Dissertation« und der »mit gutem Erfolge bestandenen mündlichen Prüfung« den Doktortitel verlieh, ist auf den 4. August 1925 ausgestellt. Ossip Kalenter beglückwünschte den »Dr. Khasanova alias Kästner« und antwortete auf die Frage nach seiner eigenen Promotion, er werde sich bis zur Ernennung zum »h. c.« gedulden – den »hat ja sogar Ludendorff. Das kann doch nich schwer sein.«[24]

Die sprachlichen Schwächen der Dissertation dürften auf das hastige Schreibtempo zurückzuführen sein. Seinen ›Ton‹ hatte Kästner in den letzten Monaten des Jahres 1924 gefunden; damals wurden die ersten Gedichte veröffentlicht, die er in seine erste Sammlung *Herz auf Taille* (1928) übernahm. Die *Ansprache einer Bardame* beispielsweise stand zuerst unter dem Pseudonym »Peter Flint« im *Drachen* am 25. November 1924, gegenüber dem Buchdruck gibt es nur Varianten in der Interpunktion. Am deutlichsten sichtbar ist der Bruch in einem Heft *Das Blaue*, das zum »Bunten Fest der akademischen Jugend zum Besten der Leipziger Winterhilfe« am 27. November 1924 erschienen ist. Von den drei abgedruckten Gedichten Kästners sind zwei – *Notturno fantastico* und *Phantasie in a-moll* – noch im neuromantischen, neurilkeschen, kitschdunklen Stil gehalten. Das dritte, *Hymnus an die Zeit*, klingt völlig anders: keine verdeckt-verdruckste Sexualität mehr, nichts schwiemelig ›Empfundenes‹, sondern ein scharfer, satirischer Ton. Kästner spielt hier mit Sprichwörtern, Redensarten, Benimmregeln und deutschnationalem ›Volksgut‹ wie dem Max Schneckenburger-Lied *Die Wacht am Rhein*. *Hymnus an die Zeit* hat Kästner als einziges der drei Gedichte in *Herz auf Taille* übernommen; die erste Strophe:

>»Wem Gott ein Amt gibt, dem raubt er den Verstand.
>In Geist ist kein Geschäft. Macht Ausverkauf!
>Nehmt euren Kopf und haut ihn an die Wand!
>Wenn dort kein Platz ist, setzt ihn wieder auf.« (I: 15)

Der frisch promovierte Germanist saß fest im Redakteurssessel und belieferte nicht nur seine eigene, die *Neue Leipziger Zeitung*. Hans Natonek hatte ihn an den *Drachen* vermittelt, Hilde Decke, die Chefredakteurin der Familienzeitschrift *Beyers »Für alle«* im Otto Beyer Verlag, bekam Geschichten und Gedichte für ihre Kinderbeilage *Klaus und Kläre*, Dr. Friedrich Michael, ebenfalls Mitarbeiter bei *Für alle*, orderte Rezensionen. Vor allem für Michael und Decke mußte er »arbeiten wie ein Heupferd im Geschirr«, freute sich aber auch darüber: »Ist für junge Leute gesund.« (16.10.1926, MB) Mit Hilde Decke war er auch privat befreundet, er unternahm mit ihr Landpartien mit und ohne Muttchen-Besuch.

In der Zeitungsarbeit ging er auf, hier war er erfolgreich. Seine Stellung schien gefestigt, 1926 wechselte er ins politische Ressort der *NLZ*, schrieb »wie ein Kaninchen Artikel« und wurde in der Redaktionskonferenz öffentlich belobigt. »Ich bin ein bissel nervös«, gestand er seiner Mutter: »Das ist immer nur kurz nach dem die Zeitg. fertig wurde. So von $\frac{1}{2}7 - \frac{1}{2}8$. Dann bin ich wieder ganz ruhig und friedlich. Mir macht's großen Spaß vorläufig, und ich glaube, alle sind sehr, sehr zufrieden mit meinen Fortschritten. [...] In 8 Tagen arbeite ich wahrscheinlich schneller als fast alle andern polit. Redakteure. [...] Na, am 30. April muß Marguth für 1. Juli 550 M kontraktlich zusagen. Sonst mach ich ihn kühl, den Kerl.« (1.4.1926, MB) Die Zeitungsdienste gingen straff weiter in dieser Zeit, gelegentlich von 10 Uhr früh bis 2 Uhr nachts: »Ein Tempo wie im Auto ununterbrochen.« (14.12.1926, MB)

Mit Dr. Georg Marguth hatte Kästner fortlaufend Querelen, sei es über Honorare oder über Kästners morgendliche Verspätungen; Fabians Chef »Breitkopf« dürfte eine Marguth-Karikatur sein, auch die Blinddarm-Episode (III: 205–210) soll sich tatsächlich ereignet haben. Marguth war 1918 bis 1920 politischer Redakteur am *Leipziger Tageblatt*, 1921 wurde er Chefredakteur der *Neuen Leipziger Zeitung*, seit 1925 war er deren Verlagsdirektor.[25] Als Kästner von ihm im Dezember 1926 in letzter Minute den Auftrag für eine Bildbeilage über Leipzig erhielt, forderte er ein Extrahonorar. Marguth wollte ihm das verweigern, Kästner erhalte doch für einen Neuling in der politischen Abteilung ohnehin ein reichlich hohes Honorar (9.12.1926, MB). Auch zwischen Gleichrangigen gab es Unfrieden, vor allem über die Nachtdienste. Die Setzer schätzten ihn als »sicheren, schnellen und lieben Nachtredakteur« (5.7.1927, MB). Ein Kollege sollte mit ihm zusammen die Nachtdienste übernehmen, die anderen beiden der politischen Abteilung sollten vor allem Artikel schreiben; auch dies schon ein Versuch, Kästner zu bremsen – der Chef, Marguth, warf ihm vor, er sei zu radikal. »Ich hab gelacht. So ein Grünling in Politik wie ich vergifte die alten erfahrenen Politiker!« (6.1.1927, MB) In einer mehrstündigen Disputation mit dem Direktor hatte Kästner erfolgreich seine Gegenintrige durchgesetzt: »Ich hatte ihn überzeugt, daß seine neue Maßnahme furchtbar dumm, ungerecht und gefährlich sei. Denn Heilgemayr könne auch sonst schreiben, so viel er wolle. Tue es aber nicht. Sei faul, unkollegial, hinterlistig usw. Er könne es ihm ruhig wiedersagen. Lorenz und ich würden verbittert, und bei den anderen beiden fördere er durch solche Anordnungen nur die schlechten Charaktereigenschaften.« Sein Chef sei am Schluß der Besprechung »klein wie ein dummer Junge« gewesen und habe die Neuordnung tatsächlich zurückgezogen. Kästner sollte lediglich ein Vierteljahr auf sie eingehen, damit der Direktor sein Gesicht wahren könne. Er erklärte sich einverstanden: »Nun, so habe ich gegen das ganze Kollegium einschließlich Direktor für Lorenz und mich gesiegt.« Beliebt hatte er sich damit bei seinem Chef und besagten zwei Kollegen, diesen »gefährlichen Waschlappen«, kaum gemacht, dafür aber sein Selbstwertgefühl entschieden verbessert: »Ich hab heute, wo ich so energisch und, bei aller Ehrlichkeit, gerissen vorging, direkt gemerkt, daß ich besser aussah. Richtig wie ein Mann. Haben mich alle Mädchen auch gleich angeschaut und gelächelt. Komisch.« (6.1.1927, MB)

Seinem ›Feind‹ Heilgemayr schwor er Rache: »Der hat mich nicht umsonst bei Marguth verklatscht. Dem besorg ich's noch. – Ich bin eigentlich nicht rachsüchtig. Aber *schlechte* Menschen drängt mich's, abzustrafen.« (14.1.1927, MB) Auch seinen ›Radikalismus‹ drängte er nicht zurück, obwohl er das dem Direktor versprochen hatte: er schrieb Leitartikel gegen eine Rede des Oberbürgermeisters Dr. Karl Rothe. Damals war der Bürgermeister ein auf Lebenszeit angestellter, von den Stadtverordneten einmalig gewählter Beamter. Rothe hatte nach Kästners Meinung die Schullehrer Leipzigs zu Unrecht getadelt. Die Mutmaßung, der Bürgermeister sei »Sprachrohr reaktionärer Kreise«, wird zwar ausgesprochen, aber in diesem Artikel nicht geklärt. Seine Rede bedürfe aber »dringender Richtigstellung«. Einer der Vorwürfe scheint gewesen zu sein, daß die Vorkriegsgeneration, wohlgetrimmt, mit zehn Jahren das Einmaleins mit der 17 im Schlaf konnte. Kästner verteidigte die Methoden der zwanziger Jahre gegenüber der Kaiserzeit: Es möge ja sein, daß die Gedächtniskraft der Kriegsgeneration – durch eben den Krieg verursacht – Mängel aufweise. Aber man solle doch der Lehrerschaft dankbar sein, »daß sie ihre pädagogischen Methoden änderte und – statt ein Gedächtnis zu belasten, das unterernährt ist – Denkkraft, Wissen, Phantasie und Gefühl der Kinder pflegte und pflegt. Denn diese Fähigkeiten zu bilden und selbständig urteilende und handelnde Menschen zu erziehen, scheint uns wichtiger, als die frühe Jugend mit Tornistern voller Ballast zu befrachten, unter dessen Druck sie nur leiden. Denn in jenen Tornistern waren mehr Steine als Brot!«[26] In einem zweiten Artikel, *Rechtschreibung und Politik*, legte Kästner nach: Der »Kampf um die Volksschule« sei ein »Kampf gegen die Volksschullehrerschaft«, geführt durch die »Bataillone der Reaktion«. Die Eltern stünden leider großenteils auf seiten der Reaktion, weil sie glaubten, die »›Bildungsgüter der Nation‹ und Einmaleins und Duden seien dasselbe. Daß Kultur etwas mehr und etwas anderes ist, hat ihnen niemand recht deutlich gesagt. Und die Briefe der Frau Rath Goethe haben sie nicht gelesen. Sonst wüßten sie, daß jemand sogar ohne jede Spur von Orthographie ›gebildet‹ sein kann.« Es gelte, »die allgemeine Unzulänglichkeit der Kriegsgeneration darzulegen«, dabei müsse auch über die Mängel der Gymnasien und Universitäten öffentlich gesprochen werden – es gehe nicht um die Volksschulen.[27]

In dem Leitartikel *Die Jugend als Vorwand* attackierte Kästner, kurz vor ihrer Verabschiedung, die Jugendschutzgesetze. Das »Gesetz zur Bewahrung der Jugend vor Schmutz und Schund« sei die »Grundlage für eine künftige Buchzensur«, das »Gesetz über den Schutz der Jugend bei Lustbarkeiten« greife einer künftigen Theaterzensur und einem Versammlungsverbot vor, das neue Reichsschulgesetz »bedeutet eine indirekte Aufhebung der Trennung von Kirche und Staat.« Er sah die Kräfte der Reaktion am Werk, einen methodischen »Aufmarschplan«, entworfen von »Diplomaten, Militärs und geistliche[n] Routiniers«, deren Ziel »die Wiederaufrichtung der Hohenzollernkultur« sei. »Dieser Feldzug gegen die Jugend ist, von unserem Standpunkt aus, gewissenlos zu nennen; vom Standpunkte der Gestrigen aus ist er klug und wirksam begonnen. Denn nichts kann die Festigung der Republik mehr verzögern, und nichts kann die Möglichkeiten einer Gegenrevolution der Wirklichkeit näherbringen als eine Jugenderziehung im Stil der Kaiserzeit.« Kästner war selbst in diesem autoritätsgläubigen Stil erzogen worden; um dessen Renaissance zu verhindern, rief er zu einem Pakt zwischen Eltern und Lehrern auf, »einer freien, friedlichen, ehrlichen Zukunft entgegen: Schützt die Jugend vor ihren politischen Verführern! Schützt sie vor den reaktionären Gesetzen, die man vorbereitet!«[28]

Kästners genuin politische Eingriffe dieser Art waren bislang unbekannt; sie verändern das Bild des jungen Autors aber letztlich nur wenig. Man wußte bisher nicht, daß er sich überhaupt politisch engagierte, die ›linke‹ Richtung des Engagements war zu erwarten. Er griff in Debatten ein, die mit seiner eigenen Lebenserfahrung zu tun hatten – er war ein junger Schriftsteller und insofern von Zensurbestrebungen betroffen, und er hatte unter seiner schulischen Erziehung vor allem auf dem Lehrerseminar gelitten, wäre beinahe Lehrer geworden und unterstützte diesen Berufsstand wenigstens publizistisch. Seine ›radikalen‹ Analysen nannten selten Roß und Reiter, sie blieben allgemeine Appelle in allgemeinen Kategorien (Kirche und Staat, Reaktion gegen Fortschritt, Heute gegen Gestern usw.). Es handelte sich um eher *literarische* Eingriffe, die für damalige Sprechweisen aber offen genug waren, einigen Zorn hervorzurufen – sei es bei nationalkonservativen Konkurrenzblättern wie den *Leipziger Neuesten Nachrichten* oder bei der eigenen taktierenden Verlagsleitung. Linksdemokratische Aktivitäten dieser Art mußte er vor seiner Mutter immer verteidigen, die politisch ziemlich weit rechts stand – soweit sie überhaupt einen politischen Standpunkt hatte: »Ja, Gutes, wenn soviel Schweinereien passieren, muß doch jemand aufstehen und die Dinge beim Namen nennen!« (14.1.1927, MB)

Kästner quoll in dieser Zeit über von Plänen und Projekten, die sich aber nur zum kleinsten Teil realisierten. Sein Redaktionskollege Max Krell schickte ihm »etliche Häufchen Dumas-Sardou etc. für das entscheidende Konversationsstück, das der deutschen Bühne 1925 geboren werden soll«[29] – von Kästner, versteht sich. Zusammen mit Ernst John versuchte er einige Wochen lang, ein Theaterstück zu schreiben, aus dem wohl nichts geworden ist. Er war stolz darauf, daß Friedrich Michael ebenfalls ein Stück mit ihm zusammen schreiben wollte, auch dieses Projekt wurde im gegenseitigen Einverständnis fallengelassen. Auch allein unternahm er zahlreiche Versuche, wollte erst ein Stück schreiben, dann gleich ein »paar humorvolle Einakter« (27.10.1926, MB). Er arbeitete an einem Weihnachtsmärchen fürs Theater, das »Klaus im Schrank« heißen sollte und mit Verkehrte Welt-Motiven spielte wie später *Der 35. Mai*, und an einer Kindergeschichte, für die er auch schon einen Verlag suchte.[30] Für ein Preisausschreiben des Reclam Verlags »fabriziert« er schnell eine Geschichte (29.6.1927, MB), ohne den Preis zu gewinnen. Sein Versuch, einen ersten Gedichtband im Verlag von Paul List unterzubringen, scheiterte, obwohl ein Kommilitone Kästners bei Köster Sohn des Verlegers war – »[d]amals gab es noch den Alten List und der Junge durfte hoechstens laecheln.«[31] Die Gedichte waren sämtlich in *Für alle* vorveröffentlicht, und er beredete den Verlagsdirektor und List junior mit Engelszungen, es sei doch der rechte »Zeitpunkt für so ein Groteskbändchen« (2.12.1926, MB). Beide hatten Einwände, behielten das Manuskript aber sechs Wochen, während deren der junge Autor in schönen Hoffnungen schwebte. Dann schickten sie ihm die Gedichte zurück, mit »einem honigsüßen Brief.« (14.1.1927, MB) Auch der Zsolnay-Verlag wollte Kästners Gedichte nicht haben.

Erfolgreicher war seine journalistische Arbeit, deren Umfang und thematische Vielfalt erst allmählich durch immer neue Funde deutlich wird. Kästners in Zeitungen publizierte Arbeiten in dieser Zeit sind zwar noch sichtlich Jugendwerke, enthalten noch viel Vorläufiges und Verlegenes zwischen Feuilletons im ›Kästner-Ton‹, den es gelegentlich auch schon gibt; das Repertoire der späteren Berliner Jahre ist bereits ganz da. Er schrieb amüsant-harmlose Gedichte und freundliche Feuilletons, berichtete von Antrittsvorlesungen neuer Professoren an der Universität, publizierte Theater-, Buch- und Kunstkritiken. Allerdings lagen ihm die bildenden Künste am wenigsten – er hatte keine eigene Sprache für sie und schrieb typische Provinzkritiken, lobend und beschreibend, von »rassigen Seeskizzen« war hier die Rede und von einem Maler, der »sanft geschwungene Hügel, bunt lächelnde Blumenwiesen und beherrscht rauschende Wälder empfand und gestaltete […] wie wenige sonst« (GG I: 48).

Auch Erich Ohser lernte er in dieser Zeit in Leipzig kennen, als die Inflation »ihre letzten verrückten Papierblüten in die hektische Atmosphäre der Nachkriegszeit« trieb. (VI: 635) Kästner beschrieb ihn als »noch ein paar Jahre jünger als ich, groß, dunkelhaarig, tapsig und voller Übermut«, seine erste Redaktionszeit soll ebenfalls von einigem Überschwang gezeichnet gewesen sein: »Ohser zeichnete und ich schrieb, was das Zeug hielt. Unser Ehrgeiz und wir selber brauchten wenig Schlaf. Noch nachts, wenn ich in der Johannisgasse 8 ›Stallwache‹ hatte und, beim Dröhnen der Rotationsmaschinen, Spätnachrichten redigierte, hockten wir zusammen. Manchmal brachte er – aus dem Café Merkur oder, in selbstgeschneiderten Kostümen, von Faschingsbällen – andere junge Künstler und Weltverbesserer mit, und dann redigierten wir die korrekturbedürftige Menschheit.« (VI: 636) Kästner war geschickt und arbeitswütig, er bediente Leipziger Zeitungen, die *Dresdner Neuesten Nachrichten*, die *Plauener Volkszeitung* – dort war Ohsers Freund Erich Knauf Redakteur. Er wurde auch Kästners Freund, und er druckte die Arbeiten der beiden anderen Erichs, auch für die *Zwickauer Volkszeitung* schrieb Kästner unter Pseudonym (13.10.1926, MB) und ließ dort seine – von Ohser illustrierten – Kindergedichte aus *Für alle* zweitdrucken. Was immer sich an Verbindungen ergab, wurde genutzt, und es war absehbar, daß ihm nach Dresden nun auch Leipzig bald zu klein werden würde. Das *Prager Tagblatt* druckte Kästner und das *Stachelschwein*, eine neue – zunächst Frankfurter – Gründung Hans Reimanns. Er suchte vor allem nach Anknüpfungspunkten in Berlin, bei der *Vossischen Zeitung* und dem *Berliner Tageblatt*. Stefan Grossmann, Herausgeber des *Tage-Buchs*, war von einem unverlangt eingesandten Gedicht Kästners angetan und engagierte ihn, Beiträge für das Wochenblatt *Montag Morgen* zu schreiben: »wenn das so weitergeht und die Leute anständig bezahlen, kann ich bald soweit sein, daß ich mich selbständig mache.« (23.10.24, MB) Sein erster *Tage-Buch*-Beitrag erschien im Oktober 1924 (*Hymnus an die Zeit*), das wöchentliche *Montag Morgen*-Gedicht schrieb er erst seit 1928. Auch unselbständig reichte es aber schon zum Umzug aus der lauten Artistenpension in die Hohe Straße, wo er bei einer Witwe Hübler zwei kleine Zimmer bewohnte.

Ein weiterer Schritt zur Selbständigkeit war der Plan, mit Friedrich Michael zusammen eine eigene Agentur zu eröffnen, einen Feuilletondienst, der ihre eigenen Arbeiten und die von Max Krell und Hans Natonek vertreiben sollte. Es blieb beim Projekt, Kästners Erfolg wird in Berlin so groß werden, daß er seine eigene ›Firma‹ gründet und seine Sekretärin Elfriede Mechnig als »& Co.« zeichnen läßt.

Seine Ambitionen waren schon in Leipzig nicht gering: »Wenn ich 30 Jahre bin, will ich, daß man meinen Namen kennt. Bis 35 will ich anerkannt sein. Bis 40 sogar ein bißchen berühmt. Obwohl das Berühmtsein gar nicht so wichtig ist. Aber es steht nun einmal auf meinem Programm. Also muß es eben klappen! Einverstanden?« (26.11.1926, MB)

Silvester 1926 verbrachte er in Berlin. Im Neujahrsbrief für Muttchen standen offene Worte: Natürlich wünschte er ihr »Gesundheit sehr viel, Geld auch ein bißchen, gute Laune in Haufen. Und da mein Muttchen stets an mich denkt und für mich lebt, muß ich, falls ich ihr richtig Glück wünschen will, nicht zuletzt mir selber welches wünschen. Denn mein Muttchen, weißt Du, kennt kein Glück außer meinem.« (30.12.1926, MB) Und so wünschte er sich auch selbst Glück, Gesundheit, Erfolg, Geld und »ein liebes Mädchen, das mich nicht so enttäuscht wie ein gewisses andres« – die Beziehung zu Ilse war im August in die Brüche gegangen. (30.12.1926, MB) Berlin, das er von einem Studiensemester her kannte, begeisterte ihn aufs neue: Diese Stadt sei »das einzig Richtige.« Als er nach zwei Tagen wieder zurück nach Leipzig mußte, »gruselte« es ihn fast: »Nun, es wird schon mal klappen mit Berlin. Jedenfalls der einzige Boden in Deutschland, wo was los ist! Paar Tage da drüben machen einen herrlich mobil.« (3.1.1927, MB) Er *wollte* also weg, der ins Haus stehende Skandal um seine ›Neunte Sinfonie‹ kam ihm gelegen – obwohl ihm vielleicht die harte, ungerechte Form und die anfängliche materielle Unsicherheit nicht recht gewesen sein dürfte.

Privat war der junge Kästner ein lustiges Haus, ein Kneipengänger und Festefeirer, und ein guter Tänzer. Auf seinem letzten Leipziger Faschingsball, dem Pressefest, ging's von 1 bis 7 Uhr »ganz fidel zu«: »Wenn ich mit K[arin] tanzte, stand der ganze Betrieb: die Direktoren, Direktorsfrauen etc. am Parkett und rissen die Schnäbel auf. Klatschten sogar paarmal, als hätten wir Theater vorgeführt.« (19.1.1927, MB)

Für Kästners Selbstverständnis sprechend ist sein Nachruf auf Rainer Maria Rilke, der am 29. Dezember 1926 starb. Der selbstbewußte Nachwuchsdichter mußte hier einen Nekrolog über einen Autor verfassen, mit dem er nichts Rechtes mehr anfangen konnte; zudem hatte er eben genug Privates im Kopf. Er kleidete seine angebliche Verehrung in unpersönliche Worte: er könne der Bedeutung des Verstorbenen nicht gerecht werden, denn dazu müßte man »allzu nachdrücklich sein Artistentum und sein mystisches Frommsein betonen«. Rilke sei der »Repräsentant eines erlöschenden Typus« gewesen, nach seinem Tode bleibe nur noch einer zurück, »härter, kühler und größer: Stefan George...« Außerdem repräsentierte Rilke eine Zeit, »die verging: die vergehen mußte, und der wir doch, nicht zuletzt um solcher Dichter willen, ein ehrfürchtiges Gedenken bewahren.« »Dichter« gebe es – außer George – überhaupt nicht mehr, »Beschwörer des Wortes, die [...] wie verehrungswürdige Fremde unter uns anderen stehen und wandeln.« (VI: 52) Es gebe nur noch Schriftsteller. Rilke könne kein Ideal mehr sein, »unsere Wege eilen von ihm fort«; nur zu seinem Denkmal solle man »zuweilen zurückkehren«, in »Minuten der inneren Einkehr; in Stunden einsamen Friedens; in Zeiten, deren geschäftige Lebendigkeit einen seelischen Ausgleich fordert«. Mehr als konventionelle Affektation verrät Kästners Nachruf nur, wenn er Rilke gegen »nationalistische Kreise« verteidigt. Die hatten ihn angegriffen, weil er »aus dem München der Konterrevolution« (VI: 53) in die Schweiz ging und 1925 Gedichte in französischer Sprache schrieb.

Louise Babette Enderle war 1926 Volontärin, später Redakteurin bei der Illustrierten Beyers »Für alle«, auch bei der Kinderzeitschrift *Klaus und Kläre*. Kästners spätere Lebensgefährtin wußte, auf wen sie sich einließ – ihre Chefin Hilde Decke hatte sie und andere gewarnt,

Kästner sei ein *homme a femmes*, »flirtet nicht mit Kästner!« 1927 hatte die Zeitschrift den 100 000. Abonnenten zu feiern, Kästner bot seine Wohnung zu diesem Zweck an. Enderle erzählte, als sie mit anderen Redakteurinnen dort eingetroffen sei, seien »die Jungs«, namentlich Kästner und Ohser, dort so »bedröpst und bekloppt« herumgesessen und hätten den Mund nicht aufgekriegt;[32] nach dem Grund befragt, erzählte Kästner, sie seien beide bei der *NLZ* gefeuert worden. Über die Affäre gibt es eine ausführliche Darstellung Kästners im Nachlaß, ein aufgesetzter (und daher nicht datierter) Brief an einen »Herrn Doktor«, einen der Zeitungschefs, der in der Hierarchie über Marguth stand und sich anscheinend in Prag aufhielt. Die *NLZ* erschien in der Leipziger Verlags-Druckerei; deren Mehrheitsanteile gehörten nach der begründeten Mutmaßung Michael Meyens seit 1922 dem Prager Mercy-Verlag, der die größte deutschsprachige Zeitung der Tschechoslowakei herausbrachte, das *Prager Tagblatt*.[33] Kästner muß also einen der Mercy-Verlagsleiter um Rat gebeten haben; er wollte sich mit der unberechtigten Kündigung nicht zufriedengeben und erwog weiterführende Schritte. Das Hin und Her seiner Kündigung stellte sich ihm so dar: »Dr. Marguth hat mir am Montag 12^h gekündigt; eine Stunde später nahm er die Kündigung zurück, schlug mir freundschaftlich auf die Schulter; und Dienstag 2^h kündigte er mir von neuem; erklärte, Gründe nicht angeben zu brauchen, und legte mir nahe, am 1. April von mir aus zu kündigen.«[34] Als Grund gab Marguth einen von Kästners und Ohsers Faschingsscherzen an, das erotische Gedicht *Nachtgesang des Kammervirtuosen*, von Ohser illustriert; die ersten beiden Strophen lauten:

»Du meine Neunte letzte Sinfonie!
Wenn du das Hemd anhast mit rosa Streifen …
Komm wie ein Cello zwischen meine Knie,
und laß mich zart in deine Seiten greifen!

Laß mich in deinen Partituren blättern.
(Sie sind voll Händel, Graun und Tremolo.)
Ich möchte dich in alle Winde schmettern,
du meiner Sehnsucht dreigestrichnes Oh!« (I: 33)

Dieses Gedicht war 1925 in der Zeitschrift *Stachelschwein* erschienen. »Krell, der es damals im Manuskript las, riet mir, es [um] der Prägnanz willen zu kürzen. Ich brachte es auf vier Strophen; und in dieser Gestalt wurde es, außer im ›Stachelschwein‹, vor vier Wochen im Karnevalsheft der hiesigen Kunstakademie und, wenig später, in der Plauener Volkszeitung veröffentlicht. – Am letzten Sonntag druckten die Leipziger Neuesten Nachrichten die Verse ab und versahen sie mit der Überschrift ›Tempelschänder‹ und einem albernen Kommentar. Warum? Weil die erste Verszeile ›Du meine neunte, letzte Sinfonie!‹ lautet – eine Art hymnischen Ausrufs, quasi von einem Musiker ersonnen, der sein Verhältnis mit diesem Vergleich besonders auszuzeichnen hofft. Die LNN hofften auf etwas anderes: Sie wollten das Publikum glauben machen, mein ›Gedicht‹ sei eine Parodie auf Beethoven. Ob das Publikum der LNN derartig unklug war und sich düpieren ließ, weiß ich nicht. Aber – Dr. Marguth tat, was die LNN hofften: Er mißverstand die Verse von Anfang bis Ende, glaubte ernstlich – so unbegreiflich dies jedem andern auch scheinen mochte – ich persifliere die Neunte Sinfonie und kündigte mir.«[35] Kästner sprach bei Marguth vor und erfuhr das Ausmaß des Mißverständnisses – der Zeitungsdirektor hielt die Komponisten Händel und Graun für »Kommunisten«! –, stellte die Zusammenhänge richtig und wurde unter Gelächter wieder eingestellt. Am nächsten Tag entließ ihn Marguth erneut, wiederum wegen des Gedichtes und ohne sich weiter zu rechtfertigen – »ein solcher Mensch wie ich könne in der Verlagsdruckerei unmöglich Kulturpolitik machen usw.«, die Ressortleiter wollten nicht mehr mit ihm zusammenarbeiten. Namen wollte Marguth nicht nennen, die beiden, mit denen Kästner zusammenarbeitete, standen aber hinter ihm. Eine sinistre Affäre also, die tatsächlich, soweit sie rekonstruierbar ist, nach politischer Intrige riecht.

Kästner kündigte am 1. April 1927, machte noch drei Monate Redaktionsarbeit, ohne in der *Neuen Leipziger Zeitung* unter seinem Namen zu veröffentlichen, und übersiedelte am 1. Juli nach Berlin. Er baute seine schriftstellerischen Aktivitäten aus, um »so etwas wie ein Existenzminimum zusammenzustoppeln«, und wollte zudem »größere literarische Dinge in Angriff nehmen«. Nachdem sein Budget vorerst mager aussah, wollte er gerne trotz des vergangenen Konfliktes weiterhin für die *NLZ* schreiben. Er schlug seinem ehemaligen Chef vor: »Und zwar auf Gebieten, die zur Zeit noch nicht oder nicht mehr besetzt sind. Es wäre beispielsweise, scheint mir, möglich, daß ich – knapp und unterhaltsam – über Berliner Theater, Film und bildende Kunst referierte, zuweilen sogenannte ›Berliner Briefe‹ schriebe u. a. m.« Natonek und Krell unterstützten sein Anliegen, er erhoffte sich ein gleiches vom Angeschriebenen. Vor allem galt es, Marguth zu überzeugen, der sicherlich die Gefahr sähe, die *Leipziger Neuesten Nachrichten* könnten die »leidige Gedichtaffäre« wieder aufwärmen. Kästner erklärte sich bereit, diesem Einwand abzuhelfen, indem er seine Beiträge mit dem Pseudonym »Peter Flint« zeichnen würde. »Herr Dr. Marguth scheint es mir vorzuwerfen, daß er die Kündigung ohne plausible Gründe aussprechen mußte und daß dieser Kündigung im Lauf von 24 Stunden die ähnliche Kündigung und deren Widerruf vorangingen. Er projiziert seine Unzufriedenheit auf mich. Ich hoffe lebhaft, daß sich diese Reaktion allmählich mildert und daß er langsam wieder beginnt, sich der günstigen Urteile zu erinnern, die er im Laufe von vier Jahren über mich abgab.«[36]

Ganz unpassend kann ihm der Wechsel nach Berlin also nicht gekommen sein; er versuchte, auch seine Mutter von den Vorteilen der Metropole zu überzeugen: »Warum bis Du denn traurig, mein gutes Muttchen? In Berlin hab ich doch mehr Zeit als hier. Kann öfter nach Dresden kommen. Und Du hinüber.« (22.6.1927, MB)

Éducation sentimentale:
Ilse

Die jungen Mädchen heutzutage wissen gar nicht, wie gut sie es haben.«[1] So der Stoßseufzer einer um 1910 geborenen Frau. Heute werden Mädchen in der Schule aufgeklärt; sie können sich frei ihr Wissen verschaffen, indem sie sehenden und lesenden Auges durch die Welt gehen; es gibt die Pille. Bis in die sechziger Jahre bestand Aufklärung für Frauen darin, daß »alles, was sich unterhalb der Taille tat, tabu war«, die Ratschläge der Mütter beschränkten sich auf den Hinweis, »man muß halt das tun, was der Mann will«, und der wollte üblicherweise »nur das eine«. Unterschiede gab es sicher, individueller und sozialer Art, und auch für die wenigen Jahre der Weimarer Republik mag der Umgang mit Sexualität in den großen Städten offener gewesen sein. Aber auch da galten für die meisten Frauen die Ideale ihrer Mütter: »Nachdem wir der Kindheit Flügelkleid mit dem rosigen Gewande der Jugend, dieses dann mit dem Brautgewand und dem Myrtenkranz vertauscht haben, gewinnt unser Leben eine andere Gestalt, eine höhere Bedeutung an der Seite des geliebten Gatten. Mit freudigem Herzen bringen wir die eigenen Wünsche und Neigungen den seinen zum Opfer und fühlen uns reichlichst belohnt durch den Ausdruck dankbarer Zufriedenheit, der uns aus seinen Augen entgegenstrahlt.« Jeanette Holthausen maßregelte so ihr Geschlecht im *Frauen-Brevier* (1876): »Nächst der Geduld, der Nachgiebigkeit, der heiteren Genügsamkeit, ist auch die Bescheidenheit eine Tugend, die das Weib dem Gatten lieb und teuer macht.«[2] Frauen hatten sich sexuell passiv zu verhalten und Seitensprünge des Mannes zu tolerieren, »ein Mann ist da halt anders als eine Frau«, »diese Zwischendurchsachen tolerierte ich«, »zwischendurch gab es auch andere Frauen, er sah halt so unglaublich gut aus«.[3] Gönnten sie sich selber einen, wurden sie verstoßen. Vor dem Hintergrund solcher Verhältnisse spielte sich das erotische Leben Erich Kästners ab, und es sollte im Gedächtnis bleiben, daß hier ja nicht nur Frauenrollen festgeschrieben waren, sondern auch die komplementären der Männer.

Ilse Julius dürfte Kästners erste Freundin gewesen sein, jedenfalls war sie seine wichtigste, insofern das Scheitern dieser Beziehung – neben der übermächtigen Mutterbindung – das Scheitern aller kommenden Beziehungen mitbestimmt hat. Sie wurde am 30. Januar 1902 in Essen geboren und nannte sich nach ihrer Großmutter auch Ilse Beeks-Julius. Als sie Kästner kennenlernte – wohl im Mai oder Juni 1919 –, lebte sie bei ihrer Mutter in Dresden. Die Konstellation ihrer Familie war der Kästners sehr ähnlich – auch Ilse Julius' Verhältnis zu ihrer Mutter war sehr eng, wie bei Kästners gab es Untermieter. Allerdings ging man im Hause Julius mit der gescheiterten Ehe offen um, die Eltern ließen sich scheiden, und Ilse Julius' Mutter lebte einige Jahre mit einem anderen Mann zusammen; begraben wurde sie wieder mit ihrem geschiedenen Mann.

Der Verlauf des frühen Kästner-Verhältnisses ist aus den Briefen, die Ilse Julius an ihn geschrieben hat, einigermaßen zu rekonstruieren; seine Briefe an sie sind nicht erhalten, über Kästners Sicht können wir nur aus den Briefen an seine Mutter etwas erfahren. Im ersten erhaltenen Brief von Ilse Julius, vom 11. Juni 1919, siezte sie ihn noch – die Siebzehnjährige bedauerte, daß sie Pfingsten nicht mit ihm verbringen konnte, und schlug vor, die Feier auf einem »Heidebummel« nachzuholen: »Ich muss mich so kurz fassen, da Wagner seine Sachen so lang geschrieben hat, ½ 6 Uhr Walküre.« (11.6.1919, JB)

Damit war ein Grundthema zwischen den beiden angeschlagen: Beide waren überaus kulturinteressiert, schrieben sich über Bücher, Theaterstücke, Kabarettabende, Vorträge; der Dresdner Spielplan der frühen zwanziger Jahre ließe sich anhand von Ilse Julius' Briefen ziemlich genau rekonstruieren. Das Paar hatte auch sonst gleiche Vorlieben: Beide benutzten zahlreiche Niedlichkeitsformen – sie schrieb ihm »Briefel« und fragte, ob er auch wieder ein »schönes Gedichtel« gemacht habe –, beide waren Musterschüler, hatten eine Neigung zum Kaffeehaus, »Musik, Menschen, Zeitungen, Cigaretten« (5.3.1925, JB), sie waren sogar gleich groß. Zwei Wochen nach dem ersten, noch etwas schüchterneren Brief waren die beiden anscheinend ein Liebespaar, sie bestellte ihn »pünktlich 5 Uhr« in die Kunsthandlung Emil

Richter (30.6.1919, JB). Ilse Julius verstand sich mit zunehmender Professionalisierung ihres Freundes auf literarischem Gebiet allerdings immer mehr als Dilettantin, zeigte sich am Ende auch unempfindlich für Botschaften, die sie geliehenen Romanen entnehmen sollte, und bat ihn, noch nach der Trennung, um Lektüreempfehlungen: »Es ist so schwer, wenn man im Hauptberuf auf einem ganz anderen Gebiete arbeitet, & dann den Büchermarkt betritt mit Reminiscenzen an einen bekannten Namen oder an eine Kritik & danach seine Lektüre wählt.« (7.2.1927, JB)

In der Frühzeit der Beziehung standen sexuelle Erfahrungen im Vordergrund, die für Kästner ziemlich sensationell gewesen sein müssen; Jakob Fabians renommierende Bemerkung, er habe vor seiner Einberufung 1917 in einem Ostseebad mit sechsen von zehn »passablen« Frauen geschlafen (III: 52), dürfte kaum auf seinen Autor übertragbar sein. Eine der ersten Gedichtveröffentlichungen Kästners, *Deine Hände*, in den *Dichtungen Leipziger Studenten* (1920) abgedruckt, spricht kaum verhüllt von diesen neuen Erfahrungen, es handelt sich unübersehbar um Masturbationstechniken. Das Gedicht beginnt und endet mit den Zeilen: »Lasse um mein heißes Herz / Deine kühlen Hände blühen!« Dazwischen spielt sich eine Entwicklung ab, die die zupackenden Hände in mancherlei Bilder faßt – sie sind »wie ein verschlossenes Mädchen«, aus dessen »schlanken Schritten« die »Sehnsucht zitternd« zu ihm schreitet, oder sie sind »eine blonde Mutter«; sie warten, sozusagen kurz vor dem Höhepunkt, »in schwüler Pracht auf runde Früchte«. Weint am Anfang lautlos eine »blasse[.] Mutter«, ist am Schluß von einer anderen Flüssigkeit die Rede: Jetzt sind die Hände »wie silberne Worte«, die »verheißend aus den Tiefen« – allerdings der Seele – »perlen«.[4] Auch in anderen Gedichten aus dieser Zeit ist vom »Schaft in deinen Händen« die Rede; die Variation des immer gleichen Motivs – das sich schnell verliert – kann kein Zufall sein.[5]

Ilse Julius hatte dauernd Angst, daß »die Engländer« nicht kämen, »[e]rzähle aber ja Deiner Mutter nicht davon, niemandem« (n. dat. – 1924? –, JB); und vor der Erfindung der Pille, die dem Zyklus einige Regelmäßigkeit verleiht, kamen ›die Engländer‹ nun einmal bei den meisten Frauen nicht kalendergenau. Julius wußte, wovor sie sich fürchtete. Anfang 1920, während Kästner in Leipzig war, starb seine Kusine Dora Augustin an der Geburt ihres ersten Kindes, Ilse Julius

Ilse Julius (1921)

besuchte des öfteren Ida Kästner. Die schrieb über das Unglück einen reichlich verwirrten Brief an ihren Sohn, in dem vor allem von ihrer eigenen Herzschwäche die Rede ist, davon, daß Ilse einen eigenen Brief schreiben werde, und von einem Gespräch mit Emil Zimmermann. Der habe ihr versichert, »das Auto ist nicht schuld«, sondern »die Geburt allein«: »Zu schnell gegangen. Preßwehen u. die Därme haben sich verschlungen. Sie ist tot läßt sich nicht ändern«, Doras Vater »weiß es, hat durch Telephon angefragt. Wie wird alles sein u. ich liege hier«, das Kind sei schon begraben.[6] – Aus Senftenberg, wo Ilse Julius einige Wochen im Jahr mit ihrem Vater zusammen lebte, schrieb sie Kästner spöttisch von einer anderen Unglücklichen: »Auf Brigitta ist das 6. Mädchen angekommen. Die arme Frau. Das Schaf.« (5.8.1921, JB)

Aus der anfangs noch unsicheren Schülerin entwickelte sich schnell eine selbstbewußte junge Frau, die ihr Leben sehr selbständig in die Hand nahm. In den ersten Monaten ihrer Liebe hatte sie sich noch ganz im Stile des *Frauen-Breviers* auf Fichte berufen, »ein Weib« könne sich nie »– und hier liegt der gewaltige Gegensatz zum Mann – allein aus Trieb hingeben. Das Weib gibt in der Ehe nicht ihre Persönlichkeit auf, bringt sie eher auf eine höhere Stufe.« (27.6.1920, JB) In späteren Jahren brachte sie ihre erotischen Wünsche deutlich zum Ausdruck, auch vom ›rosa Hemdchen‹, das Kästner im *Nachtgesang des Kammervirtuosen* anrief, ist einmal die Rede.

Im Wintersemester 1920 begann sie ein Studium der Chemie, und seit 1923, dem Jahr der schlimmsten Inflation, zeigte sie ihre Geschäftstüchtigkeit und begann – noch als Studentin! – einen regen Handel. Sie vermittelte Häuser und spekulierte erfolgreich mit Devisen, ganz nach dem Muster des Feuilletons *Max und sein Frack* ihres Geliebten: »Wenn Du schön drüber schweigst, um Gottes Willen nicht meiner Mutter sagen, dass ich Dir davon erzählt habe (sie meint selbst Liebste könnten in dieser bösen Zeit es einmal als Waffen gebrauchen) will ich Dir erzählen, wie ich's mache. Also 2 Kaufleute geben mir das Geld, ich kaufe auf, abends haben sie bereits ihre Devisen oder sonstiges in der Tasche und ich meinen Verdienst. Der Witz ist, dass man schnell arbeitet.« (27.7.1923, JB) Auf diese Weise unterstützte sie auch ihre chronisch an Geldmangel leidende Mutter; Kästner wollte sie mit einer sechsbändigen Flaubert-Prachtausgabe beschenken. Sie hatte sie vormittags gesehen, aber nachmittags, als sie ihren Gewinn gemacht hatte, war die Ausgabe bereits weg (22.7. 1923, JB). Sie legte ihm schon mal »Scheinchen« für einen Geburtstagskaffee bei, »trink ihn in Gesundheit« (22.2.1923, JB), Formulierungen, die in finanziell rosigeren Zeiten Kästner selbst benutzen wird. Ilse Julius wünschte ihm für die Verhandlungen mit dem Weller Verlag über den ersten Gedichtband, daß er »auch finanziellen Erfolg« haben möge, »denn da kommt es doch letzten Endes drauf an.« (n. dat., JB) Sie kritisierte auch Kästners Arbeitseifer, insbesondere nachdem er ihr im letzten Moment einen Dresden-Besuch abgesagt hatte: »Und fleissig bist Du, zu fleissig wie ich heute mit Tränchen merke, und dabei finanziell unproduktiv.« (28.11.1924, JB)

Überhaupt sprang sie mit Kästner nicht liebedienerisch um, kritisierte ihn privat wie beruflich: »Das Reitfeuilleton hat mir gar nicht gefallen. Aber immer kann man ja nicht Gutes schreiben, wenn man so viel schreibt, wie Du.« (6.5.1924, JB) Solche Bemerkungen konnte sie sich nur leisten, weil das Verhältnis sehr eng und für die Zeit ungewöhnlich gleichberechtigt war. Kleine Eifersuchtspausen gingen von ihm ebenso wie von ihr aus, dem anderen ganz ausliefern wollte sich keiner der beiden. Sie berichtete ihm von einem Tanzabend, um ihn gleich darauf zu beschwichtigen: »Überhaupt ohne Dich ist's nirgends so nach meinem Herzen. Aber Du hast gesagt, wie Du an Dir arbeitest um einen tüchtigen, völlig nur auf sich selbst gegründeten Menschen aus Dir zu machen, & dass Du niemanden so eigentlich nötig haben willst. Und das will ich auch.« (2.6.1923, JB) Dennoch bemutterte sie ihn gehörig, tröstete ihn, wenn der Herr Redakteur unter Intrigen seiner Kollegen litt oder über Appetitlosigkeit klagte, rühmte ihm die Tage, an denen man »nur mit- & füreinander« lebte (18.2.1923, JB). Besonders 1925 schrieb sie ihm lange, mütterlich besorgte Briefe, als er die Lessing-Dissertation aufgab und sich für das schmalere Thema entschied. Er sollte doch spazieren gehen, Obst und kräftiges Brot essen, »gesund aussehen & kleine rote Pausbäckchen kriegen.« (25.3. 1925, JB) Sie war die einzige Frau in Kästners Leben – vielleicht durch ihre eigene, vergleichbar enge Mutterbindung –, der es gelang, in die Mutter-Sohn-Symbiose einzudringen und ein sehr gutes Verhältnis auch zu Ida Kästner aufzubauen. Beide besuchten sich häufig gegenseitig, lobten den abwesenden Kästner und spielten den Boten des Sohnes bzw. des Geliebten. Ilse trug die Wäsche zwischen Leipzig und Dresden hin und her, Muttchen brachte Ilse Maiglöckchen in seinem Auftrag (Feb. 1923, MB) und beschwerte sich bei ihm, wenn sie nicht oft genug von der Studentin besucht wurde. Aber der beruhigte sie: »Du mußt doch bedenken, daß sie jeden Tag bis in den Abend im Laboratorium steckt. Sie hatte mir letzthin über eine Woche fast nicht geschrieben.« (27.11.1924, MB)

Ilse Julius war eine ambitionierte Studentin. War es schon für Frauen in dieser Zeit ungewöhnlich, überhaupt zu studieren – noch dazu eine ›harte‹ Naturwissenschaft –, mochte sie sich damit nicht begnügen; wie Kästner wollte sie sich auszeichnen. Eine Heirat ohne beendetes Studium kam für sie nicht in Frage, allerdings wollte sie es »rasch« beenden, das »ewige Unfertigsein wird man leid.« (19.9.1924, JB) Sie berichtete ihm über ihre Arbeit, wie er das umgekehrt ebenfalls getan haben wird; aber da dürfte sie kaum einen verständnisvollen Leser gefunden haben, obwohl sie sich um eine allgemeinverständliche Ausdrucksweise bemühte. Sie habe ein »Büchlein über die neuere Atomtheorie« durchgelesen und es »im allgemeinen sehr gut verständlich« gefunden (19.9.1924, JB). Kästner sollte ihr mehrfach Chemie- und Elektronikbücher besorgen. Ob ihre chemischen Analysen gelungen waren oder nicht, ließ sie ihn ebenfalls wissen: »Der Erfolg dieser Woche war, dass ich am Ende wenigstens weiss, dass ich wieder beim Ausgangspunkt angelangt bin, dass sämtliche Reaktionen eingetreten sind & dass ich es auf andre Art versuche.« (22.11. 1924, JB) Der Professor, bei dem sie ihre Diplomarbeit schreiben wollte, Roland Scholl, behandelte sie zunächst reserviert, wollte wegen seiner Überlastung keine Diplomanden mehr annehmen und zog Erkundigungen ein; dabei soll er erfahren haben, Ilse Julius sei »die einzige Dame an der Hochschule, die etwas könnte.« (1.2.1925, JB) Obwohl andere Studenten tatsächlich abgewiesen wurden, akzeptierte Scholl sie; sie versuchte, Kästner den Gegenstand ihrer Diplomarbeit zu erklären: »Morgen beginnt die Praxis. Alles schön vorbereitet heut abend. Meine Arbeit besteht in einer sicher nicht ganz einfachen Synthese eines dem Indanthren verwandten Körpers, genannt Deltanthren. Etwas voreilig den Körper schon zu benennen. [...] Im Gegensatz zum Indanthren, wo die Benzolkerne gewissermassen eine Kette bilden, sind die Benzole beim Deltanthren dicht aneinandergelagert & es ist die Frage, ob so kompakte Gebilde überhaupt existenzfähig sind. Jedenfalls bilden sie auf dem Papier, wenn man ihnen ein so enges Beisammensein zutrauen darf ein griechisches Delta & als Anthracenderivat hat es den Taufnamen Deltanthren. Über seine Bedeutung hab ich bis jetzt keine Ahnung, aber man muss doch irgendwelche Erwartungen haben.« (9.3.1925, JB) Die Sächsische Technische Hochschule zu Dresden verlieh ihr am 19. März 1926 »den Grad eines Diplom-Ingenieurs«, alle weiteren gedruckten männlichen Formen des Zeugnisses sind mit Schreibmaschine durchgestrichen und durch die weiblichen ersetzt worden. Ihre Arbeit war ein »Beitrag zur Kenntnis der Ketone der Anthrachinonreihe und Isolierung eines neuen Farbstoffes«, die Diplomprüfung hatte sie »Sehr gut bestanden«. Sie reagierte darauf wie Kästner in vergleichbaren Situationen: Diese Art von Erfolg war »selbstverständlich & kaum der Erwähnung wert.« Ein Päuschen wollte sie schon machen, sein Muttchen zum Feiertagskaffee einladen und Jakob Wassermanns von Kästner empfohlenen *Caspar*

Ilse Julius, Anfang der zwanziger Jahre

Hauser lesen – aber in erster Linie freute sie sich doch »auf ein neues Ziel«, nämlich »wieder im Labor zu arbeiten & recht bald den Doktor zu machen, um dann mit Dir in die Welt zu fliegen.« (11.3.1926, JB) Ihr erklärtes Ziel, die baldige Heirat, hatte sie zugunsten einer weiteren Karrierestufe erneut hinausgeschoben; zumal es kein Anzeichen dafür gibt, daß die Heirat auch sein baldiges Ziel war.

Im Sommer 1924 fuhren Erich Kästner und Ilse Julius nach Italien, vorher diskutierten sie lange, ob denn nun Ida Kästner mitfahren solle oder nicht. Kästner wollte sie daheim lassen, seine Freundin stellte sich auf die Seite der Mutter. Sie halte es »für ausgeschlossen«, »mach Deiner Mutter nicht die Enttäuschung, lass uns zu Dritt fahren.« Schließlich habe sie sich wochenlang gefreut und »nur mit dem Gedanken an die Reise gelebt«, womöglich würde sie krank – er hätte ihr von vornherein sagen müssen, sein Geld reiche nur für ihn. Zwar wolle sie lieber mit ihm allein fahren, aber sie plädiere für eine Verschiebung auf nächstes Jahr: »Wir fahren also zu Dritt.« (6.8.1924, JB) Es wurde ein Kompromiß gefunden: Ida Kästner fuhr nur wenige Tage mit und sollte dann allein nach Tirol reisen; das Paar blieb noch drei Wochen am Gardasee. Julius schrieb vom Urlaub, er habe ihr ein »Leben gezeigt, schöner als ich es bisher kannte & ich möchte es so gern festhalten.« Die Wochen sollten ihr ein »Ansporn sein, recht schnell fertig zu werden & mir die Aussicht näherrücken immer mit Dir zusammenzusein.« (19.9.1924, JB)

1925 war Kästner mit seinen beiden Doktorarbeiten beschäftigt, ein Jahr später fuhr er dann mit seiner Mutter nach Italien, anschließend mit Ilse Julius nach Dänemark, wieder nach langen Diskussionen. Diesmal zweifelte sie, ob sie das nötige Geld aufbringen könne, meinte, sie müsse zusätzlich mit ihrer Mutter wegfahren, und war mit dem Anfangsstadium ihrer Doktorarbeit unzufrieden. Die Reise fand statt, sie schrieben Ida Kästner täglich Postkarten, aus dem Fährhafen Warnemünde, aus Kopenhagen, aus Gilleleje, wo sie in einem Badehotel eine Woche verbrachten, aus Sandvige und schließlich aus Berlin, eine Station auf der Rückfahrt; sogar Emil Kästner bekam einmal eine Karte für sich, aus dem »Land, aus dem die größten Ochsen in alle Welt verschickt werden und wo Franz [Augustin] die Pferde einkauft.« (10.8.1926, MB) Am 18. August war Kästner wieder allein in Leipzig angekommen, einen Tag später schrieb ihm Ilse einen Dankesbrief, um ihn wissen zu lassen, daß »alles sehr plastisch & nahe« vor ihr stehe und »nachträglich noch einmal« von ihr Besitz ergreife (19.8.1926, JB).

Ihre Hymnen waren aber nicht mehr so enthusiastisch wie nach der Italienreise 1924. Auf ihre Veranlassung scheint gegen Ende der späteren Reise, in Gilleleje, eine Aussprache stattgefunden zu haben, über die Gründe der Trennung läßt sich wenig belegen, einiges mutmaßen. Ilse Julius hatte sich gegen ihre ›fraulichen Pflichten‹ aufgelehnt und nicht sexuell bereit sein wollen, wenn ihr Freund das wollte; das kann aber kaum mehr als der Auslöser des Konflikts gewesen sein. Bei aller Nähe war doch die *räumliche* Nähe eher die Ausnahme: Nicht einmal ein halbes Jahr nach dem Beginn der Liebesbeziehung ging Kästner nach Leipzig, kurzzeitig war er in Rostock und Berlin, kam nur auf einige Wochen nach Dresden. Ilse Julius war dann nicht immer da, weil ihr Vater erwartete, daß sie sich wochenlang in Senftenberg aufhielt. »Man schreibt sich immer so endlos lange Fetzen & hat wenig davon«, klagte sie schon 1924 und beteuerte ihre »ganz grosse Sehnsucht« (6.8.1924, JB). »Wir müssen bald heiraten, dann hört es von selbst auf«, schrieb sie ihm ein paar Monate später; war aber auch so ehrgeizig, daß sie nicht hinter ihm zurückstehen wollte: »Nächstes Jahr noch nicht, da muss ich noch sehr fleissig sein & sehen, dass ich fertig werde. Übernächstes vielleicht. Wie denken Du? Oder 1927? Oder wollen wir unverheiratet beieinander wohnen? Jedenfalls lang lass ich Dich nicht mehr allein.« (13.12.1924, JB) Die langen Trennungen gingen mindestens ihr zunehmend auf die Nerven: »Also wieder mal in Dresden abgesetzt, 3 Wochen Wartezeit, um dann wieder ein paar flinke schöne Stunden mit Dir in Leipzig zu verleben. Ist das das Leben? Nicht ganz und doch zu einem grossen Teil.« (7.1.1925, JB) Es müssen große Sympathien zwischen Ida Kästner und Ilse Julius bestanden haben, aber gelegentlich hatte die Studentin doch den Eindruck, daß sie nur Küsterdienste in der Kathedrale seines Herzens verrichtete, Hohepriesterin war die Mutter geblieben. »Warum erzählst Du ihr jede kleinste Kleinigkeit, ehe Du Dich mit mir verständigst?« beschwerte sie sich (18.2.1926, JB).

Die Mutter scheint – und das hat wegen seiner Einzigartigkeit schon viel Gewicht – in den ersten Monaten der Krise nicht auf seiten ihres Sohnes gestanden zu haben. Sie sagte einen bereits vereinbarten Besuch bei ihm in Leipzig kurzfristig per Telegramm ab, so daß er seinen Besuch in Dresden ankündigte – »ich weiß nicht, was wird, bevor

I. nicht anders wird! Ich hab ihr heute früh einen langen Brief geschrieben. Aber Briefe schreiben in solchen Fällen ist furchtbar. Alles kann mißverstanden werden. – Dabei meine ich's mit ihr besser als mit mir!« (21.8.1926, MB) Auch nach der endgültigen Trennung blieben die beiden Frauen noch einige Zeit in lockerer Verbindung, obwohl Ilse »gefürchtet« hatte, »daß Sie innerlich böse auf mich wären & gewiss schon jede Erinnerung an mich aus dem Wege geräumt hätten, da ich Erich & Ihnen so weh getan habe. Dass dem nicht so ist, macht mich froh & will mir ganz unverdient erscheinen. Zu all dem, was Sie im Leben durchmachen mussten, haben Sie nun auch noch Erichs & mein Leid miterleben müssen.«[7]

Erich Kästner versuchte, seine Mutter zu beruhigen, die ihm einen Seitensprung mit einer Leipzigerin vorwarf und darin den Grund für das Zerwürfnis mit Ilse vermutete: »Sie ist an allem schuld. Sie hat sich vorgenommen dir Ilse aus dem Herzen zu reißen. Es ist ihr gelungen […] Sie ist zügellos leidenschaftlich. Ilse war das Gegenteil.« (n. dat., MB) Kästner schrieb zurück, Ilse wolle einer Aussprache aus dem Weg gehen; sie habe ihm aber zugegeben, daß sie schon seit einem Jahr eine Abneigung gegen ihn empfinde, also nicht erst, seit er sie betrogen hatte. »Und den Grund oder die Gründe, die sie haben muß, gibt sie nicht an! Vielleicht gefällt ihr, seit dieser langen Zeit, jemand anderes besser, und sie gibt's nur nicht zu, weil er etwa verheiratet ist, oder sonst unerreichbar. Und da sagt sie sich: Ich sag Erich nichts davon. Den andern krieg' ich doch nicht. Und an Erich gewöhn' ich mich vielleicht doch wieder, da er ein guter Kerl ist. Schrecklich, dieser Gedanke! Ich bin doch kein Almosenempfänger!« (28.8.1926, MB)

Er war sich der Tragweite dieser Trennung durchaus bewußt: »Wenn meine Beziehung zu Ilse, durch ihre Fremdheit, ganz aufhören sollte, so hab ich Jahre daran zu kauen. Und werde wohl nie wieder eine finden, die mir gleichwertig erscheint. Also: das heißt zugleich, dann werde ich niemals heiraten.« (28.8.1926, MB) Die Mutter schien nicht recht überzeugt, kündigte ihm an, sie werde ihm nun seltener schreiben, er lasse ja auch wenig hören. Er beteuerte, ihre Briefe seien »das einzige, was mich in dieser bösen Zeit, die ich durchmache, noch hochhält.« Er könne nicht mehr schreiben wegen seiner vielen Redaktionsdienste, es sei keine Gleichgültigkeit, und Ilse habe er nicht geschrieben »und werde es auch nicht tun. Höchstens später noch ein einziges Mal.« (4.10.1926, MB) Die Beziehung schleppte sich noch einige Monate hin, Bemerkungen über Ilse in den Briefen an die Mutter finden sich noch länger, Kästner wertete sie – schon als Selbstschutz – immer stärker ab, schrieb von einer »Backfischkorrespondenz«, die ja einmal ihr Ende finden müsse, Ilse habe »zuviel mit Tanz und Nichtigkeiten zu tun«, und wenn sie »plötzlich nochmal mit Besuchen und Weinereien anfinge, wär das wenig schön, müßte aber unbedingt durchgemacht werden; denn sie und ich sind es den 8 Jahren, die wir uns kennen, schuldig, ehrlich und offen wie anständige Menschen auseinanderzugehn. Und nicht wie kleine Dienstmädchen, die sonst aber das große Maul haben und sagen, die moderne Frau sei dem Mann ebenbürtig. Ilses Betragen hat gezeigt, daß sie ein kleines dummes Ding ist wie jedes andere beliebige Mädchen.« (5.10.1926, MB) Seine Schelte klingt nicht sehr überzeugend; eher wie Pfeifen im Dunkeln. In einem einzigen Brief an die Mutter beteuerte er, er sei »ruhiger geworden«, »finde [s]ich darein«, sei »bereits über den Berg«, er habe »nicht einmal graue Haare drüber gekriegt, obwohl ich manchmal dachte, sie müßten weiß werden«, der Mensch »verträgt verdammt viel«, jetzt sei »das also, Gott sei Dank, vorüber«, »das gibt sich alles«, und die Arbeit sei »jetzt für mich das Klügste« (9.10.1926, MB).

Aber er konnte noch nicht lockerlassen, mochte ihr »noch einmal gründlich die Meinung sagen« (13.10.1926, MB), obwohl ihn der Gedanke an ein Wiedersehen schmerzte: »Man wird eben nur ganz allmählich gesund« (13.10.1926, MB). Bei allen Gefühlsschmerzen, trotz allem Seelenkäse war er erotisch nicht faul in dieser Phase der noch nicht ganz vollzogenen Trennung; in seinen Briefen an die Mutter erwähnte er des öfteren »Karin«, eine Zahnarzthelferin und Laborantin, die von Ilse wisse, aber nichts von der anstehenden Trennung. Einmal vermeldete er, er habe sich mit zwei »Tanzfräuleins« verabredet, die ihn versetzt hätten: »So eine Frechheit! Man ist doch wohl nicht mehr albern genug für solche Backfische.« (13.10.1926, MB)

Er scheint Ilse Julius den ›offenen‹ Brief geschrieben zu haben, die Antwort fiel aber nicht aus wie erwünscht. Es existiere kein anderer Mann neben ihm, und sie sei »auf dem letzten Teil der Reise froh und heiter« gewesen, weil sie sich befreit gefühlt habe: »Sie sei froh gewesen, nicht mehr Gattin sein zu müssen auf Kommando.« Der Sohn berichtete seiner Mutter, schwer irritiert: »Sie macht Unterschiede zwischen Liebe und Bett. Ich kann hierin keinen Unterschied machen.« Er schrieb in schöner Offenheit, er sei »so stolz in solchen Fragen« – und in diesem Stolz ist er empfindlich verletzt worden. Er war nun mit Karin »1–2 mal« in der Woche zusammen und »über den schlimmsten Gram weg«, hatte zu diesem Zeitpunkt doch schon endgültiger abgeschlossen als Ilse Julius. »Und nun soll ich weiter auf Ilse warten, wo sie zugibt, daß ihr ›die sexuelle Bereitschaft‹ (so nennt sie's wissenschaftlich) unangenehm ist; daß sie wie unter einem Druck stand, solange sie wußte: ich verlange und erwarte von ihr Hingabe. Es mag ja sein, daß manche Frauen jemand liebhaben und doch von ihm nichts wissen wollen! Aber das ist mir zu kompliziert! Solch eine Ehe würde das Gräßlichste, das sich ausdenken läßt.« (19.10.1926, MB)

Sie verabredeten sich zu einem weiteren Treffen in Leipzig, von ihm als klärendes und endgültig trennendes Gespräch gedacht, für Ilse Julius läßt sich das so klar nicht belegen. »8 Tage vorm Totensonntag«, am 14. November 1926, fand dieses Gespräch statt. Es dauerte knapp sechs Stunden, Kästner fand das »schnell vom Zaun gebrochen«. Das Resultat berichtete er in derselben Nacht seiner Mutter, es war wie erwartet: »Zwischen Ilse und Erich ist's aus.« (14.11.1926, MB) Der »Vorhang ist unter den letzten Akt des kleinen Trauerspiels gefallen.« (16.11.1926, MB) Er habe ihr gesagt, »wie es wirklich war« (14.11. 1926, MB): »Du hast mich nie liebgehabt. Die erste Zeit war's sexuelle Neugierde der 18jährigen. Und seit 6 Jahren etwa weißt Du, daß Du mich nicht liebst und nie geliebt hast. Aber Du hast Dir selber immer weisgemacht: Ich liebe ihn doch. Faktisch hast Du mich nur gern gehabt, weil ich anständig, zuverlässig, ehrlich und gescheit bin. – Nur so erklärt sich, daß Du seit Gilleleje einfach nicht mehr wolltest, obwohl Du niemanden andern liebhast. Deswegen auch bist Du, trotz aller Tränen, froh, daß es aus ist.« (14.11.1926, MB) Sie habe ihm ungern recht gegeben, dann widerrufen, dann sei sie, unterwegs zum Bahnhof und weinend, »auch noch eifersüchtig auf meine zukünftige Geliebte oder Frau« geworden. Daß es bereits eine gegenwärtige Geliebte gab, wird er kaum in das ›klärende Gespräch‹ eingebracht haben; wohl aber beklagte er sich im selben Brief bei der Mutter über Karin, mit der er ebenfalls im Clinch lag. Natürlich war die Abgeklärtheit nicht echt; wenige Tage später stellte er Mutmaßungen über die neuen Bekannten an, mit denen Ilse nun wohl zusammen war, anstatt seine Briefe zu beantworten (24.11.1926, MB).

Sie versprachen sich, lose in Verbindung zu bleiben; dann »war es Zeit, in den Zug zu steigen. Sie hat geweint und gewinkt. Und ich habe

Ilse Julius in den dreißiger Jahren

gewinkt und auch beinahe geweint.« Das Fazit war bitter: »Ich habe 8 Jahre verloren. Und Ilse hat es gewußt. Aber sie hat ja auch 8 Jahre eingebüßt. Und bei ihr ist das schlimmer.« (14.11.1926, MB) Für sie war es schlimmer, weil Frauen in ihrer Situation – nach einem jahrelangen unehelichen Verhältnis – kaum Chancen hatten, wieder ›ehrbar‹, soll heißen, geheiratet zu werden. Sie konnten darauf hoffen, daß ihre Geschichte in Vergessenheit geraten würde, oder, der sicherere Weg, die Stadt wechseln. Berlin war die größte Stadt der Weimarer Republik und versprach am ehesten Vergessen; die Romane Irmgard Keuns und Heinrich Manns sind wie die Lyrik Erich Kästners in den zwanziger Jahren übervölkert mit jungen und weniger jungen alleinstehenden Frauen; auch die heute noch gängige Witzfigur der alten Jungfer entstammt diesen Verhältnissen.

Kästners Verhältnis mit Ilse war stark utopisch besetzt gewesen, er jammerte, wie »wunderschön auf der Welt« es gewesen wäre, hätte sie ihn nur auch so geliebt wie er sie, »ein schöner Traum« seien die Jahre mit ihr zusammen gewesen; »hat nur zu lange gedauert. Das Aufwachen war häßlich.« (14.11.1926, MB) Er fühlte sich weiterhin »bißchen marode« und unterschrieb seine Briefe an die Mutter wochenlang mit »Glückallein«, die Formulierung eines Wunsches. Der gewesenen Geliebten fühlte er sich dennoch unendlich überlegen, war überzeugt, sie sei auf ihrer letzten Heimfahrt von Leipzig fröhlich und guter Dinge gewesen – ihr Leid bezeichnete er als »Kleinkinderschmerzen« und nahm sich vor, sie zu »verachten wegen ihrer Oberflächlichkeit.« (16.11.1926, MB) Ida Kästner warf ihm Übereilung und Herzenskälte vor und bedauerte Ilse Julius, was ihr Sohn nun überhaupt nicht vertrug. Er versuchte ihr klarzumachen, daß er doch viel mehr leide als sie, und wo er schon dabei war, erläuterte er auch gleich, daß die Nachfolgerin Karin ihm »nicht den Kopf beschweren« solle: »Als Frau kommt sie niemals für mich in Frage.« (16.11.1926, MB) Sie sei ihm nicht leidenschaftlich genug, habe sich »durch jahrelange Dummheiten, die sie mit sich selber erledigt hat«, abgestumpft. Überhaupt glaubte er, »es gibt keine leidenschaftlichen Mädchen mehr. Sie haben sich alle schon so zugrunde onaniert, daß sie Männer einfach nicht mehr brauchen können.« (18.11.1926, MB) Die »Sache« mit ihr lief noch ein paar Wochen weiter, wurde aber »immer ungefährlicher« (16.2.1927, MB).

Er litt noch einige Wochen mehr oder weniger leise vor sich hin, stürzte sich in Arbeit, um Ilse zu vergessen, ließ die Symbiose zwischen Mutter und Sohn wieder aufleben: »Wir tragen ihr ja nichts nach, da sie sich ja nicht leichtsinnig sondern unter Schmerzen von mir trennte.« (24.11.1926, MB) Er grollte, träumte von »Revanche für die mir angetanen Beleidigungen« (26.11.1926, MB), und es kam ihm »immer mehr der böse, quälende Gedanke, daß ihre ›Krankheit‹ im Frühjahr mir und uns ein wohl nur zur Hälfte bekanntes Kapitel ist. Ich hab mich hier sehr damit abgequält, ihr meinen Verdacht zu verschweigen, um im Guten auseinanderzukommen. Aber – irgend einmal sag ich ihr's noch! Sie soll nicht in ihrer Erinnerung an mich glauben, ich sei ein Hanswurst gewesen, den man zum Narren halten konnte und der ihr mühsam gespartes Geld gab, damit sie sich kurieren konnte, während vielleicht ein anderer –« (26.11.1926, MB) Es wird nicht klar, wovon hier die Rede ist; es ist zumindest nicht abwegig, an eine Abtreibung zu denken – eine »Krankheit«, an der ein anderer beteiligt sein könnte und zu deren Abhilfe man Geld brauchte. Abtreibungen waren in der Weimarer Republik nach dem § 218, der noch aus dem Kaiserreich stammte, streng verboten; dennoch fanden nach zeitgenössischen Schätzungen 800 000 bis 1 000 000 pro Jahr statt. Verhütungsmittel wurden von Ärzten kaum verschrieben, am ehesten noch für unverheiratete Frauen; am verbreitetsten war der Koitus interruptus, auch Kondome waren gebräuchlich.[8]

Emotional am Ende war die Bindung für Kästner an Silvester 1926/27. Er hatte ihr den Roman *Jenny* (1921) von Sigrid Undset geschickt, in dem er die eigene Liebesgeschichte mit Ilse treffend und dramatisch beschrieben sah, und sie antwortete ihm zuerst überhaupt nicht, dann mit einem konventionellen Dank, der ihn in blinde Wut versetzte: »Ich leg Dir dieses herrliche Dokument einer Gans bei. Pfui Teufel, so schreibt mir das Mädchen, das mich 8 Jahre zu lieben vorgab! Als ob sie einem flüchtigen Bekannten, mit dem sie bißchen im Bett lag, paar verspätete Grüße schickte, die leider geschrieben werden müssen. Und dabei ist das Buch, von dem sie schreibt, derart verwandt mit dem, was Ilse und ich erlebten, daß sie hätte eine Woche weinen müssen.« (3.1.1927, MB) Dieses »Dokument« hat sich nicht erhalten, aber Ilse Julius schrieb ihm erneut, nachdem sie das Buch gelesen hatte: »Es ist ein ausgezeichnetes Buch, nach dem Kartenhaus das beste, was ich gelesen habe. Und in beiden allerlei Beziehungsreiches zu uns. Im Undset-Roman so deutlich, dass man ganze Seiten anführen könnte. Dir hat der Roman ja auch gefallen, & vielleicht hat er dazu beitragen können manches an mir zu erklären, was ich wohl nie in Worte werde bringen können.« (7.2.1927, JB) *Jenny* und *Ein Kartenhaus* (1913) von M. C. André haben gemeinsam, daß im Roman wie in der »Alltags-Komödie« unerträgliche Mütter eine Rolle spielen, die Ehen zum Scheitern bringen.

Aus den Briefen wird immer wieder deutlich, wie nah Julius und Kästner vor der Heirat standen. Sie war ein permanentes Thema, »wir sind ja auf dem besten Wege« (22.2.1923, JB), schrieb sie, »Warten, warten« (30.4.1923, JB), für seinen letzten Umzug innerhalb Leipzigs wünschte sie sich, daß es die »letzte Wohnung vor unsrer gemeinsamen« sein möge »oder schon der Anfang davon« (1.8.1924, JB). Scherzhaft drohte sie ihm mit der Ehe, »die Liebste« könne ihm doch »als Hausgöttin & häusliche Gattin so sehr den Lebensgenuss vervielfältigen & verschönen […]. Warte nur balde.« (22.7.1923, JB) 1924 schrieb sie ihm häufiger über das Thema Heirat, das ihm nachgerade unheimlich geworden zu sein scheint; er reagierte indirekt und gab ihr einen Roman von Otto Flake zu lesen, der sie verunsicherte und einen düsteren Brief schreiben ließ, der gleichwohl einer emanzipatorischen Komponente nicht entbehrt: »Georg ist entschieden am sympathischsten & hat mir im Gedanken an meinen Liebsten Angst gemacht. Besonders wegen des Vorsprungs an erotischen Erlebnissen. Ist das für einen Mann so wesentlich? Dann auch für eine Frau. Nicht für alle, aber manche gewinnen, werden reicher. Und seine & des Liebsten Sorge vor der Ehe? Flucht nach Argentinien? Du! Ich lass Dich polizeilich holen! Wir haben einander die grösste Freiheit versichert & wüssten, dass im gegebenen Falle einer beinahe kaputt ging. Aber besser als beide. Dabei soll es bleiben. Nun aber Schluss, sonst werden wir noch beide schwermütig.« (12.1.1925, JB) Es handelte sich um Flakes Roman *Der gute Weg* (1924), in dem sich der Protagonist recht zeittypisch von einer ›rassigen‹ Geliebten zur nächsten hangelt, von der »Slawin« zu der »Amazone mit der delikaten Wade«. Eine der wichtigeren beschwert sich über die Dominanz Georgs und analysiert sein »Käthchenideal«: »man fragt den Gebieter, welchen Entschluß er gefaßt hat, und nimmt ihn als Gesetz entgegen.«[9] Am Ende des Romans ist er in Mexiko verschollen.

Julius und Kästner waren nach acht Jahren natürlich auch im ferneren Bekanntenkreis ein bekanntes Paar, in der Trennungsphase mußte der Ex-Bräutigam zu seinem Mißvergnügen ertragen, daß »einen alle Menschen anquasseln, wie's der Braut gehe, wann man heiraten wolle und solch dummes Zeug mehr – und man kann ihnen doch nicht gut auf die Nase binden, daß alles zu Ende ist.« (6.11.1926, MB) Es klingt eher so, als habe nach seiner anfänglichen Reserve *sie* sich gewehrt, als habe sie das nötige Gefühl nicht mehr aufbringen können – und ihm das offen gesagt, eine tiefe Verletzung. Immer wieder wurde behauptet, daß Kästner diese Verletzung in *Sachliche Romanze* verarbeitet hat. Das Gedicht wurde zuerst 1928 in der *Vossischen Zeitung* gedruckt, im zweiten Lyrikband *Lärm im Spiegel* (1929) setzte er die *Sachliche Romanze* an den Anfang:

> »Als sie einander acht Jahre kannten
> (und man darf sagen: sie kannten sich gut),
> kam ihre Liebe plötzlich abhanden.
> Wie andern Leuten ein Stock und ein Hut.

> Sie waren traurig, betrugen sich heiter,
> versuchten Küsse, als ob nichts sei,
> und sahen sich an und wußten nicht weiter.
> Da weinte sie schließlich. Und er stand dabei.
>
> Vom Fenster aus konnte man Schiffen winken.
> Er sagte, es wäre schon Viertel nach Vier
> und Zeit, irgendwo Kaffee zu trinken.
> Nebenan übte ein Mensch Klavier.
>
> Sie gingen ins kleinste Café im Ort
> und rührten in ihren Tassen.
> Am Abend saßen sie immer noch dort.
> Sie saßen allein, und sie sprachen kein Wort
> und konnten es einfach nicht fassen.« (I: 65)

Nun gibt es sicher deutliche Anklänge an Kästners eigene Geschichte mit Ilse Julius, und es ist eher unwahrscheinlich, daß dieses ›authentische‹ Drama *nicht* bestimmend für die *Sachliche Romanze* sein sollte. Aber das Gedicht ist eine Fiktionalisierung, eine Formung – unfreundlicher: *Ver*formung – der eigenen Geschichte. Der männliche Part im Gedicht kommt um einiges besser weg als Erich Kästner in seiner eigenen *éducation sentimentale*. Es ist hier nicht die Frau, der die Liebe allein abhanden kommt und die das dem Mann verschweigt, in der Hoffnung, es möge sich wieder ändern. Im Gedicht werden zwei synchrone Entwicklungen beschrieben, beiden kommt die Liebe abhanden. Auch der Versuch, dies zu überspielen, ist im Gedicht ein gemeinsamer Vorgang, der tatsächlich ja wohl zunächst nur einseitig stattgefunden hat. *Sachliche Romanze* spiegelt getreulich die üblichen Geschlechterrollen, nach denen nur die Frau weint; der Mann »stand dabei«, und er ist es auch, der das Schweigen bricht und Kaffeetrinken als Ersatzhandlung vorschlägt. In der Schlußstrophe heben sich die Geschlechterrollen wieder auf, und wohl auch die Trennung von Fiktion und Realität – am Ende steht ein gemeinsames Verstummen.

Der letzte erhaltene Brief von Ilse Julius stammt vom 4. April 1927 und schlug ein erneutes Treffen in Dresden vor; sie hatte von Ida Kästner erfahren, daß ihr Sohn zu deren Geburtstag am 9. April kommen würde. Es ist nicht bekannt, ob das Treffen stattgefunden hat; sie besuchte ihn im Oktober 1927 in Berlin, er hielt das »bißchen Bauchweh, das ich dabei haben werde«, für eine »gute Erziehung« (1.10. 1927, MB), »die beste Art zum Abgewöhnen« (7.10.1929, MB). 1929 trafen sie sich nach größerer Unterbrechung wiederum in Berlin, waren zusammen im Theater und »ein Stündchen tanzen«: »Dann hab ich sie heimgebracht. Sie freute sich sehr. Werde sie manchmal mitnehmen. Sonntag ist sie in Dresden. [...] Sie ist mir innerlich ganz fremd geworden. Aber das gefällt ihr, glaub ich, auch ganz gut. Zu Silvester hatte sie Besuch aus Dresden. Ihren Freund sicher. Aber wir sprechen nie darüber.« Das Treffen setzte bei ihm weiterreichende Reflexionen in Gang, er fragte sich, ob ihm die »Ilse-Affäre« nicht »alle Fähigkeit, ein Mädchen richtig liebzuhaben, vollständig ruiniert« habe (10.1.1929, MB). Als unmittelbaren Reflex auf das Stelldichein schrieb er das Gedicht *Repetition des Gefühls* (*Weltbühne*, 29.1.1929), nach dem er ursprünglich seinen zweiten Lyrikband nennen wollte[10] – *er* war tatsächlich mitten in Reisevorbereitungen zu einem Urlaub im Gebirge:

»Eines Tages war sie wieder da ...
Und sie fände ihn bedeutend blässer.
Als er dann zu ihr hinübersah,
meinte sie, ihr gehe es nicht besser.

Morgen abend wolle sie schon weiter.
Nach dem Allgäu oder nach Tirol.
Anfangs war sie unaufhörlich heiter.
Später sagte sie, ihr sei nicht wohl.

Und er strich ihr müde durch die Haare.
Endlich fragte er dezent: ›Du weinst?‹
Und sie dachten an vergangne Jahre.
Und so wurde es zum Schluß wie einst.

Als sie an dem nächsten Tag erwachten,
waren sie einander fremd wie nie.
Und so oft sie sprachen oder lachten,
logen sie.

Gegen Abend mußte sie dann reisen.
Und sie winkten. Doch sie winkten nur.
Denn die Herzen lagen auf den Gleisen,
über die der Zug ins Allgäu fuhr.« (I: 92f.)

Sie sahen sich in den nächsten Jahren noch einige Male auf dieser neuen, distanzierten Basis, nachweisbar bis 1932; Mitte Mai 1929 fuhren sie sogar für eine Woche zusammen nach Paris (19.–24.5.1929, MB), wo Ilse Julius anscheinend ein kurzes Verhältnis mit einem Ägypter hatte. »Komische Sachen«, meinte ihr Ex-Freund (12.10.1929, MB). Eine briefliche Äußerung Kästners, nach einem ihrer späten Besuche in Berlin, soll wegen ihrer Härte nicht verschwiegen werden: »Gott, ist sie dumm geworden. Man kann kaum mit ihr reden. Da haben Kästners seinerzeit wirklich Glück gehabt.« (15.3.1930, MB) Ilse Julius stürzte sich nach dem Ende der Verbindung in ihre Arbeit und wurde zu einer frühen ›Karrierefrau‹, kaum ein Zeichen für Dummheit; 1929 promovierte sie über *Heterocyclische Polymethin-Farbstoffe aus α- und γ-Methyl-cyclammonium-Salzen*. Sie scheint kein allzu glückliches Leben gehabt zu haben, lebte mit keinem Mann mehr dauerhaft zusammen, sondern blieb, von beruflichen Unterbrechungen abgesehen, bei ihrer Mutter. Seit 1930 arbeitete sie in Berlin, Kästner suchte ihr per Inserat ein Zimmer (20.3.1930, MB); flüchtige briefliche Verbindungen bestanden bis in die fünfziger Jahre.[11] Ilse Julius arbeitete im zuständigen Ministerium für die Kinderlandverschickung, auch während des ›Dritten Reichs‹, als dieser staatlich organisierte Erholungsaufenthalt für Stadtkinder immer stärker ausgeweitet wurde. Ihr Cousin erinnert sich an das Gerücht im Verwandtenkreis, sie sei einige Zeit mit dem NSDAP-Reichspostminister Wilhelm Ohnesorge liiert gewesen. 1945 schickten sie die sowjetischen Besatzer aufgrund ihres Titels als Abteilungsleiterin eines Chemiewerks nach Wolfen bei Dessau, obwohl sie davor nie als Chemikerin gearbeitet hatte; sie starb in Dresden mit 62 Jahren an Darmkrebs, am 3. Mai 1964, vier Jahre vor ihrer Mutter.

»Der kleine Erich wird immer berühmter«: Die ersten Berliner Jahre

Kästner kannte Berlin schon von früheren, meist kürzeren Aufenthalten und mußte sich nicht erst groß orientieren. Als Untermieter zog er zur Witwe Ratkowski in die Prager Straße in Berlin-Charlottenburg, zahlte die Miete zwei Monate im voraus und beruhigte seine Mutter, die Wirtin lasse sie grüßen und »will mir gern Eier braten usw.« (5.8.1927, MB) Er stürzte sich in hektische Betriebsamkeit: machte Antrittsvisiten bei Redakteuren, die ihn bisher nur gedruckt, aber nie gesehen hatten. Seine ersten Filmverhandlungen führte er mit dem damals schon berühmten Schauspieler und Produzenten Reinhold Schünzel, der *Das Mädchen aus der Ackerstraße* (1920) gedreht hatte, den ersten realistischen Film der Weimarer Republik. Für Freunde Erich Ohsers und deren Reklamefilm-Atelier wollte Kästner arbeiten, er verfaßte Werbeanzeigen und schrieb weiterhin Artikel für die *Neue Leipziger Zeitung*. Das Blatt zahlte ihm ein kleines festes Einkommen als Theaterkritiker,[1] erst Anfang der dreißiger Jahre wurde dem inzwischen berühmten Mitarbeiter wieder – mehrfach – gekündigt. Er konnte die Kündigungen immer wieder abwenden, zum Teil in Gesprächen mit dem jüngsten Konzernchef Hermann Ullstein selbst (9.1.1932, MB). Als fester freier Mitarbeiter blieb er der Zeitung bis 1933 erhalten.

Zwar war er etwas niedergeschlagen, weil ein Bühnenvertrieb sein frühes Weihnachtsstück *Klaus im Schrank* zurückgeschickt hatte, er glaubte aber durch die Mühelosigkeit seiner ersten Erfolge, »daß ich wirklich nach Berlin gehöre, wie?« (15.8.1927, MB) Die Verhandlungen mit Schünzel betrafen eine kurze Erzählung Kästners, die sehr viel später neben *Emil und die Detektive* sein größter Erfolg werden sollte: Das *Berliner Tageblatt* hatte sie unter dem Titel *Inferno im Hotel* veröffentlicht; der Stoff hieß später auch *Drei Männer im Schnee* und soll in einem eigenen kleinen Kapitel behandelt werden.

Falls die Einkünfte des ersten knappen Monats in Berlin so bleiben würden, »steh ich mich besser als in Leipzig« (20.8.1927, MB); Kästner war sich so sicher, am rechten Ort angekommen zu sein, daß er seine Leipziger Freundin Karin kurzerhand nachkommen ließ und mit ihr zusammen einen Urlaub an der Ostsee – in Warnemünde, Graal, Stralsund und Rügen – einschob (19.8., 20.8.1927, MB). Die ist zwar recht verliebt, wie sie an Ida Kästner schrieb (in 19.8.1927, MB), war aber für ihn anscheinend nie mehr als ein angenehmer Zeitvertreib. Er hat sich fest vorgenommen, sich »ruhig Zeit« zu lassen »mit der Mädchensucherei, obwohl es wirklich nötig wäre, bald so einen Besen zu finden.« (1.10.1927, MB)

Berlin hatte seine Anziehungskraft in den ersten Jahren des Jahrhunderts voll entfaltet und galt als ›toleranteste Metropole Europas‹. »In Berlin war ›was los‹«, wie George Grosz schrieb, es wurde zum Mittelpunkt der Künste, hatte »wunderbare Theater, einen Riesenzirkus, Kabarette und Revuen«, dazu »Bierpaläste, so groß wie Bahnhofshallen, Weinpaläste, die durch vier Etagen gingen«. Es gab kleine Eckkneipen, die »Stehbierhallen«, und den berühmten Aschinger, wo die Bohemiens für ein paar Groschen ihren Teller Erbsensuppe löffeln konnten. Der Teller war »eine kleine Terrine. Die Hauptsache aber war: man konnte dazu soviel Brot und Brötchen haben, wie man wollte. War der Brotkorb auf dem Tische leer, so kam der Kellner von selbst und füllte nach: kleine Dampfbrötchen, noch warm und knusprig, ein Kümmelbrot, herrliche Salzstangen. Was in unseren Taschen verschwand, wurde nicht beanstandet, man durfte es nur nicht zu auffällig machen. Aschinger war eine Wohltat für hungrige Künstler.«[2] Kästners materielle Situation in Berlin verbesserte sich schnell. Zuerst mußte er zwar wieder als möblierter Herr leben, konnte sich dann aber rasch etablieren; er hatte es nicht lange nötig, wie seine Romanfigur Fabian zu Aschinger zu gehen und dort seinen Kaffee zu trinken. Er saß eher im Café Josty, einem alten Kaffeehaus am Potsdamer Platz, wo sich's auch der Dieb Grundeis in *Emil und die Detektive* gutgehen läßt, in der Königin-Bar oder im Café Leon am Kurfürstendamm – das Leon war im selben Haus wie das *Kabarett der Komiker*. Bei der Leon-Runde »präsidierte« Kästner der Runde mit Erich Ohser, Robert Adolf Stemmle, Peter Francke und Werner Buhre, »ein schwieriges Kind, immer irgendwie beleidigt und verkannt, stolz auf irgendwas, wovon niemand etwas ahnte.«[3] Dort hatte Kästner Martin Kessel kennengelernt, über Jahrzehnte ein guter und von ihm immer wieder geförderter Freund; Kessels Roman *Herrn Brechers Fiasko* (1932) hatte er bei der Deutschen Verlagsanstalt untergebracht.

Für Schwanneke und das Romanische Café hatte Kästner nur Spott übrig, gleichwohl besuchte er beide. Victor Schwanneke war ein bekannter Schauspieler und Komiker, der eine Weinstube eröffnet hatte und weiterhin für Max Reinhardt und andere auftrat – oft als Wirt oder Nachtclubbesitzer. In der Münchner Räterepublik hatte er als Intendant das Hoftheater in ein Staatstheater umgewandelt. Zu ihm kamen die Prominenten auf einen Sprung und unterhielten sich, wie Kästner schrieb, vorwiegend über Autos – »Tantiemen für Romanauflagen« seien »mit Automobilen in ursächlichen Zusammenhang zu bringen« (VI: 141). Das Romanische Café hat Wolfgang Koeppen besungen, »mit seiner Sommerterrasse wie ein Schiff, verankert oder auf freier Fahrt, flott oder schon gestrandet«, er sei dorthin gekommen als einer der Fahrenden aus der Provinz, »die gekommen und nicht geladen waren, und die Götter, zu denen sie beteten oder die sie verleugneten, die Götter hatten sich wohl schon abgewandt von ihnen, voll Entsetzen, oder die Götter waren nie da gewesen«.[4] In diesem »Wartesaal der Talente« saßen, anders als bei Schwanneke, die Anfänger und die Gescheiterten unter den Künstlern. Zu ihnen wollte Kästner erst recht nicht gehören, hier war sein Spott um einiges schärfer. Im Café sei ein »infernalisches Gewirr von Charakterköpfen und solchen, die es sein wollen«; man ersetze »den mangelnden Erfolg durch Gehabe und Getue.« Immerhin sei zum Zeitvertreib »das weibliche Geschlecht« vorhanden, »und zwar in staunenswert hübschen Exemplaren« – höhere Töchter und gefallene Mädchen (VI: 139).

Kästners Lieferungen eigener Texte an namhafte Zeitschriften hatten sich bald stabilisiert, schon Ende 1927 konnte er seiner Mutter berichten, daß *Simplicissimus*, *Tagebuch* und das *Berliner Tageblatt* wieder angenommen hätten. Sein Debüt in der *Weltbühne* hatte Anfang Juli 1927 stattgefunden (6.7.1927: *Kirche und Radio*), er schrieb außerdem für den *Uhu*, die *Vossische Zeitung* und und und: »Man müßte mal 8 Tage gar nicht ins Bett. Bloß schreiben.« (15.8.1928, MB)

Er mußte sich bremsen und dazu zwingen, langsamer zu schreiben, um der Qualität seiner Arbeit nicht zu schaden. Er hatte gelernt, welche Strategien beim Angebot von Manuskripten zum Erfolg führten. Für den Redakteur des *Berliner Tageblatts* mußte er »die Sachen, die ich schicke, selber loben, und zweitens muß ich ihm bißchen drohen.« Er schrieb also: »die Geschichte werde ihm bestimmt gut gefallen, da sie, wie ich zuversichtlich glaube, *gut gelungen* sei.« Und er unterstrich seine Telefonnummer, »damit er denkt, oje, der wird mich, wenn ich's nicht sofort lese, anrufen. Und da hat er's auf der Stelle genommen.« (29.9.1927, MB)

Vom 11. Juni 1928 bis zum 21. April 1930 schrieb er für das Wochenblatt *Montag Morgen* das Kommentar-Gedicht zu den Zeitläuften. Donnerstag mittag mußte er zur Redaktionskonferenz, um das Thema abzusprechen, dann nach der Absprache das Gedicht schreiben – Gebrauchslyrik eben, für den jungen Autor eine Ehre, aber zunehmend auch eine Belastung. Womöglich hatte er noch Mehrarbeit, weil Stefan Grossmann oder sein Nachfolger Leopold Schwarzschild ein Gedicht ablehnten und er in noch kürzerer Zeit ein zweites schreiben mußte (19.10.1929, MB): »Und heute ist ja der berühmte Donnerstag, an dem mir das MM-Gedicht zum Hals heraushängt.« (27.2.1930, MB) Diese *Montagsgedichte* wurden erst 15 Jahre nach Kästners Tod gesammelt und zugänglich gemacht; einige hatte er zuvor schon in die Lyrikbände von *Herz auf Taille* bis *Gesang zwischen den Stühlen* übernommen, selten auch einmal umgekehrt. Es sind im wörtlichen Sinne Zeitungsgedichte – verfaßt nach eingehender Lektüre von Tageszeitungen, aktuelle Kuriositäten, Skandale, politische Ereignisse aufgreifend und manchmal alles grotesk durcheinanderwürfelnd (*Kleine Wochenschau*, MG: 21f.). Sein erstes Gedicht, *Die Gustavs*, parallelisierte den ›eisernen‹ Droschkenkutscher und seine Fahrt nach Paris mit dem Außenminister Stresemann; er kommentierte auch die zähen Koalitionsverhandlungen des Reichskanzlers Hermann Müller, die permanente Wohnungsnot, Sportereignisse, die allgemeine Rekordsucht und das Wetter. Die saisonalen Schwankungen und Skandälchen der Berliner Theater rückten mehrfach in den Blick, auch die Skandale um Ferdinand Bruckners Stücke; die autobiographische Dimension kam nicht zu kurz, er schickte Gedichte von verschiedenen Urlaubsorten und beschrieb seinen Umzug in die erste eigene Wohnung.

Kästner bediente die ›neuen Medien‹ Film und Hörfunk souverän, in seinen Äußerungen über den Film hat er sich nur einmal schwer geirrt, bei der Einführung des Tonfilms. Damit stand er nicht allein, auch andere bedeutende Filmkritiker wie Herbert Ihering, Axel Eggebrecht und – Luis Trenker polemisierten gegen den Tonfilm, Trenker schrieb, aus dem »Krachfilm« werde höchstens »noch ein Filmkrach werden«.[5] Die Berliner Kinobesitzer protestierten, und Kästner unterstützte sie:

> »Die Leinwand öffnet ihren Mund,
> und endlich hört man jeden
> photographierten Herrn und Hund
> in seiner Mundart reden.« (MG: 31)

Insbesondere konnte er noch nichts von der Erfindung der Synchronisation wissen und mokierte sich über amerikanische Filme, in denen gleichzeitig Douglas Fairbanks, Conrad Veidt und Dolores del Rio spielten – der Turmbau zu Babel sei dagegen eine Kleinigkeit gewesen:

> »Der Film kann lachen und kosen
> und mit der Zunge anstoßen.
> Der Film kann englisch und bellen,
> kann husten, chinesisch und schrein
> und schießen und Fragen stellen
> und mit brechender Stimme verzeihn.
>
> Was ist nun, besten Falles,
> der Sinn dieses Tonfilmberichts?
> Der Sinn ist: Der Tonfilm kann alles –
> aber weiter kann er auch nichts!« (MG: 32)

Daß er dennoch auch hier erfolgreich sein wollte, daran bestand für ihn kein Zweifel. Er fühlte sich von Schünzel unfreundlich behandelt, als der nicht sofort auf das erste Exposé reagierte. Kästner erwog, ihm eine Verfilmung von Alphonse Daudets *Tartarin von Tarascon* vorzuschlagen, zauderte aber: »Denn der Vorschlag ist viel Geld wert. Man muß eben den Einfall *haben*! Nachher sagen sie: Jaja, kleiner Kästner, das hatten wir schon lange vor! Und ich stehe da mit dem dicken Koppe!« (29.9.1927, MB) Schünzel ließ ihn immerhin ein bißchen hospitieren: »Am Montag soll ich ihm bißchen was erzählen, wie ich mir einiges in dem Film denke. Also umsonst arbeiten. Bis ich den Betrieb richtig kenne, laß ich mir das vielleicht gefallen. Dann aber kostet jedes Husten einen Taler. Es sind nette Leute, wenn's nichts kostet. Alles Juden.« (7.10.1927, MB)

Noch vor den ersten Filmproduktionen war Kästner im Rundfunk erfolgreich. Seinen Durchbruch brachte ihm hier das Hörspiel *Leben in dieser Zeit*, das ihm der Breslauer Hörfunkintendant Friedrich Bischoff vermittelte und das andere Intendanten und Rundfunkanstalten nachzogen – der Berliner Rundfunkintendant Dr. Flesch beauftragte ihn mit der Zusammenstellung eines Kabarettprogramms mit eigenen Beiträgen und Arbeiten Tucholskys und Mehrings »usw.«; Kästner schlug Flesch die Hörfunkbearbeitung des *Emil* vor (5.11.1929, MB), die ersten Kästner-Grammophonplatten gab es seit 1930. (14.12.1930, MB)

In Breslau, bei den Vorbesprechungen für *Leben in dieser Zeit*, lernte Kästner Edmund Nick kennen. Das war der Beginn einer lebenslangen Arbeitsfreundschaft, Nick hat 50 Kästner-Gedichte und Kabarettnummern vertont. Auch im ›Dritten Reich‹ blieben sie in Verbindung; als Nick im April 1933 beim Breslauer Rundfunk flog, ging er ebenfalls nach Berlin und sah Kästner oft am Stammtisch im Café Leon mit Ohser und anderen Freunden; überdies machte Nick Kästner im »Grünen Zweig« mit dessen nachmaliger Freundin, der Schauspielerin Herti Kirchner bekannt.[6] Während der Entstehungszeit von *Leben in dieser Zeit* korrespondierten Komponist und Librettist intensiv miteinander, Nick besuchte Kästner ein paarmal in Berlin, um ihm die neuen Kompositionen in der neuen Wohnung in der Roscherstraße auf einem alten Pianino vorzuspielen; auch Ernst Busch kam einige Male dazu, der die Hauptrolle übernehmen sollte (3.11.1929, MB). Ende August 1929 wollte Kästner »die Funkrevue fertig« machen, um »endlich Zeit für was Neues« zu haben (24.8.1929, MB); Bischoff war begeistert und wollte die Revue als »ganz große Sache« bringen (4.9.1929, MB). Am 9. Oktober 1929 war Kästner wegen einer Radio-Kinderstunde in Breslau und konnte letzte Absprachen treffen (9./10.10.1929, MB), im Dezember 1929 fand die Ursendung statt, der große Erfolg gab Bischoffs Erwartungen recht. Nicht nur deutsche, auch einige ausländische Anstalten übernahmen das Hörspiel (Stockholm, Zagreb, Prag, Hilversum). Wegen des großen Erfolges wurde die Breslauer Produktion in neuer Besetzung im März 1930 erneut vorgetragen, und das Werk schaffte sogar den Sprung auf die Theaterbühnen.

Das Nachtleben zog Kästner an; George Grosz schrieb in seiner Autobiographie, es ziehe jeden jungen Menschen an – »ein Motteninstinkt in uns wird fasziniert vom Bogenlampenlicht der schillernden, spiegelnden Avenuen.« In der Friedrichstadt standen die Prostituierten; von der Hurenromantik der Jahrhundertwende, angeregt von Flaubert, Maupassant und der damaligen europäischen Hauptstadt Paris, war in den zwanziger Jahren nicht mehr viel übrig. Damals hatten die jüngeren Dichter »die Hure unter der Laterne, den Zuhälter und allgemein die freie Liebe« besungen,[7] Heinrich Zille zeichnete und Eduard Fuchs dokumentierte die Sittengeschichte des Milieus.

Kästner besuchte die literarischen Revuen und Kabarettprogramme der Hauptstadt, rezensierte sie für die *Neue Leipziger Zeitung* und kannte die wichtigsten Schauspielerinnen, Conférenciers und Komponisten schon als Zuschauer, bevor er zum Autor ›aufstieg‹. Nach der Aufhebung der kaiserlichen Zensur 1918 konnte sich das Kabarett ganz neue Freiheiten erlauben; allein in Berlin gab es in den zwanziger Jahren um die 40 Kabaretts, ständige Neugründungen und Pleiten. Unbestrittener Marktführer war Friedrich Hollaender, damals mit Blandine Ebinger verheiratet, für die er seine ersten bekannten Couplets schrieb. Die meisten Kabarettgrößen der Zeit debütierten im *Schall und Rauch*, einer Gründung Max Reinhardts, für die er das Untergeschoß des Schauspielhauses und auch Mitglieder seines Ensembles zur Verfügung stellte. Hollaenders Revue *Das bist du* wurde von Kästner hoch gelobt, einzelne Szenen erzählte er in der Rezension nach, die Form der literarischen Revue sei »wertvoll und amüsant in einem« (GG II: 10). Spätere Revuen fand er gut oder schlecht, je nachdem, wieviel Zeit Hollaender von den Theaterdirektoren bekommen hatte, würdigte ihn aber verständnisvoll: »Friedrich Hollaender ist ein Lehrer, bei dem der Berliner schon etwas lernen kann. Er erzieht ihn mit seinen eignen Waffen. Er hat Witz, schlagfertige Laune. Er trifft, wenn er zuschlägt, oft genug auf den Kopf, oder wenigstens hinter die Ohren. Er schlägt mit Schlagern, die sitzen.« (GG II: 59) Kästner sah Hollaender als Dichter seines Schlages, als einen »Auftrags- und Gebrauchsdichter«, sogar als den besten. Kästner, inzwischen selbst zu regelmäßigen Gedichtlieferungen verdammt, wußte nur zu gut, wovon er schrieb, als er Hollaender gegen etwaige Kritiker in Schutz nahm: »Wer den *Beruf des Gebrauchsdichters* ergreift, noch dazu in Berlin, muß liefern können wie ein Schneider; wenn es eilig ist, ohne Anprobe. Nichts wäre ungerechter, als nach solch einem Eil-Laborat den künstlerischen Zustand des Autor-Komponisten als ›erledigt‹ abtun zu wollen.« (GG II: 109) Dementsprechend konnte eine *Revue der Hollaender-Revuen* nur der beste Abend sein, den Berlin zu bieten hatte, ein Abend aus lauter Höhepunkten – Hollaender und seine Schauspieler »zaubern einen witzigen, temperamentvollen Abend zusammen, wie er ähnlich nirgends sonst verbracht werden kann.« (GG II: 76)

Trude Hesterberg wollte mit Kästner und anderen Autoren und Schauspielern, darunter Ernst Busch, ein neues Kabarett gründen (12.11.1929, MB). Kästner besuchte das *Kabarett der Namenlosen* – in *Fabian* wird es »Kabarett der Anonymen« genannt –, »dort tragen Arbeiter, Beamte usw. ihre eignen Sachen vor« (1.10.1927, MB). Er verriß die *Unmöglichen*, die er für »hemmungslos unbegabt und ohne jeden Funken Gesinnung« erklärte (VI: 145); zu ihnen gehörte Werner Finck, der es 1929 vorzog, zusammen mit dem Schauspieler und späteren Regisseur Hans Deppe ein eigenes Kabarett zu gründen, die *Katakombe*. Mit der hatte Kästner wiederum Verbindungen, Kate Kühl sang dort im März 1930 die Brecht-Parodie *Surabaya-Johnny II*.[8] Dolly Haas wurde dort entdeckt, Trude Kolman sang, Erik Ode spielte den rasenden Reporter, Robert A. Stemmle trat neben Finck als Conférencier auf.[9] Seit 1924 gab es das *Kabarett der Komiker* (kurz »Kadeko« genannt), gegründet von Kurt Robitschek, Paul Morgan, Max Adalbert und Max Hansen. 1928 konnten sie in ein eigenes Haus am Lehniner Platz ziehen; hier traten alle ›Kleinkünstler‹ auf, die auch ein großes Publikum begeistern konnten. Die Comedian Harmonists gastierten hier ebenso wie Karl Valentin, die großen Diseusen der Zeit, Trude Hesterberg und Claire Waldoff, traten hier auf und die bekanntesten Conférenciers, Paul Nikolaus, Willi Schaeffers, Kurt Robitschek, der auch Direktor des *Kadeko* war. Mit ihm traf sich Kästner seit 1929 und schrieb regelmäßig für dieses größte aller festen Kabarett-Häuser. »Heute will ich noch einen Chansonvorschlag an Robitschek machen. 250 M sind doch eine ganz gute Sache.« (30.8.1929, MB) Walter Mehring dürfte Kästner über das Kabarett kennengelernt haben (14.11.1929, MB), Blandine Ebinger sang einige Kästner-Gedichte

(30.9.1930, MB) im *Kadeko*, Kästner wurde zu Generalproben eingeladen (31.7.1931, MB), Max Hansen, der als Operettentenor auftrat, gab Liedertexte in Auftrag (21.10.1930, MB). Kästner sah sich seine Nummern in der Regel schon während der Proben an und ging auch in laufende Programme, nicht nur zum Vergnügen, sondern auch zur Kontrolle der Schauspieler: »Man muß sich nämlich drum kümmern, sonst tragen sie die Gedichte schlecht vor, und das schadet mehr als es nützt.« (16.11.1929, MB) Seiner Freundin Moritz konnte Kästner einen kleinen Nachmittagsauftritt mit zwei Chansons in Schaeffers Studio vermitteln, der Nachwuchs-Institution des Hauses, Veranstaltungen, die kaum Eintritt kosteten; das Studio war eher eine Art aufgebessertes Café.

Während der Berliner Zeit dauerte die innige Bindung an die Mutter an. Kästner legte ihr alles vor, ließ sie Manuskripte lesen, schenkte ihr die Reinschriften, besuchte sie in Dresden und ließ sich in Berlin besuchen; seine Wäsche schickten sie zwischen Dresden und Berlin hin und her, solange die Post funktionierte – also bis gegen Ende des Zweiten Weltkriegs. Im Juli 1928 fuhren sie zusammen in die französische Schweiz, über Bern nach Montreux, über Lindau am Bodensee und München zurück; den Plan einer großen Reise nach Florenz, Rom und Neapel verwirklichten sie nicht. Ida Kästners Werk war ihr Sohn; der Sohn mußte, um mit ihr gleichzuziehen, seinerseits Werke schaffen. Jean-Luc Godard hat im Gespräch mit Manoel de Oliveira bemerkt, daß es Leute gebe – insbesondere Frauen –, die keine Werke schaffen, »aber ihr Leben ist ein Werk. Die Männer sind gezwungen, Werke zu machen, weil sie sonst gar nichts wären.« Godards pointiertere Formel zur Entstehung von Kunst lautet: »Schau Mama, ich habe ein Bild gezeichnet« – und das wäre keine schlechte Zusammenfassung der beinah täglichen Briefe Kästners an seine Mutter.

Er beteuerte ihr – sie kränkelte wieder einmal –: »Es ist so schön, daß wir beide einander lieber haben als alle Mütter und Söhne, die wir kennen, gelt? Es gibt dem Leben erst den tiefsten heimlichen Wert und das größte verborgene Gewicht. [...] Wir beiden sind uns das Wichtigste, und dann kommen alle andern noch lange nicht.« (10.1.1929, MB) Das bis ins kleinste gehende Interesse äußerte sich auch in medizinischen Ratschlägen, die eher auf allgemeine Nervosität hinweisen als auf konkrete organische Malaisen: Er schickte sie zu Zimmermann mit der Bitte, er solle ihr »Sanatogen« verschreiben, ein Tonikum aus Milcheiweiß.

Im Frühjahr 1928 erschien endlich bei Curt Weller in Leipzig Kästners erstes Buch, *Herz auf Taille*, mit Vignetten und Zeichnungen von Erich Ohser. Dessen Beiträge mußten in der zweiten Auflage weichen; in einer späteren Vorbemerkung erklärte Kästner, der »junge Verleger hatte sie der empörten öffentlichen Meinung, d. h. einflußreichen konservativen Buchhändlern, opfern müssen.« (1: 51) Der Band war ein Erfolg, Ende Januar 1929 waren 2000 Exemplare verkauft.[10] Friedrich Michael war an der Wahl des Titels beteiligt, Kästner hatte ihm noch andere Vorschläge gemacht – »Repetition der Gefühle« gefiel ihm selbst am besten, außerdem dachte er an »Ein Herz, scharf geladen«, »Kleine Versfabrik«, »Ins Meer gespuckt«. »›Diarrhoe und Praxis‹ ist auch ein feiner Titel!«[11] Michael begrüßte den Band in der *Neuen Leipziger Zeitung* als »Lyrik unserer Zeit«: »Wenn Verse überhaupt noch Sinn haben sollen, müssen sie wohl sein wie diese«. *Kennst Du das Land, wo die Kanonen blühn* stellte Michael neben die »besten Verse[.] Mehrings oder Peter Panters« (11.5.1928). Kästner steckte sein lyrisches Terrain ab, seinen Ton hat er nicht mehr verändert, höchstens noch perfektioniert. Die meisten Gedichte waren zuvor in Zeitungen und Zeitschriften erschienen, vor allem im *Tage-Buch*, in Beyers »*Für alle*«, der *Vossischen Zeitung* und den satirischen Blättern *Stachelschwein* und *Der Drache*. *Herz auf Taille* enthält wie fast alle Arbeiten Kästners Gedichte, die mit Elementen der Biographie ihres Verfassers spielen; uneingeschränkt autobiographische Gedichte gibt es nicht. Auch die einleitende Visitenkarte *Jahrgang 1899* stellt eben nicht ein Individuum, sondern eine ganze Generation vor, obwohl sich in jeder Strophe Entsprechungen zu Kästners Leben finden ließen. Wahrscheinlich ist in *Kleine Führung durch die Jugend* von Dresden und Kästners Jugend die Rede, aber konkrete Bezüge sind getilgt – Kirchen, Fleischer, Straßenbahnen und Schulen gibt es schließlich in anderen Städten auch, einen »Amselpark« hat es in Dresden nie gegeben. Die Schlußstrophe könnte auf Kästners kleine Fluchten aus dem Lehrerseminar anspielen, als er ausriß, um seine kranke Mutter zu pflegen. Aber die Reminiszenz wäre sehr allgemein gehalten; und daß Schule und Fluchtinstinkt zusammengehören, ist schließlich literarisch wie sozialgeschichtlich belegbar, seit es die Institution Schule gibt.

»Das ist die Schule. Hier hat man gewohnt.
Im Schlafsaal brennen immer noch die Lichter.
Im Amselpark schwimmt immer noch der Mond.
Und an die Fenster pressen sich Gesichter.

Das Gitter blieb. Und nun steht man davor.
Und sieht dahinter neue Kinderherden.
Man fürchtet sich. Und legt den Kopf ans Tor.
(Es ist, als ob die Hosen kürzer werden.)

Hier floh man einst. Und wird jetzt wieder fliehn.
Was nützt der Mut? Hier wagt man nicht zu retten.
Man geht, denkt an die kleinen Eisenbetten
und fährt am besten wieder nach Berlin.« (I: 24)

Die gleiche Vorsicht ist bei *Frau Großhennig schreibt an ihren Sohn* geboten. Natürlich imitiert Kästner den Briefstil seiner eigenen Mutter, ihre Gedankensprünge, die Besorgtheit um den Sohn; es gibt im Gedicht wie bei ›Muttchen‹ einen Untermieter; Nachbarn von Kästners hießen Großhennig, und deren Tocher, eine Kindheitsfreundin Kästners, hieß Erna, im Gedicht heißt so die Tochter der »Frau Fleischer Stefan« – die »liebt Dich längst schon.« (I: 20) Erna Großhennig hat sich nicht bei Kästner beschwert, vermutlich, weil sie sich nicht gemeint fühlte, und der im Gedicht angesprochene Sohn heißt immerhin Fritz, nicht Erich. Kästner hat also auch hier versucht, Distanzierungssignale zu setzen; freilich fällt es besonders angesichts der Wäsche und der »Mädelsgeschichten« schwer, sie zu akzeptieren, nicht umsonst hat sich Robert Neumann für seine berühmte Parodie *Ein Sohn, etwas frühreif, schreibt an Frau Großhennig* (1932) ausgerechnet dieses Gedicht ausgesucht.

»Ach Krauses älteste Tochter hat kürzlich ein Kind gekriegt!
Wer der Vater ist weiß kein Mensch. Und sie soll es selber nicht
   wissen.
Ob denn das wirklich an der Gymnasialbildung liegt?
Und schick bald die schmutzige Wäsche. Der letzte Kartong war
   schrecklich zerrissen.
[...]

Hast Du in eurem Geschäft schon wieder mal Ärger gehabt?
Schreib mir nur alles und sieh Dich recht vor mit den
Mädelsgeschichten.
Es wäre doch schade um Dich. Denn Du bist doch sonst so begabt.
Wie schnell ist was los mit dem Arzt und den Vormundschafts-
gerichten.« (I: 19f.)

Kästners Geschichtsbild wird sich in den nächsten Jahrzehnten kaum verändern. *Die Welt ist rund*, heißt eines der Gedichte in *Herz auf Taille*, und er produzierte immer neue Bilder für die Auffassung, daß sich alles im Kreis drehe und es keinen Fortschritt der Menschheit gebe. Es handelt sich dabei um einen gewissermaßen anthropologischen Pessimismus: Der menschliche Charakter, dessen Neigung zu Dummheit und Bosheit ändert sich nicht, und die Menschen bleiben glücklos. Sonst verändert sich fast alles, auch das menschliche Zusammenleben; äußerliche, phänomenologische Wandlungen werden von Kästner durchaus wahrgenommen und beschrieben. Diese Rückbindung an geschichtliche Veränderungen ist immer leicht übersehen worden; sie ist leicht zu übersehen, weil Kästner immer wieder, auch schon in *Herz auf Taille*, Gedichte geschrieben hat, die sich sich regelrecht in Weltschmerz und Melancholie suhlen (*Sentimentale Reise*). Diese Art von Wehmutslyrik gab es schon bei einigen Expressionisten, und wie bei Kästner wurde auch damals über das eigene Gefühl gespottet; *Die Wehmut* könnte in (fast) jeder Hinsicht von Kästner sein, ist aber 20 Jahre älter und stammt von Alfred Lichtenstein:

>»Ich hab einen Haß, einen grimmigen Haß
>Und weiß doch selbst nicht recht auf was.
>
>Ich bin so elend, so träge und faul
>Wie'n abgeschundner Ackergaul.
>
>Ich hab' einen bösen Zug im Gesicht.
>Mir ist niemand Freund, ich will es auch nicht.
>
>Ich hab' eine Wut auf die ganze Welt.
>In der mir nicht mal mehr das Laster gefällt.

Und schimpfe und fluche, ich oller Tor
Und komme mir sehr dämonisch vor.«

Mit der beschriebenen Haltung mögen die Verfasser solcher Gedichte sympathisieren, sie vielleicht sogar gelegentlich teilen; aber immer wieder, mindestens zwischendurch, mußten sie diese Haltung verlassen, um ihre Gedichte zu schreiben und sie zu publizieren. Kästners Geschichtspessimismus und seine Melancholie sind allemal für die zwanziger Jahre Meinungen oder Stimmungen, gegen die er sich immer wieder aufgelehnt hat. Das scheint ihm leichtgefallen zu sein; er war viel zu fasziniert von der Erscheinungswelt, um sich in schwarzer Gülle zu versenken.

›Kleine Leute‹, Menschen der schlechter gestellten Schichten wurden Gegenstände von Lyrik; Kästner widmete Dienstmädchen, Lehrern, Sekretärinnen, kleinen Angestellten viel Zuwendung. Für ihre Kleinlichkeit hatte er viel Verständnis – wirtschaftliche Not kannte er aus seiner Kindheit, sie war in der Weimarer Republik alltäglich und trat nur zwischen 1923 und 1928 etwas zurück. Aber nicht alle Berufsstände waren über Kästners Zuwendung glücklich. Gegen den *Chor der Fräuleins* protestierte der »Verband der weiblichen Handels- und Büroangestellten« und ersuchte den Verfasser gar, »von weiteren Veröffentlichungen Abstand zu nehmen«; ein schwer verständlicher Angriff, gegen den Kästner von einem Kollegen mit den Argumenten und dem Frauenbild der Zeit verteidigt wurde: Sein Gedicht sei ein »Kunstwerk von hohen Graden, hat also mit Moral nichts zu tun«; und zwar nicht nur wegen seiner sprachlichen Form, sondern »wegen des wahren Inhalts und der zarten Einfühlung, mit der die Lebenstragik einer großen Zahl erwerbstätiger Frauen gezeichnet wird, denen die schändlichen sozialen Zustände der Gegenwart die Erfüllung ihres eigentlichen Berufes, Mutter zu sein, unmöglich machen. Es scheint Ihnen entgangen zu sein, daß in der noch nicht lange zurückliegenden Großen Zeit allein den deutschen Frauen über 1 Million Männer weggeschossen worden sind, daß infolgedessen und wegen der kläglichen wirtschaftlichen Lage aller, die nur von ihrer Hände Arbeit leben, noch mehr Frauen ehelos bleiben müssen, als es früher schon der Fall war.«[12] Ein weiterer Protest gegen dieses Gedicht und seine Vertonung durch Wolfgang Fortner erschien im *Völkischen Beobachter* – »Kulturbolschewismus«, »humorlose Bänkelsängereien«, »geschmacklose Pietätlosigkeit«.

Verständlicher waren die Protestschreiben vieler Lehrer, die sich über *Von faulen Lehrern* erregten; sie sahen ihren gesamten Stand pauschal verunglimpft. Dieses Gedicht hat Kästner in keinen seiner Lyrikbände aufgenommen, auch nicht in die späteren Werkausgaben. Er beklagte, daß die Lehrer nach zehn Jahren hehrer Ideale verkalkten und nur noch ihren Steckenpferden nachgingen:

>»Ein jeder spezialisiert sich. Nämlich
>der erste sucht Berge, die er besteigt;
>der zweite frißt sich langsam dämlich;
>der dritte geigt.
>Der vierte betreibt Familiengeschichte.
>Der fünfte hockt ständig vorm Hühnerstalle.
>Nur in der Schule, beim Unterrichte,
>da gähnen sie alle.« (*Freie Deutsche Schule*, 1930, NL)

Herz auf Taille sprach auch einen Themenbereich an, für den die zwanziger Jahre heute noch gefeiert werden, den erotischen. Die ›Neue Frau‹ der Weimarer Republik gab sich selbstbewußt: »Sie raucht in der Öffentlichkeit, rasiert sich die Beine und stutzt die braven Zöpfe zum Bubikopf.«[13] Kästners Popularität rührte nicht zuletzt vom offenen, manchmal ›kessen‹ Ansprechen des erotischen Bereichs und seiner Wandlungen im Laufe der zwanziger Jahre her. Nicht daß ihm immer gefallen hätte, was er da sah; oft stellte er nur mit einigem Moralismus seine Beobachtungen aus, mal verständnislos (*Moralische Anatomie*), mal verständnisvoll (*Mädchens Klage*). Seine Liebesgedichte sind unterkühlt bis sentimental, eher scheinsachlich als neusachlich. Auch der *Nachtgesang des Kammervirtuosen*, der Anlaß für Kästners Ortswechsel von Leipzig nach Berlin gewesen war, findet sich in *Herz auf Taille* wieder. Die Sorgen und Nöte der Halbwelt fanden seine Aufmerksamkeit (*Ansprache einer Bardame*), wie er sich ja überhaupt in Bars und Cafés lieber aufhielt als in seiner Wohnung. Auch diese Art von ›Kaffeehausliteratur‹ und flanierendem Voyeurismus kannte er von den Expressionisten, etwa aus Ernst Blass' *Sonntagnachmittag* (1911):

>»In Straßen, die sich weiß wie Küsse dehnen,
>Sind Menschen viel, die sich nach Liebe sehnen.

> Noch andre sitzen in Cafés und warten
> Die Resultate ab aus Hoppegarten.
>
> Der Dichter sitzt im luftigsten Café,
> Um sich an Eisschoklade zu erlaben.
> Von einem Busen ist er sehr entzückt.«

Blass' Dichter bleibt allerdings mit seiner Sehnsucht und dem Anstaunen des Busens sitzen; Kästners lyrische Repräsentanten kommen des öfteren auch zu taktilem Entzücken.

Am wichtigsten war Kästner, die Erinnerung an den vergangenen Krieg wachzuhalten, um einen neuen zu verhindern. Das ist seinen Rezensionen für die *Neue Leipziger Zeitung* anzumerken, und den lyrischen Attacken gegen Militarismus und Untertanengeist. *Herz auf Taille* enthält u. a. *Hymnus an die Zeit, Die Tretmühle, Stimmen aus dem Massengrab* und eines seiner zu Recht berühmtesten Gedichte, *Kennst Du das Land, wo die Kanonen blühn*. Heinrich Manns Satire *Der Untertan* wird hier aggressiv ins Groteske weitergetrieben:

> »Die Kinder kommen dort mit kleinen Sporen
> und mit gezognem Scheitel auf die Welt.
> Dort wird man nicht als Zivilist geboren.
> Dort wird befördert, wer die Schnauze hält.« (I: 26)

Peter Rühmkorfs Erfahrung im Umgang mit dieser Lyrik teilten Kästners Leser seit dem Erscheinen dieses ersten Bandes: »Der Interpret […] gerät unversehens ins Zitieren und kommt dann aus dem Zitieren gar nicht mehr heraus. […] Was an den Gedichten herauszubringen oder hervorzukehren ist, das hat der Dichter selbst schon alles in den Vordergrund gerückt; eine Geheimniszone, die der analytischen Durchdringung den genügenden Nebel entgegensetzte, scheint nicht vorhanden«.[14]

Kästners ursprüngliches Berufsziel war es, viel stärker als bisher angenommen, ein ›großer‹ Dramatiker zu werden. Das ist ihm nie gelungen, weder mit seinen zahlreichen unbekannten bzw. unter Pseudonym erschienenen Komödien noch mit den dramatisierten Kinderbüchern, auch mit der *Schule der Diktatoren* nicht. Unübersehbar bleibt aber seine Theaterbesessenheit und sein sicheres Urteil als Theaterkritiker; die gedruckte Auswahl an Theaterkritiken, die er für die *Neue Leipziger Zeitung* zwischen 1927 und 1933 schrieb, umfaßt dreihundert Seiten. Sein absolutes dramatisches Gespür galt aber nur für die Stücke anderer, seine eigenen Ambitionen scheinen von Jahrhunderten großer und von ihm bewunderter Dramatiker erdrückt worden zu sein; in ›leichten‹ Genres ohne nennenswerte Traditionen bewegte er sich so souverän wie in den neuen Medien Film und Hörfunk. In seinen Theaterkritiken nörgelte er an Zuckmayers Plumpheiten herum, lobte dokumentarisch-politische Dramen von Peter Martin Lampel und Friedrich Wolf wegen ihrer Stoffe, stellte den Leipzigern Karl Valentin vor und kritisierte scharfsinnig die ersten und in der Tat noch schwachen Stücke Horváths; erst mit *Italienische Nacht*, *Geschichten aus dem Wienerwald* und *Kasimir und Karoline* wurde er »neben Bert Brecht der bedeutsamste Dramatiker, den unsre Generation besitzt.« (VI: 293) Nicht ganz so urteilssicher war er bei Bertolt Brecht; hier klingt sein Lob immer etwas unterkühlt, fast mißgünstig. Die Verwandlung in *Mann ist Mann* sei ein »langwierig durchgeführter Witz ohne rechte Bedeutung« (GG II: 66), in der Revue *Happy End* verkaufe Brecht »gestoßenen Zimt, statt Brot zu backen« (GG II: 208), der Film *Kuhle Wampe* sei »künstlerisch nicht viel wert«, sein Sinn »ist fraglos der: daß jugendliche Arbeitslose Sport treiben sollen.« (VI: 289) Für die *Dreigroschenoper* müsse Brecht gedankt werden, das Stück sei »eines der interessantesten, die es gibt« (VI: 148), ein »Prachtwerk« gar (VI: 163); aber auch an ihm fand Kästner noch etwas auszusetzen – die *Dreigroschenoper* erscheint bei ihm durchwegs als Bearbeitung, nicht als Stück Brechts, und ihr sei vorzuwerfen, daß sie »aktuelle Möglichkeiten kaum wahrnam, geschweige denn erschöpfte.« (VI: 148) Peachums *Lied von der Unzulänglichkeit menschlichen Strebens* hat Kästner tatsächlich ›aktualisierend‹ nachgedichtet; in seiner Fassung *Werders Leiden* geht es um die Frustrationen beim Obstanbau – kaum eine ›Erschöpfung‹ aktueller Möglichkeiten (MG 92f.). Über *Surabaya-Johnny* schrieb er eine Parodie zur Frage des geistigen Eigentums. Brechts Bedeutung konnte Kästner nicht übersehen, aber nur widerwillig anerkennen – war er doch als Dramatiker in einer Gattung erfolgreich, die Kästner gerne mitbestimmt hätte. Die Kollegen haben sich wohl auch gelegentlich in den einschlägigen Cafés getroffen; nach dem Krieg hielten sie lose Verbindung als Präsidenten des ost- bzw. westdeutschen PEN-Clubs. Brechts frühen Tod bedauerte Kästner in offenen Worten: »Brechts Tod macht auch nicht heiterer. Ich konnte ihn zwar nicht leiden, schon weil er sich so idiotisch herausputzte. Aber begabt war er eben doch, und nur ein Jahr älter als Emilchen. Viel zu früh, wo Leben und Arbeit so hübsch sind!«[15]

Kästner war einer der ersten Kritiker, der den Rang und das Innovationspotential Erwin Piscators rühmte. Er erkannte in seinen Inszenierungen »eine neue Epoche der deutschen Theatergeschichte«, den »grandiose[n] Versuch zu einem zeitgemäßen Gesamtkunstwerke«. Piscator forciere eine Kunst, »die durch ihre Erschütterungen Einfluß auf das Leben selber zu gewinnen sucht. Es wäre aus diesem Grunde deplaciert, mögliche Bedenken artistischer Herkunft auch nur zu äußern.« (VI: 80) Kästner berichtete seinen Leipziger Lesern über Tollers *Hoppla – wir leben!*, Alexej Tolstois *Rasputin* und Theodor Pliviers *Des Kaisers Kulis*, er stellte Piscators Theatertheorie als *Theater der Zukunft* (VI: 95–101) ausführlich vor, kritisierte die Gastspiele in Piscators Theater am Nollendorfplatz, seine Schüler und Epigonen. Daß sich der Theatermann meist Stücke wählte, die »wenig taugen« (VI: 98), erkannte Kästner – die Dramen, die Piscator für seinen neuen Stil brauchte, gab es in den zwanziger Jahren noch nicht; sie wurden erst in den sechziger Jahren geschrieben, von Heinar Kipphardt und Peter Weiss. Bei aller Bewunderung kritisierte Kästner von Anfang an den politischen Standort des Regisseurs: »Piscators Parteipolitik ist des Regisseurs Piscator größter Feind« (VI: 94), heißt es in einer frühen Kritik. Als Piscator gar der Verbannung Trotzkis Rechnung trug und die Rede der Figur Trotzki in *Rasputin* zusammenstrich, konstatierte Kästner die Nähe zu frommer Erbauungsliteratur: »Der Kreis um die Gesinnung Piscators und seines Kollektivtrupps scheint sich demnach immer enger und enger zu ziehen.« (VI: 106)

Durch den Erfolg von *Herz auf Taille* und seine vielfältige Zeitungsarbeit konnte Kästner sich seit dem 1. Oktober 1928 seine Sekretärin Elfriede Mechnig leisten, die er »& Co« nannte. Das Bewerbungsgespräch fand im Café Carlton statt, das Gehalt betrug jahrelang, auch noch im ›Dritten Reich‹, 150 Reichsmark; als Chef soll Kästner gleichmäßig zuvorkommend gewesen sein. Elfriede Mechnig war nach ihren Erinnerungen »ein Veilchen, das völlig im Verborgenen blühte«. Er habe sie in den ersten Jahren mit niemandem bekannt gemacht, auch nicht mit seinen Freundinnen.[16]

In loser Verbindung blieb Kästner weiterhin mit einigen Leipziger Kollegen. Paul Beyer, inzwischen Redakteur bei der *Neuen Leipziger Zeitung*, sollte die Artikel des Freundes neben dem Feuilletonchef Hans Natonek betreuen. Beide waren ihm zu schlampig bzw. zu unaufmerksam, deshalb nahm er sich vor, direkt an den Direktor Marguth zu schicken (7.10.1927, MB). Mit dem blieb das Verhältnis schwierig, ein Versuch, eine bessere Bezahlung herauszuschinden, scheiterte 1928 (15.8.1928, MB). Zu Natonek hielt Kästner enge Verbindung, Natonek kam zu großen Theaterpremieren oft nach Berlin. Sie gingen gemeinsam ins Theater, Natonek besuchte Kästner auch zu Hause und war weiterhin ein wichtiger Auftraggeber.

Kästner dürfte mit fast allen bedeutenden Autorinnen und Autoren der Weimarer Republik bekannt gewesen sein, nicht nur mit der Berliner ›Szene‹. Heinrich Mann lobte seinen *Fabian*, er habe ihm »wirkliche Theilnahme abgewonnen«;[17] mindestens einmal war Kästner bei Thomas Mann eingeladen (18.10.1930, MB); Peter de Mendelssohn kannte er seit 1928, mit Ernst Weiß dinierte er (19.11.1931, MB), Friedrich Wolf traf er mehrfach. Mit Rudolf Arnheim, damals ein junger Redakteur bei der *Weltbühne*, war er befreundet; sie arbeiteten zusammen an einem Filmexposé und zogen gemeinsam in die Kabaretts, Kästner schrieb seiner Mutter von einem »Marcell Salzer-Abend« (5.10.1929, MB). Salzer war ein beliebter Vortragskünstler, der vorwiegend unterhaltsame Klassiker, Parodien und auch eigenen »blühenden Unsinn« rezitierte.

Auch der Journalist und Kinderbuchautor Ernst John stand ihm in den ersten Berliner Jahren näher: mit ihm traf er sich zeitweise einen Tag in der Woche zum Arbeiten. Das gemeinsame Theaterstück war gescheitert, aber Artikel für den *Simplicissimus* schrieben sie zusammen. *Angfangs terribles*, eine Sammlung von ulkigen Kindersprüchen Johns, hat Kästner in der *Neuen Leipziger Zeitung* überschwenglich rezensiert; der Sammler und Herausgeber verrate in der Disposition des Bandes »feinste Seelenkunde, reiche Erfahrung und erzieherische Begabung«, sein »Humorpaket der Kindersprüche wiegt schwerer als mancher mehrbändige Wälzer von Erwachsenen.« (GG I: 101) Kästners Figur Jakob Fabian fährt zusammen mit dem Redakteur Münzer Auto, sein Erfinder mit dem Redakteur der *Grünen Post*, John, oder mit seinem Jugendfreund Werner Buhre, der inzwischen auch in Berlin war; Kästner sparte sich auf diese Weise das Geld für ein eigenes Motorrad.[18] Buhre hatte Volkswirtschaft studiert und in Kiel mit dem »Dr. rer. pol.« abgeschlossen (*Die Anpassung der Löhne an die Geldentwertung*, 1925); in Berlin war er bis 1931 Filialleiter der Generalvertretung für die Gummiwerke »Excelsior«.

Richard Katz hatte John als Redakteur für die Kinderbeilage der *Grünen Post*, einer erfolgreichen, auf grünes Papier gedruckten »Sonntagszeitung für Stadt und Land«, aus Leipzig nach Berlin geholt. »John ist stolz, daß er wieder Schriftsteller geworden ist. Ach, er verachtet jetzt die ›Grüne Post‹ und träumt vom Ruhm an meiner Seite. Komischer Knabe! Unsre Geschichten sind etwa den Späßen Chaplins und Buster Keatons verwandt.« (1.10.1927, MB) Kästner meinte die Slapstick-Kurzgeschichte *Seemannslos*, die im *Simplicissimus* am 3. Oktober 1927 erschien, ein übermütiger Blödsinn wie der kurz darauf erschienene *Weltuntergang von Chikago* von Kästner allein (21.11.1927). Dort gibt es ein »Sportfest für Außenseiter«, zu den Disziplinen gehören zum Beispiel das »Brustschwimmen der Schwerhörigen«, »Boxkämpfe zu Pferde«, »Hindernisrennen der Verlagsbuchhändler« und »Ringen der Minderjährigen«. Zoufall, der Reisegefährte des Ich-Erzählers, und dessen Verlobte Ethel beteiligen sich an einem Dauertanz-Wettbewerb, werden nach 83½ Stunden zweite. Er hat einen Vollbart, sie krumme Beine. Daraufhin löst Zoufall die Verlobung, Ethel heiratet ihren Chauffeur und verfolgt die Reisegefährten »mit ihrer Blutrache«, schmuggelt ihnen vergiftete Reißzwecken ins Corned beef – und so geht es weiter, ein Einfall jagt den nächsten. Kästner hat wohl kaum so entspannten Nonsense geschrieben wie diese beiden *Simplicissimus*-Texte. Sein Vergleich mit Chaplin und Keaton war übrigens nicht etwa eine Bescheidenheitsgeste, im Gegenteil; in einer Rezension bezeichnete er die Filmkomiker als die »beiden tiefsten, menschlichsten Künstler, die gegenwärtig unser Globus aufzuweisen hat.« (VI: 211)

Bei der Witwe des *Weltbühne*-Gründers und Herausgebers Siegfried Jacobsohn lernte Kästner Hermann Kesten kennen. Edith Jacobsohn, so berichtete Kesten, lud »in regelmäßigen Abständen die ortsansässigen Mitarbeiter der ›Weltbühne‹ zu dünnem Tee und antikollegialen Gesprächen in jener kaltschnäuzigen, postmarxistischen, radikalitätsspritzenden Manier, die unter den Weltbühnenmitarbeitern wie eine Art preußisches Großstadtsumpffieber grassierte.« Zu diesen Redakteuren und Mitarbeitern gehörten außer Kästner auch Carl von Ossietzky, Kurt Tucholsky, Walter Mehring, Ernst Toller, Arnold Zweig, Lion Feuchtwanger, Alfred Polgar und Rudolf Arnheim, der Kesten und Kästner einander vorstellte: »Ich schüttelte die Hand eines hübschen adretten jungen Mannes, der mich mit einem freundlich verschmitzten Lächeln begrüßte. Sogleich begannen wir ein langes Gespräch und unsere Freundschaft«, so Hermann Kesten (1: 48).

Diese Freundschaft bedeutete auch die Förderung und Würdigung der Arbeiten des anderen. Hermann Kesten gab für den Gustav Kiepenheuer Verlag, dessen Lektor er war, 1929 einen Band mit Prosa junger Autoren heraus: *24 neue deutsche Erzähler*. Erich Kästners Erzählung *Duell bei Dresden* nahm Kesten in seine Anthologie auf, obwohl Kästner sich zu diesem Zeitpunkt (bis auf kleinere feuilletonistische Erzählungen) noch nicht als Erzähler hervorgetan hatte. Andere Beiträger außer Kesten selbst waren Josef Breitbach, Marieluise Fleißer, Ernst Glaeser, Ödön von Horváth, Ludwig Renn, Joseph Roth, Anna Seghers, Ernst Toller, Georg von der Vring, Franz Carl Weiskopf und der 22jährige Wolfgang Weyrauch; auch Siegfried Kracauer veröffentlichte einen Abschnitt aus seinem Roman, noch unter dem Pseudonym »Ginster«. Kästner revanchierte sich mit freundlichen Rezensionen über die Romane *Ein ausschweifender Mensch*, *Glückliche Menschen* und *Der Scharlatan*, die routiniert vor sich hin loben und von einem Superlativ zum nächsten stolpern: Kesten sei einer »der männlichsten und gescheitesten Romanciers, die wir gegenwärtig besitzen«, sein Thema, »die Konstituierung des Individuums im 20. Jahrhundert«, sei »eines der brennendsten Probleme, die uns bewegen.« (GG I: 167) Den *Scharlatan* bezeichnete er als künstlerische »Verzeichnung« und verglich ihn mit Matthias Grünewald und George Grosz.[19] Der Theaterkritiker Kästner war bezeichnenderweise zu Gefälligkeitsrezensionen außerstande, über Kestens *Die heilige Familie*, eine Dramatisierung seines Romans *Josef sucht die Freiheit*, äußerte er sich vorsichtig. Kesten sei »der originellste unter den jungen Romanciers«, aber sein Stück sei, »naturgemäß, kein dramatisches Meisterwerk«, Dramatiker »kommen nicht als Meister auf die Welt.« (GG II: 244)

Hermann Kesten hat ausführlich von der Verwechslung des Kritikers Felix Langer beim *Berliner Tageblatt* erzählt, der Kestens neuen

Novellenband mit dem Argument kritisierte, er habe »keine so ausgesprochen eigene Note wie seine Verse« in *Herz auf Taille.* »Diese Verse hatten einen so eigenen Klang, [...] dass man horchte und sich den Namen ihres Schöpfers merkte.«[20] Kestens Verleger forderte eine Berichtigung; sie erschien und »machte Kästner zum Autor meiner Novellen und seiner Gedichte.« (1: 46f.) Die Verwirrung war vollkommen, als Kesten und Kästner den Chefredakteur besuchten, um ihn von ihrer zwiefachen Existenz zu überzeugen: »Der arme alte Fritz Engel geriet in immer größere Verwirrung, erst hielt er mich für Kästner, dann Kästner für meinen Verleger Kiepenheuer, dann mich für Kästners Verleger Weller, schließlich uns beide für Hochstapler.« (1: 47) Kästner schrieb seiner Mutter pikiert: »So etwas. Ganz Berlin hat drüber gelacht.« (19.10.1929, MB) Im Romanischen Café übte man sich in Kästner-Kesten-Witzen: »Man soll den Kästner nicht vor dem Kesten loben.« – »Da feixt der Kästner und der Kesten wundert sich.« – »Er hat sich den Namen des Schöpfers gemerkt,/ Wir haben unser Zwerchfell gestärkt.«[21] Das *Tageblatt* entschädigte die Freunde, indem es sie zusammen am 30. Oktober 1929 nach Oberhausen schickte, Kästner sollte die dortige Uraufführung von Kestens Stück *Admet* besprechen, Kesten dafür *Lärm im Spiegel*. »Nun werden wir einander bißchen loben. Und schon ist alles in bester Ordnung.« (22.10.1929, MB)

Kurt Tucholsky schließlich war für Kästner eine Art verehrter älterer Bruder, auf dessen Urteil er viel gab, den er aber nur selten sah. Tucholsky hatte 1927 die Chefredaktion der *Weltbühne* an Carl von Ossietzky abgegeben und ließ sich nur noch selten in Berlin blicken; mehrere Tage waren die Kollegen nur 1930 zusammen, weil sie zufällig im selben Hotel Urlaub machten. Kästner hat über Tucholsky zu dessen Lebzeiten nichts veröffentlicht; Tucholsky umgekehrt schätzte den jüngeren Kollegen durchaus. In einer kleinen Szene über die fiktive Besprechung mit einem Agenten, der eine Revue bestellt hatte, ließ er ihn neben Peter Panter und Walter Mehring als »Onkel Kästner« auftreten und von dem Agenten ausschelten: »Herr Kästner, das ist ja viel zu fein, was Sie da gemacht haben – das verstehen die Leute ja gar nicht... nee, die Revue soll natürlich gut sein, aber zu gut soll sie auch wieder nich sein!«[22] Einige der scharfsinnigsten kritischen Bemerkungen über Kästner stammen allerdings ebenfalls von Tucholsky. In seiner Rezension von Erich Singers *Bänkelbuch* (1928) kommentierte er die Kästner-Beiträge: »K wie Kästner. Brillant. Da ist

›*Jahrgang 1899*‹, ein kleines Gedicht, in dem eigentlich alles über diesen Fall ausgesagt ist – mehr kann man darüber gar nicht sagen [...] Aus der Gesamterscheinung dieses Mannes kann ich nicht ganz klug werden. Die Verse sind wunderbar gearbeitet, mit der Hand genäht, kein Zweifel – aber irgend etwas ist da nicht in Ordnung. Es geht mir manchmal zu glatt, das sollte man einem deutschen Schriftsteller nicht sagen, dieses Formtalent ist so selten! – also sagen wir lieber: die Rechnung geht zu gut auf; sechsunddreißig geteilt durch sechs ist sechs, gewiß, na und? Ich kenne kaum ein einzelnes Gedicht, gegen das ich Einwände zu machen hätte... Ist es die Jugend? Aber gerade das, was mir auffällt, ist kein Anzeichen von Jugend: es ist so etwas wie mangelnde Kraft; der dahinter steht, ist mitunter selber ›Jahrgang 1899‹.« Tucholsky meinte damit die Zeilen »Man hat unsern Körper und hat unsern Geist/ ein wenig zu wenig gekräftigt.« (I: 54) Er wollte sich aber »gern getäuscht haben: so einer verdient Förderung, Ei-Ei und Weitermachen.«[23]

Im Januar 1929 tauchte in einem ›Muttchenbrief‹ erstmals Margot Schönlank als »neue kleine Freundin« auf. Schönlank sei »ein furchtbar lieber Kerl. Bloß schon wieder zu sehr verliebt. Hat ja alles keinen Sinn auf die Dauer. [...] Wenn mich die Mädels so lieb anschauen, komm ich mir vor wie das Kind beim Dreck.« (10.1.1929, MB) Aber er hoffte, daß vielleicht »doch noch die Richtige« käme. Schönlank war acht Jahre jünger als Kästner, wohnte noch bei ihren Eltern in Charlottenburg und ging auf die Reimann-Kunstgewerbeschule; er dürfte sie über den gemeinsamen Freund Georg von Ihering kennengelernt haben, einen Übersetzer, der mit ihrer Schwester liiert war. Seine Verständnislosigkeit gegenüber der Situation von Frauen, ihrer Angst vor einer ungewollten Schwangerschaft ist ungebrochen: »Pony paßt schon gut auf. Gestern hat sie wieder geweint. Schrecklich, wenn ein Mädchen immer an den Schluß denkt.« (26.8.1929, MB) Obwohl er jeweils eine ›Favoritin‹ hatte, war er ähnlich Brecht ›treu zu allen‹, traf sich weiterhin gelegentlich mit Ilse Julius, mit Karin, auch von einer »Hertha« ist die Rede (10.1.1929, MB). Das war Herta Reissmann, die ihm nach dem Krieg einen Erinnerungsbrief aus London über die kurze Freundschaft schrieb, die »so gut wie harmlos« gewesen sei, »ich kann es heute nicht verstehen, daß Du überhaupt Zeit für so ein kleines Judenmädel genommen hattest!«.[24]

Im Sommer 1928 konnte er nach Dresden melden, er bereite den zweiten Gedichtband langsam vor: »35 Seiten hab ich bereits geklebt. Fehlen also noch etwa 65 Seiten. Bis auf 50 bring ich's mit dem Material, was ich dahabe, das andere muß noch fabriziert werden.« (15.8.1928, MB) Die Hälfte der Gedichte war also bereits in Zeitungen und Zeitschriften erschienen; im Winterurlaub, Januar 1929, wollte er den Band mit dem vorläufigen Titel »Repetition des Gefühls« beenden.[25] Er hieß dann *Lärm im Spiegel* und erschien etwa ein Jahr nach *Herz auf Taille*, wieder bei Curt Weller.

Kästner ›belohnte‹ sich für sein zweites Buch mit einer zehntägigen Reise nach Paris, vom 19. bis 28. Mai 1929, zusammen mit Erich Ohser – und mit Ilse Julius, die er in seinen Erinnerungen *Mit Erich Ohser in Paris* (1963) unterschlagen hat. Dort datierte Kästner die Reise falsch, auf Sommer 1928 – da war Ohser in Litauen – und schrieb von »ein paar Wochen«. Einige pittoreske Einzelheiten teilte er mit: Die Touristen wohnten »in einem billigen, kleinen Hotel am Bahnhof St. Lazare«, wo sie ihre »harten Salami- und Cervelatwürste deponiert« hatten, Proviant aus Berlin, um die Reise nicht zu verteuern. »Wir lebten wie die Wanderburschen, und wir waren ja auch welche! Von morgens bis in die Nacht trabten wir kreuz und quer durch die wundervolle Stadt, über die Boulevards zum Bois, von der Place du Tertre zum Café du Dome und zur Coupole, von der Madeleine zur Place de la Bastille, und kein Winkel konnte sich vor uns verstecken.« (8: 324) Außer diesem Vorwort für eine Mappe mit Ohser-Zeichnungen schrieb er über seinen Aufenthalt ein *Montag Morgen*-Gedicht, *Brief aus Paris*, und das bekanntere *Jardin du Luxembourg*, das in der zweiten Auflage von *Herz auf Taille* eine Ohser-Zeichnung ersetzte – das heißt, der veränderte Nachdruck des Bandes kann nicht vor Sommer 1929 erschienen sein. *Brief aus Paris* ist eine Reisebeschreibung, wo es ausdrücklich heißt: »Man sah die Stadt zum ersten Mal« – diesmal tatsächlich eine zutreffende Angabe.

> »Paris ist schön. Und laut. Und bunt.
> In Autobus und Untergrund
> sitzt man die Knochen krumm.
> Versailles, Louvre, Luxembourg...
> so stolpert man in der Kultur herum.

> Die Kinder sind das Schönste hier.
> Die Großen sind genau wie wir.
> Es heißt nur non statt nein.
> Die Kriege sind der größte Mist.
> Und wer sie will und fördert, ist
> ein Schwein.« (MG: 96f.)

Es gibt auch noch andere *Montag Morgen*-Gedichte, aus denen biographische Einzelheiten zu erfahren sind; sie sind, anders als Kästners Sammlungen für die Lyrikbände, schnell und unkontrolliert geschrieben. In seinen jungen Jahren war Kästner noch reiselustig: Einen Monat nach der Paris-Reise war er in Warnemünde,[26] wohl um *Emil und die Detektive* zu entwerfen. Die vorgesehene Italienreise, gemeinsam mit seiner Mutter, konnte er sich nicht mehr leisten, und so verbrachten die beiden die erste Augusthälfte an der Ostsee und in Kopenhagen. An Dänemark fand er bemerkenswert, welche Mengen dort »gefressen« wurden –

> »Ach, wir standen vor den Tischen,
> und wir staunten uns ein Loch.
> So ein Berg von Krebs und frischen
> Schinken, Bieren, Würsten, Fischen!
> Und der Hummer lebte noch.
>
> Um die Fremden nicht zu kränken,
> tut der Deutsche, was er kann.
> Voll von Speisen und Getränken
> sanken wir von unsern Bänken.
> Und die Dänen sahn uns an…« (MG: 122)

Und auch sonst scheinen ihm die Ferien nicht sehr behagt zu haben, im *Montag Morgen*-Gedicht *Abfahrt* verherrlichte er das Ende des Ostseeaufenthalts: »Am Urlaub ist das einzig Angenehme, / daß Mutter packt« (MG 121).

Im Frühsommer 1929 etwa schrieb Kästner das Buch, das neben *Drei Männer im Schnee* der größte Erfolg seines Lebens werden sollte, *Emil und die Detektive*. Edith Jacobsohn hatte ihn angeblich auf einem der

Weltbühnen-Autorentreffen gefragt, ob er nicht versuchen wolle, ein Kinderbuch zu schreiben. »Wie kam sie auf diese absurde Idee? Sie war nicht nur die Verlegerin der ›Weltbühne‹, sondern auch die Inhaberin des renommierten Kinderbuchverlags Williams & Co., und Lofting, Milne und Čapek gehörten zu ihren Autoren!« (VI: 660) Die Anregung habe »völlig außerhalb meiner literarischen Interessen« gelegen, und aufgegriffen habe er sie nur wegen seiner Jugend: »Ich war auf meine Talente neugierig. Wenn man mir statt eines Kinderbuchs ein Opernlibretto vorgeschlagen hätte, wahrscheinlich hätte ich das Libretto versucht. Aber Edith Jacobsohn hatte keinen Musikverlag, sondern einen Kinderbuchverlag.« (VI: 661) Die Anekdote klingt munter, aber nicht ganz glaubwürdig; vermutlich ein schönes Kompliment an seine Verlegerin, mindestens eine Übertreibung. Er hatte zusammen mit Ohser Beiträge für die Beyers »*Für alle*«- Kinderkolumne *Klaus und Kläre* geliefert, ein Weihnachtsstück für Kinder, *Klaus im Schrank*, beerdigt und schon 1926 für eine nicht näher bezeichnete Kindergeschichte einen Verlag gesucht (16.10. 1926, MB).

Wolf Durian hatte mit seinem Roman *Kai aus der Kiste* die Großstadt Berlin für die Kinderliteratur entdeckt; sein Werk erschien 1924/25 in der Ullstein-Kinderzeitschrift *Der heitere Fridolin* und 1926 als Buch. Kästner hat Durians Geschichte kräftig geplündert, sein »Gustav mit der Hupe« könnte Kai sein, die »Parole Emil« ist hier die »Schwarze Hand«, Kai wie Gustav tauschen mit einem Hotelboy die Kleider, das Denkmal von »Gottlieb dem Dicken« erhält einen Farbabdruck der »Schwarzen Hand«; Kais Bande ist noch etwas bedrohlicher als Gustavs, weil sie mit ihren Schokoladen-Werbeideen die Stadt Berlin fest im Griff hat. Bei Durian heißt freilich nur der Hausknecht im »Hotel Imperator« Emil, und sein in berückendem Tempo inszenierter Wettbewerb zwischen Kai und dem »diplomierten Reklameagenten« Kubalski um die Stelle des Reklamechefs bei dem amerikanischen »Schokoladenkönig« Mister Joe Allan hat mit der *Emil*-Handlung kaum noch etwas zu tun. Die Geschichte vom Sohn der Friseuse Tischbein ist stark autobiographisch unterfüttert, vor allem was das Verhältnis von Mutter und Sohn angeht: Der Musterknabe Emil fährt von Neustadt nach Berlin zur Großmutter und zu seiner Kusine Pony Hütchen – Pony wie der Kosename von Kästners aktueller Freundin Margot Schönlank. Er hat 140 Mark in einem Briefumschlag bei sich, 120 davon soll er der Großmutter bringen. Im Zugabteil schläft er ein, ein Herr im steifen Hut stiehlt ihm den Umschlag. In Berlin verfolgt Emil den Herrn zum Café Josty, dort lernt er »Gustav mit der Hupe« kennen, der alsbald seine ganze Jungenbande zusammenholt. Vereint organisieren die Jungen generalstabsmäßig die Verfolgung des Diebs, es gibt einen Bereitschaftsdienst, der »kleine Dienstag« übernimmt die Telefonzentrale, Gustav, Emil, »der Professor«, Mittenzwey und Krummbiegel verfolgen den Dieb mit dem Taxi bis zu seinem Hotel. Am nächsten Morgen läuft ihm die ganze Bande nach, als er in einer Bank das gestohlene Geld umwechseln will, kann Emil die Scheine identifizieren – er hatte den Umschlag mit Nadeln in der Jacke festgesteckt, die Scheine haben Löcher. Der Dieb entpuppt sich als gesuchter Bankräuber, Emil bekommt 1000 Mark zur Belohnung und wird von seiner Familie und den Journalisten, darunter ein gewisser Kästner, gefeiert.

Im Unterschied zu Durians Figuren sind Kästners Kinder individuell charakterisiert, Emil als Musterknabe, seine Helfer mit jeweils einem Gegenstand, an dem sie zu erkennen und auseinanderzuhalten sind – wie Hupe, Telefon, Fahrrad. In *Emil und die Detektive* hat Kästner auch versucht, moralische Probleme kindgemäß zu diskutieren; die Jungen müssen sich darüber einigen, ob es rechtens wäre, dem Dieb einfach das Geld zu stehlen, die Bedeutung der 140 Mark für Emil und seine Mutter werden im Gespräch Emils mit einem Jungen aus reicher Familie, dem »Professor«, konturiert. *Emil und die Detektive* propagiert also Werte und wird schon deshalb von Pädagogen geschätzt; *Kai aus der Kiste* propagiert höchstens *rapidité*, hat aber (vielleicht gerade deswegen) gleichfalls nichts von seiner Frische verloren. Kästners Figuren sind aber vor allem alles andere als ›neusachlich‹ – die Kinder sind ganz ›uncool‹, hoch emotional, sie äußern ihre Zu- und Abneigungen so heftig und unverstellt von Benimmregeln, wie man das von Kindern kennt. Sie verleiten zum Mit-Leiden und zur Mit-Freude im langen Finale, das die ›Guten‹ gebührend belohnt. Kästner hatte den Zugang zu dieser kindlichen Unmittelbarkeit wie wohl kein anderer deutscher Autor.

Die ersten Korrekturbögen erhielt Kästner »von der Jacobsohn« am 23. August 1929 (24.8.1929, MB); der Autor freute sich: »Das ist auch jedes Mal eine ganz hübsche Nebenbeschäftigung. Wird aber sicher ein nettes Buch werden.« (26.8.1929, MB) Das erste Exemplar brachte ihm die Verlegerin am 15. Oktober 1929 vorbei (MB), das häufig angegebene Erscheinungsjahr 1930 ist also falsch.

Emil und die Detektive ist die erste von Walter Trier illustrierte Arbeit Kästners, die Zusammenarbeit wird gegen alle politischen Widrigkeiten bis zu Triers Tod im kanadischen Exil erhalten bleiben. Der »Witzzeichner«[27] war 1890 in Prag geboren worden, hatte bei Franz von Stuck in München studiert und sich 1910 von Hermann Ullstein vom *Simplicissimus* an die *Lustigen Blätter* abwerben lassen; er soll ein »stiller, großer und hagerer Mann mit Kinderaugen« gewesen sein.[28] Triers Werk hatte Kästner zuerst als Zuschauer kennengelernt; Trier arbeitete mit Kabaretts und Theatern als Bühnenbildner zusammen. Für die Eröffnung von *Schall und Rauch* hatte er einen satirischen Trickfilm über den Reichspräsidenten Friedrich Ebert gezeichnet, Kästner lobte 1927 Triers Bühnenbilder im *Kabarett der Komiker* als »unübertrefflich« (GG II: 28), auch die »lustige[n] Varieté-Fresken« im Foyer des *Kadeko* stammten von Trier (VI: 652). Zu dieser Zeit müssen sie sich bereits kennengelernt haben, nach Kästners Erinnerung über Edith Jacobsohn (VI: 650).

Emil wurde im allgemeinen sehr positiv aufgenommen, in einem guten Monat waren die ersten 4000 Exemplare verkauft (25.11.1929, MB). Im Unterschied zu den Lyrikbänden wurde der Kinderroman bei Zeitungen des gesamten politischen Spektrums gelobt, sogar bei einer »ganz rechtsstehenden Rostocker Zeitung. Jetzt fange ich sogar an, bei diesen Blättern beliebt zu werden. Mehr kann man nicht verlangen.« (22.11.1929, MB). *Das Reichsbanner* lobte den Kinder-Kästner ausdrücklich gegen den Erwachsenen-Kästner – sein Roman sei »ein Entzücken für Jungs zwischen 8 und 80 Jahren«, er »ist uns lieber als alle seine gedrechselten und oft überpfefferten Ironie-Gedichte.«[29] Annie Jacker in der *Vossischen Zeitung* sah in *Emil und die Detektive* »so etwas wie das hohe Lied einer sauberen, anständigen, kleinen Bürgerlichkeit, die in ein paar Strichen gegen eine größere gestellt wird.« (24.11.1929) Ein kommunistisches Blatt warf ihm Harmlosigkeit vor, aber davon fühlte er sich nicht getroffen: »Sie sollen mich. Soll ich vielleicht die Kinder aufhetzen? Blödsinnige Bande!« (17.1.1930, MB) Unter den Rezensenten waren Freunde und Bekannte Kästners: Erich Knauf, Friedrich Michael, Hermann Kesten, auch die *Weltbühne* brachte eine Rezension (26.11.1929). Zum ersten Mal erlebte Kästner die ungewöhnlichen und für ihn so angenehmen Reaktionen des neuen Publikums. Einzelne Kinder schrieben ihm und ganze Schulklassen, ein Junge lief die Orte der Handlung in Berlin ab, um sie sich anzusehen: »Rührend! Das macht Spaß, so was zu schreiben!« (25.11.1929, MB)

Seit *Emil und die Detektive* arbeitete Kästner regelmäßig als Kinder- und Jugendschriftsteller, konstanter als in jeder anderen der zahlreichen Gattungen, die er bediente. Auch auf diesem Gebiet dürften viele seiner Texte unbekannt oder verschollen sein, zumal die Koproduktionen; so schrieb er im selben Jahr wie den *Emil* Lieder für das Kinderstück *Hans Urian geht nach Brot* von Béla Balász, der heute noch als Filmhistoriker bekannt ist. Kästner war mit seinen Beiträgen schon nicht zufrieden, mit Balász' aber erst recht nicht – der sei zwar »sehr begabt«, habe aber »den kommunistischen Fimmel« (19.11.1929, MB).

In der zweiten Augusthälfte 1929, vom Urlaub mit Ida Kästner zurück in Berlin, genoß er die Abwesenheit seiner Vermieterin sehr, »das ist ganz herrlich! Man fühlt sich so sauwohl in der ›eignen‹ Wohnung!« (26.8.1929, MB) Er hielt die eigenen vier Wände inzwischen finanzierbar und ging also mit Pony in einen »Wohnungsverlag« – so hießen damals die Makler –, hinterlegte 50 Mark und bekundete so sein ernsthaftes Interesse an einer eigenen Mietwohnung: »Pony wird da in den nächsten Wochen bißchen zu rennen haben. Aber die tut es ja gerne, der Kleine Matz.« (30.8.1929, MB) Gleich unter den ersten Adressen, die Margot Schönlank sich ansah, fand sie eine geeignete Wohnung, ebenfalls in Charlottenburg und »besonders nett. Beim Kabarett der Komiker in der Nähe. 3 Zimmer, 170 M monatlich. Mit Bad, Balkon und allem. In einem Gartenhaus. Blick auf Grünes.« (7.9.1929, MB) Er sah sich die Wohnung selber an, begleitet von Hans Natonek, war begeistert und schloß für den 1. Oktober 1929 ab. Die Wohnung war zentral gelegen, in der Roscherstraße 16, im Gartenhaus, vierter Stock links: »Alle möglichen Autobusse, Straßenbahnen und Stadtbahnhof Charlottenburg 2 Minuten entfernt«, ein Neubau. Die Wohnung hatte außer den drei Zimmern mit Parkett – Arbeits-, Schlaf- und Speisezimmer – auch noch eine kleine »Mädchenkammer« für das etwaige Personal und eine noch kleinere Speisekammer.[30] Die »Preisfrage« fand Kästner »weniger reizend« – die Miete von 170 Mark inklusive Heizung, Wasser und Fahrstuhl war zwar für Berlin günstig, aber er mußte die Wohnung mit 2500 RM ablösen.

Nachdem Kästner bis dahin als möblierter Herr gelebt hatte, waren die nächsten Wochen von den Freuden der Wohnungseinrichtung bestimmt, auch ein *Montag Morgen*-Gedicht zum Thema gibt es:

> »Drei Tage waren die Maler hier
> und tranken dreißig Flaschen Bier.
> Und so verging die Zeit.
> Die Möbel schaff ich mir später an,
> weil man nicht alles auf einmal kann.
> Man nennt das die ›Sachlichkeit‹.
>
> Dann male ich mir mit eigener Hand
> das Nötigste an die Rabitzwand.
> Und sage zu mir: Herr Baron.
> Einen Blumentopf kauf ich mir auf Rabatt.
> Wenn man nur erst die Wohnung hat!
> Das andre findet sich schon.« (MG: 130)

Seine Mutter, Erich Ohser und vor allem Margot Schönlank kommentierten seine Käufe im Berliner Möbelviertel, Maler und Tapezierer waren zu beaufsichtigen, mal von ihm, mal von Ohser. Ida Kästner kam für den Umzug nach Berlin und schenkte ihm Kissen und Löffel zum Einzug (10.10.1929, MB). Ab dem 1. Oktober 1929 genoß Kästner die Freuden des »Hausherrn« und Wohnungsbesitzers, lobte sein neues Bett und ließ sich Telefon legen, umsorgt von Sekretärin und Putzfrau (1.10.1929, MB). Margot Schönlank fühlte sich ein bißchen für das Funktionieren der Junggesellenwohnung verantwortlich, schenkte ihm eine Obstschale, lieh ihm Teller aus der elterlichen Wohnung, besorgte »Mülleimer, Servierbrett usw.« und wurde dafür freundlich-herablassend in den Briefen an die Mutter erwähnt: »Kam sich nützlich vor und freute sich.« (8.10., 19.10.1929, MB) Sie spielte gelegentlich das Hausmütterchen, kochte ihm Kaffee und Eier (3.10.1929, MB), briet ihm die Gans, die er in der Lotterie gewonnen hatte (10.12.1929, MB), machte das Abendbrot und bewirtete die einlaufenden Gäste wie Rudolf Arnheim, Erich Hamm, Ohser und Buhre (5.10.1929, MB). Besonders Buhre besuchte ihn ständig, anscheinend wurden ihm die Besuche manchmal sogar zuviel: »Heute Abend hat sich Buhre wieder zum Abendbrot eingeladen. Dann gehen wir ins

Kino.« (19.10.1929, MB) Und seine Freundin wechselte dem Herrn die Bettwäsche: »Morgen mag Pony frisch überziehen.« (19.11.1929, MB) Kästners Gedicht *Ein gutes Mädchen träumt*, im Oktober 1929 in der *Weltbühne* erschienen, wirft kein allzu gutes Licht auf ihn und sein Verhältnis zu Margot Schönlank: »Das Gedicht von Ponys Traum leg ich Dir bei«, schrieb er seiner Mutter (5.11.1929, MB).

»Ihr träumte, sie träfe ihn im Café.
Er läse. Und säße beim Essen.
Und sähe sie an. Und sagte zu ihr:
›Du hast das Buch vergessen!‹

Da nickte sie. Und drehte sich um.
Und lächelte verstohlen.
Und trat auf die späte Straße hinaus
und dachte: Ich will es holen.

[…]

Sie war so müde. Und ging. Und kam.
Und hätte so gerne gesessen.
Er sah kaum hoch. Und sagte bloß:
›Du hast das Buch vergessen!‹

Sie kehrte um. Sie kam. Sie ging.
Schlich Treppen auf und nieder.
Und immer wieder fragte er.
Und immer ging sie wieder.

Sie lief wie durch die Ewigkeit!
Sie weinte. Und er lachte.
Ihr flossen Tränen in den Mund.
Auch noch, als sie erwachte.« (I: 123f.)

Kurt Tucholsky erklärte *Ein gutes Mädchen träumt* zu seinem Lieblingsgedicht: »Sehr bezeichnend für Kästner, daß mit keiner Silbe etwas für jenes träumende Mädchen gesagt wird, die da träumt […]. Ich glaube: Kästner hat Angst vor dem Gefühl. Er ist nicht gefühllos; er hat Angst vor dem Gefühl, weil er es so oft in der Form der schmierigsten Sentimentalität gesehen hat. Aber über den Leierkastenklängen gibt es ja doch ein: Ich liebe dich – es gehört nur eine ungeheure Kraft dazu, dergleichen hinzuschreiben.«[31] Diese Kraft hat Kästner nur bei Mutterfiguren, Muttergedichten und auch direkt der Mutter gegenüber aufgebracht.

Als erste Ehrung erhielt der junge Schriftsteller im Oktober 1929 – nach drei publizierten Büchern – eine »ehrende Erwähnung« beim Kleistpreis 1929. Die Kleist-Stiftung bestimmte einen Vertrauensmann – meist einen Literaturkritiker, aber auch Schriftsteller –, der die Preisträger benennen durfte, 1929 war das der Dramatiker Wilhelm von Scholz, inzwischen ebenso vergessen wie die anderen von ihm Ausgezeichneten: Eduard Reimacher und Alfred Brust erhielten den Preis, Peter Flamm und Oskar Walter Cisek neben Kästner die ehrenden Erwähnungen. Der Preis selber »wäre mir allerdings wesentlich lieber gewesen«, schrieb Kästner an seine Mutter. Aber es sei »besser als nichts« und eine »sehr gute Reklame«. »Langsam werden's schon alle merken, daß ich im Anmarsch bin. Gelt?« (23.10.1929, MB) Das Anliegen eines polnischen Journalisten, seine Gedichte zu übersetzen, kommentierte er: »Jedenfalls, der kleine Erich wird immer berühmter. Da kann man nichts machen.« (25.10.1929, MB)

Kästner war inzwischen ein bekannter Humorist und galt als Verfasser von Werken fürs Gemüt, entsprechend erreichten ihn zu Weihnachten und zur Jahreswende einschlägige Aufträge: der Berliner Rundfunk wünschte eine Silvester-Kabarettrevue für 1500 Mark, die ihm auch bezahlt wurden, als die Revue von drei auf eine Stunde verkürzt wurde; »für Hilde Decke und die ›Jugend‹ […] [r]eihenweise kleine Gedichte, ein Weihnachtsstück für Kinder und andre Sachen. Damit bißchen Geld wird« (19.11.1929, MB), für Johns *Grüne Post* eine Silvesterseite. Seine Weihnachtsstücke waren nicht gesegnet, wie schon den ominösen *Klaus im Schrank* mußte er auch diesmal das Stück im Schrank lassen – Hildegard Decke fand es nicht geeignet: »Und ich hab in der Nacht bis früh um 5^h dran gesessen!« (22.11.1929, MB) Mit der Revue war er unzufrieden, trotz der guten Bezahlung, wegen der dilettantischen Durchführung; er nahm sich trotz der barmherzigen Presse vor, nichts mehr zu schreiben, »[b]loß um Geld zu verdienen« (2.1.1930, MB). Die Proben begannen erst einen Tag vorher, und die Musik war zu diesem Zeitpunkt teilweise noch nicht einmal geschrieben: »Skandalöse Zustände.« (30.12.1929, MB) Er besuchte mit Margot Schönlank und Werner Buhre die Aufführung, verbrachte mit ihnen die Jahreswende auf dem Schaeffers-Ball und die frühen Morgenstunden bei Schwanneke (2.1.1930, MB).

In die Zeit der Jahreswende fielen kleinere Lesereisen, verbunden mit Besuchen in Rundfunkanstalten und Redaktionen, in München etwa des *Simplicissimus* und der *Jugend*: 1930 las Kästner in Hamburg, Breslau, Köln, München, Prag, Braunschweig, Breslau, Königsberg, Danzig und Leipzig. Diese Touren waren nicht besonders gut bezahlt und Kästners Reiselust hielt sich in Grenzen; er sah aber die Notwendigkeit ein, ohne eigene (oder Verlags-) Kosten Leser zu werben. Über den Aufenthalt in Köln, zum ersten Mal seit seiner Stationierung dort 1918, schrieb er für den *Montag Morgen* das Gedicht *Brief aus Köln!* (MG: 160f.)

Kästner beteiligte sich an den neuen Lesungsformen der Weimarer Republik, die Dichter verließen ihr Stübchen und gingen an die Öffentlichkeit. Im Februar 1930 las er in einem Saal der Berliner Stadtbibliothek zusammen mit zwei anderen Autoren »vor Arbeitern« (10.2.1930, MB), Ende März »in einem großen Kaufhause, Karstadt, am Nachmittag eine halbe Stunde« (22.3.1930, MB) – Karstadt hatte neben Kästner u. a. auch Heinrich Mann und Rudolf Leonhard eingespannt. Der kaufmännische Effekt war eher bescheiden, in der sich verschärfenden Wirtschaftskrise saß auch ein populärer Autor wie Kästner stundenlang in Buchhandlungen zu Signierstunden herum, ohne den Verkauf wesentlich zu fördern – »es kommen fast gar keine Leute. Wir sitzen da wie die Affen. Gestern während zwei (2) Stunden ein einziges Buch verkauft!« (5.11.1931, MB)

Diese Flauten waren Ausnahmen, sonst konnte Kästner sich finanziell nicht beklagen. Der Geldbriefträger brachte ihm die Tausender ins Haus (28.12.1929, MB), Anfang 1930 waren 8000 Exemplare des *Emil* verkauft (18.2.1930, MB), die anstehenden *Emil*-Übersetzungen, darunter auch eine in den USA, brachten Geld ohne weitere Mehrarbeit: »Das ist ein braves Buch!« (18.3.1930, MB). Edith Jacobsohn wünschte sich die Abgabe eines zweiten Kinderbuchs zum 1. August 1930, Kästner konnte sich ein Sparbuch anlegen, im Februar 1930 war er bei 5000 Mark angekommen und trotz seiner Wohnungseinrichtung schuldenfrei (15.2.1930, MB), sogar die Neben-Frau »Moritz« erhielt gelegentlich etwas Geld (3.1.1930, MB). Getragen vom eigenen Erfolg, von den neuen Aufträgen, war Kästner in diesen Berliner Jahren geradezu hyperaktiv. Er schrieb in diesen fünfeinhalb Jahren mehr als in den 70 Jahren seines übrigen Lebens zusammen, erweiterte seinen Harem und rauchte so viel, daß er sich zeitweise auf Zigaretten beschränken mußte, denen das Nikotin entzogen war; »[d]ann schmecken sie nicht mehr so gut, sind aber ungefährlich.« (8.3.1930, MB) Eine seiner typischen Äußerungen zu dieser Zeit: »Hurra! Es gibt wieder reichlich zu tun. Aber es macht Spaß.« (15.2.1930, MB)

Mit wachsender Berühmtheit war er mit seinem Verleger Weller nicht mehr recht zufrieden und sah sich nach anderen Möglichkeiten um, die Verkäufe des *Emil* bei Williams & Co. hatten ihm gezeigt, daß noch ganz andere Umsätze als bei seinen ersten Gedichtbänden möglich waren. Gustav Kiepenheuer und die Gebrüder Enoch hätten ihn gern unter Vertrag genommen. Enoch verhandelte sogar schon über ein neues Buch, einen Band mit zahlreichen Abbildungen im Stil von Tucholskys *Deutschland, Deutschland, über alles*. Weller erfuhr von diesen Verhandlungen und bereitete seinem Autor »böse Tage« (30.11.1929, MB) –: die vertragliche Verpflichtung sollte Ende 1930 auslaufen, und er bearbeitete Kästner, indem er die zweite Auflage von *Lärm im Spiegel* für den Januar 1930 ankündigte und sogar ein monatliches Fixum anbot, das Kästner aber ausschlug: »Auf diese Art wird man nämlich der Schuldner des Verlegers und kommt schwer von ihm los.« (30.11.1929, MB)

Gegen Ende des Jahres machte Weller mit seinem Verlag Bankrott und wanderte als Lektor und Geschäftsführer zur Deutschen Verlags-Anstalt nach Stuttgart ab. Seinen erfolgreichsten Autor wollte er als Mitgift mitbringen; Hermann Kesten war Lektor bei Gustav Kiepenheuer und wollte den Freund in sein Verlagshaus holen. Über die Übernahmemodalitäten konnten sich Kiepenheuer und Weller aber nicht einigen, Kästner klagte, daß in dieser Übergangszeit *Lärm im Spiegel* nicht lieferbar sei, obwohl der Band verlangt werde. Die Verhandlungen zogen sich über mehrere Wochen; auf einer Urlaubsfahrt ins Allgäu machte Kästner in Stuttgart Zwischenstation und entschloß sich nach dem Gespräch mit Dr. Gustav Kilpper, dem Verlagsdirektor der DVA, Weller treu zu bleiben und Kiepenheuer abzusagen. Seine Honorare handelte er auf beachtliche 20 Prozent hinauf, ohne sich langfristig an die DVA zu binden – der Verlag mußte *Lärm im Spiegel* nachdrucken, die zweite Auflage erschien 1930. Kästner verpflichtete sich für den nächsten Gedichtband *Ein Mann gibt Auskunft* und für sein erstes ›originales‹ Theaterstück, das er vor 1933 allerdings nicht schrieb; er dramatisierte nur *Emil und die Detektive* und *Pünktchen und Anton*. Die DVA war wesentlich größer als der kurzlebige Kleinverlag Curt Weller, »hat Einfluß auf die Buchhändler und wird die Kästnerbücher schon ganz gut verkaufen.« (6.2.1930, MB) Auch Edith Jacobsohn wollte er mit dem nächsten Buch stärker schröpfen.

Während seines vorgesehenen Winterurlaubs, den er von Ende Januar 1930 bis Mitte Februar in Oberstdorf verbrachte, hinterließ er Margot Schönlank den Schlüssel zu seiner Berliner Wohnung; die Mutter schickte er auch nach Berlin, sie sollte mit Pony ins Theater gehen. Den Urlaub wollte er ausnahmsweise allein verbringen, mit langen Schlafpausen, kurzen Spaziergängen und einem Gedicht täglich. »Es geht nicht, so ohne Arbeit. Hol's der Teufel!« (1.2.1930, MB) Es ging auch nicht ohne Frauen: »Aber heute ist der Freund gekommen. Da hab ich wieder mei Ruh. Ich wollte gar nicht. Na, schwamm drüber!« (8.2.1930, MB) Ida Kästner besuchte im Februar 1930 Ilse Julius und deren Mutter in Dresden, die beide den *Emil* gelesen hatten und »hell begeistert« waren. »Wenn ich denke, sie wäre jetzt Frau Kästner – na, da muß ich gleich mal auf den Balkon und frische Luft einholen gehen. Sicher machen sie sich Vorwürfe, daß sie mich aus den Fingern gelassen haben.« (28.2.1930, MB) Er hingegen ließ wieder Margot Schönlank aus den Fingern, zugunsten einer sehr vorübergehenden, von ihm quasi medizinisch-hygienisch betrachteten Bettbekanntschaft; Steffa Bernhard bekomme ihm »gesundheitlich ausgezeichnet«, seine Freunde hetzten schon von allen Seiten: »Krell ist auch schon neidisch. Dabei sieht man uns kaum zusammen. Komische Menschen. Haben die Sorgen!« (5.3.1930, MB) Seine neue Freundin hieß eigentlich Stephanie Ruth Bernhard, war 29 Jahre alt und Schauspielerin am Berliner Staatstheater. Ihr Vater Georg Bernhard war Chefredakteur der *Vossischen Zeitung*, Reichstagsabgeordneter der Demokratischen Partei und Verfasser zahlreicher finanzpolitischer Werke; er schrieb aber nicht nur über Effektenbanken, sondern auch über *Strafgesetz und Mittel gegen Geschlechtskrankheiten* (1905).

Es scheint sich um ein kurzes Verhältnis gehandelt zu haben, wegen dem Kästner die Beziehung zu Margot Schönlank in eine freundschaftliche umwandelte, mittels einer »lange[n], traurige[n] Aussprache. Sie hat furchtbar geweint. Ich hab auch mitgeheult. So verzweifelt war das arme kleine Ding.« (5.3.1930, MB) Wieder gelang ihm die Umwandlung der Beziehung, Margot Schönlank und Kästner blieben bis kurz vor seinem Tod in Verbindung; er ging weiterhin mit ihr ins Theater, zusammen mit Buhre und ihr zum Essen, gab ihr aus schlechtem Gewissen einen Urlaubszuschuß (24.4.1930, MB) und sah sie weiterhin gelegentlich, bis zu ihrer Emigration nach Frankreich am Beginn des ›Dritten Reichs‹. In der ersten Zeit war ihm das zwar etwas mühsam, sich mit dem wandelnden Vorwurf zu treffen – sie sei »unausstehlich«, »[m]ehr durch Schweigen als durch Reden«, aber immerhin hatte er Verständnis für ihre Laune, »man muß eben Nachsicht haben.« (15.3.1930, MB) Etwas länger rückte die vormalige Neben-Frau »Moritz« ins Blickfeld; über sie ist weiter nichts bekannt, sie erscheint nur unter diesem Namen knappe drei Jahre lang. Auch ihr fühlte er sich in keiner Weise verpflichtet, sondern hielt sich für »herrlich unabhängig und von keiner Lügenkarline abhängig« (10.3.1930, MB). Die von ihm verursachten Leiden der Frauen sah er kindlich-distanziert. Er schrieb seiner Mutter zwar: »Man sollte sich eben doch alles abhacken, was mit Mann zu tun hat. Sonst hört dieser Schlamassel ja doch nicht auf« (10.3.1930, MB) – aber das klingt eher wie ein drastischer Witz denn wie eine Überzeugung, und der Schlamassel hörte ja auch nie so richtig auf.

Viele westeuropäische Intellektuelle bereisten in dieser Zeit die Sowjetunion, auch der von Kästner verehrte Herbert George Wells. Alle waren enthusiastisch über das neue politische Experiment, bevor sie hinfuhren, die meisten retteten ihren Enthusiasmus in die Heimat zurück oder behaupteten das zumindest. Auch der sonst eher überkritische Walter Benjamin, für den sein zweimonatiger Moskau-Besuch zur Jahreswende 1926/27 alles andere als ein Erfolg war, zog es vor, nur einen impressionistisch-lobenden Artikel zu publizieren. George Grosz war im Sommer 1922 zusammen mit Martin Andersen-Nexö dort, sie sollten zusammen ein Buch über die Reise schreiben. Es kam nicht zustande; es sei Grosz schwergefallen, »Positives in Rußland zu entdecken«. Die Wirtschaft war am Rand des Ruins, nach der Dürrekatastrophe 1921 waren Millionen Menschen gestorben, das Land war »in einem für westeuropäische Begriffe schrecklichen Verfall.«[32]

Der erste öffentliche Kritiker der Sowjetunion nach einer solchen Reise war Panaït Istrati gewesen, der nach zwei insgesamt sechzehnmonatigen Reisen 1927 bis 1929 *Auf falscher Bahn* veröffentlicht hatte. Er sah sich als »Bolschewikensympathisant«, der weiterhin dem Bolschewismus Lenins und Trotzkis anhing »und all der Heroen der Oktoberrevolution, die nicht zu Mördern ihres eigenen Werkes geworden sind.«[33] Istrati zog sich mit seinem Buch die Ächtung der französischen Intellektuellen zu; sie wachten erst zehn Jahre später während der Moskauer Prozesse auf, nach Istratis Tod.

Auf falscher Bahn erschien 1930 in deutscher Übersetzung; im selben Jahr unternahm Kästner einen touristisch organisierten Ausflug in die UdSSR, am 26. April 1930 fuhr er zusammen mit Erich Ohser und Walter Mehring für eine Woche dorthin und erwartete, daß »der ganze deutsche Dichterwald« unterwegs sein würde (26.4.1930, MB). Er freute sich auf die Pauschalreise und war sich über ihre beschränkte Aussagekraft im klaren: »Eine billige Reise, von einem Verkehrsbüro veranstaltet. Kesten fährt schon früher und bleibt länger. Da werden wir uns in Moskau mal guten Tag sagen. Sehr ulkig. Eine Woche Rußland ist natürlich viel zu wenig. Aber man muß doch mal anfangen es kennenzulernen. Ist ja heute das interessanteste Land.« (22.3.1930, MB) Seit Grosz' Rußlandfahrt hatte sich einiges verändert, vor allem für Künstler und Intellektuelle. Seit das Zentralkomitee den freien Wettbewerb in den Künsten 1925 zugelassen hatte, war die Sowjetunion das Land der Avantgarde, besonders auf dem Gebiet des Films: Sergej Eisenstein drehte *Panzerkreuzer Potemkin* und *Oktober*, Wsewolod Pudowkin *Die Mutter* und *Das Ende von St. Petersburg*. Die Wirtschaft hatte innerhalb von nur sechs Jahren (1921–26) das Vorkriegsniveau wieder erreicht, seit 1929 war Stalins ›Revolution von oben‹ im Gang: Das Land verwandelte sich in kürzester Zeit, innerhalb eines Fünfjahresplans, von einem Agrarstaat durch den Aufbau der Schwerindustrie in einen Industriestaat, wieder unter größten Entbehrungen der Bevölkerung. Stalins Stellung war unangefochten, mit dem Ausschluß Bucharins aus dem Politbüro war auch sein letzter Gegner entmachtet, sein 50. Geburtstag, ein Vierteljahr vor Kästners Besuch, war mit kultischem Pomp gefeiert worden.

Die Bahnfahrt von Berlin nach Moskau dauerte 40 Stunden, die sechzigköpfige Reisegruppe residierte ab dem 28. April vier Tage in Moskau im Hotel Metropol, ab 2. Mai dann drei Tage im Leningrader

Hotel de l' Europe. Kästner schrieb einen hymnischen Reisebericht für die Zeitschrift *Das neue Rußland*, die für die Sowjetunion werben sollte. Gleichwohl ist dessen Tenor sicher nicht nur vom Ort der Veröffentlichung bestimmt. Die Reise sei zu kurz gewesen, ein ausreichendes Bild zu vermitteln, heißt es in *Auf einen Sprung nach Rußland*, aber »sie war lang genug, uns auf Jahre hinaus nachdenklich zu machen. Zehn Tage, die das Weltbild erschütterten...« Falls der Fünfjahresplan Erfolg habe, werde Rußland »der einzige unabhängige Staat der Erde« sein, »eine neue weltgeschichtliche Epoche« zeichne sich ab. Kästner bemerkte zwar eine unglaubliche Armut allerorten und hielt die Großstädte für »hundertprozentig proletarisiert«, lobte aber den erreichten Fortschritt: »Das Gesamtniveau liegt für unsre Begriffe tief; das Gesamtniveau wurde, für russische Begriffe, im Vergleich mit der Vorkriegsepoche, außerordentlich gehoben.« Durch die Enteignungen und den Fünfjahresplan werde das russische Proletariat »auf ein Lebensniveau« geführt, »das hoch über dem unserer Arbeiterschaft liegt. Diese Entwicklung marschiert. Und dazu kommt das Gewaltigste: Die russischen Arbeiter sind die Herrscher ihres Landes, das den sechsten Teil der Erde einnimmt! Ihnen gehört das Wenige! Sie sind die Träger und Nutznießer der Idee, die hier schrittweise, mit grandioser Zielsicherheit und Planmäßigkeit, verwirklicht wird!« Entsprechend verteidigte Kästner auch die Enteignung der Kulaken, der grundbesitzenden Bauern. Er schrieb, das Kulakentum »sträubt sich noch gegen die Kollektivisierung« – ein krasser Euphemismus, 1930 war die Liquidierung der Kulaken so ziemlich abgeschlossen.

Beeindruckt zeigte sich Kästner auch von Arbeiter- und Schriftstellerklubs, den staatlichen Warenhäusern und Kulturparks, »unsern Lunaparks ähnlich, aber größer und vielseitiger«. Die Parade zum 1. Mai, die Ohser und Kästner in Moskau gesehen haben müssen, erwähnte er nicht; Ohser soll aufgefallen sein, »wie gut genährt die vorbeidefilierenden Soldaten sind – im Gegensatz zur übrigen Bevölkerung wie den [...] vielen Horden herumstreunender, halbverhungerter Kinder und Jugendlicher, die in den Jahren der Revolutionskämpfe Eltern und Elternhaus verloren hatten.«[34] Das Moskauer Reisebüro hatte jedenfalls »reibungslos« funktioniert, und als Kästner aus dieser »anderen Welt« zurück nach Berlin kam, »da kannten wir die schönen Straßen, die eleganten Frauen und die luxuriösen Geschäfte, die wir doch von jeher zu sehen gewöhnt waren, kaum wieder. Wir kehrten heim, als kämen wir in die Fremde und in eine verbotene Welt.«[35] Später hat sich Kästner immer wieder von der Euphorie des ersten Eindrucks distanziert: »Die Berliner Freiheit und das Leben auf eigene Gefahr waren uns lieber«, schrieb er in den fünfziger Jahren über die Rußlandreise (VI: 637).

Emil geht ins Kino:
Kästners Genie-Jahre

Aus den Jahren 1930 und 1931 sind die umfangreichsten Selbstzeugnisse Kästners erhalten. Einige seiner wichtigsten Arbeiten sind in dieser Zeit entstanden, er führte ein in erotischer und literarischer Hinsicht hyperaktives Leben, das sich weit vom Lebensstil seiner durchschnittlichen Zeitgenossen entfernt hatte.

Das politische Klima der frühen dreißiger Jahre hat Kästner in *Fabian* beschrieben; es sei nur beiläufig daran erinnert, daß die späte, von Notverordnungen regierte Weimarer Republik nicht mit den westlichen Nachkriegsdemokratien zu vergleichen ist. Willy Brandt lobte im Rückblick seine Exilheimat Norwegen gegenüber dem Weimarer Staat: »Ich lernte eine große Offenheit kennen – bei uns blieb das auch während der Weimarer Zeit alles doch sehr abgekapselt, Schichten, Gruppen, Klassen, wenn man so will, im Verhältnis zueinander und im Verhältnis zum Staat. Ich lernte dort kennen, wie wirklich um die Demokratisierung eines Staatswesens gerungen wird«.[1] In Deutschland wurde nicht diskutiert, sondern gehaßt, »die Juden, die Kapitalisten, die Junker, die Kommunisten, das Militär, die Hausbesitzer, die Arbeiter, die Arbeitslosen, die Schwarze Reichswehr, die Kontrollkommissionen, die Politiker, die Warenhäuser und nochmals die Juden. Es war eine Orgie der Verhetzung, und die Republik war schwach, kaum wahrnehmbar.«[2] Sie hatte mit politischen Morden begonnen – an Kurt Eisner, Karl Liebknecht, Rosa Luxemburg, später Matthias Erzberger und Walther Rathenau –, und die Morde von 1933 setzten ihren definitiven Schlußstrich. Die berühmten »Goldenen Zwanziger« sah George Grosz im Rückblick als eine »völlig negative Welt, mit buntem Schaum obenauf«, eben dem in populären Filmen gefeierten Nachtleben Berlins. Das »scheinbar sorglose, lustige, wirbelnde Leben an der Oberfläche« war eine Täuschung, eine »Kunstblüte«.³

Durch die enorme Arbeitslosigkeit gab es auch ein enormes Potential Unzufriedener. 1931 erreichten die Konkurse und Vergleichsverfahren ihren Spitzenwert, 1932 zählte man mehr als sechs Millionen Arbeitslose. Die neue demokratische Freiheit mußte erst erlernt werden, und die 15 Jahre der Weimarer Republik reichten dazu offenbar nicht aus: »Jetzt darf jeder reden, wie ihm der Schnabel gewachsen ist, und jetzt redet jeder von Putschen und Streiks, von Belagerungszustand und bevorstehenden Staatsstreichen.«⁴ Auch die positiven Repräsentanten der Weimarer Republik machten nicht unbedingt eine gute Figur –: Friedrich Ebert, seit 1913 Vorsitzender der SPD, ließ sich in Amt und Würden den Bart stutzen, »er sieht nun mehr wie ein Generaldirektor aus und vertauscht den demokratischen Schlapphut mit einem Zylinder.«⁵ Trotz aller Verdienste um den Bestand Deutschlands nach dem Krieg und die Sicherung der Weimarer Demokratie gegen Spartakistenaufstände und Putschversuche von Rechtsextremisten wie Kapp und Hitler baute Ebert auch seine Stellung als Reichspräsident aus, seine Amtszeit wurde durch ein verfassungsänderndes Gesetz bis 1925, seinem Todesjahr, verlängert. Die Überladung des Präsidentenamtes mit Befugnissen forderte den Mißbrauch geradezu heraus, sie ist einer der Faktoren für das Ende der Weimarer Republik durch den Nationalsozialismus.

Der nationalliberale Gründer der Deutschen Volkspartei Gustav Stresemann war bis zu seinem Tod 1929 deutscher Außenminister, 1923 war er für einige Monate auch Reichskanzler gewesen. Ihm gelang Schritt für Schritt die Annäherung Deutschlands an die europäischen Nachbarländer, eine Konsolidierung der politischen Verhältnisse und eine Modifizierung des Versailler Vertrages: Die Reparationen wurden reduziert, Deutschland in den Völkerbund aufgenommen, das Ruhrgebiet und das Rheinland wurden von den Besatzungstruppen geräumt. Stresemann trat auf wie der »Prototyp des Deutschen«, wie er in Karikaturen und in den satirischen Romanen Heinrich Manns schon vor dem Ersten Weltkrieg verbreitet war: »Ein Mann mit dem gedunsenen Gesicht des früheren Korpsstudenten, weiter aufgeschwollen zum Gesicht des deutschen Generaldirektors, wahrscheinlich aus der Schwerindustrie – ein rotgesichtiger Mann mit dicken Adern, viel zu hohem Blutdruck und kleinen, geröteten und verquollenen Augen. Kolossal deutsch wirkte Reichsaußenminister Stresemann«.[6] Kästner beobachtete die politischen Vorgänge der Weimarer Republik zwar, beteiligte sich aber nur selten an Aktionen welcher Gruppierung auch immer. Er scheint den frühen Repräsentanten einiges zugetraut zu haben, bedauerte Stresemanns frühen Tod und schrieb seiner Mutter, »es wird sehr schwer sein, einen vollgültigen Ersatz für ihn zu finden. Wahrscheinlich überhaupt unmöglich. Der Regen ist auch kein Vergnügen.« (3.10.1929, MB) Auch die Wahlen kommentierte er gelegentlich; die Stimmengewinne der NSDAP und der KPD bei den Reichstagswahlen 1930 hatte er erwartet: »Die Wahl ist so ausgefallen, wie ich dachte. Es wird ziemlich drunter und drüber gehen.« (15.9.1930, MB) Im *Fabian* war er noch nicht bereit, Unterschiede zwischen links- und rechtsradikalen Parteien zu machen; die zunehmende Häufigkeit von Nazi-Krawallen kommentierte er noch mokant, als gingen sie ihn nichts an: »Was sagst Du zu den Nazis? Schmeißen Fensterscheiben ein. Tapfer, was? Na, ich geh nicht hin. Hab keine Sorge!« (14.8.1930, MB)

Der Sommer 1930 brachte Kästner kleine Urlaubsreisen, mit seiner Mutter in ein Herzbad und mit »Moritz« an den Lago Maggiore, und eine ganze Reihe neuer Bücher: seinen dritten Lyrikband *Ein Mann gibt Auskunft*, das *Emil*-Theaterstück und die Bilderbücher *Arthur mit dem langen Arm* und *Das verhexte Telefon*. Das Stück lieferte er Anfang August 1930 ab, das schlecht gedruckte Bühnenmanuskript erhielt er am 14.8.1930 vom Verlag; die ersten Annahmen, noch im August und September 1930, kamen vom Theater am Schiffbauerdamm, dem Frankfurter Schauspielhaus und Bühnen in Breslau und Stuttgart.

Der Titel des Gedichtbandes stand seit März 1930 fest (25.3.1930, MB), Mitte September erhielt Kästner seine Belegexemplare (13.9.1930, MB). Der Band enthält mehr und offensichtlicher autobiographische Gedichte als die vorangegangenen Bände, der Autor läßt sich sogar explizit von seinen Lesern anreden (*Und wo bleibt das Positive, Herr Kästner?*). Das Buch enthält das Traumprotokoll Margot Schönlanks, *Ein gutes Mädchen träumt*, das Muttchen-Gedicht *Stiller Besuch*. In *Primaner in Uniform* ist zumindest der Name des Schuldirektors authentisch, und auch in *Kurzgefaßter Lebenslauf* spricht Kästner deutlich über sich. Hier stehen die bis zum Überdruß zitierten Verse von der »kleinen Versfabrik« und dem Fazit: »Ich kam zur Welt und lebe trotzdem weiter.« (I: 136) Für den Buchabdruck hat er den Erstdruck geringfügig überarbeitet, er schrieb seiner Mutter: »Ich hab's sogar geändert wie Du wolltest.« (15.9.1930, MB) Ida Kästner wußte besser als ihr Sohn, wann er geboren wurde; in der *Neuen Leipziger Zeitung* (31.8.1930) hieß es noch »Ich wurde seinerzeit als Kind geboren./ Die Lampe brannte. Es war Mitternacht.« In *Ein Mann gibt Auskunft* steht nun: »Ich wurde seinerzeit als Kind geboren,/ eh ich's gedacht.« (I: 136)

Der Band enthält Kommentare *in sexualibus*, in denen Kästner Anstoß nimmt an enganliegenden Kleidern (*Der Busen marschiert*), Schwulenkneipen (*Ragout fin de siècle*), modebegierigen Frauen (*Sogenannte Klassefrauen*) und aus seiner melancholischen Misogynie, gelegentlich Misanthropie keinen Hehl macht (*Misanthropologie*). Die ambivalente *Fabian*-Haltung haben auch die Gedichte – das lyrische Ich wird von den Kabaretts und der Halbwelt angezogen, die es doch in vielem verurteilt; daher wird auch eine *Chansonette* gefeiert und das *Schicksal eines stilisierten Negers* durchaus lustvoll beklagt.

Daß Kästner die Schicht, aus der er stammte, weiterhin gut verstand, beweisen seine Gedichte über die ›kleinen Leute‹, die Angestellten, die in der Großstadt verlorenen Kleinbürger. Für die obere Mittel- und die Oberschicht hielt er weniger fromme Wünsche bereit; dem *Maskenball im Hochgebirge* wünschte er eine Lawine, um die »blöde Bande« zuzudecken (I: 133).

Kästner hatte nicht nur ein kompliziertes Liebesleben, es gelang ihm gerade in diesem Band immer wieder, Gefühlsambivalenzen in Bindungen eindringlich darzustellen – in Gedichten wie *Familiäre Stanzen, Er weiß nicht, ob er sie liebt, Eine Frau spricht im Schlaf, Gewisse Ehepaare, Konferenz am Bett* und eben dem titelgebenden *Ein Mann gibt Auskunft*:

> »Das Jahr war schön und wird nie wiederkehren.
> Du wußtest, was ich wollte, stets und gehst.
> Ich wünschte zwar, ich könnte dir's erklären,
> und wünschte doch, daß du mich nicht verstehst.
>
> Ich riet dir manchmal, dich von mir zu trennen,
> und danke dir, daß du bis heute bliebst.
> Du kanntest mich und lerntest mich nicht kennen.
> Ich hatte Angst vor dir, weil du mich liebst.« (I: 131)

Gegenüber diesen Wechselbädern der Emotionen wirken Kästners politische Gedichte in *Ein Mann gibt Auskunft* fast alle eher gezwungen denn erfahren; als hielte hier ein Schriftsteller einen Anspruch aufrecht, den er nur noch ab und zu erfüllen konnte. *Dem Revolutionär Jesus zum Geburtstag* hält dem Gefeierten die Vergeblichkeit seines Tuns vor, fatalistisch und plump; *Weihnachtsfest im Freien* und *Das letzte Kapitel* sind grotesk-düstere Zukunftsvisionen, eher Nachbeben des grotesken Expressionismus wie *Gefährliches Lokal* denn konkrete politische Gedichte. Aber der Band enthält auch *Die andre Möglichkeit*, das Gedicht, mit dem sich Kästner wohl die meisten Feinde gemacht und, wie Alfred Andersch schrieb, dem Militarismus mehr Schaden zugefügt hat als alle humanistisch-professoralen Essays zusammen.[7] Kästner malte sich aus, wie ein militaristischer Staat ausgesehen hätte, »[w]enn wir den Krieg gewonnen hätten«; ein Auszug:

>»Die Frauen müßten Kinder werfen.
>Ein Kind im Jahre. Oder Haft.
>Der Staat braucht Kinder als Konserven.
>Und Blut schmeckt ihm wie Himbeersaft.
>
>Wenn wir den Krieg gewonnen hätten,
>dann wär der Himmel national.
>Die Pfarrer trügen Epauletten.
>Und Gott wär deutscher General.
>
>Die Grenze wär ein Schützengraben.
>Der Mond wär ein Gefreitenknopf.
>Wir würden einen Kaiser haben
>und einen Helm statt einem Kopf.« (I: 121f.)

Kästners berühmtes Fazit lautete, zum Ärger aller Nationalisten, »zum Glück gewannen wir ihn nicht!« Nach dem Zweiten Weltkrieg schrieb er in einem kleinen Kommentar zu dieser Schlußzeile, sie sei als »eine Art Jubelruf« mißverstanden worden »und war doch eine sehr, sehr bittere Bemerkung.« (I: 122)

Ein Mann gibt Auskunft wurde ein großer Erfolg, Kästner hatte inzwischen eine feste Gemeinde. Nach einem Monat wurde bereits die zweite Auflage gedruckt, im Januar 1931 die dritte (20.12.1930, MB).

Kurt Tucholsky hat Kästners Band in der *Weltbühne* besprochen und bemerkt, Kästner sei aus Dresden: »Nun, er hat gar nichts vom Bliemchen-Kaffee, aber wenn sich einer gegen seine Umgebung aufbäumt, dann fällt das in New York und in Dresden verschieden aus, weil die Umgebungen verschieden sind. Ich vermeine, manchmal in Kästner das Sächsische zu spüren – eine gewisse Enge der Opposition, eine kaum fühlbare, aber doch vernehmliche Kleinlichkeit, eine Art Geiz... Er weicht dem Olymp sehr geschickt aus – ich weiß nicht, wie sein Himmel aussieht. Vielleicht hat er keinen, weil er fürchtet, er sei dann vom sächsischen Böcklin: von Klinger? Kästner ist ehrlich, sauber, nur scheint mir manchmal die Skala nicht sehr weit, und er macht es sich gewiß nicht leicht. Er hats aber leicht. Man vergleiche hierzu etwa so ein Gedicht wie ›*Dem Revolutionär Jesus zum Geburtstag*‹... das ist reinlich und gut gemeint, doch da langt es nicht. Da pfeift einer, im Sturm, bei Windstärke 11 ein Liedchen. [...] Formal wird es immer besser; manchmal dürfte die Form etwas abwechslungsreicher sein. Kästner wird viel nachgeahmt; es gehört wenig dazu, ihn nachzuahmen. Ich wünsche ihm ein leichtes Leben und eine schwere Kunst.«[8]

Literatur in den zwanziger Jahren hatte noch Gewicht über die bloße Unterhaltung hinaus. In Tucholskys Rezension sind Leserreaktionen auf *Kurt Schmidt, statt einer Ballade* angesprochen, die es gegenüber Kästners Arbeiten in den zwanziger und frühen dreißiger Jahren immer wieder gab, irgend jemand beschwerte sich immer, seien es die Bürofräuleins oder die kleinen Angestellten. Kästner wird vielleicht noch gelesen, weil er das heutige Unterhaltungsbedürfnis ebenso bedient wie den Anspruch nach ›Gewicht‹ und ›Tiefe‹.

Arthur mit dem langen Arm und *Das verhexte Telefon* enthielten Kindergedichte von Kästner, üppig illustriert von Walter Trier, zu einem kleinen Teil Nonsense-Gedichte, zum größeren Teil die moralische Kommentierung von Kinderstreichen, die häufig mit einem Sprichwort zusammengefaßt werden könnten, wie ›Hochmut kommt vor dem Fall‹, ›Unrecht Gut gedeiht nicht‹ oder ›Quäle nie ein Tier zum Scherz‹. Edith Jacobsohn mußte erst davon überzeugt werden, die Gedichte in zwei Bänden zu veröffentlichen statt nur in einem.[9] Der Erfolg des *Emil* hatte Kästner verwöhnt; schon nach zwei Wochen beschwerte er sich über den niedrigeren Umsatz. Die 3000 verkauften Exemplare pro Band waren ihm zu wenig (2.12.1930, MB), bei anhaltend gutem Absatz des *Emil*, der bis zum Jahresende 20 000 Exemplare erreichen sollte. Kästners erster Kinderroman kletterte auf der Erfolgsleiter immer höher. Werner Buhre hatte Verbindungen zur UFA aufgebaut und war dabei, ihr den *Emil* zu vermitteln. Kästner sollte ursprünglich mitspielen, die »Rolle des Reporters. Wäre ganz ulkig, was?« (14.8.1930, MB) Im Januar 1931 gab Buhre seine Gummiwerk-Vertretung ganz auf und arbeitete seitdem beim Film, vor allem bei der UFA: erst als Komparse, dann als Regieassistent für Robert Siodmak, Hilfsdramaturg, Drehbuchautor, Schnittmeister und schließlich Regisseur einiger »Kulturfilme« (NLB).

Während Buhre in Berlin weiter für seinen Freund verhandelte, fuhr Kästner mit Moritz, die »ganz klein und niedlich zu mir« ist (5.8.1930, MB), ins Tessin, nach Brissago am Lago Maggiore: »Moritz wollte erst nicht mitfahren. Weil sie mich liebt und ich sie nicht liebe, hat sie gesagt. Na, ja, sagte ich, da fahr ich allein. Aber das war ihr auch nicht recht. Und nun kommt sie also mit. Sie pariert ganz gut. Muß sie auch. Sonst verschwinde ich aus ihrem Gesichtskreis.« (14.8.1930, MB) Sie fuhren mit der Bahn nach Locarno, von dort mit dem Schiff über den Lago Maggiore nach Brissago; dort blieben sie zwei Wochen (16.–30.8.1930). Das Hotel beschrieb er der Mutter in den höchsten Tönen: »Riesengroß, mit Veranden und eignem kleinen Badestrand und Riesenpark mit vielen bunten Blumen. Aus dem Zimmer auf die Veranda, und den See unter Dir. Herrlich. Wir frühstücken schon in Badeanzügen im Freien. Nachmittags liegen wir auf einer andern Veranda, mit Liegestühlen, weil dann die Sonne ums Haus wandert.« (17.8.1930, MB) Was er nicht erwartet hatte, war, daß er einen ehemaligen Kollegen aus Berlin treffen würde: Kurt Tucholsky, der zu diesem Zeitpunkt schon nicht mehr in Deutschland lebte, sondern – nach einem Intermezzo in Paris – im Januar 1930 endgültig in das schwedische Hindås gezogen war, in der Nähe von Göteborg gelegen. Auch er machte zwei Wochen Urlaub, der freilich anders aussah als Kästners. »Tucholsky ist auch hier. Der ist ja sehr lustig. Wir haben viel gelacht.« Einen Ausflug nach Ascona wollte Kästner mit Moritz nicht machen, weil dort zu viele Bekannte – Maler und Schriftsteller – lebten: »Hier haben wir wenigstens bloß Tucholsky auf dem Hals.« (17.8.1930, MB) In Kästners späterer Darstellung der *Begegnung mit Tucho*, in der Nachkriegs-Anthologie *Gruß nach vorn* (1946), schrieb Kästner, in Brissago habe er ein neues Buch anfangen wollen und sei mit seinem Schreibblock von einer Hotelseite zur anderen gezogen, immer mit der Sonne mit; in seinen Briefen ist von Arbeit nicht die Rede: »Ich sitz auf der Veranda und blick auf den See. Moritz schläft. Wir sind egal müde. Nur Tucholsky arbeitet. Der sagt natürlich keinem Menschen was. Will meinen neuen Band besprechen und hat genau so Respekt vor mir wie Krell seinerzeit. Mittags und abends essen wir immer zusammen. Sonst nur alleine faulenzen.« (21.8.1930, MB) Kästner erzählte in der *Begegnung mit Tucho*, man habe vereinbart, sich tagsüber nicht zu stören, abends hätten sie sich stets zum Essen getroffen, über Chansonpointen gefachsimpelt, und Tucholsky habe ihm in einer entlegenen Ecke des Parks, wo ein »altes, verlassenes Klavier« stand, Chansons vorgesungen, die er »für ›Schall und Rauch‹, für Gussy Holl, für Trude Hesterberg und andere geschrieben hatte. Diese Vortragsabende für einen einzigen Zuhörer, am abendlichen See und wahrhaftig unter Palmen, werde ich nicht vergessen.« (VI: 599) Natürlich erwähnt Kästner in dem gedruckten Aufsatz mit keinem Wort, daß er keineswegs allein in Brissago war (und also wohl auch nicht der ›einzige Zuhörer‹.)

Die Uraufführung des *Emil*-Stücks fand am 20. November 1930 statt, nachmittags um 16 Uhr im Theater am Schiffbauerdamm. Erich Engel führte Regie und wollte Kästner auch für seinen ersten Film für Chansons und Dialoge verpflichten; Engels Lustspiel *Wer nimmt die Liebe ernst* (1931) fand aber ohne Kästners Mitarbeit statt. Vor der *Emil*-Aufführung gab es einige Verschiebungen – es war nicht ganz leicht gewesen, genügend geeignete Kinder zu finden. (16.11.1930, MB). *Berlin am Morgen* meldete definitiv als erste Aufführungsorte der *Emil*-Dramatisierung neben dem Theater am Schiffbauerdamm Stuttgart, Breslau, Frankfurt am Main, Dresden, Magdeburg, Mannheim, Düsseldorf und Rostock (7.11.1930). Mit diesen Inszenierungen begann ein Siegeszug des Stücks durch das ganze Land, in den Muttchenbriefen jagte eine Erfolgsmeldung die andere, auch in kleineren Städten wurde Kästners Theaterdebüt gespielt. Ab dem 3. Dezember, nach nur zwei Wochen Spielzeit, wechselte der *Emil* vom Schiffbauerdamm zum »Deutschen Künstlertheater«. Dessen Direktor Klein garantierte Ernst Josef Aufricht mindestens 20 Aufführungen und zahlte ihm Ausfallgeld. »Da ist das Stück besser aufgehoben, denk ich, als in dem Pleitetheater.« (29.11.1930, MB) Aufricht erklärte in seinen Memoiren, er habe das Stück sehr gemocht, es optimal besetzt (Theo

Lingen spielte den Grundeis), Erwachsene, Kinder und Kritiker seien entzückt gewesen, aber die Kasse war schwach. »Ich fragte bei den Kartenorganisationen an und ich fragte viele Eltern. ›Die Kinder lernen nur Ungezogenheiten‹ antworteten sie mir. ›Wir schicken sie lieber in das Nollendorftheater zu ›Peterchens Mondfahrt‹.«[10] Anders als bei ihm war das Stück in einigen Städten – Breslau und Leipzig – so erfolgreich, daß es ins Abendprogramm übernommen wurde, also nicht nur an den Kinderstunden-Nachmittagen lief; der Erfolg im Berliner »Künstlertheater« hielt aber nur über die Feiertage an. Als Kästner im Januar nochmals, zusammen mit UFA-Leuten, das Stück ansah, war das Theater fast leer: »Wie abgeschnitten.« (10.1.1931, MB) Kästner mußte auch an der wachsenden Zahl der Lesereisen um die Jahreswende erkennen, daß er zu einem saisonalen Erfolgsautor geworden war.

Emils Erfolgsgeschichte ging weiter. Nach langen Verhandlungen konnte Kästner endlich über die Verfilmung mit der UFA abschließen, am 17. Dezember 1930. Der Mann konnte verhandeln – ursprünglich hatte er nur 10 000 Reichsmark verlangt, es gelang ihm aber, den Betrag noch zu erhöhen: »Kontrakt wird bis Montag unterschriftsfertig gemacht. Da gibt's vielleicht noch vor Weihnachten Geld. Voraussichtlich im Dezember 6, im Januar 4, und die 2 für Manuskript nach dessen Fertigstellung.« (18.12.1930, MB) Die endgültige Bestätigung der UFA zog sich noch bis zur Jahreswende hin (31.12.1930, MB); das Filmdrehbuch sollte bis Anfang Februar fertig sein, und in einem Brief an die Mutter ist von einem »Kerl« die Rede, der »wohl mit nach Kitzbühel fahren und das Manuskript dort mit mir schreiben« würde (9.1.1931, MB). Kästner fuhr auf einer Lesereise nach Wien, wo *Leben in dieser Zeit* im Rundfunk aufgeführt wurde, und anschließend zum Arbeitsurlaub nach Kitzbühel. Der Kerl war Emmerich Pressburger, drei Jahre jünger als Kästner, auch er am Beginn seiner Filmkarriere. Er hatte zusammen mit Irma von Cube ein Drehbuch für Robert Siodmak geschrieben, *Abschied* (1930). Dieser Film war nicht erfolgreich, hatte aber gute Kritiken bekommen und brachte Pressburger eine Festanstellung bei der UFA als Dramaturg und Lektor. Er schrieb bis zu seiner Emigration 1933 eigene Drehbücher, arbeitete weiterhin mit Irma von Cube zusammen, schrieb einige Filme mit Reinhold Schünzel und war Kästners Koautor bei *Das Ekel, Dann schon lieber Lebertran* und eben *Emil und die Detektive*. Die beiden Autoren waren am 20. Januar 1931 in Kitzbühel, am 21. Januar fingen sie mit dem Schreiben an, in zwei Wochen war das Drehbuch fertig; Mitte Februar war Kästner wieder in Berlin, das Drehbuch ging zur Nachbearbeitung an die UFA.

In der Beziehung zu Moritz begann es Ende des Jahres 1930 zu kriseln. Kästner vermittelte ihr zwar einen kleinen Auftritt auf der Nachwuchsbühne des *Kadeko*, auch ein Vorsprechen im Rundfunk; aber er murrte, sie sei »sehr trübselig und heult viel«, sie drohe damit, weit weg zu fahren, weil er sie nicht liebe; »na, wäre gar nicht dumm, wenn sie das täte.« (29.11.1930, MB) Der Konflikt eskalierte zum offenen Streit: »Hab mich mit ihr ziemlich gezankt. Aber ich nehme an, sie wird wieder ankommen. Wenn sie schon bliebe; diese nervöse Gereiztheit ist kein Vergnügen für mich. Eifersüchtig auf jeden Menschen, der in meine Nähe kommt. Und laut, daß die Wände wackeln.« (2.12.1930, MB) »Moritz will Ende Januar nach Paris gehen, weil ich sie nicht lieb hätte. Auch das, wenn's nur wird, ist eine gute Lösung. Für beide Teile. Dann werde ich auch wieder arbeiten, ohne nach links oder rechts zu sehen. Das ist für mich das Vernünftigste. Und da tu ich auch niemandem weh, wie mir's immer wieder mit den Mädchen passiert.« (31.12.1930, MB) Ihre Abreise schien ihm eine gute Lösung, weil er nicht ohne Grund mit ihr brechen wollte, das wäre »sehr unschön von mir«, schrieb er. »So etwas mach ich nicht. Das ginge mir viel mehr auf die Nerven als der augenblickliche Zustand. Heiraten tu ich sie nach wie vor auf keinen Fall. Das weiß sie, und sagt ja stets, sie will es auch nicht. Das regelt sich alles mit der Zeit.« (2.1.1931, MB)

Immer wieder stellte er sich die mehr oder weniger bange Frage, ob er überhaupt liebesfähig sei, ob er überhaupt noch eine Bindung eingehen könne; um so wichtiger die immer neuen, fast beschwörenden Liebesbeteuerungen der Mutter gegenüber: »Fürs Muttchen hab ich doch immer Zeit. Wo Du der einzige Mensch bist, den ich liebhabe.« (14.8.1930, MB) Er wollte seine Liebe auch materiell äußern; über die ewigen Spazier- und Eß-»Scheinchen« hinaus richtete er ihr Anfang 1931 ein Bankkonto in Dresden ein, in der Filiale der Deutschen Bank am Albertplatz: »Da überweise ich dann jeden Monat was. Ich freu mich schon richtig drauf, kann ich Dir sagen!« (6.1.1931, MB) Nur sie und er waren zeichnungsberechtigt, und ein Anliegen der Kontoeröffnung war auch, Emil Kästner nicht so genau wissen zu lassen, wieviel der Sohn seiner Mutter zusteckte (15.1.1931, MB). Er mußte sich gegen ihre eingefleischte Sparsamkeit verteidigen, wenn er auch gegen Fernstehende manchmal »ein klein bißchen wohltätig« war – und im Vergleich zu Ida Kästner waren eben alle fernstehend: »Wohltätigkeit ist die schönste christliche Tugend! Was hast Du nur dagegen? Ich entbehre doch deswegen nichts.« Und wenn sie sich gar weigere, seine geschenkten Scheinchen auszugeben, »macht mir das ganze Geldverdienen keinen Spaß. Daß wir zusammen Reisen machen, daß ich Dir das Dresdner Konto aufbauen will und daß ich Dir Scheinchen schicke, ist mir doch das Allerwichtigste im Leben. Und nun bist Du plötzlich so komisch. Muttchen, Muttchen, sei nett und schimpf nicht.« (28.2.1931, MB) Es war nicht ganz einfach, der Mutter begreiflich zu machen, wie gut es ihm tatsächlich ging, seine Verhältnisse gingen über ihre Verhältnisse. Er hatte seine Ersparnisse auf zwei Banken verteilt, die inzwischen – ohne daß die UFA das *Emil*-Drehbuch schon bezahlt hätte! – auf annähernd 20000 Mark angewachsen waren (7.3.1931, MB).

Eine wichtige Figur für Kästners politisches Engagement war der Arzt, Dramatiker und Lebensreformer Friedrich Wolf. Kästner mag Wolfs *Das bist du* unter Viertels Regie im Dresdner Schauspielhaus gesehen haben (1919), er rezensierte zehn Jahre später dessen Stück über den § 218, *Cyankali*, hymnisch für die *Neue Leipziger Zeitung*. Zwar hielt er Wolfs und Lampels Stücke für kunstlos, mochte weder deren Ästhetik noch Wolfs Marxismus teilen, den er nicht einmal erwähnte. Aber er rühmte die »Echtheit des sozialen Gefühls und der stofflichen Darstellung« (VI: 211). Er rechnete mit einer öffentlichen Debatte über den Abtreibungsparagraphen durch Wolfs Stück, und dies empfand er als ungeheure Ermutigung: »Das Theater vermag es also, die Gesetzgebung und die innere Politik zu beeinflussen! Es gibt also Beispiele, daß die Literatur ins Leben und seine staatliche Organisation bessernd eingreift! Der Schriftsteller ist nicht ausschließlich dazu verurteilt, Unterhaltung zu liefern oder nicht ernst genommen zu werden! Diese Erkenntnis ist geeignet, die mutlos gewordenen Literaten zu ermutigen und tief zu erschüttern. Ihre Tätigkeit kann also doch wieder Sinn bekommen?« (VI: 211) Auch die Reaktionen des Publikums fand Kästner ermutigend, in der Aufführung, die er sah, forderte ein »tumultuarischer Chor von Mädchen- und Männerstimmen« (VI: 212) die Abschaffung des Paragraphen. *Cyankali* war ein Erfolgsstück, die Uraufführungs-Inszenierung der »Gruppe junger Schauspieler« im Berliner Lessingtheater erlebte mehr als 100 Aufführungen, 1930 wurde das Stück verfilmt, 1931 veröffentlichte Wolf außerdem die Kampfschrift *Sturm gegen den § 218*.

Friedrich Wolf mußte im Februar 1931 in Untersuchungshaft, ihm und seiner Arztkollegin Else Kienle wurde gewerbsmäßige Abtreibung vorgeworfen, um sich »aus der wiederholten Begehung der Straftat eine dauernde Einnahmequelle zu verschaffen«.[11] Wolf kam schon nach zehn Tagen wieder frei, Kienle mußte vierzig Tage bleiben, die letzten trat sie in Hungerstreik. Beide wurden aufgrund des großen öffentlichen Drucks entlassen, landauf, landab fanden Protestveranstaltungen statt. Ein Spitzel auf der Kundgebung im Berliner Sportpalast zitierte den Vorsitzenden des »Kampfausschusses«, es gebe in Deutschland 800 Komitees, die 1500 Veranstaltungen abgehalten hätten; zudem habe er die Akademiker scharf kritisiert, die sich kaum an den Veranstaltungen beteiligt hätten. Kästner ging nicht zu diesen Versammlungen, fühlte sich aber durchaus als Unterstützer Wolfs. Er besuchte ihn zum Mittagessen kurz nach der Entlassung aus der Haft – er sehe »noch sehr blaß aus« (3.3.1931, MB), bei einem zweiten Essen ein paar Tage später hatte Kästner schon weniger Mitleid, weil Wolf »Rohköstler« war: »Da wird alles nur gedämpft. Und kein Fleisch. Pfui Spinne!« Statt auf Massenveranstaltungen zu erscheinen, warb Kästner lieber in kleinerem Rahmen für Wolf: »Heute spricht er in Berlin. Das wird ein toller Prozeß werden. Ich habe in der Vorlesung auch darüber gesprochen. Seine Frau dankte mir hinterher.« (7.3.1931, MB)

Die Verbindungen Kästners zur UFA wurden enger; durch das *Emil*-Drehbuch war er definitiv im Geschäft mit den damals modernsten Filmstudios Europas. Innerhalb von einer Woche sollten Kästner und Pressburger, nach Abgabe des *Emil*, ein fremdes Filmmanuskript umkrempeln, von dem Kästner nicht sonderlich überzeugt war – »rasch verdientes Geld!!!« –, und er verbat sich, seinen Namen im Vorspann zu nennen. »Denn schön wird der Film nicht. Zweimal haben sich schon je zwei Leute darüber gemacht, mit Preßburger und mir sind's sechs. ›Das Ekel‹ von Reimann ist der Stoff.« (12.3.1931, MB) *Das Ekel* war der Filmtitel; die Komödie von Hans Reimann und Toni

Impekoven hieß *Der Igel*. Von der Überarbeitung entnervt, wollte sich Kästner ein wenig auf dem Sechs-Tage-Rennen umsehen, um »mal was Anderes zu sehen als Reimanns ›Ekel‹. Wir haben geschuftet wie die Klammeraffen!« (15.3.1931, MB) Das Drehbuch wurde termingerecht fertig, und es wurde tatsächlich verfilmt: Franz Wenzler und Eugen Schüfftan führten Regie, der Bühnenkomiker Max Adalbert spielte die Titelrolle. Es war Schüfftans einzige Regiearbeit; der »Meister und Patriarch der damaligen deutschen Operateure«[12] hatte den »Schüfftan-Effekt« erfunden, ein Trickverfahren zur Einspiegelung von Modellen und realen Gegenständen – Fritz Langs *Metropolis* und seine *Nibelungen* dürften die bekanntesten Filme sein, die Schüfftans Verfahren nutzten. Im französischen Exil drehte Schüfftan Filme der gleichfalls emigrierten Regisseure Georg Wilhelm Pabst, Robert Siodmak und Max Ophüls, auch zwei der bedeutendsten Filme von Marcel Carné und Jacques Prévert, *Drôle de drame* (1937) und *Quai des brumes* (1938). Bei Schüfftan wie auch bei Pressburger, Ophüls und anderen ist immer wieder erstaunlich, wie sehr Kästner in der damaligen Metropole Berlin an die richtigen Leute geriet, wie er häufig mit den fortgeschrittensten, handwerklich souveränsten Künstlern zusammenarbeiten konnte.

Der langwierige, trotz einiger Dokumentarszenen wie in Schüfftans erster Kameraarbeit *Menschen am Sonntag* (1929) nicht mehr recht überzeugende *Ekel*-Film brachte es nie zu einem großen Publikum, aber zu zwei späteren Remakes – 1939 spielte Hans Moser, 1958 Heinz Erhardt den Titelhelden: Ein »dickschädige[r] Haustyrann« wird »durch einen Gefängnisaufenthalt, den ihm seine rechthaberische Herumstreiterei mit den Behörden einträgt, zum angenehmen Zeitgenossen«.[13]

Als eigenen Stoff für einen Kurzfilm hatten Pressburger und Kästner *Dann schon lieber Lebertran* vorgeschlagen, nach einer Idee Kästners; er gefiel den UFA-Gewaltigen zwar, »aber sie können ihn sich noch nicht richtig vorstellen. Die Ochsen!« (14.3.1931, MB) Sie konnten dann doch; Max Ophüls durfte den verschollenen Film drehen, sein Erstlingswerk, von dem nicht einmal die Länge bekannt ist – er soll zwischen 20 und 40 Minuten lang sein. Ophüls war als politischer Theaterregisseur bekannt, so hatte er in Breslau das auch von Kästner (in einer Berliner Inszenierung) hochgelobte Reportagestück *Die Matrosen von Cattaro* (1930) von Friedrich Wolf uraufgeführt. In seinen

Erinnerungen schrieb Ophüls, er habe das Zwei-Seiten-Treatment aus »beinah haushohen Bücherregalen, vollgepfropft mit Manuskripten«, herausgesucht. Pressburger, Ophüls und Kästner schrieben das Drehbuch in »acht Caféhaus-Nächten«.[14]

Kameramann war wiederum Eugen Schüfftan, der ohne Ophüls' Wissen von der UFA als Ersatzregisseur engagiert war, »für den Fall, daß ich straucheln sollte.«[15] Käthe Haack spielte die Mutter, die achtjährige Hannelore Schroth in ihrer ersten Rolle die Tochter. Die Handlung des Films spielt mit dem bei Kästner so beliebten Motiv der Verkehrten Welt: »Zwei Kinder, die nicht immer so früh ins Bett gehen und keinen Lebertran mehr schlucken wollen, beten zu Gott, daß er ihre Eltern doch einmal in die Rolle der Kinder versetzen solle und umgekehrt. Der heilige Petrus, in Abwesenheit des lieben Gottes Chef vom Dienst, erfüllt ihnen am nächsten Tag den Wunsch. Aber die Erfahrungen, die sie anstelle der Eltern im Büro mit aufdringlichen Steuerbeamten und streikenden Angestellten machen, läßt sie den erneuten Rollentausch sehr begrüßen. Dann schon lieber Lebertran!«[16]

Ophüls brachte seinen Film zwar zu Ende, aber die Probeaufführung vor den UFA-Direktoren war ein Fiasko – er habe noch nie so lange Gesichter gesehen, die Herren seien an ihm vorbeigegangen, »wie wenn sie von einem erschütternden Begräbnis kämen. Nur Erich Kästner klopfte mir auf die Schulter. Er führte eine alte Frau am Arm. ›Meiner Mutter hat's gefallen‹, sagte er. Muttchen strahlte. ›Wissen Sie, ich hab nämlich noch nie einen Film gesehn‹, sagte sie.« Auch beim übrigen Kinopublikum soll sich *Dann schon lieber Lebertran* einiger Beliebtheit erfreut haben, nach der erfolgreichen Premiere in einem der »abgelegensten Quetschentheater am Wedding«.[17] Sollte sich Ophüls hier richtig erinnern, hielt die Beliebtheit jedenfalls nicht lange an – »Die Leute saßen da wie die Ölgötzen«, schrieb Kästner an seine Mutter (24.11.1931, MB).

Seine Arbeiten für die UFA belegten ihn mit Beschlag, »ich werde langsam zu Film«, schrieb er. Neben dem *Ekel* und *Lebertran* liefen die *Emil*-Besprechungen weiter, und zwar zunächst keineswegs zu seiner Zufriedenheit. Billy – damals noch Billie – Wilder hatte das Drehbuch überarbeitet. »Ich hab gar keine Traute, hineinzusehen, aus Angst, ich ärgre mich zu sehr.« (14.5.1931, MB) So war es dann auch, eher noch schlimmer als erwartet: »Das Manuskript ist ekelhaft. Emil klaut in Neustadt einen Blumentopf für die Großmutter. In Berlin, auf der

Straßenbahn, klaut er einem Herrn den Fahrschein aus dem Hut und läßt für sich knipsen. Der Herr wird von der Bahn gewiesen. Ein Goldjunge, dieser Emil. Der ›Stier von Alaska‹ wird er genannt. Pony ›die Rose von Texas‹. Lauter Indianerspiel, wo doch heute kein Mensch mehr Indianer spielt. Die ganze Atmosphäre des Buchs ist beim Teufel. Und ich werde Anfang der Woche saugrob werden, wenn ich mit Stapenhorst rede.« (16.5.1931, MB) Das Indianerspiel konnte Wilder bei Wolf Durian finden – in *Kai aus der Kiste* gibt es die »Schleichende Hand« und die »Große Klapperschlange«; auch das Tempo der Stadt Berlin und ihre unterschiedlichen Verkehrsmittel kommen bei Durian vor. Pressburger soll »ebenso wütend« wie Kästner gewesen sein (18.5.1931, MB). Günther Stapenhorst war der Produktionsleiter des Films, und die Debatten mit ihm und anderen waren zermürbend und langwierig: »Gestern bis $\frac{1}{2}$ 11 abends in der Ufa gequatscht. Es ging hart auf hart. 5 Kerls gegen mich, aber ich gebe nicht nach. [...] Heute ist Preßburger mit dabei. Wir kommen nicht weiter, es sind Hornochsen.« (22.5.1931, MB) Nach weiteren Debatten hatte Kästner sein Ziel erreicht, der »Film wird nun so ziemlich wie das Buch. Aber Nerven hat das gekostet und Zeit. Und nun muß ich mir jeden Tag anschauen, was Wilder, so heißt er, aus dem 3. Manuskript macht.« (23.5.1931, MB) 1968 schrieb Kästner eine kleine Würdigung zum 85. Geburtstag von Stapenhorst, wo er sich versöhnlicher an den Streit erinnerte; nun schob er den Zwist dem »einzigen Fehler« zu, den sein und Pressburgers Drehbuch gehabt habe: »Wir lieferten es, in unserem Feuereifer, zu früh ab!« Der Chefdramaturg der UFA habe das nicht auf sich beruhen lassen können, und er »ließ unser Drehbuch von einem anderen jungen Mann überarbeiten. Er hieß Billy Wilder. Er bereicherte die Story, und er vergröberte sie.« Es sei das Verdienst Stapenhorsts und seines Adlatus Erich von Neußer gewesen, die »Streithähne mit Kaffee und Bier und heißen Würstchen zu besenftigen, nein, zu besänftigen. Heute liest sich's gemütlicher. Emmerich Pressburger, Billy Wilder und Erich Kästner haben sich seitdem einen Namen gemacht, wie man das so nennt.«[18]

Tatsächlich änderte Wilder nun in Kästners Sinne, Mitte Juni 1931 war das neue Drehbuch fertig, »besser als das vorige, aber es muß noch immer allerlei daran geändert werden.« Ende Juli konnte mit den Dreharbeiten begonnen werden, nachdem ein weiterer Konflikt beigelegt war: Pony Hütchen sollte mit dem aufstrebendem Jungstar

Dolly Haas besetzt werden, gegen die sich Kästner schärfstens wendete: »Eine Mittzwanzigerin sollte, unter lauter echten Lausejungen, eine etwa gleichaltrige Göre spielen!« Haas war 21, sah sehr mädchenhaft aus und war auf burschikose Hosenrollen abonniert, ganz abwegig war der Besetzungsvorschlag also mitnichten. Kästner erinnerte sich, er habe dem UFA-Chef Corell einen Einschreibebrief geschickt. Er sei mit der Besetzung durch Dolly Haas einverstanden, »falls auch die Knabenrollen mit erwachsenen Darstellern besetzt würden. Als Emil schlüge ich Hans Albers und als Gustav mit der Hupe Fritz Kortner vor. Entweder nur Kinder oder nur Erwachsene als Kinder! Wenn nicht, sähe ich mich, zur Wahrung meiner Interessen als Autor, genötigt, den Wortlaut dieses Briefs allen wichtigen deutschen Zeitungen zugänglich zu machen.« Wieder schlossen sich stürmische Debatten in Babelsberg an, Corell drohte sogar mit einem Prozeß; aber dann habe er doch großartig gefunden, »daß ein Autor so rücksichtslos seine Sache verteidige.« Es gab keinen Prozeß, und statt Dolly Haas spielte Inge Landgut Emils Kusine, »ein nettes kleines Mädchen«.[19]

Angesichts dieser Debatten wirkt es etwas befremdlich, wenn Wilder von seinen Biographen wie auch im Vorspann des Films stets als alleiniger Drehbuchautor gehandelt wird, der sich »viele Freiheiten gegenüber der Kinderbuch-Vorlage« herausgenommen habe.[20] Welche Freiheiten? Einige Nebenlinien des Buchs sind für den Film gekappt oder verkürzt worden, etwa die um den Journalisten »Kästner« oder den Portiersjungen und seinen Vater im Hotel Biedermann. Im Film steigt statt Gustav Emil selbst in die Uniform des Jungen, schleicht sich nachts sogar in Grundeis' Zimmer und muß sich unter dem Bett verstecken; als er versucht, dessen Brieftasche unter dem Kopfkissen herauszuziehen, legt sich Grundeis prompt auf die entsprechende Seite. Als Emil sich schließlich – mit der Brieftasche – aus dem Zimmer des schnarchenden Diebs schleichen kann, entpuppt sich die Brieftasche als leer – Grundeis hat das Geld in seiner Melone versteckt. Von Wilders Indianerspielen ist nur die Figur »Fliegender Hirsch« übriggeblieben, ein Junge, der nur ›indianisch‹ spricht und den auf dem Roller reitenden Boten spielt. Die Eröffnungssequenz ist sehr breit und tilgt eine der Schwächen des Buchs, wo zu schwach motiviert ist, daß Emil nach dem Diebstahl nicht gleich am Berliner Bahnhof zur Polizei geht; auch Emils Alptraum und sein tiefer Schlaf im Zug sind besser motiviert, der Mann mit dem steifen Hut gibt ihm ein präpariertes Bonbon. Im Film droht der Wachtmeister gegenüber Emils Mutter dem Denkmals-›Schänder‹ zehn Jahre Zuchthaus an, ein Scherz, den Emil für Ernst hält. Der Schlußempfang für Emil ist noch bombastischer als im Buch; er wird mit dem Flugzeug nach Neustadt eingeflogen und mit schauerlicher Blasmusik empfangen.

Wilder hat also versucht, Unwahrscheinlichkeiten zu tilgen; und er hat den Musterknaben Emil, der sich im Film bei jeder Gelegenheit mit Gustav prügelt, etwas zurückhaltender gezeichnet. Und dann gibt es einige Zutaten, die während der Verfilmung entstanden sind: In *Emil und die Detektive* ist in vielen Außenaufnahmen, mit langen Kamerafahrten das Vorkriegsberlin aufgehoben worden, ähnlich wie in Walter Ruttmanns *Berlin, die Symphonie einer Großstadt*. Daß diese Version bis heute die beste Verfilmung des Kinderromans ist, hat er schließlich auch einem großartigen Schauspieler zu verdanken: Fritz Rasp, der den Herrn mit dem steifen Hut spielte. Die Figur wird zwar mit den Klischees der Zeit ausgestattet – im Zugabteil erscheint Grundeis inmitten der übrigen behäbig-kleinbürgerlichen Mitreisenden als der einzige Intellektuelle, er liest, und er beweist mit seinen Großstadt-Lügengeschichten einige Phantasie; letzlich entpuppt er sich als »Medlinski, der Bankräuber von Hannover«, gezeichnet von einer Narbe auf der Stirn. Rasps Figur hat aber für den heutigen Betrachter nichts Bedrohliches – sein Schwerverbrecher ist ein sympathischer, grimassierender Komiker, wohl gegen die Absicht des Films, in dem die Jungen noch um einiges strammer ›marschieren‹ als im Buch.

Kästners Kinderroman sind mehrfach militaristische Züge vorgeworfen worden – der Militarismus erkläre auch, weshalb das Buch, anders als Kästners übrige Arbeiten, 1933 nicht verboten worden sei. In der Tat, wenn man das verwendete Vokabular der Jungenbande hintereinanderweg liest, scheint sich der antimilitaristische Lyriker gewendet zu haben. Da wird »Kriegsrat« abgehalten, »Nachrichtendienst«, »Telefonzentrale« und »Bereitschaftsdienst« werden organisiert; die »Verstärkung« braucht einen »Verbindungsmann«; man tauscht sich mit einer »Parole« aus. Der »Professor« sieht aus wie »Napoleon während der Schlacht bei Leipzig«, er unternimmt es auch, »die Wache zu kontrollieren«, es gibt »Vorposten« und ein »Standquartier«. Eine »Abordnung des Bereitschaftsdienstes« erbittet »weitere Befehle«, ein Junge, der den Befehl des Professors verweigert

(»du hast mir einen Dreck zu befehlen«), wird der Bande verwiesen – »es geht natürlich nicht, daß jeder einfach tut, was er will.« (VII: 267) Die vielen neugierigen Kinder bringen Emil auf die Idee, Grundeis nicht mehr mit Spionen zu »umzingeln«, nein, »wir müssen ihn richtig hetzen« (VII: 273). Der Professor gibt die weiteren Befehle entsprechend: »Achtung! Zuhören! [...] Wir werden ihn also einkreisen. [...] Ist das klar? Weitere Kommandos geben wir unterwegs. Marsch und raus!« Keine Frage bei solch blendender Feldzugstaktik, der Mann mit dem steifen Hut »entging seinen Feinden nicht.« (VII: 275) Und zu guter Letzt hält die Großmutter auch noch eine Ansprache, in der sie den »kleinen Dienstag« für seine Pflichterfüllung lobt, die Nazi-Tugend schlechthin: »Er hat gewußt, was seine Pflicht war. Und er hat sie getan, obwohl sie ihm nicht gefiel. Das war großartig, verstanden? Das war großartig! Nehmt euch an ihm ein Beispiel!« (VII: 299)

Nun mag zwar solch eine Blütenlese irritieren, aber der Sprachgebrauch in den zwanziger Jahren war ein anderer (und auch heute schleppt die Alltagssprache noch einige Militarismen mit sich herum). Vor allem aber sollte nicht vergessen werden, daß hier *Kinder* sprechen. Sie machen nach, was sie bei den Erwachsenen sehen, und durch diesen verzerrten Gebrauch des Militärjargons wirkt er fast parodistisch. Natürlich geht es auch um Macht; die machtlosen Kinder beweisen dem Dieb gegenüber ihre Stärke, als sie ihn im Flucht-Finale niederringen, verkehrte Welt auch hier. Er ist »von mindestens zwanzig Jungen umklammert. Sie hielten ihn an den Beinen. Sie hingen an seinen Armen. Sie zerrten an seinem Jackett. Er ruderte wie verrückt. Aber die Jungen ließen nicht locker.« (VII: 280) Aber sogar an dieser Stelle behält der Vorgang etwas Amüsantes, von einem »tollen[n] Aufzug« ist die Rede, von »Theater«, und der in der Luft rudernde Herr verlangt förmlich nach einem Komiker. Es ist sicher auch kein Zufall, daß die Abschlußpredigt auf die Pflicht ausgerechnet von der Großmutter gehalten wird, die den Kindern am nächsten steht und bei fast jedem Auftreten einen Witz macht; sie ist eine Art ›Lustige Person‹, und entsprechend hat sie die Moral von der Geschicht' zu sagen, und die lautet bekanntlich: »Geld soll man immer nur per Postanweisung schicken« (VII: 302). Der Film mag da in manchem mißverständlicher sein; aber auch hier ist Frieda Grafes vernichtendes Urteil ein wenig überzogen, die sich »an ein HJ-›Geländespiel‹, wenn nicht an ein Jugendpogrom« erinnert fühlte.[21]

Kästner ging ein paarmal zu den Dreharbeiten des Films, fand sie aber außerordentlich öde: »Heute war ich eine Stunde am Bahnhof Zoo. Da drehten sie, wie Emil auf die Straßenbahn steigt, in die Grundeis geklettert ist. Es war so langweilig, das Dabeistehen! Ehe allemal so eine Einstellung gedreht ist, kann man einschlafen. Das wäre kein Beruf für mich.« (25.7.1931, MB) Mehr Eindruck machte ihm dann eine zufällige Begegnung beim Café Josty – er kam dazu, wie Emil »von der Straßenbahn kletterte und zwischen den Autos stand, mit dem Blumenstrauß, und dann zum Kiosk ging. Komisch ist das, wenn man so seinen Figuren begegnet!« (31.7.1931, MB) Kästner war so beeindruckt von diesem Zufall, daß er die Fortsetzung *Emil und die drei Zwillinge* mit ihm eröffnete, im *Vorwort für Fachleute*. Mit Wilder versöhnte er sich schnell, nachdem ihm die ersten Aufnahmen gefielen; die lobenden Bemerkungen blieben allerdings äußerst lakonisch: »Sehr hübsch.« (30.7.1931, MB) Der Schnitt des Films war Mitte September beendet, Kästner hörte sich auch die Musik von Allan Gray an: »Ganz nett.« (19.9.1931, MB) Als er den vollständigen Film in Babelsberg sah, war er immer noch reserviert, freute sich aber auf die Premiere: »Also, mir hat der Film nicht besonders gefallen. Sie wollen auch noch was wegschneiden. Im übrigen meinten alle andern, der Film sei sehr schön und werde großen Erfolg haben. Wir werden ja sehen. Die Premiere ist erst Mitte Dezember, im Ufapalast am Zoo, dem größten Berliner Kino. Das wird sicher lustig werden. Lauter Kinder und die Kritiker dazwischen.« (12.10.1931, MB) Die Premiere fand am 2. Dezember 1931 statt (30.11.1931, MB), auch Ophüls' *Dann schon lieber Lebertran* war gerade erst angelaufen. Die *Emil*-Verfilmung brachte Kästner endgültig Weltruhm. Der Film wurde auch in Großbritannien und in den USA gezeigt, 1935 gab es das erste (britische) Remake. Gertrud Dunant, die New Yorker Korrespondentin der *Neuen Zürcher Zeitung*, lieferte eine besonders anschauliche Beschreibung einer Vorstellung. Sie saß in einem Kino in der deutschen Kolonie und bekam »ein wenig das heulende Elend, weil das doch eine so verschlossene Welt ist« für Erwachsene; die dürften nur ein bißchen zusehen. Der Saal sei voller Kinder gewesen, »kleine Deutschamerikaner, verrückt vor Wonne«: »Das steigt auf den Stuhl, warnt, brüllt deutsch und englisch durcheinander, erstickt vor Entrüstung über Grundeis den Schurken. Aber was ist das auch für ein bodenlos schlechter, durch und durch schandbarer Mensch! (Pig! Schuft! Go to hell! Obacht,

Emil!) Und das hörbare Keuchen des Entsetzens, wenn Emils Hand unter dem Kissen eingeklemmt bleibt, und das wilde Entzücken über die Strafe, die mit Recht den Hundsgemeinen ereilt, und die ganz große Zelebrierung Emils und der Detektive, und überhaupt...! Dann wird Licht und hinter uns ertönt eine gewichtige, wenn auch jugendliche Stimme, sehr laut: ›Best picture I e-ver saw! In my who-ole life!‹ Alles dreht sich um. Das dahinten sitzt zwischen einem (offensichtlich) deutschen Papa und einer (offensichtlich) amerikanischen Mama [...]. Ueberdies zählt das dahinten höchstens vier Lenze, und lutscht an einem Lollypop, von dem grad noch das Holzstäbchen übrig ist, so sehr haben sich alle Wollüste des Lebens an diesem Nachmittag vereinigt und ausgerast.«[22] Ähnlich begeistert reagierte der zwanzigjährige Benjamin Britten, der seine ersten Werke bereits komponiert hatte – auch er fand, dies sei »the most perfect & satisfying film I have ever seen or hope to see«. Er kaufte sich den Roman, auf deutsch, klebte sich Filmfotos in sein Exemplar und wollte eine *Emil*-Suite für Streichquartett komponieren; leider blieb das Werk Fragment, er hat 1933 nur einen *alla marcia*-Beginn geschrieben.[23]

Auch das *Emil*-Buch rollt und rollt – vor Weihnachten 1931 druckte Edith Jacobsohn eine neue Auflage, 30 000 sind verkauft (9.10.1931, MB); zum 1. Dezember gab es eine »Volksausgabe« des Buchs: »Für 3 Mark. Ich verdiene am Exemplar 25 Pfennige. Wenn viel Exemplare verkauft werden, rentiert sich der Spaß.« (30.10.1931, MB) Für das Weihnachtsgeschäft mußte Williams & Co. die Volksausgabe nachdrucken, die 50 000 waren damit erreicht (14.12.1931, MB).

Ende Mai 1931, mitten in den letzten *Fabian*-Kapiteln, erwog Kästner, drei Tage nach Warnemünde zu fahren, »um in Ruhe den Kinderroman zu überlegen. Das wird mir guttun. Dann schreib ich jeden Tag ein Kapitel, und wenn der ganze Schnee verbrennt.« (28.5.1931, MB) Den Stoff hatte er schon einige Zeit im Kopf bewegt, er wollte für sein viertes Kinderbuch eine Erzählung ausbauen, die in der *Vossischen Zeitung* erschienen war und wiederum auf einer Zeitungsnotiz beruhte: *Fräulein Paula spielt Theater*. »Die Sache mit den Streichhölzern ist wirklich passiert.« (8.2.1930, MB) Trotz dieser Vorarbeiten ist Kästners Kreativität in dieser Zeit bewundernswert – umwimmelt von anderen Projekten, richtete er sich nach den Terminen seiner Verlegerin Edith Jacobsohn, die mit ihm das Weihnachtsgeschäft nutzen wollte und ihm die Abgabe für den Sommer vorschrieb. Moritz fuhr allein für einen Monat auf Kur nach Franzensbad, um Moorbäder zu nehmen, Kästner brach einen Tag später, am 4. Juni 1931, nach Warnemünde auf. Dort unterbrach er in der Mitte des 21. Kapitels *Fabian*, am 6. Juni begann er mit *Pünktchen und Anton*: »Es lebe die Arbeit!« (8.6.1931, MB). Auf dem Rückweg von Warnemünde nach Berlin besuchte er noch seine Mutter in Dresden, und trotzdem war er in nur *zehn* Tagen mit dem Kinderbuch fertig und konnte sich mit dem Gedicht befassen, das die *Neue Leipziger Zeitung* in Auftrag gegeben hatte (16.6.1931, MB). Elfriede Mechnig tippte zwar immer noch am *Fabian*-Manuskript, aber vom 18. bis zum 25. Juni diktierte Kästner ihr das Kinderbuch; dabei überarbeitete er das Manuskript noch etwas, schrieb aber seit dem 18. Juni auch wieder an *Fabian* weiter (18.6. 1931, MB).

Nebenher mußte er mit Pressburger nochmals am *Lebertran*-Skript korrigieren, und einen ganzen Monat ohne Frau hielt er bei aller Arbeitslast nicht aus: »Ich hab mir ein Kleines blondes Mädchen vorübergehend zugelegt. [...] Sehr nett. Mal was Lustiges, Unkompliziertes. Lebt von älteren Herren, die gelegentlich nach Berlin kommen und sie manchmal mit auf Reisen nehmen, nach Paris usw. Komische Existenzen gibt es, was? Aber ein sehr netter Kerl.« (20.6.1931, MB) Seine Mutter scheint an solchen Eskapaden nichts beunruhigt zu haben außer der materiellen Seite – sie fragte ihren Sohn, ob die Blondine auch nichts aus der Wohnung mitgenommen habe. Kästner hatte zudem noch gesundheitliche Bedenken: »Das Mädchen klaut nichts. Und auch sonst scheint alles gut abgelaufen zu sein, toi, toi, toi!« Aber er wollte doch lieber am Wochenende nach Franzensbad fahren, anstatt »hier dauernd Dummheiten zu machen.« (24.6.1931, MB) Die Beziehung zu Moritz gestaltete sich jetzt fürsorglicher, er übernahm nicht nur einen Teil der Kurkosten für Franzensbad, sondern begleitete sie nach seinem Besuch nach München; sie wollte von dort aus noch eine Nachkur im Voralpenland machen, weil ihre Unterleibsprobleme noch nicht vorüber waren, wieder mit finanzieller Unterstützung Kästners: »Ohne Nachkur hat ja die ganze Moorbaderei keinen Sinn. Sie liegt noch in München und hat Bauchschmerzen.« (20.7.1931, MB)

Das kleine blonde Mädchen hatte langwierige Folgen, die Luiselotte Enderle einigermaßen konsequent aus ihrer Edition der Muttchen-Briefe getilgt hat. Es gehe ihm »soweit ganz munter«, er »mische« sich »wieder bißchen unter die Leute«, heißt es einmal, ohne Kontext einigermaßen sinnlos (15.9.1931, MB). Im Abdruck des Briefes vom 9. September 1931 schreibt Kästner, er müsse um »7ʰ« bei »John« sein.[24] Nun traf er sich zwar durchaus noch mit Ernst John, tatsächlich schrieb er hier aber von *C*ohn, seinem Arzt für Haut- und Geschlechtskrankheiten. Er behandelte Kästners Gonorrhöe von Mitte Juli an, etwa ein halbes Jahr lang; Ende 1932 scheint er einen Rückfall erlitten zu haben und war nochmals einige Wochen in Behandlung (10.11.1932, MB). Vor der Erfindung und dem Einsatz von Antibiotika, in den vierziger Jahren, war Tripper eine schmerzhafte, langwierige und schwer zu behandelnde Krankheit, man verwendete Adstringentia, Silberpräparate, eine Zeitlang Sulfonamide, Cohn zog gegen Ende von Kästners Behandlung noch einen zweiten Arzt hinzu, der mit elektrischem Strom experimentierte. Die Krankheit rief bei Kästner immer wieder Gedulds-, Unmuts- und Zornesäußerungen hervor: »Auch ein Spaß. Ich könnte gleich die Kommode zerhacken.« (19.11.1931, MB) Das Leiden war nicht weiter ungewöhnlich, charakteristisch für Kästner ist also weniger, daß er diese Krankheit hatte, charakteristisch sind vielmehr – einerseits – die langen, anatomisch durchaus ins Detail gehenden Berichte an seine Mutter über den Verlauf der Behandlung. Es gab eben tatsächlich kein Thema, über das sich Mutter und Sohn nicht ausgetauscht hätten. Andererseits war ihm äußerst wichtig, daß Freunde und Bekannte nichts über die halbjährige Pause seines Sexuallebens erfuhren. Immerhin war die Krankheit damals rufschädigend, und sie hätte ja auch wenig zu Fabians Entrüstungstiraden über den großstädtischen Sittenverfall gepaßt; Fabians Erfinder ließ sich deshalb im Theater mit einer »sehr hübsche[n] Schauspielerin« sehen (1.10.1931, MB).

Moritz grollte, auch nach ihrer Nachkur war sie mehr auf Reisen als in Berlin – in Wien, in Zürich –, und Kästner hoffte, »sie bleibt noch dort. Es würde hier doch nur Zank geben.« (29.9.1931, MB) Wieder in Berlin, erzählte sie zu Kästners Beruhigung »jede Woche mindestens einmal, von der Heiratsidee sei sie völlig abgekommen; sie sei jetzt genauso dagegen wie ich. Na also. Das hat lange gedauert, bis sie begriffen hat, daß wir nicht zusammenpassen.«[25] Es werde sich schon alles in Wohlgefallen auflösen, obwohl es »sehr nett« sei, seit sie ihn nicht mehr heiraten wolle (22.11.1931, MB).

Der Kurssturz an der New Yorker Börse im Oktober 1929 hatte eine europäische Wirtschaftskrise zur Folge, auch in Deutschland stieg die Arbeitslosigkeit wieder drastisch an, es kam zu Konkursen und Bankzusammenbrüchen. Im Juli 1931 stellten die ersten deutschen Banken die Zahlungen ein, andere Banken sperrten die Guthaben; Kästner gab sich alle Mühe, seine Konten nach und nach, in kleinen Portionen, abzuräumen. Löhne und Gehälter wurden weiterhin gezahlt, aber die Verordnung der Brüning-Regierung ignorierte die freien Berufe; »wenn ich oder ein Arzt oder Rechtsanwalt Geld abheben will, um zu leben, kriegt er nichts. Aber es soll nachträglich geregelt werden.« (18.7.1931, MB) Er ging mit Elfriede Mechnig von einer Bank zur anderen, um immer wieder ihr ›Gehalt‹ abzuheben, die Mehrfachgehälter behielt er; Honorare ließ er sich bar oder per Post auszahlen, größere Zahlungen führte er per Scheck durch, auch die Kohlen der Mutter und seine Telefonrechung wollte er per Scheck bezahlen (22.7.1931, MB), letzteres erfolglos. Die Post nahm seinen Scheck nicht an: »Das Reich stützt diese Bank, und die Reichspost nimmt die Schecks nicht.« (31.7.1931, MB) Eine Woche später zahlten die Banken wieder voll aus, Kästner blieb verunsichert und hortete die gesparten Tausender zu Hause (4.8.1931, MB). Er blieb distanziert genug, ein Spottgedicht auf die Banken und das eigene Sparverhalten zu schreiben (*Auf einer kleinen Bank vor einer großen Bank*, I: 187); und er beteiligte sich, nach längeren Honorarverhandlungen, an einer »Satire über eine Wirtschaftskonjunktur mitten in der Wirtschaftskrise«,[26] *Die Koffer des Herrn O. F.* Alexis Granowsky führte Regie und schrieb das Drehbuch zusammen mit Leo Lania, Peter Lorre und Hedy Kiesler spielten die Hauptrollen; Kästner schrieb »hintereinander sieben Chansons«, »auf Teufel komm raus« (25.7.1931, MB). Die Chansons sind glatte, muntere Gebrauchsware, Siegfried Kracauer beschimpfte sie als »hohles Zeug, das kaum minder unerquicklich ist als die literarische Prätention, mit der es auftritt.«[27] Kästner hat die Texte in keine Werkausgabe übernommen, obwohl die Themen durchaus mit seinen materiellen Ängsten der Zeit und seinem pessimistischen Geschichtsbild übereinstimmten. Als Ausschnitt sei ein Teil des Schlußsongs eingerückt:[28]

>»Meine Damen, meine Herr'n!
>Das Paradies ist noch sehr fern.
>Zwar man kennt den Garten Eden.

> Doch noch keiner war darin.
> Wir tagen und reden
> und kommen nicht hin, –
> nicht in Asien,
> nicht in Afrika,
> in Australien
> und Amerika,
> und auch die Sorgen *unsres* Kontinents
> behob bis heute keine Konferenz!«

Seine Sorgen waren nicht nur materieller Art, es gibt Anzeichen, daß er einen politischen Umsturz fürchtete und die Unfähigkeit der Regierung verdammte. Er fürchtete die Einführung einer harten Pressezensur, die die Schließung der *Weltbühne* zu Folge haben könnte, und beteiligte sich an etlichen Aktivitäten. So nahm er an den Versammlungen des Schutzverbands deutscher Schriftsteller (SDS) teil, über die Substanz seiner Beiträge ist nichts überliefert; seiner Mutter meldete er nur allgemein: »Da haben sie ja was zusammengeschrien!« (24.11.1931, MB) Sein eigenes Werk war ebenfalls von Zensur betroffen, in Form eines Verlagseingriffs, gegen den er sich nicht wehrte: Gustav Kilpper bat ihn, in der Neuauflage von *Ein Mann gibt Auskunft* das Gedicht *Die andere Möglichkeit* durch ein anderes zu ersetzen: »Wegen der Nazi-Buchhändler, die sich ja seit Anfang drüber beschweren.« (19.11.1931, MB) Das 16. und 17. Tausend des Gedichtbands erschien 1932 tatsächlich mit dem Gedicht *Herbst auf der ganzen Linie*, einem im Gegensatz zu *Die andere Möglichkeit* recht allgemein resignativen Gedicht.

In solcher Krisenzeit wollte er nicht verreisen, nicht einmal nach Dresden: »Ich würde doch nur immer dasitzen und Zeitung lesen. Es sieht nach wie vor hoffnungslos aus. Das Gequatsche der Minister hat uns noch keinen Schritt weitergebracht. Sie werden vor lauter blödem Reden den letzten Moment verpassen. Man sollte die Kerls in die Wurst hacken.« (28.7.1931, MB) Den Volksentscheid am 9. August 1931 über die Auflösung des preußischen Landtags hielt er für den »gefährlichste[n] politische[n] Tag seit der Revolution von 1918«: »Wenn die Kerls damit durchkommen, können wir einpacken. Dann kommen die Hitlerleute an die Regierung, dann borgt uns Frankreich keinen Heller, dann weiß kein Mensch, was werden wird.« (4.8.1931,

MB) Der »Stahlhelm« hatte mit der Unterstützung einiger Rechtsparteien und der Nationalsozialisten die Auflösung des Landtags beantragt, weil er nicht mehr dem Volkswillen entspreche. Die KPD hatte sich angeschlossen und propagierte einen »Roten Volksentscheid«, die SPD-geführte Regierung warnte vor ihm. Sein Gelingen bedeute: »Sieg zweier für den Augenblick vereinter gegnerischer radikaler Flügel, die dann in einen erbitterten Kampf miteinander um die Endherrschaft antreten und Staat und Wirtschaft in diesen Vernichtungskampf mit hineinreißen würden.«[29] Der Volksentscheid scheiterte, die radikalen Parteien konnten nicht einmal ihre Ergebnisse der vergangenen Reichstagswahlen von 1930 erreichen.

Die deutsche Regierung hatte zur Unterstützung der Arbeitslosen und ihrer Familien durch »Winterhilfe« aufgerufen, und Kästner beschränkte sich nicht aufs Lamentieren – er bemühte sich um eine eigene Winterhilfe-Aktion. »Wir waren im Reichsinnenministerium, aber diese Kerle sind zu schlafmützig.« (19.9.1931, MB) Über dieses *Gespräch im Ministerium* schrieb Kästner ein Feuilleton in der *Weltbühne*, das einen salbadernden, vielbeschäftigten Ministerialrat zeigt, der gleichwohl »die Wohlfahrtspflege professionell erlernt« (VI: 279) hat und von seinen Besuchern Vertrauen für die große Erfahrung der Regierung verlangt. Das war Kästner zu wenig, er wollte statt dessen »für den Winter in der ersten Etage vom Café Leon einen großen Mittagstisch für Notleidende veranstalten.« Der Wirt war einverstanden, Geld sollte »von Schauspielern, Schriftstellern, Filmleuten usw.« eingeworben werden, die Kellner erklärten sich bereit, umsonst zu bedienen. »Wenn das überall gemacht würde, gibt's im Winter keinen Krach. Sonst ganz bestimmt! Da laß ich mich fressen. Man kann doch nicht zusehen, wie Deutschland kaputtgeht.« (19.9.1931, MB) Theodor Wolff, der Chefredakteur des *Berliner Tageblatts*, riet ihm ab – schließlich wollten die Leute nicht im Café, sondern bei sich zu Hause essen, also müsse die Regierung Lebensmittelkarten ausgeben. »Da hat er ja recht«, räumte Kästner ein, aber damit war immer noch keinem geholfen (22.9.1931, MB); auch er selbst war nicht so aktiv, wie er das wünschte: »Wenn ich nicht die blöde Krankheit hätte, würde ich mehr Energie für meine sozialen Pläne aufbringen.« (29.9.1931, MB) Eine beruflich näher liegende Möglichkeit als der Leon-Mittagstisch scheiterte wie dieser –: er setzte sich in Buchhandlungen, die sich verpflichteten, 2 Prozent des Wochenumsatzes der Winterhilfe abzuführen.»Und sie dachten, wenn die Autoren im Laden stehen und ihren Namen in die Bücher schreiben, kaufen die Leute mehr als sonst. Nun, am Dienstag wurde *ein* Buch von mir gekauft [...]. Es war sehr ermüdend.« (7.11.1931, MB)

Konfrontiert mit direkter, individueller Armut, half Kästner wie seine Figur Jakob Fabian in seinen Möglichkeiten. Ein Wohnungsnachbar seiner Mutter in Dresden beging Selbstmord, hier konnte er nicht helfen (14.12.1931, MB); aber er reagierte auf Bettelbriefe, auch auf Passanten: »Vorhin stand ein Mann barfuß auf der Straße, ein Bäckergeselle aus Frankfurt. Ich hab ihm zehn Mark gegeben, daß er sich ein paar Schuhe kauft, und eine Mark Fahrgeld. Er war sehr froh und wollte die Mark extra gar nicht nehmen. Er hatte das Leben schrecklich satt. Ein armes Luder.« (22.11.1931, MB)

Walter Trier hatte Kästners Zehntagewerk *Pünktchen und Anton* nicht gefallen, und Edith Jacobsohn verlangte, Kästner solle das ganze Buch umschreiben; er forderte dagegen, sie solle ihm das Buch freigeben. Das war ihr wieder nicht recht, und er ließ das Manuskript befreundete Kinder lesen, die Geschwister des ersten Berliner Emil-Darstellers im Theater am Schiffbauerdamm. Denen gefiel's, und Kästner, jetzt ganz sicher über seinen Kinderroman, entschloß sich zu einer härteren Gangart: »Entweder bringt sie das Buch, wie es ist. Oder ich geb es jemandem andern. Ich ärgre mich nicht länger über die Bagage!« (4.8.1931, MB) Durch den Bestseller-Erfolg des *Emil* saß Kästner am längeren Hebel, Edith Jacobsohn übernahm den Kinderroman so, wie er war, erklärte sogar beim zweiten Lesen, er »gefiele ihr besser als früher. [...] Die alberne Büchse. Was? Das wußten wir schon lange.« (9.9.1931, MB) Berliner Zeitungen druckten einzelne Kapitel vor Erscheinen, am 9. November 1931 wurde das fertige Buch ausgeliefert (5.11.1931, MB), innerhalb einer Woche waren 4000 Exemplare verkauft. Das Publikum reagierte so euphorisch wie bei *Emil und die Detektive* auf die Geschichte von der bettelnden Spazierstockfabrikdirektorentochter und ihrem Dackel Piefke, ihrem kriminellen Kindermädchen, der schlagkräftigen Köchin Berta und dem vorbildlichen Anton Gast. Den Namen von Pünktchens nicht minder vorbildlichem Vater, Direktor Pogge, hatte Kästner in Rostock von einem Denkmal abgelesen (2.6.1935, MB). Eine erwachsene Leserin schrieb Kästner, »wenn die dicke Bertha kündigen sollte, könnte sie bei ihnen eintreten, da ihr Mädchen im Frühjahr heiratete.« (22.11.1931, MB)

Marlene Dietrich schickte ihm aus Santa Monica ein Telegramm: »haben himmlischen abend mit puenktchen und anton stop ich wuenschte sie koennten mein kind lachen hoeren tausend gruesze und dank«;[30] sie erklärte zudem ihrem ersten Porträtisten, sie habe Kästners Werk »paketweise nach Hollywood schaffen« lassen, mit ihm »Hollywood sozusagen verseucht[.]«.[31] Kästners besondere Leserbindung zeigte sich wieder. Sein Publikum ging mit ihm um wie mit einem Freund, dem man alles schreiben kann, den man auch kritisieren kann. Über die Migräne von Pünktchens Mutter hatte Kästner geschrieben: »Migräne sind Kopfschmerzen, auch wenn man gar keine hat.« (VII: 463) Mit diesem Satz waren viele migräneerprobte Leserinnen nicht einverstanden. Eine seiner erfreulicheren Zuschriften: »Gestern haben mir zwei kleine Mädels aus Kärnten geschrieben: ›Bist du lustig? Wir schon.‹ Da hab ich den ganzen Tag gelacht.« (16.3.1932, MB)

Nachdem Max Reinhardts »Deutsches Theater« ein Kinderstück von Kästner zu Weihnachten wollte, schlug er ihnen eine Theaterfassung von *Pünktchen und Anton* vor. Reinhardts Sohn Gottfried prüfte die Fahnen, und nach wiederum langen, zähen Verhandlungen um Autorenprozente stand der Vertrag. Kästner sollte zwei Wochen für die Bearbeitung Zeit haben. Triers Abneigung hatte sich anscheinend gelegt, er wollte die Bühnenbilder entwerfen. Kästner schickte jedes fertige Bild seiner Bearbeitung sofort »per Rohrpost« an Gottfried Reinhardt, der die Proben begann, bevor er das ganze Stück in der Hand hatte (26.11.1931, MB). Kästner war mit seiner Bearbeitung am 12. Dezember 1931 fertig, nur eine Woche vor der Uraufführung, aber sein Ärger ging weiter. Er fand, der Regisseur mache »rechten Quatsch« und bringe »die Schauspieler schrecklich durcheinander« (9.12.1931, MB). Kästner freute sich über den Reinfall des Dresdner Schauspielhauses mit Carl Zuckmayers *Kakadu – kakada* (14.12.1931, MB), aber nach den ersten Vorstellungen ging es seinem Stück nicht viel besser – Kästner ärgerte sich, weil die Direktion des »Deutschen Theaters« *Pünktchen und Anton* nicht in den Abendspielplan übernehmen wollte, sich auf die Nachmittagsvorstellungen an Wochenenden und Feiertagen beschränkte, nicht angemessen warb und kaum Steuerkarten auswarf (9.1.1932, MB). Schon Ende des Jahres erwogen Reinhardts, das Kinderstück abzusetzen, ohne für Kästner akzeptable Gründe zu nennen; daß zu wenig Publikum kam, hielt er für einen Vorwand (29.12.1931, MB). Die Vorstellungen Mitte Januar wurden tatsächlich abgesetzt, trotz gegenseitiger Prozeßandrohungen zwischen Deutschem Theater und dem DVA-Bühnenvertrieb Chronos und obwohl Kästner nahe daran war, zu randalieren: »Die Reinhardt-Bühnen erklären einfach, sie verdienten nichts daran. Und da kann man nichts machen. Es ist wirklich ein Jammer. Ich hab eine Wut im Bauch, ich könnte denen das ganze Theater zerhacken. Na, Mensch, ärgere Dich nicht. 8 Aufführungen waren es im ganzen. Es ist zum Heulen.« (15.1.1932, MB)

Über Carl Zuckmayers Kinderstück *Kakadu – kakada* hatte Kästner einen heftigen Verriß geschrieben, in dem er dem Dramatiker vorwarf, die Kinder nicht für voll zu nehmen. In einer späteren, gebremsten Rezension fand er das Stück nur noch langweilig, »Milieumalerei, ulkige Episoden, hübsche Lieder« ohne Spannung (GG II: 233). Ida Kästner sollte sich die Dresdner Produktion des Stückes ansehen, um ihm weitere Munition zu liefern: »Ich versteh nur nicht, daß auch nicht ein Kritiker auf den ›Emil‹ hingewiesen hat! Da hätten doch alle schreiben müssen: Warum hat man den ›Emil‹ nicht genommen!« (14.12.1931, MB) Kästner hatte in der *Neuen Leipziger Zeitung* viele Stücke Zuckmayers besprochen, nie so recht begeistert – es gebe zwar »Mutterwitz« und »Sinn für Bühneneffekte«, aber er sei nun einmal kein »Dramenkonstrukteur«, er könne zwar Dialoge schreiben und Bildausschnitte liefern, »aber er schreibt trotzdem Stücke, die die zwingende, zwangsläufige Gesamtgestaltung vermissen lassen.« (VI: 270) Zum 60. Geburtstag Zuckmayers schrieb Kästner eine kleine Erinnerung über die erste Begegnung der beiden Autoren nieder, nach der vernichtenden Kinderstück-Kritik. Kästner saß bei Schwanneke und schrieb, Zuckmayer saß in lustiger Runde am Nebentisch, bis ihn jemand auf seinen Kritiker aufmerksam machte: »Du drehtest Dich um, sahst mich an, und ich kam mir vor wie bei einem Fotografen, der mit Kopfstütze arbeitet. Es gibt gemütlichere Situationen. Schließlich standst Du auf, tratst an meinen Tisch und meintest, nach einigem Schweigen: ›Ihnen hat mein Stück nicht gefallen. Mir hat Ihre Kritik nicht gefallen. Beides kann vorkommen. Ich glaube, wir sind quitt.‹ Dann gingst Du an Deinen Tisch zurück, setztest Dich, hobst das Glas und trankst mir lächelnd zu.« (VI: 618)[32]

Elfriede Mechnig hatte zwar kaum Umgang mit Kästners Freunden, aber immerhin Familienanschluß. Sie besuchte im August 1931 Kästners Mutter und verbrachte ihren Urlaub am Gründlsee, wo Moritz ihre Nachkur genommen hatte, und der eifersüchtige Kästner bestärkte sie in ihrem Plan – »es ist ganz gut, wenn wir einen kleinen Detektiv dorthaben« (1.8.1931, MB). Seine übrigen Äußerungen sind ganz die eines Chefs über die kleine Angestellte, immer ein bißchen despektierlich. Überhaupt sind die Briefe von Mutter und Sohn arrogant gegenüber dem Rest der Welt: »Ja, & Co ist eine Faselhanne. Aber das werden wir ihr wohl nicht abgewöhnen. Ein Glück, daß sie so einen Posten hat. Sonst wäre sie längst entlassen.« (7.11.1931, MB) Auch als sie einen Unfall hat, im Dezember 1931, klingt Kästners Beschreibung recht distanziert: »& Co ist gestern früh, als es telefonierte, über den Teppich gestolpert, lang in die Stube gefallen und hatte eine Art Nervenschock weg, heulte, konnte nicht reden, fuhr gleich zum Arzt. Morphium und ins Bett. Heute kam sie wieder, ist aber noch nicht in Ordnung. Sie kann nicht kauen, und der linke Arm ist schwach.« (11.12.1931, MB) Immerhin nahm Kästner einige Tage Rücksicht auf seine Mitarbeiterin. »Ich diktiere so wenig wie möglich. Ihr linkes Auge zuckt und ist, glaub ich, schief gerutscht. Na, es gibt schon komische Sachen.« (12.12.1931, MB) Umgekehrt ist von Elfriede Mechnig keine kritische Äußerung über ihren Chef überliefert – er sei stets angenehm und zuvorkommend gewesen, ohne Launen und Allüren.

Die Wirtschaftskrise meldete sich überall, inzwischen hatte sie auch Williams & Co. erreicht. Kästner berichtete fortlaufend vom Ärger mit seiner Verlegerin Edith Jacobsohn. Erst gefiel ihr *Pünktchen und Anton* nicht, dann zahlte sie nicht, wie sie sollte, sondern zögerte Zahlungen hinaus. »Heute schickte sie endlich das Geld. Fast einen Monat zu spät. Und nicht mal das Geld, sondern einen Postscheck. Nun muß & Co im Auto in die Stadt und zurück und sich anstellen, nur daß wir das Geld kriegen. Das sind schreckliche Zustände.« (11.12. 1931, MB) Jacobsohn befürchtete, selbst ins Gedränge zu kommen, obwohl sich die Kinderbücher glänzend verkauften und sie von *Pünktchen* noch Anfang Dezember bereits das 7. bis 12. Tausend gedruckt hatte: »Sie denkt nämlich, die Buchhändler werden zwar ihre Bücher verkaufen, aber dafür kein Geld geben, weil das übrige Weihnachtsgeschäft so mies ist.« (14.12.1931, MB) Dann verhaspelte sich die Verlegerin am Telefon, *Pünktchen* sei gut gegangen, 12 000 seien verkauft, »dann verbesserte sie sich und sagte 9000. Zum Schluß sagte sie: 9500. Was wahr ist, weiß ich nicht.« (31.12.1931, MB) Fritz Picard, ein Vertreter von Williams & Co., berichtete ihm von 15 000 verkauften Exemplaren von *Pünktchen und Anton*, Kästner fühlte sich angelogen. Einen Reisevorschuß für seinen alljährlichen Winterurlaub verweigerte sie ebenfalls, sie habe kein Geld (9.1.1932, MB); Kästner fürchtete sogar ihren Bankrott. »Na, es wird ja wohl auf dasselbe herauskommen, ob ich mein Geld bei ihr oder erst im Dritten Reich verliere.« (13.1.1932, MB) Kästner rechnete handfest mit der politischen Katastrophe und drängte Kilpper, ermuntert von seinem Lektor Curt Weller, einen vierten Gedichtband herauszubringen; der Verlagsdirektor wollte noch warten. Auch die DVA litt unter der Wirtschaftskrise und überschrieb den mäßig funktionierenden Bühnenverlag Chronos dessen Leiter Martin Mörike. »Aber was hat Warten für einen Zweck, wo man damit rechnen muß, daß das Schreiben bald nur noch unter ganz strenger Zensur möglich sein wird.« (13.1.1932, MB) Er entschloß sich aber doch für eine Verschiebung in den Herbst 1932, um »noch bessere Gedichte« zusammenzubekommen. »Denn die Kritiker warten ja nur darauf, daß man sich eine Blöße gibt.« (31.1.1932, MB) Williams & Co. wollte er sogar verlassen, aber durch seine Drohung hatte sich das Verhältnis wieder eingerenkt – ihren Bestsellerautor wollte Jacobsohn nicht verlieren (31.1.1932, MB). Kästners Ressentiments gegen die Verlegerin brodelten künftig im stillen weiter: »Frau Jacobsohn ist nach Locarno gereist, von dem Geld, um das sie mich behumst hat. Wenn ich ihr doch endlich mal drauf käme! Da gäb's aber Krach.« (Ostersonnabend 1932, MB)

Die Beziehung zu Moritz kam im Winter 1932 endgültig an ihr Ende. Kästner wollte sie in den Winterurlaub mitnehmen, wieder aus sexualhygienischen und finanziellen Gründen: »Ich mach sonst unterwegs Dummheiten, und das kann, wie ich gesehen habe, noch teurer werden. Auch hat man dann dauernd Angst, man könnte sich angesteckt haben. Das wäre keine richtige Erholg. Wenn sie nicht folgt, laß ich sie sitzen und gondle solo weiter.« (9.1.1932, MB) Muttchen scheint sich beschwert zu haben, daß er die inzwischen mehrmals abgeschriebene Moritz doch wieder mitnimmt, und er beteuerte nochmals, er werde sie nicht heiraten: »Und daß ich mit ihr verreise, hat die angegebenen Gründe, obwohl Du sie für Vorwände hältst. Moritz und ich sind einander seit langem nicht sehr grün mehr. Aber diese Reise wird die Sache noch halten. Ich bin im Augenblick, bis ich wieder erholt bin, zu jeder Art Auseinandersetzung unfähig.« (13.1.1932, MB)

Er wollte eigentlich in die Schweiz fahren, aber die Devisenverhältnisse waren ihm zu kompliziert, so daß er kurz entschlossen wieder ins billigere Kitzbühel fuhr und dort nicht nach Deutschland transferierbare Verlagsguthaben verbrauchte, zunächst ohne Moritz. Sie besuchte Freunde in Wien und besuchte Kästner in der letzten Woche seines Urlaubs. Er fuhr am 16. Januar, machte in München eine Nacht Zwischenstation und blieb vom 18. Januar an einen Monat, bis zum 20. Februar, in Kitzbühel, weitgehend ohne Arbeit und mit dem festen Entschluß, »so lange für mich allein« zu sein, »bis mir's wieder vernünftiger geht. Das bringt die Nerven am ehesten wieder hoch.« (15.1.1932, MB) Seine Verlagsquerelen wollte er erholt bereinigen. Im Urlaub versuchte er wieder die Mischung aus Spazierengehen, Schlaf, Zurückgezogenheit und Entspannung, hatte aber zunächst nicht den gewünschten Erfolg: »Ich bin, obwohl ich nun eine Woche von Berlin weg bin, noch immer nervös wie ein Wald voller Affen.« (24.1.1932, MB) Damit es der Mutter nicht zu langweilig wurde, hatte er sich eine liebevolle Überraschung ausgedacht: Er hatte veranlaßt, daß sie jeden Tag (wohl von Mechnig) eine andere *Emil*-Übersetzung zugeschickt bekam (19.1.1932, MB), außerdem schlug er ihr vor, doch die »Friesierkunst« bleibenzulassen (19.2.1932, MB).

Die Verfolgungsjagd durch unbefriedigte Damen, die Fritz Hagedorn in *Drei Männer im Schnee* erdulden muß, scheint Kästner selbst in Kitzbühel erlebt zu haben. Diesmal war er tatsächlich an Abenteuern nicht interessiert, obwohl ihm Moritz »im Bett mächtig fehlt« (24.1.1932, MB): »Eine dicke, unbefriedigte Frau aus Schweidnitz geht mir bereits auf die Nerven. Hat beim Portier gefragt, wie ich heiße. Hat alle meine Bücher gelesen. Denkt, deswegen muß ich ihr die Zeit vertreiben. Na, daraus wird nicht viel werden. Wenn sie wenigstens hübsch wäre.« (21.1.1932, MB) Ein Foto kommentierte er der Mutter: »Die Frau daneben ist die Dicke aus Schweidnitz. Die andre eine Hamburgerin, ein freches Aas. Na, das war nur ein paar Tage. Jetzt hab ich sie abgeschüttelt und bin wieder ganz allein. Das ist das Gescheiteste.« (28.1.1932, MB) Er blieb es nicht lange, als Besuch über ein verlängertes Wochenende kam der Kabarett-Conférencier und Schauspieler Willi Schaeffers aus München, zu Kästners Pein mit einer 18jährigen Ballerina. »Da sitzen sie nun dauernd und streicheln einander. Der dicke olle Kerl. Es kann einem ganz schlimm dabei werden.« (4.2.1932, MB) Schaeffers war 30 Jahre älter, das ganze Hotel habe über ihn gelacht, und dann habe Kästner ihm auch noch Geld für die Rechnung auslegen müssen – das »waren peinliche Abende« (6.2.1932, MB).

Am Ende war er doch zufrieden über den Urlaub, er meinte, er sehe aus »wie ein Mulatte« (7.2.1932, MB), Moritz war am 10. Februar nachgekommen und belastete ihn nicht weiter, weil sie erkältet im Bett lag; und sein Erfolg holte ihn auch im Hotel ein: Zwei Hotelgäste sah er mit dem *Fabian* in der Hand, ein Junge las *Pünktchen und Anton*, die »Nachdenkereien liest er nicht, hat er gesagt.« (7.2.1932, MB) Vor allem aber konnte er den von & Co. geschickten Abrechnungen entnehmen, daß ihn der Urlaub keine Mehrarbeit kosten würde: »Es ist in Berlin mehr Geld eingekommen, als ich bis jetzt hier verbraucht habe. Das ist natürlich großartig und macht mir gute Laune.« (13.2.1932, MB) Seine Lust, wieder zu arbeiten, hielt sich in Grenzen: »Sollte ich etwa plötzlich faul werden?« (9.2.1932, MB)

Auch die nächsten Briefe an die Mutter ergehen sich in Beschreibungen von Moritz' Krankheiten, der Ferienaufenthalt ist ihr letzter Auftritt als Freundin; die Trennung muß kurze Zeit später stattgefunden haben. Von 1932 an ist Kästners Biographie nicht mehr in vergleichbarer Dichte belegbar, auch der Muttchen-Briefwechsel hat seither große Lücken. Im November 1932 vermeldete Kästner, Moritz verkehre nur noch über ihren Anwalt mit ihm. Anscheinend hat er ihr noch einige Zeit eine kleine Unterstützung gezahlt: »Sie will ihre Fotos und Bilder zurückhaben. Und dann mahnt er, ich solle Geld schicken. So ist's mir viel lieber, muß ich sagen. Ende dieses Monats ist Schluß mit dem Geld. Wenn sie dann immer noch haben will, schreib ich ihrem Anwalt, sie sollen mich verklagen. Dann hab ich gleich Ruhe.« (10.11.1932, MB) Nachfolgerinnen waren »Nauke«, die noch eine größere Rolle spielen wird, und eine Ursula. Sie »soll im nächsten Programm des Nelson-Kabaretts als Solistin auftreten. Sie hat jetzt nur als Mannequin bißchen mitgemacht. Dabei hatte sie stets Applaus, weil sie dem Publikum so gut gefiel. Nun soll sie also was singen! Die Direktoren sind ganz verrückt drauf. Ich werde ihr vermutlich den Text schreiben. Und sie ist richtig ehrgeizig. Jahrelang hat man sich wegen Moritz bemüht, ohne daß was draus wurde. Und nun kommt so'n junges Ding, das nie Schauspielerin war, und da reißen sich die Leute drum! Komisch. Gestern aßen wir zusammen Abendbrot in einem Restaurant. Und da kam Toller, mit Kesten, und aß an einem Nebentisch. Das war besonders schön.« (12.11.1932, MB) Mit dieser Ursula oder mit »Nauke« verbrachte er seinen Sommerurlaub in der zweiten Julihälfte 1932 in Sils Maria, im Engadin; auch mit Ida Kästner hat er einen kurzen Urlaub in Bad Nauheim verbracht. Diesmal weniger wegen seiner Herzprobleme, sondern wegen denen der Mutter. Er wollte nur »paar Kohlensäure-Bäder gelegentlich« nehmen (21.3.1932, MB), die Herzkurorte scheinen ihm eher auf die Nerven gegangen zu sein. Jedenfalls macht das Gedicht *Brief aus einem Herzbad* diesen Eindruck; es ist 1930 entstanden und wurde in den *Gesang zwischen den Stühlen* aufgenommen:

> »Wer da nicht krank wird, darf für trotzig gelten.
> Der Doktor Barthel untersucht mich oft,
> weil er noch dies und das zu finden hofft.
> Er ist der Chef. Wir sind die Angestellten.« (I: 207)

Im Januar 1932 hatte die *Neue Leipziger Zeitung* Kästner erneut gekündigt. Er mochte aber auf das geringe, doch konstante Nebeneinkommen nicht verzichten, fuhr nach Leipzig und setzte eine Rücknahme der Kündigung durch. Er sollte sogar wieder mehr Rezensionen schreiben als zuvor. In den alten Leipziger Kollegen begegnete ihm die eigene Vergangenheit, anscheinend ohne große Emotionen zu wecken. Marguth war inzwischen Verlagsdirektor in Düsseldorf; Natonek war immer noch Feuilletonchef; und Paul Beyer hatte geheiratet, wie Kästner fand, unverantwortlich: »Dabei hat er, durch Kürzungen und Abzüge, nur 440 M im Monat.« (10.3.1932, MB) Mit ihm und seiner Frau blieb Kästner in loser Verbindung; Beyer war zur *Leipziger Neuesten Nachrichten* gewechselt, nach dem Krieg arbeitete er als freier Lektor für den Reclam Verlag in Leipzig.

Im Frühjahr 1932 forderte Edith Jacobsohn Kästner auf, ein »*kleines lustiges Buch*« zu schreiben (12.3.1932, MB), das wieder rechtzeitig vor Weihnachten, etwa Anfang November, erschien: *Der 35. Mai.* Kästner griff auf das *Emil*-Vorwort und alte Feuilletons zurück und schrieb eine »schöne Lügengeschichte«, »von der kleinen Petersilie im Urwald« (21.3.1932, MB), Tochter des Häuptlings Rabenaas und eines Tippfräuleins und daher schwarzweiß kariert. *Der 35. Mai* »gefällt allen, die ihn lesen, sehr gut«, heißt es in einem Muttchenbrief

Erich Kästner 1934 (Foto Hugo Erfurth)

(10.11.1932, MB), und das ist immer noch nachvollziehbar. Der Kinderroman ist für Kästner untypisch: sein Moralismus ist zurückhaltend, die Protagonisten sind der eher durchschnittliche Schüler Konrad und sein liebenswerter Blödel-Onkel Ringelhuth; er verzichtet auf den Musterknaben. Es dürfte sich um das phantasievollste Werk Kästners handeln. Der kindgebliebene Apotheker und Hagestolz Ringelhuth und sein Neffe wollen in die Südsee reisen, weil Konrad über sie einen Schulaufsatz schreiben soll. Mit der Hilfe des Rollschuh laufenden Zirkuspferds Negro Kaballo gelingt ihnen das auch, durch die Rückwand von Ringelhuths altem Schrank hindurch, in dem sie ein paar Stunden und Parallelwelten weiter auch wieder herauskommen: Im Schlaraffenland gehen alle gedachten Wünsche in Erfüllung und lassen sich mit »Zurück, marschmarsch« wieder außer Kraft setzen. In der Burg »Zur großen Vergangenheit« spielen Hannibal und Wallenstein mit Zinnsoldaten, Karl der Große ist Portier, Cäsar und Napoleon setzen sich in der Arena auf anderer Leute Plätze, und auch die anderen Größen geben nur lächerliche Figuren ab. Es gibt eine Verkehrte Welt, die zum ersten Mal auch so heißt; wie im *Lebertran*-Film müssen die Eltern zur Schule gehen. Was sie ihren Kindern angetan haben, wird hier an ihnen selbst durchexerziert. Die nächste Station ist Elektropolis, »die automatische Stadt« (VII: 588), in der alles elektrifiziert ist, die durch Überschwemmungen am Niagara zuviel Strom bekommt und schließlich in die Luft fliegt. Die Viehverwertungsfabriken laufen rückwärts, die Fahrstühle fliegen durchs Dach, die laufenden Bänder auf den Straßen rasen in irrsinnigem Tempo. »Die automatischen Autos schossen wie Blitze vorbei, prallten gegeneinander oder sausten in Häuser hinein und rasten treppauf. Die elektrischen Lampen schmolzen. Die künstlichen Gärten welkten und blühten in einem fort. Am Himmel erschien schon die Zeitung von übermorgen.« (VII: 594) Ein ähnlich unernstes Szenario hat Kästner schon ein paar Jahre vorher veröffentlicht: *Weltuntergang in Chicago* (GG II: 305–308). Auf der Flucht stoßen Konrad, Ringelhuth und das Pferd auf ein zwei Meter breites, unendliches Stahlband, den Äquator, der sie endlich in die Südsee bringt.

Im phantastischen *35. Mai* hat Kästner ein paar politische Bemerkungen versteckt, vor allem natürlich in der Episode der Burg der Vergangenheit, aber auch im Schlaraffenland-Kapitel. Dort fragt Onkel Ringelhuth den Präsidenten Seidelbast, ob noch Platz sei: »Wir haben viele Leute bei uns, die nichts zu tun und nichts zu essen haben«. Aber Seidelbast ist für den Vorschlag nicht zu haben: »Verschonen Sie uns mit denen [...]. Die Kerle wollen ja arbeiten! So was können wir hier nicht brauchen.« (VII: 569)

Kästner verfolgte die weitere politische Entwicklung mit wachsender Spannung. Als Morgengabe an das Jahr 1932 hatte er im *Berliner Tageblatt* (1.1.1932) die Theatergroteske *Kasperle besucht Berlin* veröffentlicht, in der Kasperle vom Mond fällt und sich von einem Polizisten in sechs Szenen durch das Berlin der Silvesternacht führen läßt. Er will zum Goethejahr und bekommt dabei noch ganz andere Institutionen zu sehen, die alle in handfesten Knittelversen kommentiert werden. Das Reichstagsgebäude stellt ihm der Polizist als einen Saal vor, »in dem an hohen Feiertagen/ Minister kernige Sprüche aufsagen«. Eine Gruppe von zylinderbewehrten Wirtschaftsexperten erklärt dem Volk die neuesten unsinnigen Maßnahmen:

»Wir senken die Löhne, wir senken die Preise,
und möglichst beides gleicherweise.
Immer viel reden, und niemals viel denken.
Vielleicht sinkt die Not, wenn wir alles senken.«

Als ein junger Mann aus der Menge erbost reagiert, ist er nicht zu hören. Die Regiebemerkung lautet, wie im folgenden immer wieder an besonders kritischen Punkten: »An dieser Stelle erhebt sich der Sturm, von der vierten Notverordnung befeuert, zu einer solchen Lautstärke, daß die – möglicherweise politischen – Bemerkungen nicht zu hören sind.« Die nächste Station ist das Berliner Landgericht, wo an die hundert Angeklagte wegen Korruption ihren Prozeß erwarten. Ein auf der Straße vorbeimarschierendes Armeekorps stellt sich als Umzug der deutschen Filmindustrie heraus, der Polizist erklärt seinem Besucher vom Mond:

»Die Einwohner Deutschlands schwärmen enorm
für Ruck und Zuck und Uniform.
Man kann wohl sagen: Der Korporal
ist Deutschlands männliches Ideal.«

Die Sitzung der Kommission zum Goethejahr ist ebensowenig erbaulich. Professoren, Theaterdirektoren und Rundfunkintendanten rufen durcheinander. Ein Intendant entschuldigt sich, die Rundfunkzensur hätte ihm die Sendung des *Götz* untersagt, man bringe daher »eine Auswahl aus Büchmanns ›Geflügelten Worten‹«. Zwei Theaterdirektoren, »anscheinend Brüder« – wohl eine Anspielung auf die Rotter-Bühnen –, entwerfen ein anderes Erfolgsrezept:

> »Wir bringen in unserm beliebten Haus
> den ›Alternden Goethe‹ als Singspiel heraus,
> mit Christiane und Frau von Stein.
> Er liebt sie zu dritt. Er liebt sie zu zwein.
> Im zweiten Akt tritt dann Schiller ein.
> Er ist verkleidet, wird Goethes Diener,
> doch Goethe erkennt ihn im dritten Akt.
> Text und Musik schreiben uns acht Wiener.
> Und Fräulein von Leventzow tanzt halbnackt.«

Die Anwesenden geben den Brüdern recht: »Der Goethe ist tot. Das Geschäft ist wichtig«. Ein »Außenseiter« bekommt einen Wutanfall und schreit, man müsse Goethe »verstehn und das täglich beweisen«:

> »Und alle, die draußen prügeln und töten,
> haben keinen Anspruch auf Goethen.
> Sie sollten ihn endlich einmal lesen!
> Der Mann ist ein Europäer gewesen!
> Für euren verbohrten Standpunkt ist
> Goethe ein deutscher Kulturbolschewist!«

Damit macht sich der Außenseiter keine Freunde, einige »herzhafte Studenten« dringen ein und »machen den jungen Mann dem Erdboden gleich«: »Er ist zertreten, die giftige Kröte./ Es lebe das Prügeln! Es lebe Goethe!« Kasperle bedankt sich bei seinem »uniformierte[n] Vergil« und entschwebt wieder zum Mond, der einen Vorzug hat, »er ist nicht bewohnt.« Im Fliegen singt er noch ein Chanson mit guten Neujahrswünschen und Vernunftappellen, das gegenüber den vorangegangenen Szenen stark abfällt.

Für die Reichspräsidentenwahl empfahl Kästner: »Hindenburg

wählen, ist im Augenblick das Beste.« (5.3.1932, MB) Die *Neue Leipziger Zeitung* warb für Hindenburg, in der Hoffnung, er möge schon im ersten Wahlgang gewinnen: »Das glaub ich nicht. Aber im 2. sicher, der soll im April sein.« (10.3.1932, MB) Kästner war etwas optimistischer als im Jahr zuvor und brachte seine Ersparnisse wenigstens zum Teil wieder auf die Banken. »Wenn die Wahlen günstig ausgehen sollten, spar ich wieder mehr. Andernfalls hat es keinen Zweck.« (11.3.1932, MB) Als andere Möglichkeit, das Geld krisensicher anzulegen, erwog Kästner den Kauf eines Grundstücks; die Wahlen gingen dann aber aus wie gewünscht, »um ein Haar hätte Papa Hindenburg die absolute Mehrheit gekriegt. Bloß 169 000 Stimmen haben gefehlt. Zur zweiten Wahl wird er glatt gewinnen. Du brauchst Dich also wegen des väterlichen Pfefferkuchens nicht zu sorgen. Die Nazis können ihm nichts tun. Natonek sagte übrigens, er hätte die Koffer gepackt. Er risse aus, wenn Hitler durchkäme. Komische Kerle, wie?« (14.3.1932, MB)

So ganz komisch kann er sie nicht gefunden haben, die Beruhigung der Mutter war ihm hier wichtiger als die deutlichen Worte. Daß er sich über die Situation einigermaßen im klaren war, zeigt schon sein vierter Gedichtband, der im Herbst 1932 ausgeliefert wurde. Im Februar 1932 konnte Kästner in der *Weltbühne* lesen, was Tucholsky über Ilja Ehrenburg schrieb: »Er sitzt da, wo heute die besten Leute sitzen: zwischen den Stühlen.«[33] Zu diesen Leuten wollte Kästner gehören, er nannte den Band *Gesang zwischen den Stühlen*. Er weist das gleiche stoffliche Spektrum wie die vorangegangenen Bände auf, Misogynie, Kabarett, Autobiographica, ein Gedenken an den befreundeten Maler Eugen Hamm, der Selbstmord begangen hatte. Zum ersten Mal gab Kästner seiner Neigung zu Epigrammen nach (*Was auch geschieht*, *Aktuelle Albumverse*), und er nahm verhältnismäßig viele politische (*Handstand auf der Loreley*, *Hunger ist heilbar*, *Die deutsche Einheitspartei*), antimilitaristische (*Verdun, viele Jahre später*) und auch dezidiert antinazistische Gedichte auf, so *Das Führerproblem, genetisch betrachtet* und *Marschliedchen*, mit der vielzitierten Schlußstrophe:

»Wie ihr's euch träumt, wird Deutschland nicht erwachen.
Denn ihr seid dumm, und seid nicht auserwählt.
Die Zeit wird kommen, da man sich erzählt:
Mit diesen Leuten war kein Staat zu machen!« (I: 221)

Konkrete Stellungnahmen werden auch in diesem Band von menschheitsgeschichtlichen ›Nachdenkereien‹ gedämpft; in den Gedichten *Ein Kubikkilometer genügt* und *Die Entwicklung der Menschheit* rühmt Kästner die Möglichkeiten von Wissenschaft und Technik der »Kerls auf den Bäumen«, die »mit dem Kopf und dem Mund/ den Fortschritt der Menschheit geschaffen« haben: »Doch davon abgesehen und/ bei Lichte betrachtet sind sie im Grund/ noch immer die alten Affen« (I: 176).

Vor der Jahreswende ereilte Kästner der übliche Streß, er hatte Nummern für das *Kabarett der Komiker* und *Tingel-Tangel* zu liefern, schrieb einen Silvesterbeitrag für die *Berliner Illustrierte* und traf sich mit Kurt Weill. Dessen *Bürgschaft*, zusammen mit Caspar Neher geschrieben, hatte er sich angesehen, und sie hatte ihm, anders als die *Dreigroschenoper*, mißfallen (30.3.1932, MB). Aus dieser Anknüpfung konnte nichts mehr werden, Weill emigrierte 1933. Mit Pressburger zusammen begann Kästner ein Kriminaldrehbuch (6.12.1932, MB); Pressburger emigrierte im April 1933. Auf dem letzten demokratischen Presseball im Januar 1933 ließ sich Kästner ebenso sehen wie auf dem letzten Sozialistenball; weitere Gäste waren seine Kollegen Max Kolpe (emigriert 1933), Roda Roda (emigriert 1933), Carl Zuckmayer (bis 1938 in Österreich, dann in den USA), Leonhard Frank (emigriert 1933) und Ludwig Fulda (Verbot 1933, Freitod 1939); auch Arnold Schönberg (emigriert 1933) war noch auf diesem Ball.[34]

Das neue Jahr begann, wie immer, mit dem üblichen Finanzamtsärger. Die Beamten hatten Kästner den Antrag auf Werbungskosten nicht beantwortet, ihn anscheinend nicht einmal gelesen. Beamte sind ihm »Affen« und »Hornochsen« (2.1.1933, MB), kein Gedanke an Hitler.

Fabian

Zugunsten seines bedeutendsten literarischen Werkes gab Erich Kästner den Plan einer Singspielfassung von *Inferno im Hotel* auf. Für seine damaligen Verhältnisse ist *Fabian* ein langsam geschriebenes Buch, es sollte besonders gut gelingen, eine Summe aller bisherigen Werke werden. Anders als in den Lyrikbänden verwendete Kästner nur ausnahmsweise bereits gedruckte Arbeiten wie *Hauptgewinn 5 Pfund prima Weizenmehl*;[1] der Roman sollte originell werden. Sein Autor zog alle Register, ließ seinen Helden Descartes und Schopenhauer lesen, aber er bediente auch die neusachlichen Topoi Werbung, Technik, Sport, die neuen Massenmedien Zeitung und Film.

Kästner hat mit der Niederschrift etwa Ende September 1930 begonnen, er klagte, daß er nicht recht vorankomme – im Oktober war er am Anfang des ersten Kapitels: »Na, wenn es nicht so rasch geht mit dem Roman, ist es auch nicht so schlimm. Hauptsache, daß er gut wird. In jeder freien Minute überleg ich mir den Stoff, mache Notizen und so.« (10.10.1930, MB) Das Kapitel war Mitte Oktober fertig: »Das wird ungefähr 12 Druckseiten. Da muß ich also ungefähr noch das Zwanzigfache schreiben, bis er fertig ist. Au backe. Aber es macht mir Spaß.« (14.10.1930, MB) Gefragt, wie er war, konnte Kästner sich nicht nur auf das Manuskript konzentrieren. Er arbeitete gleichzeitig an mehreren Projekten wie an jenem Theaterstück mit Hermann Kesten, das allerdings nie beendet wurde. Einen ungefähren Eindruck seines Arbeitsalltags vermittelt die folgende Aufzählung an seine Mutter: »Der Eine will ein Stück mit mir schreiben. Der andre einen Film. Der dritte sechs Filme. Ein vierter eine moderne Oper. Die fünfte will Texte zum Vortragen. Der sechste will wissen, ob ich ihm nicht raten kann, wie er eine Frau finden kann, die er einmal gesehen hat und von der er nur weiß, wie sie aussieht. Die siebente will wissen, ob sie richtig gewählt hat, als sie kommunistisch wählte. Achtens trink ich bei Hans-Alexander Löhr (8 Jahre) und bei seiner Schwester Ruth (9 Jahre) Kaffee – er hat mir wegen des ›Emil‹ mehrfach geschrieben, weißt Du«.² Und so geht es noch etwas weiter in diesem sicher nicht nur renommierenden Brief; dazu ging er noch regelmäßig ins Theater und pflegte seine Freund- und Liebschaften. Einen Monat später stand sein Rohmanuskript im 5. Kapitel, er begann, den Anfang Elfriede Mechnig zu diktieren (11.11.1930, MB). 25 Kapitel lang sollte der Roman ursprünglich werden. Am 20. Mai 1931 war er mit dem 15. Kapitel fertig, eifrig die Großstadtkulisse Berlin benutzend: »Ich renne viel im Norden und Osten herum, da ich das für den Fortgang brauche.« (20.5.1931, MB) Durch die Streitigkeiten über das *Emil*-Drehbuch in der UFA konnte er nicht so schnell weiterschreiben wie beabsichtigt, der Roman »kriegt inzwischen einen Vollbart«, klagte er einmal (23.5.1931, MB). Anfang Juni war das 20. Kapitel fertig (3.6.1931, MB), zwei Tage später und in der Mitte des 21. Kapitels unterbrach er die Arbeit, um *Pünktchen und Anton* einzuschieben (5.6.1931, MB). Am 18. Juni schrieb er am 21. *Fabian*-Kapitel weiter, an dem er länger als an den anderen saß, »ein schwieriges Kapitel« (24.6.1931, MB). Eine Woche gab er sich für die restlichen Kapitel, bedrängt von der Schreckensnachricht, daß Hermann Kesten und Ernst Glaeser »genau denselben Roman« schrieben, »vom arbeitslosen Akademiker in Berlin!« (18.6.1931, MB) Es war ihm wichtig, daß sein Buch vor Kestens Roman *Glückliche Menschen* (1931) erschien; Glaesers *Gut im Elsaß* (1931) war dann doch ein ganz anderes Fach.

Ein exaktes Schluß-Datum ist aus Kästners Korrespondenz nicht zu belegen; am 25. Juni 1931 schrieb er seiner Mutter, er sei bei »Kap. 22, also gleich fertig« (25.6.1931, MB). Der DVA-Direktor Gustav Kilpper wollte während seines Urlaubs, in der zweiten Julihälfte, über die Annahme des Romans entscheiden. Kästner scheint noch vor Ende Juni mit dem Rohmanuskript fertig gewesen zu sein, und obwohl er über die »furchtbar langweilige Arbeit« (20.6.1931, MB) des Diktierens klagte, äußerte sich sein Lektor Curt Weller schon am 10. Juli über das vollständige Manuskript. Weller schrieb, es handle sich um keinen »Roman im Sinne des Gattungsbegriffes«, dem Verfasser komme es darauf an, »einen Querschnitt durch die Zeit zu geben und seine Menschentypen [...] schlaglichtartig zu beleuchten«. »Daß der grundehrliche Charakter Kästners dem Leser mitunter abstossende und erschreckende Situationen zumutet, ist nicht Schuld des Verfassers, sondern Schuld der Zeit. Kästner will bessern, indem er die Wahrheit aufdeckt.« Der Roman sei eine »Anklage grössten Stils«. »Das Buch will nicht Dichtung sein – es will wahr sein. Man wird an der Phantasie des Verfassers keinen Trost suchen können. Es sind Beobachtungen und Erlebnisse – auch der Selbstmord Labudes und seine Ursache sind erlebt (aber genügend kaschiert).«[3]

Die größten Probleme hatte der Lektor, der nach Kästners Sekretärin auch der erste Leser gewesen sein dürfte, mit dem Titel. Alle Vorschläge seines Autors mißfielen ihm – er nannte »Saustall«, »Saustall ohne Herkules«, »Jugend im Vacuum«, den nach Wellers Meinung besten Titel habe Stefan Zweig mit seiner Novelle *Verwirrung der Gefühle* vorweggenommen. Er selbst assoziierte »Schlachthaus des Herzens, in das Europa geraten ist, Wartesaal, Provisorium... aber auch das sind noch keine Titel.« Kästner selbst war mit keinem der Vorschläge so recht zufrieden, dachte noch an »Matthäi am letzten« (22.7.1931, MB) und »Sodom & Gomorrha« (28.7.1931, MB); der in seinem Nachkriegsvorwort angegebene Titel »Der Gang vor die Hunde« übrigens ist aus der Zeit selbst nicht belegt.

Martin Mörike, der Leiter des DVA-Bühnenvertriebs Chronos, hatte ein vernichtendes Gutachten geschrieben: »Völlig unbrauchbar, war noch der mildeste Ausdruck.« (18.7.1931, MB) Curt Weller dagegen war »begeistert« von dem Buch, verlangte aber einige Ergänzungen und die Kürzung explizit erotischer oder besonders drastischer Kapitel: *Der Herr ohne Blinddarm* und das ursprünglich vorgesehene Nachwort, *Fabian und die Sittenrichter*, konnten die Leser der dreißiger Jahre nur in Zeitschriftenabdrucken zur Kenntnis nehmen; dem Lektor fiel außerdem eine Busfahrt Labudes und Fabians durch Berlin zum Opfer, auf der sie einige monumentale Gebäude mit Spott bedachten (III: 401–403). Kästner gab sich zwei Wochen Zeit für diese Änderungen (15.7.1931, MB): »Ich streiche die Blinddarmgeschichte und Verschiednes und füge zwei neue Kapitel hinzu, die nicht erotisch sind.« (18.7.1931, MB) Die Korrekturen scheinen ihn mehr angestrengt zu haben als der erste Durchlauf, er ging nicht ans Telefon, meldete sich nicht bei der UFA, tat, als sei er noch verreist (20.7.1931, MB). Das jetzige dritte Kapitel, in einer Zeitungs-Nachtredaktion, ist nachträglich geschrieben; es dürfte den *Blinddarm* ersetzt haben.

Kilpper wurde das geänderte Manuskript in den Schwarzwald hinterhergeschickt, er »hält hoffentlich den Rand« (25.7.1931, MB). Er tat mehr als das, er war mit dem Manuskript einverstanden (5.8.1931, MB). Am 15. Oktober 1931 wurde der *Fabian* ausgeliefert, Kästner hatte »ein bißchen Lampenfieber, wie die Kritiken sein werden.« (29.9.1931, MB) Seine Mutter war von ihrem in Leder gebundenen Vorab-Exemplar begeistert, ebenso Hermann Kesten (12.10.1931, MB); Werner Buhre mäkelte, es »scheint aber der Neid mitgespielt zu haben.« (22.10.1931, MB)

Die Leser werden von dem Germanisten Dr. Jakob Fabian gewissermaßen an die Hand genommen und durch das Berlin von 1930/31 geführt, durch alle Gesellschaftsschichten, öffentliche wie private Stätten. Kästners Fabian ist ein linkischer »möblierter« Herr, sehr auf seine moralische Reinheit bedacht, die ihm schon im ersten Kapitel beinahe zuteil wird – eine Straßenbahn fährt ihn fast zu Tode. In einem zweideutigen Institut läßt er sich von Irene Moll abschleppen, einer blassen Blondine; es fällt ihm schwer, sich ihrer aggressiven Zuneigung zu erwehren. Überhaupt ist Fabian ziemlich willenlos und sehr neugierig, nur so ist zu erklären, daß er immer wieder an Orte geht, die er verdammt – seien es Lesbenkneipen oder Zeitungsredaktionen. Sein Geld verdient er als Werbetexter, weil ihm fast egal ist, womit er es verdient: »Ob ich Adressen schreibe, Plakate bedichte oder mit Rotkohl handle, ist mir und ist überhaupt gleichgültig. Sind das Aufgaben für einen erwachsenen Menschen?« (III: 45) Sein Freund Labude ist weniger resigniert; er arbeitet an einer Habilitationsschrift und führt eine Art sozialistischer Splittergruppe, während Fabian, als überzeugter »Kleinbürger« (III: 56) nirgends dazugehören will. Den Faschisten wirft Fabian vor, sie wüßten nur, wogegen sie kämpften; das Proletariat ist für ihn »der größte Interessenverband«, dem er freundschaftlich gesonnen ist, aber auch bei deren Regierung »werden die Ideale der Menschheit im Verborgenen sitzen und weiterweinen.« (III: 56) Die Freunde werden Zeugen einer Schießerei zwischen einem kommunistischen Arbeiter und einem Nationalsozialisten. Labude legt dem Arbeiter einen Notverband um die Wade und stellt fest, daß die Kugel durchgedrungen ist (III: 53) – hier scheint noch das Labude-Vorbild Ralph Zucker durch, Kästners Freund, der Medizin studierte und nicht, wie Labude, Germanistik.[4] Labude unterhält mit seiner Verlobten eine Pendelbeziehung, sie lebt in Hamburg, er in Berlin. Er sitzt eine Nacht unangekündigt vor ihrem Haus und muß erleben, daß sie ihn betrügt; in der Aussprache gesteht sie obendrein, sie habe abgetrieben, ohne ihn zu fragen. Er ohrfeigt sie und löst die Verlobung; die Anklänge an Kästners Zeit mit Ilse Julius, zu seinen Gunsten retuschiert, sind deutlich: »Ich habe fünf Jahre damit zugebracht, unter einer falschen Voraussetzung zu leben, das reicht. [...] Sie liebt mich nicht, und sie hat mich noch nie lieb gehabt!« (III: 73)

Im Atelier der lesbischen Ruth Reiter lernt Fabian die frisch angereiste Cornelia Battenberg inmitten wüster sexueller Szenen kennen; sie sind sich einig, daß sie dort nicht hingehören, bemerken, daß sie bei derselben Zimmerwirtin wohnen, und verbringen eine glückliche Liebesnacht miteinander. Mit der Idee zu einem Preisausschreiben im Kopf erfährt Fabian am nächsten Tag im Büro, daß er entlassen ist. Er holt sich sein restliches Gehalt ab, flaniert durch Berlin und lernt dabei den Erfinder und ehemaligen Textilindustriellen Kollrepp kennen. Der lebt als Aussteiger, weil er erkannt hat, daß seine Maschinen »Kanonen« waren, die »ganze Armeen von Arbeitern außer Gefecht« setzten. Den letzten Anstoß gab ihm ein Besuch in Manchester, wo er sah, »wie die Polizei auf Ausgesperrte losritt. Man schlug mit Säbeln auf ihre Köpfe. Ein kleines Mädchen wurde von einem Pferd niedergetrampelt. Und ich war daran schuld.« Seither lebt er »wie ein Strolch« (III: 95) in Berlin. Fabian läßt ihn auf seinem Sofa schlafen und begibt sich auf eine Odyssee durch die Arbeitsämter; sein Gast wird inzwischen, von seiner Familie veranlaßt, ins Irrenhaus verbracht. Fabians Mutter kommt zu Besuch, Reminiszenzen aus der Kindheit werden erzählt, die einem Kästner-Leser alle bekannt vorkommen – das Ausrücken aus dem Internat, um die kranke Mutter zu besuchen; die »sieben Sachen«, die er ihr einmal zum Geburtstag schenkte; eine Mutter, die »vor lauter Rührung« hantiert »wie ein Gendarm.« (III: 108)

Irene Moll hat ein Bordell mit männlichen Prostituierten eröffnet, nachdem ihr Mann wegen unterschlagener Gelder ins Ausland geflohen ist. Cornelia Battenberg zieht der Arbeitslosigkeit die Edelprostitution vor – ein Filmgewaltiger hat ihr zwei Zimmer gemietet und wird sie »herausstellen«: »Es ist nicht zu umgehen. [...] Mir ist, als hätte ich mich an die Anatomie verkauft. [...] Ich werde nicht zugrunde gehen. Ich werde mir einbilden, der Arzt untersucht mich. Er mag sich mit mir beschäftigen, es muß sein. Man kommt nur aus dem Dreck heraus, wenn man sich dreckig macht. Und wir wollen doch heraus! Ich schreibe: Wir. Verstehst Du mich?« (III: 136f.) Fabian versteht nicht, er ekelt sich vor seiner Freundin; lieber läßt er sich von einer frustrierten Ehefrau verführen. Der nächste Schlag ist der Selbstmord Labudes – ein mißgünstiger Konkurrent hat ihm erzählt, seine Habilitationsschrift, an der er fünf Jahre gearbeitet hatte, sei abgelehnt worden. Fabian erfährt vom Universitätslehrer Labudes, er habe die Arbeit im Gegenteil als »die reifste literarhistorische Leistung der letzten Jahre« beurteilt (III: 172). Fabian schlägt den Assistenten blutig, der verkündet, er habe nur einen Scherz gemacht. Mit dem Tod Labudes ist Fabian die letzte Verbindung zum Leben in Berlin, ja zum Leben überhaupt abhanden gekommen: »Der Beruf war verloren, der Freund war tot, Cornelia war in fremder Hand, was hatte er hier noch zu suchen?« (III: 179) Fabian reist zurück in die Provinz, in die Heimatstadt. Dort hat er einige Déjà-vu-Erlebnisse, betrachtet sein Internat, trifft den alten Schuldirektor, eine alte Freundin, seinen Schinder aus der Militärzeit, geht mit einem reaktionären Schulfreund ins Bordell. Das Angebot, für ein rechtsstehendes Provinzblatt Reklame zu machen oder Feuilletons zu schreiben, lehnt er ab; es kommt ihm alles sehr fremd und künstlich vor, sogar der Mond scheint nicht ganz echt zu sein – er rollt »ganz langsam von der Spitze des Schloßturms, als gleite er auf einem Draht.« (III: 189) Er entschließt sich, von dem Geld, das Labude ihm vererbt hat, eine Zeitlang als Frührentner im Erzgebirge zu leben, noch weiter zu regredieren, »an den Busen der Natur« (III: 198). Aber es kommt nicht mehr dazu. Er sieht einen Jungen in den Fluß stürzen und springt ihm nach, um ihn zu retten. Die letzten Sätze des Romans: »Der kleine Junge schwamm heulend ans Ufer. Fabian ertrank. Er konnte leider nicht schwimmen.« (III: 199)

Ohne Zweifel ist Jakob Fabian die Identifikationsfigur des Romans, er allein hält die geschickt komponierten Episoden zusammen. Es gibt aber einige Distanzierungssignale, die sich allerdings fast ausschließlich außerhalb des Romantextes befinden. In seinen poetologischen Rundumbemerkungen hat Kästner auf den Sinn des *Fabian* verwiesen: Sein Verfasser sei ein »Moralist«, der »eine einzige Hoffnung«

sehe. Er »sieht, daß die Zeitgenossen, störrisch wie die Esel, rückwärts laufen, einem klaffenden Abgrund entgegen, in dem Platz für sämtliche Völker Europas ist. Und so ruft er, wie eine Reihe vor ihm und außer ihm: Achtung! Beim Absturz linke Hand am linken Griff!« (III: 201) Die 1950 geschriebene Vorbemerkung argumentiert ähnlich: Der Roman sei eine Warnung gewesen »vor dem Abgrund [...], dem sich Deutschland und damit Europa näherten!« (III: 440) *Fabian* schildere zwar »die großstädtischen Zustände von damals«, sei aber »kein Poesie- und Fotografiealbum, sondern eine Satire. Es beschreibt nicht, was war, sondern es übertreibt.« (III: 440) Es fällt heute schwer, Übertreibungen des Buches wahrzunehmen. Die zeitgenössischen und gutwilligen Leser hatten einige Möglichkeiten weniger – wahrscheinlich *zu* wenige –, in Jakob Fabian keine vorbildliche Figur zu erkennen: Kästners Nachwort *Fabian und die Sittenrichter* war auf Verlangen des Verlags weggeblieben; sein Vorwort war noch nicht geschrieben; der Titel *Fabian. Die Geschichte eines Moralisten* war, anders als Kästners ursprüngliche Vorschläge, wenig hilfreich. Das einzige distanzierende Signal war der Schluß des Romans und die Überschrift des letzten Kapitels: *Lernt schwimmen!* (III: 195) ist da zu lesen, eine Anweisung, die die Erzählfiktion durchbricht und sich direkt an das Publikum wendet. Fabian ist keine recht lebensfähige Figur, sollte das heißen; macht's anders, lebt anders als er! Aber was sollte dann wieder »schwimmen« bedeuten? Kästners Aufforderung und auch seine Erklärungen dazu bleiben undeutlich, aber wahrscheinlich ist das eine Qualität des *Fabian*. Er zeigt Fabians Orientierungslosigkeit und kritisiert sie; die von einem Moralisten geschriebene Geschichte führt in ein Patt. Der Romancier wußte nur, daß sich etwas ändern mußte, aber er wußte nicht, was. Daß er das offen zugegeben hat, spricht für ihn.

Konkretes politisches Engagement war anscheinend kein Weg für Fabian, und auch Kästner war nie Mitglied einer Partei. Der ›ungebundene‹ Antimilitarismus und Pazifismus der Gedichte findet sich auch im Roman wieder, besonders in Fabians Alptraum, den Dirk Walter überzeugend als Warnung vor einem Bürgerkrieg, vor einer »gewaltsamen Änderung der Gesellschaftsverhältnisse« interpretiert hat.[5] Kästners eigene Erinnerungen an seine Soldatenzeit und sein »krankes Herz«, »eine Kinderei« (III: 54), werden im Roman mit ungleich härter betroffenen Opfern konfrontiert: »In der Provinz zerstreut sollte es einsame Gebäude geben, wo noch immer verstümmelte Soldaten lagen. Männer ohne Gliedmaßen, Männer mit furchtbaren Gesichtern, ohne Nasen, ohne Münder. Krankenschwestern, die vor nichts zurückschreckten, füllten diesen entstellten Kreaturen Nahrung ein, durch dünne Glasröhren, die sie dort in wuchernd vernarbte Löcher spießten, wo früher einmal ein Mund gewesen war. Ein Mund, der hatte lachen und sprechen und schreien können.« (III: 54) Diese Passage ist keine Übertreibung; Kriegskrüppel standen im Berlin der zwanziger Jahre an den Straßenecken, und die beschriebenen Extremfälle kann Kästner in Ernst Friedrichs Foto- und Pamphletband *Krieg dem Kriege* (1924) gesehen haben. Friedrich untertitelte die grausigen Fotografien, er berichtete von Kriegsopfern, die dreißig, sogar »weit über vierzig Operationen« erdulden mußten, die künstlich ernährt wurden und die »weltabgeschieden, fern von ihrer Familie [...] dahinleben in der Hoffnung, daß sie vielleicht nach Jahren ein menschliches Aussehen wieder erhalten.«[6]

Treffen sich Autor und Figur wie im Antimilitarismus auch in vielen anderen Aspekten, gibt es doch deutliche Unterschiede. Fabian ist Geschichtspessimist, dem immer wieder jedes Tun sinnlos vorkommt; es gibt kein System, in dem er funktionieren kann (III: 45). Er denkt an Honoré Daumiers Blatt *Die unsympathischen Schnecken* (1869), eine Allegorie des Fortschritts: »Daumier hatte auf dem Blatt Schnecken dargestellt, die hintereinander herkrochen, das war das Tempo der menschlichen Entwicklung. Aber die Schnecken krochen im Kreis! Und das war das Schlimmste.« (III: 34) Mit dieser Haltung wäre auch das Verfassen von Literatur sinnlos, und Kästner hat ja im Unterschied zu seiner Figur zum Beispiel den Roman *Fabian* geschrieben.

Zacharias, ein »Bekannter« (III: 132) Fabians, Mitarbeiter in einem großen Zeitungsverlag, hat auch keine Stelle für Fabian; aber er hat konkrete politische Auffassungen. Er verficht die »Behauptung von H. G. Wells, daß das Wachstum der christlichen Kirche nicht zuletzt auf geschickte Propaganda zurückzuführen sei« und fordert mit Wells, »daß es an der Zeit sei, die Reklame nicht länger auf die Steigerung des Konsums von Seife und Kaugummi zu beschränken, sondern sie endlich ausreichend in den Dienst von Idealen zu stellen.« (III: 132f.) Fabian zweifelt an diesen Theorien, »die Erziehbarkeit des Menschengeschlechts sei eine fragwürdige These« (III: 133). Erich Kästner zweifelte keineswegs an ihnen. Herbert George Wells dürfte einer der wichtigsten Schriftsteller für seine politischen Auffassungen in dieser Zeit gewesen sein. Er schrieb hymnische Rezensionen über *Menschen, Göttern gleich* (1923, dt. 1927) und *Die Welt des William Clissold* (1926, dt. 1927). Kästner rühmte Wells' »Weltanschauung, die uns vor der Verzweiflung behüten will und kann« (GG I: 108); seine Utopien blieben nicht nur »Projektionen eines phantastischen Verstandes«, in ihnen sei »ein Rest von Hoffnung, daß die Zukunft sie verwirklichen möchte«, zu spüren (GG I: 106). Im *Clissold* erzählt beiläufig ein sechzigjähriger Konzernchef sein Leben, vor allem aber verbreitet er, »wie sich das Bild der Welt in meinem Kopfe malt«,[7] seine Ansichten zu Religion und Reklame, Sexualität und Ehe, Marxismus und Kapitalismus sowie der Rettung der Welt. Der essayistische ›Weltanschauungsroman‹ ist heute kaum noch lesbar, aber für Kästner war er »das gescheiteste Buch der letzten Jahre überhaupt«, »ein eminent spannender Roman« (VI: 121). Speziell zu Wells' Propaganda-Ideen – »die Tempel der Welt als Reklame unseres Herrgotts«[8] – hat Kästner einen eigenen Artikel geschrieben, *Reklame und Weltrevolution* (1930). Er besteht großenteils aus Wells-Zitaten, insbesondere aus Sätzen von Clissolds Bruder Dickon, der im Roman eine der ersten großen britischen Werbeagenturen gegründet hat. Kästner wie Dickon Clissold sind sich über die Möglichkeiten der Vereinfachung und des Mißbrauchs durchaus im klaren gewesen, die im ›Dritten Reich‹ auch weidlich ausgenutzt wurden. Kästner referierte Dickon in seinem *Reklame*-Aufsatz: »Die Wendung ins Großartige und Weltanschauliche erfährt Dickons Berufsstolz aber erst mit der Einsicht, daß Propaganda moralische Verpflichtungen hat; sie darf nicht lügen.«[9]

William Clissold ist jedem System abhold, überzeugt von der »wirre[n] Gefährlichkeit des Lebens«.[10] Er ist der Meinung, es habe »im sozialen und wirtschaftlichen Leben der Menschheit überhaupt noch kein wirkliches System gegeben.«[11] Auch den Kapitalismus gebe es nicht, er sei eine »seichte[.] und verderbliche[.] Abstraktion«[12] wie alle Systeme – Gelehrten-Paradiese »fern von der dunklen Wildnis historischer Tatsachen.«[13] Der Chemiefabrikant schlägt in seinen Aufzeichnungen vor, die wirtschaftlich Mächtigen der Welt müßten sich zusammentun. Eine »Elite ernster und wohlunterrichteter Geister« werde heranreifen, die »wahre Revolution« werde von einer »kleinen Minderheit intelligenter Männer und Frauen gemacht werden«. Eine aufgewiegelte Menge könne wohl »das bestehende umstoßen, doch etwas Neues schaffen kann sie nicht.«[14] Nur die Tatkraft der »Wissenschaftler, der geistigen Arbeiter, der führenden Männer in der produktiven Industrie, der Männer, die den Geld- und Kreditumlauf beherrschen, der Zeitungsleiter und der Politiker«[15] reiche aus, mit Billigung der Arbeiter, Regierungen und Staaten abzuschaffen und eine vernünftige Weltrepublik zu errichten. Eine solche »sozial gefärbte [...] Revolution der kapitalistisch und geistig führenden Minderheit« könne gelingen; sie müsse aber »ihre Interessen mit denen der Arbeiterschaft identifizieren.« (VI: 124) Aus diesem Hintergrund heraus stellte Kästner seine Forderungen an tatsächliche und vielleicht künftige Millionäre. In *Pünktchen und Anton* fragte er die Kinder, ob sie nicht glaubten, daß die Armut leichter abgeschafft werden könnte, »wenn die Reichen schon als Kinder wüßten, wie schlimm es ist, arm zu sein« (VII: 492); in dem Gedicht *Ansprache an Millionäre* forderte er zur Aktivität auf, bevor eine Revolution den Reichen ein gewaltsames Ende machen würde:

> »Ihr sollt ja gar nicht aus Güte handeln!
> Ihr seid nicht gut. Und auch sie sind's nicht.
> Nicht euch, aber die Welt zu verwandeln,
> ist eure Pflicht! [...]
> Macht Steppen fruchtbar. Befehlt. Legt Gleise.
> Organisiert den Umbau der Welt!
> Ach, gäbe es nur ein Dutzend Weise
> mit sehr viel Geld...« (I: 134)

Individuelle Hilfe sollte nicht nur eine Forderung an Millionäre sein. Kästner verhielt sich selbst so, nach seinen Möglichkeiten, genauso seine Figur Jakob Fabian. Der lädt einen Bettler zum Essen ein, den Stadtstreicher Kollrepp auf sein Sofa, bezahlt einem zehnjährigen Mädchen den Aschenbecher und so fort; es gibt eben nichts Gutes, außer man tut es.

Im einzelnen sind Wells'/Clissolds politische Ziele stark von der *Fabian Society* gefärbt, einer 1883 gegründeten spezifisch britischen Vereinigung: »umsichtig organisierte Befriedigung der wesentlichsten Bedürfnisse der Menschheit, systematische Verwertung der Kräfte, die vorläufig im Kampfe ums nackte Dasein vergeudet werden, vollständige Unterbindung der Spekulation, Einschränkung des Gewinns, Abschaffung jedweder unlauteren Profitmacherei«.[16] Die Fabier waren eine bürgerlich-elitäre sozialistische Gesellschaft, zu deren Vorstellungen sich noch bis vor kurzem die Labour Party bekannte. In ihrer Anfangsphase verlangten sie vor allem eine moralische und kulturelle, weniger eine ökonomische Neuordnung der Gesellschaft. Später propagierten sie eine eklektizistische und pragmatische soziale Theorie und ein vages Ideal sozialer Gleichheit. Bernard Shaw und seine Mitstreiter entwickelten eine Theorie des »demokratischen Kollektivismus« und arbeiteten auf eine »Neukonstruktion der Sozialordnung« hin.[17] Anders als Wells' Liberal-Aristokratismus stellten sich die Fabier einen demokratisch und evolutionär hervorgebrachten Fortschritt durch allmähliche Reformen vor, daher auch ihr Name: Quintus Fabius Cunctator war ein römischer Konsul und Diktator, der nur zögernd und hinhaltend Truppen einsetzte. Jakob Fabians Name dürfte ebenfalls dieser Provenienz sein – ein Zauderer, mit dem, noch einmal sei's gesagt, Kästner sich in politischen Dingen weniger identifizierte als etwa mit dem *Clissold*-Roman, den er Menschen wie Fabian beinah nötigend empfahl: Wer, »politisch betrachtet, zur Hoffnungslosigkeit neigt und nach Rettung ausblickt, ohne sie zu finden, [...] für den ist das neue Buch von Wells eine Lektüre von unerhörter Bedeutung!« (VI: 125) Nachdem er den Nationalsozialismus und dessen Mißbrauch von Propaganda überlebt hatte, schrieb Kästner weiterhin von Wells und seinen politischen Vorstellungen in den höchsten Tönen; in seinem Nachruf in der *Neuen Zeitung* verglich er ihn mit Voltaire und Lessing,[18] im *Pinguin* ließ er einen Auszug des *William Clissold* drucken (Heft 9/1946).

Einige Empörung rief die sexuelle Offenheit des *Fabian* hervor. Kästner selbst lobte sich nach dem Krieg dafür, daß bei der Lektüre »Bardamen, ja sogar Mediziner noch rot werden« (II: 325); heutige Leser müssen sich da schon Mühe geben. Welche Anregungen hatte Kästner für diese ›sittengeschichtliche‹ Seite des Romans; und war sie damals tatsächlich so avantgardistisch? – Sie war es; liest man ›schlüpfrige‹, anrüchige Literatur der Zeit, beeindruckt der *Fabian* tatsächlich durch seine entspannte Offenheit. Verhältnisse wie die beschriebenen kann Kästner natürlich selbst erlebt oder gesehen haben; so könnte die Chansonette und Schauspielerin Rosa Valetti ein Vorbild für Irene Moll sein. Kästner muß sie gekannt haben, in seinen Rezensionen wird sie mehrfach erwähnt. Max Ophüls hat ihren Alltag beschrieben: »Sie führte einen Haushalt mit ihrem früheren Gatten, von dem sie geschieden war; einem jetzigen Freund, den sie nicht heiraten wollte; einer siebzehnjährigen Tochter, über deren bürgerliche Lebensformen sie mit grotesker, eiserner, mütterlicher Strenge wachte.« Rosa Valetti habe ein offenes Haus geführt, in ihrer Wohnung herrschte ein derartiges Tohuwabohu von Theaterleuten, daß sie den Stoßseufzer von sich gegeben haben soll: »Mein Gott – wenn's nur schon acht wäre – wenn der Vorhang aufgeht, ist man wenigstens allein.«[19]

Unter den literarischen Anregern Kästners dürfte der amerikanische Arzt Warner Fabian gewesen sein, der in seinem Roman *Flammende Jugend* die »Frau unsrer Zeit« darstellen wollte, und zwar »mit rückhaltloser Offenheit«.[20] Kästner kannte das Buch und hat es als »rücksichtsloses Sittenbild amerikanischen Lebens« empfohlen (GG I: 41). Der Roman löst aber seinen Anspruch kaum ein; es handelt sich um einen Entwicklungsroman der jungen Patricia, die ihre Mutter früh verliert und ein bißchen herumprobiert mit Küßchen hier und Küßchen da. Begleitet und kommentiert wird das Geschehen von einem onkelhaften Hausarzt und guten Menschen, in dem unzweifelhaft ein Alter ego des Autors zu erkennen ist. Die Protagonistin nimmt sich das Recht auf voreheliche Sexualität, das die Männer der Zeit stillschweigend hatten; sie verliert ihren ersten Verlobten, weil sie ihm den Namen seines Vorgängers nicht sagen will. Die erotische Offenheit steht fern am Horizont, der Kitsch ist überlebensgroß.

Einige Seiten des *Fabian* hat der Verfasser auch den »abnorme[n] Spielarten des Geschlechtslebens« gewidmet, wie er selber schrieb (III: 200). Dazu gab es Anregungen zuhauf in Romanen über die lesbische Liebe. Auch in ihnen ist von offenen erotischen Worten meistens keine Spur. Am bekanntesten dürfte der Film *Mädchen in Uniform* (1931) sein, nach einem Stück Christa Winsloes von 1930; die Romanfassung erschien 1934 im Exil. Eine Schülerin schwärmt für ihre Lehrerin und wird durch die paramilitärischen Verhältnisse im Internat in den Selbstmord getrieben. Die Liebe der beiden äußert sich höchstens durch einen Kuß, gelegentlich fällt ein Mädchen in Ohnmacht oder ist stolz auf ein geschenktes Hemd, »[i]ch fühls hier auf meiner Brust, auf meinem Körper, kühl – gut ...«[21]

Auch Grete von Urbanitzkys Roman *Der wilde Garten* (1927) spielt im Schulmilieu. Die neue Frau der zwanziger Jahre kommt hier vor und kennt ihre Vorteile gegenüber Fausts Zeiten: »Die Gretchentragödie ereignete sich schließlich zu einer Zeit, als es noch keine Jazzband, kein kurzgeschnittenes Haar, rauchende Damen und junge Mädchen in Nachtlokalen gab. Nur, daß es heute keine Tragödie mehr ist, wenn man sich auch ohne Ring einem Manne schenkt. [...] Heute darf die erste Liebe Irrtum sein, Irrtum, den ein junges Herz, ein junger Körper verwindet und vergißt.«[22] In diesem ›Sittengemälde‹ gibt es einen homosexuellen Schüler, der sich umbringt; und es gibt, wie im *Fabian*, eine ›verworfene‹, hier aber auch geheimnisvolle und verlockende lesbische Bildhauerin. Urbanitzkys Roman ist um einiges wagemutiger als Winsloes, aber sie überformt die erotischen Ereignisse, lädt sie in süßlichem Stil metaphysisch auf. Die Bildhauerin läßt sich von einer Schülerin verführen, ein beinahe religiöser Akt im Mondlicht vor einem antiken Tempel: »Ist es nicht Gottes Jawort zu unserer Sehnsucht, daß wir schön sein würden in unserer Erfüllung, – mein brauner, sehniger Körper und ihr traumhaft weißer und schmaler?« Der Koitus wird nicht beschrieben, statt dessen ein erotischer Tanz der Schülerin: »Nun fiel das Mondlicht voll auf sie, zuckte silberbrennend auf den weißen, zarten Brüsten auf, glitt wie im Spiele abwärts zu den schmalen Hüften, koste den Schatten, der wie ein Mysterium aus dem degenschmalen Leuchten des sich immer rasender umherschnellenden Körpers dunkelte.« Der anschließende Akt spielt sich so ab: »Auf der moosbedeckten, farnüberwachsenen Marmorplatte sanken sie nieder. Durch die uralten Säulen ging ein Zittern, als ein Schrei zweifacher Lust durch die Nacht drang.«[23]

Am nächsten steht dem *Fabian* – unter diesem Aspekt – der Roman *Freundinnen* (1923), geschrieben von der jungen Schauspielerin Maximiliane Ackers. Sie hat nicht den süßlichen Stil ihrer Kolleginnen, schreibt eher burschikos und vertritt ihr Anliegen – Emanzipation auch der lesbischen Minderheit – offensiv. Ihr Roman beschreibt die Liebesgeschichte der Schauspielerin Ruth Wenk und der Schülerin Erika Felden, »Eri«, die ebenfalls Schauspielerin wird. Nach einer Provinzaffäre geht sie nach Berlin; auch in diesem Roman spielen lesbische Bildhauerinnen als Vermittlerinnen eine kleine Rolle.[24] Sie wird von einer Irene Moll, die hier »Lore Wellenheimer« heißt, in eine verfängliche Situation gebracht: Als Lore sie im ehelichen Schlafzimmer verführen will, kommt ihr Ehemann ins Bett: »Bitte, mein gnädiges Fräulein, lassen Sie sich nicht stören ... ich, wenn Sie gestatten, werde inzwischen ein wenig schlafen.« Eri ist durch ihn blockiert und beendet die Szene. Sie fühlt sich zu Recht beobachtet, zur Enttäuschung des Ehemannes: »Daß Sie für den pikanten Reiz dieser Situation unempfänglich sind, wundert mich sehr.« Eri fühlt sich angekommen – »Kinder, Kinder – das ist Berlin W.«[25] Auch hier Motive, die sich im *Fabian*-Kapitel in der Lesbenkneipe wiederfinden. Männer durften nicht mittanzen: »In einem normalen Tanzlokal würde es heißen, es sei Damenwahl. Jetzt tanzen die Mädchen mit ihren Freundinnen, die wie Buben angezogen sind. Oder, um in der hier gebräuchlichen Sprache zu reden: die Muttis mit den Vatis.« Glückliche Voyeure wie Fabian werden aus der Sicht der Beobachteten charakterisiert: »Die ganzen Leute – es gibt nichts Taktloseres als die sogenannten Gebildeten – haben ja ihren Spaß daran, uns anzuglotzen.«[26]

Fabians Lamento über das »Sodom und Gomorra« Berlin (III: 84) hat also durchaus Vorfahren; seine Beschreibung des ›Sündenpfuhls‹ ist lediglich besonders deutlich und besonders konzentriert. Er ist sogar ein bißchen stolz darauf, wie gut er sich in seinem Viertel im Berliner Westen auskennt: »Dort drüben, an dem Platz, ist ein Café, in dem Chinesen mit Berliner Huren zusammensitzen, nur Chinesen. Da vorn ist ein Lokal, wo parfümierte homosexuelle Burschen mit eleganten Schauspielern und smarten Engländern tanzen und ihre Fertigkeiten und den Preis bekanntgeben, und zum Schluß bezahlt das Ganze eine blondgefärbte Greisin, die dafür mitkommen darf. Rechts an der Ecke ist ein Hotel, in dem nur Japaner wohnen, daneben liegt ein Restaurant, wo russische und ungarische Juden einander anpumpen oder sonstwie übers Ohr hauen. In einer Nebenstraße gibt es eine Pension, wo sich nachmittags minderjährige Gymnasiastinnen verkaufen, um ihr Taschengeld zu erhöhen.« (III: 84f.)

Kästners Frauenbild dürfte in *Fabian* am differenziertesten sein; es ist ihm zwar vorgeworfen worden, daß er wieder die alte »Dichotomie imaginierter Weiblichkeit« vertrete und die Frauenfiguren »in sexualisierte Huren und entsexualisierte Mütter aufgeteilt« seien,[27] aber das ist nicht die ganze Wahrheit. Cornelia Battenberg unternimmt wenigstens etwas, um ihrer Misere zu entrinnen; und Irene Moll, so unsympathisch sie Fabian ist, sagt ihm in seinem Traum, der »makabren Untergangsvision«,[28] die Wahrheit über sein Verhältnis zur Welt: »[D]u hast Angst, das Glas zwischen dir und den anderen könnte zerbrechen. Du hältst die Welt für eine Schaufensterauslage.« (III: 127) Frauen sind zumal gegenüber dem bläßlichen Fabian die Handelnden in diesem Roman, und in der Metaphorik des Buchs hieße das ja wohl, die verdammten Frauen können ebenso schwimmen wie die verklärten Kinder.

Das Publikum nahm *Fabian* sofort an, die broschierte Parallelausgabe war innerhalb einer Woche vergriffen, Anfang November wurde das 6. bis 10. Tausend der gebundenen Ausgabe gedruckt. »Hoffentlich geht das so weiter«, wünschte sich Kästner (30.10.1931, MB). Es ging so weiter, im März 1932 war das 25. Tausend erreicht; zur gleichen Zeit erschienen die ersten ausländischen Ausgaben.

Verrisse in rechtsradikalen Blättern waren zu erwarten gewesen, für den *Völkischen Beobachter* war der Roman »Gedruckter Dreck«, »Schilderungen untermenschlicher Orgien«, eine »Sudelgeschichte«. Diese Reaktion und auch die wenigen schlechten Besprechungen der bürgerlichen Blätter waren Kästner ziemlich egal, solange sich der Roman trotzdem verkaufte. Die übrigen Rezensionen waren überwiegend positiv, besonders von seiten der Kollegen Rudolf Arnheim, Hans Fallada, Hermann Hesse, Monty Jacobs, Alfred Kantorowicz, Hermann Kesten, Robert Neumann und Franz Schoenberner. Walter Bauer sah in *Fabian* »eine von Verzweiflung durchtränkte Bestandsaufnahme«. Wilhelm E. Süskind erkannte Atmosphäre, die »in der mühelosen Weise des guten Films« geschaffen sei, »wie überhaupt eine Verwandtschaft dieser Prosa mit der Prosa, der Diktion des Films unverkennbar ist.« Julius Bab hielt den *Fabian* zwar für »kein episches Meisterwerk«, es gebe »wenig Tempo und viel Wiederholungen«; aber jenseits dieser technischen Kritik erkannte er den Roman zur Hamlet-Version seiner Generation und sah ihn in einer Reihe mit *Werther*, *Adolphe* und *Oblomow*. Ähnlich argumentierte, zu Kästners Ärger, Hans Natonek. Große moralische Zusammenhänge wollten sich ihm nicht einstellen; Kästner sei zwar der »stärkste Episodist und Epigrammatiker unter den jüngeren Erzählern«, aber die »Fabel ist nicht die Stärke dieses Buches.« Kästner fand diese Besprechung »halbläpperig«, »[i]mmer gelobt und dann wieder gebremst, er kann nun mal nicht aus seiner Haut heraus.« (15.11.1931, MB) Noch skeptischer als Natonek war Joachim Maass. Er verglich *Fabian* zwar lobend mit *Ginster*, Siegfried Kracauers pseudonym veröffentlichtem Roman; aber er zweifelte, ob die »Dinge, die hier beleuchtet werden«, noch typisch seien. »Jene ausweglose Unzucht etwa, von der Kästner wieder und wieder erzählt und die vor zwei, drei Jahren wirklich noch eine weit unter unserer Jugend verbreitete Zeitkrankheit war, ist heute typisch nur noch für eine belanglose, verrottete Jugend von Berlin W; für die Jugend des übrigen Deutschlands aber sind andere Phänomene, die politische Radikalisierung, die Abwendung vom Intellekt, weit typischer. Diese Verkennung des Typischen aus dem eigenen Lebenskreis heraus ist für ein zeitkritisches Buch ein grundsätzlicher Fehler.« Schließlich sprach Maass dem Roman, gerade anhand des Schlusses, das ›Moralische‹ überhaupt ab – »weil weder von Fabian als Gestalt, noch in seiner Geschichte als moralistische Idee oder Vision das Schwimmen gelehrt wird.« Einen scharfen und genau argumentierenden Verriß schrieb Else Rüthel. Sie warf Kästner – wie andere Kritiker von der Linken, auch Walter Benjamin in seiner berühmten Polemik – vor, die Wahrheit nur halb gesagt und nicht wirklich Stellung bezogen zu haben. Kästners Anliegen, auch die Bedeutung des Romanschlusses formulierte sie exakt. Sie bemängelte, daß nicht einmal Fabians Arbeitslosigkeit ihm den »Tatbestand der wachsenden Proletarisierung seines Standes und dessen Konsequenzen zum Bewußtsein« bringe. *Fabian* zeige »abschreckend, anfeuernd klar, woher wir kommen«. Rüthel war der ganze Roman zu künstlich, sie fand etwas »vom Jargon eines äußerst gehobenen Conférenciers«, von »metaphysischer Operette«. Nur Labude und Fabians Mutter ließen keinen Zweifel an ihrer Menschlichkeit. »Alles übrige ist Geschnipsel flächiger Natur ohne Tiefenwirkung: halbverfaulte und ganz verfaulte Typen aller Schichten, mit viel Sexualität und wenig Liebe inmitten Politik und Arbeitslosigkeit. [...] Für einen Fabian, für einen ›anständigen‹ Menschen, für einen Normalmoralisten scheint kein Platz in der Welt von heute zu sein. Kunststück: kein Geländer und kein Leiterlein, das nicht aus Glanzpapier geschnitten wäre, kunstgewerblich, verspielt. Wohin rollst du, Fabian, Aepfelchen?«

Rüthels letzter Satz spielt auf einen Roman Leo Perutz' an. Allein an den Besprechungen des *Fabian* zeigt sich die Vitalität des literarischen Lebens in der Weimarer Republik. Kaum ein Rezensent identifizierte sich so recht mit der Titelfigur oder mißdeutete den Schluß, wie das in der literaturwissenschaftlichen Auseinandersetzung noch bis vor ein paar Jahren üblich war. Es sind bei der Lektüre dieser Kritiken regelrechte Entdeckungen – wie Else Rüthel – zu machen; viele Rezensionen haben eine Breite, Differenziertheit und argumentative Kraft, die durch die ›Kulturberichte‹ des ›Dritten Reichs‹ dauerhaft abgeschnitten worden sind.

»Wie im Frieden«?
Kleine Kompromisse im ›Dritten Reich‹

1932 hatte Kästner einen »Dringenden Appell!« unterzeichnet, zusammen mit Albert Einstein, Heinrich Mann, Kurt Hiller, Ernst Toller, Käthe Kollwitz und Arnold Zweig. Er wurde plakatiert und empfahl »ein Zusammengehen der SPD und KPD für diesen Wahlkampf« und den »Aufbau einer einheitlichen Arbeiterfront«.[1] Im Fragebogen der amerikanischen Militärregierung 1945 gab Kästner an, er habe im November 1932 und im März 1933 SPD gewählt. Emigrieren mochte Kästner trotz der jahrelangen Angriffe rechtsradikaler Zeitungen und der damit überdeutlichen Gefährdung nicht. Er glaubte, sicher zu Recht, daß seine Mutter ein Abreißen des »Wäschebands« nicht überstehen würde, aber zumindest im ersten Jahr der NS-Diktatur erlag Kästner einer Fehleinschätzung nach der anderen, trotz Reichstagsbrand und Bücherverbrennung.

Seine erste Fehleinschätzung war das weithin verbreitete ›Es wird schon nicht so lange dauern‹, und die zweite: ›Es wird schon nicht so schlimm werden.‹ Während des Reichstagsbrandes war er in Zürich, erinnerte er sich; Anna Seghers und andere versuchten vergeblich, ihn zum Bleiben im Ausland zu bereden. Er habe im Gegenteil die Emigranten zur Rückkehr aufgefordert: »Es sei unsere Pflicht und Schuldigkeit, [...] auf unsere Weise dem Regime die Stirn zu bieten.« (II: 99) Noch nach dem Reichstagsbrand schrieb er aus dem Urlaub in Meran einen beruhigenden und allzu naßforschen Brief an die Mutter: »Also, mit dem Draußenbleiben, das kommt gar nicht in Frage. Ich hab ein gutes Gewissen, und ich würde mir später den Vorwurf der Feigheit machen. Das geht nicht. Außerdem bekommt mir das Fortsein immer nur paar Wochen.« Man solle »nie sagen, ich hätte mich gedrückt. Das wäre mir mein Leben lang unerträglich.« Nach Berlin wollte er immerhin so schnell nicht fahren, das habe »Zeit, bis es ruhiger geworden ist«, und der Berichterstattung in ausländischen Zeitungen wollte er nicht glauben. Die machten »mit ihren Lügen nur das Treiben verrückt. So ein Quatsch!« (27.3.1933, MB) Dort sei auch zu lesen gewesen, man habe Tucholskys »Berliner Wohnung durchsucht. Ich wette, er hat seit Jahren keine Berliner Wohnung mehr. Wieder so eine Gerüchtgeschichte. [...] Es wird nichts so heiß gegessen, wie es gekocht wird.« (17.3.1933, MB) Kästner hatte recht, insofern Tucholsky sich schon 1930 in Hindås niedergelassen hatte; aber Mary Tucholsky, zu diesem Zeitpunkt noch nicht geschieden, lebte weiterhin in Berlin, und sie mußte sogar mehrere Haussuchungen über sich ergehen lassen. So ganz hat Kästner den eigenen Beschwichtigungen doch nicht geglaubt, er war das Jahr 1933 über ungewöhnlich viel auf Reisen. Unter den wenigen erhaltenen Korrespondenzen findet sich kaum ein Brief aus Berlin, im Januar war er in Garmisch (mit Cara Gyl), im Februar in Kitzbühel (anscheinend allein), im März in Südtirol (mit einer »Prager Studentin«, 27.3.1933, MB), im Juli und August schrieb er vom Eibsee (mit Gyl), wo er am *Fliegenden Klassenzimmer* saß.

Am 31. März wurde Kästner mit einer »Reihe kommunistischer und linksradikaler Mitglieder«, darunter auch Rudolf Arnheim, Axel Eggebrecht, Lion Feuchtwanger, Magnus Hirschfeld, Alfred Kerr, Egon Erwin Kisch, Peter Martin Lampel und der Verleger Willi Münzenberg, aus dem »Schutzverband deutscher Autoren« ausgeschlossen. Der Schutzverband (SDA) und der PEN-Club wurden gleichgeschaltet, Kästner hat die erpresserische Prozedur in *Briefe in die Röhrchenstraße* beschrieben (VI: 558–563). In die Reichsschrifttumskammer wurde er trotz mehrerer Anträge nicht aufgenommen. Im Präsidialrat der Schrifttumskammer hatte Hans Grimm am 16. Januar 1934 vorgeschlagen, die Aufnahme einiger zweifelhafter Schriftsteller von ihrem weiteren Verhalten im Laufe eines Jahres abhängig zu machen; unter den 32 solcherart in Quarantäne gestellten Autoren war auch Kästner, als »Berthold Bürger« sollte er schreiben dürfen.[2] Eine *Börsenblatt*-Anzeige für *Drei Männer im Schnee* – den Verwandlungen dieses Stoffs bleibt das nächste Kapitel reserviert – schadete ihm, die Schrifttumsabteilung des Propagandaministeriums schickte der Deutschen Verlags-Anstalt das erneute Verbot – man »habe ihm nur erlaubt, ›für sich‹ zu schreiben«.[3] Dr. Heinz Wismann, der Referatsleiter dieser Stelle von 1933 bis zu seiner Entlassung 1937 und zeitweilige Vizepräsident der Reichsschrifttumskammer, soll Kästner »unter vier Augen« ein Schlupfloch angeboten und ihn gefragt haben, ob er in der Schweiz nicht eine Zeitschrift gegen die deutschen Emigranten herausgeben wolle. »Das Propagandaministerium werde sie, getarnt, finanzieren.« Kästner lehnte ab – er sei mit zu vielen der Emigranten befreundet, niemand »werde ihm den Gesinnungswechsel glauben.«[4] Das Angebot klingt glaubhaft, weil die Anekdote sich auch in Kästners unveröffentlichtem Tagebuch findet (n. dat., TB), vor allem aber, weil Wismann ein eigenartiger Nationalsozialist war: kein »golde-ne[r] Parteigenosse« (II: 16), wie Kästner meinte, sondern eher ein blecherner, der denn auch mit Eklat flog. Wismann war bis 1934 mit einer Halbjüdin verheiratet gewesen, ohne daß Goebbels davon wußte; er hatte einem jüdischen ehemaligen Schwager eine Stelle verschafft und sich ständig Vorschüsse und doppelte Reisekosten ausgezahlt.[5]

Während Kästner auf den Bescheid des »Reichsverbands deutscher Schriftsteller« wartete, konnte *Das fliegende Klassenzimmer* noch bei der DVA erscheinen, mit nur geringem Tarnaufwand – der Verlag nannte sich vorsichtshalber »Friedrich Andreas Perthes«. Die Buchhandlungen stellten den Titel aus, Kilpper teilte Kästner eine Woche nach Erscheinen mit, er habe »noch etliche tausend Exemplare nachdrucken lassen. Für alle Fälle.« (8.12.1933, MB) Edith Jacobsohn war zwar nach Zürich emigriert, aber ihren Verlag Williams & Co. gab es noch, unter der Leitung von Cecilie Dressler. Er durfte weiterhin Kästner-Bücher verkaufen, und sie gingen auch Ende 1933 noch gut, besonders »der Emil. Ein Glück, daß wir den geschrieben haben, was?« (4.12.1933, MB)

Noch vor der Bücherverbrennung erschien in den Berliner Tageszeitungen die erste Schwarze Liste mit »jener Literatur, die aus den Städtischen Büchereien verschwindet«.[6] Die Listen zeigten regionale Differenzen; die Berliner Stadtverwaltung wollte die Werke von Brecht, Feuchtwanger, Kisch, Klaus Mann, Robert Neumann, Remarque, Schnitzler, Seghers, Tucholsky, Arnold und Stefan Zweig und anderer vollständig eliminieren. Von Döblin, Edschmid, Traven und Wassermann konnten einzelne Titel eingestellt bleiben, auch Heinrich Manns Novellenbändchen *Flöten und Dolche* wurde verschont; von »Kaestner, Erich« *Emil und die Detektive.* Thomas Mann erschien übrigens in dieser Liste nicht. In der *Berliner Börsen-Zeitung* verlangte ein Christian Jenssen, man solle auch den *Emil* noch verbieten: »Wir haben zu oft schmerzlich erfahren, was es heißt, den kleinen Finger zu reichen...« Dieser Forderung ging eine ›Würdigung‹ Kästners voraus, die ihresgleichen sucht. »Die Hemmungs- und Schamlosigkeit, für die Gotteslästerung schon ›Lyrik‹ war, ist seines Wesens bestimmender Teil geblieben. Ihr hat er eine geradezu teuflische Phantasie und Wortwendigkeit nutzbar gemacht«, heißt es da über die Gedichtbände; und über den Roman: »Ein anarchischer Intellekt tobt sich bis zum Wahnwitz auch in dem Roman ›Fabian‹ aus [...] übrigens geht Fabian ohne Ahnung vom wirklichen Leben wie eine Leiche hindurch, die nur noch nicht weiß, wo sie sich begraben lassen soll.«

Am 10. Mai 1933 wurden Kästners *Fabian* und die Gedichtbände verbrannt, unter den NS-»Feuersprüchen« fiel er in eine Rubrik mit Werken Heinrich Manns und Ernst Glaesers. »Gegen Dekadenz und moralischen Verfall! Für Zucht und Sitte in Familie und Staat!« riefen die Studenten, während sie die Stapel in die Flammen warfen. Die Bücherverbrennung fand in Berlin bei starkem Regen statt, und sie war ›vorbildlich‹ organisiert. Die NS-Studentenschaft hatte zuvor einen Fackelzug veranstaltet, die Transparente riefen zum »Kampf dem undeutschen Geist« und zum »Kampf dem schlechten Buche« auf. *Der Deutsche* vermeldete stolz, daß sich auch »zahlreiche Studentinnen beteiligten«; eines der »Kampflieder« hatte den Text »Deutsche Mädchen, deutsche Frauen nehmen wir in unsern Schutz«. Damit auch feuerpolizeilich alles seine Ordnung hatte, bestand der Scheiterhaufen auf dem Opernplatz aus Buchenstämmen mit einer Sandunterlage. Die Züge warfen im Vorüberziehen ihre Fackeln auf den getränkten Holzstoß. Kästner stand – als einziger der verbrannten Autoren, die zum Großteil bereits emigriert waren – zusammen mit seinem Freund Hans Wilhelm in der Menge und beobachtete den Vorgang. Eine junge Kabarettistin erkannte ihn und rief, wohl nicht in denunziatorischer Absicht, »dort steht ja Kästner!« Er schrieb: »Ihre Überraschung, mich sozusagen bei meinem eigenen Begräbnis unter den Leidtragenden zu entdecken, war so groß, daß sie auch noch mit der Hand auf mich zeigte. Das war mir, muß ich bekennen, nicht angenehm. [...] Hans Wilhelm und ich musterten die SA-Studenten ringsum. Sie blickten unverwandt zu dem lodernden Flammenstoß hinüber. Trotzdem beschlossen wir zu gehen. Nach ein paar Minuten, die wir, quasi anstandshalber, noch blieben, machten wir uns auf den Heimweg.«[7] Peter de Mendelssohn, auf seinem langen Exilweg anfänglich auch in Paris, will in einem Wochenschau-Bericht im Kino Kästner in der Menge um den Scheiterhaufen gesehen haben.[8] Klaus Kordon konnte einen Polizeiwachtmeister interviewen, der damals mit anderen Polizisten »diesen Gewaltakt wider den menschlichen Geist schützen« sollte und der Kästner in der Menge sah: »Als Kästners Name fiel, habe ich wieder zu ihm hingeschaut. Er hat mit keiner Wimper gezuckt, war nur sehr bleich.«[9] In seiner Gedenkrede *Über das Verbrennen von Büchern* (1958) fragte Kästner sich öffentlich, warum er damals den Feuersprüchen nicht widersprochen oder gar zurückgebrüllt habe. Er war kein Held wie Carl Ossietzky oder der befreundete Schauspieler Hans Otto, den die Gestapo umgebracht hatte; er habe die Faust nur in der Tasche geballt. Ein Aufbegehren in der Menge schien ihm – wenigstens im Rück-blick – nutzlos. Ein Held »ohne Mikrophone und ohne Zeitungsecho wird zum tragischen Hanswurst. Seine menschliche Größe, so unbezweifelbar sie sein mag, hat keine politischen Folgen.« Das ›Dritte Reich‹ hätte »spätestens 1928 bekämpft werden müssen. Später war es zu spät. Man darf nicht warten, bis der Freiheitskampf Landesverrat genannt wird.« (VI: 646) Daß er das 1933 nicht wußte, sondern diese Lehre erst nach dem Krieg ziehen konnte, gab Kästner in seiner Rede zu.

Unter Kästners neuen Freundinnen war die Schauspielerin Cara Gyl, er nannte sie »Karlinchen« oder »Cara«. Sie stammte aus einer Schifferfamilie, ihr eigentlicher Name war Käthe Hörnemann. Sie wurde 1903 in Duisburg geboren; Kästner kann sie in Berlin kennengelernt haben, wo sie 1928/29 an den Barnowsky-Bühnen engagiert war, oder in Dresden, wo sie von 1929 bis zum Sommer 1934 am Sächsischen Staatstheater spielte. Kästner hatte 1933 ein paar Monate ein Verhältnis mit ihr, das bald zur Freundschaft verblaßte und in den Monaten bis zu ihrem neuen Engagement in Frankfurt am Main einen ungewöhnlich fürsorglichen Kästner zeigt. Im Vorwort des *Fliegenden Klassenzimmers* kommt sie vor; die Weihnachtsgeschichte schreibe er »am Fuße der Zugspitze«, heißt es dort, »an einem großen dunkelgrünen See, und wenn ich nicht gerade schwimme oder turne oder Tennis spiele oder mich von Karlinchen rudern lasse, sitz ich mitten in einer umfangreichen Wiese auf einer kleinen Holzbank« (VIII: 44).

Cara Gyl, gezeichnet von »Sikun«
(1935)

Der Eibsee liegt bei Garmisch-Partenkirchen, und dort war er mit »Karlinchen« im Sommer 1933; ob das Kalb Eduard und das Pfauenauge Gottlieb ebenfalls dort waren, läßt sich leider nicht mehr nachprüfen.

Im Roman will eine Gruppe von Internats-Gymnasiasten zu Weihnachten das Theaterstück *Das fliegende Klassenzimmer* aufführen. Einer der Schüler hat sich ausgedacht, wie die Klasse mit dem Geographielehrer den jeweiligen Stoff an Ort und Stelle besichtigt, den Vesuv, die Pyramiden und den Nordpol; die letzte Station ist durch ein Versagen des Höhenruders der Himmel, wo die Schüler auf Petrus treffen. Bevor die Aufführung stattfinden kann, müssen die Jungen allerdings noch einige Abenteuer bestehen; vor allem hat eine traditionell verfeindete Bande von Realschülern einen Gymnasiasten mitsamt einem Stapel Diktatheften entführt, der in einer aufregenden Aktion samt Schneeballschlacht befreit wird. Justus Bökh, der verehrte Lehrer der Jungen, verurteilt die Rauferei nicht, sondern erzählt ihnen aus seiner eigenen harten Schulzeit. Zur Belohnung führen sie ihn wieder mit seinem verschollenen besten Freund zusammen, der ganz in der Nähe in einem ausrangierten Eisenbahnwaggon lebt. Am Schluß können fast alle zu ihren Eltern nach Hause fahren und Weihnachten feiern; auch der Primus Martin Thaler, nachdem ihm »Ein Weihnachtsengel namens Bökh«, der Lehrer, das Fahrgeld geschenkt hat.

Kästners untrüglicher Freund Werner Buhre beurteilte den neuen Kinderroman euphorisch: »Buhre sitzt neben mir, liest das ›Fl. Klassenz.‹, grüßt Dich und läßt ausrichten, es sei mein schönstes Kinderbuch und er hätte paarmal beinahe geweint.« (4.12.1933, MB) Walter Trier steuerte zehn ganzseitige Illustrationen und den Umschlag bei, mit denen er erst Anfang November fertig war. *Das fliegende Klassenzimmer* erschien zu Weihnachten, am 30. November bekam Kästner seine ersten Exemplare: »Sehr hübsch. Triers Namen hat man auf dem Umschlagbild entfernt. Gemein, was?« (30.11.1933, MB) Auch Robert A. Stemmle war von dem Kinderroman begeistert und versuchte, eine Verfilmung bei der UFA zu lancieren, vergeblich. Mit Kästner war gerade kein Staat zu machen; Stemmle konnte erst 1954 ein Kästner-Buch verfilmen, den *Emil*. Immerhin gab es 1934 eine englische Ausgabe des *Klassenzimmers* bei Jonathan Cape.

Die Qualität gerade dieses Kinderbuchs ist kaum nur mit der ›authentischen‹ Unterfütterung aus Kästners eigener Internatszeit zu erklären. Es dürfte eine Rolle spielen, daß nicht der Primus allein im Mittelpunkt steht (wie sonst Emil oder Anton); seine vielen Freunde sind mindestens genauso wichtig, und jeder hat seine charakteristischen Eigenschaften, nicht mehr nur ein Accessoire wie im *Emil*. Die Schwarzweiß-Malerei ist nicht so ausgeprägt wie in den vorangegangenen Kinderromanen, es gibt keine »Schweinehunde« wie Gottfried Klepperbein in *Pünktchen*. Der ›Anführer‹ der verfeindeten Realschüler ist deshalb noch kein schlechter Mensch, seine Bande – unter der möglicherweise welche wären – wird nie detailliert beschrieben. Die Erwachsenenfiguren des Buchs sind reine Wunscherfüllung, vor allem die Freunde Justus Bökh und Robert Uthofft: Der grundgütige Bökh war wie Kästner als Schüler ausgerissen, um seine kranke Mutter zu besuchen. Uthofft, der »Nichtraucher«, zeigt einen fast utopischen Lebensentwurf; seit er Frau und Kind verloren hat, lebt der ehemalige Arzt zurückgezogen in einem stillgelegten Eisenbahnwaggon (»Nichtraucher«-Abteil, daher sein Name), liest, züchtet Blumen und

Herti Kirchner mit Heinz Rühmann in Der Florentiner Hut *(1939)*

spielt nachts in einer Spelunke Klavier. Aber auch der Schuldirektor und der skurrile Deutschlehrer Kreuzkamm sind sympathische Figuren. Sie alle haben den Appell des »Nichtrauchers« und seines Autors beherzigt: »Vergeßt eure Kindheit nie!« (VIII: 46)

Am 2. Januar 1933 wurde der erste Film mit Herta Kirchner aufgeführt, *Kampf um Blond*; er lief auch unter dem Titel *Mädchen, die spurlos verschwinden*. Die knapp Zwanzigjährige spielte eine Schülerin, die dem Erziehungsheim entflieht, sich in Berlin als Tänzerin verdingt und in einen Kriminalfall verwickelt wird. Sie war Kästners »Nauke«, und ihr Verhältnis zu Kästner dauerte bis zu ihrem frühen Tod an, mal enger, mal lockerer, aber doch sieben Jahre lang. Kirchner war auch mit Heinz Rühmann befreundet, neben dem sie im *Florentiner Hut* (1939) spielte; von einer Tournee aus fragte sie Kästner, ob sie nach Berlin kommen oder mit Rühmann einen Abstecher an die Nordsee machen solle. »Ich hab ihr zur Nordsee geraten. Hoffentlich folgt sie gut.« (27.7.1934, MB) Kästner stellte sie seiner Mutter als »nettes, frisches Mädel« vor: »Die späten Abendstunden vertreib ich mir mit einer blonden 20jährigen Schauspielerin, die mich seit dem 15. Jahre liest und liebt.« (1.12.1933, MB) Er mußte auch diesmal seine Mutter beruhigen – die »kleine Schauspielerin« sei ein »süßes Mädel und, toi toi toi! gesund.« (4.12.1933, MB) Später nannte sie sich Herti Kirchner. Ihrer ersten Hauptrolle folgten Theaterarbeit und einige kleinere Filmrollen, dann spielte sie in Luis Trenkers *Liebesbriefe aus dem Engadin* (1938) und in Wolfgang Liebeneiners *Der Florentiner Hut* (1939). Die Premiere ihres letzten Films *Wer küßt Madeleine?* (1939) erlebte sie nicht mehr.

Im Dezember 1933 wollte Kästner auf einer seiner Banken Geld abheben und erfuhr, daß sein Konto beschlagnahmt sei. Die Gestapo hatte 44 Schriftstellern, die meisten bereits emigriert, die Konten sperren lassen.[10] Mit einem Rechtsanwalt wollte Kästner einen neuen Versuch unternehmen; als er die Bank das nächste Mal betrat, wurde er verhaftet und von der Gestapo verhört. In einer Prager Emigrantenzeitung war ein altes *Montag Morgen*-Gedicht von ihm mit neuen Strophen erschienen, die das Regime angriffen. Er mußte plausibel machen, daß die Strophen nicht von ihm stammten, und laut Luiselotte Enderle ist ihm das auch gelungen – schließlich lebte er noch in Berlin, das ursprüngliche Gedicht hatte sich finden lassen. Ein Beamter verließ den Raum, kam nach »bange[n] lange[n] Schweigeminuten« zurück, gab Kästner seinen Paß zurück und entließ ihn.[11] Seiner Mutter schrieb er, als sei die Verhaftung eine Lappalie gewesen: »Die polizeiliche Vernehmung war nach 1½ Stunden schon vorüber. Man dachte also, ich lebe in Prag und sei heimlich da, um Geld zu beheben. So ähnlich.« (14.12.1933, MB) Ein Anonymus teilte Kästner nach dem Krieg die Namen der damals zuständigen Gestapo-Beamten mit; einer von ihnen sei »heute« – der Brief ist nicht datiert – Regierungsamtmann in der Oberfinanzdirektion Kiel.[12] Als Kästner sich 1961 an die Verhaftung erinnerte, schien ihm die »infantile Indianerlust der Leute« ihr vordringlichstes Merkmal gewesen zu sein. Man empfing ihn mit »Da kommen ja Emil und die Detektive!«, es kam ihm vor, als hätten sich die Beamten am Telefon am liebsten mit »›Adlerfeder‹ und ›Falkenauge‹ tituliert«: »Europa als Kinderspielplatz, mutwillig zertrampelt und voller Leichen. Und die eintätowierte Blutgruppe als Aktenzeichen der Blutbrüderschaft und der Blutherrschaft.« (VI: 417)

So kurz die Verhaftung gewesen war, sie zeigte Kästner deutlich die Gefahr, in der er lebte. Er änderte dennoch nichts an seinem Lebensstil und ließ sich von seinen Stammtischbrüdern Ohser, Picard und Mörike umsorgen; besonders Buhre sei »außerordentlich nett und besorgt« gewesen (14.12.1933, MB), sein »Mit-Geburtstagler« (17.2.1934, MB). Kästner schrieb in *Notabene 45*, das Geld sei »länger als ein Jahr« gesperrt gewesen (VI: 346); seiner Korrespondenz aus den dreißiger Jahren nach stimmt das nicht, es war fast postwendend wieder frei. Er beschloß aber, nur das Konto am Olivaer Platz aufrechtzuerhalten; »das Konto Nestorstraße heb ich ab, weil der Filial-Leiter so unverschämt zu mir war.« (14.12.1933, MB)

Obwohl er genug eigene Sorgen hatte, setzte Kästner sich sehr für Cara Gyls Theaterstück *Die Tournee* (1934) ein. Während sie schrieb, las er fortlaufend mit; aus einzelnen Redewendungen könnte man schließen, daß er ihr gelegentlich stillschweigend hineinredigiert hat. Elfriede Mechnig tippte fortlaufend das Manuskript. Das Stück folgt einer sechsköpfigen Theatergruppe und dem Inspizienten auf ihrer zweimonatigen Tournee durch ganz Deutschland. Jeder Schauspieler, jede Schauspielerin entspricht auch im ›Privaten‹ dem Fach, das er/sie auf der ›Bühne‹ hat; es gibt den Komiker, die komische Alte, die »jugendliche Liebhaberin«, Liebhaber, Salondame und den »Elegante[n] Väterspieler«. Alle verfeinden sich von Woche zu Woche mehr; ein auf den »Liebhaber« von seiner daheimgebliebenen Ehefrau angesetzter Detektiv verliebt sich in die jugendliche Liebhaberin; der Beschattete und der Detektiv erkennen einander als alte Freunde vom theologischen Seminar; am Schluß trennen sich alle, und der Zuschauer weiß, daß sie doch herzensgute Menschen sind und ihr Gezänk nicht bös meinen. Von dem auf der Tournee gespielten Stück *Der neue Besen* bekommt man einen Akt zu sehen, es handelt sich um eine antikisierende Komödie, die sich ein bißchen wie eine schlechte Dürrenmatt-Parodie liest: Ein griechischer Kaiser und sein Schuhmacher tauschen für drei Tage die Rollen, und das bekommt den Regierungsgeschäften gut, den Schuhgeschäften weniger. Die Spannung der *Tournee* hält sich in Grenzen, obwohl die Dialoge gelegentlich gelungen sind – es passiert und passiert einfach so gut wie nichts.

Kästner gefiel das Konversationsstück gut, seiner Sekretärin noch mehr, den Theaterleuten, denen sie es eingereicht hatte, weniger. Das Warten auf deren Urteil machte ihn »zappliger, als ob ich's geschrieben hätte.« (25.11.1933, MB) Auch die Verfasserin wird immer nervöser. Die Befragten, darunter Kästners Theaterverleger Martin Mörike, vermißten »eine spannende Handlung«, und Kästner dachte sich immer neue Strategien und Dramaturgen aus, um das Stück der Freundin zu fördern: »Wenn ich nur erst was für das Stück erreicht hätte!« (30.11.1933, MB) Zusätzliche Anstrengungen brachten die Fahrten, Gyl mußte ja zwischen ihrem Engagement in Dresden und ihrem Berliner Freund pendeln. »Karlinchen sieht wirklich richtig elend aus und war sehr niedergeschlagen, daß sie allein zurückfahren mußte. Hoffentlich klappt irgend etwas mit dem Stück, damit sie nicht noch trauriger wird.« (28.11.1933, MB) Es ging ihr auch schlecht, weil sich ein Schauspieler, mit dem sie seit Jahren eng befreundet war, erschossen hatte, Vorbild für den »Väterspieler« im Stück. Kästner war dabei, »als sie unvorbereitet seinen Abschiedsbrief las. Fürchterlich! Wieder ein Opfer der neuen Epoche.«[13] Umgekehrt hielt auch Cara Gyl zu Kästner; obwohl sie nur eine unbekannte Schauspielerin war, Fach »Salondame«, bekam sie ihre Freundschaft zu spüren: »Anscheinend schikaniert man sie neuerdings auch deswegen, weil sie mit mir befreundet ist. Sie macht so eine Andeutung.« (4.12.1933, MB)

Im Januar 1934 unterschrieb Cara Gyl einen Vertrag mit den Städtischen Bühnen in Frankfurt am Main; sie war zwar noch in Dresden engagiert, konnte aber die ersten Proben für die Lady Milford (*Kabale und Liebe*) in Frankfurt im Mai 1933 beginnen. Im Juli hatte sie einen Nervenzusammenbruch. Kästner schrieb seiner Sekretärin, er sei »furchtbar deprimiert«,[14] seiner Mutter schilderte er die Situation in den schwärzesten Farben, »Karlinchen« habe »selber angeordnet, daß man sie zur Beobachtung in eine Anstalt bringt. Es ist ganz furchtbar! Das Erbe der Eltern scheint durchzubrechen.« Er wolle nach Frankfurt fahren und sie besuchen, überlegte auch, sie zu sich nach Berlin zu holen: »Das arme, arme Ding! Sie hat während eines Anfalls alles aus dem Fenster geworfen. Die letzten Nächte nur noch geschrieben.« (8.7.1934, MB) In Kästners Entwürfen zu seinem nicht geschriebenen Roman des ›Dritten Reiches‹ findet sich zu Gyls Zusammenbruch die Notiz, ihre »Seele« habe »die vielen Herren nicht ausgehalten. Ihre Hinneigung zu Gott. Ihr Wahnsinnsausbruch mit Knien und Buße.« (n. dat., TB) In Frankfurt stellte sich alles als viel harmloser heraus, und Kästner entschuldigte sich bei den Eltern für den vorigen Brief. »Cara ist wieder völlig normal. Nichts zu tun mit erblich. Ein nervöser

Knacks seit Dresden her.« (9.7.1934, MB) Sie blieb im Juli und August 1934 weiterhin in ärztlicher Behandlung, aber nur noch ambulant. Cara Gyl verschuldete sich durch die Behandlung derart, daß sie um einen Vorschuß bei den Städtischen Bühnen bat, den ihr der Generalintendant ausschlug; auch Kästner mochte ihr kein Geld mehr leihen (30.10.1934, MB).

Aber ihr Stück *Die Tournee* wurde endlich gespielt, und zwar in Mainz. Kästner leistete ihr aus purer Fürsorglichkeit bei den Probenarbeiten vor der Uraufführung Gesellschaft; das Verhältnis war beendet, er hatte gerade eine Liebschaft mit einer Schneiderin, gewissermaßen zur Erholung. »So einen frischen, gesunden Kerl wie die Änne mag ich ja doch viel lieber. Ich bin bei Frauen nicht fürs Komplizierte.« (29.8.1934, MB) Er unterstützte Gyl bei ihren Debatten mit dem Mainzer Intendanten, der eigenmächtig Lieder zwischen den Akten einfügen wollte, und instruierte seine Mutter, ihr ein Telegramm mit Glückwünschen zur Premiere am 28. August 1934 zu schicken. Die Nächte verbrachten Kästner und Gyl im Taunus; nach der Premiere blieben sie bis Ende der vierziger Jahre in Verbindung, aber wohl nur noch brieflich. Er erfuhr von ihren Modenschau-Conférencen (7.3.1935, MB), ihren Rollen und Kostümen, von ihren Arbeitsverpflichtungen gegen Ende des Krieges; aber die Freundschaft blieb kühl und distanziert. Kästner verübelte Gyl, daß sie einem Stuttgarter Regisseur erzählt hatte, »das Kind sei nicht von Robert, sondern von mir. [...] Unglaublich, so etwas!« (10.1.1935, MB) Das Theaterstück *Das lebenslängliche Kind* war gemeint; ganz abgesehen davon, daß es nicht stimmte, konnten solche Gerüchte Kästner nur schaden. Dennoch wollte er ihr nicht darüber schreiben.

Zwei seiner Ex-Freundinnen, »Moritz« und »Pony«, waren nach Paris emigriert: »Die Pariser Bräute leben also noch.« (9.12.1933, MB) Mit Margot Schönlank blieb er in engerer, herzlich zugewandter Verbindung, obwohl er sie nur noch zwei-, dreimal in seinem Leben gesehen haben dürfte. Sie hat den Krieg ungleich weniger beobachtend überlebt als Kästner. Schönlank heiratete den Maler und Graphiker René Bouché und bekam einen Sohn, trennte sich 1938 von ihrem Mann, lebte mit falschen Papieren und tauchte 1941 ganz unter. Sie kannte die deutsche Emigrantenszene, Alfred Kantorowicz, Gustav Regler, Anna Seghers und Bodo Uhse.[15] Die Korrespondenz mit Kästner hielt sie unter einer Deckadresse aufrecht. Sie wechselte die Wohnungen und verdiente mit allerlei schiefen Jobs das Geld, das sie zum Unterhalt und zur medizinischen Versorgung ihres Sohnes Michel brauchte, der an Kinderlähmung litt und nicht gehen konnte. »[U]nd die Hauptsache war ganz was anderes«, schrieb sie Kästner nach dem Krieg. Pony M. Bouché, wie sie sich nannte, arbeitete zusammen mit tschechischen und französischen Freunden im Widerstand: »Die Gestapo hat mich nicht gekriegt. Als der Krieg in Paris zu Ende ging, habe ich – trotzdem Du mich mal Pazifismus lehrtest, schiessen gelernt und mich gefreut, wenns traf. Die 8 Tage Barrikaden sind nicht zu vergessen. Nie. Dann wurde ich ›Soldatin‹, bei der franz. F. T. P. [Francs-Tireurs et Partisans] und trabte mit bis an den Rhein.«[16] Sie war »Dolmetscher und Sekretärin«, Anfang 1945 wurde sie demobilisiert.[17] Als sie zurück in Paris war, fand sie eine Einladung ihres Mannes aus den USA vor, kurze Zeit später kam er selbst: »Wir mochten uns plötzlich wieder.« Sie ging 1945 mit Bouché, der inzwischen naturalisierter Amerikaner war, und dem Sohn nach New York, traf dort ihre Mutter und ihre Schwester und blieb bis auf einige kurze Europareisen, auf denen sie Kästner stets besuchte, in der Nähe New Yorks.

Herti Kirchner löste Cara Gyl in Krankheitsdingen ab; sie hatte eine kleine Operation und mußte deshalb eine Tournee unterbrechen. Kästner quartierte sie nach dem Krankenhaus für einige Tage bei sich ein; »damit sie nicht so allein ist.« (30.10.1934, MB) Einen Monat später war sie wieder auf dem Damm und spielte in Dresden, auch sie sollte von den Eltern »ein paar Zeilen mit Hals- u Beinbruch« bekommen, mit ein »paar Blümchen von den 3 Kästners und ihrem Kanarienvogel« August (15.11.1934, MB). Ab Januar 1935 spielte sie mit großem Erfolg im *Tingel-Tangel* in Berlin. Auch ihr zeigte Kästner seine fürsorgliche Seite. Es gab allerdings auch fortlaufend Grund, sie zu bedauern. In Kiel starb ihr Vater, bevor sie ihn noch einmal sehen konnte – »[h]at auch dauernd Kummer, die Kleene.« (4.3.1935, MB) Und im Kabarett sei »jeden Tag irgendein Krach im Gange. Immer was Neues, und nischt Gescheits.« (9.3.1935, MB)

Trotz dieser immer neuen Schläge arbeitete die 22jährige an ihrer Karriere weiter, spielte Kabarett und Theater, am 30. Mai 1935 sprach sie beim Berliner Rundfunk in dem Hörspiel *Ein Fahrstuhl ist nicht mehr zu halten* von Peter Huchel. Zu ihren Premieren ging Kästner meistens nicht, sondern in eine der nächsten Vorstellungen: »Herti hat heute abend endlich Premiere. So etwas von aufgeregt! Nicht zum Beschreiben. Ob ich nun gehen soll oder nicht, weil sie's nervös macht, weiß ich immer noch nicht. Mal bettelt sie, ich soll kommen. Mal das Gegenteil. Na, bald ist es überstanden!« (2.10.1935, MB)

1934 verhandelte Kästner mit Gustav Kilpper von der DVA über *Drei Männer im Schnee* und wollte mit Buhre zusammen »paar neue Hühnchen ausbrüten« (15.11.1934, MB). Am Ende dieses Jahres hatte sich vieles geklärt, und zwar durchwegs zum Schlechten. Der Kreis um Kästner lichtete sich: »Hier trägt sich fast alles mit dem Gedanken, sehr bald ins Ausland zu gehen. Filme, Stücke etc., alles wird verboten, dann erlaubt, dann wieder verboten. Da fällt das Geldverdienen schwer. Na, man muß es eben doch versuchen, zu bleiben.« (22.10.1934, MB) Das *Drei Männer*-Stück war verboten, die Filmfassung durfte »vorläufig nicht gedreht werden« (3.11.1934, MB), das Buch mußte in der Schweiz erscheinen. Die täglichen Treffen – »mit irgendwem. Wegen der Verbote &tc.« – änderten nichts (2.11.1934, MB), und Kästner hatte keine Möglichkeiten, daran etwas zu ändern. Ihm blieben nur seine Freundinnen, der Freundeskreis und Bewegung: »Na ja. Tennisspielen ist ja auch gesünder.« (10.10.1934, MB) Und das tat er denn auch jeden Tag. Ziemlich genau mit dem Beginn des ›Dritten Reichs‹ wurde dieser Sport für ihn ungeheuer wichtig. Er spielte mit Günther Stapenhorst, bis der nach England emigrierte; mit Aldo von Pinelli, einem Film- und Kabarettautor (der *Katakombe*), dessen ungenannter Mitarbeiter Kästner zeitweise war; mit Axel Eggebrecht; Martin Kessel schaute zu. Er freute sich auf neue Plätze, auf den Beginn der Saison, über die eigene Kondition: »Ich bin gleich ein ganz andrer Mensch. Zehn Jahre jünger mindestens.« (21.3.1935, MB)

Materiell hatte er noch nicht zu klagen. Während der zwölf Jahre Diktatur erschienen insgesamt 26 Übersetzungen von Kästner-Büchern.[18] Das *Fliegende Klassenzimmer* brachte einiges Geld, *Das lebenslängliche Kind* und *Drei Männer im Schnee* bis zu den jeweiligen Verboten ebenso. Den Stoff konnte er mit Buhre zusammen 1934 an die MGM verkaufen – die ersten Verfilmungen entstanden in Schweden, Frankreich, der Tschechoslowakei und den USA. Der Roman *Drei Männer im Schnee* brachte im deutschsprachigen Ausland gutes Geld, trotz der Restriktionen wurde alle paar Monate eine neue Auflage gedruckt.[19]

Am 11. Januar 1935 fuhr er in seinen alljährlichen Arbeitsurlaub, diesmal nach Garmisch-Partenkirchen; am 8. Februar war er wieder in Berlin. Notgedrungen machte er tatsächlich Ferien – er wanderte, sah sich die Deutschen Wintersportmeisterschaften an, las, spielte Roulette. Ohne weitere Gemütsbewegung teilte er Muttchen auf einer Postkarte mit, er habe um 12 Uhr auf dem Kreuzeckhaus gegessen: »Am Nebentisch Reichsminister Heß mit Familie usw. Und jetzt spazier ich nach Garmisch zurück. Ich finde es sehr schön hier.« (16.1.1935, MB) Und über das Wochenende sei »wilder Betrieb«, »[a]uch Hitler wird erwartet«; ob er kam, schrieb Kästner nicht. (26.1.1935, MB) Zur Bahn ließ er sich von einem SS-Mann und dessen Freundin bringen (6.2.1935, MB). Politischer Äußerungen enthielt er sich; wohl nicht am Stammtisch, das wissen wir nicht, aber jedenfalls in seinen Korrespondenzen. Er schrieb nur noch Postkarten, offen und für jede etwaige Briefzensur ohne Mühe zu lesen, weil er bei allzu langen Postwegen gelegentlich den Eindruck hatte, jemand habe sich für den Inhalt eines Briefes interessiert. »Weiß man ja heute nie genau. Na, Hühnerchen aufm Topf ist ja harmlos, was?« (19.3.1935, MB) Die tägliche Postkarte an die Mutter hatte ihren Sinn als Lebenszeichen, sie wäre der falsche Ort für gewichtige Meinungsäußerungen gewesen. Höchstens flapsige Bemerkungen, Andeutungen gestattete er sich: »Jetzt hat man alle Nichtarier aus dem Reichsverband der Schriftsteller hinausgetan, und nun wissen sie gar nicht mehr, was sie machen sollen.« (27.3.1935, MB) Und wenn Kästner doch explizit politisch wurde, sind seine Äußerungen irritierend: »Nun werden ja bald die ungedienten Leute ein paar Monate eingezogen werden. Von Jahrgang 1900 an. Na, das Ausland hat es nicht anders gewollt. Wenn die andern Völker ehrlich abgerüstet hätten, wäre es nicht so gekommen.« (19.3.1935, MB) Der Bemerkung folgen Ausführungen über den Frühjahrsmantel. Es ist vorstellbar, daß eine solche Äußerung der Mutter nach dem Munde redet, oder daß sie Futter für die vermutete Briefzensur ist, von der im selben Brief die Rede ist; es wird nicht mehr eindeutig zu klären sein.

Am 1. April 1935 teilte Kästner seiner Mutter mit: »Heute beginn ich die neue Arbeit zu schreiben.« (MB) Dabei handelte es sich um *Emil und die drei Zwillinge*; geplant hatte er das Buch die Wochen vorher, auch den ersten *Emil* nochmals gelesen (4.5.1935, MB). Die Niederschrift dauerte länger als die früherer Bücher, etwa ein knappes

Vierteljahr, und verlief wesentlich gemütlicher, mit viel Tennis und sogar einer dreiwöchigen Reise an die Ostsee, »ich muß mir mal wieder alles anschauen.« (13.5.1935, MB) Die Déjà-vu-Erlebnisse beim Schreiben nahm er amüsiert zur Kenntnis, es waren ja zum ersten Mal Figuren, die er beinahe allesamt schon kannte und deren Schicksal er jetzt mit einem neuen ›Kriminalfall‹ weiterspinnen konnte. Der zweite *Emil* hat kein vergleichbares Handlungstempo, spielt aber exzessiv mit seiner Nachfolgerrolle. Im zweiten Vorwort, dem »für Fachleute«, gerät der Autor in die Filmaufnahmen für *Emil und die Detektive*. Und in Korlsbüttel sehen sich Emil und seine Freunde den fertigen Film an, der über ihre Geschichte gedreht worden ist, ja, sie machen daraus sogar eine für den Kinobesitzer propagandistisch ausschlachtbare Benefizveranstaltung für ihren frisch erworbenen Freund Jackie. Geradezu revolutionär für die Vaterfiguren in Kästners Werk ist aber der Heiratsantrag von Wachtmeister Jeschke an Emils Mutter, über den Emil in seinen Ferien nachdenken soll und auch Ida Kästner: »Wachtmeister Jeschke will Frau Tischbein heiraten! Was sagst Du dazu. Wollen wir unsere Einwilligung dafür geben?« (19.5.1935, MB) Das Verhältnis der Kästner-Eltern zueinander scheint sich entspannt zu haben, denn Jeschke und Frau Tischbein dürfen heiraten. Emil hätte zwar seine Mutter lieber für sich allein, und die ihn auch für sich. In einem ernsten Gespräch mit der Großmutter läßt sich Emil aber überzeugen, daß eine solch vernünftige Ehe doch eine gute Sache sein kann. Die Großmutter überläßt ihm zwar die Entscheidung, redet ihm aber gut zu: »Du wirst älter, und auch deine Mutter wird älter. Das klingt einfacher, als es dann ist. [...] Eines Tages muß man fort von zu Hause. Und wer's nicht muß, der soll's trotzdem tun! Dann bleibt sie zurück. Ohne Sohn. Ohne Mann. Ganz allein.« (VII: 439)

Am 16. Juni 1935 war Kästner mit dem Manuskript fertig, am 24. lieferte er es bei seinem alten Verleger ab (MB). Walter Trier lebte noch in Berlin-Lichterfelde und zeichnete weiter für die *Lustigen Blätter*, als sei nichts geschehen. Sein letztes Titelblatt für diese Zeitschrift war am 5. Juli 1935 erschienen.[20] Er fand das Buch »ganz nett«[21] und lieferte wiederum die Illustrationen. Bei Williams & Co. konnte *Emil und die drei Zwillinge* nicht mehr publiziert werden. Kästner erwog, den Roman an Rascher in Zürich zu geben, wo schon die *Drei Männer* erschienen waren; dann klärte sich die Sache Ende September völlig anders. Kästner brauchte Geld; das englische Remake des *Emil* war ein Reinfall gewesen, schlechter als der deutsche Film. Daher war *Emil II* Kästners erstes Buch im neugegründeten Atrium-Verlag Kurt Maschlers, mit den Ortsangaben Basel, Wien und Mährisch-Ostrau. Atrium wanderte mit seinem Verleger mit, der allerdings erst im November 1937 nach Wien ging – bis dorthin leitete er den Schweizer Verlag von Berlin aus mit in Deutschland verbotenen Büchern.[22] Die Verlagsgründung fand in Basel statt, sein Büro und seine erste Exil-Station war in Wien, Druck und Auslieferung erfolgten bis zur Annexion durch die deutschen Truppen in der Tschechoslowakei. Dann ging Maschler nach Amsterdam und schließlich im Juni 1939 dauerhaft nach London. »Alle Kinderbücher außer Emil I erscheinen in dem neuen Verlag draußen.« (4.10.1935, MB) Kästner erhoffte sich davon höhere Auflagen – und mehr Geld. Lizenzausgaben von *Emil und die drei Zwillinge* konnten vor 1945 in Großbritannien und in den faschistischen Bruderländern Italien und Spanien erscheinen. Der Verkauf in Deutschland ging nur schleppend, Fritz Picard bereiste Norddeutschland und bekam nur 1000 Vorbestellungen zusammen (8.11.1935, MB). Anfang Dezember lag das Buch in den Läden, durchaus auch in Deutschland (11.12.1935, MB); zwei Wochen nach Neujahr waren mehr als 7000 Exemplare verkauft (15.1.1936, MB). Und an Weihnachten und Neujahr 1935/36 lief zur Überraschung Kästners der *Emil*-Film wieder in Berlin: »Überall auf den Plakatsäulen groß angekündigt. Sogar mit meinem Namen. Komisch. Ich bleib vor jeder Säule stehen u. lese es staunend.« (14.12.1935, MB) Bei den nächsten Sonntagsvorführungen 1936 war das allerdings korrigiert, der Film wurde nun ohne Kästners Namen beworben (11.3.1936, MB).

Er war während der Niederschrift des *Emil II* »grade so gut aufgezogen« (28.5.1935, MB) und plante gleich den nächsten Roman, *Die verschwundene Miniatur*. Überhaupt kann von einem »auffällige[n] Rückgang in der Produktivität Kästners«[23] im ›Dritten Reich‹ keine Rede sein. Noch auf der Rückfahrt von Warnemünde über Dresden wollte er damit anfangen, obwohl er die heftigen Einschränkungen immer schlechter ignorieren konnte. Es wurde ihm »ganz komisch zumute«,[24] als er auf einem Ausflug von Warnemünde in Dänemark die Schaufenster der Buchhandlungen voller »Schneemänner« liegen sah, und er seufzte schon für das neue Buch im voraus: »Wenn man nur wüßte, wo man es gut unterbringt.« Bevor er sich aber in die resignative Stimmung fallen läßt, hält er inne und beruhigt Muttchen – »Na, ich wurstle dann doch immer wieder weiter. Ist ja klar.« (6.6.1935, MB) Solche beiläufigen Stellen belegen am stärksten, daß Kästner alle Kompromisse – im Land zu bleiben und auch noch unter politischen Auflagen weiterzuschreiben – für seine Mutter eingegangen ist. Seine Briefe klingen dann fast wie Collagen: Er schreibt, wie ihm zumute ist, und klebt die obligatorische Mutterberuhigung hintendran. Der Mechanismus läuft auch ab, als er ihr mitteilt, Werner Finck und die »andern Männer vom Kabarett, die im Lager waren«, dürften bis zum nächsten Jahr nicht beschäftigt werden. Das sei »natürlich sehr schlimm für die Jungen«, von denen manche »keinen Pfennig Geld« hätten. Folgt die Beruhigung: »Aber vielleicht erlaubt man sie doch früher wieder.« (16.8.1935, MB) Sogar ihr gegenüber konnte er sich aber der Zeitgeist-Witze nicht enthalten. Er wollte sie beispielsweise ins Kurbad schicken, empfiehlt aber »nur wenig Moorbäder. Mehr andre. Zur Erholung. Stahlbäder und so.« (29.6.1935, MB) Und die Bemerkung »Ahnentafel machen wir bald. Sehr prächtig!« (8.11.1935, MB) ist wohl kaum ganz ernst zu nehmen, sehr wohl dagegen die Empfehlung an die Mutter, ihre Staatsanleihen besser zu verkaufen (23.2.1936, MB). Die Ahnentafel gibt es übrigens noch in Kästners Nachlaß.

Das neue Buch sollte ein Kriminalroman werden; Kästner bereitete sich darauf vor, indem er monatelang »sehr viel Kriminalromane« las (20.6.1935, MB). Am 19. August 1935 meldete er die erste halbe Seite des neuen Manuskripts (MB). Das Schreiben machte ihm »ziemlich viel Spaß« (30.8.1935, MB), im Oktober stand er »kurz vorm 15. Kapitel« (7.10.1935, MB). Während täglich Korrekturen am zweiten *Emil* einliefen, mußte er sich Mühe geben, die beiden Bücher nicht miteinander zu verwechseln. »Es herrscht richtiger Hochbetrieb. Wie im Frieden. Nur daß die Post immer so weit geht.« (7.10.1935, MB) Während der zweiten Oktoberhälfte 1935 wollte er das Manuskript bei einem Besuch in Dresden beenden und nochmals gründlich durcharbeiten: »Weil ich ja hintereinander geschrieben habe, ohne das Geschriebne noch einmal durchzulesen.« (17.10.1935, MB) Mitte November tippte Elfriede Mechnig die letzte Fassung; sein erster Titelvorschlag *Erstens kommt es anders...* kam Kästner selber zu »poplig« vor (12.11.1935, MB).

Die verschwundene Miniatur ist eine schöne Hommage an Kästners Lieblingsonkel Hugo Augustin, der ein recht empfindsamer Fleischermeister gewesen sein muß; im übrigen schildert der Roman einen wenig gefährlich klingenden Kriminalfall. Der ausgerückte Fleischermeister trifft im Urlaub in Dänemark Fräulein Irene Trübner und hütet für sie eine teure Miniatur. Die Verbrecher stehlen sie ihm trotzdem, es war aber nur eine Replik; ein charmanter Herr von der Versicherung stiehlt die echte, bringt sie dadurch in Sicherheit, ködert und fängt die Verbrecher und macht am Ende das Fräulein Trübner zu seiner Frau. Zu einem spannenden Kriminalfall reicht das nicht, eher zu einer unterhaltsamen Komödie in Prosa, und als solche gefiel sie ihrem Verfasser, seiner Mutter, seiner Sekretärin und seinem Freund Buhre.

Cecilie Dressler gefiel der Roman gar nicht (14.12.1935, MB), auch Kurt Maschler und den Mitarbeitern von Atrium nicht. Maschler »will ihn natürlich bringen. Aber innerlich ist er dagegen. Das verdirbt einem als Autor gründlich die Laune, muß ich schon sagen.« (16.12. 1935, MB) Kästner war verärgert, er wollte das Manuskript nochmals lesen und »pampig« werden, falls es ihm immer noch gefiele (18.12.1935, MB). Wie die endgültige Besprechung verlaufen ist, ist nicht überliefert, jedenfalls erschien der Roman Ende Februar 1936 bei Atrium und konnte vor 1945 auch noch in Großbritannien, Dänemark, den Niederlanden, in Frankreich und den USA erscheinen. Herbert Steinthal, dem dänischen Übersetzer, hatte das Buch so gut gefallen, daß er Filmverhandlungen anzettelte. In Kopenhagen erschien eine begeisterte »sechsspaltige« Kritik (23.5.1936, MB), und die MGM kaufte wieder die Filmrechte. Es wurde aber keine Verfilmung realisiert; erst 1954 konnte Carl Heinz Schroth nach dem Drehbuch von Kästner selbst einen »betulich[en]« Film drehen.[25]

1935 und 1936 wurden bei Williams & Co. Restexemplare von Gedichtbänden und auch des *Emil* beschlagnahmt, außerdem Prospekte, in denen der Kinderroman beworben wurde, und das, obwohl der *Emil* ja zunächst ausgenommen worden war und auch noch in Kinos lief. Der Verlag wollte nicht schuld gewesen sein und berief sich auf ein vertrauliches Rundschreiben des Börsenvereins, wonach nur *Der 35. Mai* und *Pünktchen und Anton* verboten waren; nun wurden aber alle Bücher Kästners beschlagnahmt.[26] Kästner schrieb einen Brief an den RSK-Vizepräsidenten Heinz Wismann und bat um Erklärung der Maßnahme. Sie betreffe ein Buch, »das wohl von den meisten Deutschen, soweit sie es gelesen haben, als ein ausgesprochen deutsches

Buch angesehen wird; ein Buch, das in über 30 fremde Sprachen übersetzt wurde, um den Kindern anderer Länder eine Vorstellung vom Kameradschaftsgeist und dem Familiensinn des deutschen Kindes zu vermitteln; ein Buch, das in den englischen, amerikanischen, polnischen und holländischen Schulen verwendet wird, um die deutsche Sprache und Verständnis für das deutsche Wesen zu lehren!«[27] Kästner erhielt keine Antwort auf diesen Brief.

1935 wurden nach zweijährigen Rügen und Ermahnungen die Kabaretts *Katakombe* und *Tingel-Tangel* geschlossen. Die musikalische Leitung der *Katakombe* hatte Kästners Freund Edmund Nick, die künstlerische Leitung hatten Werner Finck und Rudolf Platte; im Ensemble waren Ursula Herking und Theo Lingen. Das *Tingel-Tangel* war 1930 von Friedrich Hollaender gegründet und 1935 von Trude Kolman und Günther Lüders neu eröffnet worden, im Ensemble spielte auch Herti Kirchner. Kästner hatte für beide Texte geliefert, seine Gefährdung mußte ihm klar sein; in den Briefen an seine Mutter ließ er sich nichts anmerken, freute sich nur einen Tag nach den Verhaftungen, daß Ida Kästner und Doras Sohn Franz Naacke das Programm vorher noch gesehen hatten. (11.5.1935, MB) Diese Gemütlichkeiten gegenüber der Mutter waren zu einem Gutteil vorgetäuscht – es kam vor, daß er bei drohenden Verhaftungswellen sich nicht auf sein Glück verließ, sondern ein paar Tage nach Dresden auswich.

Seit Dezember 1934 wurden die Kabaretts überwacht; am 9. Mai 1935 teilte der PG und *Tingel-Tangel*-Geschäftsführer Max Elsner einem von Heydrichs SD-Offizieren mit, daß einige PGs die Störung der nächsten Vorstellung angedroht hätten.[28] Die Gestapo kam den Ausschreitungen zuvor, schloß die Kabaretts und verhaftete Werner Finck, Heinrich Giesen, den Schnellzeichner Walter Trautschold von der *Katakombe*, vom *Tingel-Tangel* Walter Lieck, Walter Gross, Ekkehard Arendt und später aufgrund einer neuerlichen Denunziation Elsners und des *Tingel-Tangel*-Direktors Oswald Schanze den künstlerischen Leiter Günther Lüders. Trude Kolman emigrierte, Arendt wurde ein paar Tage später wieder aus der »Schutzhaft« entlassen, die übrigen waren »für die Dauer von 6 Wochen in ein Lager mit körperlicher Arbeit zu überführen«[29] und wurden ins Konzentrationslager Esterwegen ›überstellt‹.

Gerade Lüders' Verhaftung zeigt, wie nahe einer solchen ›Überstellung‹ auch Kästner war. Am 15. Mai war Elsner bei der Gestapo gewesen und hatte zu Protokoll gegeben: »Wie mir bekannt ist, verkehrt die Herti *Kirchner* mit dem Kommunisten Dr. *Kestner* [!], der ihr Freund ist, und da ihm das Schreiben für Bühnen verboten ist, schreibt er getarnt und gibt diese Texte den Autoren Neumann, Witt und Pinelli. Dies ist mir besonders aufgefallen, da beim Anfang des Stückes täglich in der ersten Zeit die Herti *Kirchner* von Dr. *Kestner* kontrolliert und beraten wurde.«[30] Trotz dieser Denunziation geschah Kästner und Herti Kirchner nichts. Auch die KZ-Häftlinge wurden am 1. Juli 1935 aufgrund eines »Erlasses des Herrn Preußischen Ministerpräsidenten«, also Hermann Görings, entlassen und ein »ordentliches Verfahren« gegen sie eingeleitet. Die Schauspielerin Käthe Dorsch, früher Görings »Leutnantsliebe oder sogar Verlobte«,[31] hatte sich für ihre Kollegen eingesetzt. Sie wiederum war von Victor de Kowa darum gebeten worden, der sowohl mit ihr als auch mit Günther Lüders eng befreundet war. Es ist denkbar, daß Kästner davonkam, weil er seinerseits de Kowa kannte. Anfang Juni konnte die *Katakombe* als *Tatzelwurm* neu eröffnet werden, einige der alten Mitglieder taten auch jetzt mit, darunter Edmund Nick, Ursula Herking und alle denunzierten Texter, Günther Neumann, Aldo von Pinelli und Herbert Witt, Kästners »lustige[r] Mitstreiter« (VI: 351). Der marklose *Tatzelwurm* konnte sich aber nicht lange halten. Das gegen die ehemaligen Häftlinge eingeleitete Verfahren endete einige Monate später vor einem Sondergericht des Berliner Landgerichts mit dem Freispruch für alle Angeklagten.

Herti Kirchner bekam sogar endlich eine weitere Hauptrolle beim Film, in einer »Rolle à la Lucie Englisch. Mit ein paar Tagen Außenaufnahmen in Neustrelitz. Blomberg, der Heeresminister, tritt auch auf. Ein Militärfilm also.« (12.11.1935, MB) Durch ihre Arbeit und neue Kabarettproben sah sie Kästner nicht mehr sehr oft, auch Weihnachten mußte sie ohne ihn verbringen, Muttchen war wichtiger. Für Herti Kirchner wollte er schon am Abend vorher den Weihnachtsmann spielen. »Sie ist so schon viel mit Weinen beschäftigt. Na ja, das legt sich.« (19.12.1935, MB)

Werner Buhre arbeitete in dieser Zeit als Drehbuchautor, 1935 als Schnittmeister. Die Attraktion, die die Filmstudios auf Kästner ausübten, äußert sich in Bemerkungen wie dieser: »Buhre hat eine Filmarbeit gekriegt, und ich helfe ihm ein bißchen, damit es gut wird. Er ist mächtig stolz.« (26.6.1935, MB) Auch den deutsche Filmen der dreißiger Jahre konnte Kästner durchaus etwas abgewinnen, so fand er Willi Forsts Film *Mazurka* (1935) »[g]eradezu hinreißend! Sehr traurig, aber wundervoll.« (17.11.1935, MB) Aber eine eigene Arbeit beim Film war noch nicht in Sicht, und das neue Jahr begann mit Todesnachrichten. »Frau Jacobsohn ist in London am Schlag gestorben. Und Tucho in Paris auch. In einer Anstalt. So ist das Leben.« (4.1.1936, MB) Tucholsky war am 21. Dezember 1935 in einem Göteborger Krankenhaus gestorben. Die Luft des ›Dritten Reichs‹ wurde auch für Kästners Durchhaltewillen immer verpesteter. 1936 wurde er tatsächlich zum verbotenen Autor; seine Bücher durften nicht mehr in Deutschland verkauft werden. Er sah sich außerstande, selbst noch etwas zu unternehmen, das sollten die Verlage für ihn tun. Sich direkt an Goebbels zu wenden hielt er für sinnlos, und er beruhigte die Mutter über seine finanziellen Verhältnisse: »So schnell kippen wir nicht aus den Pantinen.« (12.3.1936, MB) Er schätzte seine Aussichten realistisch gering ein: »Ich hab eine Verhandlg. Wird wohl nichts werden. Na ja, is [!] ja nicht so wichtig.« (18.2.1936, MB)

Das Schwarze Korps polemisierte gegen den Barsortiments-Katalog von Koehler & Volckmar und schlug vor, ihn etwas dünner und handlicher zu machen, bevor man sonst »von zuständiger Seite […] mit notwendigem Nachdruck« an die »kulturpolitischen Verpflichtungen« erinnern könnte. Der Grossist solle doch die Juden Stefan Zweig, Franz Werfel, Jakob Wassermann, Max Brod und Arthur Schnitzler nicht mehr ankündigen, »sowie den Psychoanalytiker Siegmund [!] Freud, professoraler Pornograph und Vollblutjude«. Und der anonyme Rezensent fragte: »Was brauchen wir in einem Katalog Karl Marx, den Antroposophen-Steiner, Uzarski, den pervertierten Sacher-Masoch und Erich Kaestner?«[32]

Die Versuche, in die Schrifttumskammer aufgenommen zu werden, blieben bis auf ein kurzes Intermezzo, von dem noch zu reden sein wird, erfolglos. Kästners Anwalt Achim Friese unternahm im Dezember 1938 einen weiteren Anlauf, nicht direkt an die Kammer, sondern an den Leiter der »Abteilung Schrifttum im Reichsministerium für Volksaufklärung und Propaganda« gerichtet. Seine ohne Frage zweckgerichtete Argumentation zeigt, wie weit auch Kästner wenigstens auf dem Papier bereit war, Kompromisse einzugehen. Dem Vorwurf des »Kulturbolschewisten« wurde widersprochen, man könne Kästner nicht nach einigen Gedichten beurteilen, die »vor Jahren« erschienen seien und die »negativ zu beurteilen sind. Im übrigen würde er sie auch heute nicht mehr schreiben.« Sie seien in einer »geistig wurzellosen Zeit« geschrieben worden; auf Kästner habe, »wie bei unzählig anderen jungen Menschen, das Erlebnis des verlorenen Krieges und einer destruktiven Revolution verwirrend und deprimierend gewirkt«. Von *Die andere Möglichkeit* sei er »bereits im Jahre 1931 abgerückt«, er habe das Gedicht in die zweite Auflage von *Ein Mann gibt Auskunft* nicht mehr aufgenommen. Er stamme aus einer »alten bodenständigen Handwerkerfamilie«, man könne ihn nicht »mit Tucholsky und anderen jüdischen Literaten« vergleichen, nur weil er in der *Weltbühne* geschrieben habe. Vom künstlerischen Standpunkt aus bestehe Interesse, Kästner in die Reichsschrifttumskammer aufzunehmen. Der Anwalt zählte Kästners Kinderbücher auf, sie schilderten »in schlichter, gesunder und auch amüsanter Form das Leben und die kleinen Abenteuer von Jungens«. Sein Roman *Drei Männer im Schnee* gehöre »mit seinem Humor zu den Büchern [...], die die heutige Staatsführung mit Recht als einen Quell notwendiger Lebensfreude und als Ausgleich für das Alltagsleben hält.«[33]

Frieses bemühte Argumentation nützte nichts, der Zeitpunkt seines Briefes war zudem außerordentlich ungünstig. Leiter der Schrifttumsabteilung im Propagandaministerium war seit dem 24. Dezember 1938 Alfred-Ingemar Berndt geworden, der sich gegenüber seinem Vorgänger und seinem Chef Goebbels profilieren wollte. Seine Antwort kehrte den Muster-Nationalsozialisten heraus und sparte nicht mit drohenden Tönen. Eine Aufnahme des »Zersetzungsliteraten« komme »unter keinen Umständen in Frage«. Kästner sei der »Prototyp der Kulturbolschewisten«: »Ich bin erstaunt, daß ein nationalsozialistischer Rechtsanwalt den Versuch macht, die literarische Tätigkeit Dr. Kästners in der Zeit vor 1933 abzuschwächen und als harmlos hinzustellen. Es ist wohl kaum Schlimmeres in deutscher Sprache an Zersetzendem geschrieben worden, als die Hunderte von pornographischen Gedichten Kästners über die Abtreibung, die Homo-Sexualität und alle sonstigen Verirrungen. Kästner kann von Glück sagen, daß man im Jahre 1933 aus irgendeinem Grunde vergessen hat, ihn auf eine Reihe von Jahren in ein Konzentrationslager zu sperren und ihm so Gelegenheit zu geben, durch seiner Hände Arbeit sich sein Leben zu verdienen. Wer in einer solchen Weise wie Kästner vor 1933 literarisch hervorgetreten ist, hat ein für alle mal das Recht verwirkt, noch jemals in deutscher Sprache zu schreiben. Diese Stellungnahme ist endgültig.«[34]

Es muß daran erinnert werden, daß das ›Dritte Reich‹ zwölf Jahre dauerte; daß zwölf Jahre eine lange Zeit sind; und daß während dieser zwölf Jahre, mindestens bis Kriegsbeginn, für die meisten der Dagebliebenen, also auch für Kästner, das ›Dritte Reich‹ aus Alltag bestand. Als es nicht viel zu tun gab, konnte Elfriede Mechnig getrost in Urlaub fahren, »Post kommt ja nicht sehr viel.« (6.7.1936, MB) Kurzzeitig mußte sie sich vollends eine andere Stellung suchen, nur abends tippte sie gelegentlich noch für ihren langjährigen Chef (31.3.1937, MB); erst Anfang der vierziger Jahre hatte er wieder genug für sie zu tun. Ende der Dreißiger las er lieber, statt zu schreiben. Die Aufwartefrau Helene Plage kündigte, weil sie ein Kind erwartete (30.6.1936, MB), Kästner mußte sich für kurze Zeit eine neue suchen, die er sich immer noch leisten konnte. Dann war in seinen Briefen nur noch von »Helene« die Rede, übrigens ohne jede Klage; es soll der Witz kursiert sein, Kästner sei nicht emigriert, »[w]eil er der Plage nicht kündigen möchte.«[35]

Elfriede Mechnig hat erzählt, daß Kästner sie auch zu Kriegszeiten behalten und davor schützen wollte, in die Rüstungsindustrie einberufen zu werden; er habe sie deshalb »als seine Putzfrau« angemeldet. »Da an Büroarbeit kaum noch etwas zu tun war, putzte ich also die Wohnung, ging einkaufen und kochte. Zwei Aktentaschen mit seinen wichtigsten Verträgen und Papieren standen immer parat auf der Diele.«[36] Aus Mechnigs Zeit als Aufwartefrau wird der Alltag des ›Dritten Reichs‹ anschaulich. Einige Arbeitsanweisungen Kästners aus dieser Zeit haben sich erhalten: Sie soll da »schönes Gulaschfleisch oder Kalbsbraten« einkaufen, und »diesen, wie auch den Poree [!], für den Abend vorkochen.« Oder »Apfelmus fabrizieren«, »Kürbis schneiden«; »Frl. E[nderle] schlägt vor, die Beeren mit der Gabel abzustielen, damit die Presserei einfacher wird.« »Bitte, die zu weichen Birnen essen.« Buhre schickte einen Kanister mit Sonnenblumenöl aus der Nähe der Ostfront;[37] und auch die technischen Geräte wollten gewartet sein. »Gehen Sie doch mal mit der Heizsonne zu Trede. Sie brennt nicht mehr«, heißt einer der undatierten Zettel Kästners an seine Sekretärin.

Noch war kein Krieg; Kästner fuhr im Juli 1936 zusammen mit Herti Kirchner auf eine Woche ins Mecklenburgische, um für einen Roman zu recherchieren. »Sehr abstrampeln werde ich mich nicht. Nur Studien machen.« (8.7.1936, MB) Es ist unklar, welcher Roman das gewesen ist; zwei Fragmente hat Kästner in den fünfziger Jahren publiziert, weder in *Die Doppelgänger* noch in *Der Zauberlehrling* kommt Mecklenburg vor. Beide Projekte spielten mit einem phantastischen, mit dem Doppelgänger-Motiv. Kästner beschwerte sich 1934 bei der amerikanischen Botschaft in Berlin, »in New York und anderswo« gebe sich ein Schwindler für ihn aus und halte Vorlesungen aus seinen Büchern. »Es soll sich um einen grossen Herrn mit Glatze handeln, und diese Abende sollen in der Presse als Vorlesungen Erich Kästners gross angezeigt werden. Ich bin aber weder ein Herr mit Glatze, noch war ich seit zirka zwei Jahren im Auslande, und in Amerika überhaupt noch nicht.« Die Filmfirmen sollten vor Abschlüssen mit diesem Doppelgänger dringend gewarnt werden, außerdem soll der Schwindler nicht nur aus seinen Büchern vorlesen, »sondern auch gegen den Nationalsozialismus Stellung nehmen.«[38]

Die Doppelgänger wird also frühestens 1934 entstanden sein, nicht unmittelbar nach dem *Fabian*, wie Kästner zu der späten Veröffentlichung anmerkte (III: 419); Luiselotte Enderle datiert das kurze Fragment auf 1939. Es erzählt von einem Protagonisten Karl, den sein Schutzengel »Maximilian Seidel« vom Selbstmord abhält. Der Engel tritt durch die verschlossene Tür und sieht aus wie ein behäbiger Weinreisender: »Gott schickt mich. Er läßt Ihnen sagen, Sie möchten sich unverzüglich aufmachen und sich selber suchen.« (III: 214) Karl macht sich auf die Reise; in einem Café beginnt er, Notizen zu einem Roman zu machen, und er wird Zeuge eines erfolgreichen Selbstmords – der »Weinreisende« ist zu spät gekommen. Nach stenographischen Notizen in Kästners Nachlaß hätte Karl im Café ein Mädchen kennengelernt und mit ihr eine Geschichte erlebt, die an *Amphitryon* erinnert – sie sollte ihn mit seinem Doppelgänger betrügen, ohne es zu wissen. Ein Abschnitt der Notizen klingt wie ein Bekenntnis zum Leben in der inneren Emigration: »Er beschließt, bis er eine gültigere Auffassung gefunden hat, die Menschheit links liegen zu lassen. Er wird sich nur dem eigenen Charakter, dem privaten Leben, den Nächsten widmen und das Leben lieben, bis auf weiteres.« (n. dat., TB)

Den *Zauberlehrling* datierte Kästner selbst auf 1936; der Verkehrsverein von Davos hatte ihn in diesem Jahr zu einem Vortrag eingeladen[39] und bestellte bei ihm einen heiteren Roman über Davos, weil »Thomas Manns ›Zauberberg‹ den Ort in gesundheitlicher Hinsicht in Verruf gebracht hatte.«[40] Dieses Fragment ist thematisch ganz ähnlich wie der *Doppelgänger* gelagert, aber eine freundlichere Variante. Ein Kunsthistoriker, Prof. Dr. Alfons Mintzlaff, trifft auf seiner Reise nach Davos Zeus persönlich, der sich »Baron Lamotte« nennt, auf der Zugfahrt mit einem Blitzschlag in einen Baum ausweist, Mintzlaffs Gedanken lesen und auch sonst noch allerlei kann. In Davos sieht Mintzlaff ein Plakat hängen, wo sein Vortrag angekündigt wird, vier Wochen vor dem Termin; das Verkehrsbüro teilt ihm mit, er sei schon seit einer Woche in Davos – wieder der Doppelgänger. Das Fragment beschreibt die komplizierten Verhältnisse zweier Frauen zu Mintzlaff und »Lamotte« und bricht mit der Entlarvung des Betrügers durch »Lamottes« telepathische Kräfte ab. Zeus redet Mintzlaff ins Gewissen: »Werden Sie, was Sie sind!« (III: 308) Wie im *Doppelgänger* ist die Isolation des Protagonisten ein Thema, die »Mauer aus Glas« (III: 308), von der er sich umgeben fühlt. So heiter das Fragment größtenteils wirkt – die Identitätsfindung scheint nur mit einem großen Aufwand an Phantastik möglich zu sein; nichts, was erreichbar wirkt.

Kästner konnte sich 1936, im Olympia-Jahr, ganz dem Sport hingeben. Im Sommer besuchte er viele Veranstaltungen beim »Olympia-Rummel« (5.8.1936, MB): Polo, Ringen, Schwimmen, Hockey, Boxen, das Fußballspiel Norwegen – Italien und das Fußball-Finale. »Aber was soll man andres machen. Alles spricht davon. Alle gehen hin. Da muß ich eben auch dabei sein. Vielleicht kann man's einmal für eine Geschichte brauchen.« (10.8.1936, MB) Es war ihm klar, daß es ihm immer noch vergleichsweise gut ging; über einen verbotenen Journalisten schrieb er an die Mutter: »Er kam neulich, ob ich nichts für ihn wüßte. Ein armer Teufel. [...] Ich bin gesund u bester Laune. Nur ein bißchen faul. Aber das gibt sich, wenn die Olympiade vorbei ist.« (12.8.1936, MB) Der Freundeskreis wurde wichtiger, die Listen derer, die »Muttchen« grüßen ließen, wurden länger: »Nauke, Buhre, Keindorff, Ode, Pinelli, Nick usw.« (21.5.1936, MB); dazu kamen noch Victor de Kowa, Gustav Knuth, in den vierziger Jahren der junge Wolfgang Harich. Der Schauspieler Erik Ode scheint sich für Kästner in

London bei einem Anwalt um nicht transferierbare Guthaben gekümmert zu haben (4.9., 11.9.1937, MB).

In der zitierten Namensaufzählung wurde erstmals Eberhard Keindorff erwähnt, einer der wichtigsten Freunde für Kästners finanzielles Überleben im ›Dritten Reich‹. Er wurde am 7. Februar 1902 in Hamburg geboren und lebte seit den dreißiger Jahren in Berlin. Kürschners Literatur-Kalender von 1943 verzeichnet ihn als Dramatiker auch mit dem Pseudonym Eberhard Foerster. Keindorff war Mitglied der Reichsschrifttumskammer und konnte publizieren; sein Pseudonym verwendete er *auch* (aber nicht nur) für die leichten Boulevardstücke, die er mit Erich Kästner zusammen schrieb – eine »Flucht ins Läppische« hat Keindorff sie genannt.[41] Kästner bezeichnete sich im Rückblick als »bis zu einem gewissen Grade mitbeteiligt«;[42] aus einem späten Brief Keindorffs über *Seine Majestät Gustav Krause* (1940) wird die Art der Zusammenarbeit recht deutlich: Beide Autoren haben sich »Tag für Tag« getroffen, »um gemeinsam Zeile für Zeile und Wort für Wort entstehen zu lassen.«[43] Dementsprechend wurden auch Honorare für Wiederaufführungen und Neuverfilmungen nach dem Krieg hälftig geteilt; die Abrechnungen liefen über Keindorff.[44]

1941 heiratete Keindorff in Berlin-Wilmersdorf in zweiter Ehe Sybille Freybe (1913–1970); seine erste Frau hatte ihn wegen Gustav Knuth verlassen. Freybe brachte aus ihrer ersten Ehe zwei Kinder mit; sie war Schriftstellerin und veröffentlichte unter ihrem Pseudonym Johanna Sibelius im ›Dritten Reich‹ Unterhaltungsromane, schrieb auch einige Drehbücher für die Terra und die UFA (*Kongo-Expreß*, 1939; *Am Abend nach der Oper*, 1944). Das Team Keindorff – Sibelius wurde nach dem Krieg zu einem gefragten und überaus erfolgreichen Drehbuch-Gespann; sie schrieben für Regisseure wie Kurt Hoffmann, Wolfgang Liebeneiner, Hans Deppe, Franz Peter Wirth, Alfred Vohrer, Günther Lüders und Josef von Baky. Unter ihren bekanntesten Filmen finden sich neben einigen Shaw-Adaptionen die Titel *Julia, du bist zauberhaft* (1961), *Unter Geiern* (1964) und die Eric Malpass-Verfilmungen *Morgens um sieben ist die Welt noch in Ordnung* und *Wenn süß das Mondlicht hinter den Hügeln schläft* (1969).

Die erste Koproduktion von Kästner und Keindorff war das Stück *Verwandte sind auch Menschen* (1937), ein sorgfältig und einfallsreich konstruiertes, im ›Dritten Reich‹ vielgespieltes Boulevardstück: Stefan Blankenburg, der sprichwörtliche Onkel aus Amerika, läßt seine

Eberhard Keindorff, Johanna Sibelius und ihre Söhne um 1945

Verwandten postum zur Testamentseröffnung in einen »kleinen deutschen Höhenluft-Kurort« bestellen; außer ihnen schmuggelt sich noch ein Journalist ein, der sich als entfernter Vetter aus Südafrika ausgibt. In der Villa werden sie von dem griesgrämigen Diener Leberecht Riedel empfangen, der einer Tante die Bemerkung entlockt: »Schade, dass ich keinen Diener brauche. Sie sehen so wundervoll verbittert aus. Wer Sie zum Diener hat, kann den Hund sparen.« (V: 612) Ein Justizrat und Freund des Verstorbenen eröffnet das Testament, in dem der Erblasser alles seinem treuen Diener vermacht und von seinen Verwandten verlangt, vier Tage zusammen in der Villa zu leben; dann werde ein weiterer Brief von ihm verlesen. Das Zusammenleben gestaltet sich nicht einmal unharmonisch; den Zuschauern – nicht den Verwandten – wird bald klar, daß der angebliche Riedel Blankenburg selbst ist. Er wurde als junger Mann von seinen Verwandten betrogen und ging deshalb nach Amerika, nun will er sich rächen. Zu seinem Unglück findet er seine Leute mit ihren kleinen Wünschen aber ganz sympathisch, er flieht deshalb vor der weiteren Verlesung – sein Brief wäre eine einzige Beschimpfung gewesen. Im dritten und letzten Akt erscheint dann der echte Diener Riedel; der Journalist entpuppt sich als sein Neffe, den er auf seinen Herrn angesetzt hatte, um das Schlimmste zu verhüten. Und das tut er dann auch: Blankenburg entschuldigt sich bei den netten Verwandten, der Journalist wird die Nichte Hilde Böhmke heiraten, Herr und Diener duzen sich endlich nach vierzig Jahren Dienstverhältnis.

Das Stück hat einige amüsante Einfälle zu bieten, insbesondere die einzelnen Verwandten sind effektvolle Chargen. Es gibt da zum Beispiel die Familie Zander, den Bürovorsteher Otto, seine Frau Ingeborg und deren fünf Kinder Gottfried, Gotthelf, Gottlieb, Gotthold und Gottlob. Das Familienoberhaupt ist ein Kindskopf unter der Fuchtel seiner Frau, obwohl deren häufigster Satz »Ja, Otto« ist; er kommandiert seine Lieben zackig-militärisch, eine deutliche Parodie auf den Militarismus der Zeit: »Mein Kommando übe ich in vollstem Einverständnis mit Frau und Kindern aus. Denn da es mir keine Freude macht, wenn meine Familie vor mir Angst hat, haben mir meine Angehörigen versprechen müssen, dass es ihnen ihrerseits Vergnügen macht, wenn ich kommandiere.« Seine Frau erklärt ihm, wie man das nennt: »Aufgeklärter Despotismus, Otto.« (V: 621) Hildes Bruder Emil stellt ununterbrochen falsche detektivische Kombinationen an, und ein Arztehepaar möchte die Villa in ein Sanatorium verwandeln. Der Justizrat hat sein Büro so gut organisiert, daß er kaum arbeiten muß, weil ihm aufgefallen ist, »was für arme Hunde alle Menschen sind, die ihre Zeit mit Arbeit vollstopfen«. (V: 637) Der Journalist ist passenderweise »Irrenarzt«, bzw. »erster Assistenzarzt an der pathologischen Klinik in Freiburg.« (V: 696)

Hans Deppe hat das Boulevardstück 1939 unter demselben Titel für die Tobis verfilmt, leider nur in sehr groben Zügen. Sein Drehbuchautor Peter Hagen hat neue und enorm plumpe Dialoge geschrieben; die Verwandten sind diesmal tatsächlich widerlich; einzig sympathisch ist dem Millionär (außer den Zander-Kindern) die Ziehtochter von Tante Paula, über die er am Schluß erfährt, sie sei seine Tochter – Hintertreppe.

Die *Lyrische Hausapotheke* erscheint 1936 bei Atrium, mit einem »wunderbaren Einband-Entwurf« (15.7.1936, MB) von Trier, der inzwischen auch ausgewandert war, nach London. Der Band brachte eine Auswahl der ›unpolitischen‹ Gedichte Kästners, dazu wenige neue Epigramme, darunter auch die sprichwörtliche *Moral*: »Es gibt

Eberhard Keindorff, Weihnachten 1968

nichts Gutes/ außer: Man tut es.« (I: 277) Im Ausland war die *Hausapotheke* relativ erfolgreich, einige handgeschriebene Exemplare kursierten sogar später im Warschauer Getto. Eines davon ging als Geburtstagsgeschenk von seiner Freundin und späteren Frau an den jungen Marceli Reich-Ranicki.[45]

Der ehemals expressionistische Lyriker, Kleinverleger und Kabarettautor Munkepunke, Alfred Richard Meyer, war zum Zeitpunkt des Erscheinens Leiter des Referats II C der Schrifttumskammer und beobachtete Kästners Publikationen. Die in der Schweiz veröffentlichten und in Mähren gedruckten Bücher warfen für ihn »die Frage auf: was ist hier zu tun? *gegen oder für Kästner?*« Gegen die Romane hatte er nichts einzuwenden, sie seien »durchweg nicht zu beanstanden«. Dagegen müsse »der Vertrieb der Gedichte in Deutschland [...] abgelehnt werden.« Er empfahl in seiner Aktennotiz, Kästner »zu einer prinzipiellen Besprechung« zu bestellen; und er schrieb ein ausführliches Gutachten über die *Lyrische Hausapotheke*. Meyer war ein kundiger Lyriker und nur zweifelhaft sicherer Nationalsozialist, Parteimitglied war er erst unmittelbar vor seinem Amtsantritt 1937 geworden.[46] Und so fühlte er sich zuverlässig an Alfred Lichtenstein erinnert, als er den Band las; sein Gutachten besteht vor allem aus Gedichtzitaten, dazwischen ein paar unausgeführte NS-Vorwürfe, die mehr nach Jargon als nach Überzeugung klingen: »Kulturbolschewismus«; *Die andere Möglichkeit* verbleibe als »widerlichste Erinnerung«; Kästners Einstellung zur Ehe sei »abzulehnen«; und so fort. Meyers Fazit: »Dagegen besagt es wenig, dass es in diesem Buch viele witzige Spielereien gibt, die im rein Artistischen gelungen sind und dennoch jedes tiefere Herz vermissen lassen, das man von einer lyrischen Hausapotheke verlangen darf und muss. Die Arzneien dieser Hausapotheke sind uns zu bitter und entpuppen sich bisweilen leider als Gifte, die wir lieber meiden wollen.«[47] Vor allem die Aktennotiz zu Meyers Gutachten bleibt zweideutig – wollte er nun Kästner nützen oder schaden? Immerhin erklärte er die Prosa für unbedenklich, und Kästner hatte seit 1933 *nur* Prosa unter seinem Namen veröffentlicht; die *Hausapotheke* enthielt ja überwiegend alte Gedichte.

Dagegen schlug Meyer auch eine »prinzipielle Besprechung« vor; womöglich war diese Notiz Anlaß für Kästners erneute kurze Verhaftung durch die Gestapo. 1936 war wieder das unzutreffende Gerücht aufgekommen, Kästner halte sich in Prag auf und sei dort Mitarbeiter an Emigrantenzeitschriften, damals wohl ohne Folgen.[48] Kästner hat Enderle den Ablauf des zweiten Verhörs, 1937, beschrieben: »›Wo leben Sie sonst? Wovon leben Sie? In welchen Verlagen erscheinen Ihre Bücher?‹ Die ausländischen Verlagsnamen und Buchtitel waren kompliziert. Kästner buchstabierte sie langsam. Der Protokollführer stotterte sie in die Maschine. Das Verhör dauerte drei Stunden. Dann entließ man ihn wieder. Mit Paß. Durch Gittertüren. Klirrend geöffnet. Klirrend geschlossen.«[49] Kästner erzählte später, die zweite Verhaftung sei eine bürokratische Panne gewesen; die Polizisten hätten »zwar das Verhaftungspapier von 1934 gefunden, nicht aber das Protokoll, worin der Verlauf und das Ergebnis der Vernehmung verbrieft worden waren!«[50] Seitdem habe er jede Klingel im Magen gehört, und sein ruhendes Herzleiden habe sich wieder gemeldet. Bei einer der beiden Verhaftungen soll ihm der Beamte gesagt haben: »Seien Sie froh, daß ich Sie nicht gefesselt abführe!« Kästners Notiz dazu: »Die Psychologie eines alten Kriminalbeamten, der denkt, wenn er jemand verhaften muß, ist der Betreffende auch ein Verbrecher. Die Wandlung seines Benehmens bis zum Schluß der Vernehmung.« (n. dat., TB)

Kästner schrieb zwar nicht für Emigrantenzeitschriften, aber er wollte weiterhin mit dem emigrierten Walter Trier zusammenarbeiten. Sie trafen sich Ende August 1937 für drei Wochen in Salzburg, weil sie zusammen ein Buch über die Stadt machen wollten; es war noch unklar, welche Geschichte in Salzburg spielen sollte. Kästner wohnte in Bad Reichenhall in der »Besitzung Axelmannstein«, Kurhaus und Grandhotel, und nutzte den ›Kleinen Grenzverkehr‹: »Abends fahr ich zurück u morgen wieder her. Es ist sehr bequem im Autobus.« (20.8.1937, MB) Auf diese Weise brauchte er kein Visum; eine Auslandsreise so kurz nach der Verhaftung wäre kaum ratsam gewesen. Aber der Reisemodus brachte auch mit sich, daß er kein Geld ausgeben durfte; er fuhr »jeden Tag mit meinem Freßpaket über die Grenze, ohne Geld, und laß mich drüben zu einer Tasse Kaffee oder einem Glas Bier einladen. Ganz lustig.« (26.8.1937, MB) In der Festspielzeit war Salzburg teuer, Trier mußte ihn auch in die kulturellen Veranstaltungen einladen – ins Orgelkonzert (20.8.1937, MB), in den *Faust*, auch den *Jedermann* und den *Rosenkavalier* sahen sich die Freunde an. Kästner lernte zwar keine »Konstanze« kennen wie sein Protagonist im Roman *Der kleine Grenzverkehr*, aber er traf Herti Kirchner, die scheinheilig empört an Ida Kästner schrieb: »Das geht aber nicht: schon wieder treffe ich Ihren Herrn Sohn. Natürlich *ganz* zufällig.« (23.8.1937, MB) Sie machten Ausflüge ins Umland mit einem Verwandten Triers bzw. in dessen Auto, sahen sich den »Fuschlsee u. Wolfgangsee u. Geisberg usw.« an. »Es war sehr schön. Bis auf ein Gewitter am Abend mit viel Regen...« (2.9.1937, MB) Außerdem soll er in Salzburg Walter Mehring und Ödön von Horváth getroffen haben,[51] seine Notizen zum ungeschriebenen Roman der Zeit bestätigen das – dort heißt es, Horváth habe seinen »Mut« bewundert, »nach Berlin zurückzukehren, und den dann auf den Champs-Élysées ein Blitz traf.« (n. dat., TB)

Er war gefangen von dem neuen Stoff, der ihm »im Kopf rumgeht« (1.10.1937, MB), ohne Ende Oktober 1937 eine »Geschichte« dazu gefunden zu haben (21.10.1937, MB) – er nahm dann kurzerhand die eigene, wenigstens die äußeren Umstände der befremdlichen Lebensweise im kleinen Grenzverkehr. Er trieb seinen Vorwort-Tick bis zur vergnüglichen Selbstparodie und errichtete eine Autorfiktion: Man liest das Tagebuch des Protagonisten Georg Rentmeister selbst. Der benutzt den kleinen Grenzverkehr allerdings aus harmloseren Gründen als Kästner; er hat nur seinen Devisenantrag zu spät gestellt. Durch seine Zahlungsunfähigkeit lernt er das Dienstmädchen Konstanze kennen, die ihm einmal den Kaffee spendiert. Daß sich eine große Liebesgeschichte zwischen den beiden anschließt, ist obligatorisch; obendrein zeigt sich am Schluß, daß sie eine Komteß ist und das Dienstmädchen nur auf Wunsch ihres Vaters spielt. Der ist ein verkrachter Dramatiker, dem kein Stoff mehr einfällt und der deshalb sein Personal in Urlaub geschickt hat, um mit seinen Kindern das Personal zu mimen und die ausländischen Gäste auf seinem Schloß selbst zu bewirten.

Die Anregung für dieses Motiv des skurrilen Grafen könnte von einer Einladung gekommen sein, die Kästner selbst erhielt, und zwar »von einem österreichischen Baron, der meine Bücher liebt u mich bittet, ein paar Tage auf sein Schloß nach Kärnten zu kommen. Das ist ulkig, was? Na, ich werde es wohl nicht machen. Aber nett ist es trotzdem.« (16.4.1937, MB) Kästners Kurzroman erschien 1938 in der Schweiz unter dem Titel *Georg und die Zwischenfälle*,[52] ohne vorerst Hymne an Salzburg sein zu können – Österreich war annektiert worden, die Festspiele fielen 1938 aus. Nach dem Krieg nannte Kästner das Buch *Der kleine Grenzverkehr* (1949).

Das Honorar reichte offenbar aus, um in den unsicheren Zeiten Geld anzulegen. Seine Mutter suchte in der Nähe Dresdens nach einer Immobilie, die in der Korrespondenz mit ihrem Sohn nur indirekt als »die bewußte Sache« angesprochen ist. Kästner fragte sie: »Wie teuer denn? Als 1. Hypothek? Unbebaut?« (17.10.1937, MB) Tatsächlich kauften Mutter und Sohn zwei Hypothekenbriefe über jeweils 5000 Reichsmark; die notarielle Beglaubigung stammt vom 31. Januar 1938. Die Summe wurde an einen Dresdner Rechtsanwalt als verzinsliches Darlehen gezahlt; die Hypotheken belasteten ein 2830 Quadratmeter großes Grundstück in der »Gemarkung Trachau« bei

Dresden. Von seinem Honorar für *Münchhausen* erwarb Kästner außerdem 1943 drei Grundstücke in Wendisch-Rietz, am Ufer des Scharmützelsees; Emil Kästner und später Erich Kästners Kusine zahlten während der DDR-Jahre die Grundsteuern weiter, die Grundstücke blieben der Familie trotz der Enteignungsversuche vor und nach 1989 erhalten.[53]

Unübersehbar bereitete das ›Dritte Reich‹ einen Krieg vor. Kästner mußte noch weitere Musterungen über sich ergehen lassen, zu seiner Beruhigung verliefen sie harmlos: »Wer sich nicht kriegsverwendungsfähig fühle, solle sich melden. Da meldeten sich zehn Mann, ich auch. Drei davon durften gleich wieder gehen, nach flüchtiger Untersuchung. Zehn Kniebeugen, Herz behorcht, weggetreten. Na also. Nach einer Stunde war ich wieder zuhaus.« (12.5.1937, MB) Die zweite Musterung, kurz vor Kriegsende, hatte das gleiche Ergebnis. Der Stabsarzt soll vielsagend bemerkt haben: »Soso, *der* Kästner sind Sie!« – und musterte ihn aus (VI: 331).

1937 gab es auch in Berlin »Verdunklungsübungen«, bei denen nur »der Vollmond scheint« (20.9.1937, MB); die Bevölkerung mußte sich Gasmasken anschaffen (6.12.1937, MB), Kästner füllte einen Ahnenpaß aus, und Herti Kirchner mußte bei einer Straßensammlung für die Winterhilfe auftreten und singen (4.12.1937, MB).

Silvester 1937/38 verbrachte Kästner mit ihr und den Freunden, dem Filmautor Peter Francke und dem Theaterkapellmeister und Komponisten Harald Böhmelt, in Hamburg; ein Singspiel Böhmelts hatte dort Premiere. Um diese Zeit muß das erste Foerster-Stück uraufgeführt worden sein; Keindorff fuhr zu weiteren Premieren und mimte ›Eberhard Foerster‹: »Die Hamburger Premiere war sehr schön. Die in Bochum war wohl auch ein Erfolg. Eberhard ist schon wieder zu einer andern Premiere. Diesmal in Altona. Er kommt vor Verbeugen nicht zum Arbeiten.« (4.1.1938, MB) 1938 schrieben die Freunde *Die Frau nach Maß*, eine Komödie aus dem Theatermilieu: Ein Regisseur will seiner Verlobten das Schreiben von Stücken verbieten, weil er keine Schriftstellerin, Schauspielerin oder Souffleuse zur Frau haben will, »ich will eine Frau zur Frau haben!«[54] Nach dem Krach spielt ihm seine Freundin als ihre eigene Zwillingsschwester das Heimchen am Herd vor, und im Showdown zeigt sich, daß der Regisseur sie in beiden Varianten liebt. Die letzten gemeinsamen Foerster-

Stücke waren *Das goldene Dach* (1939) und *Seine Majestät Gustav Krause* (1940).

Wie schwer sich Erich Kästner heute noch in die Karten schauen läßt (und wie viele Funde weiterhin zu erwarten sind), zeigen verschollene Stoffe. Etwa 1940 schrieb er zusammen mit dem Schlagertexter Hans Fritz Beckmann eine Revue, *Häkchen und die drei Musketiere*. Eine erneute Verfilmung der »hornalten Gelegenheitsarbeit« durch das ZDF verhinderte Kästner in den sechziger Jahren: »›Doddy und die drei Musketiere‹, – schon bei dem Titel krieg ich Sodbrennen.«[55] Auch an einem Theaterstück *Willkommen in Mergenthal* war Kästner »keineswegs unschuldig«.[56] Es ist unter dem Pseudonym »Hans Brühl« geschrieben worden, spätestens 1937; Kästners Koautor in diesem Fall war Martin Kessel, der Büchner-Preisträger von 1954.[57] Das Stück muß als verschollen gelten; es ist im ›Dritten Reich‹ nicht aufgeführt worden, der Chronos-Verlag als Rechteinhaber und einschlägige Theaterarchive haben keine Archivexemplare. 1937 wurde der Stoff von Toni Huppertz unter dem Titel *Das Ehesanatorium* mit prominenten Schauspielern verfilmt – Volker von Collande, Käthe Haack, Günther Lüders, Willi Schaeffers und Wilhelm Bendow.[58] Es handelt sich um eine Typenkomödie: Ein Journalist schleicht sich mit der Tochter seiner Verlegerin im Sanatorium Professor Eschenburgs ein, um über dessen Methoden zur Rettung kriselnder Ehen zu recherchieren. Eschenburg bringt sonst die Paare getrennt unter, durchschaut den Journalisten aber und sperrt ihn mit der ihm fremden Tochter seiner Chefin zusammen. Die glückliche Heirat ist vorprogrammiert.

Kästner machte 1951 Curt Goetz auf die Komödie aufmerksam: »Eines Tages wurde es unter dem Titel ›Das Ehesanatorium‹ verfilmt. Das Licht der Bühne hat es meines Wissens nicht erblickt, obwohl ich eigentlich glaube, daß es dieses Mißgeschick nicht verdient hat.« Er bat Curt und Valerie Goetz, das Stück zu prüfen, auch die Filmrechte seien wieder frei.[59] Valerie Goetz sagte freundlich im Namen ihres Mannes ab, »wir wollen uns doch garnicht erst das Herz schwer machen und sein Stück lesen, da wir es ja doch aus Zeitmangel nicht spielen können«.[60] 1954 meldete Kästner an Kessel, es sei ihm gelungen, »unser enormes Theaterstück« erneut »beim Film unterzubringen«.[61] Franz Antel führte Regie, der Stoff hieß nun *Ja, so ist das mit der Liebe*. Das *Lexikon des Internationalen Films* verreißt den Film denn auch mit Hingabe, trotz erstrangiger Schauspieler wie Hans Moser und Paul

Hörbiger: »Eine Anzahl von Komikern bemüht sich krampfhaft und nahezu vergeblich, ein Minimum an Kurzweil in die seichte Handlung zu bringen.«[62] Kästner scheint bei Vertragsabschluß gewußt zu haben, welche Sorte Film von Antel zu erwarten stand; er hat sich ausbedungen, seinen Namen »in keiner Weise nach aussen hin mit dem Vorhaben in Zusammenhang zu bringen.«[63]

Kästner war im September 1938 in London, um Walter Trier zu besuchen und die farbigen Illustrationen zu seiner ersten Nacherzählung, *Till Eulenspiegel* (1938), anzusehen, neue Pläne zu schmieden und »in Regent Park Tennis« zu spielen (VI: 650). Außerdem traf er seinen Übersetzer und britischen Agenten Cyrus Brooks (VI: 440); im Fragebogen der amerikanischen Militärbehörden 1945 hat Kästner angegeben, er sei auf eigene Kosten nach England gereist, weil er »Besprechungen mit Metro-Goldwyn usw.« hatte. Ob er andere Emigranten gesehen hat – Robert Neumann, Peter de Mendelssohn und Hilde Spiel lebten in London –, ist nicht überliefert. Kästner will sich aber mit Churchills Sekretär Brendan Bracken getroffen haben (VI: 440). Er reiste »Hals über Kopf nach Berlin zurück«, weil Hitler von der Tschechoslowakei verlangt hatte, das Sudetenland an Deutschland abzutreten. »[E]s drohte Krieg. Als das Boot in Hoek van Holland einlief, wurden Extrablätter verkauft. Die akute Kriegsgefahr war abgewendet. Chamberlain war auf dem Wege nach München.« (VI: 650) Das Münchner Abkommen wendete auf Kosten der Tschechoslowakei den Krieg für ein Jahr ab; Trier und Kästner blieben bis zum Tod des Malers 1951 nur noch brieflich in Verbindung.

Die Episoden, die Kästner für seinen *Eulenspiegel* ausgewählt hat, sind harmlos genug; aber er hat die Eulenspiegel-Figur ein wenig zeitgemäß bearbeitet. Bei ihm ist Till *auch* der fröhliche Anarchist und Leute-Necker, aber er wird nicht durchwegs positiv bewertet, er hat etwas von einem Leute-Schinder, einem einfallsreichen Kriminellen. An wen mögen die zeitgenössischen Leser wohl gedacht haben, wenn sie von einem »Zirkusclown« hörten, der »Unfug anstellte, bis es seinen Landsleuten schwarz vor den Augen wurde«, der sie »verulkte«, daß »ihnen Hören und Sehen verging«, der in allen Berufen dilettierte und keinen beherrschte? Aber diese Anspielungen wirken heute ebenso unangemessen wie Bertolt Brechts »Anstreicher«-Serie; die literarischen Bilder waren schwach und harmlos gegenüber ihrem Vorbild –

»Der Anstreicher Hitler
Hatte bis auf Farbe nichts studiert
Und als man ihn nun eben ranließ
Da hat er alles angeschmiert.
Ganz Deutschland hat er angeschmiert.«[64]

Kästner war Zeuge des Novemberpogroms, der sogenannten Reichskristallnacht vom 9. auf dem 10. November 1938. Er beschrieb eine Taxifahrt »wie quer durch den Traum eines Wahnsinnigen«: »Es klang, als würden Dutzende von Waggons voller Glas umgekippt. Ich blickte aus dem Taxi und sah, links wie rechts, vor etwa jedem fünften Haus einen Mann stehen, der, mächtig ausholend, mit einer langen Eisenstange ein Schaufenster einschlug. War das besorgt, schritt er gemessen zum nächsten Laden und widmete sich, mit gelassener Kraft, dessen noch intakten Scheiben. Außer diesen Männern, die schwarze Breeches, Reitstiefel und Ziviljackets trugen, war weit und breit kein Mensch zu sehen.« Ein paarmal habe Kästner anhalten lassen und versucht, auszusteigen; jedesmal habe ihn ein Polizist in Zivil weitergeschickt: »Aussteigen ist verboten! Machen Sie, daß Sie weiterkommen!« (VI: 512f.) Die Presse stellte das Pogrom als einen spontanen Entrüstungsakt des Volkes hin; Kästner sah die »Umwertung der Werte« am Werk. »Gut und böse, unwandelbare Maßstäbe des menschlichen Herzens, wurden durch Gesetz und Verordnung ausgetauscht. Der Milchhändler, der einem unterernährten ›artfremden‹ Kind eine Flasche Milch zusteckte, wurde eingesperrt, und die Frau, die ihn angezeigt hatte, bekam das Verdienstkreuz. Wer unschuldige Menschen umbrachte, wurde befördert. Wer seine menschliche oder christliche Meinung vorbrachte, wurde geköpft oder gehängt.« (VI: 514; vgl. VI: 432f.)

Drei Männer im Schnee:
Verwandlungen eines Stoffs

Am 9. August 1927 erschien im *Berliner Tageblatt* eine kurze Geschichte Erich Kästners: *Inferno im Hotel.* Ihr Held war der seit 14 Monaten verheiratete 28jährige Metallarbeiter Peter Sturz, der ein Preisausschreiben gewonnen hatte, veranstaltet von drei Tiroler Luxushotels und einer illustrierten Zeitschrift. Die Hotels nahmen jeweils einen der drei Gewinner zwei Wochen auf; den ersten erhielt ein Gymnasialoberlehrer, den dritten die Gattin eines Bankdirektors, die beide mit dem Preis etwas anfangen konnten. Den zweiten Preis erhielt Sturz, für ihn »sollte die Reise zu einer schmerzlichen Fahrt in würdelose Abenteuer werden.«

Er schrieb der Zeitung, man möge ihm statt der Reise das Geld auszahlen; die Redaktion lehnte das ab, seine Frau staffierte ihn für die Reise aus. Sie »kaufte im Konsumverein den kunstseidenen Schlips, den er erst zum Geburtstag hätte bekommen sollen; sie stärkte und plättete drei Vorhemdchen und etliche paar Manschetten; sie bürstete den blauen Sonntagsanzug mit Benzin und packte einen Karton. Sturz nahm den ihm zustehenden Urlaub von zehn Tagen und erhielt einige, freilich unbezahlte, Tage mehr hinzubewilligt. Dreißig Mark holte er von der Sparkasse, für alle Fälle und obwohl sie als Anzahlung auf eine Nähmaschine gedacht gewesen waren.« Die Eisenbahnfahrt gefiel ihm, er rauchte seine billigen Zigarren und aß die mitgenommenen »Wurststullen«. Seine Reiseroute nach »K.«, wohl Kitzbühel, wird von Kästner detailliert rekapituliert. Gleich nach seiner Ankunft begann eine Folge von Demütigungen und Schikanen. Als er das Hotel mit seinem Karton betrat, nahm sich der Portier »nicht die Mühe, seinen Schreck zu verbergen, als er hörte, wer dieser lächerlich grobe und schüchterne Mensch sei. Eilig ließ er ihn nach einem Zimmer des obersten Stockwerkes abschleppen und machte dem Direktor erschüttert Mitteilung. [...] Herumsitzende Gäste musterten ihn, als sei er die Dame ohne Unterleib.« Sturz überhört den Essensgong, ein Boy holt ihn und plaziert ihn an einen Einzeltisch; mit den »merkwürdig bunten Speisen« weiß er »nichts anzufangen und schlang sie hinunter, als fräße er Gift. Messer und Gabel klirrten in den schweren Fäusten. Der Oberkellner studierte ihn süffisanten Blicks, und, als Sturz das Messer aufs Parkett fiel, als er es aufhob und damit weiterspeiste, starrten ihn alle Gäste, unheimlich fremd und voll sachlicher Neugier, an. Mit gesenktem, roten Kopfe saß er da und kaute. Ihm war todelend zumute, und verzweifelt schluckte er, was man ihm hinstellte. Als er schließlich aufzublicken wagte, war er allein. Das heißt, drüben am Büffett lehnten zwei Tischkellner und lachten.« Sturz kann sich den Gästen nicht anschließen, geht schlafen und hätte zu den fernen Tanzmusik-Klängen »gern geweint.«

Das Personal schikaniert ihn mehr als die Gäste, jeder neue Fauxpas wird weitererzählt. Sturz benutzt sein Badezimmer nicht, weil er glaubt, die Tür gehe zum Nachbarzimmer. Der Portier hält einen Brief von Sturz' Frau einige Tage zurück, auch mit den Hausdienern und Kutschern bekommt er keinen Kontakt; als er anbietet, beim Holzhacken zu helfen, wird ihm das verwehrt. Er spricht mit niemandem, die einzigen Demütigungs-Pausen sind seine Wanderungen im Gebirge. Nachdem er den Brief seiner Frau erhalten hat, weint er beim Abendessen. »Der Oberkellner kolportierte es schleunigst und fügte anschaulich hinzu: die Tränen seien aufs Kalbsfrikassee getropft. Nervenkrisen eines Metallarbeiters wurden an etlichen Tischen für originell erklärt.« Nun ist Sturz nicht mehr schüchtern, sondern trotzig, und er wartet auf neue Provokationen, die prompt nicht mehr kommen. Er beschließt endlich, vor Ablauf der vierzehn Tage abzureisen. Sturz wechselt 25 Mark in Schillinge und will Trinkgeld verteilen; das Zimmermädchen dreht ihm den Rücken zu. Der dramatische Schluß von Kästners Erzählung: »Er suchte den Hausdiener; dieser lachte ihm ins Gesicht und meinte, von so einem nehme er nichts... Sturz lief zum Oberkellner und drückte ihm einige Scheine in die Hand. Der Oberkellner ließ die Scheine fallen und wandte sich zum Gehen. Da hielt der Arbeiter es nicht mehr aus und schlug den Menschen nieder. – Kellner und Gäste liefen herbei und knieten sich zu dem Blutenden.

Sturz drehte sich um. Man trat zurück und ließ ihn ungehindert passieren. An der Türe spie er aus und warf den Rest des Geldes in den Saal. Dann ging er zum Bahnhof und fuhr heim.

Wenige Wochen später starben der Arbeiter Sturz und seine Frau an Leuchtgasvergiftung. Es liegt nahe, zwischen jener Reise und diesem Selbstmord einen Zusammenhang zu konstatieren.«

Diese Erzählung ist die erste Fassung von *Drei Männer im Schnee* – die Fassung für die Weimarer Republik, in der es offensichtlich nichts zu lachen gab. Bis auf den melodramatisch übertriebenen Schluß ist *Inferno im Hotel* ein dichter Text, voller konkreter Details, ein sozialkritischer, düsterer Realismus. Die Version paßte in ihre Zeit und hatte ihr Publikum; Kästner hat den Text für einen Zweitdruck sprachlich etwas gestrafft und vor allem den Schluß geändert. Unter dem Titel *Der seltsame Hotelgast. Die Geschichte eines einfachen Mannes* veröffentlicht, schließt die Erzählung nun kurz nach Sturz' Stimmungsumschwung mit seiner schlichten Abreise – keine quälende Trinkgeld-Episode mehr, kein gemeinschaftlicher Selbstmord, es heißt lediglich: »Man ließ ihn ungehindert passieren.«[1]

Helga Bemmann teilt mit, die Erzählung gehe auf ein Urlaubserlebnis Kästners in den Bergen »um das Jahr 1925 herum« zurück, wo er selbst trotz Reservierung in eine ungeheizte Dachkammer gesteckt wurde und der Prominenz anderer Gäste wie Douglas Fairbanks oder dem Herzog von Windsor nicht gewachsen war.[2]

Daß in seinem Stoff noch einige Möglichkeiten steckten, scheint Kästner von Anfang an klargewesen zu sein. Etwa zur Zeit des Erstdrucks bot Kästner ihn in Form eines Film-Exposés dem Schauspieler, Regisseur, Drehbuchautor und Produzenten Reinhold Schünzel an; dieses Exposé ist nicht erhalten. Kästner schrieb seiner Mutter, er habe die Geschichte für diesen Zweck »gänzlich umgearbeitet«, es sei »kein Steinchen auf dem andern geblieben«. Im Film müßten schöne Frauen vorkommen; und »der Schluß ist unmöglich. Er war schon für die Geschichte zu übertreiben. Aber ich hatte meine besonderen Gedanken dabei: eine so kurze knappe Geschichte muß ein stark einprägsames Ende haben. Sonst wirkt sie nicht.« (19.8.1927, MB) Er hatte auch andere Titel vorgeschlagen: *Vierzehn Tage gratis, Schwerarbeiter im Frack*, oder, falls Peter Sturz Max genannt würde, *Max in St. Moritz*. Eine geplante Singspiel-Version (1930) erlitt das gleiche Schicksal wie das Filmexposé für Schünzel – sie wurde nicht realisiert.

Nach 1933, Kästner war inzwischen ein berühmter und seit der

Bücherverbrennung in Deutschland verbotener Autor, griff er auf seinen Stoff zurück. Die populärste Version neben Kurt Hoffmanns Film aus den fünfziger Jahren dürfte bis heute der Roman *Drei Männer im Schnee* sein. Kästner versah ihn und *Die verschwundene Miniatur* (1936) in der Werkausgabe letzter Hand mit einem kurzen Vorspruch: Die beiden humoristischen Romane seien »infolge sehr ernster Zeiten entstanden«. »Das amtliche Schreibverbot des auch damals in Deutschland lebenden Autors erstreckte sich zunächst nicht auf Publikationen im Auslande. Er schrieb also unter Kontrolle und versuchte sich mit einigem Glück als harmlos heiterer Erzähler.« (3: 7) *Drei Männer im Schnee* konnte, entgegen einer ersten Ankündigung, nicht mehr bei der Deutschen Verlags-Anstalt in Stuttgart erscheinen, der Roman wurde im Dezember 1934 von Rascher in Zürich veröffentlicht. Die Bücher wurden zwar in der Schweiz gedruckt, aber nicht nur dort verkauft, sondern bis etwa Ende Februar 1936 auch in deutschen Buchhandlungen. Dann wurden die noch vorhandenen Exemplare konfisziert – zumindest für Hamburger Buchhandlungen belegbar –, und Max Rascher beschwerte sich bei der Staatspolizei. Er schrieb, es handle sich bei der Beschlagnahmung dieses »vollständig harmlose[n]« Romans wohl um »ein Versehen«, er bat um die Rückgabe der Exemplare an die Hamburger Buchhändler und rief die ursprünglichen Vereinbarungen in Erinnerung: »Vor Erscheinen des Buches wurden zwischen der Deutschen Verlags-Anstalt, dem früheren Verleger von Kästner, und den deutschen Regierungsstellen Verhandlungen geführt, nach denen vereinbart wurde, dass das Buch in der Schweiz erscheinen und in Deutschland verkauft werden dürfe. Es wurde lediglich verboten, für dieses Buch in Deutschland intensiv Propaganda zu machen.«[3] Auf Raschers Brief erklärte ein Kriminalassistent der Gestapo die Beschlagnahmung für rechtens: sie folge einer Anordnung des Geheimen Staatspolizeiamts (Gestapa) vom 24. Februar; in der aktuellen »Liste 1« seien »sämtliche Werke des Schriftstellers E. Kästner als unerwünscht verzeichnet.«[4] Ein späteres Schreiben der Reichsschrifttumskammer teilte der Gestapo mit, von einer Rückgabe der Exemplare könne keine Rede sein, »da die Werke von Kästner ursprünglich in Deutschland bei der Deutschen Verlagsanstalt Stuttgart verlegt wurden und nur unter der ausdrücklichen Bedingung in dem Schweizer Verlag erscheinen durften, dass sie nicht nach Deutschland importiert würden.« Über Kästners und vergleichbare Fälle sei mit einem Herrn der Schweizer Botschaft gesprochen worden, der an seine Regierung in Bern berichten werde, »um weiteren Einzelbeschwerden auf diese Art aus dem Wege zu gehen.«[5] Das Verbot für Deutschland konnte den Welterfolg nicht aufhalten, noch während des ›Dritten Reichs‹ gab es ungarische, niederländische und dänische Ausgaben sowie eine Ausgabe im angelsächsischen Sprachraum in deutscher Sprache; noch vor dem Krieg wurde der Stoff in Schweden, der Tschechoslowakei, Frankreich und den USA verfilmt.[6] Übrigens konnte das Verbot nicht einmal den Erfolg *in* Deutschland vor 1945 verhindern, dazu später mehr.

Wie hat Kästner seinen ursprünglichen Stoff verändert, um als »harmlos heiterer Erzähler« zu erscheinen? Aus dem Sozialdrama ist eine Verwechslungskomödie geworden. Der Roman hat zwei Vorworte. Wirbt der Autor im zweiten für die Glaubwürdigkeit und Authentizität seiner Geschichte, entschuldigt er sich im ersten gewissermaßen für den »Millionär als künstlerisches Motiv« (IV: 9). In Kästners Gedichten waren Millionäre meist hassenswerte Figuren, feiste Fabrikanten, denen mit Revolution gedroht wurde, wenn sie nicht die Armen unterstützten (*Ansprache an Millionäre*, I: 133); Menschen, die jemanden wie den Metallarbeiter Sturz in den Tod treiben konnten. In *Drei Männer im Schnee* sollen zwar einige der Hotelgäste ebenfalls zu diesem Schlag gehören, besonders die beiden *femmes fatales*; aber in der Hauptfigur Tobler erscheint der Millionär als Märchenmotiv. Ihre Zahl sei im Schwinden begriffen, und Kästner entwickelte eine fast ›romantische‹ Metaphorik zu ihrer Verteidigung: Wenige Minuten nachdem die Sonne untergegangen sei, »beginnen plötzlich die westlichen Wolken zu glühen. Sie erröten. Einsam leuchten sie über der grauen, dämmernden Welt. Die Wolken schimmern rosarot, aber die Sonne versank. Sollten die Millionäre jenen Wolken gleichen? Sollten sie der Abglanz einer Zeit sein, die schon untergegangen ist?« (IV: 10) Zwar beantwortete Kästner seine rhetorischen Fragen mit »Ich weiß es nicht«; aber daß aus seiner schwebenden Metaphorik Sehnsucht nach einer anderen Welt spricht, ist unabweisbar. Vor dem Zeithintergrund ließe sich natürlich die Sehnsucht nach einer anderen Gesellschaft erwarten, aber so konkret konnte Kästner nicht werden – die märchenhafte Einkleidung würde eher auf harmlosen Eskapismus deuten.

In der Romanfassung gewinnt der Akademiker und Werbefachmann Dr. Fritz Hagedorn den ersten Preis der Putzblank-Werke; er ist arbeitslos und lebt von der kleinen Rente seiner Mutter. Den zweiten gewinnt ein Eduard Schulze, ein Pseudonym des Konzernchefs und Geheimrats Tobler. Er »besitzt viele Millionen. Aber er ist kein Millionär.« (IV: 21) Tobler fährt als »armer Teufel« Schulze ins Grandhotel Bruckbeuren: »Ich habe ja fast vergessen, wie die Menschen in Wirklichkeit sind. Ich will das Glashaus demolieren, in dem ich sitze.« (IV: 21) Seine Tochter Hilde warnt das Hotel mit einem anonymen Anruf vor dem pseudonymen Millionär; sie empfiehlt, einige seiner Gewohnheiten zu würdigen – er sammle Briefmarken, liebe Siamkatzen, Kognak und derbe Hausmannskost, außerdem lasse er sich morgens massieren. Toblers Butler Johann Kesselhuth muß mitfahren, den reichen Industriellen mimen, der Schulze nicht kennt, und er muß Ski fahren lernen; ganz allein traut sich Tobler denn doch nicht ins Grandhotel. Damit sind die Weichen gestellt, der Schwank kann abrollen: Portier Polter und Direktor Kühne halten Hagedorn für den Millionär und stecken Schulze in eine ungeheizte Dachkammer, zum Entsetzen von Kesselhuth; im folgenden wird Schulze schikaniert, er muß auf der Eisbahn Schnee schippen, einen Festsaal dekorieren und die Hoteleinkäufe im Dorf erledigen. Hagedorn wundert sich dagegen über die Freundlichkeit des Personals, über seine Suite, die drei Kätzchen, den Kognak, den Masseur und die Briefmarken, die der Portier für ihn aufhebt. Weil Hagedorn ein Ausbund an Nettigkeit ist, werden die beiden Preisträger dicke Freunde; Schulze vertritt bei Hagedorn Mutterstelle und schützt ihn vor den beiden mondänen Millionärs-Anglerinnen Casparius und von Mallebré, dafür bekommt er die Briefmarken und darf am Kognak partizipieren. Kesselhuth und Hagedorn haben sich bei der gemeinsamen Ankunft schon am Portierstresen kennengelernt, in der schönsten Freundschafts-Szene bauen alle drei nachts volltrunken den eierköpfigen Schneemann Kasimir. Kesselhuth vermittelt Hagedorn eine Stelle beim Tobler-Konzern, und er schreibt empört an Hilde Tobler und die beschränkte Hausdame Kunkel von den Schikanen. Kurz darauf reisen die beiden ebenfalls inkognito an, Hilde und Fritz verlieben sich. Schulze-Tobler soll endlich mit Geld der Frau Casparius bestochen werden, vorzeitig das Hotel zu verlassen; daraufhin reist die ganze Tobler-Gruppe ohne Fritz ab, der gerade im Dorf Geschenke kauft. Wieder in Berlin, erhalten er und seine Mutter eine Einladung zu Toblers, dort klärt sich alles auf, Hagedorn nimmt die Maskerade nicht übel, es kann Hochzeit gefeiert werden, und der Konzernchef hat einen Freund und Nachfolger. Der Witz am Schluß: Geheimrat Tobler wollte das Grandhotel kaufen, um Direktor und Portier zu entlassen; aber sein Fabrikdirektor teilt ihm mit, er könne das Hotel nicht kaufen, weil es ihm schon gehöre.

Die Parallelen von *Drei Männer im Schnee* zu *Fabian* sind unübersehbar; der Werbefachmann Dr. Hagedorn hat ein harmloseres Schicksal wie der Werbefachmann Dr. Fabian, gleicht ihm aber sonst wie ein Ei dem anderen. Hilde Tobler ist eine Cornelia Battenberg ohne deren negative Anteile, dadurch wird sie auch die flachere, reizlosere Figur, obwohl sie eine vergleichbar starke Tänzerin ist – tanzt Cornelia einen Schuhplattler nach der glücklichen Liebesnacht, tanzt Hilde schon vorher mit Nagelschuhen im Schnee den »sterbenden Schwan« (IV: 144). Kästners zeitgemäße Frauenfeindschaft, im *Fabian* in der Figur Irene Molls vertreten, zeigt sich in den *Drei Männern* in der Beschreibung der aggressiven Frauen Mallebré und Casparius, die den kleinen adretten Millionär erobern wollen, obwohl der gar nicht will. Die Witze auf Kosten der Hausdame Kunkel sind dagegen so grob, daß sie sich im Zeitalter der *political correctness* schon wieder als amüsante Provokationen lesen lassen. Auch autobiographische Motive kommen vor, in erster Linie natürlich wieder das enge, burschikos-humorige Mutter-Sohn-Verhältnis. Mutter Hagedorn ist zwar Witwe, aber dafür heißt ihr Untermieter wie einst der historische Franke. Als der Sohn in Berlin anruft, um seine guten Nachrichten zu erzählen, spricht aus Frau Hagedorn die pure Ida Kästner: »Was hast du dich? Du hast dich verlobt? Schreck, laß nach! Hildegard Schulze? Kenne ich nicht. Weshalb denn gleich verloben? Dazu muß man sich doch erst näher kennen. Widersprich nicht. Das weiß ich besser. Ich war schon verlobt, da warst du noch gar nicht auf der Welt.« Auch die Standardfrage aller Muttchen-Briefe fehlt nicht: »Was ich noch fragen wollte: Reicht die Wäsche?« (IV: 155)

Die Entstehungszeit des Romans durfte entsprechend Kästners späterer Vorbemerkung nicht vorkommen, und sie kommt auch kaum vor. Allein Hagedorns bestenfalls witzig gemeintes Hohes Lied auf die Propaganda wirkt befremdlich, nachdem es dem Werbefachmann Goebbels kurz zuvor ja durchaus gelungen war, die ›Köpfe von Millionen Menschen zu erobern‹. Hagedorn imaginiert eine Ansprache vor Geheimrat Tobler: »Wir Propagandisten sind Feldherren; aber unsre Armeen liegen, sauber gebündelt, in Ihrem Geldschrank. Ohne Truppen kann der beste Stratege keine Schlacht gewinnen. Und Reklame ist Krieg! Es gilt, die Köpfe von Millionen Menschen zu erobern. Es gilt, diese Köpfe zum besetzten Gebiet zu machen! Herr Geheimrat Tobler! Man darf die Konkurrenz nicht erst auf dem Markt, man muß sie bereits im Gedankenkreis derer besiegen, die morgen kaufen wollen.« (IV: 131)

Der Roman *Drei Männer im Schnee* wurde im ›Dritten Reich‹ kaum beachtet, er durfte nach einer ersten Anzeige im *Börsenblatt* nicht weiter beworben werden. Im deutschsprachigen Ausland verkaufte sich das Buch gut. Der dänische Übersetzer Herbert Steinthal berichtete, die »Schneemänner« würden »dicker und dicker und sehen schrecklicher und schrecklicher aus für jede neue Auflage, die auf Kriegspapier erscheint«; dafür seien sie im 56. Tausend.[7] Klaus Mann las im niederländischen Exil die frühe *Börsenblatt*-Reklame und schrieb eine bittere Glosse über die Anpassungsfähigkeit des »sächsische[n] Gemütsmensch[en]«. Er zitierte besonders rückratlose Formulierungen der Anzeige wie »Nach seiner Sturm- und Drangperiode entwickelt sich Erich Kästner immer mehr zum Humoristen großen Stils« oder »Die unglaublich lustige Geschichte ist ohne jeden Dorn und Stachel«. Mann kommentierte höhnisch, man habe also »dem sächsischen Schlingel seine Sturm- und Drangperiode verziehen«.[8] Er zitierte die geschwätzig werbende Inhaltsangabe der Anzeige und steigerte sich in seinem Furor gegen Kästner: »Wie sich das angepaßt hat! Mit welcher Fixigkeit das hinuntergleitet, ganz hinab, bis zum morastigen Schlammgrund der Ufa-Presse, wo die bettlerähnliche Gestalt ein verkleideter Geheimrat ist und der arbeitslose junge Mann das reizende und besorgte Millionärstöchterlein kriegt – denn mir ahnt doch so was. Wie das im Kotigen plätschert und zahlreiche prachtvolle Witze aus der Tiefe seines sittlichen Absturzes ruft! Ach, da sind wir immer aufs neue überrascht – wenngleich kaum unterhalten. Das war doch einmal ein Schriftsteller. Eine Zeitlang überlegte er sogar, ob er es nicht lieber bleiben wollte. Er dachte daran, in die Emigration zu gehen. Aber inzwischen hat er mit all seinen schlagfertigen Reden dahin gefunden, wohin er also gehört.«[9]

Mann und Kästner haben die Arbeiten des anderen wenigstens zeitweise verfolgt. Unter den Erwähnungen Manns in Kästners Kritiken findet sich keine positive, er hielt ihn für einen Wichtigtuer und

Berufssohn. Kästner mag Mann auch für seine frühen Erfolge, zumal als Dramatiker, beneidet haben; er hat sich selbst ja stets als Frühentwickler dargestellt, und darin war ihm Klaus Mann einwandfrei überlegen – sein erstes Buch erschien, als er 19 Jahre alt war, und *Anja und Esther* wurde im gleichen Jahr uraufgeführt (1925). Klaus Manns Äußerungen über Kästner jenseits der zitierten Polemik sind spärlicher und nüchtern, er kannte *Fabian* und beurteilte den *Emil*-Film in seinen Tagebüchern als »ganz nett«. Trotz dieser Vorgeschichte ist Manns Artikel mehr als eine Retourkutsche – er maß den Moralisten Kästner mit dessen Maß und verwarf ihn, eine Haltung, gegen die sich Kästner nach 1945 in dauernder und selbstgewählter Rechtfertigungsstellung befand.

Während des ›Dritten Reichs‹ gab es eine weitere Fassung des Stoffes, die sich größerer Beachtung erfreute als der Roman. Es handelt sich um das Theaterstück *Das lebenslängliche Kind*, sein Verfasser ist ein gewisser Robert Neuner. Der Name ist ein Pseudonym, aber nicht für Erich Kästner; er ist nur der »Pate«. Das zweite, scheinbar so scherzhafte Vorwort des Romans ist eine Camouflage: Dort berichtet der Ich-Erzähler von einer Eisenbahnfahrt mit seinem Freund Robert, auf der ein älterer Herr den beiden den »ausgezeichnete[n] Stoff« erzählt habe. Sie befinden, die Geschichte eigne sich gleichermaßen für einen Roman wie für ein Lustspiel und streiten sich, wer den Roman schreiben dürfe. Sie losen die Entscheidung mit einer Münze aus, Robert verliert und blickt »tieftraurig zum Fenster hinaus. ›Ich muß ein Lustspiel schreiben‹, murmelte er. Er tat mir fast leid.« (IV: 12) Später heißt es: »Robert hat das Stück geschrieben. Und ich den Roman.« (IV: 13)

In den Briefen an die Mutter ist immer von dem Freund Robert die Rede, der sich über die Aufführungen des Stücks sicher freuen werde; auch nach 1945 hat Kästner darauf bestanden, das Stück sei von einem Freund geschrieben, auf der Grundlage des Stoffes. An einen Theateragenten schrieb Kästner 1950, Robert Neuner sei das »Pseudonym eines meiner Freunde, der in der Tat auf Grund des Romans ›Drei Männer im Schnee‹ das Stück kompiliert und geschrieben hat.«[10] Es war sein einziger beinahe lebenslänglicher Freund, er kannte ihn seit seiner Gymnasialzeit: Werner Buhre. Es gibt ein Testament Buhres in Kästners Nachlaß, datiert auf den 7. Februar 1943 – Buhre wurde im März 1943 an die Ostfront, nach Odessa versetzt. Er vermachte für den Fall seines Todes große Teile seines Vermögens an Kästner, insbesondere heißt es: »Alle Einnahmen aus dem Stück ›Das lebenslängliche Kind‹, sowie alle anderen Ansprüche, die zu meinen Gunsten beim Cronos-Verlag [!] Berlin entstehen, gehen an Dr. Erich Kästner.« In Buhres Nachlaß finden sich weitere Belege, so der Fragebogen der amerikanischen Militärbehörde. In die Rubrik »Andere von Ihnen benutzte Namen oder solche, unter welchen Sie bekannt sind«, trug er »Robert Neuner« ein, unter »Veröffentlichungen« entsprechend »Das lebenslängliche Kind«. Zur Aufführungsgeschichte schrieb er:

»1934 Urauffuehrung Bremen
1934 verboten wegen Zusammenarbeit mit Erich Kaestner (Zugrundelegung der Handlung des Romans ›Drei Maenner im Schnee‹)
1939 wieder erlaubt.« (n. dat., NLB)

1961 ließ Buhre das Copyright für *Das lebenslängliche Kind* bei Metro-Goldwyn-Mayer erneuern, hier unterschrieb er als »Werner Buhre (also known as Robert Neuner)«.[11]

Das Inserat für den Roman erschien im Oktober 1934, die Uraufführung des Stücks am Bremer Schauspielhaus fand, unter der Regie von Fritz Saalfeld, bereits Anfang September statt. Der Bremer Zeitungskritiker erkannte zuverlässig in dem Stoff eine »uralte Schwankgeschichte« vom unerkannten Millionär, verbunden mit dem »so beliebten rührenden Erlebnis des armen, anständigen und sauber gekleideten, jungen Mannes, dessen unerhörte Talente erst hier entdeckt« und mit der »millionenschweren Hand der Tochter« belohnt werden. Das sei alles nicht neu, das Spiel viel zu lang, und manchmal habe man die Befürchtung, »das Beiwort ›lebenslänglich‹ könnte sich auf die Dauer des Stückes beziehen.« Dennoch vermutete der Rezensent hinter dem Namen keinen anonymen Neuling, sondern einen »Theaterhasen«: »Mit welcher Treffsicherheit und welchem Schmiß die Szenen hingesetzt, die Figuren geführt, die komischen Situationen herausgekitzelt und der Witz in jedem Falle treffsicher abgeschossen ist [!], das alles zeugt von der leichten, aber auch geübten Hand eines erfahrenen Bühnenschriftstellers.«[12]

Über die genauen Modalitäten der Zusammenarbeit Buhres und Kästners ist nichts weiter bekannt, aber Buhre scheint das Stück allein geschrieben zu haben, nach einer präzisen Handlungabfolge und in laufender Absprache mit Kästner. Der teilte seiner Mutter mit,

»Eduard« – also er selbst – habe den ersten Akt fertig und fange mit dem zweiten an, während Buhre neben ihm sitze (17.2.1934, MB); auch an einem Drehbuch der *Drei Männer* schrieben die beiden zusammen, das aber im ›Dritten Reich‹ nicht verfilmt werden konnte (z. B. 8.7., 4.10.1933, MB). Seit der ersten Aufführung des Stücks ist nur noch von »Roberts Kind« die Rede (4.10.1934, MB), »Robert schickt Dir eine Kritik aus Braunschweig mit« (22.10.1934, MB), geht zusammen mit Mörike zum Reichsdramaturgen, freut sich über Aufführungen usw. – und damit ist stets deutlich Buhre allein gemeint.

Die »Komödie in vier Akten« unterscheidet sich oberflächlich von *Drei Männer im Schnee* durch die anderen Namen der Protagonisten: der Geheimrat heißt hier Schlüter, seine Tochter Hertha, die Hausdame Mensing, der Diener Johann Seidelbast, aus Dr. Hagedorn wird Dr. Georg Scheinpflug. Die Transponierung auf die Bühne erforderte ebenfalls eine Reihe von Änderungen: Der erste Akt spielt in Schlüters Villa, das Stück beginnt mit einer Anprobe der Anzüge des Dieners. Während der allgemeinen Reisevorbereitungen wird im Dialog zwischen Hertha und dem Personal die Vorgeschichte erzählt; ein Herr Kleinschmidt bringt den abscheulichen Anzug für den Geheimrat vorbei. Die Akte zwei bis vier spielen im Foyer des »Grandhotels Kreuzkirchen«, die Komödie spielt sich etwa so ab wie im Roman; lediglich der Schluß wurde geändert, um einen weiteren Bühnenumbau zu vermeiden. Hertha Schlüter informiert Direktor und Portier vom wahren Sachverhalt, überredet alle zum Bleiben, und die Auflösung spielt sich statt in Berlin im Foyer des Grandhotels ab. Szenenführung wie Dialoge sind schwungvoll, die Komik entspricht der eines guten Boulevardstücks, als solches ist *Das lebenslängliche Kind* auch heute noch aufführbar – das Rheinische Landestheater Neuss etwa hat das bewiesen, mit Willy Millowitsch als Geheimrat Schlüter.

Werner Buhre ist durchaus eigenständig mit dem Stoff umgegangen. Als UFA-Mitarbeiter hatte er dramaturgischen Sinn, einzelne Sätze sind von Kästner kaum vorstellbar – Hagedorn/Scheinpflug bezeichnet sich etwa als »ziemlich begabter Hund«, Schlüters Loblied auf das Schlittschuhlaufen klingt weniger äußerlich als im Roman: »Wenn man heimging, hatte man hölzerne Füsse, und es war einem, als hätte man die Absätze von den Schuhen verloren...«[13] Das Stück leistet sich manchmal eine drastische Hauruck-Komik, die Kästner fremd ist. Baron Rähnitz, der Kurschatten der mondänen Frau von

Haller (im Roman: Mallebré), baut im Stück den Schneemann; dessen Ende ist eine dem Direktor zugedachte Ohrfeige: Scheinpflug »schlägt dem Schneemann den Kopf ab«.[14]

Der promovierte Volkswirtschaftler und engagierte Sozialdemokrat Buhre war politischer als sein Freund Kästner, von ihm dürfte daher auch eine Plausibilisierung von Schlüter/Toblers Tarnung stammen. Im Stück muß sich der Geheimrat ausweisen, der Direktor fragt ihn:

»Darf ich einmal die Ausweispapiere sehen?

SCHLÜTER (holt sie hervor) Mit dem größten Vergnügen.

DIREKTOR (blickt hinein; zum Portier) Es stimmt.

SCHLÜTER ([...] sanft und beissend freundlich) Haben Sie daran gezweifelt?«[15]

Das heißt ja nichts anderes, als daß der Geheimrat einen fähigen Fälscher an der Hand gehabt haben muß, der ihm die Papiere angefertigt hat, der titelgebende und gefeierte Held des Stückes betrügt also nicht nur die Hotel-, sondern auch die Staatsregierung. Im Roman sind diese »Ausweispapiere« zwar erwähnt, dort bietet sie der Geheimrat aber selbst dem Portier zur Kontrolle an, folgenlos.

Buhre war ein überzeugter Hagestolz, stand aber über dem Frauenbild seiner Zeit, wohl der bemerkenswerteste Unterschied von Stück und Roman. Die dümmsten Hausdamen-Witze muß in seiner Version der begriffsstutzige Schneider machen, obwohl Frau Kunkel-Mensing auch im Stück eine beschränkte, plumpe Person ist. Vor allem die Tochter des Geheimrats unterscheidet sich signifikant von der flachen Figur im Roman. Hertha Schlüter ist eine resolute, selbständige Person, die handlungsentscheidende Entschlüsse faßt und auch durchsetzt – sie informiert nicht nur die Hoteldirektion vom anreisenden Millionär, sondern hält nach der Kündigungs-Staffel der Gäste alle bis auf Frau von Haller im Hotel. Und sie ist sogar buchstäblich eine schlagkräftige Frau. Im ersten Akt versteht der Anzugslieferant Kleinschmidt die Situation falsch und hält den eben abgereisten Herrn und seinen Diener für Bankrotteure: »Bei Nacht und Nebel auf und davon. Sich Naumann nennen! Das kennt man. Hauptsache, dass die Pässe in Ordnung sind! Und dass es die Polizei nicht zu früh merkt. Das wäre natürlich scheusslich.«[16] Auf ihn könnten sich die Frauen – Hertha und die Hausdame – verlassen; aber es sei doch schade, wenn eine herumstehende schöne Silberschale »in die Masse käme«, und daher steckt er das »gute Stück« kurzerhand ein. Frau Mensing beginnt zu zittern und ruft um Hilfe, Hertha Schlüter reagiert ganz anders:

»HERTHA (lacht) Legen Sie sofort die Schale auf den Tisch zurück, Sie alter Romantiker! Sonst knallt's!
KLEINSCHMIDT Werdet ja nicht frech! (ab)
HERTHA (folgt ihm energisch; man hört Getümmel)
MENSING (öffnet den Mund weit, bringt keinen Ton heraus.) [...]
(Man hört einen Schrei und einen Fall.)
HERTHA (kommt zurück, hält die Silberschale in der Hand, stellt sie an den alten Fleck) Mensing, in der Diele liegt ein einzelner Herr. Lassen Sie ihn wegräumen!«[17]

Das lebenslängliche Kind lief nur einen knappen Monat auf den Bühnen, noch vor Erscheinen des Romans hatte sich Kästners Beteiligung in der Reichsschrifttumskammer und im Propagandaministerium herumgesprochen. Kästner konnte keinen »inneren Anspruch an den Dank des nationalsozialistischen Staates erheben«, schrieb ein Ministerialrat an Kästners Theaterverleger Martin Mörike, das Stück wurde trotz zahlreicher Annahmen in Deutschland verboten.[18] In einem Muttchenbrief schrieb Kästner, das Stück sei »aus besonderen Zweckmäßigkeitsgründen« verboten worden. »Da soll sich nun ein Mensch etwas drunter vorstellen! Was?« (30.10.1934, MB) Mörike verfaßte einen Rundbrief an die Theaterintendanten, um wenigstens Chronos aus der Affäre herauszuhalten. Im »Einverständnis mit dem Herrn Reichsdramaturgen« erklärte er, daß »kein Nichtarier mit dem Stück etwas zu tun hat«, erläuterte, wer sich hinter dem Pseudonym verbarg und wollte so zeigen, »dass uns und den Autor in der Sache kein Vorwurf trifft.«[19]

In den nächsten Jahren wurde *Das lebenslängliche Kind* in ganz Europa gespielt, Inszenierungen in Österreich, der Schweiz, Italien, Spanien, den Niederlanden, Ungarn, Dänemark, Norwegen und sogar in Estland sind belegt. Das deutsche Verbot blieb jahrelang bestehen, der NS-Großschriftsteller Will Vesper schob noch eine Tirade hinterher, aus der klar wird, daß Kästner als Mitverfasser nicht nur den Behörden bekannt war: »Es [...] muß möglich sein, einen wirklich einwandfreien deutschen Spielplan aufzustellen, und so, daß auch am besten von der Theaterkammer aus die Leiter der deutschen Theater wissen, woran sie sind, und nicht immer wieder auf Judenstücke hereinfallen und nachher die mit großen Kosten einstudierten Schmarren wieder absetzen müssen, wie das z.B. bei dem ›Lebenslänglichen Kind‹ von Neuner-Kästner selbst Staatstheatern geschah. [...] Es handelt sich um die billige jüdisch-balkanisch-amerikanisch-allerweltliche (und wenn man zusieht, immer wieder jüdische) Fabrik- und Schundware von gestern und heute.«[20] In einer der Wiener Rezensionen von 1934 war Kästners Autorschaft ausdrücklich als Gerücht erwähnt worden. Kästner und Neuner seien jedenfalls verwandt, schrieb René Kraus, der sich auskannte: Diese Tatsache sei durch »alle noch so wohlgemeinten Schwüre des Verlegers nicht aus der Welt« zu schaffen. Auf dem deutschen Parnaß herrschten aber verworrene Zustände, seit Goebbels ihn kommandiere, »und tausenderlei begreifliche Gründe können seine Bewohner zur Tarnung zwingen. Schon deshalb sei an der physischen Existenz des Autors Robert Neuner nicht gezweifelt. Die geistige Verbindung seines Lustspiels mit einem alten Einfall Kästners ist aber unbestreitbar.« Der Stoff beruhe auf einer alten »Kästner-Novelle, von aller herben Liebenswürdigkeit umspielt, die diesem Dichter eignet.«

Martin Mörike beantragte 1936, das Verbot unwirksam werden zu lassen. Er schrieb an das Propagandaministerium, die Lücke sei von keinem neuen Stück gefüllt worden, es vergehe kaum ein Tag, an dem sich nicht ein Intendant erkundige, ob er das Stück aufführen dürfe. »Was die Begründung des Verbots mit der Person Erich Kästners betrifft, darf ich darauf aufmerksam machen, dass die Organisation ›Kraft durch Freude‹ mit ihrem eigenen Tonfilmwagen den Tonfilm ›Emil und die Detektive‹ von Erich Kästner im Gau Sachsen (und vermutlich darüber hinaus) aufführt. Wenn eine kulturell führende nationalsozialistische Organisation kein Bedenken trägt, einen Film von Erich Kästner aufzuführen, ist schwer einzusehen, wieso auf der anderen Seite ein Lustspiel verboten ist, dessen Autor Erich Kästner nicht einmal ist, sondern an dem er nur sehr bedingt Teil hat.«[21] Mörikes Aufforderung, die »ganze Angelegenheit« neu zu betrachten, wurde nach Angaben Werner Buhres erst 1939 befolgt.[22] Nach der erneuten Genehmigung entwickelte sich *Das lebenslängliche Kind* aber bis kurz vor Kriegsende zu einer der erfolgreichsten Komödien auf den deutschen Bühnen: Ein Werbeblatt des Chronos Verlags von 1941 verzeichnet über 100 »Aufführungen bzw. Annahmen« im ›Alt-

Werner Buhre, Anfang der vierziger Jahre

reich‹ wie in den besetzten Gebieten, darunter auch mehrere Wiederaufnahmen 1940/41 und eine Aufführung für »Kraft durch Freude« (in Krefeld). Im Februar 1942 konnte das Berliner Lessingtheater in den Lokalblättern inserieren, das *Lebenslängliche Kind* in der Inszenierung von Rudolf Klein-Rogge habe die 125. Aufführung erreicht. Noch während deren Laufzeit wurde das Stück parallel an den Kammerspielen des Deutschen Theaters unter der Intendanz von Heinz Hilpert in Starbesetzung aufgeführt, Erich Ponto spielte den Geheimrat, Hans Brausewetter seinen Diener; Regie führte Ernst Karchow. Die üblichen lobhudelnden ›Kulturberichte‹ des ›Dritten Reichs‹ erschienen nicht nur in den gleichgeschalteten Tageszeitungen, sondern auch in NS-Kampfblättern wie dem *Angriff* und dem *Völkischen Beobachter*. Kästner wurde in diesen Rezensionen zwar nicht erwähnt, aber seine Beteiligung muß zumindest den Berichterstattern bekannt gewesen sein. Der Rezensent des *Völkischen Beobachters*, Hans Hömberg, gab zu verstehen, daß er den Roman und dessen Einleitung kannte: er erzählte von »zwei Literaturbeflissene[n]«, »der eine hieß Robert, der andere Erich«, und »Erich schrieb eine Erzählung, Robert hingegen

›Das lebenslängliche Kind‹.« Hömberg erwähnte aber weder »Erichs« Nachnamen noch den Titel seiner »Erzählung«. In einer hymnischen Besprechung des *Hamburger Fremdenblatts* hieß es, »Emil und die Detektive werden es vielleicht noch einmal herausbringen, was das für ein Neuner ist«.[23] In *Der Montag* erklärte ein »Er« einer »Sie« den Erfolg, es handle sich bei Neuners Stück nämlich keineswegs um eine (verpönte) soziale Anklage, sondern um »ganz menschliche Dinge«: »Eine Anklage kann sich immer nur gegen die Einrichtungen der menschlichen Gesellschaft, soweit sie das Leben aller betreffen, mit einigem Sinn richten. Eine Anklage gegen die Luxushotels ist lächerlich. Die gäbe es nicht, wenn sie sich nicht an die Leute mit den dicken Brieftaschen wendeten. Der Versuch des reichen Geheimrats steht also auf etwa der gleichen Ebene wie Don Quichottes Kampf gegen die Windmühlen. Das Sinnlose ist komisch. Es ist eine Quelle des ewig Menschlich-Komischen.«[24]

Der Erfolg dieses »unsterblichen Lustspiels« war so überwältigend, daß sich Verlag und Autoren entschlossen, eine »Vereinfachte Fassung« herauszubringen, die auch kleineren Wanderbühnen die Möglichkeit einer Aufführung gab. Diese Version ist nicht kürzer als die ursprüngliche, lediglich vier kleinere Rollen und ein Dekorationswechsel wurden gestrichen. In der Vorbemerkung des Bühnenmanuskripts wurde versichert, »dass durch diese Vereinfachungen das Lustspiel nichts von seinem Reiz und von seiner Durchschlagskraft einbüsst.«[25]

Seit Kriegsende wird das Stück zwar gelegentlich noch gespielt, aber im Vergleich zur Zeit des ›Dritten Reichs‹ doch eher selten. Der Roman trat zunächst in den Vordergrund: Ernst Rowohlt brachte ihn in 100 000 Exemplaren als rororo-Zeitungsdruck heraus (1947), er hat sich als unterhaltsamer Longseller bis heute gehalten, das Taschenbuch bei dtv erreichte in zehn Jahren zwölf Auflagen. Kästner aber hat für die demokratische Nachkriegsgesellschaft noch eine eigene Fassung vorgelegt, das Drehbuch zu Kurt Hoffmanns Film *Drei Männer im Schnee* (1955). Er schrieb es von Dezember 1954 bis Januar 1955, zum Teil in St. Moritz. »In genau so einem Hotel, wie ich's in ›Drei Männer im Schnee‹ schon beschrieben habe. Da brauch ich mich nur hinzusetzen und die Umgebung abschreiben!« (18.11.1954, VB) Die Außenaufnahmen fanden zu Kästners Freude in Kitzbühel statt: »Als ich vor 25 Jahren den Roman schrieb, der ja im Grandhotel in Kitzbühel spielt, hatte ich keine Ahnung, daß nun vorm gleichen

Hotel die Aufnahmen für den Film gedreht werden! Komisch geht's zu auf der Welt!« (23.2.1955, VB)

Es dürfte sich um die zumindest psychologisch wohl gelungenste und plausibelste Version handeln, Kästner hat sie gewissermaßen abgesegnet, indem er die Kommentare aus dem Off selbst sprach. Kurt Hoffmann telegraphierte von der Filmpremiere: »Unsere drei Maenner von dauerndem Szenenapplaus begleitet uraufgefuehrt«.[26] Der Gang der Handlung hat sich gegenüber dem Roman kaum verändert, auch die Namen sind gleich geblieben; lediglich der Geheimrat heißt Schlüter wie im Stück (sein Pseudonym bleibt Schulze). Frau von Mallebré hat einen Sohn bekommen, Olaf, der sich mit Hagedorn und »Schulze« anfreundet, deren ›Kindlichkeit‹ veranschaulicht und zwanglos seine Mutter und Hagedorn zusammenbringt. Sein erster Auftritt:

»SCHLÜTER   Na, mein Kleiner, was machst Du denn?
OLAF   Ich spiele.
HAGEDORN   Was spielste denn?
OLAF   Nichts.
SCHLÜTER   Das ist aber 'n feines Spiel.«

Einige Nebenfiguren sind stärker profiliert, so gibt es einen Tanzlehrer mit ungarischem Akzent, der sich »Professor« nennen läßt und ein »Arrangeur strahlender Feste« ist; Kesselhuths Skilehrer, der »Graswander Toni«, spricht auch mit deutschen Gästen bayerisch-englisches Mischmasch à la »Please, Sir, gemma.« Schlüter wird im Film stärker literarisiert, als Harun al Raschid bezeichnet, Hagedorn bezweifelt in einem Gespräch mit seiner Mutter dessen Existenz: »Ich glaube, den ollen Schlüter gibt's überhaupt nicht. Der läßt sich nicht fotografieren, er produziert keine Interviews, er zerschlägt keine Sektflaschen bei Schiffstaufen – ich halte den Mann für eine Märchenfigur.« In der veränderten Gesellschaft der fünfziger Jahre – inzwischen gibt es Fernsehen – muß erklärt werden, warum ein Konzernchef wie Schlüter nicht erkannt wird; auch dazu dient Hagedorns Äußerung. Auch die übrige Ausstattung des Films ist zeittypisch: es gibt die entsprechenden Autos, das Hotel betreibt einen Kleinbus-Fahrdienst, Schlüter verlangt nach »Hoffmannstropfen«, Kesselhuth schreibt keine Briefe mehr nach Berlin, sondern telefoniert allabendlich aus dem

Hotelfoyer. Die Zelle ist eine umgebaute Rokokokutsche, wie Kesselhuths Reise-Minibügeleisen eines von vielen Details des durchwegs liebevoll ausgestatteten Films. Die psychologischen Unglaubwürdigkeiten sind reduziert, aber immer noch nicht ganz beseitigt: Hilde Schlüter hält ihren Anruf im Hotel vor dem in Abreise befindlichen Vater geheim; es ist nicht einzusehen, warum sie nicht einfach noch die fünf Minuten wartet, bis er weg ist, von Berlin bis in die Berge war es auch in den fünfziger Jahren noch einige Stunden weit. Und daß ständig Mallebré, Casparius, Schlüter und das Zimmermädchen in Hagedorns Suite ein und aus gehen, wirkt ebenfalls etwas befremdlich – als hätte sie keine verschließbare Tür. Andere Unglaubwürdigkeiten und Sprünge sind im Film besser überdeckt; es ist zum Beispiel nachvollziehbarer, daß Kesselhuth auf die Frage, ob er denn nicht auch für Schulze etwas tun könne beim Geheimrat, einen heftigen Lachanfall hat, als bloß »amüsiert« nach dessen Beruf zu fragen (IV: 69). Daß der Film so lebendig wirkt, ist natürlich auch den Schauspielern zu verdanken, in erster Linie Paul Dahlke als Schlüter und dem brillanten Günther Lüders als Kesselhuth; Eva-Maria Meinecke gibt der verführerischen Frau Casparius mehr Glaubwürdigkeit, als sie im Buch hat. Der Schlußsatz gehört dagegen ganz in die fünfziger Jahre, er lautet: »Die Suppe wird kalt.« Trotz seines gelegentlich zeitgemäß biederen Humors dürfte der Film die haltbarste Fassung von Kästners Stoff sein; ein erneuter Anlauf zu einem Musical, das Paul Burkhard komponieren wollte, scheiterte.[27]

Nach diesem Gang eines Stoffes durch drei Jahrzehnte und drei politische Systeme fragt sich, was dessen enorme Adaptionsfähigkeit zu bedeuten hat. Es wurden nur Fassungen vorgestellt, an denen Kästner selbst entscheidend beteiligt war.[28] Natürlich sprechen die Ausprägungen des Stoffs für das handwerkliche Geschick Kästners und übrigens durchaus für seine von Klaus Mann als Vorwurf formulierte Anpassungsfähigkeit. Vor allem aber sprechen sie für die rein dramaturgische Zugkraft und den Schematismus des Stoffs, dem sich beliebig mehr oder minder zeittypische Ausschmückungen anlagern lassen, ohne daß er seine Allgemeinheit und Unverbindlichkeit zu verlöre. Am lebendigsten wird er, wenn ihm überzeugende Schauspieler ihren Elan leihen.

»Bleiben Sie übrig!«
Die Kriegsjahre

1939 begann der Krieg; doch noch vorher wurde das Jahr für Kästner von einem privaten Unglück überschattet. Herti Kirchner hatte ihm seit 1937 Konkurrenz gemacht: »Naukes erstes Buch wird wahrscheinlich von Williams & Co angenommen werden. Der Verlag ist sehr interessiert daran. Das wäre ja schön. Die Kleene ist ganz stolz darüber.« (16.4.1937, MB) *Lütte. Geschichte einer Kinderfreundschaft* ist bei Williams im Herbst 1937 erschienen, ein Jahr darauf *Wer will unter die Indianer?* »Naukes Buch hat allen Kindern, die es über Weihnachten lasen, gut gefallen.« (4.1.1938, MB) Obendrein war Herti Kirchner mittlerweile eine erfolgreiche Schauspielerin geworden. Sie hatte Kabarett- und Theater-Engagements im ganzen Land, Kästner besuchte sie einmal während einer Münchner Kabarett-Verpflichtung (21.10.1937, MB); sie übernahm kleinere und größere Filmrollen, spielte sogar in einem Farbfilm, sang und sprach im Rundfunk. Ihre Verbindung mit Kästner dürfte schon lockerer gewesen sein, als sie mit ihrem Wagen verunglückte, aus eigenem Verschulden und wohl unter Alkohol. In den Notizen zu seinem Romanprojekt hat Kästner mehrfach die alptraumhafte Situation skizziert: »Mit Erna im Bett, als das Telefon geht: Herta im Krankenhaus!« (n. dat., TB) Seiner Sekretärin legte er am Morgen nach dem Unfall eine Nachricht auf den Schreibtisch: »Herti ist tot. Autounfall 1. Mai früh 5^h. Ich wurde ½ 7^h geweckt u ins Achenbach-Krkhs zitiert. Bekam sie nicht mehr zu sehen. War sofort tot gewesen; Gehirnblutung. Bin seitdem nicht sehr auf dem Posten. [...] Telefonisch zu mir nur gute Freunde oder Hein oder Hertis Bruder &tc. durchlassen. Will versuchen, etwas zu schlafen.«[1]

Herti Kirchners ›Nachfolgerin‹ kannte Kästner schon aus Leipzig. Im November 1937 war die Redakteurin Luiselotte Enderle als Vertreterin des Zeitschriftenverlages Otto Beyer nach Berlin versetzt worden. Ihr tatsächlicher Name war Louise Babette Enderle; sie wurde am 19. Januar 1908 in Leipzig geboren. Die weiteren Angaben in ihrem Personalausweis: »168 cm groß, schlank, Augen blaugrau (ev. luth.)«.[2] Sie traf Kästner wieder; der Dokumentarfilmerin Eva Hassencamp hat sie erzählt: »Wir verliebten uns plötzlich. Es war nicht programmgemäß.« Dieses ›plötzlich‹ war im Frühjahr 1939. Der Park nahe Kästners Wohnung sei wie geschaffen gewesen für Verliebte. Als 1944 seine Wohnung ausbrannte, zog er zu ihr in die Sybelstraße.

Der Sommerurlaub 1940 ist der erste gemeinsame mit Luiselotte Enderle. Er fand in Bad Hofgastein statt, in der Nähe von Salzburg. Obwohl nur noch wenige Züge fuhren, machte das Paar Ausflüge in die Stadt, nach Hofgastein, Zell am See, nach Kärnten, an den Wörthersee und den Eibsee. Noch hatte man zu essen in Deutschland, aber Luxusgüter wurden knapp – anscheinend noch nicht so deutlich in Österreich, Kästner und Enderle sammelten für Muttchen den Frühstückshonig »in einem Konservenglas.« (12.7.1940, MB)

Von diesem Zeitpunkt an war Luiselotte Enderle ›dabei‹, jetzt ging sie alles an in Kästners Leben. Die schon immer philologisch zweifelhafte Editionstechnik Enderles bringt nun furiose Ergebnisse hervor. Der Urlaubsbrief Kästners an Muttchen vom 15. Juli 1940 ist in ihrem Band doppelt abgedruckt, mit unterschiedlichen Auslassungen.[3] Zuerst ist er falsch datiert, auf den 5. 7., beim zweiten Abdruck korrekt. Ida Kästner wollte Duplikate ihrer Kofferschlüssel geschickt bekommen, und die waren in Kästners Schreibtisch eingeschlossen. Den Schlüssel hatte er mitgenommen, »so daß & Co nicht hinankann.« Im Schreibtisch seien »Briefe usw. [...], die sie nicht zu sehen braucht.« Diese Mißtrauenserklärung gegenüber der Sekretärin ist im zweiten Abdruck ausgelassen; in beiden fehlen die Lösungsvorschläge, darunter der folgende: »Sonst könnte Dir & Co auch Hertis Koffer schicken, den ich noch habe. Ein schöner geräumiger Lederkoffer, den wir ihr vor Jahren in Hamburg kauften.« (15.7.1940, MB) Eingriffe dieser Art sind häufig im veröffentlichten Briefwechsel Kästners mit seiner Mutter; immer wenn eine Bindung offensichtlich enger war als genehm, wurden Anspielungen gestrichen.

Der Kriegsbeginn setzte Kästner in ernste Verlegenheiten. Er bat sein Finanzamt, ihm die Steuer-Vorauszahlungen für das laufende Jahr zu erlassen, weil er bisher seine sämtlichen Einkünfte aus dem Ausland bezogen habe. Durch den »jetzigen Kriegszustand« sei seine »gesamte Existenz gefährdet«.[4] Seine Einnahmen waren in dieser Zeit nicht berechenbar. Nach Notizzetteln Elfriede Mechnigs im Nachlaß verdiente Kästner 1940 11.581,20 Reichsmark, davon 10.159,55 RM mit dem wiederaufgenommenen *Lebenslänglichen Kind*; der bescheidene Rest sind Tantiemen aus dem Ausland. 1941 nahm Kästner 19.411,92 RM ein, der größte Teil davon waren schon UFA-Zahlungen für das *Münchhausen*-Drehbuch (16 000 RM).

Größeres unversteuertes Einkommen brachte Kästner 1940 das letzte Eberhard Foerster-Stück *Seine Majestät Gustav Krause* (1940). Kästners Anteil ist nicht zu übersehen. Die Boulevard-Tragikomödie – falls es so etwas gibt – plündert seine eigene Familiengeschichte weidlich; und nebenbei wohl auch noch Somerset Maughams Komödie *The Breadwinner* (1930), in der der Pferdehändler ein Börsenmakler ist.[5] Kästner hat den Tageslauf des Aufstiegs seiner Augustin-Onkel genau beschrieben: »Morgens um fünf Uhr auf den Schlachthof, in die Kühlhalle, dann ins Schlachthaus, frische Wurst und Würstchen machen, Schweinefleisch ins Pökelfaß legen, dann mit blütenweißer Schürze und gezogenem Pomadescheitel in den Laden, den Kundinnen zulächeln und beim Fleischwiegen den Daumen heimlich auf die Waage legen, dann zu den Pferden in den Stall, mit dem Pächter einer Fabrikskantine in die Kneipe, damit man den Lieferungsauftrag kriegt, dann einen Posten Hafer billig einhandeln und ein sechsjähriges Pferd als dreijähriges verkaufen, dann zehn Spieße Knoblauchwurst abfassen, wieder hinter die Ladentafel, an den Hackklotz und, nach Geschäftsschluß, die Tageskasse abrechnen, dann in den Pferdestall, wieder in die Kneipe, wo man den Fuhrhalter einer Möbeltransportfirma einseifen muß, schließlich ins Bett, noch im Traume rechnend und Pferde kaufend, und morgens um fünf Uhr auf den Schlachthof und in die Kühlhalle. Und so weiter. Jahrelang. Man schuftete sich halbtot. Und der jungen Frau Augustin ging's nicht besser. Mit den Pferden hatte sie nichts zu tun. Dafür stand und lächelte sie von früh bis spät im Fleischerladen und bekam außerdem zwei, drei Kinder.« (VII: 27)

Die Komödie *Seine Majestät Gustav Krause* malt sich die Folgen eines solchen Lebens aus. Krause ist, wie Franz Augustin, ein reich gewordener Fleischermeister, der zum Zeitpunkt des Stücks schon seit einigen Jahren nur noch mit Pferden handelt. Außer den Pferden ist ihm denn auch alles egal, wie seine Frau Martha (der Name von Kästners erklärter »Lieblingstante«, VII: 60) ihren zahlreichen annähernd erwachsenen Kindern und deren Freunden klagt: »Was ist Euerm Vater eigentlich nicht gleichgültig? Ihr sagt also: Er hat keinen Familiensinn, er hat noch niemals Ferien gemacht, er geht nicht ins Theater, liest keine Bücher.«[6] Von einem seiner zehnminütigen Aufenthalte daheim wieder davongestürzt, kehrt er überraschend zurück – er hatte auf dem Weg zum Schnellzug einen Herzanfall. Sein Arzt Dr. Schneider, »ein älterer, sachlicher, energischer Corpsstudententyp«,[7] schickt den Widerstrebenden unter Todesdrohungen zur Kur nach Bad Nauheim; dort hat Erich Kästner selbst sein Herzleiden kuriert. Martha und ihre Kinder konspirieren gegen den Vater. Sie schreibt ihrem ältesten Sohn Konrad, den Krause hinausgeworfen hatte, weiterhin Briefe; sie unterstützt Dr. Fritz von Bodenstedt – eine jüngere Ausgabe Fritz Hagedorns aus *Drei Männer im Schnee* –, der gern ihre Tochter Helene heiraten möchte. Und sie ermöglicht ihrem Sohn Robert ein Medizinstudium, indem sie ihrem Mann einredet, er studiere Tiermedizin; das habe schließlich mit Pferden zu tun. Krause verbietet Bodenstedt sein Haus. Der versucht ihm zu erklären, daß es Gebiete gebe, »wo man mit Kommandieren nichts erreicht.« Krause, durch den Herzanfall milde gestimmt, begnügt sich mit der Antwort »Was Sie nicht sagen!«[8] Sein Vorbild Franz Augustin hat Kästner zufolge schroffer reagiert (VII: 56). Krause fährt nach diesem Auftritt zu seiner Kur; er verabschiedet sich noch von seinen Pferden, nicht von seiner Familie.

Der zweite Akt spielt nach der Rückkehr Krauses aus der Kur. Das Arbeitstier hat sich, für die ganze Familie unerwartet, dazu entschlossen, nicht mehr zu arbeiten – schließlich habe er genug Geld zusammengekratzt. Seinen Bruder Emil macht er zum Geschäftsführer, dem sagt er auch die Wahrheit: er dürfe aus gesundheitlichen Gründen nicht mehr arbeiten. Auch Franz Augustin hatte seinen Bruder Bruno als Geschäftsführer eingestellt; Kästners Erinnerung an diesen Augustin-Onkel ist ähnlich despektierlich wie die Figur des Onkels im Stück: »Ein Pferd zerschlug ihm den Unterkiefer, ein anderes ein Bein. So hinkte er durch die Ställe, ließ sich vom Bruder und Chef anbrüllen und brüllte seinerseits die Knechte an.« (VII: 28) Gustav Krause beschwört seinen Bruder, niemand dürfe erfahren, warum er nicht mehr ins Geschäft gehe. Anschließend bestellt er die Kinder von Helenes

Geburtstagsfeier im Tennisclub ein, um ihnen die frohe Botschaft zu verkünden, daß er nun auf Familie zu machen gedenke. Die spielen aber nicht mit, werfen ihrem Vater seine Kälte vor, lüften alle zusammen mit der Mutter langgehegten Geheimnisse und überlassen die Eltern sich selbst. Krause fragt seine Frau, ob sie auch der Ansicht sei, »dass ich ein schlechter Vater war« – und sie sagt ihm lächelnd die Wahrheit: »Du warst überhaupt kein Vater.«[9] Er sieht sich als Fremder im eigenen Haus und verschwindet spurlos, mit Mantel, Hut und Reisetasche; sein Haus und das Geld auf der Bank überschreibt er seiner Frau und seinen Kindern.

Der dritte Akt spielt zwei Jahre später. Die Zuschauer erfahren, daß Krause zurück in seine Ställe gegangen ist und in einer alten, kleinen Wohnung lebt. Er räsoniert über den vergangenen Auftritt mit seiner Familie: »Als sie *mir* damals die Wahrheit sagten, wurde mir ganz übel von soviel Ehrlichkeit ... Sie hatten recht und ich hatte unrecht, erzählten sie. Wahrscheinlich war es so. Aber wenn es so war: hatte es denn noch Zweck, darüber zu reden? Wie?« Er hat seine Einsamkeit nach der Flucht bemerkt und lebt nicht allein, sondern zusammen mit Grete Nowak, ein »hübsches, üppiges Frauenzimmer Ende der zwanzig«.[10] Der verlorene älteste Sohn Konrad und Martha Krause stöbern ihn auf, seine Frau will zu ihm zurück. Sie streiten sich, Konrad will seine Mutter nach Amerika mitnehmen, wo er verheiratet ist – und einen Pferdehandel eröffnet hat. Sein Geschick beweist er, indem er einen nervösen Hengst beruhigt; und auch aus den anderen Kindern ist etwas geworden: Robert ist Arzt, Hermann Anwalt, und Helene ist gemäß der Zeit nichts geworden, aber ihr Fritz, den sie geheiratet hat, ist »Regierungsrat«.[11] Nach so vielen Erfolgsgeschichten kann das Komödienglück nicht ausbleiben: Konrad prüft gründlich die Bücher des Vaters und erklärt sich dann bereit, als Partner einzusteigen und sein Mädel über den Teich zu holen, Gustav kehrt zu Martha zurück, und nachdem sich die anderen Kinder zufällig auch den Abend freigehalten haben, kann das Familienleben nach Krauses Geschmack doch noch stattfinden: »Jetzt gehn wir in die Traube abendessen und hinterher in den Zirkus.« Das Schlußwort spricht sein Bruder Emil – Krause gehe »wegen etwas ganz anderem in den Zirkus [...]: Wegen der Pferde!«[12]

Die Handlung ist, gemessen an Kästners eigener Familiengeschichte, offensichtliche Wunscherfüllung. Der Frau des zweitklassigen Onkels Emil »geht's sehr gut«, wie ihr Mann sagt: »Sie hat sich von mir scheiden lassen.«[13] Die Helene des Stücks bekommt ihren Traummann, Kästners Kusine Dora durfte Schurig nicht heiraten: »Onkel Franz war ein Despot, ein Tyrann, ein Pferde-Napoleon. Und im Grunde ein prächtiger Kerl. Daß sich niemand traute, ihm zu widersprechen, war nicht seine Schuld. Vielleicht wäre er selig gewesen, wenn ihm jemand endlich einmal richtig die Meinung gegeigt hätte! Vielleicht wartete er sein Leben lang drauf!« (VII: 56) Die fiktiven Gustav Krause-Kinder haben damit Erfolg, die reale Dora Augustin ging an diesem prächtigen Kerl zugrunde. Aus dem Töchterschulheim der Herrnhuter Sachsen sei sie »blaß, verhärtet und verschüchtert« zurückgekehrt. »Sie heiratete mit zwanzig Jahren einen Geschäftsmann, der dem Onkel zusagte, und sie starb bei der Geburt des ersten Kindes.« (VII: 125)

Auch für das Publikum dürfte das Stück ein Gutteil Wunscherfüllung geliefert haben. Ganz abgesehen von der soliden Schwankhandlung mit dem harmonischen Schluß: Die Pferdegroßhändler hatten ihre große Zeit im Kaiserreich, in den zwanziger Jahren machten sie langsam reihum bankrott – auch Franz Augustin. *Seine Majestät Gustav Krause* spielt also in einer vergangenen ›guten alten Zeit‹, noch vor dem Ersten Weltkrieg, als Seine Majestät der Kaiser noch herrschte und die Großmacht Deutschland unbedroht war.

Das Drehbuch zur Verfilmung *Der Seniorchef* (1942) hat Eberhard Keindorff zusammen mit Wolf Neumeister verfaßt, also sozusagen der ›halbe‹ Foerster. Der Film hält sich denn auch getreulich an die Stückvorlage, außer daß er Gustav Krause zu einem »Georg von Schulte« nobilitiert. Dadurch werden die »sozialen Gegensätze zwischen dem Emporkömmling Krause und dem vornehmen Umgang seiner Kinder […] ganz eliminiert«.[14] Keindorff schrieb nach dem Krieg an Kästner, der sich an den Film nicht mehr erinnern konnte, er sei eine »vom Propagandamisterium [!] versaute[.] Fassung (der Fleischermeister mußte ein ›Junker‹ werden).«[15] Außerdem war Schulte kein Metzger wie Krause, sondern zwanzig Jahre als Farmer in Afrika, damit wird seine schwache Gesundheit erklärt. Das ändert an der Handlung nichts; an einigen Stellen hat der Film durch kleine Änderungen adäquate Bilder gefunden, die Schauspieler sind fast durchwegs Idealbesetzungen, insbesondere Otto Wernicke in der Rolle der Titelfigur.

Falls Kästner korrekt datiert, hat er im Januar 1940 zwei *Briefe an mich selber* geschrieben. Ein bißchen selbstmitleidig gedachte er seiner in der »Einsiedelei Ihres Herzens«; nur er könne ermessen, »wie einsam Sie sich fühlen und welcher Zauber, aus Glück und Wehmut gewoben, Sie von den Menschen fernhält.« (III: 328) Der zweite Brief handelt von dem »Irrtum« (III: 330), andere bessern zu wollen und der Mitwelt zu erzählen, »Kriege seien verwerflich, das Leben habe einen höheren Sinn als etwa den, einander zu ärgern, zu betrügen und den Kragen umzudrehen, und es müsse unsere Aufgabe sein, den kommenden Geschlechtern eine bessere, schönere, vernünftigere und glücklichere Erde zu überantworten!« (III: 331) Wer die Menschen ändern wolle, »der beginne nicht nur bei sich, sondern er höre auch bei sich selber damit auf!« (III: 332) Es liegt nahe, diese Briefe als Ausdruck von Kästners Situation im ›Dritten Reich‹ zu lesen, zumal er sich auch schreibt, er »sollte wirklich mehr Umgang haben, mindestens mit mir«, und sich fragt, ob er sich »selber fremd geworden« sei (III: 329). Aber dazu ist der Ton der Briefe doch allzu behaglich. Es gibt keinerlei zeitgebundene Andeutungen, der Schreiber sitzt bei einer Flasche Sekt in der Bar, wie er das vor und nach dem ›Dritten Reich‹ auch getan hat. Viel stärker als die Zeit kommentieren diese Briefe Kästners damaliges Lebensgefühl, die »Mauer aus Glas«, das Gefühl von Einsamkeit, Melancholie, Resignation, gegen das er immer wieder angekämpft hat.

Natürlich förderten oder dämpften konkrete Zeitumstände diese Stimmungen, und das ›Dritte Reich‹ dürfte sie gefördert haben. Im selben Jahr, als Kästner die *Briefe an mich selber* schrieb, starb ein Freund aus der Seminarzeit. Kästner schrieb seiner Sekretärin in die »Ostmark«, wo sie am Grundlsee Urlaub machte: »Ich bin heute ein bißchen durcheinander. Mein bester Freund aus der Seminarzeit, Hans Ludewig, der Fotograf, ist auf der Heimfahrt von der Front tödlich verunglückt. Damals fielen schon acht von fünfundzwanzig. Nun geht's wieder weiter. So ein Kulturzeitalter hat es in sich.«[16]

1941 begann Kästner, ein nüchternes Kriegstagebuch in Gabelsberger Kurzschrift zu schreiben, als bloße Erinnerungsstütze. Es wurde 1941, 1943 und am ausführlichsten 1945 geführt und ist die Grundlage für *Notabene 45*. Das Buch war im Nachlaß in die zweite Reihe gerutscht und wurde erst vor kurzem wiedergefunden; der Kurzschrift-Experte

Arthur Lux hat eine zum Teil immer noch kryptische Transkription erarbeitet, aus der im folgenden zitiert wird. Kästners Alltag im ›Dritten Reich‹ wird darin deutlich; auch die gelegentliche Frivolität seiner Probleme. So ist davon die Rede, daß Luiselotte Enderle nicht mehr bei Kempinski einkaufen wolle, weil die Verkäufer von den reichen Kunden bestochen seien und denen »vor aller Augen Waren ein[wikkeln], die es für die anderen ›nicht gibt‹«. Es werde viel geschoben, man könne, »für entsprechende Preise, alles kaufen.« (18.1.1941, TB) »Was es in den letzten Monaten wirklich im Überfluß gab waren: Sekt, Hummer u. Orchideen. Sekt gibt es zur Zeit so wenig wie nie früher. Orchideen gibt es aber noch.« (13.5.1941, TB) Die seltsam perspektiv- und meinungslosen Notate erinnern unwillkürlich an einen Jakob Fabian im ›Dritten Reich‹, der sieht, notiert, notiert und sieht – und sonst nichts. Er lernte einen Leutnant der Panzerjäger kennen, der bei der Gestapo war, ließ sich in dessen Wohnung einladen und die gehäuften Vorräte vorführen, trank mit ihm Cognac und ließ sich ein zweideutiges Etablissement zeigen. Er verteidigte den deutschen Film gegenüber Kurt von Molo, der im Ausland amerikanische und französische Filme gesehen hatte und zu behaupten wagte, der deutsche Film sei »seit Jahren international in keiner Weise mehr konkurrenzfähig« (19.1.1941, TB). Immer wieder referierte Kästner Gerüchte, die teilweise, so oder ähnlich, stimmten – wie schlimm die deutschen Emigranten im unbesetzten Teil Frankreichs behandelt würden (»Eine interessante Tatsache«, 19.1.1941, TB) oder daß sich Walter Benjamin umgebracht habe. Dabei war dem Diaristen klar, daß er weder der Regierung noch der ausländischen Presse glauben konnte.

Er sammelte Wanderlegenden, Flüsterwitze (»Der Krieg wird wegen seines großen Erfolges verlängert«, 26.1.1941, TB), kleine Widerstandsleistungen. So habe der Wiener »Reichsstatthalter« Baldur von Schirach in einer Fabrik eine mißglückte Rede gehalten. Die Arbeiter »übertrieben ihre Begeisterung ins Ironische so, daß sie 2 Stunden lang ohne Pause die Lieder der Bewegung sangen und in Siegheil-Rufe ausbrachen, so daß Baldur, nachdem er 2 Stunden lang auf dem Rednerpodium abgewartet hatte, endlich wieder nach Hause fuhr, ohne auch nur ein Wort gesprochen zu haben.« (23.1.1941, TB)

Kästner notierte den schlechten Gesundheitszustand der Bevölkerung; durch die zunehmende Mangelernährung wirkten Infektionen heftiger, viele starben jung. Seine politischen Bemerkungen blieben allgemein; er bezeichnete sich als »politische[n] Idealisten«. Den größten Teil des Tagebuchs macht die laufende Kriegsberichterstattung aus. Ab und zu kommentierte der Verfasser die fortlaufenden Widersprüche, aber meistens in einer Haltung, als repräsentiere er Deutschland – auch diesmal entwickle sich der »Balkan zur Höllenmaschine Europas« (29.1.1941, TB), oder: »Für meine Begriffe ist es nun eine besonders wichtige Frage, ob es Deutschland gelingt, die Landung in England erfolgreich durchzuführen, ehe die amerikanische Atlantikflotte mithelfen kann, diesen Landungsversuch (und vor allem den Nachschub) zu stören.« (9.2.1941, TB). Tagelang verfolgte Kästner die Meldungen über die Flucht des Hitler-Stellvertreters Rudolf Heß nach Großbritannien, schließlich zitiert er einen Vierzeiler aus Volksmund: »Laut klingt es durch das ganze Land;/ wir fahren gegen Engeland./ Doch wenn dann wirklich einer fährt,/ so wird er für verrückt erklärt.« (22.6.1941, TB) Die Kriegserklärung an Rußland fand er »psychologisch sehr interessant«, Goebbels' Ansprache sei »der melancholische Versuch einer staatsmännischen Rechtfertigung« gewesen, an die Nationalsozialisten gerichtet und nur namentlich an das Volk (22.6.1941, TB). »Es hat den Eindruck, als ob Deutschlands ›Kreuzzug gegen den Bolschewismus‹ in allen, auch den unterdrücktesten Ländern, eine geradezu erstaunliche Sympathiesteigerung für Hitler hervorgerufen habe.« (26.6.1941, TB)

Sehr wach allerdings war Kästner gegenüber den laufenden Steigerungen des Antisemitismus. Im September 1941 verspürte er »eine neue innenpolitische Aktivität«, die Deportationen in die Vernichtungslager begannen und wurden von Kästner nicht übersehen, er konnte sie freilich noch nicht einordnen: »Und seit Tagen werden die Juden nach dem Warthegau abtransportiert. Sie müssen in ihren Wohnungen alles stehen und liegen lassen und dürfen pro Person nur einen Koffer mitnehmen. Was sie erwartet, wissen sie nicht. Ein jüdisches Ehepaar, das in meinem Haus wohnt, hat mich gefragt, ob ich Möbel, Bilder, Bücher, Porzellan usw. kaufen will. Sie hätten sehr schöne ausgesuchte Dinge. Aber das Geld werden sie wohl auch nicht mitnehmen dürfen.« (Ende September 1941, TB)

Karl Schönböck wußte über eine Art »inoffiziellen Bühnenclub« zu berichten: »Johnnys Kleines Künstlerrestaurant«. Dort trafen sich Schauspieler, Regisseure und Journalisten, die sich der offiziellen Kulturszene des ›Dritten Reichs‹ nicht zugehörig fühlten. Zu einem festen Stammtisch dort gehörten die Journalisten Walther Kiaulehn und Felix von Eckardt, der spätere Bundespressechef in Bonn; die Schauspieler Hans Albers, Hans Söhnker und eben Schönböck und seine Frau. Mit allen diesen Gästen blieb Kästner auch nach dem Krieg in mehr oder weniger enger Verbindung; der Wirt, Johnny Rappeport, hatte wie Schwanneke eine Vergangenheit als Schauspieler hinter sich. Er dürfte einer der wenigen engen Duzfreunde Kästners in den vierziger Jahren gewesen sein, bei den ersten Berlin-Reisen nach dem Krieg wohnte Kästner bei ihm, verwechselte auch mal dessen Smokinghose mit der eigenen.[17] Karl Schönböck, der in seinen Rollen wie auch als Privatmann stets wie ein kühl-britischer *dandy* wirkte, hatte einen Blick für das Auftreten seiner Freunde: Er lernte dort Kästner kennen »als einen sehr zurückhaltenden, nicht sehr viel redenden Mann, immer sehr korrekt angezogen, nur komischerweise, er trug zum zweireihigen Anzug keine Krawatte. Das war eine persönliche Note von ihm, in dieser Zeit, er trug nie eine Krawatte. Sonst kam er immer in einem eleganten Mantel, schwarzem Homburg-Hut, saß meistens ruhig am Tisch, beteiligte sich nicht sehr viel am Gespräch, aber man wußte, er war immer präsent.«[18]

Wie präsent er war, hat Oda Schaefer in einer Anekdote überliefert, die ebenfalls in Rappeports Lokalität handelt. Ihr Mann Horst Lange soll »nach einem schlimmen Luftangriff« einige »äußerst leichtsinnige wie auch bösartige Bemerkungen« in Gegenwart eines Unbekannten an der Bar gemacht haben. Der entpuppte sich als Kriegsgerichtsrat, wollte Lange verhaften lassen und schritt zum Telefon. Kästner schraubte geistesgegenwärtig »die Sicherungen heraus, im ganzen Lokal war es plötzlich stockdunkel, er zerrte Horst am Koppel zur Hintertür heraus und stieß ihn auf eine gerade haltende Straßenbahn.«[19]

Die Filmindustrie lief auf höchsten Touren. Werner Buhre profitierte davon: »Buhre fährt nächste Woche auf mindestens 4 Wochen nach Norwegen. Er macht Filmaufnahmen für den Film ›Feldzug in Norwegen‹. 300 M pro Woche. Ganz tüchtig schon, was?« (21.3.1941, MB) Im Jahr darauf bekam er wieder einen Monat Arbeitsurlaub, »weil er in Böhmen zwei Kulturfilme drehen soll.« (16.5.1942, MB) Auch Kästner machte seinen Schnitt bei der UFA: Im April 1941 genehmigte Goebbels inoffiziell den *Münchhausen*-Film, im Sommerurlaub schrieb Kästner eine erste Fassung des Drehbuchs; die näheren Umstände werden in einem eigenen kleinen Kapitel rekonstruiert. Kästner war ein gefragter Mitarbeiter bei den verbliebenen Filmproduktionsfirmen, neben der UFA vor allem bei der Terra, deren Pressechef zu dieser Zeit Erich Knauf war. Mit der UFA scheint Kästner sogar zeitweise einen festen Jahresvertrag gehabt zu haben, im Nachlaß gibt es eine Abrechnung über die »Februar-Rate« für 1943, die sich auf 4.166,66 RM belief, abzüglich einiger zuviel gezahlter Spesen. Kästner hätte demnach für ein Jahr dramaturgischer Arbeit ein Gehalt von 50000 RM bezogen.[20] Allerdings dürfte das die letzte Überweisung der UFA gewesen sein, eine Nachzahlung, nachdem Kästner ja im Januar 1943 definitiv aus der Reichsschrifttumskammer ausgeschlossen worden war und obendrein auch nicht mehr im Ausland publizieren durfte. In einem Briefentwurf an das Finanzamt Charlottenburg-Ost erklärte Kästner, er rechne nach den hohen Einnahmen durch *Münchhausen* 1942 – 117171 RM – für das kommende Jahr höchstens noch mit 15000 RM und bat um die Herabsetzung seiner Vorsteuer.[21]

Im April 1942 erschien in einer schweizerischen Tageszeitung ein ausführlicher Nachruf auf Kästner. Er sei dort gestorben, wo er »geboren wurde: in Berlin«. Er habe mit Mehring, Tucholsky und Becher »zu den linksgerichteten Lyrikern« gehört, die »den witzigen Schlagerstil geschaffen haben, der unangenehme Wahrheiten in leichter, humoriger und oft ungemein treffsicherer Form zu sagen wußte.« Der Laudator wußte von Kästners pseudonymer Mitverfasserschaft des *Lebenslänglichen Kindes* und von einer Verfilmung der *Drei Männer im Schnee*, die er allerdings für ein Jugendbuch hielt.[22] Totgesagte leben länger, heißt es; nach dem *Münchhausen*-Drehbuch war Kästner beim Film so rege wie nie zuvor.

Die UFA schickte ihn 1942 zusammen mit Jenny Jugo und dem Kameramann Eugen Klagemann nach Zürich, zur »Besichtigung eines Garbo-Films«.[23] Er sollte ein ähnliches Drehbuch wie *Die Frau mit den zwei Gesichtern* (1941) schreiben und bestand darauf, den Film zu sehen, weil er dessen Klischees vermeiden wollte – er fand ihn »spottschlecht« und hatte »keine Lust, mich eines Tages als Plagiator anpöbeln zu lassen.« (VI: 441) Wider Erwarten organisierte ihm die UFA die Reise, das Drehbuch mußte er dann doch nicht schreiben, weil er, sozusagen ›rechtzeitig‹, wieder verboten wurde.

Für Emil Jannings sollte Kästner ein Drehbuch überarbeiten, wahrscheinlich *Altes Herz wird wieder jung* (1943), Jannings' letzten Film. Kästner sträubte sich wieder, besuchte Jannings aber auf seinem Anwesen am Wolfgangsee und war beeindruckt: »Mit zwei Häusern. Zwei Schweinen, vielen Hunden, Ziegen, Enten, Hühnern, Gemüsegärten, ein Gerstenfeld usw. [...] Es gab gut zu essen. Vor allem: hausschlachtene Wurst, wenn auch nicht viel, und echte Butter. Oje! man weiß wirklich nicht mehr, wie sie schmeckt.« (16.6.1942, MB) Daß Kästner das Drehbuch nicht überarbeiten mochte, nahm Jannings nicht übel, bat sich sogar ein eigenes für das kommende Jahr aus. Obendrein wollte er ihn dem »Regierungspräsidenten vom Gau Salzburg und dessen Frau« vorstellen (16.6.1942, MB) und ihn nochmals einladen, mit einer Übernachtung. »Tu ich ja nicht gerne«, schrieb Kästner seiner Mutter (19.6.1942, MB), und auch den Regierungspräsidenten wollte er nicht kennenlernen. Er wollte so wenig Kontakt wie möglich zu Offizialen des ›Dritten Reichs‹ halten, ohne sie zu verstimmen – deswegen reagierte er privatim so mißmutig auf die Arbeit für den NS-»Staatsschauspieler« Rühmann und auf das Angebot des »Staatsschauspielers«, »Kultursenators« und Tobis-Aufsichtsratsvorsitzenden Jannings. Er hielt ihn obendrein für einen »dieser kaltschnäuzige[n] Geldmacher«, der sich mit *Ohm Krüger* (1941) in den »Dienst der Verhetzungspropaganda« gestellt hatte. Während der Dreharbeiten zu diesem Film »wurden, durch Landminen, vier [...] mitspielende Komparsen getötet und andere verletzt. Der Kommandeur erklärte dazu: Auch diese vier Soldaten seien auf dem Felde der Ehre gefallen.« (6.4.1941, TB)

Für Heinz Rühmann überarbeitete Kästner das Drehbuch zu *Ich vertraue dir meine Frau an* (1942). Rühmann spielte in dieser Komödie einen eisernen Junggesellen, dem am Bahnhof sein ehemals bester Jugendfreund die Ehefrau anvertraut, um sie in Ruhe mit seiner Sekretärin zu betrügen. In turbulenten Episoden lernen sich Freund und Ehefrau kennen und lieben. Im Vorfeld des Films gab es einige Querelen, Kästner erledigte die Arbeit lustlos, aber doch, weil er im Geschäft bleiben wollte. Rühmann hat ihn in seiner Autobiographie nicht erwähnt.

Jenny Jugo sollte die weibliche Hauptrolle spielen, lehnte aber ab, »und nun ist Rühmann ganz nervös.« (11.4.1942, MB) Das Drehbuch war »noch nicht richtig gut«, wußte Kästner (13.4.1942, MB). Einen

Abend lang besuchte er den »Regisseur vom Rühmannfilm« und beklagte sich: »Macht mir gar keinen Spaß, diese Arbeit. Ich fürchte aber, daß ich nicht drum herumkomme.« (19.4.1942, MB) Dieser Regisseur war Kurt Hoffmann; die Zusammenarbeit war der Auftakt für eine jahrzehntelange Kooperation. »Das Rühmann-Drehbuch ist vervielfältigt worden, und auf dem Titel steht: von Lüthge und Bürger. Obwohl ich den Brüdern ausdrücklich gesagt habe, ich wolle hierbei nicht genannt werden. Es hat doch keinen Zweck, daß dauernd der Name Bürger auftaucht! Es gibt schon Neider genug!« (14.5.1942, MB) Der Fehler konnte korrigiert werden, Kästner mußte das vervielfältigte Drehbuch ohnehin nochmals »auf Fehler durchkrempeln« (14.5.1942, MB). Im endgültigen Vorspann steht nur Bobby E. Lüthge als Drehbuchautor. Es handelt sich um die Verfilmung eines Theaterstücks von Johann von Vaszary, besonders gegen Ende an den Mechanismen zahlreicher klappender Türen im Hintergrund, Auftritten und Abgängen zu spüren. Der Film hat ein flottes Tempo und ist ausnahmslos hervorragend besetzt; die weibliche Hauptrolle neben Rühmann spielte Lil Adina. Paul Dahlke als Boxer Emil Sanfthuber und Wilhelm Bendow als Kellner im »Astoria« haben effektvolle Nebenrollen. Ein besonderer Beitrag Kästners ist dem Film kaum anzumerken. Die schlanken Dialoge könnten auf seine Rechnung gehen; inhaltlich höchstens, daß eine Episode in Kästners Tennisclub »Blau-Weiß« spielt, und daß Rühmann in seiner Rolle als Direktor der Firma »Junggesellen-Trost« seine skurrilen Haushaltsgeräte für Junggesellen ursprünglich erfunden hat, um seiner Mutter Arbeit abzunehmen.

Kästners letzte vollendete Arbeit für die UFA war das Drehbuch zu seinem Salzburg-Roman. Die Filmgesellschaft legte im Ministerium ein Exposé zur Genehmigung vor. Vor deren Erteilung wollte Kästner nicht mit dem Drehbuch anfangen, um nicht umsonst zu arbeiten (14.5.1942, MB). Die Zeit wurde knapp: »Im Juli wollen sie in Salzburg mit den Aufnahmen beginnen! Wann ich das Drehbuch schreiben soll, danach fragt kein Aas. Es sind jetzt schon nur 6 Wochen bis dahin!« (14.5.1942, MB) Der Produktionsleiter sollte wie bei *Münchhausen* Eberhard Schmidt werden, der versuchte, für Kästner die Verhandlungen zu beschleunigen (20.5.1942, MB).[24]

Während in Berlin *Ich vertraue dir meine Frau an* abgedreht wurde, fuhr Kästner wieder einmal nach Salzburg, um vor Ort noch Erkundigungen zu machen und drehbuchgeeignete Schauplätze – etwa einen

Familiensitz für Konstanzes Familie – zu finden. »Das In-der-Gegend-Herumrennen und -fahren kostet viel Zeit u. macht müde. Na, verrückt mach ich mich nicht. Da wird er eben später fertig.« (12.6.1942, MB) Anfang Juli 1942 war das Salzburg-Drehbuch fertiggeschrieben, Kästner machte Ende August/Anfang September Urlaub im Oberbayerischen bei der Frau Johnny Rappeports, die in der Nähe von Garmisch lebte. »Schön ruhig. Mit Blick auf die Berge. In die Oberstübchen mit Balkon.« (24.8.1942, MB)

Für Besetzungs-Debatten war Kästner diesmal nicht empfänglich. Ursprünglich waren Axel von Ambesser und Luise Ullrich in den Hauptrollen vorgesehen, es spielten dann Willy Fritsch und Hertha Feiler, die zweite Ehefrau Heinz Rühmanns. »Mir ist schon alles ganz wurscht. Diese ewige Änderei!« (8.9.1942, MB) Luise Ullrich hielt er zwar für die bessere Schauspielerin, obwohl sie zu alt für die Rolle war (12.9.1942, MB); sie konnte aber nicht spielen, weil sie im vierten Monat schwanger war. Kästner entschied sich, nicht nach Salzburg zu den Dreharbeiten mitzufahren: »Wer den Franzl und den Karl spielt, wissen die Schafszipfel immer noch nicht! [...] Unglaubliche Leute. Ich glaube, ich werde gar nicht mit hinunterfahren. Es frißt nur Arbeitszeit!« (14.9.1942, MB)

Wie bei *Münchhausen* wurde der pseudonyme Drehbuchautor Berthold Bürger im Vorspann des Films von 1943 nicht genannt. Der Regisseur Hans Deppe hatte das *Ekel*-Remake mit Hans Moser, *Verwandte sind auch Menschen* und Unmengen von Heimatfilmen gedreht; daran änderte sich auch in den fünfziger Jahren nichts – seine bekanntesten Filme waren *Schwarzwaldmädel* (1950), *Grün ist die Heide* (1951) und *Ferien vom Ich* (1953). *Der kleine Grenzverkehr* dürfte eine der besten Regiearbeiten Deppes sein. Der Film enthält sich fast vollständig deutlicher Zeitanspielungen. Nur in der Exposition mußte der Vorgang des ›kleinen Grenzverkehrs‹ erklärt werden, fünf Jahre nach dem ›Anschluß‹ Österreichs. Die Schrift-Einblendungen rücken die Handlung ins Märchenhafte und kommentieren den ›Anschluß‹ im Sinne der Erfinder:

»Es war einmal...
So beginnen nicht nur die Märchen!
Es war einmal eine Zeit...
die noch garnicht lange vergangen ist!
Es waren einmal zwei Länder...
die eigentlich zusammengehörten!

Aber vorwitzige Leute, die aus dem einen in das andere Land reisen wollten, mussten erst einen mächtigen Zauberer befragen. An der Tür des Büros, in dem der Zauberer wohnte, stand das unheimliche Wort: Devisenstelle.« Daß da etwas zusammenwachsen sollte, was nicht unbedingt zusammengehörte, erwies sich auch am österreichischen Akzent der Schauspieler; besonders Hertha Feiler tat sich hörbar schwer damit. Das ›Österreichische‹ sollte sich auch an der Titelhäufung zeigen – es wimmelt von »Herr Geheimrat«, »Herr Doktor«, »Herr von Kesselhuth« und »meine Gnädigste«; Rentmeister ist »Dr. Dr. Dr.«. Es gibt einige kleine Kästner-Details. So hat der Lachforscher Georg Rentmeister eine Stenographie entwickelt, die schneller ist, als ein Mensch sprechen kann (im Buch nur als Projekt existent); Graf Leopold will für sein Stück bei »Kollege Lessing« in der *Hamburgischen Dramaturgie* nachschlagen; und mit dem Medium wird gespielt, indem der Graf am Schluß seine Aufzeichnungen dem neuen Schwiegersohn Rentmeister schenkt und ihn verpflichtet, das Lustspiel zu schreiben: »Also gut, ich schreibe das Stück«, sagt Rentmeister am Schluß; und man könnte sich nun vorstellen, daß Rentmeister das Drehbuch des gerade gesehenen Films geschrieben hat.

Die Verfilmung des *Kleinen Grenzverkehrs* hat größtenteils durch die Schauspieler ihre Frische bewahrt; vor allem die Liebesgeschichte ist einiges von der zeitüblichen Betulichkeit entfernt: Das Paar liegt bedenklich unangezogen am See, und Konstanze lotst ihren Georg im Dunkeln nicht auf das versprochene Sofa, sondern durchaus in ihr Bett, wie man das auch heute erwarten würde, nicht aber 1943. Oder 1953.

Sein letztes UFA-Projekt konnte Kästner nicht mehr beenden. Noch während der Dreharbeiten zum *Kleinen Grenzverkehr* schrieb er das Exposé für ein neues Drehbuch: *Das doppelte Lottchen*. Durch das Totalverbot mußte ihm die UFA bedauernd die Rechte am fertigen Exposé zurückgeben.[25] Kästners Arbeitseifer konnte das nicht bremsen. Nach dem fertigen *Lottchen*-Treatment war er dabei, sich »ein Theaterstück zu überlegen« (12.9.1942, MB) – *Zu treuen Händen. Ein Lustspiel in drei Akten*. Es steht in der Tradition der Foerster-Stücke, ist aber um einiges persönlicher; wie beim *Kleinen Grenzverkehr* haderte Kästner mit seinen Einfällen. Er müsse sich erst überlegen, »was für 'ne Art Stück ich schreiben will« (14.9.1942, MB); »[e]in Theaterstück ist mir leider noch nicht eingefallen. Das wird aber auch noch.« (16.9.1942, MB) Das »Konversationsstück« (V: 812) handelt von einem Schriftsteller, Dr. Thomas Kaltenecker, der »Anfang Vierzig« ist (V: 327). Seine Schwester vertraut ihm ihren Sohn Hannsgeorg an. Der Patenonkel soll dem Medizinstudenten ein bißchen den Vater ersetzen und ihn vor erotischen und emotionalen Dummheiten bewahren. Er sträubt sich ein wenig, weil er sich selbst noch so unreif fühlt, und akzeptiert dann. Das Stück führt überzeugend die Entscheidungsnöte des Schriftstellers zwischen zwei Frauen vor; sein Neffe entpuppt sich am Schluß als der Erwachsene: Er ist seit zwei Jahren mit einer etwas älteren berufstätigen Frau verlobt, mit der er ein ebenfalls zwei Jahre altes Kind hat; am zweiten Geburtstag des Sohnes werden die beiden heiraten. Fazit des Schriftstellers: »Früher die Alten altmodisch und die Jungen modern. Heute die Alten modern und die Jungen altmodisch. Verzwickte Romantiker.« (V: 393)

Das Stück ist effektvoll und hat nicht, wie die vergleichbaren Foerster-Stücke, Patina angesetzt. Dennoch vertraute Kästner seiner Arbeit nicht. Er schrieb, er habe »den eigenen Namen für sein eigentliches Theaterdebüt« aufsparen wollen, die *Schule der Diktatoren* (V: 812) – eine unglaubwürdige Bemerkung nach drei Kinderstücken, sechs unterhaltenden Komödien und einer unüberschaubaren Anzahl von Drehbüchern, die zeigt, mit welchen Ambitionen Kästner die *Schule* befrachtete. Er ließ *Zu treuen Händen* 1949 unter dem – allerdings nachlässig gehüteten – Pseudonym »Melchior Kurtz« uraufführen. Gustaf Gründgens nahm das Stück als Intendant des Düsseldorfer Schauspielhauses an, Günther Lüders inszenierte die Uraufführung; viele Tageszeitungen vermuteten hinter dem Pseudonym Erich Kästner.[26]

Zu treuen Händen hat nicht nur in der Schriftsteller-Figur autobiographisches Unterfutter. Franz Naacke, der Sohn von Kästners Kusine Dora, wuchs bei Lina Augustin auf; und er besuchte seinen ›Onkel‹ 1935 länger. Kästner ließ ihm von seiner Mutter ausrichten: »Grüß ihn schön, und ich freue mich sehr, wenn er ein paar Tage bei mir wohnt. Tenniszeug kann er, wenn er Lust hat, auch mitbringen. Denn ich spiele jeden Tag.« (27.3.1935, MB) Einige Jahre später gab es Krach zwischen der Groß- und Pflegemutter Lina und ihrem Ziehsohn: »Also, ich finde die Sache mit Franz wirklich nur halb so schlimm. Und sie werden sich schon wieder vertragen. Freilich ist er ein Dickkopf. Und die Tante ist mit dran schuld, weil sie ihn immer, gerade in Mädchengeschichten, zu streng behandelt hat. Daß sein Studium drunter leidet, glaube ich ganz und gar nicht! Im Gegenteil.« (13.4.1942, MB) Aus einem anderen Brief geht hervor, daß Franz ein ähnlich junger Vater war wie der Hannsgeorg im Stück; Kästner verteidigte ihn gegenüber Ida Kästner: »Na, ein bißchen altklug ist er schon noch. Man soll selber die Schuld nicht immer *nur* bei den anderen suchen. Aber er ist völlig ohne Eltern aufgewachsen; das erklärt freilich vieles. Wie fühlt sich Tante Lina als junge Urgroßmutter?« (19.4.1942, MB)

Kästner hat das fröhliche, unterhaltsame Stück 1942 geschrieben; eine bittere Pointe kam hinterdrein: Naacke fiel Ende 1944, anscheinend wurde er Opfer eines irrtümlichen Bombardements der eigenen Luftwaffe. »An Tante Lina hab ich noch immer nicht geschrieben. Es läßt sich so gar nichts Tröstliches sagen.« (23.11., 2.12.1944, MB)

Über den Tod seiner Freunde Erich Ohser und Erich Knauf mußte er sich selbst trösten. Ohser war es im ›Dritten Reich‹ materiell zum ersten Mal in seinem Leben gut gegangen, durch die in der *Berliner Illustrirten* erschienenen *Vater und Sohn*-Geschichten. Die nachfolgende Buchausgabe hatte einen Erfolg, den Kästner dem Freund ohne Neid gönnte: »Von Ohsers Buch sind 40000 verkauft. Schön, was?« (4.1.1936, MB) Es gab Keksdosen, Sandspielformen, Marzipan- und Porzellanfiguren von *Vater und Sohn*; das Kreismuseum in Plauen wolle sogar ein Ohser-Zimmer einrichten, schrieb Kästner an seine Mutter. »Wenn man das gedacht hätte, was?« (15.1.1936, MB)

Erich Knauf hatte weniger Glück. Von 1928 bis 1933 hatte er als Schriftleiter der Büchergilde Gutenberg in Berlin gearbeitet, danach als freier Schriftsteller, Feuilletonredakteur und Nachfolger des emigrierten Walther Victor am *8-Uhr-Abendblatt*. Weil er eine Lieblingssängerin Görings verrissen hatte, wurde er aus dem »Reichsverband der Deutschen Presse« ausgeschlossen und kam bereits 1934 für einige Wochen in die Konzentrationslager Oranienburg und Lichtenburg. Bis zu seiner Anstellung bei der Terra 1936 lebte er als freiberuflicher Werbemann, hin und wieder veröffentlichte er Gedichte unter Pseudonymen in der Presse. Das Gedicht *Schwarzes Schicksal*, unter dem Pseudonym »Thyl« veröffentlicht, erregte den Unmut des *Angriffs*. Knauf besang dort den afrikanischen Stammeshäuptling Hullebulle. Das NS-Kampfblatt regte sich über die Anzüglichkeit der folgenden Zeilen auf:

> »Hullebulle war ein guter Gatte.
> Seine Frau trug oft, was Frauen schmückt.
> Doch auch sonst erhob sich von der Matte
> Manche, die er nebenbei beglückt.
> Seinem Schweiße fehlte nicht die Würze,
> Was er gab, das gab er ohne Rest,
> Und selbst unter seiner Lendenschürze
> War das Schwarze kuß- und wetterfest.«

Der anonyme Pamphletist fragte, »warum wir eigentlich Herrn Erich Kästner, George Grosz und Magnus Hirschfeld das Leben versauert haben.« Der Angriff richtete sich gegen »Pornographie« und »Dekadenz«, für die den Nazis auch der *Fabian* stand, wohl auch gegen die »jüdisch-bolschewistische Liquidation der lyrischen Dichtung«,[27] nicht gegen verschlüsselte Anspielungen. Die Polemik schloß mit einer Drohung: »Thyl, das Ferkel, ist mit seiner erotischen Phantasie nach Afrika gewandert. Vermutlich wird man ihn dorthin demnächst als Emigranten abschieben sehen, denn es könnte wohl sein, daß er dem schwarzen Schicksal in der Gestalt einiger baumlanger S.S.-Männer begegnet, die mit ›Hullebulle‹ seine bullenmäßige Phantasie eine Zeitlang einpacken.«[28]

Von 1936 bis 1944 war Knauf bei der Terra Filmkunst angestellt, erst als zweiter Pressesprecher, dann als Pressechef. Dort schrieb er Schlagertexte für den Komponisten Werner Bochmann, darunter echte »Front-Hits« wie *Heimat, deine Sterne* für die Rühmann-Komödie *Quax, der Bruchpilot* (1941). Dem Teamwork entsprang außerdem die Musik für *Glocken der Heimat* (1942), *Sophienlund* (1943) und die *Feuerzangenbowle* (1944). Mindestens einen Schlager aus *Sophienlund* kennt man heute noch, *Mit Musik geht alles besser*. Auch Kästner hatte wenigstens mittelbar immer wieder mit der Terra zu tun: Der *Kata-*

komben-Schauspieler Robert A. Stemmle schrieb das Drehbuch zu *Quax*, Regie führte Kurt Hoffmann; und die Terra produzierte die Verfilmungen der Eberhard Foerster-Stücke *Frau nach Maß* (1940) und *Der Seniorchef* (1942).

Ohser war ausgebombt worden, Knauf ebenfalls, am 22. November 1943. Er brachte seine Frau Erna bei Verwandten in Thüringen unter und schlief im Büro, bis Ohser ihm ein Nachbarzimmerchen in Kaulsdorf anbot. In Kästners Nachlaß findet sich ein sechsseitiges Typoskript Erna Knaufs über die »Vorgänge, die zum Tode meines Mannes, Erich Knauf, und seines Freundes, Erich Ohser, führten«; sie hat ihre Erinnerungen im Januar 1946 aufgezeichnet. Dort erzählt sie von Bruno Schultz und seiner Frau, die ebenfalls in das Haus zogen. Er war Hauptmann beim Berliner Wehrmachtsführungsstab, SS-Mann, Herausgeber der Zeitschrift *Das Neue Deutsche Lichtbild* und eines Bandes »mit Aktfotos über die deutsche Frau«.[29] Schultz nahm an den offenen Gesprächen Knaufs und Ohsers teil, machte sich anschließend Notizen und denunzierte sie bei der Gestapo, weil er ihre Zimmer wollte. Beide wurden am Morgen des 28. März 1944 abgeholt, fünf Wochen später lebten sie nicht mehr. Kästner wurde das – falsche – Gerücht zugetragen, auch Werner Finck »sei dasselbe zugestoßen wie Ohser u Knauf. Ob es stimmt, läßt sich schwer überprüfen.«[30] Erich Ohser brachte sich in seiner Zelle um; den von Freisler geführten Schauprozeß gegen Knauf und die einschlägigen Dokumente hat Wolfgang Eckert in seiner Knauf-Biographie ausführlich zitiert. Knauf wurde am 2. Mai 1944 geköpft, seine Witwe erfuhr eher zufällig davon. Sie schrieb: »Ich ging sofort zum Volksgerichtshof. Dort bestätigte man mir die Vollstreckung des Urteils. [...] Aber man verweigerte mir seine Leiche oder Urne, obwohl ich [...], noch zu Lebzeiten meines Mannes, das bereits schriftlich beantragen mußte. Als letzte Grausamkeit kam dann die Kostenrechnung, mit der man mich zwang, das Verbrechen an meinem Mann selber zu bezahlen.«[31] Sie mußte zwei Rechnungen bezahlen, insgesamt über 740 RM; die aufgeführten Posten gingen bis in Pfennigbeträge für das »Porto für Übersendung der Kostenrechnung«. Erich Kästner schrieb nach dem Krieg in der *Neuen Zeitung* den Artikel *Eine unbezahlte Rechnung* (II: 26f.) und fragte nach dem Verbleib des Denunzianten, der nach dem Prozeß an die Hausbesitzerin schrieb: »[...] alle sind der Ansicht, daß diese beiden Verbrecher [...] nicht wert sind, zu leben. Beider Tod sind wir der schaffenden Heimat und den kämpfenden Soldaten schuldig.«[32] Schultz wurde von den russischen Behörden 1945 verhaftet und soll in einem Kriegsgefangenenlager an Typhus gestorben sein; seine Frau wurde nie gefaßt.[33]

Nach der UFA-Entlassung und dem Totalverbot lebte Kästner in knappen Verhältnissen; mitten im Krieg war auch die Transferierung ausländischer Guthaben nicht mehr ohne weiteres möglich. Kästner schrieb für die Schublade, und er beschäftigte sich mit kleineren Projekten, die nicht viel Geld gebracht haben können: Mit John Jahr arbeitete er an einer Edition, wohl von »Romanen der Weltliteratur«;[34] und Jahr zahlte ihm 12 000 RM als ›inoffiziellen‹ Vorschuß für das Nachkriegsprojekt eines Münchhausen-Romans.[35] Der Niederländer J. H. Schouten bot ihm an, doch zusammen mit ihm für die holländischen Gymnasien und Oberrealschulen eine deutsche Literaturgeschichte samt Lesebuch zu schreiben bzw. herauszugeben, und zwar ohne »die von Joseph Nadler betonten Werte.«[36]

Die Knappheit nahm gegen Ende des Krieges zu. Schon 1941 jammerte Kästner über die Rationierung der Zigaretten, es gab nur noch sechs Stück pro Tag. 1942 wurden ihm Taschenlampe und Handschuhe aus dem Mantel geklaut: »So wie jetzt ist noch nie gestohlen worden! Beim Friseur Kämme, Zahnpasta, Parfüm. In den feinsten Lokalen Gläser, Salzstreuer, alles, was nicht niet- und nagelfest ist!« (15.4.1942, MB)

Einen kleinen Alltagseindruck geben drei längere Briefe im Nachlaß, die Kästner 1944 an einen lieben »MVOR« schrieb, eine andere Anrede lautet »Teurer Veroneser«. Dabei handelt es sich um den Juristen Dr. Gustav Gerbaulet, der von 1943 bis zum Ende des Krieges in Bergamo, nicht in Verona, Leiter der Außenhandels- und Devisenabteilung des Ministeriums für Rüstungs- und Kriegsproduktion war, einer der nicht wenigen NS-Beamten, die auch in der Bundesrepublik wieder als Ministeriale ein Unterkommen fanden. Gerbaulet arbeitete erst im Ministerium für den Marshall-Plan, dann bis zu seiner Pensionierung im Wirtschaftsministerium. Nach einem Brief von Gerbaulets Witwe im Kästner-Nachlaß hatten sich Kästner und ihr Mann etwa in den frühen dreißiger Jahren kennengelernt, als Gerbaulet noch Amtsgerichtsrat in Berlin-Moabit war.

Kästner scheint eine Art Versorgungsbeziehung zu Gerbaulet unterhalten zu haben, er erwähnt die »Schlüpse«, die er trage – Schönböck hat da etwas anderes erzählt –, und »Ihre Bücher«, die er lese; er gleiche dem »parasitären Teil einer Symbiose«, aber es bedrücke ihn »keineswex«.[37] Drei Kisten im Keller eingelagerter Bücher waren durch einen Kellerdurchbruch in der Roscherstraße gerettet worden[38] und sollten im Havelland sicher untergebracht werden, bisher hatte Kästner keine Transportmöglichkeit gefunden. »Sollten diese Verschleppungsmanöver weitergehen, werde ich Sie doch noch um Hilfe anrufen müssen.«[39] Er bedankte sich für Tabak- und weitere Schlipssendungen; er sitze, während »Lottchen am Turmbau zu Babelsberg mitwirkt«, in ihrem »noch bewohnbaren ›halben‹ Zimmer, lese, »lege Epigramm zu Epigramm (bis das Kilogramm voll ist), überdenke gelegentlich den Einfluß Nietzsches auf das 20. Jahrhundert [...], pinsele an Theaterstücken, hole Spinat ein oder arbeite an meinem Marschlied für die deutsche Infanterie, das sich mit den Schwierigkeiten der Bevölkerungspolitik nach dem Kriege beschäftigt«:[40] Eine Karikatur des beschaulichen Dichterlebens, das Kästner notgedrungen führte. Im Tagebuch notierte er, seit Enderles Arbeit als Dramaturgin in Babelsberg sei er »konzessionierter Essenhändler« geworden – er fahre »täglich in die Stadt und kaufe ein. Ich tu es noch genauso ungern wie als kleiner Junge.« (31.8.1943, TB) Seine Epigramme erschienen nach dem Krieg gesammelt als *Kurz und bündig* (1948). Kasimir Edschmid bedankte sich für das »reizende Buch« und bewunderte, »wie man so wenig Zeilen zu schreiben braucht, um doch ein ganzes Buch daraus machen zu können.«[41] Kästners Interesse an dieser knappsten Gedichtform entsprach seiner Neigung zur Pointe, zur Lakonie; und Epigramme entsprachen den Zeitumständen, sie waren ein Glasperlenspiel, zu dem man viel Zeit, wenig Platz, wenig Material und *Präzision* brauchte:

> »Wer was zu sagen hat,
> hat keine Eile.
> Er läßt sich Zeit und sagt's
> in einer Zeile.« (I: 271)

Unter den Theaterstücken, an denen Kästner ›pinselte‹, kann schon *Die Schule der Diktatoren* gewesen sein, deren Konzept er ja angeblich schon im ›Dritten Reich‹ entwickelt hatte; außerdem schrieb er an dem Historienstück *Chauvelin oder Lang lebe der König!*[42] Den ersten und einzig vollendeten Akt veröffentlichte Kästner 1950, und er fragte seine Lebensgefährtin, ob er die Komödie zu Ende schreiben sollte: »Es ist kein großer Stoff, leider. Eher eine Patisserie, ein Mohrenkopf. Kein Kotelett.«[43] König Ludwig XV. wird prophezeit, er werde zwei Tage nach seinem Freund Chauvelin sterben; Ludwig läßt ihn daraufhin mit gesunder Diät und allem Komfort einsperren und bewachen. Das Fragment zeigt ähnlich dem *Münchhausen* Kästners Adaptionsfähigkeit historischer Stoffe, seine Leichtigkeit, Atmosphäre zu schaffen; leider hat er das Stück nicht beendet. Einer Lehrerin, die das Fragment aufführen wollte, hat er immerhin den weiteren Gang der Handlung skizziert: Eine Hofdame und der Leibarzt des Königs verschwören sich mit Chauvelin gegen den Monarchen, spielen ihm dessen Tod vor und weiden sich an seinen skurrilen Todesängsten. Auch nach der Enthüllung des Komplotts kann der König seinen Höfling nicht bestrafen – er glaubt ja weiterhin an die Prophezeiung.[44]

Im Februar/ März und im August/September 1943 führte Kästner wieder Tagebuch. Die Einträge sind nicht mehr die des abgeklärten Weltpolitik-Kommentators von 1941, er äußerte seine Distanz gegenüber dem Regime deutlicher; es ist viel geschehen seither, und die »Stimmung der Bevölkerung in Deutschland ist sehr ernst geworden.« (18.2.1943, TB) Der »totale Krieg« war erklärt worden, die Nachrichten aus Stalingrad wurden immer schlechter, die Luftangriffe auch auf Berlin nahmen zu. Kästner und Enderle erlebten in einem Hausflur, »peinlich nahe, das Niedergehen einer Luftmine hinter den Kurfürstendammtheatern.« (11.3.1943, TB) Einen der schwersten Angriffe auf Berlin sahen sie vom sicheren Kellerfenster der Babelsberger Villa aus: »Die glitzernden ›Christbäume‹, der Flakhagel, drei abstürzende Flugzeuge, die Jagdflieger, die, im Scheinwerferkranz, rote Erkennungsraketen abwerfen, die Mondsichel, die über dem Wald hochstieg und immer wieder von den Schöneberger und Charlottenburger Brandwolken verdeckt wurde [...]« (24.8.1943, TB) Zu den neuen Witzen gehörte der zeitgemäße Berliner Gruß, er lautete: »Bleiben Sie übrig!« (25.8.1943, TB) Ein reformiertes Tischgebet lautete: »Komm, Herr Jesus, sei unser Gast, und iß mit uns, wenn du Marken hast.« (1.9.1943, TB)

Aus München hörte Kästner »merkwürdige Dinge«, von »Studentenunruhen«, Flugblättern und der Hinrichtung von vier Studenten war die Rede – hier hat ihn ein Gerücht über die »Weiße Rose« erreicht (11.3.1943, TB). Auch über die Verbrechen in den Vernichtungslagern wurden Einzelheiten bekannt: »Von den Judenerschießungen im Osten erzählte jemand, daß vorher ein SS-Mann mit einem Pappkarton von einem zum andern geht und ihnen die Ringe und Ohrringe abzieht.« In Berlin gab es nur noch »Restabholungen der Berliner Juden (darunter Lastwagen voller Kinder zwischen 3 und 6 Jahren)« (11.3.1943, TB).

Seit August 1943 wurden Kästners Notizen ironisch und immer galliger. Er kommentierte die Privilegien der NS-Bonzen und Goebbels-Aufrufe aus dem *Völkischen Beobachter* zur Evakuierung Berlins, zum »Heroismus in Bombennächten«: »Die Bevölkerung wird wie ein Duellant behandelt, dem die Sekundanten lachend eine alte Plumpe in die Hand drücken und dessen Gegner sicher einen Revolver haben.« (7.8.1943, TB)

Langsam, aber sicher ging alles zu Bruch, was nicht niet- und nagelfest war. Seit 1942 schrieb Kästner immer häufiger vom »Kellersport«, vom Abtauchen in die Keller vor den alliierten Bombergeschwadern. Berlin wurde im November 1943 in mehreren Wellen bombardiert. Vor Kästners Wohnung erwischte es die Werner Buhres, er durfte dafür aus Polen zum »Schaden-Urlaub« kommen: »Sein Haus ist von einer Luftmine dividiert worden. Aus dem teilweise eingestürzten Keller hat er ein paar Koffer angeln können. Bei Lebensgefahr. Da die Trümmer weiter zusammenzurutschen das Bestreben zeigen. – Jetzt hat er, anschließend, Ruhr mit Fieber, eine Modekrankheit, die Mörike u ich bereits hinter uns haben.«[45] In der Nacht vom 15. auf den 16. Februar 1944 war das Gartenhaus in der Roscherstraße an der Reihe. »Ein paar Kanister ›via airmail‹ eingeführten Phosphors aufs Dach, und es ging wie das Brezelbacken. Geschwindigkeit ist keine Hexerei. Dreitausend Bücher, acht Anzüge, einige Manuskripte, sämtliche Möbel, zwei Schreibmaschinen, Erinnerungen in jeder Größe und mancher Haarfarbe«. (II: 122) Seine Mutter hatte sich für den folgenden Tag mit der Wäsche angekündigt, wegen der Paketsperre wollte sie selbst kommen. Das Fiasko des Besuchs hat Kästner in *Mama bringt die Wäsche* beschrieben (II: 122–126) – das Verkehrschaos in Berlin, Ida Kästner, die darauf bestand, den Trümmerhaufen zu sehen, ihre Reaktion auf der Fahrt zurück zum Bahnhof durch das gleiche Chaos. »Die Mama stand oder saß, je nachdem, und starrte ins Leere. Tränen liefen über ihr Gesicht wie über eine Maske.« (II: 125)

Sie habe noch tagelang nach dem Besuch geweint (VI: 326); ihr Sohn stellte sich ihre Gedanken vor, einen imaginären Monolog: »Mein Junge, wissen Sie, hat eine Aussteuer wie ein heiratsfähiges Mädchen. Und jedes Jahr schenk ich ihm etwas hinzu. Ja, selbstverdient, natürlich. Dreiundsiebzig werd ich im April. Aber wenn ich ihm nichts mehr schenken könnte, würde mir das Leben keinen Spaß mehr machen. Er sagt zwar jedesmal, nun müßte ich endlich mit Arbeiten aufhören. Doch das laß ich mir nicht nehmen. Schriftsteller ist er. Er darf aber nicht schreiben. Seine Bücher hat man verbrannt. Und nun die Wohnung...« (II: 126)

Kästner zog notgedrungen einstweilen zu Luiselotte Enderle in die Sybelstraße. In einem Interview Ende der vierziger Jahre bezeichnete er sich als »Nomade«, seit diesem Zeitpunkt: »Ich kaufe mir überhaupt nichts Festes mehr. Überhaupt war ich nie ein perfekter Wohner.«[46] Als Ausgebombter erstellte Kästner eine Liste seiner Verluste für das Kriegsschädenamt: »Es war eine ziemlich langwierige Arbeit. Nun will ich sehen, daß ich Geld bekomme. Zum Bücherkaufen etc. Damit ich langsam wieder eine Bücherei zusammenbekomme. Das ist ja bei meinem Beruf das Wichtigste.« (30.11.1944, MB) Das Amt bewilligte ihm sofort 5000 RM als Abschlagszahlung (1.12.1944, MB). Etwas schwieriger war der Schadenersatz für verbrannte Manuskripte; die Schrifttumskammer verlangte nähere Angaben über »Inhalt und Art der Novellenbändchen« (9.2.1945, TB). Kästner beschrieb die Stoffe in einem Brief an die Reichsschrifttumskammer und brachte ihn wegen der gestörten Postwege gleich selber hin. Ein Buch sollte »Don Juan 1930« heißen und von einem »Mann von vierzig Jahren« handeln, der sich in einem Novellenzyklus an die Frauen seines Lebens erinnert. »Er erkennt [...] nicht nur, wie verschiedenartig jene Frauen waren, sondern auch und vor allem, wie anders von Fall zu Fall er selber war. Infolge dieser Einsicht verläßt er [...] ohne Abschied die Frau, die er gegenwärtig zu lieben glaubt. So erfährt er gar nicht, daß sein Opfer unsinnig ist. Denn diese Frau witterte in ihm den Abenteurer und suchte lediglich ein Abenteuer. Der weibliche Instinkt war von Anbeginn klüger als die männliche Erkenntnis.« – Das zweite Manuskript sollte eine weitere Schulgeschichte werden, »Die Klassenzusammenkunft«. Ein Dutzend Schüler treffen sich nach zwanzig Jahren wieder mit ihrem Lieblingslehrer und erzählen sich Schnurren, die der Lehrer ihnen zu ihrer Verblüffung erklärt. »Er zieht vor den erstaunten

Augen der erwachsenen Zuhörer Schleier für Schleier vor dem ihnen vermeintlich so wohlbekannten Bild der Jugendjahre fort.«[47]

Ein kleiner Angestellter nahm Kästners Brief an und gab ihm die Meinung seines Chefs als Antwort: »Da ich verboten bin, sind die Manuskripte geldlich wertlos. Ich widersprach ironisch und meinte, ökonomisch gesehen, sei das wohl ziemlich verkehrt gesehen. Aber Bübchen zuckte die Achseln. Ich habe die Absicht, mich juristisch zu verwahren, wenn sie schriftlich dasselbe mitteilen.« (12.2.1945, TB)

Seit Ende 1944 mußte Kästner auch um seine Eltern zittern – sie hatten am 31. Juli 1942 eine den Zeitumständen entsprechend sang- und klanglose Goldene Hochzeit gefeiert, Ida Kästner war 73, Emil Kästner 77 Jahre alt. Dresden war bisher von Angriffen verschont geblieben. Ende 1944 bekam Kästner im Radio zu hören: »Heute mittag flog der Feind in Sachsen ein.« (21.11.1944, MB) Immer wieder hörte er vom Alarm in der Nähe der Eltern, ermunterte sie, nur ja lange im Keller zu bleiben und ihn nach der Vor-Entwarnung noch nicht zu verlassen (23.11.1944, MB). Im Januar 1945 hörte er ständig Gerüchte über die Bombardierung Dresdens, das waren aber nur die ersten kleineren Angriffe. Am 13. und 14. Februar 1945 wurde das mit Flüchtlingen vollgepfropfte Dresden durch Tieffliegerangriffe niedergebrannt, tagelang hörte Kästner nichts mehr von seinen Eltern. Sie hatten Glück im Unglück gehabt: Es gab kein Strom, kein Wasser, die Scheiben waren zerstört, die Wohnung nicht mehr zu heizen – aber das Haus stand noch, im Unterschied zur zerstörten Villa Lina Augustins. »In ihrer Wohnung Glasbruch und alles voller Ruß. Sie schliefen im Korridor; Mama auf dem Sofa, Papa auf zusammengesetzten Stühlen. Sie holen das Essen im Löwenbräu. Im übrigen frieren sie, was das Zeug hält.« (27.2.1945, TB)

In der Zweizimmerwohnung in der Sybelstraße blieben zwar die Fensterscheiben heil (25.11.1944, MB), die Wohnung darüber war seit 1943 ausgebombt. Luiselotte Enderle beschwerte sich bei ihrer Vermieterin über die Wasserschäden an ihren Möbeln und Büchern und verlangte eine Abdichtung des Hausdachs durch den Hausmeister. Die Zimmerdecke sei »so durchgeweicht, dass ich befürchte, dass die Decke, wenn sich derartige Unwetter wiederholen, kaputt geht.«[48] Berlin war kein angenehmer Aufenthalt; weitere Schlafmöglichkeiten hatten Kästner und Enderle bei Freunden in Ketzin, im Westen Berlins, und in Babelsberg bei Potsdam, in der Nähe des UFA-Filmgeländes. In Ketzin lebten ein befreundeter Textilkaufmann und seine Frau, Paul und Luzie Odebrecht. Textilkaufleuten verwehre das Schicksal, Not zu leiden, schrieb Kästner in *Notabene 45*: »Man trägt ihnen, nach Einbruch der Dunkelheit, das Notwendige samt dem Überflüssigen korbweise ins Haus. Man drängt ihnen auf, was es nicht gibt. Bei Nacht kommen nicht nur die Diebe, sondern auch die Lieferanten. Sie bringen Butter, Kaffee und Kognak, weiße Semmeln und Würste, Sekt und Wein und Schweinebraten, und sie brächten den Kreisleiter der NSDAP, wenn er eßbar wäre.« (VI: 310) Für ihre Gaben bekamen die Lieferanten Stoffe, und Kästners Freunde luden zum Fest.

Eine weitere Anlaufstelle gab es in Herbergen bei Liebstadt (Kreis Pirna), »bei den Hochgebirgssachsen, Nähe Erzgebirge, auf einem kleinen Bauernhof, wo Stall u Küche ineinanderliefen.« Kästner fing dort an, mit Bleistift zu zeichnen, Hühner, Entenküken, die schlafende (und auf der Zeichnung einwandfrei erkennbare) Luiselotte Enderle. Er liebäugelte scherzhaft mit der Möglichkeit, sich »später einmal als Illustrator von Gedichtbänden« zu etablieren. Obendrein hatten er und Enderle durch den Landaufenthalt in Berlin einiges verpaßt: »Den Großangriff am 21., der u. a. den ›Wintergarten‹ u die anliegenden Hotels, sowie das Tobisverwaltungsgebäude erwischte, haben wir ›versäumt‹. Der erste Großangriff, den wir nicht in Berlin absaßen. Das ist eine reine Nachfreude.«[49] Die Verbindungen nach Ketzin waren unregelmäßig, Züge und Autobusse fuhren nicht mehr verläßlich; zeitweise mußten Enderle und Kästner zu Fuß gehen oder auf Bauernwagen mitfahren. Sie hangelten sich in dieser Zeit von einem Lebensmittel zum nächsten, von einem Geschenk zum anderen. Sogar an Weihnachten 1944 gelang Erich Kästner noch die Fahrt nach Dresden; an Silvester 1944/45 war er in Ketzin und hatte wieder einen Galaplatz mit Blick auf die erneute Bombardierung Berlins, die Kästner »gemein« fand – »weil damit ja nun den Berlinern die Prosit-Neujahrs-Laune verdorben wurde.« (4.1.1945, MB)

Die Situation in Berlin wurde immer gefährlicher, die Bevölkerung hatte die Wahl zwischen anrückenden Truppen und der immer hysterischer verhaftenden Gestapo. Die Babelsberger Freunde hatten Kästner und Enderle wegen einer bevorstehenden Verhaftungsaktion nach dem Attentat vom 20. Juli 1944 wieder nach Berlin geschickt.[50] Mit einer Anekdote will Helga Bemmann belegen, daß gegen Kriegsende alle Vorsicht vor Spitzeln aufgegeben wurde: Demnach soll Kästner, von Dresden kommend, bei Fliegeralarm in das einzige noch wartende Taxi gesprungen sein, von der anderen Seite eine fremde Frau. Der Taxifahrer habe während der Fahrt »in Urberliner Direktheit« gesagt: »Ick weeß ja nich, wen ick fahre, aba der Krieg is im Arsch!«[51] In Kästners Tagebuch kommt die Episode ebenfalls vor; dort erzählt sie Werner Buhre, der sie aber nicht selbst erlebt, sondern seinerseits von einem Bekannten gehört hat (20.1.1941, TB). Und es handelte sich nun um einen *bayerischen* Taxifahrer – wahrscheinlich eine verbreitete Wanderlegende der Zeit.

Die Großstadt funktionierte immer schlechter. Kästner schrieb, er sei an »zwei Abenden der vorigen Woche abends insgesamt viermal im Keller« gewesen (9.1.1945, MB). Elektrischen Strom gab es nur noch stundenweise, weil die Kraftwerke Kohlen sparen mußten; die tägliche Nahrung mußte förmlich gejagt werden. Kästner gehörte zum »Volkssturm, wenn auch zum allerletzten Aufgebot« (31.1.1945, MB), aber auch mit dessen Einberufung mußte gerechnet werden. »Die Russen kommen immer näher«, ein Teil des »Volkssturms« wurde den Panzern bereits entgegengeschickt (1.2.1945, MB), die Innenstadt war schon ziemlich verwüstet. Seit Februar 1945 führte Kästner wieder Tagebuch; seit diesem Zeitpunkt sind seine – stark überarbeiteten, zum Teil verschlüsselten – Eintragungen in *Notabene 45* nachzulesen. Dabei hat er auch eine mokante Bemerkung über seinen späteren Lebensretter Eberhard Schmidt unterschlagen: der habe sich »bereits verdünnisiert, und zwar befindet er sich auf ›Motivsuche in Bayern‹ für seinen nächsten Film. Es ist zum Schreien.« (7.2.1945, TB)

Die Fluchtorte auf dem Land fielen nach und nach weg; Odebrechts hatten mittlerweile ihre eigenen Sorgen: »Überall im Osten hatten sie Stoffe, Anzüge usw. gelagert. Das ist nun alles futsch, weil sie keine Lastwagen zum Abholen kriegten.« (12.2.1945, MB) Ein Poststempel von 1944 lautete: »Der Führer kennt nur Kampf, Arbeit und Sorge. Wir wollen ihm den Teil abnehmen, den wir ihm abnehmen können.« Kästner und Enderle entschlossen sich, ihm die Sorge um zwei Berliner abzunehmen, nämlich um sich selbst – es war an der Zeit, sich möglichst schnell und dauerhaft aus der Stadt zu entfernen. Eberhard Schmidt bot ihnen die Möglichkeit, bis zur Befreiung im tirolerischen Mayrhofen zu überwintern.

Münchhausen

1942 erhielt Kästner eine offizielle Sondergenehmigung der Reichsschrifttumskammer für das UFA-Drehbuch zum Film *Münchhausen*. Die Vorgänge, die zu dieser Genehmigung geführt haben, sind nicht ganz zu rekonstruieren, sie waren es anscheinend auch für Kästner nicht. Er hat 1947 eine »Erklärung« zugunsten des Reichsfilmintendanten Fritz Hippler verfaßt, einen der ›Persilscheine‹, um die Kästner des öfteren gebeten wurde und die er auch nicht selten schrieb, ohne Begeisterung und ohne gesundbeterische Allgemeinheiten. Hippler, zu diesem Zeitpunkt noch interniert, bat ihn nicht selbst um die Bescheinigung, sondern ließ durch eine Bekannte bitten, die Kästner eine Abschrift von Hipplers Ausführungen schickte: »*Ich* allein habe es ihm ermöglicht, mehrere Drehbücher [*Münchhausen* und *Der kleine Grenzverkehr*] schreiben zu dürfen. Durch mich hat er damit als Nichtmitglied der Reichskulturkammer im Filmsektor taetig sein dürfen – waehrend ihm alle anderen Sektoren versperrt blieben. Diese meine Aktion flog auf, als man Hitler denunzierte, welchem ›Kulturbolschewisten‹ ich das Tor zum Film öffnete. Dann erhielt er wieder sein Betaetigungsverbot und auf mir blieb der Makel unzuverlaessiger Personalpolitik und nicht NS-Filmpolitik haengen. Diese ganz unbestreitbare Tatsache möchte ich von ihm bestaetigt«.[1] Die erwartete Entschiedenheit mochte Kästner nicht beibringen, er schrieb nur, was er selbst wußte, und noch ein bißchen weniger: Die »Vorgänge«, die zu der Sondererlaubnis führten, seien ihm nicht näher bekannt; aber es »scheint in der Tat festzustehen, daß Dr. Hippler daran entscheidend teilhatte.«[2] Kästner formulierte so vorsichtig, weil Hippler als langjähriger Goebbels-Vize ein überaus belasteter Mann war. Er hatte als Leiter der Abteilung Film im Propagandaministerium den übelsten antisemitischen Hetzfilm des ›Dritten Reichs‹ zu verantworten, *Der ewige Jude*. Zu dessen »Festaufführung« 1940 im Berliner UFA-Palast wurde folgendermaßen geladen: »Da in der Veranstaltung um 18.30 Uhr zusätzlich Originalaufnahmen von jüdischen Tierschächtungen gezeigt werden, wird empfindsamen Gemütern die gekürzte Fassung in der Vorstellung um 16 Uhr empfohlen. Frauen ist der Zutritt ebenfalls nur zu der Vorstellung um 16 Uhr gestattet.«[3]

In Hipplers Darstellung hatte Kästner den Auftrag für das *Münchhausen*-Drehbuch allein ihm zu verdanken, durch eine kleine »Verschwörung«: Goebbels selbst sei nicht direkt ansprechbar gewesen, deshalb habe Hippler den Staatssekretär Naumann und Hans Fritzsche eingeweiht, »der übrigens am schnellsten auf meine Argumentation einging.« Fritzsche war seit 1938 Leiter der Presseabteilung des Reichspropagandaministeriums und seit 1937 selbst einer der wichtigsten Rundfunkkommentatoren. Hippler schreibt, er habe Kästner durch eine »Position der reinen Zweckmäßigkeit« untergebracht und seine Kollegen beredet, es sei doch nicht einzusehen, »daß ein Schriftsteller bei uns zwar seine Lebensmittelkarten beziehen darf, dafür aber in keiner Weise mit einer gehörigen Arbeit in Anspruch genommen wird. Dies konnten auch die anderen Herren nicht einsehen.«[4]

In Kästners Persilschein für Hippler heißt es weiter: »Feststeht auch, daß Dr. Hippler, obwohl die Sondererlaubnis von bürokratischen Geheimnissen umgeben schien, sich mit dem Produktionschef der UFA *Jahn*, dem Regisseur von *Baky*, dem Filmschauspieler *Albers* und mir zu Besprechungen wiederholt im damaligen KDDK (Kameradschaftsclub der deutschen Künstler) zu Drehbuchbesprechungen traf, also die Zusammenarbeit mit mir vor der Fachöffentlichkeit keineswegs geheimzuhalten suchte.«[5] Hippler beschrieb Kästner in diesen Diskussionen im Rückblick als »von knochentrockener Sachlichkeit, die nur durch sein mokantes Sächsisch leicht aufgeweicht wurde.« Einen Streit habe es nur über den Filmschluß gegeben. Heinz Jahn und Hippler wollten einen optimistischeren Schluß, in dem sich Münchhausen aus der »realen Filmhandlung verabschieden, aber als der unsterbliche Münchhausen weiterleben sollte. Kästner aber bestand darauf, den Münchhausen auf die Zaubergabe der ewigen Jugend verzichten und sich elegisch in Rauch auflösen zu lassen.«[6] Kästner setzte sich durch, ohne Kompromiß; wobei sein Filmschluß ja keineswegs resignativ oder gar pessimistisch zu nennen ist.

Hitler persönlich oder doch jemand aus seinem Umfeld im Führerhauptquartier – Kästner vermutete Martin Bormann oder Alfred Rosenberg[7] – verbot im Dezember 1942 jede weitere Arbeit des Autors. Mit Anweisung 8530 im *Zeitschriften-Dienst* vom 8. Januar 1943 bestand Erwähnungsverbot in den Medien: »Im Zusammenhang mit dem Drehbuchautor des Münchhausen-Films wird nochmals daran erinnert, daß der Schriftsteller Erich Kaestner (Pseudonym Berthold Bürger) in den Zeitschriften nicht erwähnt werden darf.« Außerdem dürfte ein Instanzenkonflikt eine Rolle gespielt haben – das Propagandaministerium hatte mit der Sondererlaubnis die Reichsschrifttumskammer übergangen. Ein Beamter der Kammer hatte sich bei Kästner beschwert, nachdem ihm seine Arbeit für *Münchhausen* zugetragen worden war: »Ich stelle zu diesem Vorgang fest, daß Sie zu einer derartigen Betätigung nicht berechtigt waren, nachdem ich Ihren Antrag auf Zulassung zu einer schriftstellerischen Betätigung wiederholt abgelehnt habe. Auch durfte das Pseudonym ohne meine Genehmigung nicht verwendet werden. Ich habe die Absicht, gegen Sie wegen der Zuwiderhandlungen mit einer Ordnungsstrafe […] vorzugehen, ersuche Sie aber zunächst um Stellungnahme zu meinen Vorhaltungen.«[8] Aus der Ordnungsstrafe ist nichts geworden, am 25. Juli 1942 setzte ein Sachbearbeiter der Reichsschrifttumskammer Kästner von seiner »jederzeit widerrufliche[n] Sondergenehmigung« in Kenntnis, durch die er »bei meiner Kammer unter Nr. 14 923 als Mitglied geführt« wurde; Kästner hatte 12 Reichsmark für die Sondergenehmigung auf das Postscheckkonto der Schrifttumskammer zu überweisen.[9]

Kästner ist also völlig ungestraft davongekommen. Die »bürokratischen Geheimnisse« und ominösen »Vorgänge« lassen sich an dieser Stelle nur so auflösen, daß das Propagandaministerium hinter ihm stand, konkret: der Minister Joseph Goebbels. Er ließ am 6. Juni 1942 persönlich Kästners Bücher anfordern, um ihm eine offizielle Mitgliedsnummer zu verschaffen; und er hat persönlich das Drehbuch genehmigt. 1947 war es weder für Kästner noch für Hippler opportun, sich auf Goebbels zu berufen.

Eine inoffizielle Genehmigung hatte Kästner schon im April 1941 erhalten. Sein Freund, der UFA-Herstellungsleiter Eberhard Schmidt, berichtete ihm, Goebbels »wolle von nichts wissen, aber man könne mich – unter dieser personellen Voraussetzung – beschäftigen. Morgen werde ich Näheres über diese neue Mutprobe des Propagandaministers hören.« (17.4.1941, TB) Goebbels handelte wissentlich gegen die Kulturpolitik des Führerhauptquartiers. Zum Zeitpunkt der offiziellen Sondergenehmigung war das Drehbuch längst geschrieben – hauptsächlich auf einer Urlaubsreise im August 1941 nach Zell am See, Salzburg und Kitzbühel, und im darauffolgenden Monat in Berlin (Ende September 1941, TB). Am 29. November genehmigte Goebbels den Film (29.11.1941, MB), im März 1942 fand ein großes Treffen der Herstellungsgruppe mit Albers bei der UFA in Babelsberg über die Besetzung der übrigen Rollen statt (13.3.1942, MB), am 14. April war erster Drehtag (14.4.1942, MB). Kästner war stolz auf diesen Film; er schrieb seiner Mutter, die Filmleute freuten sich auf die Arbeit, »weil's mal wieder was Besonderes ist« (29.11.1941, MB). Auch Goebbels war nach der Premiere zufrieden; Kästner notierte in sein Tagebuch: »Wenn die Zeiten weniger ernst wären, hätte er ein neues Prädikat geschrieben, um es erstmalig M. zu verleihen.« (11.3.1943, TB) *Münchhausen* erhielt das Prädikat »Künstlerisch besonders wertvoll«; zum Prädikat »Staatspolitisch besonders wertvoll« hat es nicht gereicht.

Im Januar 1943 unterrichtete der Justitiar der Reichsschrifttumskammer Kästner von seinem neuerlichen Verbot: »Sie sind somit nicht mehr berechtigt, im Zuständigkeitsbereich der Reichsschrifttumskammer als Schriftsteller tätig zu sein. Zuwiderhandlungen gegen diese Berufsuntersagung können [...] mit Ordnungsstrafen belegt werden.«[10] Zwei Wochen später schickte der Geschäftsführer der Kammer noch eine Erweiterung der bisherigen Regelung hinterher: das »Berufsverbot« umfasse »auch die schriftstellerische Betätigung vom Inland nach dem Auslande hin«.[11]

Kästner bescheinigte Hippler nach dem Krieg, durch dieses Verbot sei dessen Position erschüttert worden – »ich kann natürlich von mir aus nicht beurteilen, ob dadurch allein«.[12] Hippler war ein enger Mitarbeiter Goebbels', wie sich in dessen Tagebüchern nachlesen läßt; tatsächlich war er nur 15 Monate, bis zum Mai 1943, Reichsfilmintendant. Er konnte sich bei Kästner für die Bescheinigung von 1947 revanchieren, als dieser sich 1953 eine erneute Untersuchung durch amerikanische Behörden gefallen lassen mußte; hier erklärte Hippler seine Amtsenthebung mit »dieser und einige[n] andere[n] ähnlich gelagerte[n] Interventionen zugunsten missliebiger Künstler (u. a. Werner Finck, Gustav Fröhlich, Werner Hochbaum u. a.)«.[13] Nach seiner eigenen Aussage war Hippler bis zum Kriegsende einfacher Soldat, dann in Kriegsgefangenschaft und bis 1948 interniert.[14] Im Filmgeschäft konnte er auch nach fünf Entnazifizierungsverfahren nicht mehr reüssieren, sein Memoirenbuch aus den achtziger Jahren zeigt ihn als verqueren Übriggebliebenen, der seiner Vergangenheit im Nationalsozialismus wie seinen Arbeitskollegen unkritisch gegenübersteht, heißen sie nun Veit Harlan, Emil Jannings oder eben Joseph Goebbels.

Der sechseinhalb Millionen Reichsmark teure Farbfilm *Münchhausen* sollte ein Renommier- und Durchhalteprojekt des deutschen Films werden. Seine Herstellung wurde beschleunigt, so daß er zur Feier des 25. Bestehens der Universum Film Aktiengesellschaft (UFA) anlaufen konnte. Ursprünglich soll zu diesem Zweck eine Verfilmung von Josef Wincklers *Der tolle Bomberg* (1922) vorgesehen gewesen sein, eines Schelmenromans über den historischen Großgrundbesitzer im Westfalen des 19. Jahrhunderts. Nach Luiselotte Enderle schlug Kästner statt dessen Gottfried August Bürgers *Münchhausen* (1786/1788) vor.[15] Nach dem Göttinger Professor und Sturm und Drang-Lyriker, der sein »Werkchen« zeit seines Lebens nur anonym erscheinen ließ, wählte Kästner sein Pseudonym »Berthold Bürger«.

Die Verfilmung wird unter Cineasten auch heute noch hoch gehandelt, vor allem wegen ihrer für die damalige Zeit fortgeschrittenen Tricktechnik; Terry Gilliam hat den Stoff bei weitgehend identischer Szenenauswahl mit den heutigen Trickmöglichkeiten, einem vollständig anderen Geschichtsbild und Sinn für Komik 1988 nochmals verfilmt (*The Adventures of Baron Münchhausen*). Die UFA fuhr an Darstellern auf, was sie zu bieten hatte, Hans Albers in der Titelrolle, Brigitte Horney als Zarin Katharina die Große. Bis in kleine Nebenrollen war der Film hochrangig besetzt; Käthe Haack spielte die Baronin Münchhausen, Ilse Werner die Prinzessin Isabella d'Este, Leo Slezak den Sultan Abd ul Hamid, Hans Brausewetter den Freiherrn von Hartenfeld und Wilhelm Bendow den Mann im Mond. Der Regisseur Josef von Baky erhielt von Goebbels völlig freie Hand und »nahezu unbeschränkte materielle und personelle Mittel«,[16] das Resultat war entsprechend aufwendig und prachtvoll. Das Kinopublikum bekam zu sehen, was es in der Realität kaum noch und bis in die ersten Nachkriegsjahre immer seltener erleben konnte: pompöse Feste in goldstrotzenden Kostümen, prächtige Ballsäle, in Petersburg wird ein Volksfest gezeigt, auf dem gefressen und gesoffen wird wie nicht gescheit. Überhaupt geht es am Hof der Zarin verschwenderisch zu, die Gäste erhalten Edelsteine als Dessert, eine Hofschranze stellt fest, Katharina sei groß im Geben und im Nehmen. Sie verteidigt den Prunk: »Ich weiß, ich weiß. Man klatscht bei Ihren Regierungen viel über meine Verschwendungssucht. Diese angebliche Verschwendungssucht ist eigentlich Sparsamkeit. Alles bleibt in meinem Land und kommt eines Tages zu mir zurück.« Dieses Zitat ist – wie alle folgenden – als Abschrift des 1978 rekonstruierten Films wiedergegeben, *nicht* nach der von Kästner in der Ausgabe *Gesammelter Schriften* von 1959 veröffentlichten Fassung.

Natürlich stellt sich die Frage, ob der Drehbuchautor Berthold Bürger durch seine Mitarbeit das nationalsozialistische System unterstützt hat – mit dem einfallsreichen Skript zu einem Film des schönen Scheins, der festlich den Durchhaltewillen gestärkt haben mag. Dieter Mank betont, daß »an keiner Stelle nationalsozialistische Ideologie transportiert oder unterstützt wird«.[17] Vor allem zwei Passagen werden immer wieder als Widerstandsakte oder als »geistvoll getarnte[.] Anspielungen« aus dem Drehbuch zitiert.[18] Casanova sagt in der Venedig-Episode zu Prinzessin Isabella d'Este: »Die Staatsinquisition hat zehntausend Augen und Arme, und sie hat die Macht, recht und unrecht zu tun, ganz, wie es ihr beliebt.« Münchhausen antwortet ihm mit der vagen (und wie der Film zeigt, vergeblichen) Hoffnung, der Doge habe »hoffentlich wichtigeres im Kopf, als zwei Liebesleute.«

»Die Zeit ist kaputt«, hat Klaus Kordon seine Kästner-Biographie genannt. Dieser Satz fällt in der Mondepisode: Münchhausen fliegt zusammen mit seinem Diener Kuchenreutter im Ballon zum Mond, wo ein Jahr nur einen Tag lang dauert – die Kirschbäume grünen, blühen, tragen Früchte und entblättern sich innerhalb von 24 Stunden. Münchhausens Diener altert dort schnell und stirbt, er selbst hatte sich von Cagliostro die ewige Jugend gewünscht und überlebt deshalb auch den Mond (beiläufig ein Konstruktionsfehler: Kuchenreutter altert an eineinhalb Tagen um mindestens zwanzig Jahre). Dieser Kontext erklärt, warum die NS-Zensur am Dialog zwischen Münchhausen und seinem Diener keinen Anstoß genommen hat:

»KUCHENREUTTER Entweder Ihre Uhr ist kaputt, Herr Baron, oder – oder die Zeit selber.
MÜNCHHAUSEN Die Zeit ist kaputt.«

Der Dialog hatte einen ganz buchstäblichen Sinn. Die ›kaputte‹ Zeit auf dem Mond ist zwar ein Zusatz Kästners, sie kommt im Original-*Münchhausen* nicht vor; aber ob das damalige Publikum diesen Satz als einen der Schlüsselsätze aufnehmen konnte oder aufgenommen hat, in einem zweistündigen Film, läßt sich – vorsichtig gesagt – nicht entscheiden. Überzeugender wären da andere Zitate, etwa das Gespräch des sinistren Grafen Cagliostro – ebenfalls eine von Kästner eingeführte Figur – mit Münchhausen: »Wenn wir erst Kurland haben, pflücken wir Polen. Poniatowski, der sich heute noch Stanislaus der Zweite nennt, ist reif. Dann werden wir König!« Münchhausen antwortet deutlich: »In einem werden wir zwei uns nie verstehen, in der Hauptsache: Sie wollen herrschen. Ich will leben. Abenteuer, Krieg, fremde Länder, schöne Frauen – ich *brauche* das alles. Sie aber – *miß*brauchen es!« Cagliostro stammelt daraufhin »Litauen – Kurland – Polen«, während kurz sein Gesicht in Großaufnahme gezeigt wird, träumend, wenn nicht gar verrückt. Eine besondere Pointe dieser deutlich regimekritischen Szene ist, daß Cagliostro von Ferdinand Marian gespielt wird, dem zwangsverpflichteten Darsteller des Jud Süß in Veit Harlans gleichnamigem NS-Film (1940).[19] Und Kästner hat die historische Figur Cagliostros mißbraucht, durchaus im Sinne der NS-Ideologie. Graf Cagliostro war entschiedener Gegner des Absolutismus und versuchte, Freimaurerlogen in ganz Europa zu gründen, so auch in Polen und in Rußland.[20] Er war somit ein Vertreter der liberalen Aufklärung, die bei den Nazis verpönt war: als Zeit der Freimaurerei, der Erfindung der Menschenrechte und der Emanzipation der Juden; kein Wunder daher auch, daß Katharinas Verbindungen zur französischen Aufklärung keine Rolle spielen dürfen. *Münchhausen* zeigt ein Bild der Aufklärung, das 1943 ganz zeitgemäß war: ein Zeitalter voll von undurchschaubaren Kriegen, in dem dennoch alles seine Ordnung hat, feste Hierarchien bestehen und eine gewisse Kultiviertheit zu herrschen scheint, ohne daß Kunst oder Literatur im Film eine Rolle spielten (Lessing und der junge Goethe hätten als zeitgenössisches Personal zur Verfügung gestanden).

Die kleinen Sticheleien des Films gegen absolute oder diktatorische Herrscher sind überhaupt so harmlos, weil sie durch regimekonforme Sätze, ja durch Geschichtsbild und Ideologie des Films aufgewogen werden. So antwortet die Zarin auf die Frage nach ihren »schwedischen Affären«: »Ich hoffe, daß es keinen Krieg gibt. Sollte es aber

Schläge setzen, ist es besser, Schläge auszuteilen als zu bekommen.« Das wird ihr als ein wahrhaft »kaiserliches Wort« belobigt, Katharinas Film-Liebhaber Münchhausen kümmert sich weder hier noch im Fall des russisch-türkischen Kriegs darum, für wen er da eigentlich kämpft – es wäre wohl auch nicht im Sinne des Propagandaministeriums gewesen, kurz nach Stalingrad Rußland als rapid expandierende imperialistische Großmacht im Kino zu zeigen.

Auch Isabella d'Este verkündet eine Durchhalteparole: »Als alles verloren schien, war alles längst gewonnen.« Wunschdenken, im Film wie in der Wirklichkeit. Der nach allgemeiner Einschätzung seiner Lyrik pazifistisch gesonnene Kästner hat eine Münchhausen-Figur ersonnen, die durchaus ein regierungstreuer Soldat ist, der für traditionelle Werte einsteht. Albers spielt einen für seine »Tüchtigkeit« gelobten Übermenschen und Abenteurer, dem das Blut kosmisch durch den Kopf rauscht –: »Nur wer es tief im Blut fühlt, daß das hier alles nur auf einem kleinen Stern unter Abermillionen anderer Sterne geschieht, auf einer winzigen, ihre ewige Bahn kreisenden Kugel, auf der Karussellfahrt um eine der blühenden Sonnen im Wandel der schönen Jahreszeiten und der schrecklichen Jahrhunderte, nur wer das immer fühlt, ist wahrhaftig ein Mensch. Alle andern sind aufrecht gehende Säugetiere.« Noch der Entschluß, Cagliostros Geschenk der ewigen Jugend zurückzugeben und mit der geliebten Frau zu altern, steht für Münchhausens Lust, ›alles‹ erleben zu wollen: »Ich fordere das Ganze!« Immerhin lobt er nicht nur seine Tatkraft, sondern auch die eigene Phantasie: »Der Mensch mit der stärkeren Einbildungskraft erzwingt sich ganz einfach eine reichere Welt.« Von den Mitteln des Erzwingens spricht Münchhausen nicht zu seinen gebannten jungen Zuhörern im Film, aber daß der Mensch »wie ein Rauch« sei, »der emporsteigt und verweht«, möchte er ihnen nicht vorenthalten. Für den Sultan denkt er sich die Totalitätsvision eines gläsernen Harems aus (auch ihn gibt es nicht bei Gottfried August Bürger), die Köpfe, die in diesem Film – vor allem am Hof zu Konstantinopel – rollen oder an Stangen gesteckt werden, sind nicht mehr als märchenhafte Witze oder atmosphärische Elemente; man »soll den Kopf nie verlieren, bevor er ab ist«, witzelt auch der Titelheld. Sein Diener Kuchenreutter erfindet eine ›Wunderwaffe‹, ein Gewehr, mit dem er kilometerweit schießen kann – immerhin wird es denkbar unpathetisch eingesetzt, ein Schuß trifft einen Hirsch, ein anderer eine Feige, die vom Baum fällt, um den Schnelläufer zu wecken. Auch die faschistischen Schönheitsideale keuscher Nacktheit lassen sich studieren, einige Frauen des Harems planschen barbusig im Swimmingpool oder laufen ebenso quer durchs Bild, schamhaft abgewandten Gesichts.

Über die Möglichkeiten der Wissenschaft, unverdorben durch ein totales System zu kommen, hat sich etwa gleichzeitig mit Kästner Bertolt Brecht im Exil in seinem *Leben des Galilei* Gedanken gemacht. Den zweiten Schluß des Stückes, in dem Galilei sich selbst verurteilt und Wissenschaftler als »Geschlecht erfinderischer Zwerge« beschimpft, »die für alles gemietet werden können«, hat Brecht aber erst nach dem Abwurf der Atombombe auf Hiroshima geschrieben. Da wirkt der Kästner-Text schon früher illusionslos. Möglicherweise unterschieden sich hier einmal tatsächlich die Erfahrungen eines Exilanten im mehr oder weniger demokratischen Ausland zu seinem Nachteil von einem Autor, der im Nationalsozialismus überleben mußte. Der Herrscher Venedigs spricht in *Münchhausen* mit dem Ballonfahrer François Jean Pierre Blanchard:

»DOGE   Daß Sie von Venedig aus aufsteigen, Herr Blanchard, ist mir hochwillkommen. Wir dienen der Wissenschaft und belustigen das Volk. Es gehört zur Kunst des Staatsmannes, ein Ding zu tun und dadurch zweierlei zu erreichen.
BLANCHARD   Ich diene *nur* der Wissenschaft.
DOGE   Lassen Sie sich diesen Aberglauben nicht rauben. Er ist ein Stein in unserem Spiel.«

Ist Münchhausen üblicherweise ein Lügner und Aufschneider, wirkt er im Film als weiser Alter. Es fehlen daher auch die üblichen Wahrheitsbeteuerungen des Originals, die ja gerade auf die Lügenhaftigkeit des Erzählten hinweisen. Münchhausens Unsterblichkeit verknüpft die Regierungszeit Friedrichs des Großen mit der Adolf Hitlers, sie ist der nicht hinterfragte Rahmen der Erzählung: Der Film beginnt wie eine geheimnisvolle Liebesgeschichte aus dem 18. Jahrhundert, prächtig gekleidete Gestalten tanzen und parlieren bei Kerzenlicht. Münchhausen weist die ihn heftig umwerbende Sophie von Riedesel zurück und schaltet im Schloß seiner Väter unverhofft elektrisches Licht an, sie stürmt hinaus und fährt im Auto davon. Später erzählt er die historischen Episoden ihr und ihrem Bräutigam, und am Schluß wird ihr der Grund seiner Weigerung nur allzu klar: Sie hat sich in einen knapp Zweihundertjährigen verliebt. Es handelt sich insgesamt nicht eigentlich um einen phantastischen Film. Das Genre der Phantastik funktioniert ganz anders als der *Münchhausen*-Film, nämlich überaus aggressiv gegenüber *Wirklichkeit*. In einer phantastischen Erzählung – von E. T. A. Hoffmann bis Kafka und Lovecraft – erhält eine realistisch geschilderte Wirklichkeit einen Riß, etwas Unerklärliches, Phantastisches dringt ein und bedroht die Welt, die wir kennen. Nichts davon in *Münchhausen*: Der Film macht seine Zuschauer durch seinen effektvollen erzählerischen Rahmen und die Zauberkunststücke Cagliostros zu Wundergläubigen, die nicht einen Augenblick im Zweifel sind über das, was sie sehen – er bietet eher eskapistische *Fantasy* statt Phantastik und erfreut sich daher ungebrochener Beliebtheit als Kinderfilm.

Zweifellos, *Münchhausen* hat seine Qualitäten. Es lohnt sich noch heute, den Film anzusehen; das *Lexikon des Internationalen Films* feiert ihn als »famose Schmunzelkomödie«; einige Szenen sind zweifellos einfallsreich, auch humoristisch gelungen, es sei nur an das »Kukkucks«-Duell zwischen Potemkin und Münchhausen erinnert: In einem finsteren Raum ruft einer »Kuckuck«, der andere schießt nach der Richtung der Stimme, der Raum wird nur vom Mündungsfeuer erhellt. *Münchhausen* weicht von der üblichen UFA-Ware dieser Zeit ab, weil er das Führerprinzip nicht direkt verherrlicht, sondern einen Helden, der für autoritäre Regierungen wirbt und den reaktionären Status quo unterstützt, zu jeder Zeit seines arg langen Lebens.[21] Es gibt keine Nazis im Film, und Münchhausen ist auch nicht ihr Vorläufer – er ist »an old dog who cannot learn new tricks.«[22] Es gibt keinen Antisemitismus, keine völkisch-arischen Menschenmassen, keine Kriegsverherrlichung (wohl aber Kriegs-Beschönigung). Nationalcharaktere – die großen geschichtsmächtigen Kräfte der NS-Ideologie – spielen keine Rolle. Ihre Rollen spielen berühmte ›große‹ Persönlichkeiten, Katharina die Große, die Pompadour, Potemkin und Orlov, Maria Theresia, Casanova – also auch nicht gerade eine demokratische Auffassung.

Ingo Tornows Fazit zu Kästners Filmarbeit im ›Dritten Reich‹ ist vielleicht allzu milde ausgefallen: »Daß aber die Machthaber […] Filme zuließen, die vorsichtig nicht-regimekonforme Werte propagierten, sollte nicht auch noch den Machern dieser Filme angelastet werden, die in dieser Zeit versuchten, mit Anstand ihrem Beruf nachzugehen, ohne ihre Seele zu verkaufen.«[23] Es gibt keinen Zweifel an Kästners Regime-Gegnerschaft, aber er hat als im Land Gebliebener sehr viel stärker die um ihn herum propagierte Ideologie aufgenommen und weitergereicht, zumal im hoch ambivalenten *Münchhausen*. Es gibt keine Äußerung von ihm nach dem Krieg, die ein Bewußtsein Kästners für dieses Problem zeigen würde – er hat sich eisern als zwölf Jahre verbotener, verfolgter und gefährdeter Autor dargestellt. Lediglich in den Fragebögen der amerikanischen Besatzer hat er einen Teil seiner Arbeit im ›Dritten Reich‹ offengelegt; diese Bögen beschränkten sich aber naheliegenderweise auf den äußerlichen, materiellen Aspekt: Kästner erhielt für beide Drehbücher 115 000 Reichsmark. Er fühlte sich im Falle *Münchhausen* als Opfer des Regimes, hatte man doch das Pseudonym Berthold Bürger aus dem Vorspann gestrichen und keinen Drehbuchautor genannt! Seine Sekretärin Elfriede Mechnig erzählte, sie habe ihn in den vierzig Jahren ihrer Zusammenarbeit nicht ein einziges Mal derart »empört und wütend« gesehen.[24] Dabei hatte der Zensor nur eine »*Wichtige Zwischenbemerkung*« des Drehbuchs mit einigem Zynismus wörtlich genommen, in der Kästner geschrieben hatte: »Es ist notwendig, daß der Gesamtumfang des Vorspanntextes auf das mindeste beschränkt wird« – sonst verliere der Trickfilmeffekt des gemalten Münchhausen-Porträts, sein Zwinkern, an Wirkung (V:51).

Notabene 45:
Der Übergang

> Das Renommieren hat zuzeiten
> auch seine großen Schattenseiten.
> Erich Kästner: *Das verhexte Telefon*

Erich Kästner war ein begabter Selbstdarsteller, nicht nur seiner Mutter gegenüber, sondern auch gegenüber seinem Publikum, seinen intellektuellen Zeitgenossen, seinen Kritikern. Erfolgreich hat er seine Rolle im ›Dritten Reich‹ verteidigt, auch gegenüber so kritischen Emigranten wie Robert Neumann. In seiner Autobiographie rechnete Neumann ihm hoch an, daß er in Deutschland geblieben war »und dabei rein durch den Stil seiner Existenz all jene Lügen strafte, die behaupten, man habe wenigstens mit halber Lautstärke mit den Hunden heulen müssen, um ihnen nicht zum Fraße vorgeworfen zu werden. Kästner heulte nicht. Er konspirierte nicht [...]. Was Kästner tat, war bloß: er setzte sich sichtbar ins Kaffeehaus, er schrieb ein, zwei Filme ohne ein politisches Wort, er rührte Goebbels zuliebe nicht einen Finger. Nichts geschah ihm. Wie es ja überhaupt auch für Schriftsteller keinen ›Befehlsnotstand‹ gab, diese Nach-Nazi-Ausrede der Feiglinge – sondern nur einen endemischen Mangel an Zivilcourage.«[1]

Die umfangreichste Selbstdarstellung hat Kästner in seinem veröffentlichten Tagebuch *Notabene 45* (1961) geleistet. Er beschrieb hier ausführlich seine äußeren Lebensumstände vom 7. Februar bis zum 2. August 1945, mit zahlreichen eingeschobenen Anekdoten und Rückblenden aus den vergangenen zwölf Jahren. *Notabene 45* ist, ähnlich wie die *Schule der Diktatoren*, ein ungeheuer ambitionierter und befrachteter Text – er sollte die ›Aufarbeitung‹ des Nationalsozialismus durch den Autor belegen, zum Teil auch den großen Zeitroman über das ›Dritte Reich‹ ersetzen, den er ja mehrfach als Grund angegeben hatte, warum er in Deutschland geblieben war. Kästner sah sein Tagebuch als eines von vielen »kleinen Bildern« (VI: 306), die Notate als »Beobachtungen aus der Perspektive einer denkenden Ameise« (VI: 304). Die ›kleinen Bilder‹ des knappen halben Jahres sind bunt genug und so anschaulich beschrieben, wie das Kästner kein Biograph nachmachen kann; sie seien daher nur kurz rekapituliert.

Heinrich Breloer hat 1986 einen Dokumentarfilm über diese Zeit gedreht, *Das verlorene Gesicht*. Er konnte noch einige der Beteiligten sprechen, darunter vor allem Ullrich Haupt und Luiselotte Enderle. Sie erzählte ihm, einer der Initiatoren der Filmexpedition nach Mayrhofen in Tirol sei Wolfgang Liebeneiner gewesen, der Produktionschef der UFA. »Und der hatte den Wunsch, die einzelnen Herstellungsgruppen etwas nach Norden und etwas nach Süden zu bringen, damit man gegebenenfalls nach dem Krieg gleich wieder zu produzieren anfangen konnte.«[2] Liebeneiners Herstellungsgruppe, mit Gustav Knuth, Karl Schönböck, Victor de Kowa und anderen, wurde in die Lüneburger Heide ›evakuiert‹, um dort den Phantomfilm *Das Leben geht weiter* zu drehen.[3] Kästners Freund Eberhard Schmidt leitete die andere Gruppe, die nach Süden abgestellt wurde. Er hatte noch Formulare, die vom Hauptgeschäftsführer der Reichskulturkammer, Hans Hinkel, blanko unterzeichnet waren. »Eberhard schrieb, ich sei der Autor des Drehbuchs, das in Mayrhofen verfilmt werde, und vervollständigte die Gültigkeit der Ausweise durch seine eigne Unterschrift.« (VI: 345) Luiselotte Enderle wurde, als UFA-Dramaturgin, von Liebeneiner nach Innsbruck geschickt, »um mit einem dort wohnhaften Schriftsteller einen Filmstoff zu erörtern.« (VI: 345f.) Kästner konnte sich aufgrund seiner tadellosen Reisepapiere die noch nötigen Unterlagen besorgen und holte sein Geld von der Bank. Er gehörte nun zu einem sechzigköpfigen UFA-Team, das in Tirol angeblich die Außenaufnahmen des Films *Das verlorene Gesicht* drehen sollte. Schmidt war der Produktionsleiter, Harald Braun der Regisseur, Herbert Witt war neben Kästner Drehbuchautor; die Hauptrollen sollten Ullrich Haupt und Hannelore Schroth spielen.

Kästner fuhr mit Schmidt zusammen in einem zweisitzigen DKW nach Süden, von einer Kontrolle der Feldgendarmerie zur nächsten; im Fränkischen Jura fing der Sperrholzwagen Feuer, das sich aber mit Schnee löschen ließ. In der Nähe von München, in Olching, pausierten die Fernreisenden bei Freunden Schmidts und stellten das marode Auto auf dem Gutshof unter. Schmidt erklärte dort seinen »Jugendgespielen«, die nicht recht verstehen konnten, »wozu Goebbels noch Filme brauche« (VI: 347), wie das ganze Filmunternehmen zustande gekommen war: »Man habe ein paar konsequente Lügner beim Wort genommen, nichts weiter. Da der deutsche Endsieg feststehe, müßten deutsche Filme gedreht werden. Es sei ein Teilbeweis für die unerschütterliche Zuversicht der obersten Führung. Und weil das Produktionsrisiko in den Filmateliers bei Berlin täglich wachse, müsse man Stoffe mit Außenaufnahmen bevorzugen.« (VI: 348) Auch Ullrich Haupt erzählte, Goebbels habe den Trick offensichtlich nicht durchschaut. Alle Filmleute waren sich über ihren ›Auftrag‹ im klaren. Auf die Frage, ob er das Drehbuch gelesen habe, antwortete Haupt: »Ach woher! Stellen Sie sich mal vor, aus dem brennenden, bebombten Berlin fragt einer: ›Wollen Se ins Gebirge?‹ Da lesen Se kein Drehbuch, da fahren Se hin!«[4]

Schmidt und Kästner fuhren mit Nahverkehrszügen weiter bis Mayrhofen. Von Mitte März bis Anfang Juni blieben Kästner und Enderle hier; sie wohnten in der Pension Steiner, bei »sehr freundlichen Leuten. Er hält Vieh. Sie ist die Hebamme des Ortes. Viktoria, die Tochter, hilft im Haus. Ein Sohn ist gefallen. Der andere kämpft noch irgendwo.« (VI: 350) Heinrich Breloer hat auch Viktoria Steiner ausfindig gemacht und interviewt; sie zeigte ihm das Schlafzimmer und das damalige Arbeitszimmer Kästners; die »unbeheizbare Dachkammer«, von der Enderle schrieb, war eine Untertreibung.[5] Am 25. März 1945 notierte Kästner, daß der Bürgermeister und der Ortsgruppenleiter von Mayrhofen Steiners besuchten und ihnen die Nachricht brachten, auch ihr zweiter, erst 18jähriger Sohn sei gefallen. »Wir traten vor die Haustür und hörten die Frauen schreien. Mit Weinen hatte ihre Klage nichts zu tun. Es klang gräßlich und wie in einer Irrenanstalt. [...] Was dann folgte, weiß ich nur vom Hörensagen. Der Vater erlitt einen Herzanfall. Die Mutter riß das Hitlerbild von der Wand. Sie wollte es zertreten und in den Garten hinauswerfen. Später machte sie zweimal den Versuch, durch die Hintertür in die Nacht zu rennen. Beide Male wurde sie gepackt und zurückgehalten. Heute früh hing das Hitlerbild wieder an der Wand. Und vor Hansl Steiners schwarzumrahmter Fotografie, nicht weit von der des Bruders, stand ein Teller mit Gebackenem.« (VI: 355) Viktoria Steiner fand diese Beschreibung »a bißl übertrieben«, »wie halt die Schriftsteller sind, a bißl übertreibens.« Und sie las ein Gedicht vor, das Kästner für Steiners geschrieben hatte, und das sich in keiner Ausgabe findet.[6] Es zeigt einen unverhofft religiösen Dichter:

> »Und wieder nahn wir Deinem Thron,
> o Herr, vor Tränen blind.
> Du nahmst uns auch den letzten Sohn,
> und der war noch ein Kind.
> Sein Leben ist so rasch verweht,
> wie über Dach der Rauch.
> Wie schwer das unser Herz versteht,
> o Herr, den zweiten auch.
> Vergeblich war es, das Gebet:
> Laß einen auf der Welt.
> Der Krieg hat beide abgemäht,
> wie Blumen auf dem Feld.
> Nun fuhr der Tod die Ernte ein,
> durchs ferne Himmelstor.
> Millionen Eltern stehn allein
> und schauen stumm empor.
> Krieg nimmt ein End,
> Schmerz endet nie,
> bis er das Herz zerbricht.
> Herr, tröste uns und tröste sie,
> wir selber können's nicht.«

Sicherlich kein originelles Gedicht, keine originelle Bildersprache; aber doch mitfühlende Gelegenheitslyrik im leichten Volkston, in Breloers Film ein bißchen leiernd vorgetragen wie ein Gebet in der Kirche. Lyrik, die ihren Sinn in der Situation erfüllt haben dürfte, ohne daß sich der Verfasser dabei ganz aufgegeben hätte – immerhin erklärt er sich unzuständig für Trost, und der unbarmherzige ›Krokodilsgott‹ des Gedichts hat nicht viel mit dem regionalen katholischen HErrn zu tun.

Kästner beschrieb in *Notabene 45* das allmähliche Wegrutschen des einen Systems und die sehr allmähliche Übernahme durch das neue. Die Dorfbevölkerung duldete die Berliner nur widerwillig. Besonders die Leiterin eines evakuierten Lehrerinnenseminars am Ort, eine ›fanatische‹ Nationalsozialistin, fühlte sich von den Großstädtern gestört. Sie war mit dem Tiroler Gauleiter befreundet und zettelte einen Versuch an, die Berliner für den Volkssturm heranzuziehen und sie vier Wochen lang beim »Kreisstandschützenkommando« auszubilden.[7] Durch den Druck von Berliner Behörden konnten Schmidt und Braun die Aktion abwenden; dafür bemühten sie sich, die Mayrhofener bei Laune zu halten: Sie bekamen in Welturaufführung Josef von Bakys *Via Mala* zu sehen, einen Film, der im Jahr zuvor fertiggestellt worden war und vor Kriegsende nicht mehr in die Kinos kam. Dessen Außenaufnahmen waren tatsächlich in Mayrhofen gedreht worden. Harald Braun hielt den Dörflern dazu eine Rede, er »überschüttete das knorrige Auditorium mit Superlativen, daß differenziertere Menschen daran erstickt wären. Er schlug sie mit seiner Schlagsahne halbtot, und sie blühten auf.« (VI: 359)

Auch die Dreharbeiten, die in Mayrhofen stattfanden, waren markiert: »Die Kamera surrte, die Silberblenden glänzten, der Regisseur befahl, die Schauspieler agierten, der Aufnahmeleiter tummelte sich, der Friseur überpuderte die Schminkgesichter, und die Dorfjugend staunte. Wie erstaunt wäre sie erst gewesen, wenn sie gewußt hätte, daß die Filmkassette der Kamera leer war! Rohfilm ist kostbar. Bluff genügt. Der Titel des Meisterwerks, ›Das verlorene Gesicht‹, ist noch hintergründiger, als ich dachte.« (VI: 370)

Die Nahrungsmittel wurden gegen Kriegsende immer knapper, Kästner notierte auch geglückten Handel um Brot, Butter und Käse. Seit dem 4. Mai 1945 hieß die ›Ostmark‹ wieder Österreich, er nahm amüsiert die Wendungen der Bürger zur Kenntnis. Aus den Fahnen mit dem Hakenkreuz im weißen Kreis auf rotem Grund nähten die Bäuerinnen mit Hilfe einiger Bettücher rot-weiß-rote österreichische Fahnen; die »Hausväter« standen vor ihren Spiegeln, »zogen Grimassen und schabten, ohne rechten Sinn für Pietät, ihr tertiäres Geschlechtsmerkmal, das Führerbärtchen, von der Oberlippe.« (VI: 391) Hitler hatte sich am 30. April erschossen, am 8. Mai unterzeichnete Keitel die Kapitulationsurkunde. Mayrhofen wurde zum Verkehrsknotenpunkt: die italienischen Zwangsarbeiter zogen nach Italien zurück, die geschlagene deutsche Armee floh nach Deutschland, am 5. Mai kamen die ersten Amerikaner, die Widerstandskämpfer aus dem Untergrund konnten sich wieder zeigen. Eberhard Schmidt versuchte, bei den Bavaria-Filmstudios in Geiselgasteig neue Arbeit zu organisieren und schickte den Filmbeauftragten der Besatzungsbehörde, Bill Kennedy, nach Mayrhofen; der stellte auch Kästner Arbeit für den Herbst in Aussicht.

Wieder in Olching, bei Schmidts Freunden, hörte Kästner von der Besetzung von Thüringen, Sachsen und Mecklenburg durch sowjetische Truppen – eine Reise nach Dresden zu den Eltern war damit in weite Ferne gerückt. Kästner mußte sich einem ersten Verhör durch amerikanische Offiziere unterziehen. Er mußte sich die Frage anhören, warum er in Deutschland geblieben sei, und detailliert über seine Auslandsreisen Auskunft geben. Seine Erinnerungen an das Gespräch klingen, als hätten beide Seiten einander nicht recht verstanden – Kästner wußte nicht, auf was Mr. Dunner hinauswollte, und der »bohrte an mir herum wie ein Dentist an einem gesunden Zahn. Er suchte eine kariöse Stelle und ärgerte sich, daß er keine fand. Was ich zwölf Jahre lang getan und wovon ich gelebt hätte? [...] warum war ich, unmittelbar nach dem Reichstagsbrand, nach Berlin zurückgekommen, statt in der Schweiz zu bleiben [...]? Um Augenzeuge zu sein? Wovon denn Augenzeuge? Als verbotener Schriftsteller und unerwünschter Bürger? Wie hätte ich denn hinter die Kulissen blicken dürfen?« (VI: 439)

Auf kurzen Ausflügen nach München knüpfte Kästner alte Bekanntschaften und Freundschaften wieder an – er traf Wolfgang Koeppen, Robert A. Stemmle, Rudolf Schündler und auch Werner Buhre. Mit Schündler, Arthur Maria Rabenalt und Eberhard Schmidt wurde ein Kabarett geplant, das einmal *Die Schaubude* heißen sollte. Kästners zweite Vernehmung war in München fällig; er mußte den sechsseitigen Fragebogen ausfüllen. Für ein paar Tage kehrte er nochmals nach Mayrhofen zurück, Kennedy besuchte ihn ein weiteres Mal, diesmal in Begleitung eines britischen Presseoffiziers: »Es war Peter Mendelssohn!« (VI: 461) Man erzählte sich gegenseitig die Unglücke der letzten Jahre; Mendelssohn war neben Robert Neumann und Klaus Mann einer der wenigen Emigranten, die umlernen konnten und in englischer Sprache geschrieben hatten. In Details hat Mendelssohn Kästners Notizen in *Notabene 45* korrigiert und ihn auch gebeten, seine Darstellung zu ändern. Nach seiner Erinnerung habe man in Mayrhofen nicht Streuselkuchen gegessen, sondern Napfkuchen; und Hilde Spiel und er hätten zwar 1943 ein Kind verloren, aber nicht bei einem deutschen Bomberangriff. Der Verlust »hatte seine Ursache in einem abscheulichen Ungluecksfall infolge der chaotischen Zustaende in der Klinik bei der Entbindung und der allgemeinen seelischen und nervlichen Zermuerbung durch den Krieg«. Bei den letzten »verzettelten« Angriffen auf London im Januar 1944 geschah ihnen »das zweite Unglück, das in Ihrer Darstellung mit dem ersten durcheinander geraten ist. In der Nacht vom 28. Januar 1944 kriegten wir einen Tausend-Kilo-Batzen auf den Kopf und unser Haus brach über uns zusammen. Hilde warf sich quer ueber das Bett unserer kleinen, damals vierjaehrigen Tochter Christine, um sie zu schuetzen. Waere die schwankende Mauer, an der das Bett stand, statt nach rechts nach links umgekippt, so haette sie Mutter und Kind erschlagen. So erschlug sie meinen Schreibtisch.«[8]

Mendelssohns Motiv, Kästner in Mayrhofen aufzusuchen, war aber nicht der Austausch persönlicher Erinnerungen. Er bot ihm die Mitarbeit an einer neuen, noch zu gründenden Zeitung an, der amerikanischen *Neuen Zeitung*. Kästner mochte noch nicht zusagen: »Ich machte alles Weitere [...] davon abhängig, ob die erste Station auf meiner Rückreise ins öffentliche Leben München heißen werde oder nicht. So blieb das Thema in der Schwebe.« (VI: 461)

Gerüchte von einem Abzug der amerikanischen Besatzer zugunsten französischer beendeten das Tiroler Idyll. Aus sicherem Abstand ironisierte Kästner die Angst der UFA-Leute vor den neuen Herren, nordafrikanischen Regimentern mit »Soldaten einer recht fremdartigen Rasse«, denen »der Ruf vorausging, ihr Appetit auf europäische Frauen kenne keine Rücksicht« (VI: 466). Auf einem Lastwagen fuhren die verbliebenen Filmer gen München; Enderle und Kästner blieben für einen knappen Monat, den Juli 1945, in Schliersee bei Enderles Schwester Lore. Seltene Besuche hielten Kästner auf dem laufenden, ein amerikanischer Sanitätsfeldwebel sorgte für die Verpflegung. Kästner beendete *Notabene 45* mit der Erzählung eines den Konzentrationslagern Auschwitz, Melk und Ebensee entronnenen Häftlings. Im August 1945 war Kästner in München angekommen.

In seinen Vorbemerkungen zu *Notabene 45* erläuterte er, wie er bei der Veröffentlichung mit dem Originaltagebuch umgehen wolle. »Meine Aufgabe war, die Notizen behutsam auseinanderzufalten. Ich mußte nicht nur die Stenographie, sondern auch die unsichtbare Schrift leserlich machen. Ich mußte dechiffrieren. Ich mußte das Original angreifen, ohne dessen Authentizität anzutasten.« (VI: 304) Kästner beschreibt hier ein Paradox – entweder sein Dokument ist authentisch, oder er hat es verändert, ›angegriffen‹. Er konnte den Kuchen nicht essen und behalten, behauptete aber, genau dies habe er getan: »Ich habe den Text geändert, doch am Inhalt kein Jota.« Das Buch sei nach wie vor »ein Dokument«, es sei »das Journal geblieben, das es war«, seine Irrtümer habe er »sorgfältig konserviert, auch die falschen Gerüchte, auch die Fehldiagnosen. Ich wußte nicht, was ich heute weiß.« (VI: 304f.) Er sei »nicht vom Verschönerungsverein«, und vom »Selbstverschönerungsverein schon gar nicht.« (VI: 305) Fünfzehn Jahre lang hatte Kästner Darstellungen des ›Dritten Reichs‹ gelesen, und das einigermaßen systematisch; die Vorstellung, dieses Wissen bei der Bearbeitung des originalen Tagebuchs einfach ausblenden zu können, klingt naiv. Der da *Notabene 45* schrieb, war ein anderer als der Diarist im ›Dritten Reich‹.

Sein Buch ist von der zeitgenössischen Kritik als ›prophetisch‹ angenommen worden, als Beispiel dafür, was die ›guten Deutschen‹ schon vor Kriegsende haben wissen können. Für Jean Améry war es ein »einzigartige[s] Dokument«, Hermann Kesten lobte Kästners Sprache, »die ganz einfach und natürlich klingt, wie geschwinde, genaue erzwahrhaftige Notizen«; Sybil Gräfin Schönfeldt rühmte »dieses penibel authentisch gehaltene Tagebuch«, das sich lese »wie eine grandios erfundene Geschichte im Stil und mit der Wirkung eines authentischen Tagebuches«. Ein Vergleich mit dem Originaltagebuch zeigt, daß Kästner zu einem kleinen Teil so verfahren ist, wie er das behauptet hat; er hat seine Notizen in diesen Fällen tatsächlich nur vervollständigt, ganze, lesbare Sätze aus ihnen gemacht, aus der Erinnerung weitere Details hinzugefügt, karge, angedeutete Anekdoten zu runden, bunten gemacht.

Darüber hinaus hat er aber eine Kommentarebene eingezogen, die sich im Original kaum rudimentär findet; schwere Eingriffe, die besonders Kästners damalige Einschätzungen stark verändern, sie zum Großteil überhaupt erst einfügen. Die Tagebucheinträge haben häufig eine Zweiteilung: zuerst schildern sie einen Vorgang, anschließend kommentieren sie ihn. Bei diesen zweiten Teilen kann man fast durchgehend sicher sein, daß sie erst 1960 geschrieben wurden. Dabei kann es sich um ganz legitime Zuspitzungen, Redensarten, Sprichwörter à la »Die Kleinen hängt man, und die Großen lassen sich laufen« han-

Erich Kästner (1945)

deln (VI: 340); aber auch um fragwürdige ›kulturkritische‹ Allgemeinheiten: »Über den schizoiden Menschen ist viel geredet worden. Es wäre soweit, über die Schizophrenie der Ereignisse nachzudenken.« (VI: 371) Das Schema der Ergänzungen läßt sich etwa an Hitlers Geburtstag zeigen. Im Originaltagebuch schrieb Kästner: »Gestern war also Hitlers Geburtstag.« (21.4.1945, TB) In der gedruckten Version wird daraus: »Gestern war Hitlers 56. Geburtstag. Der letzte Geburtstag? Der letzte Geburtstag.« (VI: 372) Oder an den Notizen über Hitlers Tod; im Original, kommentarlos: »Hitler ist in Berlin gefallen.« (2.5.1945, TB) Für den Druck schrieb Kästner: »Hitler liegt, nach neuester Version, nicht im Sterben, sondern ist ›in Berlin gefallen‹! Da man auf vielerlei Art sterben, aber nur fallen kann, wenn man kämpft, will man also zum Ausdruck bringen, daß er gekämpft hat. Das ist nicht wahrscheinlich. Ich kann mir die entsprechende Szene nicht vorstellen. Er hätte dabei mit Ärgerem rechnen müssen, mit der Gefangennahme, und dieses Spektakel konnte er nicht wollen. Ergo: er ist nicht ›gefallen‹.« (VI: 385) Weitere Beispiele sind müßig; das Schema zieht sich durch das ganze Buch.

Eine weitere Einschränkung der behaupteten ›Authentizität‹ ist die durchgehende Metaphorisierung des Buches. Kästner konnte offenbar kaum ein Ereignis in seiner ursprünglichen nüchternen Beschreibung stehenlassen, er mußte sich immer noch ein ›witziges‹ Bildchen dazu ausdenken; in ihrer Häufung wirken sie quälend, oft unangemessen, oft treten sie einfach auf der Stelle. Auch ohne Gegenkontrolle mit dem Original wirken diese Passagen unglaubhaft – ein nüchterner Tagebuchschreiber hält sich nicht mit preziösen Analogien auf. Kästners letzter Berlin-Eintrag schließt: »Ich klebe hier fest wie eine Fliege an der Leimtüte.« (VI: 341) Sein erster aus dem Zillertal beginnt: »Die Fliege klebt nicht mehr an der Tüte. Es hat ihr jemand aus dem Leim herausgeholfen. Eine Art Tierfreund? Der Vergleich hinkt.« (VI: 345) Dann hätte er ihn weglassen sollen, wie er das im Original-Tagebuch auch getan hat. Die Zeit spielt Kaleidoskop, die verkehrte Welt herrscht, Kästner lebt als Käfer zwischen Baum und Borke, und so weiter, und so fort.

Mag man diese Interpolationen noch als unterhaltsames Kabarett akzeptieren, als Auflockerung des zeitgeschichtlich strengen Stoffs, fällt das bei einem durchgehenden Bild sehr viel schwerer. Kästner verwendet immer wieder die Theater- und Filmmetaphorik für die

Vorgänge in Deutschland: »Wir hatten ein kleines Stück Geschichte gesehen, als wären es ein paar Meter Bergfilm gewesen, und waren wieder unter uns.« (VI: 399) Beim Blick auf das brennende Berlin, vom sicheren Ketzin aus, überliefert er als Kästner-Bonmot: »Es ist, als komme man ins Kino, und der Film habe schon angefangen.« Eine der neben ihm stehenden Frauen habe daraufhin die Taschenlampe »kurz aufblitzen« lassen »und fragte geschäftig: ›Darf ich, bitte Ihre Eintrittskarten sehen? Was haben Sie für Plätze?‹ ›Natürlich Loge‹, antwortete Karl, ›Mittelloge, erste Reihe!‹« (VI: 310) Hitler kopiere Muster aus dem Lesebuch und spiele Napoleon-Dramen nach; seitenlang malt sich Kästner diese Analogie aus: »›Die Kontinentalsperre‹, ›Die Landung in England‹ und ›Wende und Ende vor Moskau‹« habe er »textgetreu inszeniert« (VI: 375). Die Österreicher hätten eben Theaterblut, auch dies eine unverdauliche Metapher wie alle Bemerkungen Kästners zu den ›Ostmärkern‹, bis hin zu seinem Kabarett-Lied *O du mein Österreich* (1946; II: 365–368) – als gebe es nicht genug vor der eigenen Tür zu kehren. Bei Hitlers letzter Inszenierung, »Die Belagerung und Befreiung Berlins«, werde man ohne den Polenkönig Sobieski und sein Entsatzheer auskommen müssen: »In der letzten Minute der letzten Szene kann kein Mensch den Sobieski übernehmen, dafür ist die Rolle zu schwierig. Und so wird das Stück schlimm enden.« (VI: 375f.)

Heinrich Breloer hat mehrere Zeitzeugen nach dieser Metaphorik gefragt, und alle widersprachen mehr oder minder heftig. Sie hätten nicht im Theater gelebt; Theater habe im Unterschied zur Zeitgeschichte eine Ordnung; Hitler sei in Babelsberg nicht als schlechter Schauspielerkollege angesehen, sondern von den nicht wenigen, die in dauernder Gefahr lebten, gehaßt worden. Am deutlichsten formulierte Ullrich Haupt seine Ablehnung: »Erstmal ist es leider Gottes kein Theaterstück gewesen. Und […] wenn gelebte oder erlebte Geschichte zu einem Geschichtsbild geformt oder umgeformt wird, dann ist das besonders bei Literaten immer mit einem kleinen schielenden Blick auf die Ewigkeit hin. […] Was immer fehlt, ist die irrsinnige Angst, die dahintersitzt.« Wirklichkeit ist kein Film; Kästners berufsmäßige Neugier und seine schätzenswerte Rolle als Beobachter, der nicht dazugehörte, verführte ihn zu falschen Schlüssen. Haupt benannte den Fehler an dieser Haltung: »Die absolute Subjektivisierung. Dieser kleine, schicke Trick: Ich in der Loge – er hatte ein Arbeitszimmer, war hier der Tisch, da war da ein Fenster, da sah man auf Tennisplätze, und da auf die Berge – und ich, mit einem Abstand glücklicherweise abgeschrieben, so daß man mich gar nicht mehr wahrnimmt – sehr kokett! – sehe nun so 'n bißchen wie der liebe Gott zu.«⁹

Entscheidende Interpolationen betreffen nicht nur den Metaphernsalat des Buches. Einige Wertungen von 1945 hat Kästner ausgelassen, etwa in der Aufzählung einiger nun abgehalfterter Nazi-Größen die vergleichsweise lobende Erwähnung Goebbels': »Am besten hat sich noch Goebbels aus der Affäre gezogen, der Intellektuelle, als er mit seiner Familie gemeinsam Schluß machte.« (24.5.1945, TB) Und Kästner hat seine eigene Rolle gebührend *Notabene 45* eingeschrieben, im Original findet sich davon kein Wort: »Gestern warnte mich jemand. Die SS, das wisse er aus zuverlässiger Quelle, plane, bevor die Russen einzögen, eine blutige Abschiedsfeier, eine ›Nacht der langen Messer‹. Auch mein Name stünde auf der Liste. Das ist kein erhebender Gedanke.« (VI: 341) Mag sein, daß Kästner ein solches Gerücht nicht notieren mußte, weil nicht anzunehmen war, er könnte es vergessen. Daß Kästner *allein* die »Achillesferse«, der einzige »schwache Punkt« der UFA-Leute gewesen sein soll, klingt bei einem derart surrealen und permanent gefährdeten Unternehmen nicht recht glaubwürdig. »Ein kurzes Telefongespräch mit dem Propagandaministerium oder auch nur mit dessen Innsbrucker Filiale würde ausreichen, Eberhards gewagtes Spiel zu durchkreuzen. Wir können nur hoffen, daß die örtlichen Amts- und Würdenträger meinen Namen niemals gehört oder längst wieder vergessen haben.« (VI: 352f.) Sicher wird so ein Anruf ausgereicht haben – aber er konnte auch andere Personen und Sachverhalte betreffen, etwa den, daß der ganze UFA-Aufwand nur Mummenschanz mit einem klaren Ziel war, dem Davonkommen von sechzig Menschen. Schließlich schrieb Kästner, wieder nur in der gedruckten Fassung, wie er sich vor einem drohenden Besuch des Staatsrats Hans Hinkel bei den Bavaria-Studios in München sorgte. »Jetzt fehlt nur noch, daß Hinkel das Bedürfnis empfände, in Mayrhofen nach dem Rechten zu sehen! Er würde nicht wenig erstaunt sein, wenn er mich zu Gesicht bekäme. Und beim Staunen ließe er es wohl kaum bewenden. Dafür wäre, bei der Art unserer Bekanntschaft, kein Anlaß. Ich müßte mir vom Maskenbildner einen

Schnurrbart kleben lassen und mich auf Steiners Alm verkriechen. Doch auch dann fände er meinen Namen auf der Ufa-Liste!« (VI: 371f.) Schmidt habe über Kästners Sorgen gelacht, Hinkel werde nicht kommen, und falls doch, werde er Kästner übersehen und ihn das merken lassen, »denn das könne ihm, eines Tages nach Torschluß, von bescheidnem Nutzen sein.« (VI: 372) Im Originaltagebuch ist von einer Gefährdung Kästners durch den Geschäftsführer der Reichskulturkammer keine Rede; dort heißt es nur: »Ich vermute, daß Herr Hinkel bald hierher kommen wird, um die Gegend zu inspizieren. Er wird sich ärgern, daß man nicht näher an der Schweizer Grenze dreht.« (21.4.1945, TB) Hinkel galt überdies als eher ›moderater‹ Beamter. Willi Schaeffers, der im ›Dritten Reich‹ das *Kabarett der Komiker* weiterführte, schrieb in seiner Autobiographie, der Staatsrat habe alle »Schikanen und Schwierigkeiten, die uns einige gestrenge Herren, vor allem seitens der SS, immer wieder bereiteten, [...] geschickt geglättet.« Hinkel habe frühmorgens die Berichte in Goebbels' Vorzimmer gelesen, »das Blatt, das uns betraf«, vernichtet und Schaeffers angerufen. »Im Nachthemd stand ich ihm Rede und Antwort.«[10]

Kästner ist von Kollegen mehrfach befragt worden, warum er nicht emigriert sei. Eine spätere, leicht überdrüssige Antwort war das Epigramm *Notwendige Antwort auf überflüssige Fragen*:

»Ich bin ein Deutscher aus Dresden in Sachsen.
Mich läßt die Heimat nicht fort.
Ich bin wie ein Baum, der – in Deutschland gewachsen –
wenn's sein muß, in Deutschland verdorrt.« (I: 281)

In seinen letzten Jahren beschlichen Kästner Zweifel, ob er sich richtig entschieden habe. Fritz J. Raddatz gegenüber sprach er davon, »falsch gelebt zu haben«; er soll Raddatz beschworen haben, die DDR zu verlassen: »Machen Sie sich nicht auch schuldig?«[11] Münchner Mitgliedern von *amnesty international* erklärte er, er sei »nicht mehr der Ansicht, daß man entscheidend zur Beseitigung einer Diktatur dadurch beitragen kann, daß man bleibt.«[12]

Eine andere Antwort, die Kästner 1945/46 häufig gegeben hat, war ein großes Projekt – der ›große Roman des Dritten Reichs‹. Peter de Mendelssohn erinnerte sich an diese Antwort, 15 Jahre nach Kästners

Tod: »Wir feierten ein Wiedersehn, und ich fragte ihn sofort: Erich, wie war denn das nun? Warum bist du eigentlich dageblieben? Hättst doch schließlich rausgehen können, dir diesen ganzen Ärger ersparen können. Sagt er: Ja, ich bin dageblieben, weil ich mir gesagt habe: einer muß das von Anfang bis zu Ende miterleben, und zwar nicht irgendeiner, sondern einer, der es dann nachher auch schildern kann, und den Leuten begreiflich machen kann. Sage ich, na, hast du denn ein Tagebuch geführt? – Sagt er, absolut, vom ersten bis zum letzten Tag ist alles da, und das werde ich jetzt verwenden. Das werd ich jetzt ausarbeiten. Ich sag, du, das ist überhaupt das Wichtigste, was du als Schriftsteller jetzt machen kannst, du *mußt* dieses Buch über die 12 Jahre Hitlerdeutschland schreiben. Das kann außer dir niemand, du mußt es machen, versprich mir, daß du das machen wirst. Er sagt: ich verspreche dirs, ich habe nichts anderes im Kopf augenblicklich.

Wir haben ihn dann nach München geholt, an die Redaktion der *Neuen Zeitung*, da hab ich ein bißl mitgeholfen, und von da ab hab ich ihn dann regelmäßig gesehen, jedes Jahr mehrmals, und ihn immer gefragt, Erich, was ist mit dem Buch, und das Buch kam und kam und kam nicht, und er hat es natürlich nie geschrieben.«[13] Ähnlich lebendige, etwas negativer gefärbte Erinnerungen hatte Ullrich Haupt. Auch er habe Kästner gefragt, warum er geblieben sei, als weltweit erfolgreicher Autor; leider kann sein Nach-Spielen und -Sprechen Kästners schriftlich kaum wiedergegeben werden: »Da sagt er, ›nein, nein, ich bin geblieben, weil einer von uns als Augenzeuge, all das miterlebend, hierbleiben mußte, um nach dem Krieg den Bericht über diese Zeit, den Tatsachenbericht über diese Zeit zu schreiben.‹ Das fand ich ganz – das war ein Grund. Das war sogar etwas Heldenhaftes [...]. Aber – 45 mußt' ich dann nach Amerika zurück, und dann kam ich Anfang der fünfziger Jahre wieder, treffe Herrn Kästner auf der Straße, ein wohlsituierter Herr, tadellos angezogen, mit einem schlichten Homburg und so weiter – es war ihm offensichtlich sehr peinlich, als er mich sah, und ich sagte ›Herr Kästner!‹, und ich dachte, na, vielleicht hat er dich nicht erkannt, ›ich bins doch, Ulli Haupt!‹, und er sagte ›jaja, ich weiß schon‹ – er sächselte ja immer so 'n bißchen. Ich sagte: ›Sagen Sie mal, Sie erinnern sich doch noch an unsere vielen Gespräche, und da haben Sie doch auch gesagt, [...] daß Sie das Buch dieser Zeit schreiben wollten, den Augenzeugenbericht, den möcht' ich gerne haben.‹ Das war ihm ganz schrecklich, und da sagte er: ›Das ist leider nicht geschrieben worden, und es tut mir furchtbar leid, und ich muß jetzt gehn‹, und weg war er.«[14]

In dem stenographierten Originaltagebuch gibt es Notizen Kästners zu zwei Romanprojekten, zum *Doppelgänger*-Fragment und zu einem mit keinem Titel bezeichneten Roman, aus denen das sagenumwobene Projekt durchaus hätte entstehen können. Kästners Selbstschutz hat da rechtzeitig eingesetzt, er hat diesen Roman nicht geschrieben. Zwei Anekdoten, die aus diesem Zusammenhang stammen, sind in *Notabene 45* ausformuliert; Kästner hat die nicht datierte Notiz unter den 28. Mai 1945 gesetzt, als Erzählungen Otto Wernickes und Gustav Knuths am Stammtisch bei Rappeport. In der Kurzfassung der Romanfragmente lauten sie: »Hitler im Wintergarten zu einer Schauspielerin: ›Da, fassen Sie mal – die Muskeln! Göring kann höchstens eine halbe Stunde den Arm hochstrecken, dann muß er pausieren. Ich kann es zwei Stunden hintereinander.‹ Eine Schauspielerin begrüßt Hitler mit erhobenem Arm; Hitler gibt ihr die Hand, dann umgekehrt, dann umgekehrt.« (n. dat., TB) Den Notizen nach zu urteilen hätte man sich den ganzen Roman als einen *Fabian* im ›Dritten Reich‹ vorstellen können; dessen Charakter paßt kaum zu dem eines Widerstandskämpfers. Er wäre wieder ein guter Sohn geworden, einer, »der da bleibt, um Chronist zu sein«, und der seine Eltern »nie in gefährlichen Situationen im Stich ließ«. Eine Notiz über die »Eltern in Dresden«: »Die Traurigkeit über das Benehmen dem Sohn gegenüber; über die Verständnislosigkeit des Staates dem ›guten Jungen‹ gegenüber.« Dieser neue Fabian ist nicht mehr Werbefachmann, sondern ein Schriftsteller, »der die Zeit überwintert, aber privat viele Abenteuer hat; [...] man soll ihn für einen begeisterten Privatier halten. Er zeigt sich den Spitzeln als Bumerang. Hat Geld von Hollywood.« Er schreibt an Theaterstücken mit und geht inkognito zu den Premieren, »während sich der ›Autor‹ verneigt«. Auch dieser Protagonist hätte über die Maßen viele amouröse Abenteuer gehabt oder beobachtet. Cara Gyl und Herti Kirchner kommen in den Notizen vor, auch eine »Marianne«, mit der ein »er« nie dauerhaft zusammenkommen kann, weil immer einer von beiden eine feste Bindung hat, wenn der andere gerade ›frei‹ ist. Die historischen Ereignisse sollten in »Sondertexten« integriert werden oder in anekdotischer Form wie in *Notabene 45*. Die erneute Auseinandersetzung Kästners mit Nietzsche nimmt einigen Raum ein; sein unklarer »Idealismus« in politischer Hinsicht hätte ein Grundthema sein können: »ein Wahnsinn, Idealist zu sein und für die Masse, dieses Pack, die tödlichen Konsequenzen zu ziehen. Ossietzky, der außerdem für Tucholsky den Kopf hinhielt. Was allerdings auch Tucho nicht vor seinem Schicksal bewahrte.« Kästners erste und folgenreichste Fehleinschätzung wird selbstkritisch erwähnt: »Das größte Malheur war: die Unterschätzung der Nazis; unser sich darüber lustig machen!«[15] Zahlreiche Details und Namen von bisher unbekannten Freunden Kästners sind erwähnt; all die Geschichten, die dahinter schlummern, werden vielleicht spätere biographische Arbeiten erzählen können.

Es läßt sich nicht klären, wann Kästner den Plan zu diesem Roman aufgegeben hat. Durch seine zeitgeschichtlichen Lektüren muß ihm bald nach dem Krieg klargeworden sein, daß sein Konzept mit dem ›sittengeschichtlichen‹ Schwergewicht der beschriebenen Zeit nicht angemessen war, jedenfalls in den ersten Jahrzehnten nach dem Krieg. Kästner brachte es aber nicht über sich, seinen Roman stillschweigend zu begraben; er schrieb, der Roman des ›Dritten Reichs‹ sei gar nicht zu schreiben, nicht nur von ihm nicht. Seine ehrenwerten Einwände sind ähnlich immer wieder über die Darstellbarkeit des Massenmords an den Juden geäußert worden: die Zeit habe »nicht das Zeug zum großen Roman« (VI: 306). Man könne eine »zwölf Jahre lang anschwellende Millionenliste von Opfern und Henkern architektonisch nicht gliedern. Man kann Statistik nicht komponieren. Wer es unternähme, brächte keinen großen Roman zustande, sondern ein unter künstlerischen Gesichtspunkten angeordnetes, also deformiertes blutiges Adreßbuch, voll erfundener Adressen und falscher Namen.« (VI: 306) Kästners Mißtrauen galt »dem umfassenden Versuch, dem kolossalen Zeitgemälde, nicht dem epischen oder dramatischen Segment, den kleinen Bildern aus dem großen Bild.« (VI: 306) Die Lösung dieses Knotens ist erst in den sechziger Jahren erfolgt; dokumentarische Techniken ermöglichten die Darstellung des zuvor nicht Darstellbaren. Kästners Anspruch, in *Notabene 45* wenigstens einen kleinen Ausschnitt des Alltags im ›Dritten Reich‹ zu dokumentieren, war durchaus ein Schritt auf diesem Weg. Er schrieb in seinen Vorbemerkungen, der Alltag sei »auch im Krieg eine langweilige Affäre« (VI: 303). Er vertraute seinen Notaten nicht, er hielt die Parallelität der Kriegsereignisse und der banalen Teile seines Mayrhofener Alltags für nicht spannend genug und meinte, sie anreichern zu müssen. Dadurch hat er allzuoft die Authentizität und Glaubwürdigkeit seines Dokuments verschenkt – durch die eingefügten Reflexionen, Kabarettpointen und Selbststilisierungen.

Der zweite Schub

Dem Fragebogen des amerikanischen Military Government of Germany ist neben anderem zu entnehmen, daß Kästner dunkelbraune Haare und graugrüne Augen hatte und noch 115 Pfund wog. Seine Angaben zur Mitgliedschaft in nationalsozialistischen Organisationen – seitenlange Spalten, in die er immer wieder »nein« schrieb – hatten zur Folge, daß er 1946 von der 10. Münchner Spruchkammer den schriftlichen Bescheid erhielt, er sei »von dem Gesetz zur Befreiung von Nationalsozialismus und Militarismus vom 5. März 1946 *nicht betroffen.*«[1]

Noch einmal entwickelte Kästner für ein paar Jahre ungeheure Energie und Arbeitswut – er war Feuilletonchef der *Neuen Zeitung*, Herausgeber der Jugendzeitschrift *Pinguin*, schrieb Rezensionen, Reportagen, Feuilletons, Kabarett-Chansons und Kinderbücher. Er hatte sich entschlossen, den »täglichen Kram« zu erledigen, »statt, die feingliedrigen Händchen auf dem Rücken verschlungen, ›im Walde so für mich hin‹ zu gehen« (II: 82). Zum Tennisspiel hatte er in den letzten Kriegsmonaten keine Gelegenheit mehr gehabt, und dabei blieb es bis zum Ende der vierziger Jahre – obwohl ihm sein Schweizer Verleger Rascher neue Tennisbälle und -schuhe geschickt hatte. »Ich armes Schweinchen hab aber leider keine Zeit dazu. [...] Außer der enormen Zeitungsarbeit wieder ein neues Kabarettprogramm. Und die Pinguin-Artikel. Und mit Film wird's wohl auch bald losgehen.« (13.7.1946, MB)

Seine nächsten von den Amerikanern zugewiesenen Zimmer waren wieder möbliert. Enderle und Kästner bewohnten in der Pension Dollmann, Thierschstraße 49, zwei Zimmer im ersten Stock für 200 RM monatlich; ohne Fenster, wie Luiselotte Enderle sich erinnert.[2]

Nach einem knappen halben Jahr zogen sie im Januar 1946 in die Fuchsstraße 2 um. Der *Spiegel* schrieb, Kästner wohne dort in der holzgetäfelten ehemaligen Trinkstube Paul Ostermayrs, seine »Hängelampe ist kuhglockengeziert und die Fenster haben bunte Butzen. Nichts außer einem Tischchen und seinen Büchern gehört ihm.«[3] Ostermayr hatte sich mit Ganghofer-Verfilmungen hervorgetan; die Filme nach 1945 drehte er unter dem Namen Paul May.

Als unbescholtener Nicht-Emigrant angesehen, erhielt Kästner nach dem Krieg viele Angebote aus West und Ost. Er sollte helfen, den Hamburger Rundfunk wieder aufzubauen;[4] er sollte Generalintendant des Staatstheaters in Dresden werden.[5] Er akzeptierte die Aufforderung, das Feuilleton der *Neuen Zeitung* zu leiten, und die Entscheidung fiel ihm offenbar leicht – im Vorwort von *Der tägliche Kram* (1948) heißt es lapidar: »Einverstanden.« Die erste Nummer erschien am 18. Oktober 1945 und verlangte einige Vorarbeit: »Im Auto fahren wir im Land umher und trommeln Mitarbeiter zusammen. Wo kriegen wir Bücher her? Woher ein Archiv? Woher einen Musikkritiker? Woher ausländische Zeitschriften? Wir arbeiten Tag und Nacht. Es geht zu wie bei der Erschaffung der Welt.« (II: 13) Zweieinhalb Jahre lang, vom Oktober 1945 bis zum April 1948,[6] brachte Kästner »das größe Opfer seines Lebens: seinen geheiligten Morgenschlaf.«[7]

In den ersten Monaten war Hans Habe Chefredakteur des Blattes, bevor ihn Hans Wallenberg ablöste. Beide waren Emigranten, die in der U.S. Army Majorsrang hatten. Seinen Erinnerungen nach konnte Habe sich den Ort für die Zeitungsgründung aussuchen. Er wählte München; sein wichtigster Grund war, »daß allein die nicht allzu schwer beschädigte Druckerei des *Völkischen Beobachters* in der Schellingstraße imstande war, eine Zeitung von überregionaler Bedeutung und Verbreitung zu produzieren.« Natürlich spielte auch ein psychologisches Moment mit: »Ich betrachtete es als symbolisch für unseren Sieg über den Nationalsozialismus, daß die Stimme Amerikas aus der ›Hauptstadt der Bewegung‹ und aus dem Haus des *Völkischen Beobachters* ertönen sollte.«[8]

Dwight D. Eisenhower, der spätere Präsident der USA, schrieb der Zeitung ein Geleitwort für die erste Nummer vom 18. Oktober 1945. Er war damals kommandierender General der amerikanischen Truppen in Europa und Militärgouverneur der amerikanischen Besatzungszone. In seiner amerikanisch und deutsch abgedruckten Ansprache machte Eisenhower deutlich, daß die *Neue Zeitung* gemäß ihrem Untertitel eine »amerikanische Zeitung für die deutsche Bevölkerung« bleiben würde; kein deutsches Blatt, sondern ausdrücklich das Sprachrohr der amerikanischen Besatzer. Sie sollte eine Musterzeitung werden und der »neuen deutschen Presse durch objektive Berichterstattung, bedingungslose Wahrheitsliebe und durch ein hohes journalistisches Niveau als Beispiel dienen.« Weitere Ziele der *reeducation* waren, das »Blickfeld der deutschen Leser [zu] erweitern«, im ›Dritten Reich‹ unterdrücktes Wissen zugänglich zu machen; und die Notwendigkeit der kommenden Aufgaben vor Augen zu führen – »Selbsthilfe, Ausschaltung von Nationalsozialismus und Militarismus, und die aktive Säuberung der Regierung sowie des Geschäftslebens.« All das brachte schon sprachlich seine Schwierigkeiten mit sich; die Ausdrucksweise der Emigranten und der von den Amerikanern akzeptierten Deutschen, die die *Neue Zeitung* schrieben und redigierten, unterschied sich nicht allzusehr von nationalsozialistischen ›Sprachregelungen‹. Sensibilität für diesen Jargon mußte erst über Jahre hinweg erworben werden, etwa durch die Lektüre der sprachkritischen Glossen von Victor Klemperer oder W. E. Süskind. Wie korrumpiert der Sprachstand war, wird an Eisenhowers Geleitwort besonders deutlich; im folgenden sind die Originalbegriffe in Klammern hinzugesetzt: »Die Säuberung von Nazis und Nazitum [De-Nazification] wird mit allen zu Gebote stehenden Mitteln durchgeführt werden. [...] Neben dem Nationalsozialismus muß aber auch der Militarismus vernichtet [destroyed] werden. [...] Militarismus muß aus der deutschen Gedankenwelt ausgerottet [erased] werden. Für alle Kulturvölker der Erde ist Krieg etwas an sich Unmoralisches, die Deutschen aber müssen zu dieser selbstverständlichen Wahrheit erst erzogen werden. Auch hier muß das deutsche Volk die gefährlichen Keime seiner Philosophie selbst ausrotten [destroy].«[9]

Sein erstes Treffen mit Kästner blieb Habe als »beschämend« in Erinnerung. Er saß dem »Dichteridol meiner Jugend« gegenüber und wollte ihm klarmachen, daß er zwar Amerikaner, aber »kein ›echter‹ Amerikaner sei, während er zwar Deutscher war, aber mir doch klarmachen zu müssen glaubte, daß er nicht den typischen ›Deutschen‹ zugezählt werden durfte.«[10]

Kästner handelte sich Verträge aus, die seinen Bedürfnissen ideal entsprachen. Ein Vertrag mit der *Neuen Zeitung* hat sich in seinem

Nachlaß erhalten. Demnach hat Kästner monatlich 2200 Reichsmark plus 300 für Spesen verdient. Ein Beibrief Hans Wallenbergs erläuterte die Zusatzbedingungen: Für seine Beiträge erhielt Kästner über das Gehalt hinaus Honorare. Soweit seine Arbeit für die *Neue Zeitung* nicht darunter leiden würde, stand es ihm frei, Beiträge für Kabaretts und Zeitschriften zu liefern. Mitarbeit an anderen Zeitungen »und zeitungsähnlichen Veröffentlichungen« sollte, den *Pinguin* ausgenommen, ausgeschlossen sein. Und er hatte sogar die Freiheit, ein Buch oder einen Film einzuschieben: »Eine längere Unterbrechung Ihrer redaktionellen Arbeit [...] ist unter der Bedingung möglich, dass der Vertrag sich dann automatisch um die Dauer der Unterbrechung verlängert, und dass während der Unterbrechung alle seine Bestimmungen hinsichtlich der Nichtmitarbeit an anderen Zeitungen [...] in Kraft bleiben.«[11] Auch sonst hatte Kästner Privilegien durch seine Mitarbeit an der amerikanischen Zeitung – die Militärregierung bescheinigte ihm »Exemption of curfew«, die Ausgangssperren galten für ihn nicht; und er konnte zwar selten, aber doch reisen, kurzum, »es macht schon Freude, an einer guten Zeitung mitzuarbeiten« (28.1. 1946, MB).

Das Feuilleton, das unter Kästners Ägide in der *Neuen Zeitung* erschien, erfüllte musterhaft das ›rück-erzieherische‹ Anliegen des Blattes: es erweiterte das Blickfeld der Leser, verschaffte dem zwölf Jahre lang unterdrückten Wissen wieder Geltung und klärte – nicht zuletzt durch Kästners eigene Artikel – über die Zeit des Nationalsozialismus auf. Die »Feuilleton- und Kunst-Beilage« der *Neuen Zeitung* war, weit über die Nachkriegszeit, ja die Erscheinungsdauer der Zeitung hinaus, durch ihr hohes Niveau beispielhaft. Kästner konnte die im ›Dritten Reich‹ verbotene Literatur drucken; er räumte dem Nachwuchs, den jungen, unbelasteten Autoren Platz ein, sorgte für den Anschluß an die internationale Belletristik, druckte viele Emigranten; und er schrieb selbst nicht wenig, insgesamt 89 Beiträge von 1945 bis 1953; drei von ihnen erschienen im politischen Teil der *Neuen Zeitung*.[12] Seine Artikel fanden ein großes, auch ganz materielles Echo; als er über seine verbrannte Bibliothek schrieb, boten ihm viele Leser ihre Goethe-Ausgaben an, einer bedankte sich für Kästners Artikel mit einem Sack Zwiebeln.[13]

Edmund Nick und Hans Heinz Stuckenschmidt schrieben über moderne Musik, Franz Roh und Emil Preetorius über bildende Kunst; in jeder Feuilleton-Beilage war eine politische Karikatur, eine Zeichnung oder ein Gemälde eines vormals ›entarteten‹ Künstlers abgebildet. Den internationalen ›Anschluß‹ wollte das Feuilleton nicht nur auf schöngeistigem Gebiet erreichen, sondern auch anderweitig: Albert Einstein und Max Planck kamen ebenso zu Wort wie amerikanische Physiker, der Biologe Julian Huxley wurde gedruckt, Bertrand Russell eher wegen seines pazifistischen Engagements denn als Mathematiker. Prominente europäische Historiker wie Johan Huizinga und Benedetto Croce fanden hier genauso ein Forum wie die zeitgenössischen demokratischen Politiker Kurt Schumacher, Theodor Heuss und Ludwig Erhard. In bescheidenen Grenzen wurde die im ›Dritten Reich‹ unterdrückte Psychoanalyse nachgeholt: Aus Erich Fromms Buch *Die Furcht vor der Freiheit* wurde ein Kapitel über *Kleinbürgertum und Autorität* abgedruckt; Alexander Mitscherlich schrieb einige Artikel, darunter eine Würdigung Freuds zu dessen 90. Geburtstag.

Die literarischen Teile des Feuilletons trugen deutlich Kästners Handschrift. Sie gaben immer wieder auch Hinweise auf eine bessere deutsche Vergangenheit. Kästner ließ Beiträge von Publizisten einrücken, die für einen verlorenen Stil geistiger Auseinandersetzungen standen – vor allem natürlich Kurt Tucholsky, auch Maximilian Harden. Mehrere Würdigungen Heinrich Heines erschienen und ein breites Spektrum deutscher Lyrik, von Gryphius bis Rilke, Liliencron und Trakl; auch klassische Weltliteratur wurde vorgestellt, insbesondere Moralisten und Satiriker (La Rochefoucauld, Montaigne, Mark Twain, Chesterton), auch einige Lyriker (Charles Baudelaire, Percy Bysshe Shelley, Walt Whitman). Unter den jungen Autoren, die Kästner förderte, durfte Walter Kolbenhoff am häufigsten publizieren, 16 Artikel zu Kästners Zeit; Alfred Andersch war kurz sein Redaktionsassistent und konnte es kaum glauben: »Ich ging täglich mit einem berühmten Schriftsteller um, es war unbegreiflich, ich war gerade noch Landser und Kriegsgefangener gewesen, kannte niemanden aus dieser fabelhaften Welt: der Literatur.« Er habe seine Zeit bei der *NZ* benutzt, den *Ruf* vorzubereiten, bei Kästner das Zeitungsmachen gelernt und »unschätzbare Ratschläge« bekommen – vom »stillsten und liebenswürdigsten Schulmeister[.], den man sich ausdenken kann. Ich sprach von Sartre, während er von Lessing sprach. Ich würde eine ganz andere Zeitung machen, als es die seine war.«[14]

Wolfgang Bächler, Wolfdietrich Schnurre und Wolfgang Borchert wurden einige Male in der *NZ* gedruckt, auch ein Ausschnitt aus *Draußen vor der Tür*. Unter dem journalistischen ›Nachwuchs‹ waren Hildegard Brücher und Hansjörg Schmitthenner; bereits im ›Dritten Reich‹ hatten Bruno E. Werner, Walter von Hollander, Wilhelm Hausenstein, Robert Lembke, Rudolf Hagelstange und Luise Rinser publiziert. Edmund Nick brachte Kästner einige Gedichte seiner Tochter mit: »Und da nahm er dann das Gedicht *Die Flucht* und brachte es in seiner ersten Nummer der *Neuen Zeitung*, das war enorm für mich, weil das ein Startschuß war, der mich in die Welt katapultierte.«[15] Dagmar Nick war damals 19 Jahre alt, *Die Flucht* war ihre erste Veröffentlichung überhaupt; es folgten weitere in der *Neuen Zeitung*, zahlreiche Lyrikbände und zwei Bücher über Israel, wo sie einige Jahre gelebt hat. Kästner schrieb eine redaktionelle Vorbemerkung für ihr Gedicht: »Wie oft haben sich in den vergangenen Jahren diejenigen unter uns, die beiseite standen, gefragt: ›Was wird, was kann aus den Jungen werden? Aus denen, die nie, keine Sekunde lang, erlebt haben, was der kulturelle Austausch zwischen den Völkern vermag und welches Glück es bedeutet, sagen und schreiben zu dürfen, was man ehrlicherweise empfindet und denkt!‹ [...] wir hoffen, daß allen vergangenen Hemmnissen zum Trotz Talente zur Welt kamen; und es soll an uns nicht fehlen, bei ihrem Wachstum Gärtnerarbeit zu leisten. – Als ein gutes Zeichen dafür, daß unsere Hoffnung nicht zu trügen scheint, drucken wir ein Gedicht ab, das ein kaum achtzehnjähriges Mädchen geschrieben hat.«[16]

Kästners Großzügigkeit, besonders gegenüber dieser ›jungen‹ Generation, ist mehrfach bezeugt. Milo Dor schenkte er, schon nach der Währungsreform, einen Fünfzigmarkschein für die Fahrt zur Tagung der ›Gruppe 47‹, viel Geld damals. Hans Werner Richter erinnerte sich gerührt: »Ich vermute, es war soviel wie heute tausend Mark, und ich erwähne es deshalb, weil ich diese großzügige Geste nie vergessen habe.«[17] Kolbenhoff erzählte in der Redaktion, Wolfdietrich Schnurre habe nur eine Hose; und Kästner schickte ihm daraufhin eine seiner eigenen, eine »pikobello Hose«, wie Schnurre schrieb: »Las ich da kürzlich, derselbe Erich Kästner habe sich zu einem Empfang [...] einen dunklen Anzug leihen müssen. Weil er selbst keinen hatte. Wie soll ich das jetzt ausdrücken: Mir ist sozusagen meine (seine) neue Hose im Hals stecken geblieben daraufhin. Sie erstarrte, als ich das las, förmlich zu zwei Salzsäulen an meinen Beinen. Wie, wenn [...] er sie

›eigentlich‹ noch hätte brauchen können? Wenn er sie in Wirklichkeit vielleicht sogar bitter nötig hätte? […] Jedenfalls hab' ich Erich Kästners Hose seitdem nicht mehr angehabt. […] Am liebsten hätt' ich sie ihm wiedergeschickt. Aber das hätte er womöglich falsch verstanden.« Schnurres Frau hatte den rettenden Einfall: »Und heut morgen hat meine Frau aus Erich Kästners Hose zwei Kinderhosen zugeschnitten. Für'n Pütz. Seit heut morgen kann ich wieder ›Erich‹ sagen und ›Kästner‹, ohne rot werden zu müssen.«[18]

In allen Literaturgeschichten der Nachkriegszeit ist zu lesen, wie schlecht die vor dem ›Dritten Reich‹ geflohenen Emigranten aufgenommen wurden; auch Kästner wird dabei genannt, wegen seines boshaft-ironischen Thomas Mann-Artikels *Betrachtungen eines Unpolitischen*. Die zahlreichen in der *Neuen Zeitung* gedruckten Emigranten schrieb sich später Hans Habe aufs Panier – selbst ein »so bedeutender, so wach interessierter Mann wie Kästner hatte es nicht vermocht, über die Mauern des deutschen Gefängnisses zu blicken.« Es habe »subkutane[n] […] Widerstand gegen die Emigranten« gegeben; »Kästner war sich seiner unterbewußten Abwehrstellung beileibe nicht bewußt, aber selbst er war von Ressentiments nicht frei.«[19] Das begründete Habe damit, Kästner habe Arthur Koestler nicht gekannt, und er habe »gegen die Heimkehr Thomas Manns Stellung« bezogen. Kästner hat mit seinem Artikel freilich etwas völlig anderes gemeint; und der Sachverhalt ist um einiges komplizierter.

Das Feuilleton der *Neuen Zeitung* brachte fast alle namhaften Autoren und Autorinnen der Exilliteratur. Franz Carl Weiskopf, damals noch in New York, konnte sie in einer zehnteiligen Serie vorstellen: »Das deutsche Buch im Exil«, »Deutsche Zeitschriften im Exil«, »Das humanistische Erbe im Exil«, »Der Sprung in die fremde Sprache«, »Getarnte Exilliteratur«, fünf Beiträge allein über »Die Themenkreise der deutschen Literatur im Exil«; aus seiner Serie entstand die erste zusammenhängende Darstellung der Exilliteratur, *Unter fremden Himmeln* (1948). Kästner kannte die meisten Exilanten aus der Weimarer Republik, an deren Ende Habe ein zwanzigjähriger unbekannter Journalist war. Allein an der Häufigkeit einiger Namen sind Kästners Vorlieben abzulesen. Er ließ Beiträge von Freunden oder guten Bekannten veröffentlichen: Rudolf Arnheim, Richard Friedenthal, Curt Goetz, Richard Katz, Hermann Kesten, Annette Kolb, Alfred Neumann, Joachim Maass, Ludwig Marcuse, Friedrich Michael, Hans Sahl, Anna Seghers, Franz Schoenberner, Friedrich Wolf, Carl Zuckmayer und Alice Herdan-Zuckmayer. Die übrigen gedruckten jungen und alten Emigranten können nicht alle aufgezählt werden; es waren die großen Namen der Weimarer Republik dabei ebenso wie die jungen Heimkehrer.[20] Besonderen Stellenwert hatten verehrte Vorbilder Erich Kästners, die er persönlich kannte, wie Alfred Polgar, oder die er durch die *NZ*-Arbeit kennenlernte, wie Alfred Kerr. Der berühmteste Theaterkritiker der Weimarer Republik ist der am häufigsten gedruckte Emigrant in Kästners Feuilleton. Was diese verläßliche Einnahmequelle für den fast achtzigjährigen Kerr bedeutet haben muß, läßt sich anhand von Judith Kerrs Roman *Eine Art Familientreffen* (1978) ermessen – ihr Vater verdiente seit Kriegsanfang kein Geld mehr, seine Frau brachte die Familie mit Sekretärinnenjobs durch. Kerr schrieb für die *Neue Zeitung* bis April 1948 neun Gedichte und Artikel, hatte dazu eine eigene Serie, *Englisches Tagebuch*, die elfmal erschien; und er schrieb fünf Artikel über seine kurze Deutschlandreise Ende Juni 1947, in denen sich auch ein verschämtes Kompliment an die *Neue Zeitung* und ihren Feuilletonchef findet: »Hier in München ist der Herstellungsort einer mir liebgewordenen Zeitung. Ich sage nicht von welcher. […] Hier war auch der Freund. Der Leiter. Den ich jetzt kennenlernte. Man denkt gern an fünf Tage zurück…«[21]

Dem Kommunistenfresser Habe wäre kaum eingefallen, dezidiert linken Autoren derart viel Raum zu geben. Von Heinrich Mann erschienen fünf Artikel, etwa über Heinrich Heine (15.11.1945), über die französische Revolution und Deutschland (21.1.1946) und das »Exil der Wahrheit« (24.5.1946). Auch Kästners Lieblingskonkurrent Bertolt Brecht ist häufig vertreten; die Leser der *Neuen Zeitung* konnten in Ausschnitten seine jüngeren Dramen kennenlernen, *Furcht und Elend des Dritten Reiches* (15.11.1945), *Der gute Mensch von Sezuan* (17.5.1946), *Galileo Galilei* (3.3.1947) und den *Kaukasischen Kreidekreis* (15.2.1948). Bei einem mehrwöchigen Aufenthalt Kästners in Zürich, von Oktober bis Mitte November 1947, traf er sich häufig mit Brecht; in einem der nicht in die Werkausgaben übernommenen Artikel für die *NZ* berichtete Kästner darüber. Während einer Vorstellung von Werner Fincks Kabarettprogramm *Kritik der reinen Unvernunft* »lachten die Herren Schriftsteller und das Züricher Publikum um die Wette. Bert Brecht bewies am hörbarsten, daß er auch auf dem Gebiete des

Lachens zu den ›Spitzenkönnern‹ gehört.« Brecht sei aus Kalifornien gekommen, um »etwa ein Jahr in Europa zu bleiben und möchte vielleicht in München, bestimmt in Berlin, einige seiner neueren Stücke inszenieren. Helene Weigel, seine Frau, will darin spielen.«[22] Mag sein, daß Kästner seinen Artikel nicht nachdrucken ließ, weil Brecht nicht nur ein Jahr blieb – und vor allem nicht in die Bundesrepublik, sondern in die DDR ging.

Kästner erwartete sich viel von den Emigranten, vor allem auf ihre Rückkehr setzte er große Hoffnungen. Wolfgang Langhoff war als Kommunist früh im Konzentrationslager, 1934 konnte er in die Schweiz fliehen. Sein Bericht über »13 Monate Konzentrationslager«, *Die Moorsoldaten*, erschien 1935; im ersten Nachkriegsdruck des Buches schrieb er ein Vorwort: »Was ist das Börgermoor mit allen seinen Leiden 1933/34 verglichen mit den Gaskammern von Auschwitz, den Folterhöllen und Hungergräbern von Bergen-Belsen, Buchenwald oder Mauthausen, zehn Jahre später? – Eine Idylle.«[23] Später ging Langhoff wie Brecht in die sowjetische Zone, von 1946 bis 1963 leitete er das *Deutsche Theater*. 1945 besuchte er auch die Westzonen. Aus Kästners Bericht spricht einige Euphorie über die zu erwartende Rückkehr vieler Emigranten: »Das schönste, was uns Langhoff berichtete, war dies: Unter denen, die zu Beginn des Dritten Reiches in die Verbannung gingen, sind viele, die ungeduldig darauf warten, daß man sie in die zerstörte, kranke Heimat zurückkehren läßt. (Noch ist es ihnen nicht erlaubt!) Sie brennen darauf mitzuhelfen. Einer von ihnen, der beispielsweise in Rio de Janeiro sitzt, schrieb nach Zürich: ›Hier drüben verhungere ich bei Kaffee und Kuchen!‹ Da saßen wir um den Sendboten der fernen Freunde geschart, und unsere Herzen klopften hoffnungsfroh. Die Gefallenen, die Erschlagenen, die Verbrannten und die sich selbst verzweifelt ein Ende setzten, sie können uns nicht mehr helfen. Aber viele der überlebenden Emigranten können es! Sie sind wie wir, die das Ende der Barbarei in Deutschland überdauerten, entschlossen, die restlichen Jahre unserer Existenz, unserer Talente und unseres Wesens an das eine, große, gemeinsame Ziel daranzusetzen: an den kulturellen Wiederaufbau unserer Heimat.«[24]

Und nun, nach diesem Gesamtbild, erneut zu Thomas Mann. Er ist der nach Kerr am häufigsten gedruckte Emigrant. Daran änderte sich auch nichts, als Kästners Polemik *Betrachtungen eines Unpolitischen* am 14. Januar 1946 erschienen war; weiterhin wurde in der *NZ* über

Mann geschrieben, einige belletristische und essayistische Beiträge von ihm wurden gedruckt. In seiner Polemik hatte Kästner fiktive »liebe Kinder« angeredet, die Thomas Manns Streit mit Walter von Molo, Frank Thiess und anderen ›inneren‹ Emigranten gelesen haben könnten. Mann hatte brüsk eine Rückkehr nach Deutschland abgelehnt. Er mochte sich nicht zum »Bannerträger einer mir noch ganz schleierhaften neudeutschen geistigen Bewegung« aufwerfen,[25] und er fragte danach, wo Deutschland sei: »Wo ist es aufzufinden, auch nur geographisch? Wie kehrt man heim in sein Vaterland, das als Einheit nicht existiert?«[26] Obendrein hatte Mann in einem offenen Brief an Molo den inneren Emigranten eine kräftige Ohrfeige *in effigie* versetzt: »Es mag Aberglaube sein, aber in meinen Augen sind Bücher, die von 1933 bis 1945 in Deutschland überhaupt gedruckt werden konnten, weniger als wertlos und nicht gut in die Hand zu nehmen. Ein Geruch von Blut und Schande haftet ihnen an; sie sollten alle eingestampft werden.«[27]

Kästner erklärte den »lieben Kindern«, die Angelegenheit sei ein Mißverständnis. Die im Land gebliebenen »guten Deutschen« (VI: 517) hätten einen Fehler begangen, als sie Thomas Mann um seine Rückkehr gebeten hätten. Den Deutschen fehle »der große, der überlebensgroße Dichter und Denker, der sich schützend, sammelnd und die Welt beschwörend hinstellt und die Arme ausstreckt wie ein zweiter lieber Gott. Thomas Mann ist kein lieber Gott, der erste nicht und auch nicht der zweite. Sondern er ist [...] der bedeutendste und berühmteste unter den lebenden deutschen Dichtern. [...] Wenn ich jemanden um hundert Mark bitte, der nur zehn Mark bei sich hat, wenn ich ihn wieder bitte und weiter bitte, muß er mit der Zeit böse werden. Das ist ja klar.« (VI: 518) Ganz anders habe da doch der Schauspieler Albert Bassermann reagiert, dem Berliner Schauspieler in die USA gekabelt hätten, ob er nicht zurückkehren wolle. Er schickte ein Telegramm zurück: »›Ich komme. Albert Bassermann.‹ Als ich die vier Worte las, habe ich alter Schafskopf beinahe geheult. Seht ihr, liebe Kinder, das ist eben ein anderer Mann als Thomas Mann. Nur darf man das dem Thomas Mann nicht zum Vorwurf machen, daß er nicht ein Mann wie unser Bassermann ist. Das wäre sehr, sehr ungerecht.« (VI: 519) Thomas Mann ließ sich den »unverschämten« Artikel von seiner Tochter vorlesen und vermerkte Kästners »tückische Zugeständnisse« im Tagebuch.[28] Natürlich ist Kästners Artikel boshaft, aber doch auch ein Versteckspiel. Seine Feuilletons in dieser Zeit kommen meist ohne literarische Stilisierungen aus; daß er sie hier, mit der fiktiven Redesituation einer Belehrung der »lieben Kinder«, nötig hat, verbirgt seine emotionale Beteiligung. Er bewunderte Thomas Mann, und er scheint dessen Absage als persönliche Kränkung aufgefaßt zu haben – die Verdienste der ›guten Deutschen‹, der im Land gebliebenen Musterknaben so unfreundlich abzuweisen. Einem schwedischen Journalisten sagte Kästner, es sei »ja etwas seltsam zu erleben, wie z. B. Thomas Mann, der unser größter Schriftsteller ist, uns im Stich läßt. Meinetwegen kann er ruhig in Amerika wohnen, aber er braucht deswegen nicht Reden zu halten, die unsere Schwierigkeiten nur vermehren.«[29] Er umwarb Thomas Mann weiterhin, auch in der *NZ*. Nach Manns Verdiensten um die Neugründung eines deutschen PEN-Zentrums schrieb Kästner über ihn, wiederum indirekt um seine Rückkehr bittend: »Da er über den Sommer in der Schweiz bleibt, wird seinem Herzen nicht entgehen, daß er ebensolange vor den Toren Deutschlands weilt.« (23.6.1947; VI: 587)

Kästner selbst gehörte zur sogenannten inneren Emigration; dementsprechend schrieben auch viele von ihm akzeptierte innere Emigranten in der *Neuen Zeitung*: seine Freunde Ernst Penzoldt, Oda Schaefer und Horst Lange, Werner Finck, Martin Kessel und Axel Eggebrecht. Die meisten Beiträge ließ Kästner den befreundeten Journalisten Walter Kiaulehn schreiben, auch Albrecht Goes, Manfred Hausmann, Ricarda Huch, Werner Bergengruen und Fritz Usinger, der Büchner-Preisträger von 1946, waren häufig vertreten. Heute noch bekannte Autoren – Kasimir Edschmid, Gerhart Hauptmann, Hermann Kasack, Marie Luise Kaschnitz, Hans-Erich Nossack, Dolf Sternberger und viele andere – sind mit nur einer oder zwei Veröffentlichungen vertreten; insgesamt sind die in Deutschland gebliebenen Schriftsteller wesentlich schlechter in der *Neuen Zeitung* repräsentiert als die Emigranten, übrigens auch die aktiven Widerständler wie Ernst Wiechert, Albrecht Haushofer, Fritz Reck-Maleczewen oder Günther Weisenborn.

Besonders nachdrücklich hat sich Kästner für die internationale Belletristik engagiert. Er sprach Französisch und Englisch, entsprechend fiel die Gewichtung in den Monaten seiner Feuilleton-Leitung aus. Um einen Eindruck der Verhältnismäßigkeit zu geben, ist im folgenden die Zahl der von und über die genannten Autoren erschienenen Beiträge in Klammern angegeben. Die französische zeitgenössische Literatur nimmt einen beachtlichen Raum ein, vor allem Paul Valéry (8), Jean-Paul Sartre (8), Jean Giraudoux (7), André Gide (5) und Albert Camus (5). Über ein Papststück von Paul Claudel hat Kästner selbst einen heftigen Verriß geschrieben (26.11.1945). Ignazio Silone kannte Kästner, mit ihm korrespondierte er auf französisch; unter seinen vier Beiträgen findet sich auch ein Auszug aus seinem Gesprächsroman *Schule der Diktatoren* (»Zur Technik des Faschismus«, 28.1.1946). Spanische, russische und skandinavische Autoren sind rar, der einzige Tschechoslowake ist Karel Čapek (5). Die Chilenin Gabriela Mistral (2) wurde gewürdigt, weil sie den ersten wieder vergebenen Literatur-Nobelpreis nach dem Krieg bekommen hatte.

Natürlich sind die angelsächsischen Autoren vor allen anderen vertreten. Somerset Maugham (7) ist der am häufigsten gedruckte Brite, vielleicht im Gedenken an *Seine Majestät Gustav Krause*.[30] Einer von Kästners Lieblingsschriftstellern, wohl nicht nur nach dem *NZ*-Feuilleton zu urteilen, war William Saroyan (10), besonders seine skurrilen Geschichten aus der Jugendzeit. Mit Thornton Wilder (7) waren er und Luiselotte Enderle befreundet; sein Stück *Unsere kleine Stadt* war einer der größten deutschen Theatererfolge in den Jahren nach dem Krieg. Kästner rezensierte es gleich doppelt und brachte einen Auszug, 1950 wollte er als PEN-Präsident Wilder für den Nobelpreis vorschlagen.[31] An Sinclair Lewis (4) mag ihn der Satiriker angezogen haben, John Steinbeck (6) und Ernest Hemingway (4) galten als die bedeutendsten amerikanischen Autoren ihrer Zeit. An der Auswahl der angelsächsischen Schriftsteller läßt sich Kästners Linie gut erkennen – Saroyan, Louis Bromfield (4), Pearl S. Buck (4), Robert Benchley (3), O. Henry (2) sind unterhaltsame Schriftsteller, konventionelle Stilisten, zum Teil Humoristen. Die eigentliche frühe Moderne ist ein blinder Fleck, Kästner hat keinerlei Literatur gedruckt, in der die Themen die Sprache beeinflußt, ›deformiert‹ hätten. Kein Faulkner, Dos Passos, Proust, von Joyce gibt es ein kaum repräsentatives frühes Achtzeilengedicht, von Virginia Woolf einen Aufsatz über Montaigne. Ausnahmen bleiben Paul Valéry und Thomas Wolfe.

Kästners eigene Beiträge liegen zum größten Teil in von ihm selbst zusammengestellten Sammlungen vor: *Der tägliche Kram* (1948), die Rubrik *Neues von Gestern* in der ersten Werkausgabe (1959). Nicht nachgedruckt wurde seine Selbstvorstellung in der *Neuen Zeitung*, in der er noch seinen Roman-Vorsatz verkündete: »Nun, E.K. war im Laufe der letzten zwölf Jahre elfeinhalb Jahre verboten. Das klingt lustiger, als es war. Trotzdem blieb er während der ganzen Zeit in der Heimat, d. h. vorwiegend in Berlin und Dresden, und fühlte Deutschland den Puls. Eines Tages wird er versuchen, die Krankengeschichte niederzuschreiben.«[32] Diese Selbststilisierung hielt er von dieser ersten öffentlichen Äußerung nach dem Krieg an durch. In allen von ihm verfaßten Kurz-Viten, etwa für den PEN, versuchte er den Eindruck zu erwecken, als habe er in den zwölf Jahren nichts publiziert, nicht einmal im Ausland; und als habe er – außer ein halbes Jahr lang *Münchhausen* – in Deutschland nichts geschrieben.

Kästner veröffentlichte in der *Neuen Zeitung*, wie schon einmal in den zwanziger Jahren, zahlreiche Theaterkritiken; wenige Nachdrucke früherer Texte (*Ein Weihnachtsengel namens Böckh*, 24.12.1948); einige Feuilletons von tieferer Bedeutung[33] – und einige auch von weniger tiefer Bedeutung (*Über das Pfeifen*, 23.1.1948). Vor allem aber versuchte er, seine Leser über die Ereignisse der vergangenen zwölf Jahre aufzuklären; er erzählte immer wieder autobiographische Anekdoten aus dieser Zeit und erläuterte ihre Bedeutung – in Artikeln wie *Talent und Charakter, Eine unbezahlte Rechnung, Mama bringt die Wäsche*. Er berichtete von den Nürnberger Prozessen und schrieb über den Dokumentarfilm *Todesmühlen*, beide Arbeiten wirken eher wie Selbstverständigungen, als daß sie entschiedene Meinungen vortrügen. Aus Nürnberg schrieb Kästner *Streiflichter* (23.11.1945), in denen auch die Natur auf der Fahrt nach Nürnberg vorkommt. »Die Sonne schimmert vage am Himmel wie hinter einer Milchglasscheibe« (VI: 493); »mitten im Feld ragen ein paar Dutzend kahler, hoher Hopfenstangen in die Luft. Es sieht aus, als seien die Galgen zu einer Vertreterversammlung gekommen...« (VI: 494) Die Angeklagten werden als Dienstbotenclique beschrieben: Von Görings Prunk sei »eine Art Chauffeurjacke übriggeblieben« (VI: 496), Keitel sehe aus wie ein »Forstmeister«, Funk »molluskenhaft« (VI: 497). Kästner äußerte auch fromme Wünsche: »Jetzt sitzen also der Krieg, der Pogrom, der Menschenraub, der Mord en gros und die Folter auf der Anklagebank. Riesengroß und unsichtbar sitzen sie neben den angeklagten Menschen. Man wird die Verantwortlichen zur Verantwortung ziehen. Ob es gelingt? Und dann: es darf nicht nur diesmal gelingen, sondern in jedem künftigen Falle! Dann könnte der Krieg aussterben. Wie die Pest und die Cholera. Und die Verehrer und Freunde des Krieges könnten aussterben. Wie die Bazillen.« (VI: 500)

Wert und Unwert des Menschen (4.2.1945) hat Kästner unmittelbar geschrieben, nachdem er *Die Todesmühlen* gesehen hatte, die Filmaufnahmen aus den Konzentrationslagern im Augenblick ihrer Befreiung. Jeder Absatz des Artikels beginnt mit dem Satz »Es ist Nacht«; er nahm immer neue Anläufe und scheiterte doch daran, »über diesen unausdenkbaren, infernalischen Wahnsinn einen zusammenhängenden Artikel zu schreiben. Die Gedanken fliehen, sooft sie sich der Erinnerung an die Filmbilder nähern. Was in den Lagern geschah, ist so fürchterlich, daß man darüber nicht schweigen darf und nicht sprechen kann.« (II: 67) Kästner redete einerseits seinem Publikum zu, das Faktum des Massenmords an den Juden anzunehmen. Er hörte Kinozuschauer murmeln: »Propaganda! Amerikanische Propaganda! Vorher Propaganda, jetzt Propaganda!« Auch sie versuchte er zu überzeugen: »Daß es sich um Propaganda*lügen* handelt, werden sie damit doch kaum ausdrücken wollen. Was sie gesehen haben, ist immerhin fotografiert worden. Daß die amerikanischen Truppen mehrere Geleitzüge mit Leichen über den Ozean gebracht haben, um sie in den deutschen Konzentrationslagern zu filmen, werden sie nicht gut annehmen. Also meinen sie: Propaganda auf Wahrheit beruhender Tatsachen? Wenn sie aber das meinen, warum klingt ihre Stimme so vorwurfsvoll, wenn sie ›Propaganda‹ sagen? Hätte man ihnen die Wahrheit *nicht* sagen sollen? Wollen sie die Köpfe lieber wegdrehen, wie einige der Männer in Nürnberg, als man ihnen diesen Film vorführte?« (II: 69f.) Kästner verteidigte aber auch seine Landsleute gegenüber dem Ausland – die Deutschen würden »gewiß nicht vergessen, wieviel Menschen man in diesen Lagern umgebracht hat. Und die übrige Welt sollte sich zuweilen daran erinnern, wieviel Deutsche darin umgebracht wurden.« (II: 71) In seinem Artikel wird übrigens nicht erwähnt, daß die überwältigende Mehrzahl der Ermordeten Juden waren; der Antisemitismus war selten ein Thema für ihn. Er differenzierte zwischen der »Schuld« und den »Schulden« des ›Dritten Reichs‹: »Die Schuld müßte ich ablehnen. Die Schulden würde ich anerkennen.« (VI: 502)

Kästner veröffentlichte mehrere Angriffe auf allzu schnelle ›Umsteiger‹ im Zug der Zeit; auf Erich Ebermayer (8.11.1945), die Parteitagsregisseurin Leni Riefenstahl (11.11.1945; VI: 489–492) und auf

Veit Harlan. Für diesen ›Meisterregisseur‹ des Nationalsozialismus hatte Kästner nur Spott übrig, und er kannte ja die Verhältnisse in der UFA bestens. Harlan hatte in Schweden ein Interview gegeben und eine Selbstverteidigung über sein Verhältnis zum Nationalsozialismus geschrieben; auf dieser Grundlage nahm Kästner eine Sektion vor: »Wir klappen das Innenleben des Professors auf, binden alles Störende ab, klammern das Lügengewebe seitlich fest, rücken das Mikroskop nahe, beugen uns darüber, schauen hindurch und – stutzen. Das soll eine Seele sein? Ein Charakter? Eine Art Mensch? ›Es stimmt schon‹, flüstert die Assistenzärztin. ›Veit Harlan. Homo sapiens. Filmregisseur der nationalsozialistischen Meisterwerke ‚Jud Süß', ‚Der große König', ‚Kolberg'. Wollte 1944 einen ‚Shylock'-Film drehen. Ein religiöser Mensch. Er berichtet selber: Seine Kinder haben fromme Vornamen. Hat jüdischen und halbjüdischen Kollegen zu helfen gesucht... Ein wahrer Künstler. Hat, bevor er seinen antisemitischen Hetzfilm drehte, so erzählt er selbst, beim Rabbiner der Prager Altschulsynagoge studiert, wie man stilecht Schola bläst, die Thora aus dem Schrein nimmt und mit dem Stab auf die Schrift zeigt... Ein Held war er übrigens auch. Hat sich, um nicht länger Propagandafilme drehen zu müssen, zweimal als Kriegsfreiwilliger gemeldet. Versichert er persönlich. [...] So einen Charakter gab's nicht alle Tage!‹ ›Nein‹, sage ich überzeugt und beuge mich erneut vornüber, über den aufgeklappten Professor, der nicht in der Partei war. [...] Während der schweren Luftangriffe auf Berlin wohnte unser religiöser [...] Beinahe-Kriegsfreiwilliger sicherheitshalber auf einem entlegenen Schloß bei Guben und fuhr täglich zwischen Babelsberg und Guben hin und her. Wahrscheinlich, um durch den starken Benzinverbrauch das Dritte Reich zu sabotieren, wie? Das ist ihm für seinen Bericht nicht eingefallen. Ich schenke es ihm für den Nachtragband. [...] Es war allerdings ein furchtbar gefährliches Leben, das Sie führen mußten. ›Vor unserer Wohnung... flanierten dauernd die Beobachter, und wenn wir die dünne Haustür plötzlich öffneten, stand ein Horcher davor.‹ Nicht möglich! War es nicht doch bloß ein ›Horch‹? Und die besonders ›dünne Haustür‹ war vermutlich eine geheime Tücke der Gestapo... Da hat nun ein schwedischer Journalist weise geschrieben: ›So ist das zu jeder Epoche gewesen. Michelangelo liebte keineswegs jene Päpste, für die er seine Wunderwerke schuf.‹ Der Schwede will uns klarmachen, daß wir Harlan unrecht tun, und kommt deshalb mit Michelangelo um die Ecke... ›Schließlich hätte man heute keinen sehr großen Nutzen von Filmleuten, die während der zwölf Jahre ‚unterirdisch' gelebt und deshalb die Kunst des Filmschaffens vergessen haben...‹ Das sitzt. Wie angegossen. Es wird das Beste sein, die Filmregisseure, die, wie Werner Hochbaum, eingesperrt und verfolgt waren, rasch wieder zu verhaften. Sie haben ja doch alles verlernt. Und nun laßt uns den Ehrenstudenten Professor Veit Michelangelo zum Filmdiktator ausrufen! Er hat seine künstlerischen Fähigkeiten getummelt, und seinen Charakter hat wahrlich er auch fleißig trainiert. Er kann sofort religiöse und demokratische Meisterwerke schaffen. Er ist noch richtig in Schwung. Was? Also nein. Wir klappen den Meisterregisseur Harlan schnell wieder zu, fahren ihn aus dem Zimmer und lüften reichlich.«[34]

Um elementare Prinzipien einer Demokratie zu verdeutlichen, rezensierte Kästner ein Buch von Heinrich Hauser, das in den USA erschienen war: *The German talks back*. Er habe Hauser und seine Bücher in den zwanziger Jahren gekannt, schrieb Kästner; 1939 sei er mit seiner jüdischen Frau und seinen zwei Kindern in die USA ausgewandert. Kästner sei diesem alten Bekannten in amerikanischen Buchbesprechungen wiederbegegnet wie einem alten Freund, den man unverhofft trifft, ihm um den Hals fällt und gerührt auf den Rücken klopft. Man könne sich durch die amerikanischen Rezensionen kein rechtes Bild von Hausers Buch machen. Aber »soviel wird immerhin klar: Heinrich Hauser äußert Meinungen, die den amerikanischen Lesern und Kritikern ganz und gar nicht gefallen. Er scheint die angloamerikanischen Pläne, soweit sie das besiegte Deutschland betreffen, recht offen zu mißbilligen.« In ein paar Monaten werde man sich selbst ein Bild von Hausers Buch machen können. »Aber das, was an der Angelegenheit das Verblüffendste und Erfreulichste ist, das merken wir schon jetzt: die Tatsache, daß das Buch eines Deutschen über ein so heikles aktuelles Thema, noch dazu mit einer herausfordernd oppositionellen Haltung, im September 1945 drüben in den Vereinigten Staaten überhaupt erscheinen konnte! Dazu kommt ja: Wenn das Buch im September im Handel erschien, muß das Manuskript dem Verlag beinahe schon angeboten worden sein, während die amerikanischen Armeen noch die letzten Widerstände in Deutschland niedergekämpft haben. Man versuche, sich vorzustellen, Hitler und Goebbels hätten damals, als wir vorübergehend siegten, französischen, holländischen oder jugoslawischen Schriftstellern erlaubt, sich freimütig über Fragen der deutschen Besetzung und Verwaltung zu äußern! Man kann es sich nicht vorstellen. Soviel Phantasie hat kein Mensch. Aber man sollte wenigstens versuchen, es sich vorzustellen, um den Unterschied zu spüren. [...] Die Verleger machten sich, bevor sie sich zur Herausgabe von ›The German talks back‹ entschlossen, ernsthafte Gedanken. In der ›Book Review‹ schreiben sie: ›Wir lasen Herrn Hausers Manuskript und ärgerten uns darüber. Dauernd hatte wir das Bedürfnis, das auch die Leserschaft überkommen wird: ihm sehr energisch zu widersprechen. Trotzdem kamen wir zu dem Entschluß, die Arbeit zu publizieren; denn es wäre möglich, daß Herrn Hausers Gedanken über die Weltlage sowie über ältere und neueste Geschichte auch die Gedanken vieler anderer Deutscher sind.‹ Und an einer anderen Stelle erklärt der Verlag: ›Unsere amerikanischen Propagandisten hatten zwei Einwände gegen die Veröffentlichung. Sie befürchteten, daß das Buch unsere amerikanischen Gedankengänge verwirren könne; und sie warnten davor, weil es möglicherweise Rußland kränken und somit die Beziehungen zu unseren Verbündeten gefährde [!]. – Wir selbst glauben, daß kein Buch der Welt die Amerikaner bewegen können wird, Anschauungen aufzugeben, für die sie den Krieg in Europa geführt haben. Wie war es denn mit Hitlers Buch ›Mein Kampf‹? Millionen von uns lasen die Übersetzung – und darauf, ob sie davon beeinflußt wurden, hat inzwischen die Weltgeschichte geantwortet.‹

Und so wurde also, ohne Rückfragen bei Behörden und Ämtern, das Buch Heinrich Hausers veröffentlicht. Diese Großzügigkeit ist demokratischen Ursprungs, und sie verrät politische Klugheit. Man kann nur hoffen, daß wir den Satz, die Großzügigkeit der anderen sei Klugheit, durch unser Verhalten nicht Lügen strafen.«[35]

Auch ein nicht realisierter Vorschlag Kästners an die Information Control Division sei erwähnt. Nachdem die großen Romane über das ›Dritte Reich‹ noch nicht erschienen waren und es fraglich sei, »ob es überhaupt möglich sein wird, solche Bücher, die der bedeutsamen Aufgabe vollständig gerecht werden, zu schreiben«, schlug er vor, die Leserschaft heranzuziehen und »aus dieser Epoche niedergeschriebene Erlebnisse, Abenteuer, Anekdoten usw. zu sammeln.« Er stellte sich einen Aufruf in der Zeitung vor, Beiträge mit maximal sechs Maschinenseiten à 25 Zeilen zu verlangen. Die Ausschreibung müßte

»soviel Beiträge an uns herantragen, daß nach einer sehr sorgfältigen Auswahl mit ziemlicher Sicherheit mehrere hundert Geschichten übrigbleiben würden, die als Mosaik ein bedeutsames Bild dieser Jahre ergäben.« Die hundert besten Geschichten wollte Kästner in einem Buch *100 Geschichten aus 1000 Jahren* veröffentlichen lassen, die Einnahmen einer Universitäts- oder Bibliotheksstiftung zugänglich machen. Es gibt kein Dokument über den Grund der Ablehnung; wahrscheinlich hatten die Amerikaner nicht genug Vertrauen in das, was da auf sie zugekommen wäre, oder sie waren nicht bereit, das erforderliche Personal zu stellen.

Neben seiner Redakteursstelle bei der *Neuen Zeitung* war Kästner Herausgeber des *Pinguin*. Diese *reeducation*-Monatszeitschrift für die Jugend erschien in Stuttgart bei Rowohlt; Heinrich Maria Ledig-Rowohlt hatte den Amerikanern Claire Witt als Chefredakteurin vorgeschlagen, die er noch aus der Weimarer Republik, von Ullstein her, kannte. Sie war der Besatzungsmacht als Herausgeberin nicht genehm, blieb aber Chefredakteurin; Ledig-Rowohlt warb Kästner an. Er übernahm die Herausgeberschaft, sein Name steht bis zum Verlagswechsel nach Heft 6/1949 auf dem Umschlag; aber seine Arbeit bei der *NZ* nahm ihn derart in Anspruch, daß er die Alltagsarbeit der Chefredakteurin und Ledig-Rowohlt überließ.[36] Er dürfte konzeptionell beteiligt gewesen sein und schrieb in etwa für jedes zweite Heft einen Artikel; insgesamt gibt es 25 von ihm gezeichnete Beiträge in den 42 von ihm herausgegebenen *Pinguinen*. Seine Artikel unterscheiden sich kaum von denen in der *Neuen Zeitung* – Autobiographica über das ›Dritte Reich‹ mit moralischer Nutzanwendung, wie *Die Chinesische Mauer, Zur Entstehungsgeschichte des Lehrers* oder *Über das Auswandern*. Seine wichtigsten Beiträge hat er in die Sammlungen *Der tägliche Kram* und *Die kleine Freiheit* übernommen.[37]

Von existentieller Bedeutung war für Kästner im ›Dritten Reich‹ der Film gewesen, und das blieb auch in den nächsten Jahren so. Dementsprechend widmete er den Bemühungen, neue Studios aufzubauen, viel Aufmerksamkeit. Er unterstützte ehemalige Kollegen, soweit das in seiner Macht stand, etwa Heinz Rühmann, der Schwierigkeiten hatte, nach 1945 wieder anzuknüpfen. Von einem zweiwöchigen Berlin-Aufenthalt im September 1946 instruierte er Luiselotte Enderle: »Heinz Rühmann bringt Dir liebenswürdigerweise herzliche Grüße von mir. Küsse bringt er nicht. Er wird Dir von seinen süddeutschen Plänen erzählen. Mach ihn bitte mit Hans Wallenberg bekannt. [...] Vielleicht kann ihm Wallenberg für ein paar Stunden seinen Wagen leihen? [...] Ich bin tot vor Begegnungen. Und komme, ja, – am 20. oder 21. fahr' ich hier ab und depeschiere Dir rechtzeitig.«[38] Kästner schrieb einen Begrüßungsartikel für den schon 1932 nach Hollywood emigrierten William (Wilhelm) Dieterle, als er Deutschland besuchte. Er hatte sich durch *The Hunchback of Notre Dame* (1939), mit Charles Laughton in der Hauptrolle, und mit Historienschinken wie *The Story of Louis Pasteur* (1936) und *The Life of Emile Zola* (1937) einen Namen gemacht. In diesem Artikel nahm Kästner wieder für die Emigranten Partei: »Wer hierzulande glaubt, die Emigration sei ein Zuckerlecken gewesen, der irrt sich sehr. Die Anpassungsfähigkeit, das Glück, die Cleverness, das Lebensalter, so manches war entscheidender als der Ruhm, die Persönlichkeit und das Talent.«[39] Kästner hatte auch ein langes Gespräch mit Eric (Erich) Pommer, der vor 1933 der bedeutendste Produzent der UFA gewesen war – u. a. der Filme *Das Cabinett des Dr. Caligari* (1919), *Asphalt* (1929), *Der Kongreß tanzt* (1931). Er war auch in Hollywood erfolgreich gewesen und wurde nun nach Deutschland geschickt, um den Wiederaufbau der deutschen Filmwirtschaft in der amerikanischen Zone zu koordinieren, möglichst auch den in den anderen Zonen. Klaus Kreimeier hat beschrieben, wie sehr er zwischen allen Stühlen saß; von seinen amerikanischen Auftraggebern eingeengt und von seinen ehemaligen UFA-Kollegen bedrängt.[40] Nach dem Gespräch mit Pommer schrieb Kästner, dessen Problem die Bescheidenheit noch nie gewesen war: »Da werde ich auch bald ranmüssen. Es sind so wenige begabte Leute zur Zeit da, daß die paar vor Arbeit nicht wissen, wohin. (Alles soll man selber machen. Niemand kann was Rechtes.)« (13.7.1946, MB) In seinem langen Begrüßungsartikel für Pommer billigte er ihm immerhin zu, er wisse nach einer Woche in Deutschland »von der Situation des deutschen Films mehr [...] als ich. Wenn er trotzdem optimistisch urteilt, und das tut er, so wollen wir uns begeistert bekehren lassen.«[41] Acht Monate später interviewte Kästner Pommer ein zweites Mal; diesmal gab es schon einige Neuigkeiten über den Wiederaufbau der Filmstudios in München-Geiselgasteig und Berlin-Tempelhof. Durch die wirtschaftliche Zusammenlegung der amerikanischen und der britischen »Besetzungszonen« ermöglicht, sollten die ersten beiden

Filme bald gedreht werden, als Regisseure standen für München Harald Braun fest, für Berlin Josef von Baky. Pommer verhieß für 1947 zehn deutsche Filme, für 1948 nach dem Ausbau der Studios 25. Kästner wies darauf hin, Frankreich habe »im Jahre 1946 sechsundneunzig Filme produziert«.[42]

Auch Günther Stapenhorst konnte, wie Braun und Baky, eine neue Produktionsfirma gründen. Die ersten deutschen Nachkriegsfilme wurden *Sag die Wahrheit* (1946) und Bakys *Und über uns der Himmel* (1947) mit Hans Albers, »eine schwülstige Hintertreppengeschichte mit verlogener Moral und Wiederaufbautendenz«.[43] Die ›unpolitischen‹ UFA-Filme wurden auch über die Währungsreform hinaus weitergeführt; 1949 wurden 62, 1950 wieder 82 Filme hergestellt.[44]

Allmählich trat Kästner auch wieder als Schriftsteller in Erscheinung. Sein erstes Buch nach Kriegsende war die Gedichtsammlung *Bei Durchsicht meiner Bücher* (1946), nach der erklärtermaßen harmlosen *Lyrischen Hausapotheke* (1936) nun eine Sammlung der dezidiert politischen Gedichte. Er gab für Rowohlt das Tucholsky-Lesebuch *Gruß nach vorn* (1946) heraus, der *Fabian* und das *Fliegende Klassenzimmer* waren ebenfalls 1946 in Deutschland wieder lieferbar. *Drei Männer im Schnee* kam 1947 bei Rowohlts Rotations-Romanen heraus, im Zeitungsformat und auf Zeitungspapier. *Kurz und bündig*, die größtenteils schon 1943 geschriebenen Epigramme, und *Der tägliche Kram*, eine Sammlung von Kabarett- und Zeitungsarbeiten der Nachkriegsjahre, erschienen 1948 in der Schweiz. Kästners Berliner *Katakomben*-Kollege, der Kabarett-Texter Günther Neumann, dichtete Kästner ein weiteres Buch an: »Bei nochmaliger Durchsicht meiner Schubladen«.[45] Und er sollte recht behalten, 1949 wurde als weiteres Schubladenwerk die Komödie *Zu treuen Händen* in Düsseldorf uraufgeführt, unter dem schlecht gehüteten Pseudonym Melchior Kurtz.

Durch ihre herausgehobene Stellung bei der *Neuen Zeitung* fungierten Kästner und Enderle auch als Nachrichtenbörse, und sie genossen auch einige materielle Vorteile dadurch: Viele emigrierte Freunde, aber auch entferntere Kollegen schickten ihnen Care-Pakete in solchem Umfang, daß sie den Inhalt gelegentlich in der Redaktion verteilten; unter den Schenkern waren Helene Weigel, Pony M. Bouché, F.C. Weiskopf, Hermann Kesten und Rudolf Arnheim, der nach dem Krieg in Bronxville/New York Psychologie lehrte und Kästner auch ein paarmal in München besuchte.

Kurz nach Kriegsende gründeten die Schauspieler Rudolf Schündler und Otto Osthoff die *Schaubude*, das Kabarett, für das Kästner in den nächsten Jahren Beiträge lieferte; Schündler war es auch, der ihm die erste Arbeitsbestätigung ausschrieb (20.8.1945, NL). Im April 1946 konnte die *Schaubude* in ein eigenes Haus in der Reitmorstraße ziehen, bis dahin gastierte sie mit Erlaubnis des Magistrats in den Kammerspielen. Das erste Programm, *Der erste Schritt*, hatte schon im August 1945 Premiere; wegen der Ausgangsbeschränkungen fingen die ersten Programme noch um 17³⁰ Uhr an und endeten gegen 20 Uhr. Alles war provisorisch, es war keineswegs nur als Witz gemeint, daß Kästner ein Rahmenprogramm für die spätere *Kleinere Freiheit* in einer Privatwohnung beginnen ließ, aus der die Schauspieler den Besitzer erst allabendlich vertreiben müssen. Auf einem *Schaubuden*-Programm findet sich die folgende Anzeige: »Die SCHAUBUDE sucht dringend für einige ihrer Künstler in der Nähe des Theaters heizbare möblierte Zimmer. Adressen bitte im Büro abzugeben.«[46] Im ersten Programm gab es kaum ›literarisches‹ Kabarett, eher noch *Cabaret* – Gedichte von Joachim Ringelnatz wurden rezitiert, das *Nachtlied* von Matthias Claudius, zwei alte Kästner-Gedichte (*Elegie* und *Wiegenlied eines Vaters an seinen Sohn*); viel Musik, Chansons und Tanz, eine beinahe nackte Tänzerin trat mit Gasmaske auf. Immerhin gefiel das den Leuten, und in den nächsten Programmen wurden nur noch gelegentlich alte Texte gespielt. Das Eröffnungsprogramm in dem riesigen eigenen Haus in der Reitmorstraße – mehr als 600 Plätze – hieß *Bilderbogen für Erwachsene*; das Team spielte sich allmählich ein. Rudolf Schündler inszenierte, die meisten Kompositionen stammten von Edmund Nick, der auch die musikalische Leitung hatte. Im Ensemble spielten Ursula Herking, Karl Schönböck, Bum Krüger; gelegentliche Gastspiele gaben Barbara Pleyer, Bruno Hübner, Siegfried Lowitz und Charles Regnier. Conférencier war meistens Helmuth Krüger, der seine Texte selbst verfaßte. Außer Kästner schrieben vor allem Herbert Witt und Axel von Ambesser die Texte für die *Schaubude*. Die Programme hießen *Gestern – Heute – Übermorgen, Für Erwachsene verboten!, Vorwiegend heiter – leichte Niederschläge, Das fängt ja gut an* oder *Bitte recht friedlich*; ein Titel knüpfte an das große Weimarer Kabarett an, *Wir warnen Neugierige*.[47] Es ist aus der Distanz schwer zu beurteilen, ob in der *Schaubude* mildes oder scharfes Kabarett gemacht wurde; Kästners Texte jedenfalls waren eher mild-allgemein. Aber das

Publikum war an solche Töne nicht mehr gewöhnt, die *Schaubude* galt als »[g]änzlich kompromißlos und kämpferisch bis an die Grenze des Skandals«.[48] Ursula Herking muß eine enorme Bühnenpräsenz gehabt haben, Gunter Groll feierte sie als »die stärkste und eigenwilligste Kabarettistin der deutschen Gegenwart«; auch Karl Schönböcks »komödiantische[n], beherrschte[n] Elan« rühmte er.[49]

Das erste gemeinsame Nachkriegsopus von Edmund Nick und Kästner war das *Marschlied 45*, Ursula Herking sang es im zweiten Programm der *Schaubude* (April 1946). Der amerikanische Theateroffizier, dem die Texte vorgelegt werden mußten, reagierte ablehnend – »Marschlied 1945 – wie denn, marschieren die Deutschen schon wieder?«[50] Der Bühnenprospekt zeigte eine Landstraße, daneben einen zerschossenen Tank im Feld. Herking erschien »in Männerhosen und altem Mantel, mit Rucksack und zerbeultem Koffer«, und im Refrain marschierte sie tatsächlich:

> »Links, zwei, drei, vier,
> links, zwei, drei –
> Ich hab keinen Hut. Ich habe nichts als:
> links, zwei, drei, vier,
> links, zwei, drei –
> Ich habe den Kopf, ich habe den Kopf
> noch fest auf dem Hals!« (II: 52)

Die Reaktionen im Publikum auf dieses Lied sollen überwältigend gewesen sein, und niemand stieß sich an der Marschiererei. »Ja, die Leute lachten und weinten geradezu durcheinander: daß es das wieder gab, daß man so was jetzt sagen durfte von Adolf dem Katastrophalen, der Schnurrbart-Majestät mit dem Tropfenfänger-Bärtchen, und wie Kästner den Leuten wieder Mut machte, weil wir ja den Kopf noch fest auf dem Hals hatten.«[51]

Wie es im Filmgeschäft eine Kontinuität zum ›Dritten Reich‹ gab, so auch beim Kabarett; alle Texter benutzten altes Material, auch Kästner und sein Komponist Edmund Nick. Der fand das ganz selbstverständlich – neue Arbeiten brauchten Zeit: »Zuweilen griffen wir auf frühere Erzeugnisse zurück, tendenzlose, der Unterhaltung dienende Chansons, wie sie im Dritten Reich von den Kabarettisten benötigt wurden.«[52] Die unsäglichsten (*Oh, du mein Österreich!*) und berühmtesten Arbeiten Kästners für die *Schaubude* waren allerdings neu: *Ein alter Herr geht vorüber, Das Lied vom Warten, Gleichnisse der Gegenwart* und *Deutsches Ringelspiel 1947*. Darüber hieß es in der *Süddeutschen Zeitung*: »Jedes der zehn Gedichte dieses Zyklus hat echten Zeit-Kontakt und knistert vor elektrischer Spannung. Auch im Sentimentalen. Auch in der Aggression. Zehn Typen der Zeit, am Pranger ihrer Erbärmlichkeit oder gebückt unter der Last ihres Elends. Moralisches Kabarett, das sich der Mittel auch des Amoralischen bedient. Diagnose und Warnung.« Das dichterische Kabarett erreiche hier »seinen höchsten Punkt. Was darunter liegt, ist Unterhaltung […]. Was darüber liegt, gehört nicht mehr ins Kabarett.«[53] Im *Ringelspiel* bewegen sich »bezeichnende Figuren unserer Tage« (II: 108) im Kreis, wie ein Rathausglockenspiel, und jeder Typus singt ein Lied: die Flüchtlingsfrau, der Geschäftemacher, der heimkehrende ältere Kriegsgefangene, das Frauenzimmer, der Dichter, die arme Jugend, der Parteipolitiker, der Halbwüchsige und der »Widersacher«, in »[a]lten Breeches und schwarze[n] Reitstiefel[n]« (II: 113). Alle Anliegen dieser Figuren werden abschließend ins Kosmische verschoben, ein zeitgemäßer Trost gegen die elenden Lebensbedingungen. Als letzte Figur tritt die Zeit auf, wie Justitia mit einer Binde vor den Augen, und bedeutet ihren Vorgängerinnen ihre Nichtigkeit:

>»Da ist nur eins, – das sei euch anvertraut:
>Ihr seid zu laut!
>Ich höre die Sekunden nicht,
>ich hör den Schritt der Stunden nicht.
>Ich hör euch beten, fluchen, schrein,
>ich höre Schüsse mittendrein,
>ich hör nur euch, nur euch allein …
>Gebt acht, ihr Menschen, was ich sagen will:
>Seid endlich still! […]
>Ihr seid ein Stäubchen am Gewand der Zeit, –
>laßt euren Streit!
>Klein wie ein Punkt ist der Planet,
>der sich samt euch im Weltall dreht.
>Mikroben pflegen nicht zu schrein.
>Und wollt ihr schon nicht weise sein,
>könnt ihr zumindest leise sein!« (II: 114)

Mit dem Programm *Bitte recht friedlich!*, im September 1948, und durch die Währungsreform war das Kabarett im Münchner Lehel am Ende: »Die *Schaubude* hat die Zeit des Töpfe- und Kleider- und Essenkaufens nicht überstanden.«[54]

Um die kargen Nachkriegsjahre gut zu überstehen, verreiste Kästner häufig, möglichst in üppigere Gegenden. Das konnte ein kurzer Urlaub im Gebirge sein, wie er ihn im Mai 1947 mit Enderle in Garmisch-Partenkirchen verbrachte (10.5.1947, MB); oder Kästner nutzte seine Verbindungen zu Schweizer Verlegern aus und fuhr nach Zürich. Auf seinen oft sechswöchigen Aufenthalten verhandelte er mit Maschler, der sich ja auch als Auslandsagent betätigte, über neue Verträge: »Denn dort muß ich auch wieder Geld verdienen. Damit das sich einrenkt, wenn die deutsche Mark nichts mehr wert ist. Das wird wohl in einem Vierteljahr etwa kommen. Und dann brauchen wir doch Geld, meine Gute!« (5.2.1946, MB) Das schweizerische Essen hatte in diesen Mangeljahren für Kästner große Bedeutung; gelegentlich vertrug er es nicht einmal mehr: »Hinzu kommt ein leicht verdorbener Magen. Das liegt am fetten Essen, und z. Z. ernähr ich mich mit doppelsohlenkauendem Nashorn.«[55]

Im Juni 1947 wurden Kästner, Johannes R. Becher und Ernst Wiechert zum Internationalen PEN-Kongreß nach Zürich eingeladen, Kästner schrieb zwei Berichte über diesen Aufenthalt für die *Neue Zeitung*. Den einen nahm er in seine Werkausgaben auf, er erläutert das ›deutsche Problem‹ auf dem Kongreß und zählt all die prominenten Kollegen auf: *Reise in die Gegenwart* (VI: 582–587). Das privatere Pendant heißt *Reise in die Vergangenheit*. Hier berichtete Kästner über seine Treffen in Zürich mit alten Freunden und Bekannten, vor allem mit Curt Goetz, dem »geistvollen Autor jener Gattung von Komödien, die ihm leider bei uns keiner ›nachmacht‹«, mit Alice Herdan-Zuckmayer und »der berlinischsten Chansonette« Blandine Ebinger. Er traf die Verleger Kurt Maschler, Emil Oprecht, Kurt Wolff und Gottfried Bermann Fischer, dazu viele emigrierte Kollegen – unter ihnen Ossip Kalenter, Thomas Mann, Alfred Kerr, Robert Neumann, Hilde Spiel und Peter de Mendelssohn. Kästners Namensliste schloß mit dem Hinweis, das »Wichtige und Schöne« sei gewesen, daß sich das »Wiedersehen mit der ›Emigration‹« frei hielt »von jedem Mißtrauen und Mißton. Die Jahre der erzwungenen Trennung hatten nicht zur Entfremdung geführt.« Er berichtete aber auch, und das um einiges bildkräftiger, vom Wiedersehen mit »Dingen«, mit einem intakt gebliebenen Land, einer »Insel [...], die vom Wirbelsturm zweier Weltkriege nicht heimgesucht wurde.« Er sah die Schweiz als Land des Überflusses, in dem an Nylonstrümpfen und Zigaretten kein Mangel herrschte und es die Streichhölzer gratis gab. »Die Schachteln haben, mir kam's wie Sünde vor, zwei Reibflächen. [...] Die Erdbeeren stehen, in gestaffelten Spankorbreihen, vor den Läden bis zum Rinnstein, so daß die Passanten vom Trottoir heruntermüssen. Häuserweit zieht der süße, durchsonnte Duft. Das Gemüse türmt sich hinter den Schaufenstern zu Bergen. Mir ging's schließlich so, daß ich statt der schlanken Pappeln am See riesige grüne Gurken sah. Ich halluzinierte. Und die föhnig schimmernden Wolkenmassen über den schneeschimmernden Alpgipfeln wurden mir zu gigantischem Blumenkohl für Zentauren und Zyklopen ...« Dennoch hatte Kästner seine Zweifel an der ganzen Szenerie, und er war wenigstens 1947 sicher, daß er nicht dorthin zurückwollte: »Diese Vergangenheit, die hier noch Gegenwart ist, wird nicht unsere Zukunft sein, ob wir's begrüßen oder beklagen. Wir haben uns geändert. Das Reich der schönen Dinge läßt sich besuchen. Wie ein Theaterstück. Wie ein Kurort. Auf dem Wege, den wir wandern müssen, liegt es nicht. Es gibt Naturschutzparks. Mit Bäumen und Tieren, die außerhalb der Parkgrenzen längst nicht mehr vorkommen. Die Schweiz wirkt heute auf viele Reisende wie der Kulturschutzpark Europas.«[56]

Während der nächsten Zürich-Aufenthalte war der Lack schon wieder ab; nun waren ihm die Möglichkeiten zur Selbst-*promotion* entschieden wichtiger als der Duft der Erdbeeren, obwohl er seinem Vater bedauernd schrieb, ein paar Wochen »friedensmäßiges Essen« wie in Zürich »täte Euch so gut« (30.10.1947, VB). Im November 1947 hielt er einen Vortrag vor Studenten: »Ich werde in der Technischen Hochschule vom gleichen Plätzchen aus reden, wovon aus Thomas Mann gesprochen hat. Eine auch für mich wichtige Sache.«[57] Er traf sich auf dem »Rendezvousplatz par excellence« mit Brecht, Rowohlt, Zuckmayer, Max Brod, Bergengruen, Horst Lange und Max Frisch.[58] Im September und Oktober 1948 bekrittelte Kästner Shaws neues Stück *Zuviel Geld*, lobte die Uraufführungs-Inszenierung Berthold Viertels im Züricher Schauspielhaus und feierte Chaplins neuen Film *Monsieur Verdoux* in der *Neuen Zeitung* (2.11.1948); vor allem aber ließ er sich selbst feiern, bei der Vorstellung seines Buchs *Der tägliche Kram* und einem Kabarett-Gastspiel. Brecht und Viertel saßen im Publikum: »Ich war Conferencier, Inspizient, Sprecher, Sänger usw, und hinterher im Foyer großer Buchverkauf mit Autogrammrummel.«[59] Mit dem Presseecho war Kästner zufrieden.

»Seit Goethes u Klopstocks Tagen sei in Zürich ein Dichter nicht so umjubelt worden, schreibt jemand. Da hammersch. Nun signiere ich in Buchhandlungen, nach Inserat in der NZZ usw. Der ›Tägl Kram‹ geht sehr gut. Ich muß das ausnützen. Die einmalige Chance, aufzurücken.«[60] Er nutzte seinen Erfolg, hielt ein halbes Jahr später gleich wieder eine Reihe Vorlesungen in Bern und Zürich, Frauenfeld und Winterthur, als »Alleinunterhalter auf der Bühne«. Er verhandelte über Zweit- und Vorabdrucke der Epigramme, des *Kleinen Grenzverkehrs*, seines Historien-Fragments *Chauvelin* und für das *Doppelte Lottchen*, mit Verlegern, Theaterleuten, »Zeitungsfritzen«; und es war ihm gelungen, *Das lebenslängliche Kind* am Schauspielhaus unterzubringen. »Was man nicht selber macht, macht keiner.« Trotz seines enorm glücklichen Händchens bei geschäftlichen Verhandlungen kokettierte er, vom Geldverdienen verstehe er ja nicht viel, »[d]a müßte man schon mit Schmierseife oder Reizwäsche handeln.«[61]

Die Tonart des Briefwechsels zwischen Kästner und seiner Mutter hatte sich kaum verändert, obwohl der »olle Junge« inzwischen beinahe 50 und seine Mutter 75 Jahre alt war. »Mutter und Kind sollen sich eigentlich öfter mal sehen«, schrieb Ida Kästner. »Weil es zwischen den beiden ein ganz inniges Verhältnis ist.« Sie bedauerte immer noch, daß er nicht verheiratet war und nicht wenigstens ein Kind hatte, »ich würde eine gute Grohsmama sein und gut auf Dein Kind aufpassen? Na ja Du wolltest es aber nicht und da lähst sich es eben nicht ändern.« (13.2.1946, MB) Die Nabelschnur zieht immer noch, wenn auch schwächer; beunruhigt schrieb er ihr: »Ich habe etwa eine Woche keine Post von Dir bekommen. Ist etwas nicht in Ordnung?« (7.3.1946, MB)

Kästners Eltern ging es nicht besonders gut, aber, den Umständen entsprechend, auch nicht besonders schlecht. Sie hatten ihre Wohnung behalten können, ein Zwangsumzug durch die sowjetischen Besatzer konnte, auch mit Hilfe des Sohns, abgewendet werden. Die Versorgung mit Lebensmitteln war nicht üppig, aber ausreichend, zumal sie regelmäßig Päckchen von Kästner und Enderle bekamen, auch von Pony M. Bouché, Elfriede Mechnig, Johnny Rappeport und Enderles Eltern, die in Leipzig lebten; Kästners Bekannte in Herbergen, Linda Rittmeyer, tauschte Kartoffeln gegen Kleidung (25.10.1946, MB). Dennoch war Ida Kästner alles andere als glücklich – sie war von ihrem Sohn abgeschnitten und schrieb ihm Elendsbriefe, in denen sie über die Kohlenknappheit und fehlende Lebensmittel klagte.

Mutter und Sohn hatten sich mehr als eineinhalb Jahre nicht mehr gesehen, auch an Weihnachten 1945 sahen sie sich nicht – das erste getrennte Weihnachtsfest. Kästner hat seinen Schmerz darüber und seine Erinnerungen an die vergangenen Feste für die Kinderbeilage der *Neuen Zeitung* aufgeschrieben, *Sechsundvierzig Heiligabende* (II: 18–22). Als Ida Kästner einen postalisch verspäteten Brief bekam, schrieb sie: »glaube mir es das ich vor lauter Freude geweint habe. Denn ich kam mir so verlassen vor. Das erste Weihnachtsfest so allein ohne meinen guten allerbesten Jungen.« (27.12.1945, MB) Über die Zonengrenzen hinweg überlegten sie brieflich, was zu tun sei – ob sie nach Bayern ziehen sollten (11.2.1946, MB). Sie schrieb ihm, sie wäre glücklich, mit ihm in derselben Stadt zu wohnen, Dresden gefalle ihr nicht mehr (30.3.1946, MB). Emil Kästner wollte nicht umziehen, sondern in Dresden bleiben, das aber entschieden: »Du fragst wie es Papa ginge ja der brüllt nur herum da muss es ihm ja gut gehen. […] Ja und ich kann Dir nur sagen der Emil kann noch sehr gut brüllen da kann er ja garnicht mehr krank sein. Er sagt öfter mal wenn doch Erich bald mal käme.« (30.3.1946, MB) Erich Kästner mochte sie nicht zu einem Umzug ermuntern. Zu diesem Zeitpunkt war noch nicht klar, daß er dauerhaft in München bleiben würde; er erwog immer noch eine Rückkehr nach Berlin (11.2.1946, MB). Und Luiselotte Enderle war wenig erbaut bei dem Gedanken, die übermächtige Mutter in der Nachbarschaft zu wissen. Einen der Briefe Ida Kästners hat sie auf einem beiliegenden Zettel kommentiert: »Muttchen drängt nach München – aber Erich ist ihr längst entkommen u. völlig mit seinem eigenen Leben beschäftigt.« (22.8.1946, MB) Auch Elfriede Mechnig, die in Berlin geblieben war und die Situation an der Grenze besser kannte, riet ab: »Und bitte schreiben Sie nie wieder etwas von nach München kommen Ihrer Mutter. Der Vater sagte […], sie mache ihn rein blödsinnig mit der Idee der Übersiedlung. Erstens gibt es keine Erlaubnis dazu, zweitens wo sollten sie hausen, Sie haben keine Zeit und so alte Leute soll man lassen, wo sie sind! So heißt es nun dauernd: wenn der Erich schreibt, dann kriegen wir die Erlaubnis und das erzählt sie allen Leuten. Es ist ja ein Irrsinn, daran nur zu denken. Neulich waren meine Bekannten von hier in Dresden und fragten nach mir, die hat sie auf der Treppe abgefertigt, aber zwischen Tür und Angel Ihren ganzen Werdegang erzählt!«[62]

Die zeitweilig friedliche Ehe wurde durch Ida Kästners beginnende Krankheit nochmals zur Hölle. Sie wollte beschäftigt sein und hatte einen Mann, der sich selbst genug war – »Papa ist so für sich allein«, schrieb sie ihrem Sohn (14.4.1947, MB); »Papa möchte man jedes Wort abkaufen, denn er redet am liebsten garnicht. Ein so ruhiger Lebensgefährte passt nicht zu einer lebhaften Gefährtin.« (7.4.1946, MB) Das beiderseitige Buhlen um den ›Jungen‹, die gegenseitige Eifersucht hielt unvermindert an: »Und heute früh sezte er sich am Küchentisch und schrieb, aber an wem sagte er nicht dann lies er ihn ruhig liegen und da sah ich Die Anschrift und sagte zu ihm ich schreibe heute auch dem guten Jungen denn wen Dein Brief bei ihm ankommt denkst Du vielleicht ich bin gestorben aber ich fühle mich sauwohl wie man so sagt.« (18.10.1946, MB)

Kästner hatte Reiseschwierigkeiten in den ersten Monaten nach dem Krieg; Elfriede Mechnig tat sich von Berlin aus leichter, sie fuhr mehrmals vor seinem ersten Besuch zu Dresdner Freunden und besuchte dabei jedesmal Kästners Eltern. Sie schrieb ihm lange, sehr detaillierte Briefe über deren Lebensbedingungen; am meisten war sie von den krankhaften Freßanfällen der Mutter beeindruckt. Sie beobachtete sie, wie sie ein Kilogramm Brot aß – »auf mein Wort! Hätte ich's nicht gesehen, würde ich es nicht glauben.« Sie stahl auch Anteile des Vaters, der zugewiesenen 75jährigen Untermieterin Louise Mieth, auch der Besucherin Mechnig, »und wenn wir alle im Bett sind, geht sie in die Küche und ißt u. ißt!« »Ihre Mutter jammert in allen Tonarten, dabei ist der Speiseschrank im Korridor bis an den Rand mit Tüten vollgestopft! [...] Dann empört sie sich immer von neuem über die 2 verlornen Koffer. Da sagte der Vater sehr richtig, sie solle doch endlich aufhören wegen der 2 Koffer zu lamentieren, die Schränke u. Kartons sind ja alle noch zum brechen voll, andere Menschen haben Tote zu beklagen u. dazu alles verloren, aber vernünftigen Reden ist sie unzugänglich [...]. Ich bedaure u. bewundere den alten Papa, mit welcher Ruhe er das alles über sich ergehen läßt.«[63] Mechnig beschrieb Kästner das Zusammenleben seiner Eltern, damit er vor seinem Besuch wußte, was ihn erwartete. Im ersten Moment habe sie gedacht, beide seien unverändert; dann bemerkte sie die Verwirrung der Mutter. »Als es noch ständig Gas gab […] war sie abends meist bockbeinig, wenn die andern zu Bett gingen, und blieb auf. Schlief allerdings beim Zeitungslesen sofort ein, und wenn der Vater später kontrollieren kam, so war die Küche voller Gas und die Mutter schlief am Tisch. Wenn er ihr sagte, sie schliefe, wurde sie böse und leugnete: sie hätte so schön gelesen und er störe bloß wieder. Und wenn er sagte, es riecht nach Gas, sagte sie, sie rieche nichts. […] Man dürfte ihr auch nicht mehr das ganze Geld geben. Sie rückt nichts heraus und der alte Vater macht sich mit Arbeit zunichte. Die Wohnung ist vollkommen verwahrlost – was ich gerade bei Ihrer Mutter nie für möglich gehalten hätte. Es ist alles entsetzlich schmutzig, sie macht eigentlich nichts als Ihnen Briefe schreiben. Der Vater wischt, putzt Fenster, arbeitet von früh bis spät, bekommt für einen Riemen oder Verschluß anbringen 6 Pfennige und er erzählte mir ganz traurig, er schaffe doch nicht mal zehn Stück die Stunde. Die Treppen putzt Ihre Mutter auch nicht mehr, sondern der alte Vater. Dabei hat sie doch bestimmt genug Geld – ich fragte sie extra danach – um jemand anzustellen, der diese Arbeit machen könnte, aber nein, der alte Vater muß es machen. Gerade in den Tagen, wo ich dort war, befahlen die Russen, alle Keller von einem Tag auf den anderen zu räumen. Der alte Vater stand um 5 Uhr auf und rannte treppauf und treppab. Er hatte einen Mann gefunden, der etwas tragen half, aber er war schon ganz echauffiert, dazu eine irrsinnige Hitze. Ihre Mutter liegt fast tägl. bis 10 Uhr im Bett. […] Ich brachte ca. 7 Pfund […] von Ihren Vorräten mit, 2 Pfund weiße Bohnen, 2 Pfund Zucker, halbes Pfund Margarine, Nudeln, an 5 Pfund, ein Brot für 75 Mark; dem Vater 7 Zigaretten (35.–), Trockenkartoffeln, 3 Pfund Marmelade usw. Ich habe ganz brav geschleppt. Was tut die Mutter, als der Vater sich freut, und Marmelade schmiert? Sie fährt ihn an, er solle nicht so dick schmieren. Am nächsten Tag hat sie gesagt, er solle überhaupt davon nicht essen, es gehöre mir! Da bin ich aber dazwischen gegangen und habe erklärt, es sei für sie beide. Aber wenn er rausgeht, nimmt sie den Löffel und ißt es auf; wenn er Zucker nimmt, ist es nicht recht. Hätte ich das alles geahnt, hätte ich die Pakete geteilt und ihm sein Teil allein gegeben. Ich gebe ihm auch noch 50.– damit er mal was bezahlen kann. Sie gibt ihm bestimmt keinen Pfennig. Und es ist eine Schande zu sehen, wie sich ein alter Herr quält, um ein paar Pfennige zu verdienen und die Arbeiterlebensmittelkarte zu bekommen. Auch beim Essen dasselbe Lied. Er fragte, ob er noch Fleisch bekäme, nein, behauptet sie, es müsse noch für morgen reichen. Da geht er raus. Dann schneidet sie sich ein dickes Stück ab; so etwas finde ich so häßlich, daß ichs gar nicht sagen kann. Es ist selbstverständlich, daß man von seiner Karte dem andern abgibt, ich tue es bei meiner Mutter auch, […] aber […] daß der Mensch, der für alles sorgt und arbeitet, noch von dem abhängig ist, der nichts tut und außerdem nicht mehr klar im Kopf ist, das geht zu weit.«[64] Mechnigs Berichte gehen in dieser Art über Seiten; Kästners Antworten sind nicht erhalten.

Der Sohn versuchte mehrfach, nach Dresden zu kommen, spannte dazu seinen Chefredakteur Hans Wallenberg ein, einmal auch Johannes R. Becher, als dieser in München seine Mutter besuchte (19.5.1946, MB). Er animierte alte Freunde in Sachsen, für die Versorgung der Eltern tätig zu werden, und wollte sie zur Erholung für zwei Wochen aufs Land bringen (30.4., 15.5.1946, MB). Ende April 1946 scheiterte er auf halbem Weg nach Dresden, in Frankfurt. Erst dort erfuhr er, daß »keine Zivilisten in dem amerikanischen Militärzug nach Berlin fahren« durften, er mußte wieder umkehren. »Elf Stunden Eisenbahn bis Frankfurt, fünf Stunden dort herumgerannt, und elf Stunden Fahrt zurück.« (1.5.1946, MB) »Es ist zum Ausderhautfahren!« (25.4.1946, MB) Monatelang änderte sich nichts an den schlechten Reisemöglichkeiten; erst im September 1946 gelang ihm der Besuch, wieder durch seine Stellung bei der *Neuen Zeitung*. Durch sie erhielt er ein Permit für die sowjetische Zone, zum Besuch von Verlagen, für Reportagen, Film- und Theaterbesuche.[65] In Westberlin wohnte er bei Elfriede Mechnig in der Niedstraße 5;[66] über sein Wiedersehen mit den Eltern schrieb er das Feuilleton *Und dann fuhr ich nach Dresden*. Sie hatten ihn am Bahnhof verfehlt: »Ich sah die Eltern schon von weitem. Sie kamen die Straße, die den Bahndamm entlangführt, so müde daher, so enttäuscht, so klein und gebückt. Der letzte Zug, mit dem ich hätte eintreffen können, war vorüber. Wieder einmal hatten sie umsonst gewartet… Da begann ich zu rufen. Zu winken. Zu rennen. Und plötzlich, nach einer Sekunde fast tödlichen Erstarrens, beginnen auch meine kleinen, müden, gebückten Eltern zu rufen, zu winken und zu rennen.« (II: 91). Er sah auch zum ersten Mal das zerstörte Dresden und kam sich vor, »als liefe man im Traum durch Sodom und Gomorrha.« Ganze Viertel bestanden nur noch aus Schutt, eine »verstaubte Ziegellandschaft«. »Vom Nürnberger Platz weit hinter dem Hauptbahnhof bis zum Albertplatz in der Neustadt steht kein Haus mehr. Das ist ein Fußmarsch von vierzig Minuten.« (II: 91f.) Auch in der Dresdner Neustadt standen viele Gebäude nicht mehr, mit denen er Erinnerungen verband – nur die Kasernen »sind natürlich stehengeblieben!« (II: 93)

In den folgenden Jahren konnte Kästner leichter in die DDR reisen; er blieb immer für zwei, drei Wochen in Berlin und machte von dort aus Abstecher nach Dresden, auch nach Leipzig und Weimar. In Berlin traf er sich mit alten Freunden, mit Eberhard Keindorff, Johnny Rappeport, Josef von Baky; mit seinem NZ-Korrespondenten für Berlin, Friedrich Luft; mit Johannes R. Becher, häufiger mit Anna Seghers; »Billy Wilder zeigt mir dieser Tage seinen Film ›Lost Weekend.‹«[67] Auch in Berlin hatte er Verleger, mit denen Verhandlungen zu führen waren – Cecilie Dressler und den Chronos-Bühnenverlag, der nach dem Tod Martin Mörikes 1946 von seiner Frau Sofie Mörike weitergeführt wurde. Die Krankheit seiner Mutter schritt voran; im Mai 1947 kam sie zur Beobachtung in ein Strehlener Krankenhaus, der Chefarzt hieß übrigens Zimmermann; dort blieb sie so unruhig wie zuvor: »Was machen wir nun mit Muttchen? Gefällt es ihr im Krankenhaus so gar nicht, da sie jedesmal, wenn Papa sie besucht, mit heimwill?« (27.6.1946, MB) Die Überlegung, sie zu Hause von einer Krankenschwester betreuen zu lassen, wurde verworfen; sie kam dauerhaft in eine private Nervenklinik. Seit dieser Zeit schrieb Kästner nur noch Briefe an beide zusammen, bald nur noch an den Vater: »Wie geht's denn Dir? Und dem Muttchen? Ich bin so froh, Euch wiedergesehen zu haben. Auch darüber, daß Mama bei Dr. Stoltenhoff so gut und sorgfältig untergebracht ist.« (10.9.1947, VB) Ida Kästner schrieb ihm kaum noch, allenfalls ein paar Karten.

Von 1945 an erhielt Kästner bis weit in die fünfziger Jahre immer neue Aufforderungen, er möge ›Persilscheine‹ schreiben, entlastende Bescheinigungen für im Lande Gebliebene; und Gutachten für die Entschädigungsstellen, die Emigranten wenigstens einen winzigen Teil ihres verlorenen Vermögens erstatten sollten. Er hat diese Bitten fast nie abgeschlagen, aber er hat auch nie bloße Gefälligkeitsgutachten

Erich Kästner mit seinen Eltern in Dresden, September 1946

geschrieben. In knappen Sätzen beschrieb er sein Verhältnis zu den Geschädigten, Freunden oder Bekannten; wenn er über sie nicht allzuviel wußte, schrieb er das dazu. An die Entschädigungsstellen wandte Kästner sich für Kadidja Wedekind, Helene Trier, Rudolf Arnheim, Richard Huelsenbeck und Hans Sahl; Entlastungen verfaßte er zum Beispiel für Werner Buhre, Eberhard Keindorff, aber auch für Fritz Hippler. Die Gutachterei nahm manchmal kuriose Formen an; Luiselotte Enderles Eltern sollte er schriftlich bestätigen, daß sie ihm Einrichtungsgegenstände aus ihrem ›Herren‹- und dem Speisezimmer zur Verfügung gestellt hatten, »nachdem er vollständig ausgebombt wurde und er ausserdem während der Nazizeit d. h. 12 Jahre verboten war also unter nazistischem Boykott gestanden hat u. infolgedessen auch ohne Verdienst war.«[68] Enderles Vater war seit Mai 1933 ›PG‹ und fürchtete die Plünderung – einen Lederstuhl aus dem Speisezimmer hatte man ihm schon weggeholt. Kästner war der Entnazifizierungsverfahren schnell überdrüssig, obwohl er auch hier zugunsten einiger Freunde ausgesagt hatte. Er schrieb an Luiselotte Enderle von einem seiner Berlin-Aufenthalte: »Heute saß ich 5 Std in toller Hitze im Spruchkammerverfahren gegen Furtwängler, und dann gab's kein Urteil, sondern Vertagung! Zum Schluß malten schon alle Reporter des In- und Auslands Männerchen in ihre Blöcke.«[69]

Ein schwedischer Journalist, Lennart Göthberg, hat Kästner in der Redaktion der *Neuen Zeitung* und in der Fuchsstraße besucht. Er schrieb, Kästner könne im Büro »keine Sekunde still sitzen« und scheine nervös, »aber wenn man ihn genauer beobachtet, bemerkt man, wie ruhig und beherrscht er sich trotzdem gibt.«[70] Er gestand seinem Gesprächspartner, er wolle die Redaktionsarbeit »nach und nach« einschränken, und im April 1948 legte er sie nieder. Er schrieb nur noch selten für die *Neue Zeitung*, bis 1953, blieb aber fortan freier Schriftsteller. Der tagespolitische Zug seiner Arbeiten schwächte sich seither ab, er glaubte nur bis 1948, »dass es in der richtigen Richtung weitergeht«. Adenauers Politik hielt er für »falsch«: »es gab zum Beispiel keine eigene deutsche Diplomatie, vielmehr wurden nur brav die politischen und sonstigen Wünsche der Amerikaner erfüllt. [...] Ich sehe die Adenauer-Zeit als eine Aera der Demokratur...«[71]

Die Verbindung zur *NZ* riß schon deshalb nicht ab, weil seit 1950 Werner Buhre dort die Jugendseite bis zu ihrer Einstellung im September 1953 betreute.[72] Und Luiselotte Enderle war seit dem 15. Oktober 1946 Kästners Stellvertreterin in der Redaktion, mit einem Bruttogehalt von 1300 RM; sie wurde für einige Monate seine Nachfolgerin, bevor sie ihrerseits von Bruno E. Werner abgelöst wurde. Zum 30. September 1949 wurde sie entlassen, wegen Sparmaßnahmen aufgrund der wirtschaftlichen Lage – auch die *Neue Zeitung* mußte nach der Währungsreform reduzieren. Sie hatte schon im Oktober 1948 von sich aus gekündigt, wegen »redaktionelle[r] Schwierigkeiten«,[73] aber offenbar wurde diese Kündigung nicht wirksam.

Enderle wurde bei der Neugründung der *Münchner Illustrierten* vom designierten Chefredakteur Hans Habe als seine Stellvertreterin engagiert. Als während seines Urlaubs die Auflage stieg, begann Habe gegen Enderle zu intrigieren. Der stramme Antikommunist ließ verbreiten, sie gebe »Geheimnisse aus der Redaktionskonferenz [...] über Kästner an die kommunistische Partei weiter! Eine niederträchtige, aus blauem Dunst erfundene Verleumdung, um mich zu zerstören.«[74]

Soviel an Enderles Erzählung dürfte glaubwürdig sein; in die weitere Geschichte müssen sich viele Erinnerungsfehler eingeschlichen haben. Enderle beschrieb die Affäre, mehr als zehn Jahre nach Kästners Tod, einem Freund: Sie habe mit Habe über den Selbstmord des DDR-Ministers Gerhart Ziller gesprochen. Ziller war ein Jugendfreund Kästners, er hatte ihm die Dresdner Intendanz angeboten. Er war damals Abteilungsleiter in der sächsischen Landesverwaltung; 1949 wurde er Industrieminister für Sachsen, 1950 bis 1953 war er Minister für Maschinenbau der DDR, von 1953 bis zu seinem Tod 1957 Sekretär für Wirtschaft im Zentralkomitee der SED.[75] »Die Mütter Ziller und Kästner [...] begegneten sich manchmal beim Einkaufen. [...] Als Frau Kästner vom plötzlichen Tod des Zillersohnes erfuhr, ging sie auf Frau Ziller zu und kondolierte ihr. Bei dieser Gelegenheit erfuhr sie, daß G. Z. Selbstmord begangen hatte.«[76] Am Abend vor seinem Tod las Ziller *Als ich ein kleiner Junge war*, »um noch einmal sein Dresden vor Augen zu haben.«[77] Nun kann Enderles Geschichte nicht stimmen, Ida Kästner konnte nicht sechs Jahre nach ihrem eigenen Tod kondolieren; der Kern der Anekdote dürfte sein, daß Kästner Ziller kannte, und daß Habe davon erfahren hatte.

Habes Verleumdungen hatten Folgen, zumal daraufhin Luiselotte Enderle eine weitere Zusammenarbeit mit ihm ablehnte. Sie arbeitete zwar noch eine Zeitlang als Journalistin für die *Münchner Illustrierte* und die *SZ im Bild*. Nach deren Einstellung 1954 wurde sie entlassen, mit dem Hinweis, »eine journalistische Position im Verlagswesen« sei »für mich ›out‹ [...]. Ich möge doch wieder zum Film gehen. So wurde ich abserviert.« Habe sei trotz seiner Manipulationen, Betrügereien und Verleumdungen »von mächtigen Gruppen gedeckt« worden;[78] er endete als einer der lautesten Moraltrompeter der Springerpresse, der etwa Heinrich Böll des »nackten Faschismus« zieh. Enderle arbeitete seit ihrer Entlassung freiberuflich, schrieb, von Kästner beraten, am Drehbuch zu *Wirtshaus im Spessart* (1957) mit, veröffentlichte ein Katzenbuch (1960), Anthologien wie *Der fröhliche Weisswurst-Äquator* (1967) und Feuilletons.

1949 erschien bei Atrium in Zürich Kästners erfolgreichster Kinderroman nach *Emil und die Detektive*: *Das doppelte Lottchen*, die Geschichte von Luise Palfy und Lotte Körner, die sich in einem Ferienheim in Seebühl zum ersten Mal begegnen und entdecken, daß sie eineiige

355

Zwillinge sind. Sie wurden bei der Scheidung ihrer Eltern im Babyalter getrennt. Die Mädchen tauschen ihre Leben: am Ende der Ferien fährt Lotte, die sonst bei der Mutter in München lebt, zum Vater nach Wien; er ist ein ›besserer Herr‹, Opernkapellmeister und Komponist. Luise dagegen lernt das Leben ihrer mäßig verdienenden Mutter kennen, die als Bildredakteurin bei der *Münchner Illustrierten* arbeitet. Obwohl die Mädchen unterschiedliche Charaktere und Fähigkeiten haben, bemerkt niemand den ›Schwindel‹; aber als der Kapellmeister wieder heiraten will und Lotte es nicht gelingt, die »Pralinendame« (VII: 207) zu vertreiben, wird sie schwer krank. Die Mutter hat spät, aber doch das Spiel durchschaut, als sie in der Redaktion ein Foto der Zwillinge aus Seebühl zu Gesicht bekommen hat; und Luise alarmiert sie, als ihre Schwester nicht mehr schreibt. Beide fahren nach Wien; Vater und Mutter bringen es nicht mehr über sich, ihre Kinder – und sich – erneut zu trennen und heiraten abermals.

Die Geschichte berücksichtigt weder das zeitgenössische Scheidungsrecht noch einen anderen historischen Kontext; die strenge Ruth Klüger warf dem Roman »Sentimentalität schon mit dem Setting« vor: »Handelt es sich nämlich um die Gegenwart, so müßte es ja Besatzungstruppen geben, und während der zehnjährigen Trennung der Eltern, auf die sich die Geschichte unentwegt bezieht, war vermutlich ein Krieg. Handelt es sich indes um einen ›historischen‹ Roman, also um eine Geschichte, die in den dreißiger Jahren spielt, dann liegen Krieg und Besatzung noch vor dieser Familie, und das Happy-End wird hinfällig.«[79] Die relative Zeitenthobenheit des Stoffs zugegeben – sie dürfte der Entstehungszeit 1942 geschuldet sein –, handelt es sich aber eben doch um einen von Kästners muntersten Kinderromanen, die kaum ein Gesamtbild der Epoche liefern wollen noch können. *Das doppelte Lottchen* ist eines der wenigen Bücher Kästners ohne Vorwort, und das liegt nicht daran, daß er etwa keines geschrieben hätte – es ist nur so düster ausgefallen, daß es nicht gedruckt wurde. Der Erzähler beschreibt hier seinen Weg zum Tennisplatz, der durch ein Trümmergrundstück führt: »Halbe Stockwerke hängen, gerade noch von rostigen, verbogenen Drähten und Trossen gehalten, schräg in der Luft. [...] Eine staubige, muffige Elendslandschaft!« In der »gottverlassenen Ruine« spielen ein paar zerlumpte Kinder den »Verlorenen Bruder«; einem der Jungen fehlen zwei Finger an der Hand. Das Mädchen Käte erklärt dem Erzähler das Spiel: »Der Bruder ist eben aus der Kriegsgefangenschaft zurückgekommen. Ich spiele die ältere Schwester. Die Eltern sind tot. Luftangriff, verstehen Sie. Nun ist Georg also wieder da. Drei Jahre lang hatten wir gedacht, er sei vermißt oder erfroren. Oder sonst etwas. Er hat aber bloß Wasser in den Füßen, und zwei Finger sind weg. Da ist er vom Bahnhof zu unserem alten Haus gehumpelt. Aber das Haus war nicht mehr da. Jemand aus der Nachbarschaft hat ihm erzählt, wo wir jetzt wohnen. In einem Keller, mit einem Stückchen Haus darüber und einem Schornstein, aus dem es raucht.« Der Erzähler meint, das sei ja kein schönes Spiel, und ob sie nicht manchmal ›Mutter und Kind‹ spielten: »Es gibt keine schönen Spiele, wie Sie das meinen. Wir kennen keine. [...] Mutter und Kind auf der Flucht und todmüde, und wie sie in einem Dorf bleiben wollen, kommen die Bauern und jagen sie fort. Oder Weihnachten in einer Baracke, und kein Licht und keine Kohlen, und die Kinder haben keine Milch und gar nichts. Und dann kommt ein Flugzeug und wirft Bonbons ab. Einen ganzen Sack voll. Und dann sieht uns ein Polizist und nimmt uns alles weg.«[80]

Gegen diese Einleitung wirkt *Das doppelte Lottchen* harmlos; der Roman hat aber durchaus ein Anliegen, wird hier doch versucht, die Bedeutung einer Scheidung für Kinder nachzuempfinden und kindgemäß zu erzählen. Am eindringlichsten ist Kästner das einmal mehr mit einem Traum gelungen; die heimwehkranke Lotte träumt ihn und vermischt dabei das Märchen von Hänsel und Gretel »mit eignen Ängsten und eignem Jammer.« (VIII: 201) In ihrem Alptraum droht Palfy damit, seine Kinder zu halbieren: »Mit der Säge! Ich kriege eine halbe Lotte und von Luise eine Hälfte, und Sie auch, Frau Körner!« (VIII: 202) Er sägt zwar nur das geschwisterliche Bett auseinander, aber die Mädchen werden doch auseinandergerissen – »ich nehm die da! Mir ist es eh gleich. Ich kenn sie ja doch nicht auseinander.« »›Nein‹, schreit nun Lotte. ›Ihr dürft uns nicht halbieren!‹ ›Haltet den Mund!‹ erklärt der Mann streng. ›Eltern dürfen alles!‹« (VIII: 203) Bei allem Erfolg, den der Roman hatte, provozierte er wegen seines Themas Kritik; allerdings dürften Kinder von einer realen Scheidung wesentlich überforderter sein als von einem Buch.

In Kästners Nachlaß finden sich fünf verschiedene Manuskripte des Stoffs, von denen nur zwei datiert sind: *Das große Geheimnis. Das erste Viertel einer Filmnovelle von Berthold Bürger* stammt von 1942, er hat es seiner Mutter zu Weihnachten geschenkt; *Das große Geheimnis. Treat-*

ment von Berthold Bürger ist auf 1943 datiert und war ebenfalls ein Geschenk an die Mutter. Auch eine frühe Romanfassung gibt es; den endgültigen Text schrieb Kästner im Sommer und Herbst 1948, als er von seinen Redakteursbürden befreit war. Im August arbeitete er auf der Fraueninsel im Chiemsee, während der Verfassungskonvent – dreißig Spezialisten aus den westlichen Besatzungszonen – auf Herrenchiemsee an der bundesdeutschen Verfassung arbeitete. Einer Anekdote zufolge erfuhr der überaus literaturinteressierte Völkerrechtler und Politiker Carlo Schmid von Kästners Aufenthalt und ließ sich mit dem Sturmboot nach der Fraueninsel übersetzen; aber Kästner hatte von dem Blitzbesuch erfahren und blieb unauffindbar.[81]

Während Kästner schon über einen Vorabdruck bei der Schweizer Frauenzeitschrift *Annabelle* verhandelte, erhielt Walter Trier das Manuskript erst im März 1949. Es gefiel ihm, besonders der Titel – »phonetisch so lustig – klingt etwa wie ›doppelt gemoppelt‹. Die kleine Luise kommt dabei etwas kurz – aber geschieht ihr scho recht – warum ist sie nicht so phonetisch.«[82] Die Einfälle für seine Illustrationen kamen ihm schnell, für Kästner etwas zu schnell: »Nicht ganz haben mir, unter uns Pfarrerstöchtern, einige Illustrationen zum ›Doppelten Lottchen‹ gefallen, insbesondere die beiden Lottchen selber, die doch ein wenig zu süss und lieb geraten sind.«[83]

Für die erste und beste Verfilmung des Romans schrieb Kästner im Sommer 1950 das Drehbuch selbst; er sprach auch den Erzähler aus dem Off und war am Anfang des Films kurz zu sehen. Wie schon 1942 vorgesehen, führte Josef von Baky Regie, Günther Stapenhorst produzierte den Film. Entscheidend für die anhaltende Lebendigkeit dieser Verfilmung waren Jutta und Isa Günther, die die Zwillinge spielten, mit »großer Ausdrucksfähigkeit, mit Temperament und kindlichem Charme scheinen sie die Idealbesetzung«.[84] Baky und Kästner hatten sie aus 120 Zwillingspaaren ausgesucht.

Das doppelte Lottchen lief im Januar 1951 an, auch für die Premiere wurde mit den Günther-Zwillingen geworben: »Die Hauptdarsteller – die Zwillinge – sind anwesend!«[85] Der »sehr heitere Film – über eine sehr ernste Frage« (Kinoanzeige) gewann 1951 die ersten überhaupt vergebenen Bundesfilmpreise für Drehbuch, Produktion und Regie, er war der deutsche »Spitzentitel« des Kalenderjahres 1951 – vor den Géza von Cziffra-Schnulzen *Die Dritte von rechts* und *Die verschleierte Maja*. Bakys Film hatte viele Remakes zu erleiden; Emmerich Pressburger drehte 1953 eine britische, 1952 gab es eine japanische Version (*Das Wiegenlied der Lerche*), Josef Vilsmaier transponierte den Stoff in die neunziger Jahre (*Charlie & Louise*, 1994), und als besonderes Kuriosum seien die drei Disney-Produktionen erwähnt: *The Parent Trap* (1960/1998) und *Parent Trap II* (1986). Die erste hat wegen ihrer unfreiwilligen Komik durchaus einen gewissen Unterhaltungswert: Der Stoff ist für amerikanische Verhältnisse umgeschrieben, beide Eltern sind reich, die Zwillinge werden beide von Hayley Mills gespielt und in einfältigem Trickverfahren nebeneinander kopiert, und ihren Vater spielt »Lieber Onkel Bill«-Brian Keith.

»Das Leben auf dem Pulverfaß ist kompliziert genug«

Im Zusammenhang mit der *Neuen Zeitung* entstand ein anderes Projekt, das Erich Kästner und Luiselotte Enderle unterstützten – die Münchner Internationale Jugendbibliothek. Jella Lepman war 1936, als verwitwete Mittvierzigerin, mit ihren zwei Kindern nach London emigriert, 1945 arbeitete sie als Beraterin für Frauen- und Jugendfragen im amerikanischen Hauptquartier in Bad Homburg. In der *NZ* berichtete sie über den großen Erfolg ihrer internationalen Jugendbuchausstellung in Berlin, München, Stuttgart und Frankfurt; dabei beschrieb sie bereits das Ziel einer Institutionalisierung: »Es besteht der Gedanke, aus dieser Internationalen Jugendbuchausstellung eine Internationale Jugendbibliothek zu gestalten. Alle Länder sollten aufgefordert werden, sich mit ihrer wichtigsten Kinder- und Jugendliteratur laufend daran zu beteiligen. Eine solche Internationale Jugendbibliothek wäre ein erstmaliges Ereignis für Deutschland und eines der besten und aussichtsreichsten Mittel auf dem Wege der Völkerverständigung. Vergessen wir es nicht eine Minute: der künftige Friede der Welt wird in den Kinderstuben von heute beschlossen.«[1] Anfänglich wollte Lepman weltweit eine ganze Reihe derartiger Bibliotheken errichten; besonders aus den USA erhielt sie viele Spenden, sogar die Präsidentenwitwe Eleanor Roosevelt unterstützte sie.[2] Daß es bis zu der Realisierung doch noch drei Jahre dauerte, lag an der schwierigen Situation in München. Im Dezember 1948 wurde die »Vereinigung der Freunde der IJB« gegründet und gab sich ihre Satzungen; Kästner und Hildegard Brücher gehörten zu den Gründungsmitgliedern, Luiselotte Enderle wurde zur zweiten Vorsitzenden gewählt. In den ersten beiden Jahren erhielt der Verein zusätzlich zu der Förderung durch die Stadt München Gelder von der Rockefeller Foundation, der

Bundesregierung und der Unesco. Bei ihrer Eröffnung im September 1949 hatte die Jugendbibliothek einen Grundstock von 10 000 Bänden aus 23 Ländern. Kästner telegraphierte: »UMSEREN [!] LIEBLINGSKINDE DIE HERZLICHSTEN GLUECK UND SEGENSWUENSCHE AUF DEN WEG = ERICH KAESTNER +«.[3] Und er schrieb einen offenen Brief »an alle Kinder der Welt«, in dem er ihnen mitteilte, sie seien Hausbesitzer geworden. »Eins dürft ihr mit eurem Hause freilich nicht tun – ihr dürft es nicht weiterverkaufen. Oder gegen fünfhundert Zentner Bonbons und Spielsachen umtauschen. [...] Es gehört euch, das heißt: allen Kindern. Nicht nur den Schwabinger Kindern, nicht nur den Münchner Kindern, nicht nur den bayerischen, deutschen oder europäischen Kindern, nein, allen. Und wenn es einen kleinen Indianer oder Eskimo nach München verschlüge, so wäre es nicht weniger sein Haus, als es das eure ist und sein wird.«[4]

Kästner las mehrfach in der Jugendbibliothek; und er gründete im Februar 1950 eine Jugendtheatergruppe, die er auf den 14tägigen Proben auch leitete.[5] Vor allem schrieb er auf Anregung von Jella Lepman *Die Konferenz der Tiere*. Das Buch erschien 1949 in Zürich bei Emil Oprecht, entstanden ist es bereits 1947, als Reaktion auf die immer wieder gescheiterten politischen Konferenzen in der Zeit des Kalten Kriegs. Kästner soll zusammen mit Luiselotte Enderle und einem Kater auf der Schulter allabendlich in Lepmans »zur Biedermeierstube umgewandeltes Requiriertenzimmer« gewandelt sein, der Kater wurde auf den Ofen gesetzt, und sie entwarfen zusammen den Gang der Handlung. »Gedenke ich jener Abende, wird mir das Herz warm. Draußen war es Winter, schneeig und kalt, aber die ersten Anzeichen einer Besserung in Deutschland waren spürbar. Wir saßen in unserer geborgten Geborgenheit, tranken Wein, knabberten PX-Süßigkeiten und warfen uns die Ideen wie Bälle zu. Es knisterte und loderte in unseren Köpfen!«[6]

Die Ausarbeitung des pazifistischen Wunschtraums stammte dann von Kästner allein. Er formulierte die ersten Seiten aus und wartete auf versprochene Satzproben von Oprecht, um das Format, die Größe der Blätter und dadurch den jeweiligen Textumfang abschätzen zu können. Der Verleger verschleppte die Proben, dadurch verzögerte sich die Beendigung des Manuskripts; Kästner schrieb es aber noch 1947.[7]

»Mit den Menschen geht das so nicht weiter!« (VIII: 264) denken sich die Tiere, nachdem die 86. Friedenskonferenz gescheitert ist; weil ihnen die Kinder der Menschen leid tun, beschließen die Tiere, ihre erste und letzte Konferenz abzuhalten. Sie treffen sich aus aller Welt – sogar die Tiere aus den Bilderbüchern kommen – im »Hochhaus der Tiere« (VIII: 266). Ehrengäste sind Kinder, von jeder Hautfarbe eines. Der Eisbär Paul verlangt in einer Konferenzschaltung mit dem 87. Treffen der Staatspräsidenten in Kapstadt, daß es »nie wieder Krieg, Not und Revolution geben darf!« (VIII: 294) Dazu müßten die Grenzen zwischen allen Ländern fallen. Die Präsidenten, zum ersten Mal einig, schicken eine Protestnote – die Tiere sollen sich nicht einmischen. Am nächsten Tag überfällt eine Springflut von Ratten und Mäusen die menschliche Konferenz und zernagt sämtliche Akten. Am Abend sind sie als Kopien alle wieder da, und die Tiere müssen sich etwas Neues ausdenken: »Eure Uniformen«, ruft der Stier Reinhold über die Fernseheinwände, »stehen der Einigkeit und der Vernunft im Wege! [...] Sie müssen verschwinden! Nicht nur in diesem Saal, sondern auf der ganzen Welt! Wir verlangen, daß ihr euch einigt! Es geht um die Kinder!« (VIII: 303) Auf der ganzen Welt stürzen sich »Wolken silbergrauer Motten« (VIII: 304) auf Uniformen jeder Art, der Soldaten, Briefträger und Straßenbahnschaffner. Darauf reagieren die Staatsmänner nur mit Drohungen; aber der letzte Coup der Tiere bringt endlich den erwünschten Erfolg: Sie entführen über Nacht alle Kinder der Menschen und verstecken sie. »Die Eltern und Lehrer und alle Erwachsenen waren allein auf der Erde. Ganz kinderseelenallein.« (VIII: 306) Die Politiker, belagert von Zehntausenden verzweifelter Menschen, unterzeichnen den Vertrag. Es gibt keine Grenzen und Kriege mehr, Militär, Schuß- und Sprengwaffen werden abgeschafft, die Polizei hat nur noch Pfeil und Bogen und muß darüber wachen, »daß Wissenschaft und Technik ausschließlich im Dienst des Friedens stehen. Es gibt keine Mordwissenschaften mehr. [...] Die Zahl der Büros, Beamten und Aktenschränke wird auf das unerläßliche Mindestmaß herabgeschraubt. Die Büros sind für die Menschen da, nicht umgekehrt.« (VIII: 314) Am besten sollen künftig die Lehrer bezahlt werden; das »Ziel der echten Erziehung soll heißen: Es gibt keine Trägheit des Herzens mehr!« (VIII: 314)

Jella Lepman und Kästner konnten sich als Illustrator keinen anderen als Walter Trier vorstellen. Kästner schrieb ihm nach London: »wir wären furchtbar froh, wenn Sie soviel Zeit und Laune hätten, uns bei diesem spontan entstandenen und nach rascher Verwirklichung drängenden Plan helfen wollten!«[8] Trier war von dem Konzept zwar begeistert, der Vorschlag erreichte ihn aber mitten in einer erneuten Übersiedlung, diesmal nach Kanada. Und er wollte sich gerade für die *Konferenz der Tiere* Zeit lassen: »Ich zittere davor daß man mich drängen wird die Illustrationen in kürzester Zeit fertigzustellen wenn ich nicht mehr mit der wünschenswerten Ruhe und Conzentration an diese Aufgabe herangehn kann. Ich bin nicht der Ansicht dass diese Zeichnungen mit der leichten Hand – und in kürzester Zeit fertigzustellen sind.«[9] Er schuf über 100 zum Teil farbige Illustrationen und war dann frustriert, als Emil Oprecht wegen der hohen Herstellungskosten den Druck hinauszögerte. Trier hatte sich viel vom Welterfolg des pazifistischen Kinderbuchs versprochen und fürchtete, seine Wirkung könne verpuffen: »Was ist Ihre Meinung – ist der Boden für unser Buch noch so gut vorbereitet wie er etwa vor 2 Jahren war – als wir alle (??) noch so empört waren dass man schon wieder wagt vom nächsten Krieg zu sprechen oder ist man schon wieder so abgehärtet – resigniert – daß *wir* wieder als die in den Wolken schwebenden unverbesserlichen Pacifisten angesehn werden […]??«[10] Auch für Kästner war die späte Veröffentlichung ein »Schönheitsfehler« – die *Konferenz* erschien dadurch fast gleichzeitig mit dem *Doppelten Lottchen*, und beide Bücher würden »sich ein bisschen auf den Zehen herumtreten.«[11] Zur Förderung des Absatzes lancierte Kästner kurz nach Erscheinen einen Weihnachts-Abdruck in Fortsetzungen in der *Neuen Zeitung*; Verhandlungen über eine Zeichentrick-Verfilmung durch Walt Disney scheiterten, wie Trier schon ahnte – er bezweifelte, daß »Disney der Mann ist an eine so pazifistische Idee heranzugehn.«[12] Erst zwanzig Jahre später hat Curt Linda einen Trickfilm nach Kästners Buch produziert, den ersten deutschen überhaupt.

Vor der *Konferenz der Tiere* hatte Walter Trier Kästners Nacherzählung *Der gestiefelte Kater* illustriert; sie erschien erst 1950.[13] Ihm folgten noch eine ganze Reihe nacherzählter Stoffe – *Münchhausen*, die *Schildbürger*, *Don Quichotte* und *Gullivers Reisen*. Diese Bücher sind sicher aus dem Anliegen heraus entstanden, die großen Klassiker kind- und zeitgemäß neu zu polieren, es gab aber auch andere Gründe. Die Stoffe waren schon ohne Kästners Zutun erprobt und ausgefeilt, und sie versprachen ein Geschäft: »Je mehr hübsche Bände wir, vor allem

Sie, der Serie folgen lassen, umso grösser wird sicher auch der Absatz jedes einzelnen Buches werden. Serien verführen bekanntlich zur Sammelwut!«[14] *Münchhausen* war die letzte gemeinsame Arbeit von Trier und Kästner. Der Zeichner schrieb aus Ontario: »Was die Kunst betrifft plagt mich der Ehrgeiz; ich möchte noch etwas recht gutes machen bevor es zum grossen Abschied kommt«.[15] Der kam viel schneller als erwartet, die Freunde trafen sich nicht mehr. Trier starb am 8. Juli 1951 an einem Herzschlag.

Kästner war konsterniert über Triers plötzlichen Tod. Er unterstützte Jella Lepman in ihren Bemühungen, eine Gedenkausstellung für ihn zu veranstalten. »Wir fühlen beide, daß dies geschehen müßte, und Sie dürfen versichert sein, daß jede Sicherung und alle Maßnahmen getroffen werden würden, um die kostbaren Blätter bei dem Transport zu schützen und zu versichern.«[16]

Luiselotte Enderle und Kästner hatten seit Ende der vierziger Jahre ein Verhältnis wie ein altes Ehepaar. Sie war zwar offiziell ›Frau Kästner‹ und für die ›repräsentativen‹ Auftritte zuständig, seine Nächte verbrachte er aber anderweitig – ein Verhältnis »wie Waschfrau und Nachtwächter«.[17] Seinen Tageslauf seit der Niederlegung der *NZ*-Feuilletonredaktion hat Enderle erzählt; wenn man einige übertrieben idyllische Züge abzieht, ergibt sich wohl ein recht zutreffendes Bild: »Erich Kästner war ein Nachtmensch. Er stand gegen elf auf, trank Kaffee, las die Zeitungen, wir aßen gegen zwei Uhr Mittag, und gegen vier Uhr ging Kästner aus dem Haus. Und zwar ging er in sein Büro, das bezeichnenderweise immer ein Kaffeehaus war: In München war es das Café Leopold. Dort traf er seine Sekretärin und diktierte die Post […] und er fuhr, da er ein Feind eines eigenen Autos war, immer mit dem Taxi, dafür war er aber der Liebling der Taxichauffeure von München.

Am Abend war Erich Kästner dann eine Weile zu Hause, wir schauten ein bißchen fern und unterhielten uns, und tauschten aus, was jeder erlebt hatte, ich war ja damals noch im Beruf und hatte natürlich auch meine Erlebnisse mitzuteilen, und unser Bekanntenkreis war ja annähernd immer derselbe. […] Und dann, ungefähr so um neun, halb zehn ging Erich wieder weg, und er nannte es so hübsch ›Jetzt geh ich auf Montage‹, weil er dann mit seinem Bleistift lossauste und schrieb. Für diese Schreibarbeiten hatte er sich immer

Luiselotte Enderle und Erich Kästner, Anfang der fünfziger Jahre

kleinere Bars ausgesucht, und sobald er merkte, daß er entdeckt worden war, suchte er sich wieder etwas anderes oder aber er verabredete mit den Obern, daß sie ihm die lästigen Leute vom Halse hielten. – Wer vermutet auch, daß ein Mensch in der Bar sitzt, um zu arbeiten? Aber so war es. Es war der Ort seiner Inspiration.«[18]

Nach der Redaktionszeit wechselte er ein paar Monate die Kaffeehäuser; sein erstes festes Münchner ›Büro‹ vor dem Café Leopold war das »Freilinger« in der Leopoldstraße 74. Seine erste Arbeits-Bar war das »Benz«, später ging er häufiger ins »Eve« und spielte dort mit dem Barmann Würfelpoker. Überhaupt war er Mitglied zahlreicher Clubs und Vereine, darunter der Deutsche Bühnen-Klub, der Stuck-Jugendstil-Verein, der Unabhängige Filmclub München, der Bühnenclub im Continental, ein Verein zur Errichtung und Förderung eines Kinderdorfes (1952), der Schopenhauer-Gesellschaft, außerdem besaß er eine Mitgliedskarte der Bongo-Bar (»Bongo Night-Club – Zauber des Südens – Wovon man spricht«).[19] Er schätzte die Bars und Nachtclubs und schrieb dort in seinen guten Zeiten bis drei Uhr früh; aber er ging keineswegs nur ›auf Montage‹ in dem beschriebenen Sinn.

Die »weiblichen Bataillonen«,[20] von denen Luiselotte Enderle sprach, mag es gegeben haben oder auch nicht; jedenfalls gab es mehrere Freundinnen, ›Verhältnisse‹, und eine weitere Lebensgefährtin, mit denen Kästner jahrelang zusammen war. Jede von ihnen war ihm auf andere Weise wichtig, keine wußte von den anderen (außer von Enderle). In der Regel trennte er sich nicht von ihnen, sie trennten sich von ihm, und die noch Lebenden erinnern sich mit Sympathie an ihn. Er war vielen gleichzeitig ›treu‹, mit klaren Grenzen – Luiselotte Enderle und sein Haushalt mag auch als Vorwand und Abgrenzung gegenüber Frauen hergehalten haben.

Auf einer vorgezogenen Weihnachtsfeier für den Germanistikprofessor Arthur Kutscher, im Dezember 1948, lernte Kästner die 23jährige Studentin Helga Veith kennen.[21] Sie hatte einen kleinen Jungen, studierte tagsüber und ernährte sich vom Schwarzhandel und von Deutschstunden für Amerikanerinnen. Der Abend war der Beginn eines jahrelangen leidenschaftlichen Verhältnisses, das sich Mitte der fünfziger Jahre »so langsam ausgeläppert« hatte. Sie studierte Germanistik und Theaterwissenschaften und erzählt heute, Kästner habe sie im Studium zur Gründlichkeit erzogen und sei auch erotisch ihr

Helga Veith (1951)

Lehrer gewesen.[22] Sie trafen sich etwa dreimal pro Woche, mit Unterbrechungen durch getrennte Reisen; die Verabredungen gingen vonstatten, indem sie ihn nachmittags im »Freilinger« anrief.

Veith beschreibt heute noch seine Attraktivität, seine »ungeheure Wirkung auf Frauen«, seinen Sex-Appeal in den höchsten Tönen – er habe dunkles, welliges, dichtes Haar mit silbernen Schläfen gehabt, breite Schultern, eine schmale Taille und sei immer braungebrannt gewesen. Seltsamerweise erinnert sie sich an tiefblaue Augen, die auch in anderen Beschreibungen Kästners erscheinen; nach seinem Paß waren sie graugrün. Gerade im Verhältnis zu Helga Veith zeigt sich ein anderer Kästner, ein ausgelassener, fröhlicher Erotiker, der seine Briefchen meist mit »Emil«, aber auch mit »Eduard«, »Hauslehrer«, »Korrepetitor«, »Columbus«, »Dr. Fuchs« signierte; oft zeichnete er Katzen als Unterschrift. Der sonst als reserviert, schweigsam, manchmal fast schüchtern beschriebene Mann muß hier zu großer Form aufgelaufen sein, und das dauerhaft – ein aufmerksamer Liebhaber, der Billetts schrieb, Blümchen und Geschenke vorbeibrachte, auch finanziell zu den Haushalten seiner Freundinnen (mal mehr, mal weniger) beitrug. Sein Nacht- und Liebesleben muß geradezu extravertiert gewesen sein. Er hat unter seiner Körpergröße gelitten und ließ sich, wenn er betrunken war, nur mit Mühe davon abhalten, große Menschen anzupöbeln. Werner Buhre spielte ihm zeitweise den *postillon d'amour*, Kästner schrieb unter dessen Adresse Briefe und ließ sich die

Antworten von ihm bringen (1950). »Es wird höchste Zeit, hm?« fragte er seine in den Winterurlaub verreiste Geliebte. »Vorhin hab ich auf der Straßenbahn versehentlich gewiehert! Die Leute guckten nicht schlecht. Vor allem das weibliche Geschlecht.«[23]

Auf einer Faschingsfeier im Kabarett von Kathi Kobus lud Kästner 1949 eine Schauspielerin aus Kobus' Ensemble zu ›Mokka‹ und Prinzregententorte ein, die 31jährige Barbara Pleyer. Er kannte sie schon aus der *Schaubude*, wo sie in den ersten Programmen kleinere Rollen gespielt hatte. Auch sie hatte einen Sohn und war, wie Helga Veith, alleinerziehende Mutter; beide Frauen hatten also nicht allzuviel Zeit für ihn. Barbara Pleyer mochte zudem nicht so recht an ihr Glück glauben und nahm ein vierwöchiges Engagement in Stuttgart an, als kleine Probe auf Dauerhaftigkeit, die erfolgreich verlief – auch mit ihr blieb er sieben Jahre zusammen. Sie sang und sprach viel für den Rundfunk, Kästner trug ein wenig zu ihrem Haushalt bei; als Schauspielerin trat sie immer seltener auf.

Außerdem hatte er – wohl auch 1949 – noch eine Frau kennengelernt, Friedhilde Siebert. Er sprach sie im Café Leopold an, und sie scheint nach Ilse Julius die zweite große Liebe seines Lebens gewesen zu sein, jedenfalls erzählte er das Edmund Nick – »jetzt habe ich *die* Frau kennengelernt, die ich wirklich liebe, aber ich kann mich von der Enderle nicht trennen, denn sie hat gesagt, sie stürzt sich aus dem Fenster.«[24] Siebert benutzte ihren Vornamen nicht, sie nannte sich »Friedel« und unterschrieb auch amtliche Dokumente so. Sie wurde am 21. Februar 1926 in Maybach an der Saar geboren. Als Kästner sie kennenlernte, war sie Schauspielschülerin; sie blieb das auch noch einige Zeit, bis sie die Zusage für ein Engagement in Kassel erhielt. Kästner wollte nicht, daß sie es antrat. Sie sollte ihren Beruf ganz aufgeben; sie fügte sich und blieb seine Freundin, beschäftigt mit ihrem Freundeskreis und vor allem mit Umzügen innerhalb Münchens, vor wie nach der Geburt des gemeinsamen Sohnes. Bis 1955 wohnte sie bei ihrer Mutter in der Barer Straße, seit 1955 hatte sie eigene, von Kästner finanzierte Wohnungen. Der gemeinsame Kinderwunsch erfüllte sich erst nach zwei Fehlgeburten.[25]

Luiselotte Enderle muß früh von der herausgehobenen Rolle Sieberts erfahren haben; sie wollte die Wahrheit über Kästners Nachtleben wissen und setzte mehrfach Detekteien auf Friedel Siebert an, die zeitweise auch Kästner auf seinen Fahrten verfolgten. 1951 war ein

Detektiv wenig erfolgreich, er schlug ein »Fräulein Gertrud Siebert« vor, die »Inhaberin eines Kolonialwarengeschäftes« war. Enderle teilte der Detektei mit, das sei die falsche; bei den Verfolgungen Kästners stieß der Ermittler statt auf Friedel Siebert auf Helga Veith und erfuhr über sie, Kästner habe ihr und ihrer Mutter vor Gericht geholfen, als sie aus der Wohnung geklagt werden sollten.[26]

Am PEN-Club interessierten Kästner nicht nur die hehren humanistischen Ideale der Charta, sondern auch das Nachtleben während der Kongresse. Er wohnte in erstklassigen Hotels: »In der Nähe der Bars usw. Ich kann mir das Bummeln nun einmal nicht abgewöhnen. Doch genug der Bekenntnisse einer unschönen Seele!«[27] Walter Schmiele, Henry Miller-Biograph und langjähriger PEN-Generalsekretär, erinnert sich, daß Kästner ihm Friedel Siebert in einer Münchner Bar vorgestellt habe.[28]

Seit der Neugründung der deutschen Sektion der einzigen internationalen Schriftstellervereinigung 1948 war Kästner im Vorstand, erst als Sekretär, dann als einer von drei Präsidenten neben Johannes R. Becher und Hermann Friedmann. Auf einer Jahresversammlung in Düsseldorf fühlten sich die wenigen angereisten Mitglieder aus den Westzonen von den Vertretern der Ostzone majorisiert. Sie wollten die Wiederwahl Bechers nicht tolerieren und erklärten die Sezession; im Dezember 1951 fand die Gründungsversammlung eines eigenen bundesdeutschen PEN-Zentrums statt. Erich Kästner wurde zum Präsidenten gewählt, Kasimir Edschmid zum Generalsekretär; Kästner behielt dieses Amt bis 1962, auch später blieb er dem PEN als Ehrenpräsident verbunden. Der Club der fünfziger Jahre verstand sich als literarische Elite, ohne sich – wie später der Verband deutscher Schriftsteller (VS) – mit berufspraktischen Problemen zu befassen. Politisches Engagement wurde in Kästners PEN kleingeschrieben; daher gab es zu den jeweiligen Großereignissen wie dem Einmarsch sowjetischer Truppen in Ungarn (1956) oder dem Mauerbau (1961) stets Konflikte innerhalb des Clubs, weil einigen Mitgliedern die Proteste oder auch nur Reaktionen des PEN-Präsidiums zu schwach waren. Kästner verstand sich in diesen Zusammenhängen eher als Geheimdiplomat, der die Gesprächsbasis des Clubs auch für Schriftsteller aus dem Ostblock erhalten wollte und daher auf großartige öffentliche Resolutionen verzichtete. Der PEN konnte sich überparteilich für die Freiheit der Rede einsetzen; er reagierte sensibel auf einzelne Zensurfälle in der Bundesrepublik und auf das neue Jugendschutzgesetz, in dem Kästner und andere eine Neuauflage des ›Schund- und Schmutz-Gesetzes‹ sahen. Seine wichtigste Arbeit für den PEN war die berühmte Rede *Über das Verbrennen von Büchern*, die er 1958 auf einem Hamburger Kongreß ein Vierteljahrhundert nach der Bücherverbrennung hielt (VI: 638–647).

Vor allem sahen Kästner und Edschmid im PEN einen Freundesclub; beide initiierten Stammtischrunden in München und Darmstadt. Die internationalen PEN-Kongresse hatten zwar auch in den fünfziger Jahren literarische Themen, aber die waren durchaus zweitrangig; in erster Linie waren diese Kongresse gesellschaftliche Ereignisse, auf denen sich fünf- bis sechshundert PEN-›Freunde‹ aus aller Welt trafen und sich von den regionalen politischen Repräsentanten empfangen und bewirten ließen. Diese Ereignisse lockten sogar den nicht allzu reisefreudigen Kästner aus München fort – er nahm in den nächsten Jahren an den Kongressen in Edinburgh (1950), Lausanne (1951), Nizza (1952), Dublin (1953), Wien (1955) und London (1956) teil, ein paar Jahre ließ er sich sogar zum internationalen Vizepräsidenten wählen.

Trude Kolman kam 1950 aus dem englischen Exil; sie kannte Kästner schon aus Berlin, aus dem *Tingel-Tangel*. Sie gründete in München das Kabarett *Die Kleine Freiheit*, die erste Vorstellung fand am 24. Januar 1951 statt. Ursula Herking und Per Schwenzen gehörten zum ersten Ensemble, Oliver Hassencamp und Karl Schönböck wurden später Mitdirektoren. Die erste Bühne war ein kleines Ateliertheater unterm Dach der Elisabethstraße 34; nach einem knappen Jahr zog die *Kleine Freiheit* unter die Arkaden der Maximilianstraße 44. Es blieb bei einem kleinen Theater im Vergleich zur *Schaubude*, 120 Plätze hatte der Raum. Die Programme hießen *Das faule Ei des Columbus, Ente gut – alles gut, Kleine Wäsche, Nein, Eure Suppe ess' ich nicht!* oder *Achtung Kurve! Eine Dezember-Wies'n* – auch sie unterschieden sich sehr von denen der *Schaubude*. Die *Kleine Freiheit* war weniger frivol, weniger spontan. Es gab keinen Conférencier mehr, sondern von Anfang bis Ende durchformulierte Programme. Die Texter – neben Kästner Oliver Hassencamp, Martin Morlock, Robert Gilbert, Per Schwenzen – reagierten enttäuscht auf die beginnende Restauration und Re-Militarisierung; ein Rezensent des ersten Abends wollte »über dem Ganzen« einen »Schleier wehmütiger Resignation« erkannt haben.[29] Musikalischer Leiter der *Kleinen Freiheit* war Jochen Breuer, von dem auch die meisten Kompositionen stammten; auch Edmund Nick, Karl von Feilitzsch und Robert Gilbert vertonten einzelne Chansons. Zur finanziellen Aufbesserung inszenierte Trude Kolman außerdem für die Wochenend-Nachmittage Kästners Theaterfassung von *Pünktchen und Anton*.

Das kleine Theater hieß nach einem Gedicht Erich Kästners. Mit ihm wurde das erste Programm eröffnet; und solange es die *Kleine Freiheit* gab, wurde am Ende jedes Abends vom Ensemble die Vertonung von Robert Gilbert gesungen:

> »Die große Freiheit ist es nicht geworden.
> Es hat beim besten Willen nicht gereicht.
> Aus Traum und Sehnsucht ist Verzicht geworden.
> Aus Sternenglanz ist Neonlicht geworden.
> Die Angst ist erste Bürgerpflicht geworden.
> Die große Freiheit ist es nicht geworden,
> die kleine Freiheit – vielleicht!« (II: 189)

Erich Kästners Rolle für die *Kleine Freiheit* wurde weidlich hervorgehoben; er galt als »unser Schutzpatron Sankt Erich«,[30] Gunter Groll beschrieb ihn und seine Selbstironie: »Dr. phil., klein, schmal, voll skeptischem Charme und herzlicher Schärfe, des deutschen Kabaretts alleroberster Olympier, doch ansonst nicht besonders olympisch. Erklärte heiter, er läse jetzt in seiner bekannt pädagogischen Art etwas ziemlich Ernstes vor, und tat es.«[31]

Kästner bestimmte aber die *Kleine Freiheit* nicht in gleichem Maße wie die *Schaubude*; im ersten Jahr schrieb er noch verhältnismäßig viel, bald aber nur noch einen neuen Text pro Kabarettprogramm. Er freute sich über die Nachwuchsautoren wie Martin Morlock und gedachte sich bald auf sein »Altenteil« zu setzen und »die Scheck-Pfeife« zu rauchen.[32]

Seine eigenen Kabarett-Gedichte müssen auf der Bühne enorme Wirkung entfaltet haben, bei weitgehend folgenlosen Darstellern vom Range einer Ursula Herking, Helen Vita, der ursprünglich klassischen Sängerin Hannelore Schützler; eines Karl Schönböck (»Tschampi«),

Bum Krüger; später gehörten auch Bruni Löbel, Eva Maria Meinecke, Pamela Wedekind, Franz Muxeneder, Charles Regnier und Hans Quest zum Ensemble.

Die wichtigsten Gedichte und Szenen hat Kästner in seine Sammlung *Die kleine Freiheit* (1952) aufgenommen, weitere in die Werkausgaben. *Die Kantate »De minoribus«* malte eine Evakuierung aller Kinder vor dem letzten Atomkrieg aus, sozusagen eine Fassung der *Konferenz der Tiere* für Erwachsene (II: 205–210). *Die Maulwürfe*, eine ökologische Vision vom Untergang der Menschheit, konnte Karl Schönböck noch mehr als dreißig Jahre nach dem Kabarettprogramm auswendig.[33] Herkings Soli wie *Das dämonische Weib* wurden von den Tageszeitungen gerühmt, ebenso das Gedicht *Der kleine Mann im Ohr*, in dem sich Kästner einen Finanzbeamten mit Phantasie ausgedacht hat: Nachdem ihm -zig Sondersteuern eingefallen sind, schlägt er dem Finanzminister die radikale Lösung vor:[34]

>»Alle Löhne und Gehälter
>und die sonst verdienten Gelder
>schickt uns *ohne jeden Abzug* Ihr Büro!
>Dann hab'n Sie zwar keine Gehälter mehr
>und überhaupt keine Gelder mehr,
>doch der Vorteil ist trotzdem sehr gross!
>Denn wir sind mit einem Schlage
>unsre höchst prekäre Lage,
>das Gepfände und Geplage,
>Ihr Geschimpfe und Geklage,
>und die ganze deutsche Steuerfrage
>los!«

Kästners *Solo mit unsichtbarem Chor* ist eines seiner besten Gedichte der Zeit und wurde auch von anderen Kabaretts nachgespielt; ein zwangspensionierter General exerziert mit seinem Gemüse und sehnt sich nach »Deutschland, ans Gewehr!«

>»Hauptsache, daß wir wieder Ordnung kriegen.
>Und das deutsche Rückgrat wieder gradebiegen.
>Und daß wir wieder mal richtig liegen.
>Und, wenn es sein muß, zum drittenmal siegen!« (II: 228)

Von dem Hollywood-Film *All about Eve*, dessen Synchronfassung Kästner schrieb, ließ er sich zu einem Gedicht über typische Frauenposen anregen, *Einiges über Eva* – die ›Naive‹, die »Intelligenzbestie«, der Vamp; die letzte schließlich ist »aufs Angenehmste und in jeder Weise fraulich«.[35] Über *Münchhausen* schrieb er eine neue Variation, gleichzeitig mit seiner Nacherzählung für Kinder; diesmal als Gedicht; der Lügenbaron erinnert sich, wie »höchst poetisch« früher das Lügen gewesen sei; heute »lügt man ernst und ›ehrlich‹, / hauptberuflich, hundsgefährlich, / feierlich und sowieso.«[36] – Die wenigen Szenen für die *Kleine Freiheit* sind Kästner dagegen mißraten; seine Rahmenhandlung für das erste Programm *Die kleine Freiheit*, wo sich die Schauspieler nach und nach für den nächsten Krieg abwerben lassen, wirkt heute behäbig (II: 390–399). Für seine *Acharner* nach Aristophanes (II: 296–308) und die Zwischentexte im Programm *Das faule Ei des Columbus* hat er schon damals Schelte von der Presse bekommen: In den Zwischentexten gehe es »[n]icht ohne Krampf«, und den *Acharnern* fehle »weder Mut noch Moral. Was die Moral betrifft, so hat er sogar ein wenig zu viel davon. Doch es fehlt der Witz. Die Grazie. Die Ueberlegenheit. Die gute Sache (die Sache des Friedens – es gibt keine bessere) geht, weil's ihm so verzweifelt ernst ist, mit ihm durch, und wo Souveränität des Humors, wo Ueberzeugungskraft des Witzes herrschen müßte, wird angestrengt belehrt.«[37] Kästner räumte ein, die »›Acharner‹ sind, scheint's, ins Auge gegangen.«[38] Später distanzierte er sich etwas vom Kabarett; 1953 fand er eine Premiere der *Kleinen Freiheit* »sehr hübsch und ebenso belanglos«,[39] für die letzten Programme bis zur Umwandlung in ein Boulevardtheater 1958 schrieb er nichts mehr.

Der Schriftsteller Oliver Hassencamp erinnerte sich 1989 an die Wirkungen der Texte seines Koautors: »Erich Kästner war nicht immer leicht auf die Bühne zu bringen, seine Texte waren Aussagetexte und nicht an eine Person, an eine darstellerische Figur gebunden, und es bedurfte sehr guter Interpreten, aber wenn der Interpret sehr gut war, dann hat der Text *geleuchtet*. Die Genauigkeit und die Vernünftigkeit seiner Texte sind ja überhaupt das, was Erich Kästner ausmacht, er hat sich ja selber als einen Gebrauchslyriker bezeichnet, er wollte seine Leser erreichen, nicht fern von ihnen sein, hat sich immer an die Sprachbilder gehalten und nicht in Lyrismen verstiegen, die kein Mensch mehr versteht, am allerwenigsten der Autor.«[40]

Nach dem gesteigerten Ernst der *NZ*-Feuilletons haben seine späteren oft etwas Kabarettistisch-Unverbindliches. So lag ihm das Goethejahr wieder am Herzen, diesmal stand der 100. Todestag bevor. Kästner ließ seine vergleichsweise politische Kasperl-Groteske von 1932 nachdrucken, und er schrieb für den *Pinguin* (Heft 2/1949) eine Glosse über *Das Goethe-Derby* (II: 312f.): »Ich sitze im Benz, trinke Benzin und suche krampfhaft nach einem Pinguin-Thema. ›Goethe und die Kleidermotten‹ oder etwas ähnlich Hübsches.«[41] Er schätzte, das Jubiläum »dürfte ziemlich schrecklich werden«. Kein Redakteur, Philologe, Pastor, Philosoph und Parteiredner werde sich lumpen lassen, es werde Goethe-Goldorangen geben, »Berlichingen-Fausthandschuhe« für Skifahrer und den Goethe-Büstenhalter, »Marke Freifrau vom Stein«. »Von der falschen Feierlichkeit bis zur echten Geschmacklosigkeit wird alles am Lager sein, und wir werden prompt beliefert werden. […] Goethe, wie er's verdiente, zu feiern, mögen ein einziger Tag oder auch ein ganzes Leben zu kurz sein. Ein Jahr aber ist zu viel.« (II: 313)

Theaterkritiken schrieb er nur noch selten. Er sah nach der wirtschaftlichen auch die »Theater-Restauration« am Werk, mit »französischem Cognac und Frankfurter Würstchen in der Pause.« Er mochte sich nicht für »untüchtige Handlungsreisende, katholische Ehebrecher mit doppeltem Boden, nymphomanische Lehrerinnen, hässliche Erbinnen mit Vaterkomplexen und andere Spezialitäten« interessieren.[42] Die Uraufführung von Friedrich Dürrenmatts *Die Ehe des Herrn Mississippi* durch Hans Schweikart an den Münchner Kammerspielen dagegen rühmte er in der *Weltwoche*, pointierter noch in einem Brief an Helga Veith: »Endlich mal wieder Kasperletheater mit tieferer Bedeutung, nicht diese amerikanischen Seelenkisten, die mich tödlich langweilen.«[43]

Emil Kästner wohnte seit Dezember 1947 nicht mehr in der Königsbrücker Straße, sondern zusammen mit seiner Betreuerin Maria Hurtig in der Berner Straße 7.[44] Von der geschiedenen Mittvierzigerin bekam er endlich die Fürsorge, für die er durchaus empfänglich war; zum ersten Mal seit Jahrzehnten war er nicht nur geduldet. »Eine Mutter kann ihren Sohn nicht besser versorgen, wie Frau Hurtig mich.« (9.3.1953, VB) Seine Frau besuchte er mehrere Nachmittage in der Woche im Sanatorium, obwohl ein Gespräch kaum mehr möglich war; und er schrieb ausführliche Bulletins an den Sohn in München: »Unterhalten kann man sich mit Muttchen wenig. Sie will manchmal etwas sagen, aber nur ein Wort und da wissen wir nicht was sie damit meint. Zu schade und traurig.« (24.6.1950, VB) Maria Hurtig begleitete Kästner oft bei diesen Besuchen und fütterte die Kranke, mit Kakao, Ei, Kuchen... »Ein Foto habe ich Muttchen mitgenommen. Ich fragte nun Muttchen wer ist denn das, da sagte sie nun unser guter Erich.« (13.7.1950, VB) Ida Kästners 80. Geburtstag verlief stumm, sie »zeigte wenig Interesse an Allem. Nur zu Deinem Foto sagte sie, der Erich. Sie ißt und trinkt und es schmeckt ihr, aber sonst sagt sie nichts.« (13.4.1951, VB) Erich Kästner besuchte sie noch einige Male und fand ihren Zustand »recht traurig«;[45] an Ostern 1949 schrieb er: »Von Hamburg an der Elbe bis Dresden an der Elbe ist heutzutage ein hübsch langer und abwechslungsreicher Weg. [...] Hier in Dresden ruhe ich mich endlich ein wenig aus. Obwohl die Besuche bei meiner Mutter anstrengend genug sind... [...] Vater hat sich angezogen, Kakao in die Flasche gefüllt, Kuchen geschnitten. Abmarsch ins Sanatorium.«[46]

Auf einem der letzten Besuche erkannte sie ihn nicht mehr. »Sie hielt ein Taschentuch auf den Knien, breitete es auseinander und faltete es zusammen, in einem fort und ruhelos, schaute mich verwirrt lächelnd an, schien mich zu erkennen, nickte mir zu und fragte mich dann: ›Wo ist denn der Erich?‹« (VII: 105) Am 5. Mai 1951 starb sie, am 9. Mai wurde sie beerdigt.[47] Kästner reiste nach Dresden und begleitete seinen Vater auf die Behörden, eine »Parforcetour«. »Zum Glück ist der Papa gefaßt, und die zahlreichen Gänge (Friedhofsverwaltung, Pfarrer &tc) macht er ruhig und gelassen mit. Morgen mittag ist nun also das Begräbnis.«[48] Emil Kästner bedankte sich bei seinem Sohn – »ich war so froh daß Du so schnell hier warst. Ich war ja ganz kopflos. Ich hatte doch selbst noch niemanden beerdigen müssen lassen.« (22.5.1951, VB)

Nach dem Tod der Mutter stürzte Kästner sich in Arbeit. Im Juni 1951 reiste er über Zürich, Vevey und Lausanne nach Lugano. Dabei nahm er den PEN-Kongreß in Lausanne mit, »keine reine Freude«, weil »Becher, Arnold Zweig und Hermlin, via Prag, eingetroffen u manchem anderen PEN-Mitglied das sind, was man einen Dorn im Auge nennt. Und Friedmann war nur den ersten Tag hier. Dann ließ er mich mit meinen Küchlein allein. [...] Manchmal spreche ich höchstselbst Französisch. Zum Beispiel mit den Amerikanern. Die Indonesier können Deutsch, und das ist sehr aufmerksam von den kleinen Herren.«[49] Er hatte vier Projekte zu schreiben: ein Drehbuch nach Friedrich Forsters Jugendbuch und -stück *Robinson darf nicht sterben*, den Synchrontext für *All about Eve*, die *Don Quichote*-Nacherzählung und die deutsche Übersetzung von Sir James Matthew Barries *Peter Pan, or the Boy who would not grow up* (1904). Während er in Lugano auf die Vertragsbestätigung für *Robinson* wartete, entdeckte er in der Zeitung etwas viel Interessanteres und instruierte seine Sekretärin: »Eben lese ich, daß die Davisrunde Italien – Dtschld in *München* gespielt wird. Besorgen Sie mir, bitte, 2 Dauerkarten für alle 3 Tage, ja? Die beste Platzkategorie! – Die Tage hier sind wunderbar.« Er besuchte Robert Neumann in Ascona und traf dort auch Remarque, die ›Zarin‹ aus seinem *Münchhausen*-Film Brigitte Horney und ihre Mutter Karen Horney. »War auch ganz lustig.«[50] Dann ließ er sich nicht mehr halten und schrieb für Josef von Baky *Robinson soll nicht sterben*, ein umfangreiches Drehbuch, das sich brav an Forsters Vorlage hielt – Kinder, begeisterte *Robinson Crusoe*-Leser, helfen dem alten erblindeten Daniel Defoe, die von seinem mißratenen Sohn gestohlene Originalhandschrift des Buchs wiederzubekommen. »Das wird eine harte Nuß. Der Stoff reicht für ein Kinderhemd, nicht für 2800 m Film.«[51] Immerhin konnte Kästner den Termin einhalten: »Das Drehbuch und ich liegen in den letzten Zügen. Die Speiseröhre murkst wieder. Aber ich habe, wie Kaiser Wilhelm I., keine Zeit, allein müde zu sein.«[52] Am 10. August 1951, wieder in München, war er mit dem Drehbuch fertig, setzte sich ins nächste Straßencafé und beobachtete den »Verkehr, um mich von meiner Selbstbewunderung abzulenken.«[53] Das weitere Schicksal von Kästners Drehbuch ist ungewiß; von einem weiteren Kaffeehausaufenthalt schrieb er: »Ich sitz vorm ›Leopold‹. Heute sind sehr viel Busenträgerinnen unterwegs. Das freut und erwärmt mein alterndes Herz. In Grenzen, versteht sich. [...] Ich probier [...] an einem Kantatentext (›De minoribus‹) fürs nächste Kabarettprogramm herum und werd mich morgen mit Baky über die Vor- und Nachteile des neuen Drehbuchs streiten.«[54] Der Streit scheint nicht zu Kästners Gunsten verlaufen zu sein. Josef von Baky verfilmte *Robinson soll nicht sterben* erst fünf Jahre später, ein liebevoll rekonstruierter Historienstreifen, prominent besetzt mit Romy Schneider, Horst Buchholz und Erich

Ponto. Als Drehbuchautoren zeichnen Emil Burri und Johannes Mario Simmel; Kästner wird im Abspann nicht erwähnt. Die ursprüngliche Geschichte um den historischen Daniel Defoe macht nur noch einen kleinen Teil der Handlung aus, die Autoren haben dem Film eine sozialgeschichtliche Dimension hinzugefügt und thematisieren die rabiate Kinderarbeit im England des 18. Jahrhunderts.

Mehr Glück hatte Kästner mit *All about Eve*, einem der bedeutendsten Filme über Hollywood, mit sieben Oscars ausgezeichnet und mit Anne Baxter und Bette Davis hervorragend besetzt; Marilyn Monroe spielt eine Nebenrolle. Der Film beschreibt den Aufstieg der intriganten Kleindarstellerin Eve auf Kosten einer alternden Diva, in deren Vertrauen sie sich einschleicht. Der Zuschauer wird lange im unklaren gelassen, ob Eve geschickt und skrupellos oder ob sie das schlichte, natürliche Gemüt ist, als das sie sich darstellt. Darüber hinaus machen besonders die von Sottisen strotzenden Dialoge den Reiz des Films aus. Kästner hat die deutsche Fassung des über zwei Stunden langen Films bearbeitet. Die originalen Dialoge ließen keinen Raum für Sentimentales, Kästners Bearbeitung ist entsprechend scharf und genau und zeigt ihn von der besten Seite. Und das, obwohl ihm die Arbeit mißfiel – er stöhnte über die schiere Masse: »Nun, mich losgerissen habend, beginne ich heute mit ›All about Eve‹. Halt mir die Daumen, daß ich in 14 Tagen mit der Bearbeitung fertig bin! Es sieht leider nach ›viel‹ aus.«[55] Er beschrieb exakt, was ihm so unerträglich wurde: »Ich sitz nun seit Tagen über ›All about Eve‹ und muß sagen: Dieses Silbenstechen ist ärger als Hundeflöhen! Am schlimmsten sind die Labialen, da muß wegen des Mundschlusses etwas Passendes gefunden werden (klingt wie Hohn), auch wenn dann Wort u Satz keinen Sinn ergeben. Und das soll ich nun noch fast zwei Wochen weitertreiben! Abscheulich!«[56] Es wurde seine erste und letzte Synchronfassung eines amerikanischen Films, die nächsten Angebote lehnte er prompt ab: Er sollte Stanley Kramers *The Four Poster* (1952) synchronisieren, ein Kammerspiel mit Lilli Palmer und Rex Harrison. »Zwei Schauspieler – Ehegeschichte von Hochzeit bis Tod – in einem einzigen Zimmer, und der Held noch dazu ein Schriftsteller, das ist zu viel für die deutsche Sprache, bei 2800 m! Als Zwischenszenen bei den Zeitsprüngen so herrliche Trickzeichnungen, daß sie alles andre einfach totschlagen. Wie da z. B. der erste Weltkrieg in Zeichnung und Musik hingelegt wird, – dagegen verblaßt der hinterdrein-fotografierte Mutterschmerz wie ein Kartoffelkeimchen.«[57] Sogar *Monsieur Verdoux* des verehrten Chaplin schlug er aus.[58]

Wie gut Kästners Doppel- oder Mehrfachleben funktionierte, ist besonders an seinen Winterurlauben abzulesen. Jeder seiner Freundinnen gab er das Gefühl, sie sei die wichtigste und eigentlich einzige; nur durch Luiselotte Enderle sei er immer wieder zu Kompromissen gezwungen. Mit ihr verbrachte er die Weihnachtsfeiertage und Jahreswechsel in Badgastein oder im »Palace Hotel« von St. Moritz, den Orten der *high society*. Das Quasi-Ehepaar konnte dort gesehen werden, man traf Freunde und Bekannte, die Regisseure Willi Forst, Kurt von Molo, den Romancier Erich Maria Remarque. Von beiden Orten schrieb er ab und zu beinahe gleichlautende Briefe und Karten an seine in München gebliebenen Freundinnen; immer mit dem Tenor, wie anstrengend für ihn die Feiertage seien, daß er viel arbeite und daß ja bald das neue Jahr beginne. So heißt es auf einer Karte an Barbara Pleyer aus Badgastein: »Viel fremdes Volk ist hier: Inder, Perser, Schweden usw. Das lenkt ein bißchen ab.«[59] Das Pendant an Helga Veith: »Aber viel buntes Volk ist unterwegs. Von Schweden bis zu Indern alles da.«[60] Über Silvester tröstete er mit einem schönen Kompliment hinweg: »Bald ist das alte Jahr überstanden. Und die Reise geht auch zu Ende. *Spätestens* am 3. Jan. beginnt das Neue Jahr.«[61]

Tatsächlich führte er sein Alltags-Arbeitsleben in diesen Urlauben weiter, auch seinen Tagesrhythmus: »Die Luft, wenn man die nach München exportieren könnte! So was Xundes! [...] Ich trink grad Bier und lese die Süddeutsche Zeitung. Insoferne hat sich also nix geändert.«[62]

Ähnliche Berichte schrieb er von seinen Auslandsreisen, die er in der Regel ebenfalls mit Luiselotte Enderle zusammen unternahm, zu PEN-Kongressen oder zu Leseabenden, nach Paris, Stockholm, Uppsala, Dublin, London, Amsterdam und Rom. Paris und Rom gefielen ihm besser als die nördlichen Großstädte – »so warme Sommertage, daß wir bis nachts 2 Uhr ohne Mantel vor den Cafés saßen. Herrlich.« (13.10.1957, VB) An Irland würdigte er die Skurrilität; die Landschaft empfand er als »[h]alb Riviera, halb nordisch, eine verrückte Mischung. Und die Bevölkerung sieht aus wie bei O'Casey.«[63] London dagegen war ihm zu groß; vom PEN-Kongreß im Juli 1956 schrieb er Barbara Pleyer, er sei »ziemlich halbtot vom üblichen Volksrummel.

Dauernd 4–800 Kollegen um die Ohren. Reden, Diskussionen, Abstimmungen. Dazu Debatten mit Maschler. Ewig im Taxi unterwegs. Riesen-Entfernungen. Heute abend Vorlesung (mit Kaschnitz und Kesten). Empfänge mit Herumstehen, Keepsmiling und Howdoyoudo«.[64] Und sein Tagesrhythmus war hier empfindlichen Einschränkungen unterworfen – »24ʰ Polizeistunde und warmes Bier, das ist kein Land für meines Vaters Sohn!«[65]

Als Kuriosum sei vermerkt, daß er 1955 in St. Moritz eine Modenschau in seinem Hotel besuchte. Er blieb unbeeindruckt, machte aber viele Notizen für Luiselotte Enderle über den Stil: »Collection Fad. Viel schwarz stumpf und glänzend kombiniert. [...] Dezente Langeweile. Ein paarmal Betonung von Hüftformen, die deutlich nicht vorhanden sind. [...] Die Leute mopsen sich. Einfachheit ist modisch (wie auch sonst) das Schwerste. Hier kann man's nicht.« Nicht einmal die Mannequins gefielen ihm, er fand sie zu mager: »Der Reporter kann die Knochengestelle nicht mehr sehen und trinkt einen Schluck. Die Männer können solche Mannequins und Kleider nicht wollen! Eine Verschwörung der Frauen! Sollen sie sich und die Sachen untereinander auftragen. [...] *Summa*: Früher hätten die Kundinnen gern die Figuren der Mannequins gehabt. Heute ist das umgekehrt. Doch da hilft kein Tüll und kein Pannier [!].«[66]

1953 wurde Kästner und Enderle der Mietvertrag ihrer möblierten Wohnung in der Fuchsstraße gekündigt, sie besorgten sich über Wochen eigenen Hausrat und zogen Ende August in eine Doppelhaushälfte in der Flemingstraße 52. Sie blieb, bis auf einige Unterbrechungen, Kästners letzte Adresse. Er lebte dort mit »Lottchen« und einer steigenden Anzahl Katzen, versorgt bis 1955 von der Aufwartefrau Ingrid Mittensteiner und, nach einigen Wechseln, von Rosa und Alois Holzer. Sie wurden 1957 eingestellt und blieben, zunehmend eher Freunde als Hausangestellte, mehr als zehn Jahre.

Das neue Haus hatte ein riesiges Gartenstück am Herzogpark, das dürfte Kästner angezogen haben. Er hatte den Bukoliker in sich entdeckt, mit Hilfe eines Redakteurs der *Schweizer Illustrierten Zeitung*, dem Kästner seit 1948 gelegentlich Feuilletons zur Veröffentlichung gegeben hatte. Für eine monatliche Sonderseite »Prognose des Monats« erbat sich der Journalist »jeweils ein den Monat ausdeutendes Kalendergedicht«.[67] Kästner sollte für jeden Monat ein solches Gedicht schreiben. Ihm gefiel der Gedanke »sehr gut«, nur der Termin für das erste Gedicht war ihm zu knapp.[68] Er schrieb dann den *Januar* wie gewünscht innerhalb von zwei Wochen; seine zwölf Gedichte wurden jeweils um den Monatsersten herum in der *Schweizer Illustrierten Zeitung* veröffentlicht, parallel dazu durfte sie die *Süddeutsche Zeitung* nachdrucken. Für die Buchausgabe (1955) dachte er sich noch *Der dreizehnte Monat* aus, einen potentiellen Monat, der die Eigenschaften aller anderen vereinigen sollte – oder aus »unerhörten Tönen« bestehen, aus »Farben, die kein Regenbogen zeigt« (I: 314). Auch das Vorwort ist für die Sammlung entstanden; Kästner erklärte hier, er habe seine Gedichte als »Großstädter für Großstädter« geschrieben (I: 300), der Natur immer einen Monat voraus, mit Hilfe des *Kleinen Brehm*, *Unsere Pflanzenwelt* und *Die deutsche Schulflora*.

Seine Gedichte sind kunstfertige Idyllen, an denen ihr Autor Geschmack gefunden hatte; insbesondere durch seinen neuen Garten. Kästner und Enderle hatten den ›grünen Daumen‹, sie ließen eine Magerwiese wachsen, lange bevor der Begriff aufkam. Ein Bauer mähte ihnen die Wiese zweimal im Jahr, sie pflanzten Blumen und zogen auch ein bißchen Gemüse, ein paar Tomaten, Stangenbohnen. Kästner schrieb lange Elogen über den Garten an seinen Vater, denen man die Lust anmerkt, nach der Arbeit an den *Dreizehn Monaten* alles wieder benennen zu können, was es zu sehen gab: »Die Wiese blüht, und das Gras geht mir bis zum Kinn. Glockenblumen, Margeriten, Pusteblumen, Wiesenstorchschnabel, alles in Fülle. Die Katzen sind selig, fangen Mäuse und Ringelnattern, die wir dann retten müssen. Da tut manchmal das Arbeiten-Müssen weh. Na ja.« (5.6.1956, VB) Er lustwandelte in seinem Privatpark und zählte die Blüten und Früchte: »Im Garten platzen die ersten Rosen auf. Ein kleiner Strauch hat 54 Knospen! Vorhin hab ich Mohn und Vergißmeinnicht für die Vase gepflückt.« (22.6.1954, VB) – »Die Wiese ist fast einen Meter hoch. Die Stachelbeeren beginnen zu schwellen. An vier Sträuchern entwickeln sich insgesamt 32 Stück. Ein paar Apfel- und Birnenblüten scheinen auch Frucht angesetzt zu haben. Die Bohnen beginnen in den nächsten Tagen zu ranken. Der Flieder verwelkt. Die Pfingstrosenknospen sind noch nicht sehr dick. Das Wetter hat dieses Jahr wieder schrecklich getrödelt! Aber trotzdem ist es wunderschön, gerade jetzt, in der prallen Sonne. Ich lasse meinen Bauch bescheinen, trinke kühles Bier und schnurre wie die drei Katzen, die, irgendwo im Gras versteckt, ihr

Kästner um 1955

Leben bei Kästners genießen.« (6.6.1955, VB) Seit 1956 waren es vier Katzen; die weiblichen hießen nach berühmten Schauspielerinnen, »Pola« (Negri), »Lollo« (Gina Lollobrigida) und »Anna«, nach der Zarentochter Anastasia; nach wem »Butschi« hieß, ist nicht bekannt. Kästner schwelgte in Flieder, Glockenblumen, Jasmin, den Eschen und Erlen, »richtig verliebt« in die blühende wilde Wiese (22.6.1954, VB); um das Idyll vollkommen zu machen, ließ er sich eine alte Straßenlaterne zwischen zwei Bäume einbetonieren, wie »damals auf der Königsbrücker Straße« (6.6.1955, VB).

Nachdem die materiellen Nöte der ersten Nachkriegsjahre überwunden waren, hatte Kästner noch einige gute Jahre, besonders in der ersten Hälfte der fünfziger Jahre. Er war produktiv, vor allem für Film und Theater; und Emil Kästner hatte die Rolle Ida Kästners übernommen, stellte Kästners Privatpublikum, freute sich über jeden Brief des Sohns und war für den besonderen, kindlichen Ton der Briefe zugänglich. Das Verhältnis zwischen beiden wurde beinahe so eng wie das zwischen Sohn und Mutter; nun bekam Emil Kästner die »Mill Gr u K von Deinem 58jährigen Jungen« (28.2.1957, VB). Enderle und Kästner schickten regelmäßig Päckchen in die ›Zone‹, zwei im Monat waren erlaubt, mit Lebensmitteln aller Art, mit Eiern, Butter, Tubenhonig und Blutwurst, Salzstangen und Bittermandelöl, Zucker und Mettwurst, Pfanni und Zigarren, immer wieder Zigarren – auch die mußten rationiert werden, sie durften nicht mehr als zehn Stück pro Sendung schicken. Sein Vater schickte ihm dafür nach und nach die von Ida Kästner gesammelten Archivalien, darunter das *Münchhausen*-Drehbuch und andere Filmmanuskripte (23.12.1953, 29.1.1954, VB). Seine Geburtstags- und Weihnachtsgeschenke fanden Anklang: Er schenkte ihm etwa Bücher über über Ludwig Richter, Carl Maria von Weber und Goya: »Wunderbar sind Deine Weihnachtsbücher, mein Bester!« (7.1.1955, VB) Nach seinem 56. Geburtstag bedankte sich Kästner für den »prima Streußelkuchen« und zwei Bücher: »Das Buch über Dresden ist, vor allem der Fotografien wegen, auf recht traurige Art interessant. Ach, unsere ehemals so herrliche Heimatstadt! Man könnte heulen. – Und das Buch Professor Klemperers über die ›Geschichte der französischen Literatur im 18. Jahrhundert‹ hab ich, gleich als das Paket angekommen war, zu lesen begonnen. Wie gut Dich Herr Scharnhorst berät!« (23.2.1955, VB) Sogar der früher geschmähten –

weil schlecht bezahlten – Arbeit des Vaters gedachte Kästner jetzt mit Rührung. Ein junger Fernsehregisseur erzählte Kästner von seinem Vater, der in Löbtau Fabrikdirektor war: »Für diese Firma hast Du in Heimarbeit gearbeitet, wahrscheinlich Riemen usw. Die Mama hätte die Sachen immer nach Löbtau gebracht.« Der Direktor habe den jungen Angestellten »oft Deine Arbeiten gezeigt und gesagt, so gut wie Du müßten sie arbeiten lernen! Ist das nicht hübsch?« (25.10.1957, VB) Auch umgekehrt versicherte der Vater den Sohn seiner Zuneigung, nun ihn niemand mehr daran hinderte: »Meine Gedanken sind zu jeder Minute bei Dir. Ich frage mich in Gedanken zu jeder Stunde, was mag mein Lieber jetzt tun.« (19.1.1957, VB) Auch die regelmäßige Übersendung von Fotografien setzte sich fort, Emil Kästner versicherte: »Ich freue mich ja immer, da ich Dich bildlich um mich habe. Da unterhalte ich mich mit Dir.« (20.1.1955, VB)

Vater und Sohn trafen sich mindestens jährlich in Berlin, Emil Kästner und Maria Hurtig wohnten in Elfriede Mechnigs Wohnung in der Niedstraße. Kästners Vater wurde gesellig und unternehmungslustig, er lernte wie früher Ida Kästner den ›Umgang‹ seines Sohns kennen, so Gustav Knuth, »er schwärmte geradezu von Dir! Entsinnst Du Dich seiner? Der große, lustige, breite Kerl!« (19.3.1955, VB) Auch ohne Erich Kästner fuhren der 88jährige und seine Betreuerin nach Berlin, hüteten Mechnigs Wohnung, während sie verreist war, führten ihren kranken Dackel spazieren und gingen ins Kino (5.6.1955, VB).

Viele Erinnerungen an Dresden waren für Kästner mit dem *Fliegenden Klassenzimmer* verbunden; dementsprechend schrieb er seinem Vater besonders ausführlich über dessen Verfilmung durch Kurt Hoffmann. Er werde beim Schreiben des Buches viel an seine Kindheit denken: »Ans Fletchersche Seminar. An den Alaunplatz im Winter. An den Bischofsweg. An die Priesnitz. An Direktor Jobst. An Kandidat Hoffmann. An die Turnhalle. An die Seminarfeier, wo ich als Mädchen mit Zöpfen erschien und mich niemand erkannte. Ans Muttchen und an Dich, mein Lieber, Guter. Bleib mir noch recht lange gesund!« (23.12.1953, VB) Im Dezember 1953, in Badgastein, begann Kästner mit dem Drehbuch und beschwerte sich bei Barbara Pleyer, daß er, »mit Hängen und Würgen, in etwa 6 Stunden nur 21 Einstellungen zustande gebracht« habe. Ihr »Betgenosse« jammerte, er sei »müd wie ein Walroß nach einer Fußwanderung. Und einfallen tut mir auch nichts mehr. […] Dabei ist's erst 1 Uhr! Oder es ist das herannahende

Alter? Das müssen wir Anfang Januar experimentell zu klären suchen.«[69] Mitte Januar etwa war das Drehbuch fertig, bis Februar nahm er noch in Absprache mit dem Regisseur kleinere Änderungen vor. Anfang Februar suchte er zusammen mit Hoffmann die künftigen Schauspieler aus: »Morgen nachmittag sieben wir wieder unter etwa den ausgesuchten sechzig Vierzehnjährigen die besten fünfzehn Knaben heraus.« (7.2.1954, VB) Ende Februar wurde schon gedreht, und Kästner setzte sich an die nächsten Projekte. Seine Dramatisierung des *35. Mai* wurde erfolgreich an Berliner Hebbeltheater gespielt (30.5.1954, VB); vor dem Drehbuch zur *Verschwundenen Miniatur* schob er die Nacherzählung der *Schildbürger* ein, die im selben Jahr erschien.[70] Die Verhandlungen über die Verfilmung seines Kriminalromans waren ihm eine willkommene Gelegenheit, nicht auf den PEN-Kongreß nach Amsterdam zu fahren (22.6.1954, VB). Das Drehbuch schrieb er dann im August und in der ersten Septemberhälfte, die Dreharbeiten begannen postwendend. Der Film *Die verschwundene Miniatur* mißlang; nach Kästners Ansicht hatte der Regisseur den Film »versaut« (1.7.1955, VB).

Mit dem *Fliegenden Klassenzimmer* war er dagegen zufrieden, zumal der Film als »Besonders wertvoll« eingestuft wurde. »Das ist die in Westdeutschland höchste Auszeichnung. Da freut man sich ja doch!« (2.9.1954, VB) Kästner hatte selbst zwei kleine Auftritte als »Autor« und sprach auch den Erzähler aus dem Off. Er hatte dafür völlig neue Textpassagen geschrieben, auch viele Dialoge der Jungen sind neu; besonders diese Versuche in Fünfziger-Jahre-Jugendsprache wirken heute leider reichlich künstlich, unglaubwürdig, betulich. Die jugendlichen Schauspieler waren ihren Parts unterschiedlich gewachsen, einige ihrer Namen wurden später bekannt: Den klavierspielenden Ferdinand spielte Michael Verhoeven, Peter Kraus den Johnny Trotz. Bruno Hübner erbrachte als Deutschlehrer Kreuzkamm eine kabarettreife Leistung; Paul Dahlke spielte den gerechten Bökh, Paul Klinger den verschollenen »Nichtraucher«-Freund. Neu eingefügt hat Kästner die Figur einer Internats-Krankenschwester (gespielt von Heliane Bei), die sich in den Schularzt in spe verliebt. Der Vorspann zeigt Kästner vor den Alpen auf einer Wiese sitzend, das Kalb Eduard holt ihn ab. In der Schlußszene sitzt er als geheimnisvoller Mensch im Münchner Hofgarten-Café, fragt Johnny Trotz aus, wie's mit all seinen Mitschülern weiterging, und entfernt sich, als der Junge wissen will, wer er eigentlich sei. Der Kellner bringt dem Jungen dann auf Kästners Geheiß ein Exemplar des *Klassenzimmer*-Buchs, mit einer handschriftlichen Ergänzung Kästners auf dem Umschlag – nach der Autorenangabe »von Erich Kästner« schreibt er dazu: »und Johnny Trotz«. Der Kabarettforscher Klaus Budzinski lernte Kästner bei einer Presseveranstaltung für den Film kennen, und er war enttäuscht: »Vor mir saß ein verklemmter, wortkarger, unwitziger Mann, dem man die Würmer nur so aus der Nase ziehen mußte.«[71]

1956 schrieb Kästner seine Kurzfassung von *Leben und Taten des scharfsinnigen Ritters Don Quichotte*, eines Menschen, der »beim Lesen übergeschnappt« war (IX: 100). Die Nacherzählung fiel ihm schwer: »Er selber und sein Sancho Pansa sind prächtige Figuren, aber ihre Abenteuer sind manchmal *zu* blöde. Na ja, es wird weitergetippt!«[72] Im übrigen benutzte er das Jahr, um sein Leben etwas zu ordnen.

Seine letzten ausführlichen Briefe an Helga Veith hatte er 1953 geschrieben, danach nur noch kurze Mitteilungen ohne jede Anzüglichkeit aus seinem Stammcafé. Kurze Zettel, ohne Anrede, ohne Unterschrift: »Beste Grüße. Kann neuerdings stundenweise aus der Kaserne. Rufe Dich an.«[73] Veith beendete das Verhältnis zugunsten eines sportlicheren, jüngeren Mannes, der nicht die Einschränkungen von Kästners Lebensstil und Alter hatte. Sie trafen sich noch zwei Jahre lang rein freundschaftlich, Kästner bat sie, ihm den Leitfaden von Knaus-Ogino zu besorgen – »wenn *ich* ihn bestelle, erbittet der Verlag womöglich ein Erfolgsschreiben für Werbungszwecke!«[74] Seit der erneuten Heirat Helga Veiths herrschte dauerhaft Funkstille von Kästners Seite; seine letzte Nachricht an sie: »LH, wie erfreulich, daß es Dir erfreulich geht! Nicht zuletzt, daß Du Heiratspläne wälzt, die Dir behagen!«[75] Helga Veith arbeitete gegen Ende des Verhältnisses mit Kästner als Journalistin und Modefotografin, später als Lehrerin an verschiedenen Schulen.

Das Verhältnis mit Barbara Pleyer war einigen Schwankungen unterworfen, nachdem sie ihn einmal nachts um drei Uhr vor der Wohnung Friedel Sieberts überrascht hatte. Er entschuldigte sich für seinen Charakter, bestand aber auch auf ihm: »Du hast geglaubt, ich sei so, wie ich bin, nur weil ›die Richtige‹ nicht dagewesen sei. Nein. Ich bin ein Kaninchen, aber ein wildes, noch dazu mit einer Art Gewissen. Und unveränderlich. Keine reine Freude.«[76] Kästner beendete das Verhältnis zu ihr ausnahmsweise selbst, 1956, und das mit einem Vorwand: Er bat sie, nicht mehr zu den Premieren der Kammerspiele zu gehen, weil Luiselotte Enderle das nicht wünsche. Sie ging trotzdem, weil sie ihren Beruf nicht mehr ausübte und nur noch dort alte Kollegen treffen konnte; Kästner schrieb ihr daraufhin einen Schimpfebrief und verabschiedete sich.[77] Allerdings blieben beide nach kurzer Unterbrechung befreundet, er schrieb ihr weiterhin, schickte Blumen, sie trafen sich zum Kaffee; sie war eine Frau, mit der er offen auch über seine Privat- und Arbeitsprobleme sprechen konnte. Daß auch Barbara Pleyer ein zweites Mal heiratete, las Kästner in der Zeitung; sie ging für sechs Jahre nach Bremen, 1960 bekam sie ihren zweiten Sohn. All das konnte der Freundschaft nichts anhaben, der Briefwechsel währte bis in die Mitte der sechziger Jahre.

Kästner versuchte jahrelang, seinen Vater einmal zu einem Besuch in München zu bewegen; er warb sogar mit dem Oktoberfestzug: »So was Herrliches an Zaumzeug! Und die schweren Pferde! Na, wir sind richtig begeistert! Das Lederzeug ist hinreißend gearbeitet.« (20.9.1952, VB) Im Herbst 1956 hatten seine Bemühungen endlich Erfolg, Emil Kästner nahm die Strapazen der Reise auf sich und besuchte seinen Sohn zusammen mit Maria Hurtig einen Monat lang. Nur aufs Oktoberfest mochte er nicht mehr: »Mein lieber Erich, wo viel Menschen sind und es lustig u. heiter zugeht, dort wird mir ängstlich. Ich kann das nicht mehr mitmachen.« (20.9.1955, VB) Erich Kästner erinnerte sich in einem Brief an die »wunderschöne Zeit« und hoffte, »daß Ihr mit großem Vergnügen daran zurückdenken werdet. An uns, an die Katzen, an den Garten und die Wiese, an die sonnigen Tage, an die Wespen beim Mittagessen im Freien, an die grünen Bohnen mit Hammelfleisch, an die selbstgebauten Rettiche und Erdbeeren, an die Ausflüge nach Salzburg, Tegernsee und Starnberg, an die Filmaufnahmen in Geiselgastaig, an das Nachmittagsnickerchen auf der Terrasse, an den kleinen Vermouth, ans Hofbräuhaus, ans Oktoberfest, an den Hauptmann von Köpenick, an den selbstgebacknen Kuchen, an die gemütliche Heizung mit den Zigarrenkisten daneben, ans gemeinsame Zeitunglesen morgens, an Frau Hurtig als Gärtnerin, an Anna mit den Mäusen, an die Abendeinladung mit Annette Kolb,

Barbara Pleyer als »Das Frauenzimmer« in Deutsches Ringelspiel 1947, *Schaubude*

an die Pension Schmidt und an das Schottenmützchen, das ja sogar nach Dresden mitgereist ist.« (25.10.1956, VB)

Die erwähnten Dreharbeiten waren ein schwaches Remake des *Kleinen Grenzverkehrs*, wieder unter der Regie Kurt Hoffmanns; der Film hieß nun *Salzburger Geschichten*. Marianne Koch und Paul Hubschmid spielten das Liebespaar, Liesl Karlstadt eine kleine Nebenrolle. Kästner fuhr zur Premiere des Films nach Düsseldorf, weil Hoffmann bereits auf neuen Dreharbeiten war. »Diesmal ist es ein Film nach einem Roman von Thomas Mann« (13.1.1957, VB), nämlich die *Bekenntnisse des Hochstaplers Felix Krull*.

In St. Moritz hatte Kästner sich um die Jahreswende 1955 die ersten Notizen für sein autobiographisches Buch *Als ich ein kleiner Junge war* gemacht, ein Jahr später wollte er dort einige Kapitel des Buches schreiben (19.12.1956, VB). Es war sein erstes Kinderbuch seit langem, und eines der besonderen Art; Kästner konnte sich in diesem Fall besonders schwer entscheiden, wohin es gehörte. Er hat es sowohl in die *Gesammelten Schriften für Erwachsene* wie in die Kinderbuchausgaben aufgenommen. Wie in den Anfängen seiner Karriere als Kinder- und Jugendbuchschriftsteller war Kästner sehr unsicher über sein Manuskript. »Ich kaue an meinem Kinderbuch wie an einem hölzernen Federhalter. Als ob ich noch nie im Leben ein Buch geschrieben hätte.«[78] Er ›probierte‹ den Anfang erst an Kindern aus: »Vor ein paar Tagen wurde ich mit dem 1. Kapitel fertig und las es noch am gleichen Nachmittag zu einer Weihnachtsfeier etwa fünfhundert Kindern vor. Ich glaube, daß es ihnen ganz gut gefallen hat. Nun werde ich also etwas schneller vom Flecke kommen.« (19.12.1956, VB)

Als ich ein kleiner Junge war beschwört Kästners eigene Vergangenheit (mit kleinen Retuschen) und auch die Vergangenheit seiner Geburtsstadt Dresden. Er las sich dafür durch Erinnerungslyrik in Dresdenbüchern wie Fritz Gays *Unsterbliche Stadt. Requiem und Ruf*. Emil Kästner hatte ihm dieses Buch geschenkt: Grafiken im Stil des 19. Jahrhunderts zeigen, was von den berühmten historischen Gebäuden Dresdens nach dem Bombardement der Alliierten übriggeblieben war, und Gay feierte die Stadt als »zerschundenes Wrack auf dem Grunde der Zeit«, erinnerte an das »Linienspiel der Brücken, Terrassen und Türme, aufgerichtet im lauen Abendwind und still sich im gleitenden Wasser spiegelnd. Unvergeßliche Sprache der alten Gassen und Winkel und Treppen. Es war die Stille dieser Stadt, die wir liebten, die Musik ihres Steins, die Verzauberung, die uns allerorts umfing in den Zeugen einer verklungenen Vergangenheit. Nun ist die Stadt zerstiebt, versunken in der Katastrophe einer einzigen Nacht, da die apokalyptischen Reiter über das Elbtal rasten, die Schönheit Dresdens zu Staub zu zerreiten.«[79]

Über Monate schrieb Kästner Kolonnen von Fragen an seinen Vater: »Sei so lieb, und schreib mir doch bald, wann Ihr, Du und Muttchen, geheiratet habt. War es im Jahre 1892? In Döbeln? Hattest Du dann Dein Geschäft in Döbeln? Wann zogt Ihr von dort fort? Gleich nach Dresden? Gingst Du dann gleich zu Lippolds? Wurde ich in der Königsbrücker Straße 66 geboren? Wann zogen wir aus der 48 in die 38? War der Lehrer Franke unser erster Untermieter?« (19.12.1956, VB) Auf einen Antwortbrief Emil Kästners folgten die nächsten Fragen: »Deine Notizen haben mir für mein Buch gute Dienste getan. Was ich noch gerne wüßte, ist: was für berittene Regimenter in Borna, Grima, Oschatz usw. lagen. Du weißt das sicher noch, ja? Gab es nicht auch irgendwo Reitende Jäger? [...] Weißt Du zufällig noch, in welchem Jahr der Streik war, wo die berittene Polizei die Königsbrücker Straße langkam und die Straßenlaternen mit Steinen beworfen wurden? 1905 oder 1906 oder später?« (23.1.1957, VB)

Als ich ein kleiner Junge war sollte im Oktober 1957 erscheinen, Kästner wollte das Manuskript bis Mitte August beendet haben (5.8.1957, VB). Das scheint ihm gelungen zu sein, der Band kam Ende Oktober heraus; Astrid Lindgren bat ihn um das Manuskript: »Ein Vogel hat gesungen dass Sie bald Ihre ›Kindheitsgeschichten‹ fertiggebracht haben. Wir freuen uns ganz ungeheuer es lesen zu dürfen.«[80] »Ob es wirklich richtig gut werden wird, weiß ich nicht. Das weiß man, während der Arbeit, leider niemals, sondern erst hinterher, und dann ist es dummerweise zu spät. Dann kann man nicht noch einmal von vorn anfangen, auch wenn man möchte. Es hat halt jeder Beruf seine eigenen Schwierigkeiten.« (18.7.1957, VB)

Das Buch fand in der Literaturkritik kaum Aufmerksamkeit, aber nach einem Vorabdruck in der Illustrierten *Constanze* erhielt Kästner die sprichwörtlichen Waschkörbe voller Post von ehemaligen Dresdnern. Er schrieb seinem Vater: »[D]er Constanze-Verlag schickt mir fast täglich Briefe, die für mich, wegen des Abdrucks der Kindheitserinnerungen, eintreffen. Man glaubt gar nicht, wieviel Dresdner es auf der Welt gibt.« (27.10.1957, VB) »Es ist schon ein ganzer, hoher Berg!« (17.12.1957, VB) Er schickte Emil Kästner einen Teil der Zuschriften und lamentierte: »So geht das in einem fort, und wenn ich das alles lang und breit beantworten wollte, würde ich gar nicht fertig.« (8.11.1957, VB)

Emil Kästner erlebte noch die Verleihung des Büchnerpreises an seinen Sohn und das Erscheinen von *Als ich ein kleiner Junge war*, er hat das Buch aber wohl nicht mehr gelesen. Nach seinem 90. Geburtstag am 5. März 1957 baute er allmählich ab. Er schrieb nicht mehr so häufig, »ich kann nicht mehr, wie ich will, meine Hände sind nicht immer ruhig.« (23.4.1957, VB) Eine geplante weitere Reise nach München im Sommer sagte er ab. Ein paar Tage vor seinem Tod schrieb er Luiselotte Enderle eine Weihnachtskarte von kaum überbietbarer Lakonie: »Mit mir ist nicht viel mehr los.«[81] An Silvester 1957 starb er.

Ignazio Silone hatte 1938 im Schweizer Exil einen satirisch angehauchten Diskussionsroman veröffentlicht: *Die Schule der Diktatoren*. Der künftige Diktator Amerikas, ein tumb-pragmatischer »Mister Döbbl Juh«, und sein künftiger Propagandaminister »Professor Pickup« bereisen die europäischen Diktaturen, um für ihren kommenden Staatsstreich und ihre Herrschaft zu lernen. Der größte Teil des Romans besteht aus Debatten der beiden mit dem Zyniker Thomas: über »Charakterzüge des Diktatur-Aspiranten«, die Partei, faschistische Mythologie, die »besonderen Bedingungen, die den Faschismus und den Nationalsozialismus in unseren Tagen ermöglichten und deren Fortbestehen und Sichausbreiten noch weiter begünstigen«. Kästner kannte Silones Buch, und er überlegte sich sein eigenes Konzept wohl schon 1936; da habe er »den Hitler mal so reden« gehört und sich gedacht: »Wenn man den Diktator lächerlich machen könnte, dann müßte damit das ganze System erledigt sein«.[82] In immer neuen Anläufen versuchte er das Stück zu beenden, schon 1949 meldete er an Cara Gyl, »daß ich noch immer verbissen am Schluss der ›Schule der Diktatoren‹ herummurkse«.[83] Mitte der fünfziger Jahre fluchte er: »Und es wird höchste Zeit, daß ich damit zu Rande komme!« (9.2.1955, VB)

Seine *Schule der Diktatoren* war und blieb das Sorgenkind, ähnlich wie *Notabene 45* mit Ambitionen überfrachtet. Dieses Stück sollte wie das Tagebuch sein Kommentar zum ›Dritten Reich‹ sein, aber zeitenthoben, gültig für alle Diktaturen. Die Niederschrift des Dramas war am 11. Dezember 1955 beendet,[84] er reichte umgehend das vervielfältigte Theatermanuskript bei seinem Freund Kurt Hirschfeld am Zürcher Schauspielhaus ein. »Mitte Januar entscheidet sich's frühestens, ob sie's spielen. Ich bin skeptisch.«[85] Zu Recht; Hirschfeld lehnte ab, er mußte weiter hausieren gehen, und weiterhin vergeblich – in Hamburg, Berlin, Stuttgart, Düsseldorf. Auch die Verleihung des Münchner Literaturpreises ließ ihn kalt, das Preisgeld wollte er Otto Flake stiften: »Der Münchner Literatur-Preis, na ja. Die Annahme des Theaterstücks wäre mir 100mal lieber und wichtiger.«[86] Kästner entschloß sich, die *Schule der Diktatoren* zuerst als Buch erscheinen zu lassen, mit Illustrationen von Chaval (1956).

Kästners Stück ist eine Parabel, die fast durchgängig auf konkrete historische Anspielungen verzichtet; Haar- und Barttracht sollen »keinesfalls Erinnerungen an Figuren der neueren Geschichte wachrufen« (V: 465). Diktatoren sind hier auswechselbare Marionetten, die dem Äußeren, den Gewohnheiten und dem Sprechduktus des ersten Diktators entsprechend in einer abgeschlossenen Villa ›ausgebildet‹ werden. Die eigentliche Macht wird durch eine kleine Clique aus Kriegsminister, Leibarzt, Premierminister und dem »Professor«, der die Schule leitet, ausgeübt. Als der Präsident wegen einer nicht vereinbarten Amnestie politischer Gefangener auf die Seite geräumt wird, versuchen seine Nachfolger unter Führung des »Siebenten« einen Staatsstreich. »Dann wird der Rebell ermordet, und die nächste Diktatur etabliert sich. Er war für sie nur ein Vehikel. Er war ihr Trojanischer Esel.« (V: 461)

Kästners Stück ist in vielerlei Hinsicht problematisch; seine vielen Aperçus, in denen alle Figuren sprechen, laufen seinem großen Anliegen zwischen den Beinen herum und bringen es zu Fall. Die Figur des »Siebenten« ist keineswegs so lichtvoll, wie sie wirken soll; es bleibt ziemlich unklar, wofür er sich mit seiner Revolte einsetzen will. Seine Ideale – »[e]in bißchen Glück für die meisten. Ein wenig Ruhe. Ein Eckchen Freiheit« (V: 534) – sind doch vielleicht ein bißchen undeutlich, und es ist gar nicht gesagt, daß der Revolutionär nicht ebenso tyrannisch wird wie seine Vorgängerclique. Als ihn seine ›Mitschüler‹ fragen, was nach gelungenem Putsch mit ihnen werden solle, antwortet er etwas hochmütig: »Ihr nehmt euch zu wichtig. [...] Ich habe über euch noch nicht nachgedacht.« (V: 509)

Wie *Fabian* hat auch *Die Schule der Diktatoren* eine Appellstruktur. In zwei Szenen sprengt Kästner die Binnenfiktion. Einmal bedrohen die wahren Machthaber des Stücks das Theaterpublikum. Sie mustern die Zuschauer:

»KRIEGSMINISTER: Die Leute sehen aus, als seien sie lange nicht eingesperrt gewesen. Vollgefressen und unverschämt.
PREMIER *taxiert*: Zehn Lastwagen genügten.
KRIEGSMINISTER: Ein paar Baracken. Elektrisch geladener Stacheldraht. Eine Latrine. Ein paar Scheinwerfer. Ein paar Maschinengewehre.
PREMIER: Staatlich gelenkte Sterblichkeit.
LEIBARZT: Die Herrschaften wissen noch nicht, wie fidel es sich ohne Rückgrat lebt.
KRIEGSMINISTER: Pack!« (V: 486f.)

Zum zweiten Mal bricht die Fiktion am Ende des Stücks. Der »Siebente« wird vom Balkon des Präsidentenpalasts gestürzt und zerschmettert auf dem für die Bevölkerung abgeriegelten »Großen Platz«. Am Ende des Stücks ruft der Tote: »Warum ließt ihr mich so allein?« Und nochmals, »zornig«, als letztes Wort des Stücks: »Warum?« (V: 539) War der Appell im *Fabian* schon undeutlich gezielt, aber immerhin noch gezielt, mußte der Appell in Kästners Theaterstück in der Mitte der fünfziger Jahre vollends verpuffen – wer sollte sich von ihm angesprochen fühlen, und wozu? In den Theaterkritiken der Zeit wurde er nur im *Spiegel* und der *Anderen Zeitung* wahrgenommen, die *Schule der Diktatoren* galt als »abendfüllender Kabarett-Sketch«,[87] als »grotesk-satirischer Sketch«,[88] der wegen seines Themas und Autors wohl auch eine Art Tiefgang haben müsse, obwohl man nicht so recht herausbekam, welchen. Carl Amery vermißte das »riesige[.] neue[.] Gelände«, von dem nach 1945 Diktaturen zu erwarten seien, wie »Konsumzwang, Manipulation des Sicherheitsbedürfnisses«; Kästner sei es nicht mehr gelungen, den Menschen »den Besen zum Kehren vor der eigenen Tür in die Hand zu drücken.«[89]

Auf die Buchveröffentlichung hin nahm Hans Schweikart das Stück endlich zur Uraufführung an den Münchner Kammerspielen an; ausgerechnet ihm hatte Kästner das Stück nicht angeboten, weil er in jede Premiere des Hauses ging: »Wenn denen das Manuskript nicht gefallen hätte, und sie hätten es abgelehnt, wär's ihnen peinlich gewesen. Wenn's ihnen nicht gefallen hätte, und sie hätten es angenommen – noch peinlicher. Und hätte es ihnen gefallen, würde gleich jeder sagen, ›natürlich, die werden einen Kästner ablehnen, noch dazu in München‹. Die haben das Buch im Laden gekauft.«[90] Kästner ging häufig auf die Proben, »mächtig gespannt« auf die Eignung seines Stücks für die Bühne (13.1.1957, VB). Die Generalprobe verlief gut, also »ein schlechtes Zeichen für die Vorstellung!«[91] Am 25. Februar 1957 war endlich Premiere. Kurt Meisel spielte den »Siebenten«, unter den weiteren Darstellern waren Peter Lühr, Heini Göbel, Trude Hesterberg, Robert Graf, Pamela Wedekind, Ruth Drexel und Mario Adorf. Wegen des »Kriegsminister«-Darstellers stürzte die Uraufführung beinahe ab: »[W]ir schwitzten Blut und Wasser, weil ein Hauptdarsteller, vor lauter Lampenfieber, vom Anfang bis zur großen Pause, statt seines Textes lauter Unsinn redete. Wenn er dranwar, sagte er nichts. Wenn er nicht dranwar, stotterte er irgend etwas. Und die anderen Schauspieler neben ihm wußten nicht recht, was sie mit ihrem Text daraufhin beginnen sollten. Sie waren in der großen Pause wie aus dem Wasser gezogen. Und wir auch. Nach der Pause ging es dann besser.« (28.2.1957, VB) Publikum und Presse gingen einigermaßen mit, die Münchner Kritiken fand Kästner »recht ordentlich« (28.2.1957, VB). Die zweite Vorstellung mit der auswärtigen Presse war dann »ausgezeichnet«, »Regie und Schauspieler sind prima« (28.2.1957, VB). Kästner wollte sich die Vorstellung noch mehrmals ansehen, um »für künftige Stücke zu lernen. Zum Lernen ist man ja nie zu alt und nie zu begabt.« (28.2.1957, VB) Die Schweizer Presse war, nach einem Gastspiel der Kammerspiele in Zürich, weniger freundlich: »Ich war ein paar Tage niedergeschlagen, weil die Schweizer Presse – ganz im Gegensatz zum Publikum – mein Stück *sehr* ablehnend behandelt hat. Mit einer einzigen Ausnahme. Doch da machte der Kritiker, mit mir den Schweizer Dürrenmatt vergleichend, diesen so herunter, daß es nur Verstimmung geben kann.«[92]

Eher wegen Kästners Namen als wegen seines Stücks lief die *Schule der Diktatoren* mehr als dreißigmal in München; Schweikart wollte bei Kästner ein neues Stück in Auftrag geben, »im nächsten Jahr«: »Als ich ihm sagte, daß ich dafür zwei bis drei Jahre brauchte, fiel er vor Staunen fast vom Stuhl. So schnell schreiben die Dürrenmätze! Na ja.«[93]

Mit Kurt Maschler besprach Kästner schon 1957 in München die »Gesamtausgabe meiner Bücher, die zu meinem 60. Geburtstag erscheinen soll« (10.3.1957, VB). Kästner gab sich mit der Herausgabe der *Gesammelten Schriften* in sieben Bänden einige Mühe; er wurde sein eigener Historiker, schrieb Vorbemerkungen zu vielen seiner Arbeiten und Klappentexte zu den einzelnen Bänden. Seine Berliner Mitarbeiterinnen Mechnig und Erika Wloch mußten die dortigen Bibliotheken abklappern und besonders seine Beiträge für die *Weltbühne* in den zwanziger Jahren auf Schreibmaschinen abtippen – es gab noch keine Kopierapparate, und nicht immer fiel das Ergebnis zur Zufriedenheit des Chefs aus: »Es ist wieder grauenhaft, wie das ausschaut! Vor allem der Aufsatz ›Schmutzsonderklasse‹ ist ein echt Mechnigsches Meisterwerk. Manchmal mußte ich sogar Wörter raten! Also, mindestens die ›Schmutzsonderklasse‹ müssen Sie sauber abschreiben, sonst wird der Dr. Dreßler wahnsinnig, und der Setzer auch.«[94] Helmut Dreßler, der Leiter der Büchergilde Gutenberg, koordinierte die Herstellung der Ausgabe; Atrium und Kiepenheuer & Witsch waren außerdem beteiligt. Kästners Arbeiten für die Ausgabe waren im Oktober 1958 abgeschlossen;[95] sie fand anerkennende Aufnahme bis hin zu den Zeitschriften *Katholische Kirche* und *Tierärztliche Umschau*, wo sie zwischen Katzen- und Mineralienbüchern besprochen wurde.

Außer der großen Werkausgabe erhielt Kästner zum Sechzigsten als Sonntagsmatinee ein »Goldschnitt-Programm« von den Münchner Kammerspielen.[96] Hans Schweikart inszenierte eine Aufführung von Kästners Vorspiel des im ›Dritten Reich‹ konzipierten Stücks *Das Haus Erinnerung*,[97] Schauspieler trugen in einer Matinee, eine Woche vor dem Geburtstag, eine Auswahl politischer und privater Gedichte Kästners vor.

Kästner wurde sich nicht nur mit den *Gesammelten Schriften* historisch, sein Alter machte sich auch anderweitig bemerkbar. Mit Anfang Fünfzig hatte er im Oberkiefer keinen Zahn mehr, »kein edler Anblick«;[98] von einem Treffen mit seinem Vater in Berlin schrieb er: »Allen außer mir schmeckt's!«[99] Das bezog sich auf sein Gebiß – er war frühmorgens, noch vor seinem Haus in der Fuchsstraße, über einen Kieshaufen gefallen, der am Nachmittag noch nicht dagewesen war. Dabei hatte er sich alle Brücken und einige Restzähne ausgeschlagen. Während der monatelangen Behandlung beim Zahnarzt lebte er von

Sekt und Suppen.[100] Mitte der fünfziger Jahre mußte er sein Lieblingsgetränk wechseln; Sekt und Champagner vertrug er nicht mehr, er stieg auf Whisky und Bier um (1. Pfingstfeiertag 1955, VB). Und von seinem Stammcafé mußte er sich verabschieden, das »Freilinger« schloß im Februar 1958. Er entschloß er sich »in Ermangelung eines geeigneteren Lokals« für die »Gaststätte Leopold«,[101] der er bis zum Ende seiner Tage treu blieb.

Schon 1953 war Kästner für den Büchnerpreis im Gespräch gewesen, damals hatte ihn Ernst Kreuder bekommen, der die damit verbundene Geldsumme zweifellos nötiger brauchte. 1957 teilte ihm der Präsident der Darmstädter Akademie, Hermann Kasack, die frohe Botschaft mit – nun sei es soweit. Die damals mit dem Preis verbundenen 5000 DM wollte Kästner nicht haben, sie kamen zu gleichen Teilen ärmeren Kollegen seiner Wahl zugute, darunter Werner Helwig, Martin Kessel und Oda Schaefer: »Den Geldpreis hab ich an fünf Kollegen verteilen lassen. Ich kann zwar Geld auch immer brauchen, aber den anderen geht es viel, viel schlechter, und da war das schon die richtige Lösung.« (8.11.1957, VB) Seine Dankesrede ist wegen Kästners Selbsteinschätzung bemerkenswert; er schilderte vor einer ausführlichen Würdigung Georg Büchners drei »Wolkenschatten«, die »über die Versammlung und über den, der sich geehrt sieht«, zogen (VI: 621). Er fragte sich, ob Preisverleihungen nicht eine »moderne Alterserscheinung« seien (VI: 622), also wieder ein Grund mehr für ihn, sich alt zu fühlen. Außerdem werde der Preis »im Gedenken an einen genialen Schriftsteller verliehen«, zu denen Kästner sich nicht zählte; die Vermutung, »daß wohl niemand kongenial und würdig genug wäre«, war ihm nur ein schwacher Trost. Schließlich fragte er sich, ob sich ein Satiriker guten Gewissens geehrt fühlen dürfe – zeige der offiziell gewundene Kranz nicht vielmehr sein Scheitern? »Könnte man damit sagen wollen: ›Du bist ein zahmer Zirkuslöwe, nun komm, friß Lorbeer aus der Hand!‹?« (VI: 621) Kästners Selbstbeschwichtigungen in der Rede sind dezent; seine Selbstzweifel klingen einmal nicht nach Koketterie.

Am 15. Dezember 1957 wurde in München Thomas Siebert geboren, der gemeinsame Sohn Kästners mit Friedel Siebert; die Behörden bewilligten 1964 auf Antrag der Eltern, daß Thomas den Nachnamen seines Vaters tragen durfte. Nach den ersten Erfahrungen des Alterns war diese Geburt ein erfreulicher Einschnitt. Die Folgen aber waren nicht nur positiv, durch die Art, wie Kästner seine Beziehung zu Mutter und Kind handhabte. Als sei nichts geschehen, diktierte er am Tag nach der Geburt die anstehenden Geschäftsbriefe über seine *Gesammelten Schriften*, fuhr 21. Dezember 1957 nach Zürich und anschließend nach St. Moritz, um dort seinen üblichen Winterurlaub zu verbringen, ein »zufriedener Herr mit grauen Schläfen, der sich schrecklich aufs Wiedersehen freut.«[102] Er wollte bis zum 2. Januar 1958 bleiben (17.12.1957, VB), brach den Aufenthalt aber wegen der Beerdigung seines Vaters früher ab.[103] Er führte von diesem Zeitpunkt an ein äußerst vorsichtiges Doppelleben – Luiselotte Enderle sollte nichts von seinem Kind erfahren, gegenüber Friedel Siebert war sie ohnehin schon mißtrauischer als gegenüber anderen. Elfriede Mechnig lernte sie und Thomas kennen; als Kästner schon im Sanatorium war, schrieb sie ihm einen Brief nach München in die Flemingstraße, der einen zweideutigen Satz enthielt. Er bemerkte, daß Luiselotte Enderle in seiner Abwesenheit alle Briefe öffnete und beschwor seine Mitarbeiterin: »Ich muß Sie aber sehr bitten, künftig jede Anspielung wegzulassen! Das Leben auf dem Pulverfaß ist ohnehin kompliziert genug.«[104] Walter Schmiele hat erzählt, Kästner habe auch darunter gelitten, daß er ein Bourgeois geworden sei – das, was er in den zwanziger Jahren angegriffen habe. »Und noch dazu ein verlogener Bourgeois. Denn es wußten ja alle von seinem unehelichen Kind, aber er hat's seiner Freundin nicht zugegeben! Er hat nicht zu dem Kind gestanden.«[105]

Luiselotte Enderle arbeitete seit 1958 nichtsahnend an der ersten Fassung ihrer Bildbiographie über Kästner, er ließ es zu und schrieb Elfriede Mechnig auch darüber, ohne Enderle nur zu erwähnen – in einer »Reihe zeitgenössischer Biographien« solle »auch eine über mich erscheinen«.[106] Ihr Buch erschien 1960 bei Kindler; Kästner war an dieser ersten Fassung intensiv beteiligt. Er hat wohl kaum ganze Passagen *geschrieben*, wie bei den späteren ergänzten Auflagen im Rowohlt Verlag; aber er bestimmte die Auswahl seiner Lebensgeschichten, und er redigierte das Manuskript. »Liebe Lotte, da bleibt noch allerlei zu maniküren! Besonders bei der *letzten* Seite über Deinen still ergrauenden Emil«, notierte Kästner; oder er machte ihr »ein paar Vorschläge in ›diesem Sinne.‹ Vielleicht ist einiges davon für Dich brauchbar. [...] Schon jetzt recht gut, kurz, präzis. Toitoitoi!« Die we-

Thomas und Friedhilde Siebert (1958)

nigen erhaltenen Zettel zur frühen Biographie betreffen Kästners Salzburg-Aufenthalt 1937; daß seine Absätze unverändert in der Biographie stehen, muß noch nicht heißen, daß er sie auch geschrieben hat – er kann auch Enderles Rohfassungen korrigiert und nochmals abgeschrieben haben, seine Manuskripte mußten immer sauber aussehen. »Liest sich sehr flüssig und gar nicht so trocken, wie Du befürchtet hast! Ich habe ganz hübsch korrigiert. Trotzdem wohl immer noch kleine stilistische Verbesserungen möglich.«[107]

Auch ohne Kästners Geheimnisse hatte Luiselotte Enderle ihre Nöte mit der Biographie. Sie fand, *Als ich ein kleiner Junge war* habe ihr »det janze Fleesch aus der Suppe jefressen [...]. Ich rate Ihnen: sowas machen Sie nie! Das grenzt an Zweckentfremdung!«[108] Ein größeres Problem war die mehr oder weniger enge Beziehung zu ihrem Gegenstand. Nach Abgabe des Manuskripts gestand sie ihrem Verleger: »Es ist wohl eine harte Nuß über seinen Lebenspartner zu schreiben. Denn, – die Schattenbiographie schreibt man ja mit.«[109] Sie hatte seit ihrem Zusammenleben mit Kästner immer wieder ihre Nöte mit ihrer Stellung als unverheiratete ›Frau Kästner‹; als Hermann Kesten in seiner Kästner-Würdigung der *Gesammelten Schriften* darauf hinwies, bat sie ihn, doch »eleganter« zu verfahren. Sie überredete ihn zu einigen Änderungen, indem sie ihm ihre Leidensgeschichten erzählte: »Als Erich und ich in Edinburgh waren, kam es im Pen zu einem Krach, weil Herr Kästner seine Freundin mit hatte, was manchen gegen den guten Ton und die mögliche Tischordnung verstiess. Herr Präsident Morgan schnitt mich ostentativ, eben deshalb.« David Carver, der Generalsekretär des Internationalen PEN, mochte sie und »kam deshalb in Wien einige Male in grosse Verlegenheit. In London beschlossen einige freundliche Leute die Situation zu retten und mich als Frau Kästner zu führen. [...] Es blieb einer so penetranten Person wie, Gott sei Dank, ich habe ihren Namen vergessen. Eine ehemalige Berliner Journalistin, die jetzt in New York lebt, überlassen, mich im grösseren Kreis zu fragen: Sind Sie denn nun mit Kästner verheiratet oder nicht?«[110]

Neben der Arbeit an der Biographie sammelte Enderle Beiträge von Freunden für ein *liber amicorum* zum 60. Geburtstag, das nicht erschienen ist. Nach außen hin war dieses Projekt für den Gefeierten geheim, ein Plan nur zwischen Maschler und Enderle; aber Kästner war sehr wohl informiert, kommentierte, bearbeitete, ergänzte ihre Namenslisten. Sie war 1958 selbst lange krank, »Blutvergiftung, Trombose [!] und Rippenfellentzündung«;[111] in ihren Bittbriefen für das *liber amicorum* beschrieb sie vielen Freunden einen Tennisunfall Kästners: »Nun wir hatten ja einen Prachtsommer. Trotzdem hat der Lauskerl Erich sich eine schwere Infektion zugezogen, durch einen Wespenstich zunächst, der sein linkes Bein zum Elefantenbein anschwellen liess. Nicht genug damit, – und dass er es nicht behandeln liess, ging er Tennisspielen, haute sich mit dem kranken Elefantenfuss an den Knöchel des gesunden Beines. Und nun ging's los. Es war ein Elefantenfussgrosses [!] Loch. […] Und er liess sich wieder nicht behandeln. Erst als er Schüttelfrost bekam, war er so lieb, mir zu erlauben, den Doktor zu benachrichtigen.«[112] Die Wunde war »gefährlich«, schrieb sie an Martin Kessel. »Es ging um Bein oder nicht Bein. Der Schuft. Ich hätte ihn abkrageln können, weil er erst keinen Arzt nahm. Dafür haben wir ihn jetzt seit Wochen alle Tage. Langsam wird's besser. O mei, Leit gibt's!«[113]

Mit seinem Handicap mußte Kästner auf den Internationalen PEN-Kongreß in Frankfurt, er war schließlich Gastgeber – seit den zwanziger Jahren hatte kein solcher Kongreß in Deutschland stattgefunden. Er plagte sich mit Krücke und vielen Taxifahrten durch die Woche: »Die pausenlose Hitze steigerte die Freuden des Zusammenseins mit 500 Kollegen ins Ungemessene. Na ja, ›the Congress is over‹, und das ist die Hauptsache. Jetzt müßte ich eigentlich und endlich wieder einmal arbeiten, ein Buch oder Stück. Wenn ich dafür *Ruhe* finde.«[114]

Sein nächstes Buch waren die bearbeiteten Tagebücher aus dem ›Dritten Reich‹, *Notabene 45*. Er schloß das Manuskript im November 1960 ab, im Frühjahr 1961 erschien das Buch parallel bei Atrium in Zürich und Cecilie Dressler in Berlin. – Für seine letzte Nacherzählung, *Gullivers Reisen*, hatte er sich besonders viel Zeit genommen, »über ein halbes Jahr«;[115] sie wurde im Herbst 1961 veröffentlicht. Wie in anderen Swift-Bearbeitungen für Kinder, hat Kästner nur die Reisen Lemuel Gullivers nach Liliput und nach Brobdingnag ausgewählt. Seine Fassung zeichnet sich aber durch eine Fülle kleiner Details aus, die sich im Original nicht finden. So entkommen Gullivers Mitkundschafter dem Riesen am Ufer von Brobdingnag, weil ihr Kapitän ihm eine Kanonenkugel in den vor Staunen offenen Mund schießen läßt. Sie verbrennt ihm die Zungenspitze; während der Riese stehenbleibt und seine Zunge befühlt, entkommen die Insassen des Ruderboots

(IX: 156). Der Sinn stand ihm aber noch nach ganz anderen Szenen, die Swift angedeutet hat – Felicien Rops hätte sie illustrieren müssen, »in Graphikerei. Gulliver und die liliputanischen Hofdamen als Serie No 1. Und Gulliver bei den Riesinnen, als Folge No 2. Schade, daß ich nicht zeichnen kann. Ich hätte so viele aparte Einfälle.«[116]

Die letzten Jahre:
In der Kitschhölle
des Volksschriftstellers

Kästner verstand sich als politisch engagierter Mensch, trotz aller Unschärfen in seinen früheren Äußerungen. Er entwickelte eine Altersradikalität, in der sich von den früheren Wenns und Abers löste und klar und genau Kritik übte. Privatim schrieb er Friedel Siebert, in Algier werde geputscht: »80% der Fallschirmtruppe sind deutsche Fremdenlegionäre, stand im Blatt. (Also SS und andre Knaben, die sich in Westdtschland nicht wohlfühlen.)«[1] Er nahm die Position eines öffentlich angesehenen Intellektuellen an und ging sogar auf die Straße. 1958 beteiligte er sich an einigen Aktivitäten gegen die atomare Bewaffnung der Bundeswehr, unterschrieb Aufrufe von Bertrand Russell und trat Hans Werner Richters »Komitee gegen Atomrüstung« bei. Er gehörte zu den Unterzeichnern des Aufrufs »Kampf dem Atomtod«, zusammen mit seinen Kollegen Heinrich Böll, Hans-Henny Jahnn, Ernst Kreuder und Paul Schallück. Auf einer Großveranstaltung im Zirkus Krone hielt er 1958 eine scharfe Rede gegen die Bonner Regierung und griff besonders Kanzler Adenauer und Verteidigungsminister Strauß an; wohl Kästners wuchtigster und substantiellster Beitrag zur politischen Diskussion in der Bundesrepublik. Den Parlamentariern warf er vor, sie hätten den von den Wählern ausgestellten Blankoscheck mißbraucht und die Demokratie untergraben: »Eine Volksbefragung in dieser Frage auf Leben und Tod wäre ja gar nicht nötig. Eine Umfrage des Meinungsforschungsinstituts EMNID hat ja bereits ergeben, daß mehr als 80% der Bevölkerung in der Bundesrepublik die Ausrüstung der Bundeswehr mit Atomwaffen ablehnen! Die andere Mehrheit, die Bonner Majorität, braucht das Resultat dieser repräsentativen Umfrage ja nur anzuerkennen!

Bonn erkennt das Resultat natürlich *nicht* an. Bonn bekennt seinen tödlichen Fehler *nicht*. Und Bonn wehrt sich gegen eine Volksbefragung auf breiterer Ebene mit Argumenten, die der Beschreibung spotten. Volksbegehren und Volksentscheid seien verfassungswidrige Formen der Volksbefragung, und deswegen sei *jede* Art von Volksbefragung verfassungswidrig. Solche Witze als Antwort auf eine Lebensfrage lehne ich ab. [...] Haben die Regierung und die Parlamentsmajorität *gewußt*, wie die Bevölkerung über die Atombewaffnung denkt, oder haben sie es *nicht* gewußt? Wenn sie es *nicht* gewußt haben, waren sie, gelinde gesagt, keine Politiker. *Wenn* sie es aber gewußt haben, dann waren sie, noch gelinder gesagt, keine Demokraten.«[2]

1961 trat Kästner dem Hamburger Kuratorium »Ostermarsch der Atomwaffengegner« bei. Am Ziel des süddeutschen Ostermarschs, auf dem Münchner Königsplatz, hielt er eine lange Rede, aus der die berühmte Sentenz »Resignation ist kein Gesichtspunkt« stammt (VI: 667); in diesem Zusammenhang berief er sich auf Goethe, Russell und Carl Friedrich von Weizsäcker, die er Menschen mit Phantasie und »gesundem Menschenverstand« (VI: 663) nannte. 1963 rief er dazu auf, zum Gedenken an den Abwurf der ersten Atombombe auf Hiroshima an den »Mahnwachen der Atomwaffengegner« teilzunehmen (*Ein Aufruf zum 6. August*). Mit Studenten demonstrierte er vor der Münchner Universität. Die Forderungen seines Appells waren, »gemeinsam dafür einzutreten, daß die Kernwaffenversuche eingestellt werden, daß die Zahl der atomwaffenbesitzenden Länder nicht vergrößert wird, daß in den atomwaffenlosen Ländern weder direkt noch indirekt eine Verfügungsgewalt über atomare Vernichtungswaffen eingeräumt wird und daß der deutsche Boden im Rahmen einer atomwaffenfreien Zone in Mitteleuropa von Kernwaffen freigemacht wird.«[3]

Spätere Ostermarschreden und auch Kästners Grußadresse für die Münchner Demonstration *Gegen den Krieg in Vietnam* (15.3.1968; 8: 333f.) bestehen zum größten Teil aus Selbstzitaten. Solches Engagement war für einen Schriftsteller seiner Generation ungewöhnlich; an der Vietnam-Demonstration beteiligten sich, allerdings nur mit Solidaritätsadressen, auch Erich Fried und Martin Walser, die beide mehr als zwanzig Jahre jünger waren als Kästner. Adelbert Reif hat dem fast Siebzigjährigen noch deutliche politische Worte entlockt; Kästner sprach von seiner Resignation und Passivität, schalt die noch regierende ›große Koalition‹, die »keine Lösung für unsere Probleme«

sei, und beschrieb seinen Standort: »Ich hasse Ideologien, welcher Art sie immer sein mögen. Ich bin ein überzeugter Individualist. Ich freue mich über alle sozialen Fortschritte... Darüber hinaus bin ich ein Linksliberaler, was es heute eigentlich gar nicht mehr gibt. Und ich bin Mitglied einer Partei, die es ebenfalls nicht gibt, denn wenn es sie gäbe, wäre ich nicht ihr Mitglied.«[4]

Kurt Tucholsky hatte sich 1929 über die allfälligen Vergleiche mit Heinrich Heine beschwert, die sich »im Größenverhältnis« vergriffen. »Man tut Herrn Kästner und Herrn Tiger auch keinen Gefallen damit. Denn es ist nicht mal ein Kompliment, sie mit Heine zu vergleichen – es ist einfach ein Zeichen literarischer Unbildung. Herr Kästner und Herr Tiger sind Talente: Heinrich Heine aber ist ein Jahrhundertkerl gewesen.« Außerdem hatte Tucholsky bemerkt: »Die Zahl der deutschen Kriegerdenkmäler zur Zahl der deutschen Heine-Denkmäler verhält sich hierzulande wie die Macht zum Geist.«[5] Kästner wollte daran etwas ändern und initiierte als PEN-Präsident ein Heine-Denkmal für München; die Idee hatte er 1956, Heine war hundert Jahre vorher gestorben. Kästner nahm jahrelange bürokratische Korrespondenzen und Debatten in Kauf. Der erste beauftragte Bildhauer starb über der Arbeit, nach ihm erhielt Toni Stadler den Zuschlag; als Aufstellungsort schlug die Bayerische Verwaltung der staatlichen Schlösser, Gärten und Seen den kleinen »Finanzgarten« vor, zwischen Hofgarten und Prinz-Carl-Palais. Doch zunächst war der Widerstand des bayerischen Kultusministers Hundhammer zu überwinden, dem die weibliche Brunnenfigur zuwenig bekleidet war. Erst nach einem Gutachten, das die künstlerische Leistung Stadlers bestätigte, wurde die Genehmigung zur Aufstellung erteilt. Zur Einweihung 1962 hielt dann schon Kästners PEN-Nachfolger Bruno E. Werner die Ansprache, Kästner schickte aus dem Sanatorium in Agra ein Grußwort, in dem er der Einweihung gedachte – »ein bedeutender Augenblick« (8: 321).

Eine regelrechte (kleine) Kampagne handelte Kästner sich noch einmal auf seine alten Tage ein, als er sich im Wahlkampf für die SPD engagierte. Er kritisierte die Schulpolitik der CSU – sie wolle immer noch »folgsame Staatsbürger« herstellen, »die voller Respekt vor der Obrigkeit bleiben, was sie sind. Einfacher Leute Kinder bringen es bis zum Volksschüler; ›besserer‹ Leute Kinder werden Akademiker, und was dazwischenliegt, bleibt irgendwo dazwischen liegen. Alles schön und ordentlich in Reih und Glied, und bitte keine Unruhe auf den letzten Bänken!« Es werde Zeit, daß die Eltern im Namen ihrer Kinder die CSU hinauswählten: »Die Kirchtürme in Bayern sind beachtliche Sehenswürdigkeiten, aber als kulturpolitische Wach- und Kommandotürme denkbar ungeeignet. Ich finde, es wird höchste Zeit, daß wir ein Schulsystem verwirklichen, das nicht das Interesse der Obrigkeit, sondern die Interessen der Kinder vertritt. *Es wird also Zeit, daß das Schulprogramm der SPD verwirklicht wird.*«[6] Besonders wegen des Satzes über Bayerns Kirchtürme fielen Kirchenzeitungen und der *Bayernkurier* über Kästner her, beschimpften ihn als senil und »fett«, er benutze Klischees aus der Mottenkiste des Kulturkampfes; Lehrer sammelten Unterschriften und schrieben ihm eine Protestnote, in der sie sich über die »primitiv-invektive Art« seiner Äußerungen »über die Schule, die Lehrer und ihre Unterrichtsmethoden« beschwerten.[7] Der *Tagesspiegel* resümierte die Affäre und bescheinigte Kästner, mit »dieser Reaktion aus dem Rechtslager« dürfe er zufrieden sein: »Von dort blies ihm der Wind immer entgegen.«[8]

Von einem ihrer Privatdetektive erfuhr Luiselotte Enderle im April 1961, daß »Herr K.« von »Fräulein Friedine Siebert« einen »jetzt 3jährigen Buben hat.«[9] Der falsche Vorname steht heute noch in der Zeittafel von Enderles Rowohlt-Monographie. Enderle wollte Friedhilde Siebert zur Rede stellen, die ihr allerdings die Haustür in der Großstraße nicht öffnete.[10] Um eine Wiederholung derartiger Szenen mit Rücksicht auf das Kind zu verhindern, meldete sich Siebert um und wohnte offiziell wieder bei ihrer Mutter; ihre eigenen Wohnungen in Nymphenburg, später in Gern, sollten geheim bleiben – den Detektiven, oft pensionierte Kriminalkommissare, waren die Melderegister zugänglich. Der nächste Detektiv, 1963, horchte frühere Nachbarn, die Untermieterinnen von Sieberts Mutter und ihre Blumenfrau aus – die erzählte, »Frl. Siebert« sei eine ihrer besten Kundinnen gewesen, »ein sehr höflicher und ruhiger Mensch […]. Sie hätte nur für das Kind Interesse gehabt.« Und sie wußte, daß das Kind von Kästner war.[11]

Man wird Kästner großes Geschick in der Aufrechterhaltung (und Trennung) der Sphären seines Doppellebens zubilligen.[12] Der »Erich auf Taille« litt selbst unter seinem Lügengespinst und wäre gern zu seiner Kleinfamilie gezogen – an Weihnachten 1959 schrieb er an »mein

Zwei und alles«: »was tu ich? Ich denk nur an Dich und den Jungen. Ich will arbeiten – und denk an Dich. Ich will lesen – und denk an Dich. Ich blick aus dem Fenster oder, beim Rasieren, in den Spiegel – und denk an Dich. Ich treffe Leute – und denk an Dich. Es ist schön und schlimm.«[13] Kästner hatte Angst vor der Auseinandersetzung mit Luiselotte Enderle, vor ihrem heftigen Temperament. Wahrscheinlich kam es im Frühjahr 1961 zu einer Aussprache, bei der er ihr einen Kompromiß vorschlug. Sie hat ihn wohl nicht akzeptiert, immer wieder kam es zu Attacken und Wutanfällen, die Verletzung war tief: »Um so zartfühlend zu bleiben / muss man sehr rücksichtslos sein«, notierte sie sich auf einem Umlaufzettel ihrer Redaktion (NL, n. dat.).

Zur Explosion des Pulverfasses kam es aber erst im Herbst 1961, und das wegen einer Zeitungsente – wegen der Aussicht, sein geteiltes Leben könnte öffentlich werden. Die Presseagentur Interpress führte Kästner ohne sein Wissen seit dem *Archivdienst* Nr. 54 vom 13. Februar 1959 als »verheiratet, ein Kind«. Kästner hat später dagegen protestiert und bei Interpress angefragt, wie die Meldung zustandegekommen sei; er erhielt eine Entschuldigung als Antwort und das Bedauern des Chefredakteurs, daß sich »aus den Unterlagen [...] die Quelle zu der fraglichen Angabe« nicht mehr ermitteln lasse.[14] Luiselotte Enderle schrieb an Kurt Maschler, eine Journalistin habe Kästner in ihrem Beisein und dem der österreichischen PEN-Sekretärin mit der Meldung konfrontiert: »Sie können sich womöglich vorstellen, was für einen Schock solch eine Meldung auslöst, zu der Kästner vor der Journalistin nicht ein Wort gesagt hat. Er hat sie also auch nicht teilweise korrigiert.«[15] Von Kästners Sohn wußte Enderle zu diesem Zeitpunkt schon; daß er auch noch verheiratet sein sollte, dürfte ihr – und ihrem Vertrauen zu Kästner – den Rest gegeben haben. Enderle glaubte, diese Meldung habe seinen Ischias-Anfall ausgelöst;[16] als sei sein mühsam genug konstruiertes und aufrechterhaltenes Gebäude über ihm zusammengestürzt.

Kästner war in Wien, um vier Vorlesungen in der Stadthalle zu halten, vor jeweils 4000 Zuhörern. Zwischen zwei Veranstaltungen hatte er einen heftigen Ischiasanfall, den er mit Schmerzmitteln dämpfte. Er wollte die Vorlesungen nicht absagen; am letzten Abend »*kroch* ich schon aufs Podium. Vorher drei Stunden Autogramme in einer Buchhandlung. Den Magen voller Medikamente. Zu scheusslich!«[17] Durch die Schmerztabletten bekam er noch Magenkrämpfe dazu, in München verbrachte er die nächsten Wochen im Krankenhaus; dort entdeckten die Ärzte obendrein eine offene Tuberkulose. Aus der Klinik schickte Kästner Friedel Siebert ausführliche Bulletins über seine Fieberkurven[18] – er sehe durch das Fieber »wieder ziemlich durchgeistigt aus«, meinte er.[19] Er mußte in ein Sanatorium; er entschied sich für Agra, oberhalb von Lugano, das ihm von einigen Urlaubsaufenthalten her vertraut war. Seinem Sohn schrieb er, er verlasse die Münchner Klinik, weil ihm niemand mehr »die Badewanne mit meinem Rasierpinsel anmalt«. »Ohne Malermeister sind Kliniken zu langweilig. Das verstehen sogar die Chefärzte.«[20]

Sein Zusammenbruch zu diesem Zeitpunkt ist der privaten Situation geschuldet; die Dauerbelastung überstieg seine Kräfte. Dabei haben er und Enderle durchaus eine Art ›offener Beziehung‹ geführt, seine Liebschaften hatte sie nicht weiter kommentiert. Sie hatte selbst ein enges freundschaftliches Verhältnis mit Jean-Pierre Giraudoux, dem Sohn des Dramatikers.[21] Wenn aber ihre Rolle als offizielle ›Frau Kästner‹ gefährdet war, wurde sie zur Furie – und das war sie bei Kästners langjährigen Freundinnen durchaus, und besonders bei Friedel Siebert und ihrem Sohn. Die Szenen, die Luiselotte Enderle Kästner gemacht hat, wollte er immer vermeiden, und sie waren auch im Freundeskreis berüchtigt – Enderle zertrümmerte das Mobiliar der Wohnung, einmal sogar die Glaseinsätze der Haustür, auch wurde sie gewalttätig gegenüber Kästner.[22] Einer von seinen Freundinnen soll sie angedroht haben, ihr Vitriol ins Gesicht zu schütten.[23] Alle Zeitzeugen berichten übereinstimmend, sie sei eine (milde formuliert) anstrengende Person gewesen. Seit Ende der fünfziger Jahre trank sie, manchmal bis zur Bewußtlosigkeit. Aus der sicheren Distanz von gut dreißig Jahren hat Enderle eingeräumt, sie »hätte den Erich einmal umbringen mögen vor Eifersucht ... nur einmal. Das war, als er seinen Sohn Thomas bekam. Na klärchen, von einer anderen. Der Erich hat mir das lange verschwiegen. Damit wir uns richtig verstehen: Ich war nicht traurig wegen der Frau, ich war's wegen des Kindes. Meiner Mutter Tochter hätte doch och so jerne eens jehabt ...« Aber er habe ihr erklärt, sie sei doch sein »bester Freund«. Und »das ist im Leben nu mal so: Mit de besten Freunde haste keene Kinder ...«[24]

Bei einem solchen Zusammenleben stellt sich natürlich die Frage, warum Kästner sich nie von Luiselotte Enderle getrennt hat; sein entschiedenster Versuch war ein Umzug in das Hotel »Königshof«, für einige Wochen, dann kehrte er in die Flemingstraße zurück.[25] Die Antworten sind spekulativ. Er war ihr zweifellos dankbar, weil sie ihn im ›Dritten Reich‹ aufgenommen hatte, als seine Wohnung verbrannt war; auch hatte sie sein bequemes Überwintern der letzten Kriegsmonate in Mayrhofen eingefädelt und ihm damit vielleicht das Leben gerettet. Die ›offene Beziehung‹ hat lange Zeit gut funktioniert, was Kästner zweifellos ebenso schätzte wie Enderles flapsig-unsentimentale Art (in guten Zeiten); er hat ihr einmal geschrieben, sie sei der Mensch, an dem er am meisten hänge. Vielleicht hat sie auch mit Selbstmord gedroht, wie sich Zeitzeugen erinnern; eine begabte Hysterikerin war sie allemal. Kästner war unfähig, aus eigener Kraft dieser Lebenssituation zu entkommen. Die schlechte Ehe seiner Eltern stand ihm ja angeblich immer als warnendes Beispiel vor Augen, wegen ihr wollte er nie heiraten. Es ist ihm aber gelungen, eine ähnlich unerträgliche Lebenssituation ganz ohne Ehe zustande zu bringen, mit einer tyrannischen Gefährtin an der Stelle der tyrannischen Mutter; und trotz aller – hier wechselseitiger – Demütigungen konnte er sie nicht verlassen, wie Emil Kästner das auch nie konnte. Auf einem von Kästners Zetteln, die er als häusliche Mitteilungen für Luiselotte Enderle frühmorgens deponierte, ehe er schlafen ging, bezeichnete er sie schon mal ausdrücklich als »Mama«.[26]

Auch nach dem Eklat ging er häufiger zu Friedel Siebert und Thomas, als er Enderle wissen ließ, jede Erwähnung schien heikel. Er wollte einen Kompromiß, wollte mit Mutter und Sohn zusammenleben *und* mit Luiselotte Enderle, mit der er nicht mehr reden konnte. »[I]ch sagte Dir neulich, daß ›die Zwei‹ München verlassen hätten und ich im August hinführe. […] Jetzt kommt Tante Frida, Ida, Else und was noch dazwischen. Und mit Dir war heute, wie oft, nicht zu reden. […] Ich bin vom 4.–18. August nicht in München! Daran ist nicht zu zweifeln und zu deuten. Ich habe Dich so gern, Lotte! Warum willst Du mir das, um alles in der Welt, nicht glauben? Nur, wer, wie Du, nicht begreifen will (oder kann), daß ich, aus völlig anderen Gründen, noch zwei ›andre‹ gernhabe, besteht auf einer Tragödie, wo Verständigung am Platze wäre. […] Vier Menschen sind fast am Rande! […] Ich bin sehr traurig. Und erschöpft.«[27] Jede Erwähnung ließ Enderle hochgehen, deshalb fand das Familienleben weiterhin im geheimen statt. Ein Weihnachtszettel an Enderle: »Nachmittags bin ich bei dem Kind.

Bescherung. Ich bitte Dich von ganzem Herzen, es hinzunehmen! Gegen 19 Uhr werde ich zurücksein.«[28]

Enderle verteidigte sich gegen den Vorwurf, sie sei an der Zuspitzung der Verhältnisse schuld. Sie bat Kurt Maschler um Unterstützung und schrieb ihm aus Lugano einen mehrseitigen Brief, der das Gewicht der erlittenen Kränkungen eingehend beschreibt; es ist das ausführlichste erhaltene Dokument aus ihrer Sicht. Sie ist darin manchmal nicht ganz ehrlich, streitet ab, daß ihre Beziehung zu Kästner schlechter geworden sei, was sie nach seinem Tod verschiedentlich bereitwillig eingeräumt hat; sie spricht von Freunden, die sie allmählich ins Bild gesetzt hätten, und verschweigt die von ihr beauftragten Detektive. Dennoch steht genügend Handfestes in ihrem Brief, dem Aufschrei einer jahrelang Hintergangenen. Hätte sie von Kästners Sohn gewußt, so schreibt sie, hätte sie das Erscheinen ihrer Kästner-Biographien verhindert, sowohl in der Ausgabe *Gesammelter Schriften* wie als Bildband bei Kindler. Sie hätte den Auftrag »natürlich abgelehnt, wenn ich von der vollendet veränderten Situation zwischen Kästner und mir eine Ahnung gehabt hätte – oder ich hätte sie eben ›richtig‹ geschrieben.« Maschler solle sie gegen die kursierenden Verleumdungen schützen: »Man soll […] nicht behaupten, mit der Frau kann man nicht leben, weil sie dauernd Szenen macht und dem Mann keine Ruhe lässt. Herausgefordert verteidigt sich jeder, der angegriffen wird – oder wurde – und der sich in seiner Lebensführung völlig veränderten Situationen gegenüber findet, die er weder heraufbeschworen – noch mitbestimmt hat.« Sie habe Indizien dafür, daß Kästner noch im Münchner Krankenhaus zusammen mit Siebert beschlossen habe, nicht in die Flemingstraße zurückzukehren; die Schuld an einer solchen Trennung wolle man ihr zuschieben: »Sie säuft. Deshalb kann [man] nicht mit mir reden. Jahrelang hat er nicht mit mir darüber geredet. Aber die Biographie […] hat er acceptiert. Und darüber konnte man mit mir in bemerkenswerter Weise jahrelang reden. Das war ihm nützlich. Ueber das, was für mich lebenswichtig und entscheidend war, konnte man nicht mit mir reden! […] Und nun – nach einigen Erklärungen, die Sie mir indirekt immer geben wollten: Lotte, das Leben ist so. Besuchen Sie Frau Ruth Klein. Schauen Sie, meine Ehe ist geschieden – […] lieber Herr Maschler, ich achte Ihr Schicksal – aber ich verbiete jedem – mein Schicksal mit seinem zu identifizieren. Nur: Wenn Sie jetzt hören, Kästner muß sich von mir trennen, weil er nicht arbeiten kann, weil ich ihm Szenen mache, dann helfen Sie ein[e] Unwahrheit zu verbreiten, die eine nachträgliche ›Wahrheit‹ sein soll. Das heisst: Lotte kann auch nicht arbeiten, das ist wurscht. Lotte hat eben das Kind nicht, das ist wurscht.

Kästner kann nicht arbeiten, weil Lotte ihm Szenen macht. Deshalb will Kästner sich wohnlich von Lotte trennen. (Nein, ich bin Kästners schlechtes Gewissen, und wer kann seinem schlechten Gewissen täglich begegnen? Selbst, wenn das Gewissen lacht.) Und wer kann im katholischen Bayern bei einer Frau wohnen und mit der anderen ein Kind haben, das heraufwächst – und sagen muss: meine Mama heisst Siebert, mein Papa heisst Kästner, er hat mich adoptiert. Und dann gibt's noch ne Tante und die heisst Lotte. […] Wenn man mir nachsagt ich saufe – und nicht sagt warum – und wenn man mir nachsagt, ich hindere infolge Szenen Kästner am arbeiten – und nicht die […] Vorgeschichte erzählt, will man mir bewusst schaden. Dagegen muss ich mich mit allen Mitteln wehren. Ich rechne nicht nur auf Sie. Es gibt noch ein paar einflussreiche Menschen – mit klarem Verstand – die ohne irgendwelche Vorteile mich verteidigen werden. Mit allen Mitteln.«[29] Zu diesen Menschen zählte sie Annette Kolb, und sie wollte auch Maschler zu ihnen zählen.

Seit Ende Januar 1961 war Kästner im Sanatorium in Agra, sein erster Aufenthalt dauerte 17 Monate. Horst Lemke schrieb über Kästner, nachdem er sich dort eingerichtet hatte, habe er »eigentlich alles sehr schön« gefunden »und speziell das Tessin. Ich bin nicht der einzige, der glaubt, dass es für ihn eine glückliche und produktive Zeit war.« Lemke war von Heidelberg ins Tessin gezogen; er hatte Kästners Kinderbücher seit dem Tod Walter Triers illustriert, »und Kästner war's recht«. »Dass er so begeistert war wie ich, ist nicht anzunehmen.« Nach zehn Jahren Zusammenarbeit wurde Lemke erst jetzt auch Kästners Freund. »Vielleicht lag es daran, dass er mal für eine Zeit seine Alltagssorgen los war, vielleicht auch an der milden Tessiner Luft, vielleicht auch daran, dass wir überhaupt die Chance hatten, uns näher kennenzulernen.«[30]

Lemkes Einschätzung über den ›glücklichen‹ Patienten mag im ersten Moment nicht überzeugend klingen, immerhin kam Kästner als schwerkranker Mann ins Tessin. Aber er erholte sich dort gut. Seine problematische Lebenssituation war in die Ferne gerückt; Luiselotte Enderle kam nur alle paar Monate zu Besuch und wohnte dann in Lugano im Hotel: »Will auch arbeiten. Na denn.«[31] Friedel und Thomas Siebert wohnten zeitweise in der Nähe des Sanatoriums, 1962 und 1963 in Küsnacht bei Zürich. Kästner nahm seine Lebens- und Arbeitsriten in etwas anderem Tagesrhythmus wieder auf und fand auch hier schnell seine Eß-, Trink- und Schreibgeschäfte: in Agra selbst das Café Ristorante »San Gottardo«, bei »Toni«; in Lugano den Kursaal, ein altmodisches Café »im Stil der alten Grand-Hotels, mit einer grossen Terrasse und innen so gross wie eine besonders geräumige Bahnhofshalle«. Die Kellner versorgten ihn nach seinen Bedürfnissen: »Ohne zu bestellen, wurde ihm ein Whisky im Teeglas serviert. Der Whisky war ihm wohl vom Doktor untersagt, aber er dachte gar nicht daran, von der liebgewonnenen Gewohnheit abzugehen, genauso wenig wie er zu bewegen gewesen wäre, auf eine seiner starken Camel-Zigaretten zu verzichten.« Von »Toni« aus mußten die Patienten zu einer bestimmten Stunde im Sanatorium sein, »ich weiss nicht, ob es neun oder zehn war, dann wurde das Tor geschlossen. Und ausser Kästner hielten sich alle strikt daran. [...] Er bekam dann bei seinem späten Eintritt auch regelmässig von der besorgten Schwester Vorwürfe, aber er erledigte es mit seinem Charme, und gelassen und lächelnd mit einer kleinen, gewölbten Whiskyflasche in der Tasche ging er auf sein Zimmer.«[32]

Kästners Münchner Sekretärin Liselotte Rosenow nimmt in den Korrespondenzen aus Agra eine besondere Stellung ein, nicht nur durch die beruflich bedingte Häufigkeit des Briefwechsels. Sie war schon bei der *NZ* seine Sekretärin gewesen und hatte ein eher freundschaftliches Verhältnis zu ihrem Chef. Rosenow arbeitete für ihn in Teilzeit, zusätzlich noch am Institut für Deutsche Philologie der Münchner Universität. Ihr Nachlaß, der dem Kästners eingegliedert ist, zeigt einen Austausch auch über Persönliches; sie hatte schon vor Agra stets seine Spielchen gedeckt, war seine ›Deckadresse‹ und besorgte die Geschenke und Blumen für alle – für Enderle, Siebert, Sieberts Mutter Katharina... Ebenso häufig schrieb Kästner an Mutter und Sohn, diese *Briefe aus dem Tessin* sind nach seinem Tod veröffentlicht worden. Übrigens haben die dauernden »Scheinchen«, Hunderter und Tausender, die er seinen Briefen an Friedel Siebert beilegte, nichts damit zu tun, daß er immer ›der Schenkende sein wollte‹ – er richtete ihr nach der Trennung ein Konto in der Schweiz ein. Bis dorthin erhielt sie den vereinbarten Unterhalt aus dem Umschlag, und immer noch etwas mehr. Geldbriefträger waren in dieser Zeit noch üblicher als Girokonten. Thomas Kästner erinnert sich an braune Geldkuverts, die sein Vater vorbeibrachte; auch Kästner seinerseits wurde von Kurt Maschler noch so bezahlt. Diese Einrichtung hatte also durchaus nichts damit zu tun, daß Kästner Friedel Siebert abhängig halten wollte oder dergleichen; er war großzügig, seit er sich das leisten konnte.

Kästners Briefe aus Agra zeigen einen distanzierten, manchmal bitter amüsierten Blick auf seine Krankheit. Die Liegekuren langweilten ihn, vom »Röntgensport« ist die Rede,[33] er lerne »nur das *kleine* Tbc«.[34]

Der »Liegekurfürst« schrieb viele Briefe an seinen »Schatz« Friedel Siebert und den Sohn, den »Napfkuchen«, die beiden »Doppelschätze«.[35] Er fand sein Leben »auf diesem kleinen ›Zauberberg‹ [...] merkwürdig. Ich halte mich völlig abseits. Jeden zweiten Tag etwa fahr ich per Taxi für 2 Std nach Lugano hinunter. Zur Abwechslung. Ein ulkiges Städtchen. Und nun bin ich ›schon‹ 14 Tage hier.«[36] Über seinen Zustand wisse er nicht Bescheid, die »Innereien« wüßten das »immer besser als wir«, und er müsse seinen Ärzten glauben: »Denn ich fühle mich ja fast gesund. Fresse Tabletten. Kriege Spritzen.«[37] Immerhin konnte er im Unterschied zu anderen Patienten arbeiten, bis auf die Reglementierung von Ernährung und Tageszeiten dürfte sich das Leben im Sanatorium von dem im Grandhotel kaum unterschieden haben. Seine Phantasie hatte er nicht verloren, er malte sich groteske Episoden aus dem eingeschneiten Sanatorium aus: »Sogar das Polizeiauto mußte zum Sanatorium geschubst werden. Man brachte einen Einbrecher mit Tbc, und ein Detektiv bewacht ihn unentwegt im Zimmer, damit er nicht hustend weiterklaut.«[38]

Einsam war Kästner nicht; Lemke kam gelegentlich, Kasimir Edschmid, Richard Friedenthal, Hermann Kesten, Rudolf W. Leonhardt und Robert Neumann besuchten ihn. Er fuhr seinerseits zu dem greisen Hans Purrmann und zu Hermann Hesse. Sein Steuerberater Peter Paul Geiger und sein Verleger Kurt Maschler kamen statt nach München nach Agra. Und Kurt Hoffmann hatte in der Nähe des Sanatoriums »ein Haus und Grundstück, da fällt einem der Kiefer herunter!«[39]

Er beschrieb sie seiner Sekretärin eingehend; es sei ein »bildschönes Grundstück. Mit Weinstöcken, Bocciabahn, sehr hübsches ebenerdiges Haus mit allen Schikanen, Swimming [!]= Pool, kurz, wie im Film.« Hoffmann gelang es auch, Kästner wieder zum Arbeiten zu animieren. Er bearbeitete sein Konversationsstück *Zu treuen Händen* für den Film. Als neuer Titel wurde *Liebe will gelernt sein* vereinbart; Kästner schrieb ein Vierteljahr an dem Drehbuch, im August war es fertig: »Hier nun der Schluß! Termin eingehalten. Wir sind brave Kinder.«[40]

Hoffmanns Film war im November 1962 abgedreht. Für die Filmpremiere in Düsseldorf unterbrach Kästner seinen Sanatoriumsaufenthalt. Den Kameramann Sven Nykvist hatte sich Hoffmann für diesen überaus biederen Film bei Ingmar Bergman geliehen; weder er noch der Hauptdarsteller Martin Held konnten ihn retten. Kästner hatte in seinem Drehbuch mit Herrenwitzen nicht gespart und den Frauenwechsel des Schriftstelleronkels aus *Zu treuen Händen* zu einem kleinen Seitensprung mit der Sekretärin entschärft. Dennoch war der Autor mit dem Resultat einigermaßen zufrieden: »Heute mach ich Pause. Die anderen Filmfritzen sind schon wieder weg, und ich faulenze. Morgen früh flieg ich zurück: 1 Std Flug bis Zürich, 3 Std Schnellzug bis Lugano, – dann bin ich wieder auf meinem kleinen Zauberberg. [...] Der Film ist ganz nett geworden. Held und Benkhoff prima, Loni von Friedl und Götz George gut, die Rütting – was ich vorher wußte – für die Rolle unzureichend. Mein Vorschlag, mit der Wimmer zu besetzen, wurde damals rundum abgelehnt.«[41]

Um seine Arbeitsstimmung zu erhalten, korrigierte Kästner in Agra an James Krüss' Bearbeitung von *Emil und die drei Zwillinge* für die Bühne herum;[42] Krüss hatte auch den *35. Mai* und die *Konferenz der Tiere* für den Hörfunk adaptiert. Kästner revanchierte sich mit dem *Nachwort eines älteren Kollegen* für Krüss' Buch *Der wohltemperierte Leierkasten* (1961), und er machte ihm die größten Komplimente, die er jemals einem Kollegen direkt gesagt hat. Er fand, Krüss und ihn trenne eine Generation, sonst »trennt uns wenig«. Wie er selbst habe Krüss die »dornenvolle Laufbahn des Volksschullehrers« aufgegeben und sich aufs Schreiben verlegt, »nicht zuletzt auf die Jugendschriftstellerei«; und ein guter Jugendschriftsteller müsse ein Kind geblieben sein, »ein lebenslängliches Kind. Dieses Kind, das er war und geblieben ist, lebt in dem Manne weiter. Es steht auf einem Fußbänkchen und blickt mit Kinderaugen durch die Augen des Mannes hindurch in die Welt, als seien es Fenster.«[43]

Das Befinden des Patienten besserte sich allmählich: »Die kleine Caverne rechts, also ein kleines Loch im Lungengewebe, wird bleiben, aber hoffentlich still und friedlich. Mehr läßt sich nicht erzielen. Außer durch schwierige Operationen (bis zu 5 Std), und das steht bei der Kleinheit des Schadens nicht dafür. Ich ließe es sowieso nicht tun. Denn ich hab genug Operierte gesehen, soweit sie überlebten, um zu wissen, wie so etwas einen Körper schwächt.«[44] Durch Ruhe und Regelmäßigkeit des Aufenthalts, ermutigt durch die Routinearbeit des Drehbuchschreibens, wagte er sich an einen neuen Stoff; nach einer mehr als zehnjährigen Pause an ein neues Kinderbuch. *Der kleine Mann* (1963) und *Der kleine Mann und die kleine Miss* (1967) beruhen auf Gutenachterzählungen Kästners für seinen Sohn: Mäxchen Pichelsteiner ist ein nur fünf Zentimeter großer Vollwaise, seine ebenfalls kleinen Eltern sind bei der Besichtigung vom Eiffelturm geweht worden. Er wird vom Zauberer Hokus von Pokus adoptiert; beide reisen mit einem großen Wanderzirkus. Mäxchen tritt mit seinem Ziehvater als Taschendieb und anatomisches Wunder auf, die beiden werden weltberühmt. Im ersten Band muß der kleine Mann eine Entführung überstehen, der reiche Großkriminelle Lopez aus Lateinamerika will ihn in seine Sammlung einreihen. Mäxchen befreit sich durch eine List von Lopez' tumben Schergen, dann hilft ihm der Junge Jakob Hurtig weiter. Im zweiten Band gelingt es dem Kommissar, einige Leute von Lopez' Bande zu fassen, er selbst entkommt. Analog zum zweiten *Emil*-Band wird auch hier im zweiten Band die Verfilmung der Geschichte des ersten Bandes erzählt; und durch die Fernsehausstrahlung der Verfilmung auf der ganzen Welt meldet sich eine unglückliche kleine Kanadierin, deren Tochter Emily ebenfalls nur fünf Zentimeter groß ist. Hokus von Pokus und seine Liebste, die Trapezkünstlerin Rosa Marzipan, ziehen in die Nähe von Lugano. Im Garten bekommen Mäxchen und »Mielchen« ein eigenes kleines Haus; Mielchens Mutter bleibt als Köchin, Rosa erwartet ein Kind.

Kästners letzte Romane sind ungemein lebendig und kindgemäß, was für die *Konferenz der Tiere* nur bedingt zutrifft; sie sind mit Liebe zum Detail und für ein reales Publikum geschrieben, eben für Kästners Sohn. In den ersten Band schrieb er Thomas Kästner als Widmung: »zur Erinnerung an Lugano und ›nun nur noch eine ganz, ganz kleine Geschichte‹ am Bett! Und ›jetzt soll meine Mama kommen und mich noch einmal ansehen!‹ Immer Dein Papa«.[45] Über die Bände sind viele authentische Kleinigkeiten verteilt, gewissermaßen Privatwitzchen: Das Tivoli kannte Thomas Kästner von einem Urlaub mit seinen Eltern, es kommt ebenso vor wie Lugano. Kästners Aufwartefrau Holzer hat einen kleinen Auftritt, der kleine Jakob trägt den Nachnamen der Betreuerin Emil Kästners, auf Erich Kästners Freunde Felix von Eckardt (der »Pressechef in der Bundeskanzlei«, VIII: 403) und Horst Dallmayr (»Pfarrer Remigius Dallmayr«, VIII: 391) wird angespielt. Auch Dallmayr hatte ihn in Agra besucht; und es ist sicher kein Zufall, daß ausgerechnet vier Katzen mit Mäxchen Fangball spielen. Der Zauberer sieht aus wie Kästner selbst mit Schnurrbart,[46] er ist nicht nur ein Wunschvater, sondern für Mäxchen sogar »der beste Mensch, den es gibt« (VIII: 446). Im zweiten Band kommen Kästner und Lemke sogar persönlich vor, der »Kursaal« (VIII: 637) von Lugano, in dem Kästner den größten Teil des ersten Bandes geschrieben hat, und auch seine Wohnung in der Flemingstraße.

Auch auf einer abstrakteren Ebene bieten die beiden Bände einige Déjà-vu-Erlebnisse. Der für Kästner so wichtige Komplex ›kleiner Mann – ganz groß‹ liegt ihrer Handlung zugrunde, er wird einmal sogar angesprochen: »Immer wieder erzählst du mir, wie viele berühmte Männer klein gewesen sind. Napoleon, Julius Cäsar, Goethe, Einstein und ein Dutzend andere. Du hast auch gesagt, lange Menschen seien nur ganz selten große Menschen!« (VIII: 401) Einige der lockeren *Emil*-Redensarten fallen – »Quatsch nicht, Krause«, »Zankt euch nicht, haut euch lieber« –, und die kleine Miß heißt auch noch Emily. Kästners schräge Familienkonstellationen erscheinen wieder, hier sogar besonders verquer. In der Mäxchen-Traumfamilie sind beide biologischen Eltern tot, der sensationell gute Pflegevater ist ein Alter ego Kästners, die Ersatzmutter Rosa ist »zum Anbeißen« (VIII: 428) appetitlich wie rosa Marzipan und hatte nie eine Last mit dem Kind Mäxchen, das ja schon berühmt ist, als es ihr zufällt. Alle enden in ganz klassisch-konventionellen Geschlechterrollen, es gibt am Schluß von *Der kleine Mann und die kleine Miss* zwei Kleinfamilien; auch die kleine Miß ist die »geborene Hausfrau« (VIII: 644). Dabei wirken beide Geschichten locker und verspielt, als seien diese Konstellationen selbstironische Brechungen. Am deutlichsten wird das an den vergnügten Anzüglichkeiten, die es zum ersten Mal in einem Kinder-

Erich Kästner, Friedhilde Siebert und Thomas Kästner in Kopenhagen, um 1966

buch Kästners gibt. Sie beziehen sich alle auf Rosa Marzipan, und sie kommen fast alle von dem kleinen Mäxchen Pichelsteiner, der damit auch zu Jokus' Peniden wird. Der macht zwar auch einmal einen Witz über die Breite von Rosas Hintern (VIII: 596), aber sonst bleiben sie Mäxchen überlassen: Er hat keine Angst, von Rosa zerdrückt zu werden, »Marzipan ist ja weich« (VIII: 627). Der kleine Mann wünscht sich zum Nachtisch »etwas Marzipan mit Gänsehaut«, weiß aber, daß die »ganze Riesenportion für den Jokus reserviert« ist – da »wurde Rosa rot. Aber außer Mäxchen sah es niemand.« (VIII: 521) Er malt sich aus, wie es wäre, Rosa zu mästen, kurz vor ihrer tatsächlichen Schwangerschaft; für das Kind schlägt er den Namen »Joküßchen von Poküßchen« vor (VIII: 530).

Diese Entspanntheit seiner beiden Alterswerke hat Kästner sich schwer erarbeitet: »Vorläufig hab ich zwei Sätze geschrieben und drei davon durchgestrichen. Mal sehen, ob's weitergeht oder nicht. ›Nur‹ für Kinder, früher schüttelte ich's aus dem Ärmel. Anscheinend hab ich diesmal die Ärmel nicht dabei.«[47] Nach den anfänglichen Schwierigkeiten kam er in Schwung, das Schreiben machte ihm Spaß. In drei Monaten hatte er 103 Blockseiten geschrieben, in gut fünf Monaten war er mit dem ersten Band fertig. »Werde tüchtig korrigieren müssen. Nachteil des Schnelldichtens.«[48] Er war von seinem kreativen Glück so mitgerissen, daß er bald an eine Fortsetzung dachte: »Nun halten Sie sich fest, samt Ihren 89 Pfündchen, – ich weiß noch nicht, bei welchem Kapitel das Ms schließt, – und schon notiere ich mir den Inhalt der wichtigsten Kapitel für einen 2. Band! (Dies ganz unter uns! Zunächst!) Dieser 2. Band hätte zwei Jahre Zeit. Man müßte ja erst abwarten, ob der 1. Band einschlägt. Wenn nicht, dann nicht.«[49] Ein Teilmanuskript hatte er Ende März an Dressler, Maschler und Enderle schicken lassen, es fand allgemein Anklang: »Lotte findet die ersten 106 SS ›reizend‹. Maschler schickte Gratulationsdepesche.« Cecilie Dressler und die Agra-Besucherin Jella Lepman waren gleichfalls begeistert; Kästner war ermutigt und schrieb gleich anschließend den Anfang des nächsten Bandes. »Von wegen des stilistischen Anschlusses. Ehe ich aus der Sache rauskomme.«[50]

Er wurde wieder mobiler: »Ganz und gar in die Reihe wird es nicht wieder kommen. Aber zum Weiterleben wird's zunächst reichen. Und da das Leben, trotz allem, eine interessante Beschäftigung ist, mag's recht sein.«[51] Dementsprechend gestaltete er seine Agra-Aufenthalte lockerer, reiste nach München, besuchte seine Familie in Zürich, eröffnete in Amriswil die Schweizer Jugendbuchwoche. Dort las er aus dem Manuskript des *Kleinen Mannes*, mit dem Ergebnis, daß die *Stern*-Kinderbeilage den Text anforderte und ab Mitte August 1963 druckte: »Honorar gut. Aber Hauptsache: Reklame fürs Buch! ›stern‹ hat wohl 1,6 Mill Auflage! Na also!«[52]

1963 und 1964 eskalierte der Konflikt zwischen Kästner und Enderle noch einmal und erreichte schließlich seinen Höhepunkt. Das Ende von Kästners Kuraufenthalt kam in Sicht, und er mußte seinen Alltag danach neu regeln. Er wollte einen Kompromiß aushandeln und erntete einmal mehr nackten Zorn. Liselotte Rosenow, die nach dem Tod ihrer Mutter krank gewesen war, rief bei Luiselotte Enderle an, um sich nach Post zu erkundigen, und sie hörte eineinhalb Stunden lang »Haßtiraden«: »Ich habe so Angst um Sie, ich sage es Ihnen, lieber EK, wie ich's auf Grund dieses Gesprächs sehen muß. Bitte, natürlich entre nous. Wahrscheinlich weiß sie gar nicht, was sie alles gesagt hat. Es war schauerlich für mich. Und nur noch mit Kafka zu vergleichen.«[53] Ein zweites entscheidendes Dokument zum Verhältnis zwischen Kästner und Enderle, neben ihrem Brief an Kurt Maschler ein Jahr zuvor, ist Kästners langer Brief an sie. Er legte hier seine – in Agra überwundene – Resignation, ja Verzweiflung nieder und deren durchaus private Gründe, ein stiller, intensiver Brief. Er beteuerte, er sei seit Weihnachten 1963 allein in Agra und Lugano gewesen, ohne Friedel und Thomas Siebert, die er zwischendurch einmal in Zürich getroffen habe. »Ich verlernte das Reden, das nie meine Stärke war, fast völlig. Es war kein Verlust. Solange ich das Kinderbuch schrieb, gab es, von schlaflosen Nachtstunden abgesehen, keine Probleme. Ich bin ein Einzelgänger und ein Schriftsteller und muß Geld verdienen. Solange ich nicht arbeite, solange bin ich dicht am Verzweifeln. […] Solche Briefe zu schreiben, ist fast so schwer, wie sie zu lesen. *Vergiß bei keiner Zeile, daß Du der Mensch bist, an dem ich am meisten hänge!* Nach Deiner Überzeugung, ich weiß, ist das nicht viel. Ich bin ja ein kalter Kerl. ›Oder verwechsle Sentimentalität mit Gefühl. […] Du willst wissen, was ich ›plane‹. Bevor der Junge drei Jahre alt wurde, sagte ich: ›Einen Kompromiß.‹ Heute weiß ich nichts Besseres. Und jetzt ist er 5½ Jahre alt. Daß die beiden nach Küsnacht gingen und ich sie dort in mehr oder weniger regelmäßigen Abständen besuchen wollte und es auch zweimal tat, war der Weg zu einem Kompromiß. Der Versuch scheiterte. Teils an der nicht erreichbaren Aufenthaltsbewilligung, teils an Deiner Reaktion.

Dann wurde ich krank. Sie waren wiederholt in Lugano. Auch Du warst ein paarmal da. Es war kein Kompromiß. Kein Versuch, mit dem Leben zurechtzukommen. Ich war viel kränker als die Krankheit. Ohne jeden Lebenswillen. Leer wie eine zerplatzte Tüte. Wenn es so geblieben wäre, hätte es eine Lösung gegeben. Mehr oder weniger ohne mich. Aber die Chemikalien funktionierten. Die offene Tbc wurde gestoppt. Die Cavernen liegen, sagt das Röntgenbild, still, und dabei kann es vielleicht bleiben. Die Arbeit am Drehbuch und am ›Kleinen Mann‹ machten mir wieder etwas Lebenslaune. Nicht sehr viel. Aber ein wenig.

Als sich, zufällig, für die zwei die Möglichkeit bot, in München wieder zu wohnen, war ich's, der zuredete. Damals glaubte ich noch, ich sei fertig. Und daß der Junge in München großwerden könne, war mir von Herzen recht. Wo denn sonst? Es wäre, mehr oder weniger ohne mich, eine Möglichkeit gewesen.

Aber nun komme ich – nicht sehr stabil, doch immerhin – zurück, will wieder bei Dir sein, freilich auch bei dem Jungen und der Mutter, und da kommt, wieder einmal, das Wort ›Kompromiß‹ um die Ecke. [...] Er muß gefunden werden. Hundertprozentig einseitige Lösungen gibt es nicht für mich. Es wäre seelischer Selbstmord. Und im Taxi durch München sausen, um den Jungen eine Stunde am Tag zu sehen, kommt, in der Hauptsache seinetwegen, nicht in Frage. Ich habe ihn sehr, sehr gern. Auch er ist es wert, daß ich mich zerreiße. Aber nicht täglich, wobei er das Gefühl hat, ich sei ein Blitzbesucher. Obwohl ich sein Vater bin, und er empfindet beides.

Also? Der Mittelweg hieße: halbieren. Mich und, es ist schlimm, auch Dich. Wie im Versuche Küsnacht, der mißglückte. Mit Dir bei uns wohnen, leben und arbeiten. Und dann auch dort. Abwechselnd.

Wenn das nicht möglich wäre, bliebe übrig, daß ich, zusätzlich, allein in einem Zimmer lebte und von dort aus, Gebirge oder sonstwo, bald im Herzogpark wäre, bald in Nymphenburg. Jeweils eine Zeit lang. In einem Zimmer zu hausen, brächte mich nicht um. Ich habe es hier in Agra exerziert und wußte schon immer, daß mir dergleichen nicht viel ausmacht. Nun ich älter bin, nicht mehr als früher. Ich bin ziemlich anspruchslos. [...] Ich brüte nun zwei Tage an diesem Brief.

Du wolltest, daß ich ihn schriebe. Ich weiß keinen anderen Rat, keinen ›vernünftigeren‹ Kompromiß. Und ich bin sehr traurig.«[54]

Edmund Nick besuchte Kästner noch in Agra (7.6.1963), wenige Tage später wurde Kästner entlassen und trat seinen Kompromiß an, meist im fünfwöchigen Wechsel. Für seine Heimreise hat er einen Diätplan erstellt und sich die Kalorien ausgerechnet, wir wissen also ausnahmsweise genau, was er zu sich nahm. Er schöpfte sein Deputat eher über Getränke als über Nahrung aus – früh aß er nie, manchmal auch mittags nicht. Er trank jeweils »1 Whisky« und »1 Bier«, abends Kaffee und »1 großes Bier«, bei der manchmal einzigen Mahlzeit des Tages aß er »2 Semmeln mit Butter u Wurst«, häufig Makkaroni, Schinken, Gurkensalat. Er war aber dem Sanatorium noch nicht endgültig entkommen, der Kompromiß funktionierte nicht sonderlich.

Seinen 65. Geburtstag mußte er wieder in Agra verbringen, eher wegen seiner Nerven als wegen der Tbc. Inzwischen hatte er genug Literaturpreise bekommen und reagierte auf die Glückwünsche eher gereizt. »Das Zimmer ist voller Blumen. Ich kann mich kaum umdrehen.« Um sich für die Glückwünsche zu bedanken, ließ er 650 Dankschreiben drucken und bestand darauf, als Absender müsse die Flemingstraße auf den Umschlag, nicht Agra. »Da denkt man, ich hab' hier 'ne Villa.«[55] Sein einziges Heilmittel war seine Arbeit; er saß in dieser Zeit an *Der kleine Mann und die kleine Miss*. Wie schlecht es ihm ging, ist an einem Fernseh-Interview zu sehen, um das er anläßlich seines Geburtstags gebeten wurde. Nach den Grenzen literarischer Wirkung – besonders seiner kabarettistischen Arbeiten – befragt, gab er eine Antwort, die fast singulär ist. Er war stets ein perfekter Formulierer, mündlich wie schriftlich, und hier entglitt ihm tatsächlich der Satz, obwohl zu ahnen ist, was er meinte: »Wenn man literarische Skepsis entwickelt, was den Zweck und das erreichbare Ziel des Kabaretts anlangt, überhaupt, daß Satire, der geformten, bleibt der direkte Weg übrig, in die Öffentlichkeit, und wenn man an die Ideale und Ziele glaubt, muß man ihn gehen, wie Sie sagen, auf die Straße.«[56]

Der neue Aufenthalt begann härter als die vorigen, die Ärzte gingen »diesmal« »mächtig ran«, er konnte seine Promenaden nicht wieder aufnehmen: »Mittags und nachmittags je eine halbe Stunde vor die Kaserne. Sonst immer Balkon und Zimmer. Auf längere Sicht.« Er wurde auf Zuckerverdacht untersucht, »[w]ahrscheinlich Würfelzucker«, und mußte Diät halten – kein Whisky, kein Bier. »Das kann ja heiter werden! Es ist nicht so arg, daß ich Insulin kriegen müßte. Aber mir reicht's auch so.«[57] Rauchen und arbeiten sollte er auch nicht, nach Lugano durfte er nicht; er sollte sich auf den Balkon des Sanatoriums beschränken. Die neuerworbenen Freunde vom ersten langen Aufenthalt waren nicht mehr da oder nicht mehr ansprechbar – der »spinnete Burkard«, ein Maler, lag schwerkrank im Sanatorium; der Elektriker des Hauses und der Postbote lagen in Kliniken, sogar eine der Krankenschwestern ließ sich nach der »Falschverheilung« eines gebrochenen Arms den Arm noch einmal brechen – »kurz, sogar die Gesunden und das Personal sind krank.«[58]

Der Aufenthalt schlug schneller an als die vorigen; »wenn ich alljährlich so eine ›Festigungskur‹ betreibe, kann ich noch ein munterer Greis werden. Ich hätte nichts dagegen. Trotz allem.«[59] Er ließ sich wieder von Robert Neumann besuchen, Werner Buhre und Peter Paul Geiger kamen, und Kästner saß auch bald wieder im Straßencafé: »Die jungen Mädchen sind hübsch gewachsen, das stimmt. Aber die Köpfe, ojeundweh! Und die Frauen, also den besten Teil der Menschheit, gibt's überhaupt nicht. Liebchen, grüss Dich im Spiegel! Die Blaue Mauritius ist eine sehr seltene Briefmarke!«[60] Zum Arbeiten kam er diesmal nicht; eine *Münchhausen*-Operette nach seinem Film für das Münchner Gärtnerplatz-Theater war im Gespräch, aber das Projekt zerschlug sich. Am 18. August 1964 war er wieder in München.

Friedel Siebert zog mit ihrem Sohn nach Berlin. Von 1964 bis 1969 teilte der Vater das Leben mit seiner Familie dort, erst in Dahlem, dann in der Parkstraße 3a in Hermsdorf. Er wechselte mit Aufenthalten in der Flemingstraße und gelegentlich eingeschobenen kurzen Aufenthalten in Lugano ab. Auch in Berlin stand er spät auf, trank ein Glas, ohne etwas zu essen; wenn er aß, dann allein, »in Klausur«. Sein Gebiß machte ihm Beschwerden, er nahm es zum Essen heraus.[61] Nachts war er unterwegs, in seinen üblichen Bars und Nachtclubs, in München wie in Berlin; arbeiten konnte er weder hier noch dort.

Friedel Siebert wollte sich nicht immer mit der Rolle als stille Geliebte und fruchtbare Nebenfrau zufriedengeben. Kästner stand öffentlich nie zu seiner Kleinfamilie, er verleugnete sie regelrecht – selbst wenn er mit ihr ins Theater ging und dort Bekannte traf. Friedel Siebert und Thomas Kästner sollten für ihn ein Refugium sein, das er für sich haben wollte, das nichts mit der öffentlichen Figur, die er auch war, zu tun haben sollte – für die war Luiselotte Enderle allein zuständig, und sie sollte es offensichtlich nach seinem Willen auch sein. In Kästners Freundeskreis wußten zwar viele von seinem Sohn und dessen Mutter, gekannt haben sie nur wenige. Elfriede Mechnig gratulierte ihm »zu den beiden prächtigen Menschen« und meinte, er müsse sehr glücklich sein. »Ich freue mich für Sie, – jetzt hat doch alles erst Sinn und Zweck.«[62] Außer ihr kannten Werner Buhre, Rudolf Walter Leonhardt und Edmund Nick Kästners ›Kleinfamilie‹; Nick kam einmal zu Thomas' Geburtstag. Im übrigen trennte Kästner seine Kreise sorgfältig: »Genau zu Thomas' Geburtstag war Nicki hier. Das war allgemein eine große Freude. Für ihn, glaub ich, auch.«[63]

Kästners Zweitwohnsitz in Berlin hatte sich aber herumgesprochen, in dem Boulevardblatt *Der Nord-Berliner* erschien ein großer Artikel über die Rückkehr Kästners »in die Stadt seiner ersten großen Erfolge«. Der Artikel nahm fast eine ganze Seite ein, mit drei Fotos von Thomas Kästner, Friedel Siebert und Erich Kästner. Der Journalist schrieb, auf dem Klingelschild stehe »Kästner«. Der löse seinen Hausstand in München auf und ziehe ganz nach Hermsdorf. Siebert, »Kästners langjährige Gefährtin«, sei »ein bißchen erschreckt über Eindringlinge« wie den Verfasser des Artikels. »Der alte, neue Berliner Bürger Erich Kästner bleibt dann sicher nicht nur in den Außenbezirken. Er will wieder, wie einst, im Caféhaus dichten... ›Ein bißchen mehr Nachtleben könnte der Stadt ganz gut tun.‹ Frau Siebert kommentiert: ›Die schnelle, witzige Art in Berlin gefällt ihm so gut.‹«[64]

Es ist unklar, wie dieser Artikel zustande gekommen ist, der Journalist muß einen Hinweis bekommen haben; es kommen fast nur Elfriede Mechnig in Frage, die ja beruflich viel mit der Presse zu tun hatte, die Mutter von Friedel Siebert oder sie selbst, obwohl ihr ›Schreck‹ dagegen spricht. Luiselotte Enderle scheint schon vor der Veröffentlichung Wind von dem drohenden ›Skandal‹ bekommen zu haben. Sie beschwerte sich bei Kästners Sekretärin: »Meinen etwas föhnigen Charakter dürfen Sie nicht persönlich nehmen. Ich schreie nur, um Luft zu kriegen – weil die Entrüstung mir fast die Kehle zuschnürt. So tiefe Kränkungen gehen eben auch tief. Bitte beziehen Sie deshalb mein unwirsches Wesen auf den, der die Ursache gab – und auf die, die die Teufel losgelassen hat.«[65] Sie verlangte von Kästner eine Gegendarstellung, und er schrieb denn auch einen Brief an den

Chefredakteur der Zeitung, sicher unwillig und zwei Monate nach Erscheinen des Artikels: Er behalte seine Münchner Wohnung bei, werde aber, »so oft sich Zeit erübrigen läßt, auch in Berlin sein« und bitte von Pressemeldungen »dieser und ähnlich privater Art abzusehen«.[66] Vor diesem Brief machte Enderle ihm erneut die Hölle heiß; Kurt Maschler bekam die Situation am Rande mit und berichtete Liselotte Rosenow davon, nachdem er Kästner kurz in der Schweiz gesehen hatte: »Er befand sich in einem sehr schlechten Zustand, voll Unentschlossenheit. Am Dienstag rief L. E. an, legte den Hoerer nach einer Sekunde wieder auf und sagte, sie will ihn ja garnicht, rief 3 Minuten spaeter wieder an und sagte etwas, wie, er soll es nur nicht wagen, nach Muenchen zu kommen. Wie Sie wissen, hatte E. K. geplant und gebucht, am Mittwoch nach Muenchen zurueckzufliegen. Ich riet ihm dringend, zu dieser Zeit nicht nach Muenchen zu gehen sondern direkt von Zuerich ins Tessin zu fahren, um dort einmal Luft zu schnappen und zu sich zu kommen, und ich bin froh, aus einer Karte, die ich heute erhielt, entnommen zu haben, dass er meinem Rat gefolgt ist. Er will direkt von Lugano, ohne in Muenchen Station zu machen, nach Berlin gehen, und will am 25. nach Muenchen zurueckfliegen. [...] Sie wissen ja, wie sehr er trotz allem an L. E. haengt. Alles, was geschehen ist, so unsympathisch es ist, ist bei klarer Sicht nur auf L. E. zurueckzufuehren. Haette sie die Mutter der Mutter nicht heimgesucht und beschimpft, so waere sicherlich das Ganze nicht geschehen. [...] Wenn ich E. K. waere, wuerde ich voererst einmal fuer ein Jahr ins Ausland gehen. Das bekommt aber E. K. nicht fertig, da er ja den Jungen sehen will.« Maschler schlug vor, Kästner solle sich in München eine kleine Wohnung nehmen und die Flemingstraße so lange nicht betreten, bis Luiselotte Enderle sich einer Entziehungskur unterzogen hätte. »Was L. E. tut, ist nicht nur ein Verbrechen an E. K. sondern an Allen, die E. K.'s Arbeiten schaetzen – in der Gegenwart und in der Zukunft.«[67]

Kästner schrieb an die Zeitung, wie von ihm verlangt wurde; Enderle archivierte seinen Brief sorgfältig, das Leben im angespannten Kompromiß ging weiter. Kästner wechselte alle fünf Wochen zwischen Berlin und München, Urlaub machte er zusammen mit Friedel Siebert und Thomas Kästner; häufig in Dänemark, gelegentlich auch in der Schweiz. Enderle fühlte sich in dieser Konstruktion oft benachteiligt, das ging so weit, daß Kästner ihr regelrechte Pläne schickte:

»Am 21. beginnt die Schule. Am 7.5. komme ich nach München. 23.2.–1.4. war ich in München, 1.4.–7.5. in Rapperswil. Beide Male fünf Wochen. Mir widersteht diese Buchführung, aber es gibt keinen Salomo, der mir, es besser wissend, hülfe. Der weitere Plan: 7.5.–7.6. München / 7.6.–1.7. Rapperswil / 1.7.–15.8. München.«[68]

Trotz dieser Situation erschien die Neuausgabe von Enderles Kästner-Biographie bei Rowohlt; von ihren Textergänzungen – der Kindlerband schloß 1959 – gibt es ein Manuskript Kästners aus Agra. Er schrieb ihr, sie solle den Text »nach Gutdünken« verwenden, ändern, kürzen, adaptieren, »aber vergiß dabei nicht, daß *Du* es bist, der urteilt. Ich hab von *meinem* Standpunkt aus geschrieben. Das ist nicht dasselbe.«[69] Kästners Manuskript und Enderles gedruckter Text sind fast identisch. Er war für sie auch auf der Suche nach Urteilen prominenter Zeitgenossen, deren »Zeugnisse« jeden Monographien-Band abschließen. Dabei stellte er fest, daß nur wenige Prominente über ihn geurteilt hätten: »Nicht mal Th Mann, der jeden mittleren Schafskopf gelobt hat.«[70] Die abgedruckten Zeugnisse waren dann zum größten Teil private Äußerungen von Freunden und Kollegen zu Kästners 60. Geburtstag.

Ob Maschler mit seiner Schuldzuweisung für Kästners zunehmende Arbeitsunfähigkeit recht hatte – darüber ließe sich debattieren. Unbestreitbar ist, daß seine Produktivität nachließ, daß er zunehmend von seinem vergangenen Werk lebte. *Der kleine Mann und die kleine Miss* war sein letztes neues Buch; es folgten noch diverse Auswahlbände aus dem Gesamtwerk und die *Gesammelten Schriften für Erwachsene* (1969) als Ausgabe letzter Hand. Kästner war eine Institution, vielfach geehrt durch Preise und Ausstellungen, etwa einer Wanderausstellung zu seinem 65. Geburtstag. Bei ihrer Eröffnung im Kuppelsaal der Stockholmer Bibliothek traf er Astrid Lindgren und lernte Peter Weiss kennen.[71] Er schrieb Vorworte en masse – zu Büchern von befreundeten Zeichnern wie Ohser, Trier, Will Halle; von Kollegen wie Kesten, James Krüss und Martin Morlock; aber auch zu Fotobänden über Katzen und Kinder. Er hat schon immer gern Vorträge und Würdigungen gehalten, nun wurde er zum gesuchten Festredner; sein entspannter und doch festlich-distanzierter Stil war für viele Anlässe brauchbar. Er stellte einen Schriftsteller als öffentliche Figur dar, als eine Rolle, die er sonst ›privat‹ nicht mehr ausübte. Die Werkausgaben geben nur einen kleinen Eindruck von dieser

Tätigkeit, Kästner hat nur die wichtigsten und substantiellsten Arbeiten ausgewählt. Er hielt Ansprachen auf Thornton Wilder und Franz Theodor Csokor, gratulierte Robert Neumann, Hermann Kesten, Richard Friedenthal, Jella Lepman und Günther Stapenhorst öffentlich zu runden Geburtstagen, erinnerte an Annette Kolb, begrüßte das erste Heft der satirischen Zeitschrift *pardon* (1962), hielt eine Rede auf Ohser und Knauf zur Feier des vierzigjährigen Bestehens der Büchergilde Gutenberg (1964); seine letzte große Rede hielt er am 15. März 1970 zur Eröffnung einer Buchausstellung der B'nai B'rith über die *Jüdische Literatur deutscher Sprache seit 1933*. Er erzählte noch einmal die bekannten Anekdoten über seine beiden Verhaftungen im ›Dritten Reich‹, neu war die unverhohlene Bewunderung, die er für die Emigranten äußerte: »Ich bewundere ihren Mut zum Leben und zur Literatur. Ich bewundre beides neidlos und gestehe rundheraus, daß ich dessen – nämlich auf der Flucht weiterzukämpfen und weiterzuleben – wahrscheinlich nicht fähig gewesen wäre. Umso mehr begreife ich diejenigen, die sich, wie Hasenclever, Benjamin, Toller und Tucholsky, das Leben nahmen.«[72]

Kästner selbst ist natürlich nicht entgangen, daß er kaum noch etwas zustande brachte, und er hat darunter gelitten. An Barbara Sies-Pleyer schrieb er: »Nichts sonderlich Neues. Leider auch nicht in der Schriftstellerei. Hoffentlich hat die katastrophale Faulheit bald ein Ende.« Er hat ihr auf Nachfragen immer wieder gesagt, er könne nicht mehr schreiben.[73] Die Selbstzweifel setzten früh ein, schon *Notabene 45* und *Die Schule der Diktatoren* beruhten schließlich auf alten Plänen, ein geplantes Stück *Die Eiszeit*, ein »erotische[s] Pandämonium«, blieb als Fragment liegen.[74] Daher auch seine Euphorie, als er mit den beiden späten Kinderbüchern für Thomas Kästner tatsächlich noch einmal einen neuen Stoff ausarbeiten konnte; sein letztes zu Lebzeiten erschienenes Buch war sein erstes: 1972 wurde seine Dissertation über *Friedrich der Große und die deutsche Literatur* als Buch gedruckt.

Kästner hat seine Misere zu verdecken gesucht, nicht nur mit Reden und Vorworten, sondern auch mit der Herausgabe von allzu vielen und allzu kompromißbereiten Humor-Anthologien: *Heiterkeit in Dur und Moll* (1958), *Heiterkeit kennt keine Grenzen* (1960), *Heiterkeit braucht keine Worte* (1962), *Heiterkeit in vielen Versen* (1965). In Form dieser Anthologien erschienen weiterhin Bücher, auf denen groß sein

Erich Kästner 1970 (Foto Stefan Moses)

Name stand, in denen er schrieb, wenn auch nur ein zwei- oder dreiseitiges Vorwort; Bücher, für die er korrespondieren und verhandeln mußte, die auch Geld einbrachten, aber keine vergleichbare schriftstellerische Arbeit mehr erforderten. In den ersten Bänden mag man sein Anliegen noch anerkennen, er hat sich noch Mühe mit der Auswahl gemacht. Schließlich sind die Humoristen in der deutschen Literatur tatsächlich nicht allzu dicht gesät, und seine *Gedanken über das Lachen* hat er nicht ohne Grund in die *Gesammelten Schriften* übernommen. Für die letzten Bände, vor allem für *Seufzer der Liebe* (1970) oder den postum erschienenen *Schmunzelschmöker für Kurzstreckenleser* (1974), hat ohnehin Luiselotte Enderle die Arbeit gemacht, Kästner schrieb nur noch Einleitungen oder gab seinen Namen her. Hanns-Hermann Kersten begrüßte den Band als »postume Eintrübung Kästners« und verabschiedete ihn gleich wieder, »man hätte sein Andenken nicht mit dieser Anthologie belasten sollen.« Sie sei ein »Ärgernis«, ein »durch größtmögliche Schrift und dickes Papier aufgetriebenes Sammelsurium«. »Wir sollen dieser Anthologie glauben, daß Kästner Bonmots von Sophia Loren und Beate Hasenau besonders schätzte, wenn sie mit Gedanken von Shaw und Polgar zum Cocktail (›Weise Sprüche‹) verquirlt wurden.«[75] Kästner *spielte* noch die Schriftsteller-Rolle, schwierig im Umgang und immer »grantiger« auf seine alten Tage.[76] Er verbrachte noch seine Nachmittage und Abende in Cafés und Bars, beantwortete weiterhin seine Post, sprach aber mehr dem Whisky zu als seinem Notizblock. Und er mußte den unerträglichen Kitsch um seine Person ertragen, die Reportagen um Kätzchen und Anekdötchen, die von seiner Anekdotenzentrale Luiselotte Enderle in Illustrierten und dem Bändchen *Kästner anekdotisch* (1970) verbreitet wurden.[77]

Seine Popularität ereilte ihn mit ihren Schattenseiten; er erhielt Briefe von Lesern, Fans, verkrachten Nachwuchsschriftstellern und Dilettanten, die ihre Gedichte beurteilen lassen wollten. Die Zeitschrift *intim* druckte sein Gedicht *Fin de siècle* nach, unter der Überschrift »Erich Kästner über den neuen Schwedenfilm ›Liebende Paare‹«. Lilli Palmer trug Kästners *Dezember* aus den *Dreizehn Monaten* in der »Anneliese-Rothenberger-Show« vor.[78] Auch das prosperierende deutsche Wirtschaftsleben hatte seine Anliegen: Kästner sollte für Toilettenpapier und Feinstrumpfhosen werben, »Thema: die Schönheit des Frauenbeines und der zarte seidige Strumpf als i-Punkt dieser

Schönheit.« Ein Architekt fragte an, ob er eine Doppelhaus-Wohnanlage mit Eigentumswohnungen »Pünktchen und Anton« nennen dürfe; ein Süßwarenfabrikant hatte eine neue Schokoladensorte entwickelt, die wegen ihrer Füllung unbedingt »Das doppelte Lottchen« heißen sollte.[79] Einen immerhin nahrhaften Brief schrieb ihm Maggi, weil Kästner in einem Interview »Grischuna«-Suppe gelobt hatte, die es nur noch in der Schweiz gab. Der Maggi-Konsumentendienst verehrte ihm daraufhin ein Kilopaket der Suppenextrakts.[80]

Kurz vor dem Rummel um seinen 70. Geburtstag änderte Kästner sein Testament zugunsten Friedel Sieberts und Thomas Kästners. Enderle, die vorher alleinige Begünstigte, kommentierte: »Und die ›Erben‹ stehen schon eisern im Hintergrund! Aber ich kann ja auch ne janze Weile ›eisern‹ sein.«[81] Das ist ihr gelungen, sie ist 83 Jahre alt geworden und hat die fast zwanzig Jahre jüngere Friedel Siebert überlebt. Im Sommer 1969 trennte sich Siebert von Kästner. Sie hatte die anstrengende Konstellation jahrelang in Kauf genommen, hatte eigene Ambitionen, ihren Beruf aufgegeben und lange gehofft, Kästner würde sich eines Tages doch noch ganz für sie entscheiden. Nach den immer neuen Konflikten Kästners mit und um Enderle hatte sie resigniert, für sie hatte sich entschieden, daß Kästner nie ganz zu ihr ziehen würde. Sie übersiedelte mit ihrem Sohn in die Schweiz; nach Überwindung ihrer Trennungsdepression hatte sie noch einige wenige Bindungen, die die Intensität ihrer Jahre mit Kästner nicht mehr erreichten.[82] Am 17. August 1986 starb sie in Zürich.

Thomas Kästner telefonierte seit der Trennung seiner Eltern wöchentlich mit seinem Vater; er besuchte ihn noch dreimal, jeweils einige Wochen in den Sommerferien. Er wohnte dann nicht etwa in der Flemingstraße bei seinem Vater, vielmehr hatte Luiselotte Enderle für ihn ein Zimmer in Unterföhring angemietet – mehr als eine halbe Stunde Fußmarsch entfernt.[83] 1972 lud ihn Kästner zu den Olympischen Spielen ein und erwirkte eine Schulbefreiung für einige Tage; der Prorektor des Zürcher Gymnasiums schrieb ihm allerdings, er gebe dem Schüler nicht wegen der Olympischen Spiele frei, sondern wegen der »Gelegenheit, die sich so für Thomas ergibt, ein paar Tage mit seinem Vater zusammen zu sein.«[84] Zu seinem 75. Geburtstag war Thomas Kästner ebenfalls in München, er durfte aber in keinem Zeitungsbericht erwähnt werden.

Die letzten Jahre vor seinem Tod sah Kästner schlecht aus, aufgeschwemmt, krank; er hatte sich »selber in Pension geschickt«.[85] Hilde Spiel sah ihn noch einmal ein Jahr vor seinem Tod und schrieb an Hermann Kesten, er sei »nur kurze Augenblicke aus seiner Versteinerung« aufgewacht. »Erich, so sehr er die Vernunft verkörperte, war doch in seinen physischen Instinkten weniger klug, hat nicht hausgehalten mit seinem Leibe, was man tun muß, um alt zu werden und weise zu bleiben.«[86] Kästner saß wohl gelegentlich noch schweigend im Café Leopold und trank, nachmittags meistens schon alkoholisiert, manchmal das Gebiß sorgfältig in der Mitte des Tischs abgelegt.[87] Es gibt eine gespenstische Fotoserie, die Kästner bei sich zu Hause hat aufnehmen lassen: der *élegant* als Ruine im Morgenrock, wegen seiner empfindlichen Haut mit Dreitagebart, er versucht ein verkrampftes, mühsames Lächeln, das sein Gesicht eher entstellt – mit Kaffeetasse, mit seinem Sohn, mit Katze, aus dem Fenster in den Garten blickend, und einmal auch mit Luiselotte Enderle gemeinsam auf dem Sofa sitzend, verbissen voneinander abgewandt.[88] Zu diesem Zeitpunkt war er schon an Speiseröhrenkrebs erkrankt. Enderle schrieb: »Erich war sehr mager geworden. Von Suppe, Fleischbrühe, ein bißchen Tartar, Eis und Obstsäften kann kein Mensch gedeihen.«[89] Whisky trank er noch, er dürfte die Schmerzen etwas betäubt haben. Am 25. Juli 1974 wurde er ins Krankenhaus Neuperlach eingeliefert, am 29. Juli starb er, früh um 6.35 Uhr.

Luiselotte Enderle hatte ihn ins Krankenhaus begleitet; in den vier Tagen bis zu seinem Tod besuchten ihn außer ihr nur sein Steuerberater Peter Paul Geiger und die Zugehfrau Rosa Holzer. Er starb allein; Luiselotte Enderle kam einige Stunden nach seinem Tod in die Klinik. Die Boulevardpresse berichtete über sein einsames Sterben mit Genuß, auch über den ersten ›öffentlichen Auftritt‹ Thomas Kästners auf der Trauerfeier. Kästner wurde auf dem kleinen Bogenhausener Prominentenfriedhof beerdigt, neben Annette Kolb.

Kränze stifteten unter anderen Kästners Sekretärin, seine Verleger, die Israelitische Kultusgemeinde München, die Akademien und der PEN, die Freimaurerloge, die Städte München und Darmstadt, Willy Brandt und der Bundeskanzler Helmut Schmidt. Kästners Lieblingsmelodie war der Walzer aus Richard Strauss' *Rosenkavalier*, und Luiselotte Enderle wünschte sich, daß er am offenen Grab gespielt werden sollte. Margot Hielscher erzählt, Enderle habe erst am Morgen

Werner Buhre (1961)

der Beerdigung ihren Mann, den Komponisten Friedrich Meyer, angerufen und ihn gebeten, unbedingt noch ein Streichquartett aufzutreiben. Es ist ihm in der Eile nicht mehr gelungen; Meyer überspielte Karajans Aufnahme kurzerhand auf Kassette und kam mit dem Recorder auf den Friedhof.[90]

Im ursprünglichen Testament von 1956 hatten sich Enderle und Kästner gegenseitig als Universalerben eingesetzt. In der 1969 geänderten Fassung vermachte er noch 50 Prozent aller Erträge an Luiselotte Enderle, 50 Prozent an Thomas Kästner und dessen Mutter, die das Vermögen bis zu seiner Mündigkeit verwalten sollte. Danach sollten sie die Tantiemenhälfte teilen, also jeweils 25 Prozent erhalten, bis einer der drei Erben stürbe. Beim Tod Enderles sollte ihr Anteil an Mutter und Sohn übergehen und schließlich Thomas Kästner »Gesamterbe« werden, »mit dem Recht, das Ganze an seine Kinder weiterzuvererben.« Daß sein Sohn heiraten und nur seine Frau zurücklassen könnte, kam dem Erblasser nicht in den Sinn. Er regelte nur den Fall, daß Thomas Kästner keine Leibeserben hätte; dann sollten »sämtliche Erträgnisse einer nach meiner Meinung sinnvoll tätigen Organisation zufallen. Ich denke z. B. an die Schillerstiftung in Marbach.« Luiselotte Enderle behielt den lebenslangen Nießbrauch von Grundstück und Haus; über das Mobiliar und Inventar könne Kästner nicht verfügen, »da es sich um Frau Enderles Eigentum handelt.«[91] Kästner war bis zuletzt kein »perfekter Wohner«, wie er das nach dem Krieg von sich gesagt hatte.[92] Nach Enderles Ableben sollte auf ihren Wunsch das Grundstück verkauft werden. Auch ein Verkauf zu ihren Lebzeiten komme in Frage, falls die Einkünfte aus den Tantiemen »für die Lebenshaltung der Erben nicht mehr ausreichen«; aber erst, wenn die Einkünfte im Jahresdurchschnitt »monatlich 5000,– DM unterschreiten.«

»Diese ›letztwillige Verfügung‹ unterschreibe ich wenige Tage vor meinem 70. Geburtstag. Es wird Zeit.«[93]

Es war kein glückliches Leben, das da zu Ende ging. Hier soll noch einmal Erich Kästners ältester Freund Werner Buhre zu Wort kommen. Beide standen sich nahe, erst in Kästners letzten zehn Lebensjahren setzte eine Distanzierung ein – wohl von Kästners Seite. Die gemeinsame Freundin Pony M. Bouché wollte von Buhre über Kästner wissen, »was ihn umgebracht hat. As far as I'm concerned one can die of boredom or a broken heart...«[94] Buhre schrieb ihr ein halbes Jahr nach Kästners Tod:

»Liebe Pony, ich will versuchen, Dir soviel zu sagen, wie ich weiß. Mein Wissen hat Lücken. Erich ist an einem Speiseröhrenkrebs gestorben. Er hat vor seinem Tod ein paar Tage in der Klinik gelegen und wurde künstlich ernährt. Am Sonntag (Montag, 29.7. ist er gestorben) erkannte er niemanden mehr. Ich selbst habe ihn seit 1964 nicht gesehen; da war ich seines 65. wegen in Lugano bei ihm (auf dem Weg nach Venedig). [...] Dann habe ich nur noch mit ihm telefoniert. Man sagt mir, er habe seit wenigstens einem Jahr im Stuhl an dem großen Fenster gesessen und hinausgeblickt. Vielleicht hat er sich am Rande vom Whisky ernährt, denn gegessen hat er angeblich nicht mehr. So ist wohl auch die Krankheit lange unbemerkt geblieben. Die Ursachen für das alles (die Krankheit ausgenommen) war die von ihm nie bewältigte Gegenwart. Erst trank nur die Enderle, dann wurde der Sohn Thomas (heute 17) geboren und die E. setzte ihm (und der Mutter) so hysterisch zu, daß er, um allem zu entgehen, nun auch trank. Und auf diesem Fluchtweg ist er geblieben. Die Mutter von Thomas lebt in Zürich, ruft alle paar Jahre mal bei mir an und sagt gescheite Dinge über Erich. Erich hat erreicht, daß der Junge seinen Namen trägt. [...]

Das wär's. Wenn Du hier wärst, gäbe es natürlich noch vieles. Aber frage mich, ich antworte schon. Die Ausschnitte aus der ›Zeit‹, der ›Süddt. Ztg‹ und ›Spiegel‹ sagen nicht immer die Wahrheit. Woher sollten sie sie wissen.«[95]

Anhang

Kürzel

Erich Kästners Werke werden in der Regel zitiert nach:
Erich Kästner: Werke in neun Bänden. Hg. Franz Josef Görtz. München, Wien 1998, 9 Bde.; der römischen Bandnummer folgt die Seitenzahl, also Band 2, S. 93 in der Form II: 93. Außerdem wird zitiert nach:
Erich Kästner: Schriften für Erwachsene. München, Zürich 1969, 8 Bde.; der arabischen Bandnummer folgt die Seitenzahl, also z. B. 8: 321.
GG – Erich Kästner: Gemischte Gefühle. Literarische Publizistik aus der »Neuen Leipziger Zeitung« 1923–1933. Berlin und Weimar 1989, 2 Bde.
MG – Montagsgedichte. Zusammengestellt und kommentiert von Alexander Fiebig. Berlin und Weimar 1989
NL – Viele Materialien werden aus Kästners umfangreichem, chaotisch-ungeordnetem Nachlaß zitiert; er wurde noch in der Kanzlei von Peter Beisler durchgearbeitet. Seit Juni 1998 sind die Materialien im Deutschen Literaturarchiv in Marbach am Neckar. Dazu gehört ein Teilnachlaß Elfriede Mechnigs und der Nachlaß Liselotte Rosenows. Der Nachlaß Luiselotte Enderles ist zu einem großen Teil der private Teil des Kästner-Nachlasses; er und das Kästner-Bildarchiv sind weiterhin in der Kanzlei Peter Beislers. Um wenigstens einige Konvolute zu spezifizieren, werden folgende Siglen benutzt:
AN – Materialsammlung im Nachlaß zu *Als ich ein kleiner Junge war*, »Notizen in Stichworten (Zur Vorordnung). St. Moritz. Jahresende 1955«
JB – Briefe von Ilse Julius an Erich Kästner, 1919 bis 1927, Konvolut im NL.
MB – Die Briefe Erich Kästners an seine Mutter werden *nicht* nach der Ausgabe Luiselotte Enderles zitiert (Enderle 1981), sondern ausschließlich nach den – unverkürzten, unbearbeiteten – Originalen im Nachlaß. Gleiches gilt für die Briefe Ida Kästners an Erich Kästner.
TB – Die unveröffentlichten Tagebücher Erich Kästners, die er 1941, 1943 und 1945 in Gabelsberger Kurzschrift führte, werden nach der Umschrift von Arthur Lux im Nachlaß zitiert; offensichtliche Lücken und Fehler der Transkription sind stillschweigend korrigiert.
VB – Briefe Erich Kästners an Emil Kästner und umgekehrt; Konvolut im Nachlaß.

Private Leihgaben

NLB – Nachlaß Werner Buhre. Private Leihgabe von Dr. Gisela Scola (München).
Erich Kästners Briefe an Barbara Sies-Pleyer und Helga Veith wurden freundlicherweise von den Adressatinnen zur Verfügung gestellt. Die unveröffentlichten Briefe an Friedhilde Siebert hat Thomas Kästner dem Verfasser zur Einsicht überlassen.

Durchgängig verwendete Literatur

Bemmann, Helga: Erich Kästner. Leben und Werk. Biographie. Aktualisierte Neuausgabe. Frankfurt/M., Berlin 1994 (Ullstein Tb)

Enderle, Luiselotte: Erich Kästner in Selbstzeugnissen und Bilddokumenten. Reinbek bei Hamburg 1966 (rm)

Enderle, Luiselotte (Hg.): Erich Kästner: Mein liebes, gutes Muttchen, Du! Dein oller Junge. Briefe und Postkarten aus 30 Jahren. Hamburg 1981

Enderle, Luiselotte: Erich Kästner mit Selbstzeugnissen und Bilddokumenten. Reinbek bei Hamburg ^{15}1995 (rm)

Hassencamp, Eva: Erich Kästner. Schriftsteller für Kinder und Erwachsene. Bayerischer Rundfunk 1989 [Fernsehfilm, 45 Minuten]

Tornow, Ingo: Erich Kästner und der Film. Mit den Songtexten Kästners aus »Die Koffer des Herrn O. F.«. München 1989, Neufassung München 1998

Tucholsky, Kurt: Gesammelte Werke in 10 Bänden. Herausgegeben von Mary Gerold-Tucholsky, Fritz J. Raddatz. Reinbek bei Hamburg 70.–119. Tsd. 1985 (rororo)

Nachweise

Erich Kästner, der undurchschaubare Aufklärer

Exner, Richard: Er sagte, er sei ein Moralist. Zu einer Kästner-Auswahl. In: Die Zeit, 22.7.1966, Nr. 30, S. 24

1 Exner
2 Kästner an Horst Fuchs, 3.1.1948, NL
3 *Keiner blickt dir hinter das Gesicht* heißt ein Gedicht Kästners, das es in einer »Fassung für Kleinmütige« und in einer »Fassung für Beherzte« gibt (I: 234f.).
4 Enderle 1995: 157

Ein Kind als Spielkarte:
Der beste Schüler und der bravste Sohn

Bertlein, Hermann: Karl Gustav Nieritz. In: Lexikon der Kinder- und Jugendliteratur. Hg. Klaus Doderer. 2. Band. Weinheim, Basel 1977, S. 555–557
Förster, Rudolf u. a.: Dresden. Geschichte der Stadt in Wort und Bild. Berlin 1985
Nieritz, Gustav: Zwei Heldenknaben. Zwei Erzählungen: Der Kantor von Seeberg. – Der Lohn der Beharrlichkeit. Für die Jugend neu bearbeitet von R. Lorenz. Mit zwölf Bildern. Neue Rechtschreibung. Berlin o. J. [um 1910; zuerst 1843]
Reinhold-Großweitzschen, Emil: Geschichte der Familie Augustin und vom Obergasthof »Goldne Sonne«. 1568–1927. Döbeln 1927
Scharrelmann, Wilhelm: Großmutters Haus und andere Geschichten. Braunschweig u. a. 1928, 19.–28. Tsd. [zuerst 1913]
Schnorr von Carolsfeld, Friedrich: Karl Gustav Nieritz. In: Allgemeine Deutsche Biographie. Berlin 1970 (Unveränderter Neudruck der 1. Auflage von 1886), S. 688f.
Schenda, Rudolf: Volk ohne Buch. Studien zur Sozialgeschichte der populären Lesestoffe 1770–1910. Frankfurt/M. ³1988, S. 163–173

1 Reinhold-Großweitzschen: 51
2 Reinhold-Großweitzschen: 55

3 Kleist an Wilhelmine von Zenge, 3.9.1800
4 VII: 64. – Heute steht immerhin noch die Turnhalle, und die »IV.« bezeichnete die Reihenfolge der Errichtung – es war die vierte Schule, die in Dresden gebaut wurde.
5 Kästner an Mechnig, 20.4.1944, NL
6 Saroyans Buch erschien 1948 auf deutsch. Kästner hat sein Exemplar einem Leser der *Neuen Zeitung* mit der Bitte geliehen, »den Band recht zu hüten und zu behüten, damit er nicht verlorengeht« (Rosenow an Stelly, 23.7.1947, NL).
7 Kästner an Paul Zacharias, 13.3.1960, NL
8 Kästner an Hans Thalmann, 20.1.1967, NL
9 Schenda: 172f.; Schnorr: 689; Bertlein: 556f.
10 Nieritz I: 93
11 Nieritz II: 9, 10, 44, 66, 83f.
12 Förster: 118

»E.« oder »Z.«? Keiner weiß, wer ist der Vater ...

Der titelgebende toskanische Kinderreim stammt aus dem Film *Die Nacht von San Lorenzo* (1982) von Paolo und Vittorio Taviani.
Foerster, Eberhard [Pseudonym für Erich Kästner und Eberhard Keindorff]: Das goldene Dach. Eine Komödie. Berlin 1939 [Bühnenms.]
Arnhold, Werner: Brief an den Verf., 17.6.1998
Enderle, Luiselotte: Kästner. Eine Bildbiographie. München 1960
Görtz, Franz Josef, Hans Sarkowicz: Erich Kästner. Eine Biographie. Unter Mitarbeit von Anja Johann. München, Zürich 1998
Kiley, Dan: Das Peter-Pan-Syndrom. Männer, die nie erwachsen werden. Deutsche Übersetzung Dirk van Gunsteren. München 1989
Möller, Hans Jürgen, Gerd Laux, Arno Deister: Psychiatrie. Stuttgart 1996
Rowohlt Verlag/Uwe Naumann: Brief an den Verf., 27.5.1998
Sächsisches Hauptstaatsarchiv Dresden: Brief an den Verf., 2.6.1998
Schneyder, Werner: Erich Kästner. Ein brauchbarer Autor. München 1982
Stadtarchiv der Landeshauptstadt Dresden: Brief an den Verf., 3.6.1998

1 Schneyder: 20
2 Gespräch mit Thomas Kästner, 8.9.1998
3 Brief von Werner Arnhold an den Verf., 17.6.1998. – Görtz/Sarkowicz: 153 geben als Geburtsort Pitschen in Oberschlesien an, als Quelle nennen sie die Ausbürgerungslisten im *Deutschen Reichsanzeiger* von 1941 – »höchst dubios, aber zuverlässig«, schreiben sie. Was denn nun?
4 Arnhold an Kästner, 5.12.1958, NL. – Görtz und Sarkowicz haben in aufwendiger Recherche viele Details über Zimmermann und seine Familie herausgebracht, die vor allem sozialgeschichtlich interessant sind. Für die Verbindung zu Kästner indes ist ihnen kein neuer Beleg gelungen: »Zweifel« an Sieberts und Enderles Aussagen »und an den Recherchen von Werner Schneyder« gebe es »unterdessen so gut wie keine mehr. [...] Wir können also mit großer Wahrscheinlichkeit davon ausgehen,

daß Erich Kästner der uneheliche Sohn des Sanitätsrates Dr. Zimmermann war.« (Görtz/Sarkowicz: 151) Es gibt Zweifel zuhauf; so groß ist die Wahrscheinlichkeit wieder nicht.

5   Arnhold an Kästner, 5.12.1958, NL
6   Foerster 1939: 110
7   Möglicherweise machen sich die Autoren auch über Goebbels lustig; Magda Goebbels' erster Mann war der Industrielle Günther Quandt.
8   Görtz/Sarkowicz: 154f.
9   Kästner an Karlheinz Deschner, 13.1.1967, NL
10 Schneyder: 20
11 Enderle an Hurtig, n. dat. – etwa 1961, NL
12 Enderle 1995: 140
13 Ein Teil der Korrespondenz mit Rowohlt findet sich im Enderle-Nachlaß; auch sie bietet kein klares Bild. Enderle scheint demnach an der Notiz zumindest beteiligt gewesen zu sein; sie schreibt einerseits von Schneyders »Wiener Caféhausschmähgeschichte«, andererseits räumt sie ein, sie habe die »Sensation um Erichs Geburt« beim Abfassen ihres Buchs »nicht gekannt.« Sie habe sie aber erfahren, nachdem ihr Buch erschienen war, und sich bei späteren Überarbeitungen »an das gehalten, was Erich offiziell preisgab.« (Enderle an Rowohlt, 1.7.1982, NL)
14 Enderle 1960: 8
15 »Liebeswahn« ist durchaus ein psychiatrischer Fachterminus, vgl. Möller u. a.: 558
16 Gespräch mit Helga Veith, 1.9.1998; Telefonat mit Eva Hassencamp, 17.9.1998. – Oliver Hassencamp, schreiben Görtz und Sarkowicz (S. 151), »durfte seinen Freunden davon erzählen«, und die reichten es zehn Jahre nach seinem Tod »beiläufig an uns« weiter. Hassencamps Witwe kennt das Gerücht zwar, aber sie kann sich nicht erinnern, es von ihrem Mann gehört zu haben. Und keinesfalls habe er von Kästner eine Lizenz gehabt, Gerüchte weiterzuerzählen.
17 Gespräch mit Barbara Pleyer, 27.4.1998; Gespräch mit Margot Hielscher, 27.9.1998
18 Ida Kästner an L. Enderles Eltern, 18.3.1947, NL

Immer dasselbe Fressen:
Lehrerausbildung und Soldat

Görtz, Franz Josef, Hans Sarkowicz: Erich Kästner. Eine Biographie. Unter Mitarbeit von Anja Johann. München, Zürich 1998
Klüger, Ruth: Goethes fehlende Väter. In: Frauen lesen anders. Essays. München 1996 (dtv), S. 105–128
Vring, Georg von der: Soldat Suhren. Roman. München 1980 [Erstausgabe: Berlin 1927]

1   Quittungen im NL.
2   Ruth Klüger hat darauf hingewiesen, daß Fausts Vater ein Kurpfuscher war und daß das berühmte Zitat eine völlig andere Bedeutung hat. Faust lehnt das väterliche Erbe ab, es ist ihm »Trödel« (Vers 658), eine »Mottenwelt« (Vers 659) – das Ererbte

in seinem Studierzimmer ist »Gerümpel, das man tunlichst loswerden sollte«, wie Klüger schreibt. Schließlich erweist sich das Gerümpel gar als tödlich, Faust gießt Gift aus einer ererbten Phiole in eine ererbte Schale und setzt schon zum Trinken an, als ihn die Osterglocken noch von seinem Vorhaben abbringen. – Vgl. Klüger: 114–118

3 Handschriftlicher Lebenslauf, 23.11.1918, NL
4 Kästner an die Kurdirektoren Bad Nauheims, 2.6.1956, 6.5.1970, NL
5 Vring: 23–28
6 Vring: 59, 193–196, 346
7 Aus der Nennung Zimmermanns an dieser Stelle seinen Status als »wirkliches Vorbild« zu konstruieren, ist eine hemmungslose Überinterpretation; vgl. Görtz/ Sarkowicz: 39
8 Kästner an Hofstaetter, 16.8.1958, NL
9 Enderle 1966: 35; GG I: 96
10 Zucker an Kästner, 8.5.1920, NL
11 Kopie im NL

Kästner wird Kästner:
Student und frühreifer Journalist in Leipzig

Kästner, Erich, Heinrich Dietze u.a.: Dichtungen Leipziger Studenten. Weihnacht 1920. Leipzig 1920
Kästner, Erich: Dresden im Schlaf. In: Leipziger Tageblatt, 22.2.1924
Kästner, Erich: Friedrich der Große und die deutsche Literatur. Die Erwiderungen auf seine Schrift »De la littérature allemande«. Stuttgart u.a. 1972 (Studien zur Poetik und Geschichte der Literatur) [Dissertation Leipzig 1925]
Kästner, Erich: Schule, Rat und Schulrat. In: Neue Leipziger Zeitung, 14.1.1927 (a)
Kästner, Erich: Die Jugend als Vorwand. In: Neue Leipziger Zeitung, 5.2.1927 (b)
Kästner, Erich: Rechtschreibung und Politik. In: Neue Leipziger Zeitung, 20.2.1927 (c)
Arnold, Heinz Ludwig: Der falsch gewonnene Prozeß. Das Verfahren gegen Arthur Schnitzlers »Reigen«. In: H.L.A. (Hg.): Arthur Schnitzler. München 1998 (Text + Kritik), S. 114–122
Brauer, Christoph: Nachwort. In: Walter Hasenclever: Stücke bis 1924. Bearbeitet von Annelie Zurhelle und Chr. B. Mainz 1992 (Sämtliche Werke II.1), S. 582–591
Enderle, Luiselotte (Hg.): Kästner anekdotisch. München 1970
Foerster, Christel: Nachwort. In: Georg Witkowski: Geschichte des literarischen Lebens in Leipzig. München u.a. 1994 (Reprint), S. I–XV
Heine, Wolfgang (Hg.): Der Kampf um den Reigen. Vollständiger Bericht über die sechstägige Verhandlung gegen Direktion und Darsteller des Kleinen Schauspielhauses in Berlin. Berlin 1922
Klein, Alfred: Erich Kästner. Leipziger Lehrjahre. In: Berühmte Leipziger Studenten, Hg. Hans Piazza u.a. Leipzig, Jena, Berlin 1984, S. 165–173
Krell, Max: Das alles gab es einmal. Frankfurt/M. 1961
Ludewig, Peter (Hg.): Schrei in die Welt. Expressionismus in Dresden. Zürich 1990

Meyen, Michael: Leipzigs bürgerliche Presse in der Weimarer Republik. Wechselbeziehungen zwischen gesellschaftlichem Wandel und Zeitungsentwicklung. Leipzig 1996
Müller-Seidel, Walter: Geleitwort. In: Erich Kästner: Friedrich der Große und die deutsche Literatur. Die Erwiderungen auf seine Schrift »De la littérature allemande«. Stuttgart u. a. 1972 (Studien zur Poetik und Geschichte der Literatur), S. 7f.
Natonek, Hans: Die Straße des Verrats. Publizistik, Briefe, und ein Roman. Hg. Wolfgang U. Schütte. Berlin 1982
Reichshandbuch der deutschen Gesellschaft. Das Handbuch der Persönlichkeiten in Wort und Bild. Berlin 1931, 2. Band
Reimann, Hans: Mein blaues Wunder. Lebensmosaik eines Humoristen. München 1959
Richter, Hans Michael: Soo golden die Zwanziger Jahre. 1921 ... Der Anfang. In: Dürfen die denn das. 75 Jahre Kabarett in Leipzig, Hg. Hanskarl Hoerning, Harald Pfeifer. Leipzig 1996, S. 7–27
Schütte, Wolfgang U. (Hg.): Damals in den zwanziger Jahren. Ein Streifzug durch die satirische Wochenschrift »Der Drache«. Mit Erinnerungen von Hans Bauer, dem ehemaligen Herausgeber des »Drachen«, einer Textauswahl und biographischen Notizen. Berlin 1968
Schütte, Wolfgang U. (Hg.): Bis fünf nach zwölfe, kleine Maus. Streifzug durch satirische Zeitschriften der Weimarer Republik. Mit einem Nachwort von Ruth Greuner. Berlin 1978
Serke, Jürgen: Nachwort. Hans Natonek und die Erreichbarkeit des Unerreichbaren. In: Hans Natonek: Blaubarts letzte Liebe. Roman. Wien, Darmstadt 1988
Stock, Frithjof: [Rezension von] Erich Kästner: Friedrich der Große und die deutsche Literatur. In: Arcadia. Zs. für vergleichende Wissenschaft, Bd. 8, 1973, H. 3, S. 340–342

1 Schütte 1968: 7
2 Bemmann 1994: 58f.
3 Dieses und die folgenden Zitate: »Erich Kästner erzählt von Berthold Viertel«. Interview von Gerd Fricke, Süddeutscher Rundfunk, n.dat. Typoskript im NL; wahrscheinlich von 1953, Viertels Todesjahr.
4 Brauer: 589
5 Grossmann und Jacobsohn zit. n. Brauer: 590
6 Kästner 1920: 1
7 Enderle 1970: 27
8 n.dat. MS, etwa 1922, NL
9 Arnold: 118
10 Heine: 20
11 Arnold: 117
12 n.dat. MS, etwa 1922, NL
13 Hilde Gundermann an Enderle, 12.6.1958, NL
14 Kalenter an Kästner, 30.12.1924, NL
15 Kalenter an Kästner, 1.10.1925, NL

16 Krell an Kästner, 30.8.1924, NL
17 Reimann: 166
18 In den USA erschien nur seine Autobiographie *In Search of Myself* (1943); Wolfgang U. Schüttes und Jürgen Serkes Natonek-Editionen haben leider keine größere Aufmerksamkeit gefunden.
19 Kästner 1924
20 vgl. Foerster
21 Müller-Seidel: 7
22 Kästner 1972: 88; im folgenden mit Seitenzahlen im Text zitiert.
23 Bemmann 1994: 74
24 Kalenter an Kästner, 7.9.1925, NL
25 Reichshandbuch: 398
26 Kästner 1927a
27 Kästner 1927c
28 Kästner 1927b
29 Krell an Kästner, 25.12.1924, NL
30 16.10.1926, MB. – Ein Typoskript von »Klaus im Schrank« befindet sich im Teilnachlaß Elfriede Mechnigs in der Akademie der Künste (Berlin), V: 833
31 Ludwig Marcuse an Kästner, 22.8.1959, NL
32 Enderle, zit. n. Hassencamp
33 Meyen: 85–99
34 Undatierter Briefentwurf, NL
35 ebd.
36 Kästner an »Herrn Doktor«, 13.4.1927, NL

Éducation sentimentale: Ilse

Kästner, Erich: Einem Schauspieler. In: Der Zwinger. Zeitschrift für Weltanschauung, Theater und Kunst. Verantwortlicher Schriftleiter Dr. Karl Wolff [!]. Dresden, 4. Jg., 1.12.1920, H. 23, S. 590 (a)
Kästner, Erich, Heinrich Dietze u. a.: Dichtungen Leipziger Studenten. Weihnacht 1920. Leipzig 1920 (b)
André, M. C.: Ein Kartenhaus. Alltags-Komödie. Zweite, vom Autor vollständig neu bearbeitete Auflage. München 1913
Flake, Otto: Der gute Weg. Roman. Berlin 1924
Julius, Ilse: Heterocyclische Polymethin-Farbstoffe aus α- und γ-Methyl-cyclammonium-Salzen. Dresden-Lockwitz 1929
Pietzcker, Carl: Sachliche Romantik. Verzaubernde Entzauberung in Erich Kästners früher Lyrik. In: Germanica, 9, 1991, S. 169–189
Schmid, Simone: Ich halte meine Hände über dich. Drei Frauen aus der »stummen Generation«, aufgewachsen in Arbeiterfamilien, brechen ihr Schweigen und sprechen über das, worüber man nicht spricht. In: konkret sexualität, 1984, S. 79–81
Soden, Kristine von: »§ 218 – streichen, nicht ändern!« Abtreibung und Geburtenregelung in der Weimarer Republik. In: Unter anderen Umständen. Zur Geschichte der

Abtreibung. Eine Publikation des Deutschen Hygiene-Museums. Hg. Gisela Staupe, Lisa Vieth. Dresden, Dortmund 1993, S. 36–50
Undset, Sigrid: Jenny. Berechtigte Uebersetzung aus dem Norwegischen von Thyra Dohrenburg. Berlin 1921
1 Schmid: 79
2 Holthausen zit. n. Schmid
3 Schmid: 80f.
4 Kästner 1920b: 2
5 Kästner 1920a
6 7.1.1920, Ida K., im Konvolut JB
7 Ilse Julius an Ida Kästner, 22.11.1926, JB
8 vgl. Soden
9 Flake: 7, 144
10 n. dat., ca. Ende Januar 1929, MB
11 Kästner an Mechnig, 13.12.1952, NL

»Der kleine Erich wird immer berühmter«: Die ersten Berliner Jahre

Kästner, Erich: Auf einen Sprung nach Rußland. In: Das neue Rußland, 7. Jg., 1930, H. 5/6, S. 33f.
Kästner, Erich: »Der Scharlatan«. Hermann Kesten und der skeptische Idealismus. In: Vossische Zeitung, 2.10.1932
[anonym:] »Der Name des Schöpfers«. In: Magdeburgische Zeitung, 22.10.1929
[anonym:] Kulturbolschewismus am kirchenmusikalischen Institut in Heidelberg. In: Völkischer Beobachter, 22.8.1931
Budzinski, Klaus: Die Muse mit der scharfen Zunge. Vom Cabaret zum Kabarett. München 1961
Cziffra, Géza von: Der Kuh im Kaffeehaus. Die Goldenen Zwanziger in Anekdoten. München, Berlin 1981
Duda, Gerhard, Olaf Rose: »Wacht auf, Verdammte dieser Erde...«. Die Sowjetunion 1917 bis 1930. In: Die wilden Zwanziger. Weimar und die Welt 1919–33. Konzeption Irene Lusk, Gabriele Dietz. Berlin 1986, S. 92–99
Durian, Wolf: Kai aus der Kiste. Eine ganz unglaubliche Geschichte. München 1995 [zuerst 1926]
F. L.: »Chor der Fräuleins«, »gewisser« Fräuleins Protest und eine notwendige Antwort. In: Mannheimer Volksstimme, 20.9.1928
Godard, Jean-Luc, Manoel de Oliveira: »Schau Mama, ich habe ein Bild gezeichnet«. Gespräch. In: Frankfurter Rundschau, 22.1.1994, S. ZB 3
Grosz, George: Ein kleines Ja und ein großes Nein. Sein Leben von ihm selbst erzählt. Hamburg 1955
Hippen, Reinhard: Kabarett zwischen den Kriegen. Die »goldenen zwanziger Jahre«. In: Die wilden Zwanziger. Weimar und die Welt 1919–33, Konzeption Irene Lusk, Gabriele Dietz. Berlin 1986, S. 76–83

Istrati, Panaït: Auf falscher Bahn. Sechzehn Monate in der Sowjetunion. Bekenntnisse eines Besiegten. Aus dem Französischen von Karl Stransky. Frankfurt/M., Wien 1989 (Werkausgabe in 14 Bdn., Bd. 11)

Karrenbrock, Helga: Das stabile Trottoir der Großstadt. Zwei Kinderromane der Neuen Sachlichkeit: Wolf Durians »Kai aus der Kiste« und Erich Kästners »Emil und die Detektive«. In: Neue Sachlichkeit im Roman. Neue Interpretationen zum Roman der Weimarer Republik. Hg. Sabina Becker, Christoph Weiß. Stuttgart, Weimar 1995, S. 176–194

»Katakombe« im März. In: Vossische Zeitung, 7.3.1930

Katz, Richard: Die Grüne Post. In: Hundert Jahre Ullstein, Hg. W. Joachim Freyburg, Hans Wallenberg. Frankfurt/M., Berlin 1977, Bd. 2, S. 166–176

Kesten, Hermann (Hg.): 24 neue deutsche Erzähler. Berlin 1929

Koeppen, Wolfgang: Ein Kaffeehaus. In: W. K.: Gesammelte Werke in sechs Bänden. Frankfurt/M. 1986, Bd. 3, S. 165–168

Lang, Lothar (Hg.): Walter Trier. München 1971

Langer, Felix: Zwei junge Dichter. In: Berliner Tageblatt (Literarische Rundschau), 15.10.1929

Laubach, Detlev: Erich Ohser (e. o. plauen) und die »Vater und Sohn«-Bildgeschichten. In: e. o. plauen: Vater und Sohn. Gesamtausgabe. Konstanz 1982, S. 253–277

Meyen, Michael: Leipzigs bürgerliche Presse in der Weimarer Republik. Wechselbeziehungen zwischen gesellschaftlichem Wandel und Zeitungsentwicklung. Leipzig 1996

Michael, Friedrich: Der verfluchte Buchtitel. Eine Erinnerung an Erich Kästner. In: Frankfurter Allgemeine Zeitung, 23.6.1975, Nr. 141

Rühmkorf, Peter: Rationalist und Romantiker. Verteidigung von Kästners linker Melancholie. In: Süddeutsche Zeitung, 3./4.3.1979, Nr. 52

Salzer, Marcell (Hg.): Das lustige Salzer-Buch. Heitere Lektüre- und Vortrags-Stücke. Neue Folge. Hamburg 1913

Soden, Kristine von: Sexualreform – Sexualpolitik. Die Neue Sexualmoral. In: Die wilden Zwanziger. Weimar und die Welt 1919–33, Konzeption Irene Lusk, Gabriele Dietz. Berlin 1986, S. 122–129

1 200 Reichsmark; Meyen: 260
2 Grosz: 94, 96
3 Nick an Enderle, 18.11.1958, NL
4 Koeppen: 166f.
5 Cziffra: 254
6 Nick an Enderle, 9.7.1958, NL
7 Grosz: 97f.
8 Vossische Zeitung, 7.3.1930; vgl. VI: 241
9 Budzinski: 193
10 n. dat., Mitte Januar 1929, MB
11 Kästner zit. n. Michael
12 F. L.
13 Soden: 124
14 Rühmkorf

15 Kästner an Sies-Pleyer, n. dat., August 1956
16 Mechnig an Enderle, 14.7.1958, NL
17 Mann an Kästner, 29.11.1931, Abschrift im NL
18 10.10.1927 u. 20.7.1929, MB
19 Kästner 1932
20 Langer
21 Zit. n. [anonym] 1929
22 Tucholsky 7: 85
23 Tucholsky 7: 128f.
24 Simonson »née Reissmann« an Kästner, 18.8.1946, NL
25 n. dat. – ca. Ende Januar 1929, MB
26 Karten an Emil Kästner, 29.6.1929–10.8.1929, MB/NL
27 Lang: 131
28 Lang: 132
29 Das Reichsbanner, 6. Jg., Nr. 47
30 Grundriß in Enderle 1981: 79
31 Tucholsky 8: 312
32 Grosz: 165
33 Istrati: 64
34 Laubach: 261
35 Kästner 1930

Emil geht ins Kino: Kästners Genie-Jahre

Kästner, Erich: Fräulein Paula spielt Theater. In: Die Vossische Zeitung, 18.11.1928, Literarische Umschau Nr. 47
Kästner, Erich: Kasperle besucht Berlin. In: Berliner Tageblatt, 1.1.1932
Kästner, Erich: Lieber Günther Stapenhorst. In: Der Produzent Günther Stapenhorst. Hg. Photo- und Filmmuseum im Münchner Stadtmuseum. München 1968, n. pag.
Andersch, Alfred: Fabian wird positiv. In: Das Alfred Andersch Lesebuch, Hg. Gerd Haffmans. Zürich 1979 (detebe), S. 135–137
Aufricht, Ernst Josef: Erzähle damit Du Dein Recht erweist. Berlin 1966
Carpenter, Humphrey: Benjamin Britten. A Biography. London 1992
Chronik 1931. Hg. Bodo Harenberg. Dortmund 1989
Drews, Jörg (Hg.): Dichter beschimpfen Dichter. Ein Alphabet harter Urteile. Zürich 1990
Drouve, Andreas: Erich Kästner – Moralist mit doppeltem Boden. Marburg 1993
Dunant, Gertrud: Emil in New York. In: Neue Zürcher Zeitung, März 1932
Georg, Manfred: Marlene Dietrich. Eine Eroberung der Welt in sechs Monaten. Berlin, Wien 1931
Giesen, Rolf: Eugen Schüfftan – Techniker, Kameramann. In: CineGraph. Lexikon zum deutschsprachigen Film. Hg. Hans-Michael Bock. München 1987, Lfg. 2
Grosz, George: Ein kleines Ja und ein großes Nein. Sein Leben von ihm selbst erzählt. Hamburg 1955

Karasek, Hellmuth: Billy Wilder. Eine Nahaufnahme. Aktualisierte und erweiterte Fassung. München ²1994 (Heyne Tb)
Kracauer, Siegfried: Der Film im Dezember. In: S. K.: Von Caligari zu Hitler. Eine psychologische Geschichte des deutschen Films. Frankfurt/M. 1984 (stw), S. 518–521 [zuerst in der *Frankfurter Zeitung*, 30.12.1931]
Lutz-Kopp, Elisabeth: »Nur wer Kind bleibt...« Erich Kästner-Verfilmungen. Frankfurt/M. 1993
Müller, Henning (Hg.): Wer war Wolf. Friedrich Wolf (1888–1953) in Selbstzeugnissen, Bilddokumenten und Erinnerungen. Köln 1988 (Reihe Röderberg)
Ophüls, Max: Spiel im Dasein. Eine Rückblende. Dillingen 1982 [zuerst 1959]
Emmerich Pressburger – Autor, Produzent, Regisseur. In: CineGraph. Lexikon zum deutschsprachigen Film. Hg. Hans-Michael Bock. München 1987, Lfg. 27
Rotthaler, Viktor: Allan Gray. In: Emil und die Detektive. Drehbuch von Billie Wilder frei nach dem Roman von Erich Kästner zu Gerhard Lamprechts Film von 1931. Hg. v. Helga Belach, Hans-Michael Bock, München 1999 (FILMtext), S. 260
Seidl, Claudius: Billy Wilder. Seine Filme – sein Leben. München 1988 (Heyne Filmbibliothek)
Stern, Carola: Willy Brandt mit Selbstzeugnissen und Bilddokumenten dargestellt. Reinbek bei Hamburg 1988 (rm)

1 Brandt, zit. n. Stern: 20
2 Grosz: 143
3 ebd.
4 Grosz: 144
5 ebd.
6 Grosz: 150
7 Andersch: 135
8 Tucholsky 8: 311–313
9 2.9.1930, MB. – Die Andrucke der Illustrationen kamen am 21.10.1930 (MB), seine Belegexemplare erhielt Kästner am 13.11.1930 (MB).
10 Aufricht: 108f.
11 Müller: 114
12 Ophüls: 142. 1998 ist eine zweite Regiearbeit Schiefftans im Bestand einer Privatsammlung gefunden worden: »Ins Blaue hinein« (etwa 1930). Hinweis von Viktor Rotthaler.
13 Tornow: 13
14 Ophüls: 140f.
15 Ophüls: 142
16 Tornow: 13. – Elisabeth Lutz-Kopp: 179 hat mitgeteilt, daß der Moskauer Gosfilmfond das Drehbuch aufgefunden und der Stiftung Deutsche Kinemathek überlassen hat; es ist in den *Werken in 9 Bänden* abgedruckt, V: 543–601.
17 Ophüls: 145f.
18 Kästner 1968
19 ebd.
20 Karasek: 88

21 Grafe, zit. n. Seidl: 214
22 Dunant
23 Carpenter: 45. Allan Gray, der Komponist der »Emil«-Filmmusik, hat sich 1947 um eine Neuverfilmung des originalen Drehbuchs von Kästner und Pressburger bemüht; sie ist gescheitert, weil kein Skript mehr aufzufinden war. Vgl. Rotthaler.
24 Enderle 1981: 154
25 15.11.1931, MB, zit. n. Enderle 1981: 163f.; Brief fehlt im NL
26 Tornow: 15
27 Kracauer: 520
28 Kästner, zit. n. Tornow: 97
29 Otto Braun, zit. n. Chronik: 1989
30 Dietrich an Kästner, 25.4.1932, NL
31 Georg: 9
32 Entweder hatte Zuckmayer ein festes Repertoire, oder es handelt sich um eine Zuckmayer-Wanderlegende. Ähnliches wußte nämlich auch Friedrich Dürrenmatt von einer Begegnung in München zu berichten: »Da saß ich ich im Hotel Vier Jahreszeiten, etwas abseits saß Zuckmayer, und plötzlich erhob er sich und kam mit einer ungeheuer süßen Weinfahne zu mir herüber, stellte sich vor meinen Tisch und sagte: ›Sie halten meine Stücke für Scheiße, und ich halte Ihre Stücke für Scheiße.‹ Darauf sagte ich: ›Herr Zuckmayer, das haben Sie sehr gut formuliert.‹« (Dürrenmatt zit. n. Drews: 123f.)
33 Tucholsky 10: 25
34 vgl. *Vossische Zeitung*, 29.1.1933; *8-Uhr Abendblatt*, 30.1.1933

Fabian

Kästner, Erich: Zum Tode von H. G. Wells. In: Neue Zeitung, 2. Jg., 16.8.1946, Nr. 65
Ackers, Maximiliane: Freundinnen. Ein Roman. Berlin 1923
[anonym:] Gedruckter Dreck. In: Völkischer Beobachter (München), 15./16.11.1931
Bab, Julius: Hamlet, Schaperstrasse 17. Erich Kästners Buch »Fabian«. In: Berliner Volkszeitung, 24.11.1931
Bauer, Walter: Erich Kästner, Fabian. In: Eckart (Berlin), Nr. 4, 1932
Fabian, Warner: Flammende Jugend. Ein Sittenroman aus der heutigen Amerikanischen Gesellschaft von dem amerikanischen Arzt W. F. Deutsch von P. A. E. Andrae. Leipzig 1926
Friedrich, Ernst: Krieg dem Kriege. Frankfurt/M. ^{12}1982 [zuerst 1924]
Fuld, Werner: Walter Benjamin. Eine Biographie. Reinbek bei Hamburg 1990
Jürgs, Britta: Neusachliche Zeitungsmacher, Frauen und alte Sentimentalitäten. Erich Kästners Roman »Fabian. Die Geschichte eines Moralisten«. In: Neue Sachlichkeit im Roman, Hg. Sabina Becker und Christoph Weiß. Stuttgart, Weimar 1995, S. 195–211
Kiesel, Helmut: Erich Kästner. München 1981, S. 87–109
Lethen, Helmut: Neue Sachlichkeit. 1924–1932. Studien zur Literatur des »weißen Sozialismus«. Stuttgart 1970, S. 142–155
Maass, Joachim: Kästners erster Roman. In: Der Kreis (Hamburg), Februar 1932

Maass, Joachim: Erich Kästners Geschichte eines Moralisten – »Fabian«. In: Hamburger Fremdenblatt, 20.2.1932
Natonek, Hans: Geschichte eines Moralisten? Fabian. In: Neue Leipziger Zeitung, 15.11.1931
Ophüls, Max: Spiel im Dasein. Eine Rückblende. Dillingen 1982 [zuerst 1959]
Rüthel, Else: Der Moralist von gestern. Zu Erich Kästners neuem Roman. In: Literaturblatt der SAZ (Sozialistische Arbeiter-Zeitung), 4.12.1931, Nr. 28
Süskind, Wilhelm Emanuel: Fabian. In: Die Literatur (Berlin), November 1931
Urbanitzky, Grete von: Der wilde Garten. Roman. Leipzig 1927
Walter, Dirk: Zeitkritik und Idyllensehnsucht. Erich Kästners Frühwerk (1928–1933) als Beispiel linksbürgerlicher Literatur in der Weimarer Republik. Heidelberg 1977, S. 239–256
Wells, Herbert George: Die Welt des William Clissold. Ein Roman mit einem neuen Standpunkt. Autorisierte Übersetzung aus dem Englischen von Helene M. Reiff und Erna Redtenbacher. Berlin, Wien, Leipzig 1927, 2 Bde.
Winsloe, Christa: Das Mädchen Manuela. Der Roman von »Mädchen in Uniform«. Leipzig, Wien 1933
Wittig, Peter: Der englische Weg zum Sozialismus. Die Fabier und ihre Bedeutung für die Labour Party und die englische Politik. Berlin 1982

1 VI: 107–112, vgl. Jürgs: 199
2 14.10.1930, MB. – Hans-Albrecht Löhr spielte den »kleinen Dienstag« in der ersten *Emil*-Verfilmung, Kästner war mit ihm befreundet und traf ihn auch während des ›Dritten Reichs‹. »Als er in das wehrpflichtige Alter kam, konnte es nicht ausbleiben, daß er dann sehr bald nach Rußland kam und dort ist er […] gefallen.« (Kästner an Hein Kohn, 22.2.1971, NL)
3 Verlagsgutachten Curt Weller, 10.7.1931, NL
4 Werner Fuld hat plausibel nachgewiesen, daß »jedem Eingeweihten die Gestalt Labudes als ein Porträt Benjamins erscheinen« mußte, vgl. Fuld: 168–170. – Walter Benjamin war, anders als Zucker, eine Figur des öffentlichen Lebens. Seine Polemik gegen Kästner erschien früher als *Fabian*, im April 1931.
5 Walter: 254; vgl. III: 123–129
6 Friedrich: 206, 219; Hinweis von Manfred Wegner
7 Wells I: 10
8 Wells I: 356
9 VI: 235; vgl. Wells I: 213
10 Wells II: 19
11 Wells I: 178
12 Wells I: 184
13 Wells I: 180
14 Wells I: 209
15 Wells II: 218
16 Wells I: 203
17 Wittig: 52f.
18 Kästner 1946

19 Ophüls: 130f.
20 Fabian: 1
21 Winsloe: 232
22 Urbanitzky: 253
23 Urbanitzky: 242–244
24 Ackers: 90
25 Ackers: 103f.
26 Ackers: 118, 120
27 Jürgs: 206
28 Kiesel: 92

»Wie im Frieden«?
Kleine Kompromisse im ›Dritten Reich‹

Foerster, Eberhard [Pseudonym für Erich Kästner und Eberhard Keindorff]: Die Frau nach Maß. Ein Lustspiel in fünf Akten. Berlin 1938 [Bühnenms.]
Kästner, Erich: Kann man Bücher verbrennen? Zum Jubiläum einer Schandtat. In: Die Neue Zeitung. 3. Jg., Nr. 37, 9.5.1947, Feuilleton- und Kunstbeilage
[anonym:] Bücher flogen in die lodernden Flammen des Scheiterhaufens auf dem Opernplatz. In: Der Deutsche, 13.5.1933
[anonym:] Der Wälzer. In: Das Schwarze Korps, 20.2.1936
[anonym:] Nicht trompeten – dichten. In: Das Schwarze Korps, 25.6.1936
Archiv des Staatstheaters Frankfurt/Main, Personal-Akten 9962 (Cara Gyl)
Barbian, Jan-Pieter: Literaturpolitik im »Dritten Reich«. Institutionen, Kompetenzen, Betätigungsfelder. Überarbeitete und aktualisierte Ausgabe. München 1995 (dtv)
Bemmann, Helga: Humor auf Taille. Erich Kästner – Leben und Werk. Berlin 1983
Brecht, Bertolt: Das Lied vom Anstreicher Hitler. In: B. B.: Die Gedichte. Frankfurt/M. ⁶1990, S. 441f. [zuerst 1934]
Gyl, Cara: Die Tournee. Eine Reisebeschreibung in 8 Stationen. Berlin 1934 [Bühnenms.]
Heiber, Helmut: Die Katakombe wird geschlossen. München, Bern, Wien 1966
Hepp, Michael: Kurt Tucholsky. Reinbek bei Hamburg 1998 (rm)
Jahnke, Manfred: Bühnenkünstler erzählen: Cara Gyl: Ein Wille setzt sich durch. In: Kasseler Post, 9.12.1935
Jenssen, Christian: Erich Kästner, der sein Herz auf Taille schnürte, sich zwischen die Stühle setzte und nur noch am 35. Mai fortlebt. In: Berliner Börsen-Zeitung, 25.6.1933, Nr. 291, S. 1f.
Kordon, Klaus: Die Zeit ist kaputt. Die Lebensgeschichte des Erich Kästner. Weinheim und Basel 1994
Lang, Lothar (Hg.): Walter Trier. München 1971
Lexikon des Internationalen Films. Red. Klaus Brüne. Reinbek bei Hamburg 1987, Bd. 4
Mank, Dieter: Erich Kästner im nationalsozialistischen Deutschland. 1933–1945: Zeit ohne Werk? Frankfurt/M., Bern 1981 (Analysen und Dokumente / Beiträge zur Neueren Literatur)

Mendelssohn, Peter de: Dem Andenken eines Weggenossen. In: P. M.: Unterwegs mit Reiseschatten. Essays. Frankfurt/M. 1977, S. 142–149

Wendtland, Karlheinz: Geliebter Kintopp. Jahrgang 1933 und 1934. Berlin ³1988

1 Bemmann 1983: 280f.
2 Barbian: 367f.
3 Enderle 1966: 65
4 Enderle 1966: 66; vgl. *Talent und Charakter*, II: 15–18
5 Barbian: 173f.
6 Berliner Börsen-Courier, 7.5.1933
7 Kästner 1947
8 Mendelssohn: 147
9 Kordon: 109
10 Bemmann 1994: 280
11 Enderle 1966: 64
12 »61224« an Kästner, n. dat., NL
13 Kästner an Mechnig, 12.11.1933, NL
14 Kästner an Mechnig, 8.7.1934, NL
15 Bouché an Buhre, 2.12.1947, NLB
16 Bouché an Kästner, 7.8.1946, NL
17 Bouché an Buhre, 2.12.1947, NLB
18 Mank: 55
19 Anfang Februar 1935 war das Buch beim 11. Tausend angekommen (8.2.1935, MB), im Dezember beim 18. und 19. Tausend (12.12.1935, MB); der Verleger meinte, unter anderen Umständen »könnten wir das 3–4 fache haben. Na, das halte ich ja für übertrieben.« (8.2.1935, MB)
20 Lang: 140
21 Mechnig an Kästner, 9.7.1935, NL
22 Maschler an Enderle, n. dat., NL
23 Bemmann 1994: 287
24 17.6.1935, MB; Enderle 1981: 211, fehlt im NL
25 Tornow: 66
26 BArch R 58, RSHA
27 Kästner an Wismann, 11.2.1936, Abschrift im NL
28 Heiber: 34f.
29 zit. n. Heiber: 55
30 zit. n. Heiber: 58
31 Heiber: 65
32 *Das Schwarze Korps*, 20.2.1936
33 Abschrift des Briefs von Dr. Friese an den Leiter der Abteilung Schrifttum im Reichsministerium für Volksaufklärung und Propaganda, 16.12.1938, NL
34 Berndt an Friese, 18.1.1939, NL
35 Bemmann 1994: 313
36 Mechnig-Interview, 23.2.1980, zit. n. Kordon: 140
37 Kästner an Mechnig, 12.8.1944, NL

38 Kästner an die amerikanische Botschaft, 16.7.1934, BArch R 58 RSHA
39 Fragebogen des amerik. Military Governments, dat. »Mayrhofen, Juli 1945«, NL
40 Kästner an Mechnig, 16.12.1957, NL
41 Keindorff an Mechnig, 16.1.1955, NL
42 Kästner an Keindorff, 13.11.1953, NL
43 Keindorff an Kästner, 14.2.1971, NL
44 Korrespondenz im NL
45 Kästner an Maschler, 27.12.1957, NL
46 Barbian: 211
47 Gutachten Meyers vom 21.6.1937; BArch, BDC/RSK/Erich Kästner
48 Gestapo Berlin an die Stapo Hannover, 19.9.1936; BArch R 58, RSHA
49 Enderle 1966: 70
50 Vortrag Kästners zu einer Buchausstellung der B'nai B'rith, o. T., 15.3.1970, NL
51 Enderle 1966: 71
52 Seit Dezember 1937 schrieb Kästner »einen Block nach dem anderen voll, und die Bleistifte werden immer kleiner.« (10.12.1937, MB) Weihnachten wollte er mit dem neuen Roman fertig sein; das ist ihm nicht ganz gelungen, vor dem Winterurlaub heißt es, er werde »in Davos zu Ende schreiben und gründlich durchkorrigieren.« (14.1.1938, MB)
53 Hypothekenbriefe, Urkunden, Korrespondenzen zu Trachau und Wendisch-Rietz im NL
54 Foerster 1938: 18
55 Kästner an Beckmann, 9.6.1964; und an Paul E. Moeller, 22.6.1964, NL
56 Kästner an Goetz, 12.5.1951, NL
57 Mechnig an Kästner, 20.5.1955; Kästner an Mechnig, 28.5.1957, NL
58 Uraufführung: 24.2.1938 in Berlin
59 Kästner an Goetz, 12.5.1951, NL
60 Goetz an Kästner, 30.5.1951, NL
61 Kästner an Kessel, 14.11.1954, NL
62 Lexikon des Internationalen Films: 1843f.
63 Kästner an Herzog Filmverleih, 2.10.1954, NL. – Er dürfte die Verhandlungen nur geführt haben, um dem notorisch geschäftsuntüchtigen Freund Kessel etwas Geld zu verschaffen. Kessel ging es in den fünfziger Jahren sehr schlecht, er hatte eine schwere – und teure – Augenoperation nach der anderen. Seine Frau, die Übersetzerin Elisabeth Kessel, war jahrelang schwer krank und starb 1959.
64 Brecht: 442

Drei Männer im Schnee:
Verwandlungen eines Stoffs

Kästner, Erich: Inferno im Hotel. In: Berliner Tageblatt. Abend-Ausgabe. 56. Jg., 9.8.1927, Nr. 373, S. 2f.
Kästner, Erich: Der seltsame Hotelgast. Die Geschichte eines einfachen Mannes. [Ausriß im NL, etwa Ende der zwanziger Jahre]

Neuner, Robert [Pseudonym für Werner Buhre und Erich Kästner]: Das lebenslängliche Kind. Ein Lustspiel in vier Akten. Berlin 1934 [Bühnenms.]

Neuner, Robert [Pseudonym für Werner Buhre und Erich Kästner]: Das lebenslängliche Kind. Ein Lustspiel in vier Akten. Vereinfachte Fassung. Berlin o. J. [Bühnenms., ca. 1940]

Kästner, Erich (Drehbuch), Kurt Hoffmann (Regie): Drei Männer im Schnee. Ring-Film-Produktion, Wien 1955

Kästner, Erich: Interview mit dem Weihnachtsmann. Hg. Franz Josef Görtz, Hans Sarkowicz. München, Wien 1998

Bornemann, Hanns: Wir bemerken zur Theaterwoche. Erfolg. In: Der Montag (Berlin), 4.5.1941

Hömberg, Hans: Ein Märchen im Schnee. In den Kammerspielen: »Das lebenslängliche Kind«. In: Völkischer Beobachter (Berlin), 26.3.1941

Kraus, René: Unsterbliches Lustspiel. »Das lebenslängliche Kind« im Akademietheater. In: Neues Wiener Journal, 28.9.1934

Li.: Das lebenslängliche Kind. Lustspieluraufführung im Schauspielhaus. In: Bremer Nachrichten, 9.9.1934

Mann, Klaus: Erich Kästner. In: K. M.: Zahnärzte und Künstler. Aufsätze, Reden, Kritiken 1933–1936. Hg. Uwe Naumann, Michael Töteberg. Reinbek bei Hamburg 1993 (rororo), S. 215–217 [zuerst in Das Neue Tage-Buch, 13.10.1934]

Meumann, Max Alexander: »Das lebenslängliche Kind«. Lustspiel-Erstaufführung im Staatlichen Schauspielhaus. In: Hamburger Fremdenblatt, 2.1.1940

Vesper, Will: Blick auf deutsche Bühnen. In: Der Schriftsteller (Berlin), April/Mai 1935.

1 Es gibt wenige ähnlich düstere Geschichten Kästners, die meisten stammen ebenfalls aus den zwanziger Jahren: *Ein Menschenleben* (1923); eine Art Sozialreportage über *Kinder ohne Freude* (1924); *Die Entlassung* (*Jugend*, Jg. 30, H. 6, Juni 1925, S. 149–151); *Ein Musterknabe* (1926); *Peter* (1927); *Auch das geht vorüber* (1929). Die meisten dieser Texte sind nachgedruckt in: Kästner 1998. – Erzählungen dieser Art nach 1945 sind Ausnahmen, meistens durch Elfriede Mechnig an Provinzzeitungen geschickt, z. B. *Mißglückte Osterreise* (in *Südkurier*, 12.4.1952).
2 Wie stets teilt sie leider ihre Quelle nicht mit; vgl. Bemmann 1994: 274f.
3 Rascher an die Staatspolizei Hamburg, 12.3.1936, BArch, Bestand R 58
4 ebd., 4.4.1936
5 RSK an Gestapa Berlin, 4.7.1936, BArch, Bestand R 58
6 Kästner an Eric Marcus, 27.2.1953, NL
7 Steinthal an Kästner, 17.6.1944, NL
8 Mann: 215
9 Mann: 216f.
10 Kästner an Sidow, 20.4.1950, NL
11 Buhre an MGM, 21.12.1961, NLB
12 »Li.«
13 Neuner 1934: 44
14 Neuner 1934: 80
15 Neuner 1934: 39

16 Neuner 1934: 20
17 Neuner 1934: 20f.
18 Zit. in einem Rundschreiben Mörikes an die Intendanten, 20.11.1934, NL
19 Rundschreiben Mörikes an die Intendanten, 20.11.1934, NL
20 Vesper
21 Mörike an Ministerialrat Dr. Rainer Schlösser (Propagandaministerium), 17.6.1936; BDC-RSK, Akte Erich Kästner
22 Fragebogen des Military Government, NLB
23 Meumann
24 Bornemann
25 Neuner o. J.: 1
26 Hoffmann an Kästner, 1.7.1955, NL
27 Kästner an Buhre, 2.10.1956, NLB; an Mechnig, 26.7.1957, NL
28 Alfred Vohrers Versuch, den Stoff in die frühen Siebziger zu übertragen, ist gescheitert (vgl. Tornow: 58–65).

»Bleiben Sie übrig!« Die Kriegsjahre

Foerster, Eberhard [Pseudonym für Erich Kästner und Eberhard Keindorff]: Seine Majestät Gustav Krause. Eine Komödie in drei Akten. Berlin 1940 [Bühnenms.]
[anonym:] Hullebulle. In: Der Angriff, 1.2.1935
[anonym:] Er ist doch kein Dentist. So kam es zu Kästner. In: Der Spiegel, 9.6.1949, S. 27–29
Eckert, Wolfgang: Heimat, deine Sterne... Leben und Sterben des Erich Knauf. Eine Biografie. Chemnitz 1998
Enderle, Luiselotte: Kästner. Eine Bildbiographie. München 1960
Kirchner, Herti: Lütte. Geschichte einer Kinderfreundschaft. Berlin 1937
Kirchner, Herti: Wer will unter die Indianer? Berlin 1938
Laubach, Detlev: Erich Ohser (e. o. plauen) und die »Vater und Sohn«-Bildgeschichten. In: e. o. plauen: Vater und Sohn. Gesamtausgabe. Konstanz 1982, S. 253–277
Magill, Frank N. (Hg.): Critical Survey of Drama. English Language Series. Authors. Englewood Cliffs 1985, Bd. 4
S.: Erich Kästner †. In: Tagesanzeiger (Zürich). [Zeitungsausriß im NL, hs. dat. »April 1942«]
Schaefer, Oda: Auch wenn Du träumst, gehen die Uhren. Lebenserinnerungen. München 1970
Schönböck, Karl: Wie es war durch achtzig Jahr. Erinnerungen. München 1988

1 Kästner an Mechnig, n. dat., NL
2 Ausweis im NL
3 Enderle 1981: 233–235
4 Durchschlag Kästner an das Finanzamt Charlottenburg-Ost, 10.10.1939, NL
5 vgl. Keindorff an Kästner, 14.2.1971, NL; Magill: 1310. – *Der Brotverdiener*, deutsch von Mimi Zoff, erschien als Bühnenmanuskript 1930 in Berlin.

6 Foerster 1940: 23
7 Foerster 1940: 37
8 Foerster 1940: 36
9 Foerster 1940: 91
10 Foerster 1940: 102
11 Foerster 1940: 116
12 Foerster 1940: 137
13 Foerster 1940: 127
14 Tornow: 77f.
15 Keindorff an Kästner, 6.5.1966, NL
16 Kästner an Mechnig, 16.8.1940, NL
17 Kästner an Rappeport, 27.12.1946, NL
18 Schönböck, zit. n. Hassencamp; vgl. auch seine Erinnerungen *Wie es war durch achtzig Jahr*, S. 63–67
19 Schaefer: 307
20 UFA an Kästner, 9.3.1943, NL
21 Kästner an das Finanzamt Charlottenburg-Ost, »2. Entwurf«, 27.3.1943, NL
22 vgl. »S.«
23 Fragebogen der amerikanischen Militärbehörden, 1945, NL
24 Am 20. Mai 1942 unterschrieb die UFA-Direktion den Auftrag (21.5.1942, MB), am 5. Juni begann Kästner mit dem Drehbuch (5.6.1942, MB). Die UFA-Option auf Stoff und Drehbuch wurde schriftlich erst im September bestätigt. »Den damit fällig gewordenen Kaufpreis vom RM 13.333,35 haben wir angewiesen« (UFA an Kästner, 7.9.1942, NL).
25 Enderle 1966: 74
26 z.B. *Welt am Sonntag*, 25.9.1949
27 *Das Schwarze Korps*, 25.6.1936, mit Bezug auf Kästner, Weinert, Tucholsky, Mühsam und Toller.
28 Hullebulle. In: *Der Angriff*, 1.2.1935
29 Eckert: 113
30 Kästner an Mechnig, 20.4.1944, NL
31 Erna Knauf, 6.1.1946, NL
32 Schultz, zit. n. Eckert: 168
33 Eckert: 170
34 Jahr an Kästner, 6.6.1944, NL
35 Fragebogen der amerik. Military Government, dat. »Mayrhofen, Juli 1945«, NL
36 Schouten an Kästner, 13.6.1944, NL
37 Kästner an Gerbaulet, 3.6.1944, NL
38 Kästner an Mechnig, 24.2.1944, NL
39 Kästner an Gerbaulet, 3.6.1944, NL
40 Kästner an »MVOR«, 27.4.1944, NL
41 Edschmid an Kästner, 9.1.1951, NL
42 Enderle 1966: 77
43 Kästner an Siebert, 22.8.1961
44 Kästner an Dr. L. Augstein, 27.7.1960, NL

45 Kästner an Mechnig, 31.8.1943, NL
46 Kästner in: Anonymus, 1949: 29
47 Kästner an die RSK, 12.2.1945, Entwurf im NL
48 Enderle an Fa. Schock, 7.9.1944, NL
49 Kästner an Gerbaulet, 30.6.1944, NL
50 Enderle 1966: 78
51 Bemmann 1994: 331

Münchhausen

Barbian, Jan-Pieter: Literaturpolitik im »Dritten Reich«. Institutionen, Kompetenzen, Betätigungsfelder. Überarbeitete und aktualisierte Ausgabe. München 1995 (dtv)
Christensen, Peter G.: The Representation of the late eighteenth Century in the von Baky/Kästner *Baron Münchhausen*: The Old Regime and ist Links to the Third Reich. In: German Life and Letters, 44, 1.10.1990, S. 13–24
Hippler, Fritz: Die Verstrickung. Einstellungen und Rückblenden von F. H., ehem. Reichsfilmintendant unter Joseph Goebbels. Düsseldorf 1981
Knuth, Gustav: Mit einem Lächeln im Knopfloch. Hamburg 1974
Konstantin Prinz von Bayern: Erich Kästner. In: K. P. v. B.: Die großen Namen. Begegnungen mit bedeutenden Deutschen unserer Zeit. München 1956
Mank, Dieter: Erich Kästner im nationalsozialistischen Deutschland. 1933–1945: Zeit ohne Werk? Frankfurt/M., Bern 1981 (Analysen und Dokumente/Beiträge zur Neueren Literatur)
Prinzler, Hans Helmut: Chronik des deutschen Films 1895–1994. Stuttgart, Weimar 1995

1 Abschrift Hippler von Ilse Biegholdt, 18.3.1947, NL
2 Erklärung für Hippler im NL, 25.3.1947
3 zit. n. Prinzler: 138
4 Hippler: 227
5 Erklärung für Hippler im NL, 25.3.1947
6 Hippler: 228
7 18.2.1943, TB; vgl. Enderle 1960: 65. – Barbian: 376 hält Hitlers persönliche Entscheidung für verbürgt; Konstantin Prinz von Bayern will gar das Blatt mit dem ›Führerbefehl‹ in der Flemingstraße gerahmt an der Wand gesehen haben (Konstantin: 283). Tatsächlich gibt es diesen Glasrahmen noch im Nachlaß; der entsprechende Absatz in dem Typoskript lautet: »Der Führer wendet sich über Bormann gegen die Beschäftigung der ehemaligen defaitistischen Literaten vom Schlage der Bronnen, Gläser und Kästner. Ich ordne an, daß sie im ganzen Kulturbereich nicht mehr beschäftigt werden.«
8 RSK/Unterschrift unleserlich, 6.6.1942, Abschrift im NL
9 RSK/Loth an Kästner, 25.7.1942, NL
10 RSK/Günther Gentz an Kästner, 14.1.1943, NL
11 RSK/Wilhelm Ihde an Kästner, 26.1.1943, NL
12 Erklärung für Hippler im NL, 25.3.1947

13 Brief Hipplers an Kästners Anwalt, 16.11.1953, NL
14 Hippler an Kästner, 11.11.1953, NL
15 Enderle 1966: 74
16 Mank: 155
17 Mank: 158
18 Bemmann 1994: 328
19 Knuth: 126f.
20 Christensen: 15
21 Christensen: 17
22 Christensen: 19
23 Tornow: 22
24 Bemmann 1994: 327

Notabene 45: Der Übergang

Améry, Jean: In Deutschland gewachsen. Erich Kästner wird 75 Jahre alt. In: Frankfurter Rundschau, 23.2.1974
Breloer, Heinrich: Das verlorene Gesicht. Eine Reise mit Erich Kästner. WDR 1986 [Fernsehfilm, 75 Minuten]
Kesten, Hermann: Das Tagebuch des Erich Kästner. In: Süddeutsche Zeitung, 22./23.7.1961
Knuth, Gustav: Mit einem Lächeln im Knopfloch. Hamburg 1974
Mendelssohn, Peter de: Dem Andenken eines Weggenossen. In: P. M.: Unterwegs mit Reiseschatten. Essays. Frankfurt/M. 1977, S. 142–149
Neumann, Robert: Ein leichtes Leben. Bericht über mich selbst und Zeitgenossen. München, Wien, Basel 1963
Raddatz, Fritz J.: Eine Replik. In: Die Zeit, 9.11.1979, Nr. 46, S. 57
Schaeffers, Willi: Tingel Tangel. Ein Leben für die Kleinkunst. Aufgezeichnet von Erich Ebermayer. Hamburg 1959
Schönfeldt, Sybil Gräfin: Nicht mehr und noch nicht. Erich Kästners Tagebuch aus dem Jahre 0. In: Die Zeit, 3.6.1961

1 Neumann: 422
2 Enderle, zit. n. Breloer
3 Knuth: 184f.
4 Haupt, zit. n. Breloer
5 Enderle 1966: 79
6 Steiner, zit. n. Breloer
7 Landrat des Kreises Schwaz. Heranziehung zum kurzfristigen Notdienst, 5.4.1945; NL
8 Mendelssohn an Kästner, 28.3.1961, NL
9 Haupt, zit. n. Breloer
10 Schaeffers: 185
11 Raddatz

12 »Genehmigter Text eines Interviews Münchner Mitglieder von Amnesty International mit Erich Kästner am 19.4.1971 in der Gaststätte Leopold«, Typoskript, NL
13 Mendelssohn, zit. n. Hassencamp
14 Haupt, zit. n. Breloer
15 alle Zitate: TB, n. dat.

Der zweite Schub

Kästner, Erich: Münchener Theaterbrief. In: Die Neue Zeitung, 1. Jg., Nr. 1, 18.10.1945, Feuilleton- und Kunst-Beilage (a)
Kästner, Erich: Zu einem Gedicht. In: Die Neue Zeitung, 1. Jg., Nr. 1, 18.10.1945, Feuilleton- und Kunst-Beilage (b)
Kästner, Erich: Besuch aus Zürich. In: Die Neue Zeitung, 1. Jg., Nr. 4, 28.10.1945, Feuilleton- und Kunst-Beilage
Kästner, Erich: Ein Deutscher antwortet. Amerika spricht von Heinrich Hausers »The German talks back«. In: Die Neue Zeitung, 1. Jg., Nr. 6, 4.11.1945, Feuilleton- und Kunst-Beilage
Kästner, Erich: Harlan oder die weiße Mütze. In: Die Neue Zeitung, 1. Jg., Nr. 13, 30.11.1945, Feuilleton- und Kunst-Beilage
Kästner, Erich: Gespräch mit Erich Pommer. In: Die Neue Zeitung, 2. Jg., Nr. 56, 15.7.1946, Feuilleton- und Kunst-Beilage
Kästner, Erich: Wilhelm Dieterle besucht Deutschland. In: Die Neue Zeitung, 2. Jg., Nr. 79, 4.10.1946, S. 4
Kästner, Erich: Filmindustrie und Zweizonenmarkt. Erich Pommer äußert sich zur Frage eines künftigen deutschen Filmexportes. In: Die Neue Zeitung, 3. Jg., Nr. 19, 7.3.1947, S. 4
Kästner, Erich: Reise in die Vergangenheit. Wiedersehen mit Dingen und Menschen. In: Die Neue Zeitung, 3. Jg., Nr. 51, 27.6.1947, Feuilleton- und Kunst-Beilage
Kästner, Erich: Treffpunkt Zürich. In: Die Neue Zeitung, 3. Jg., Nr. 93, 21.11.1947, S. 3
A. F.: Kleine Münchner Freiheit. In: Die Abendzeitung, 22.1.1951, S. 5
Andersch, Alfred: Der Seesack. Aus einer Autobiographie. In: Das Alfred Andersch Lesebuch, Hg. Gerd Haffmans. Zürich 1979 (detebe), S. 83–101
[anonym:] Er ist doch kein Dentist. So kam es zu Kästner. In: Der Spiegel, 9.6.1949, S. 27–29
Ebbert, Birgit: Erziehung zu Menschlichkeit und Demokratie. Erich Kästner und seine Zeitschrift »Pinguin« im Erziehungsgefüge der Nachkriegszeit. Frankfurt/M. u. a. 1994
Eisenhower, Dwight D.: Zum Geleit. In: Die Neue Zeitung, 1. Jg., Nr. 1, 18.10.1945, S. 1
Enderle, Luiselotte: Katzen im Farbfoto. Frankfurt/M. 1960
Enderle, Luiselotte (Hg.): Der fröhliche Weisswurst-Äquator. Bayerisches und Urbayerisches. Hannover 1967
ge: Blitzbesuch bei Kästner. In: Oberbayerisches Volksblatt, 29./30.8.1998
Görtz, Franz Josef, Hans Sarkowicz unter Mitarbeit von Anja Johann: Erich Kästner. Eine Biographie. München, Zürich 1998

Groll, Gunter: Die neue Schaubude oder: was ist Kabarett? In: Süddeutsche Zeitung, 4.3.1947, S. 3

Habe, Hans: Im Jahre Null. Ein Beitrag zur Geschichte der deutschen Presse. München 1966

Herking, Ursula: Danke für die Blumen. Damals – gestern – heute. München, Gütersloh, Wien 1973

Kerr, Alfred: Fünf Tage Deutschland (2). In: Die Neue Zeitung, 3. Jg., Nr. 61, 1.8.1947, S. 3

Kerr, Judith: Eine Art Familientreffen. Aus dem Englischen übertragen von Annemarie Böll. Ravensburg 1979

Kesten, Hermann (Hg.): Deutsche Literatur im Exil. Briefe europäischer Autoren 1933–1949. Wien, München, Basel 1964

Klüger, Ruth: Korrupte Moral: Erich Kästners Kinderbücher. In: R. K., Frauen lesen anders. Essays. München 1996 (dtv), S. 63–82

Kreimeier, Klaus: Die Ufa-Story. Geschichte eines Filmkonzerns. München, Wien 1992

Langhoff, Wolfgang: Die Moorsoldaten. 13 Monate Konzentrationslager. München 1946

Lexikon des Internationalen Films. Red. Klaus Brüne. Reinbek bei Hamburg 1987, Bd. 8

Mann, Thomas: Warum ich nicht nach Deutschland zurückgehe. In: T. M.: Gesammelte Werke in dreizehn Bänden. Frankfurt/M. 1990, Bd. XII, S. 953–962

Mann, Thomas: Deutsche Hörer! [30. Dezember 1945]. In: T. M.: Gesammelte Werke in dreizehn Bänden. Frankfurt/M. 1990, Bd. XIII, S. 743–747

Mann, Thomas: Tagebücher 28.5.1946–31.2.1948. Hg. Inge Jens. Frankfurt/M. 1989

Reif, Adelbert: »Ich habe schon resigniert«. Ein Gespräch mit Erich Kästner zu seinem 70. Geburtstag. In: Die Tat, 22.2.1969

Richter, Hans Werner: Im Etablissement der Schmetterlinge. Einundzwanzig Porträts aus der Gruppe 47. München 1988 [zuerst 1986]

Schaeffers, Willi: Ich warne Neugierige oder Wer's zu spät liest, wird bestraft! Berlin o. J.

Schnog, Karl: Zeitnahes Kabarett. In: Rundfunk, Berlin, 7.12.1947

Schnurre, Wolfdietrich: Kästners Hose. In: Ulenspiegel, 1.4.1948

Weber, Hermann: DDR. Grundriß der Geschichte 1945–1990. Vollständig überarbeitete und ergänzte Neuauflage. Hannover 1991

Wolff, Harriet: »Die Neue Zeitung« und ihr Feuilletonchef Erich Kästner 1945–1948. Ein Publizist als Erzieher und die Reeducationpläne der Amerikaner. München 1993 [unveröff. Diplomarbeit]

1 Notariell beglaubigte Abschrift im NL
2 Enderle 1966: 81
3 Anonymus 1949: 29
4 Angebot vom 3.8.1945, NL
5 Ziller an Kästner, 15.3.1948, NL
6 Wolff: 67; die in der Sekundärliteratur verbreiteten Angaben – ›Herbst 1946‹, ›1947‹ – sind falsch, so auch noch bei Görtz/Sarkowicz: 263. – Vgl. auch Kesten: 337
7 Anonymus 1949: 29. – Die NZ war keine Tageszeitung, sondern erschien zweimal

wöchentlich, »donnerstags und sonntags, ab dem 23.11.45 freitags und montags«; »erst sechsseitig, dann dreimal wöchentlich und mit 8–12 Seiten«. Nach Kästners Ausscheiden, »ab dem 8.5.49 täglich (in München ab dem 15.7.49), außer montags. Ab März 1947 gab es auch eine Berliner Ausgabe, die bis März 1948 als ›Berliner Blatt‹ (das ein kleineres Format hatte), der Münchner Ausgabe beilag.« Seit der Berlin-Blockade war das Berliner Blatt eigenständig. Im Juni 1951 kam eine Frankfurter Ausgabe dazu; sie und die Münchner wurden »am 12.9.53 eingestellt. Die letzte Nummer der Berliner Ausgabe erschien am 30.1.55.« (Wolff: 50f.)

8 Habe: 82f.
9 Eisenhower
10 Habe: 89
11 Wallenberg an Kästner, 14.10.1946, NL
12 Wolff: 108
13 Werner von Grünau an Kästner, 16.5.1947, NL
14 Andersch: 98f.
15 Gespräch mit Dagmar Nick, 25.9.1997
16 Kästner in NZ, 18.10.1945 (b)
17 Richter: 81
18 Schnurre
19 Habe: 92
20 Genannt seien Stefan Andres, Hans Arp, Johannes R. Becher, Max Brod, Alfred Döblin, Bruno und Leonhard Frank, Oskar Maria Graf, Max Herrmann-Neiße, Georg Kaiser, Alfred Kantorowicz, Hans Mayer, Kurt Pinthus, Erich Maria Remarque, René Schickele, Berthold Viertel, Jakob Wassermann, Erich Weinert, Franz Werfel und Stefan Zweig.
21 Kerr
22 Kästner in NZ, 21.11.1947
23 Langhoff: 6
24 Kästner in NZ, 28.10.1945
25 Mann XIII: 744
26 Mann XIII: 745
27 Mann XII: 957
28 Mann, Tagebücher: 8
29 Lennart Göthberg: Begegnung mit Erich Kästner. Typoskript im NL, übersetzt von H. Stieve, 21.4.1947
30 Gefolgt von Bernard Shaw (6), John B. Priestley (4), T. S. Eliot (4), Katherine Mansfield, Stephen Spender und H. G. Wells (jeweils 2).
31 Kästner an Paul Alfred Otte, 20.4.1950, NL
32 Vorbemerkung zu Kästner in NZ, 18.10.1945 (a)
33 In *Chaplin I.* schlug er vor, Menschheitsbeglückern Denkmäler zu errichten, 23.1.1945.
34 Kästner in NZ, 30.11.1945
35 Kästner in NZ, 4.11.1945
36 Hans Georg Heepe (Rowohlt Verlag): Brief an den Verf., 9.10.1997
37 Birgit Ebbert hat die gesamte Zeitschrift in ihrer Arbeit vorgestellt.

38 Kästner an Enderle, 15.9.1946, NL
39 Kästner in NZ, 4.10.1946
40 Kreimeier: 440f.
41 Kästner in NZ, 15.7.1946
42 Kästner in NZ, 7.3.1947
43 Lexikon des Internationalen Films: 3954
44 Kreimeier: 442–444
45 Anonymus 1949: 29
46 Programm vom Oktober/Dezember 1946
47 Willi Schaeffers, einer der prominentesten Conférenciers der zwanziger und dreißiger Jahre, hatte eines seiner Vortragsbändchen so genannt: *Ich warne Neugierige oder Wer's zu spät liest, wird bestraft!*
48 Schnog
49 Groll
50 Nick, Edmund: Erich Kästner und die Münchner »Schaubude«. Typoskript einer Radiosendung im NL, n. dat., etwa 1965
51 ebd.; vgl. Herking: 121
52 Nick, ebd.
53 Groll
54 Schönböck, zit. n. Hassencamp
55 Kästner an Enderle, 1.5.1948, NL
56 Kästner in NZ, 27.6.1947
57 Kästner an Enderle, 25.10.1947, NL
58 Kästner in NZ, 21.11.1947
59 Kästner an Enderle, 29.9.1948, NL
60 Kästner an Enderle, 3.10.1948, NL
61 Kästner an Veith, 11.3., 23.3.1949
62 Mechnig an Kästner, n. dat., NL
63 Mechnig an Kästner, 31.4.1946, NL
64 Mechnig an Kästner, 29.7.1946, NL
65 Permit, gültig 15.8.–15.9.1946, NL
66 Kästner an Enderle, 6.9.1946, NL
67 Kästner an Enderle, 23.8.1947, NL
68 Paul Enderle an Kästner/Enderle, n. dat., NL
69 Kästner an Enderle, 11.12.1946, NL
70 Göthberg, a.a.O.
71 Reif
72 Korrespondenz mit der *NZ* im NLB
73 Enderle an Jack M. Fleischer, 28.10.1948, NL
74 Enderle an »Max«, 26.2.1985, NL
75 Weber: 283
76 Enderle an »Max«, 26.2.1985, NL
77 Jochen Ziller an Kästner, 27.12.1959, NL
78 Enderle an »Max«, 26.2.1985, NL
79 Klüger: 65

80 Typoskript im NL, n. dat., etwa 1948
81 »ge«
82 Trier an Kästner, 28.3.1949, NL
83 Kästner an Trier, 2.5.1950, NL
84 Tornow: 45
85 Einladung zur Münchner Premiere am 22.1.1951, Filmtheater am Sendlinger Tor; NL

»Das Leben auf dem Pulverfaß ist kompliziert genug«

Das Thema ›Kästner und der PEN‹ kann in diesem Rahmen nur marginal behandelt werden; eine umfangreiche Geschichte des bundesdeutschen PEN (1951–1990) ist in Vorbereitung. Speziell zu Kästner vgl. S. H.: Eine Kreuzung aus Eier- und Schleiertanz. Erich Kästner als Funktionär des PEN: (1946–1962). In: Die Zeit fährt Auto. Erich Kästner zum 100. Geburtstag. Berlin 1999

Kästner, Erich: Ein Brief an alle Kinder der Welt. In: Münchner Merkur, 14.9.1949
Kästner, Erich: Dürrenmatts neues Stück. In: Die Weltwoche, 4.4.1952
Amery, Carl: Das Dilemma des wachsamen Schulmeisters. In: Frankfurter Hefte, Nr. 6, 1957, S. 444f.
[anonym:] Papageien im Gehrock. Kästner-Premiere. In: Der Spiegel, 6.3.1957, S. 52f.
Budzinski, Klaus: Darf ich das mitschreiben? Kurze Begegnungen mit großen Leuten. München 1997
Enderle, Luiselotte: Kästner. Eine Bildbiographie. München 1960
Gay, Fritz: Unsterbliche Stadt. Requiem und Ruf. Bilder und Erklärungen von Otto Reinhardt. Dresden 1948
Goldschmit, Rudolf: Spiegel des Jahrhunderts. Erich Kästners »Schule der Diktatoren« uraufgeführt. In: Der Tagesspiegel, 14.3.1957
Groll, Gunter: »Das faule Ei des Columbus«. In: Süddeutsche Zeitung, 22.6.1951
Groll, Gunter: Die »Kleine Freiheit« hat Geburtstag. In: Süddeutsche Zeitung, 28.1.1953
Holm, Alfred: Die chronischen Aktualitäten. In: Die Andere Zeitung, 7.2.1957
Horn, Effi: Die »Kleine Freiheit« in München. In: Welt am Sonntag, 29.4.1951
Kiaulehn, Walther: Wenn wir (Schein)-Toten erwachen. In: Münchner Merkur, 26.1.1951, Nr. 23, S. 7
Lepman, Yella [!]: Internationale Verständigung in Kinderschuhen. In: Die Neue Zeitung, 2. Jg., Nr. 100, 16.12.1946, S. 4
Lepman, Jella: Die Kinderbuchbrücke. Geleitwort von Carl Zuckmayer. Nachwort von Andreas Bode. München 1991 [zuerst 1964]
Lütgenhorst, Manfred: Die Neuberin der Maximilianstraße. Theaterprinzipalin Trude Kolman gestorben. In: Abendzeitung, 2.1.1970
P. Sd.: Ein Nachwort: zu Kästners Diktatorenschule. In: Zürcher Woche, 17.4.1957
Reifferscheidt, F. M.: Kästners »Schule der Diktatoren«. In: Weltbühne, H. 13, 27.3.1957, S. 394–398
Schneyder, Werner: Erich Kästner. Ein brauchbarer Autor. München 1982

Schumann, Uwe-Jens: »Det bißken Tod«. In: Süddeutsche Zeitung, Magazin, 23.10.1992, Nr. 43, S. 28–30

Silone, Ignazio: Die Schule der Diktatoren. Autorisierte Übersetzung aus dem Italienischen von Jakob Huber. Zürich, New York 1938

1 Lepman 1946
2 Ausführlich in Lepmans Erinnerungsbuch *Die Kinderbuchbrücke* (1964) beschrieben.
3 Kästner an IJB, 12.9.1949, 15^{25} Uhr; Archiv der IJB
4 Kästner 1949
5 Lepman 1964: 160–162
6 dies.: 108
7 Kästner an Trier, 19.6.1947, NL
8 Kästner an Trier, 17.3.1947, NL
9 Trier an Lepman und Kästner, 11.5.1947, NL
10 Trier an Kästner, 28.3.1949, NL
11 Kästner an Trier, 4.4.1949, NL
12 Trier an Kästner, 12.1.1950, NL
13 Kästner an Trier, 11.1.1947, NL
14 Kästner an Trier, 28.1.1950, NL
15 Trier an Kästner, 26.4.1950, NL
16 Lepman an Helen Trier, 26.7.1951, Archiv IJB
17 Enderle, zit. n. Schumann
18 Enderle, zit. n. Hassencamp
19 Mitgliedskarten, Korrespondenz im NL
20 Schneyder: 23
21 Helga Veith trug damals noch den – sehr seltenen – Namen ihres ersten Mannes. Ihrer Verwandten zuliebe hat sie gebeten, diesen Namen zu unterdrücken und ihren Mädchennamen zu benutzen, den sie auch heute wieder trägt.
22 Gespräch mit Helga Veith, 1.9.1998
23 Kästner an Veith, 27.1.1950
24 Gespräch mit Dagmar Nick, 25.9.1997
25 Gespräch mit Thomas Kästner, 8.9.1998
26 Durchschlag einer Detektei – ohne Briefkopf – an Enderle, 18.12.1951, NL
27 Kästner an Edschmid, 5.10.1951, Nachlaß Kasimir Edschmid im DLA
28 Gespräch mit Walter Schmiele, 25.6.1996
29 Kiaulehn
30 Horn
31 Groll 1953
32 Kästner an Veith, 21.3.1952
33 vgl. Schönböck in Hassencamp
34 Typoskript im NL, n. dat.
35 Typoskript im NL, n. dat.
36 Typoskript im NL, n. dat.
37 Groll 1951
38 Kästner an Veith, 25.6.1951

39 Kästner an Veith, 30.3.1953
40 Hassencamp, zit. n. Hassencamp
41 Kästner an Veith, 9.1.1949
42 Kästner 1952
43 Kästner an Veith, 27.3.1952
44 Telegramm Kästners an Emil Kästner, 10.12.1947, NL
45 Kästner an Veith, 30.3.1950
46 Kästner an Veith, Ostermontag 1949
47 Telegramm Emil Kästners an Kästner, 5.5.1951, 8[13] Uhr, NL
48 Kästner an Veith, 8.5.1951
49 Kästner an Veith, 26.6.1951
50 Kästner an Rosenow, 5.7.1951, NL
51 Kästner an Veith, 6.7.1951
52 Kästner an Veith, 9.8.1951
53 Kästner an Veith, 10.8.1951
54 Kästner an Veith, 13.8.1951
55 Kästner an Veith, 17.8.1951
56 Kästner an Veith, 20.8.1951
57 Kästner an Veith, 2.4.1953
58 Wenzel Lüdecke an Kästner, 18.1.1952; Kästner an Mechnig, 16.2.1952, NL
59 Kästner an Pleyer, 25.12.1951
60 Kästner an Veith, 25.12.1951
61 Kästner an Pleyer, 31.12.1951
62 Kästner an Veith, 24.12.1952
63 Kästner an Veith, 13.6.1953
64 Kästner an Pleyer, 9.7.1956
65 Kästner an Pleyer, 10.7.1956
66 Notizen im NL, 28.12.1955
67 P. Münch an Kästner, 26.11.1952, NL
68 Kästner an Münch, 29.11.1952, NL
69 Kästner an Pleyer, 26.12.1953
70 Beendet am 31.5.1954, VB
71 Budzinski: 168
72 Kästner an Pleyer, n. dat.
73 Kästner an Veith, 14.2.1956
74 Kästner an Veith, 12.8.1958
75 Kästner an Veith, 15.4.1958
76 Kästner an Pleyer, n. dat.
77 Gespräch mit Barbara Sies-Pleyer, 31.8.1998
78 Kästner an Pleyer, 5.4.1957
79 Gay: 40, 7
80 28.8., 8.11.1957, VB. – Lindgren an Kästner, 11.10.1957, NL
81 Emil Kästner an Enderle, 20.12.1957, NL
82 Kästner in Anonymus 1957
83 Kästner an Gyl, 4.10.1949, NL

84 Kästner an Kesten, 12.12.1955, NL
85 Kästner an Pleyer, 23.12.1955
86 Kästner an Pleyer, n. dat., etwa 1956; Kästner an Flake, 29.3.1956, NL. – Flake lehnte die Spende dankend ab und erklärte, die Pressemitteilungen über seine Notlage seien unzutreffend (Flake an Kästner, 3.4.1956, NL).
87 Goldschmit
88 Reifferscheidt
89 Amery
90 Kästner, zit. n. Anonymus 1957
91 Kästner an Pleyer, 24.2.1957
92 Kästner an Pleyer, n. dat.; vgl. P. Sd.
93 Kästner an Sies-Pleyer, n. dat.
94 Kästner an Rosenow, 27.12.1957, NL
95 Kästner an Witsch, 6.10.1958, NL
96 Zettel an Enderle, n. dat., NL
97 Das von Kästner für unfertig gehaltene Stück ist abgedruckt in V: 703–771.
98 Kästner an Veith, 27.11.1951
99 Kästner an Veith, 12.12.1951
100 Gespräch mit Helga Veith, 1.9.1998
101 Kästner an Veith, 15.3.1958
102 Kästner an Siebert, 27.12.1957
103 Kästner an Veith, 7.1.1958
104 Kästner an Mechnig, n. dat. – Oktober 1961? –, NL
105 Gespräch mit Walter Schmiele, 17.3.1997
106 Kästner an Mechnig, 25.1.1958, NL
107 Zettel an Enderle, n. dat.
108 Enderle an Maria Torris, 18.10.1958, NL
109 Enderle an Helmut und Nina Kindler, 20.12.1959, NL
110 Enderle an Kesten, 17.8.1958, NL
111 Enderle an Kindler, 1.12.1958, NL
112 Enderle an Thornton Wilder, 19.10.1958, NL
113 Enderle an Kessel, 24.10.1958, NL
114 Kästner an Pleyer, Juli 1959
115 Enderle 1966: 124
116 Kästner an Siebert, 29.3.1961

Die letzten Jahre:
In der Kitschhölle des Volksschriftstellers

Kästner, Erich: Nachwort eines älteren Kollegen. In: James Krüss: Der wohltemperierte Leierkasten. 12 mal 12 Gedichte für Kinder, Eltern und andere Leute. München 1989, S. 123–125 [zuerst 1961]

Kästner, Erich: [Wahlanzeige für die SPD.] In: Abendzeitung, 2.10.1970

Kästner, Erich: Briefe aus dem Tessin. Zürich 1977

[anonym:] Er ist doch kein Dentist. So kam es zu Kästner. In: Der Spiegel, 9.6.1949, S. 27–29

AZ: Erich Kästner: In vier Tagen war alles vorbei... In: Abendzeitung, 30.7.1974, Nr. 174, S. 7

Enderle, Luiselotte (Hg.): Kästner anekdotisch. München 1970

Enderle, Luiselotte (Hg.): Seufzer der Liebe. Einführung von Erich Kästner. Hannover 1970

Enderle, Luiselotte und Erich Kästner: Schmunzelschmöker für Kurzstreckenleser. Ein heiter-literarisches Sammelsurium. Red. Marion Beaujean. Hannover 1974

K. S.: Ein Haus in Hermsdorf. Anfang Dezember zieht Erich Kästner von München wieder nach Berlin. In: Der Nord-Berliner, 11.11.1964

Kersten, Hanns-Hermann: Schmunzelschmöker für Kurzstreckenleser. In: Frankfurter Allgemeine Zeitung, 21.5.1975, Nr. 140

Lemke, Horst: Erich Kästner im Tessin. In: Erich Kästner: Briefe aus dem Tessin. Zürich 1977, S. 7–16

Nagel, Wolfgang: Erich Kästners Briefe an seine Mutter. In: Zeitmagazin, 3.4.1981, S. 22–24

Reif, Adelbert: »Ich habe schon resigniert«. Ein Gespräch mit Erich Kästner zu seinem 70. Geburtstag. In: Die Tat, 22.2.1969

Rudorf, Günter: Kästner contra CSU. Ein Moralist im Schatten bayerischer Kirchtürme. In: Der Tagesspiegel, 21.2.1971

Schumann, Uwe-Jens: »Det bißken Tod«. In: Süddeutsche Zeitung, Magazin, 23.10.1992, Nr. 43, S. 28–30

Spiel, Hilde: Briefwechsel. Hg. Hans A. Neunzig. München, Leipzig 1995

TM: Blumen von Schiller und Büchner. Stille Trauerfeier für Erich Kästner. In: Abendzeitung, 2.8.1974, Nr. 177

1 Kästner an Siebert, 26.3.1961
2 Typoskript o. T., n. dat. – 1958 –, NL
3 Typoskript im NL, 1963
4 Reif
5 Tucholsky 7: 130
6 Kästner 1970
7 Adolf-Weber-Gymnasium an Kästner, 10.10.1970, NL
8 Rudorf
9 Detektei Rieder an Enderle, 7.4.1961, NL
10 Telefonat mit Thomas Kästner, 11.9.1998
11 Detektei Jenuwein an Enderle, 22.1.1963, NL
12 Und beiläufig einen Wandel der Ansichten: als junger Mann entrüstete er sich über einen Bekannten, der gleichzeitig zwei Kinder von zwei Frauen bekommen hatte, »unverbesserlich«: »Mir bleibt die Spucke weg. Jahrelang so ein Doppelleben ohne umzukehren! Da ist wohl jeder Ärger unnötig. Einfach Kurzschluß«. (24.10.1918, MB)
13 Kästner an Siebert, n. dat. und 26.12.1959
14 Chefredakteur Interpress an Kästner, 29.11.1961, NL

15 Enderle an Maschler, 23.10.1962, NL
16 ebd.
17 Kästner 1977: 19
18 Kästner 1977: 27–30
19 Kästner 1977: 32
20 Kästner 1977: 25
21 Korrespondenz im NL
22 Gespräch mit Thomas Kästner, 8.9.1998
23 Gespräch mit Helga Veith, 1.9.1998
24 Schumann
25 Gespräch mit Thomas Kästner, 8.9.1998; den Briefen an Friedel Siebert nach fand Kästners Versuch möglicherweise im Januar 1961 statt.
26 Zettel an Enderle, n. dat., NL
27 Kästner an Enderle, 25./26.7.1961, NL
28 Zettel an Enderle, n. dat., NL
29 Enderle an Maschler, 23.10.1962, NL
30 Lemke: 8, 9, 11
31 Kästner an Rosenow, 9.7.1962, NL
32 Lemke: 12, 16
33 Kästner an Rosenow, 29.12.1961, NL
34 Kästner an Enderle, 7.9.1962, NL
35 Kästner 1977: 37
36 Kästner an Rosenow, 8.2.1962, NL
37 Kästner an Sies-Pleyer, 10.10., 3.9.1962
38 Kästner an Enderle, 13.12.1962, NL
39 Kästner 1977: 42
40 Kästner an Rosenow, 30.4., 25.8.1962, NL
41 Kästner an Sies-Pleyer, 2.3.1963
42 Kästner 1977: 38
43 Kästner 1961: 123, 125
44 Kästner an Rosenow, 10.10.1962, NL
45 Kästner 1977: 13
46 vgl. Lemke: 15
47 Kästner an Rosenow, 1.12.1962, NL
48 Kästner an Enderle, 16.2.1963, NL
49 Kästner an Rosenow, 20.3., 6.5.1963, NL
50 Kästner an Rosenow, 5.4., 6.5.1963, NL
51 Kästner an Sies-Pleyer, 30.3.1963
52 Kästner an Rosenow, 21.2., 20.4.1963, NL
53 Rosenow an Kästner, 12.3.1963, NL
54 Kästner an Enderle, 4./5.6.1963, NL
55 Kästner an Rosenow, 25.2., 7.3., 15.3.1964, NL
56 Kästner, zit. n. Hassencamp
57 Kästner an Rosenow, 4.2., 7.2.1964, NL
58 Kästner 1977: 96

59 Kästner an Sies-Pleyer, 5.7.1964
60 Kästner 1977: 118
61 Gespräch mit Thomas Kästner, 8.9.1998
62 Mechnig an Kästner, 25.4.1961, NL
63 Kästner an Rosenow, 17.12.1967, NL
64 K. S.
65 Enderle an Rosenow, 28.10.1964, NL
66 Kästner an den Chefredakteur *Der Nord-Berliner*, 7.1.1965, NL
67 Maschler an Rosenow, 11.12.1964, NL
68 Kästner an Enderle, 17.4.1969, NL
69 Kästner an Enderle, 1.4.1966, NL
70 Kästner an Rosenow, 3.4.1966, NL
71 Kästner an Rosenow, 20.9.1965, NL
72 o. T., 15.3.1970, NL
73 Kästner an Sies-Pleyer, 27.7.1964; Gespräch mit Barbara Sies-Pleyer, 27.4.1998
74 Kästner, zit. n. Enderle 1966: 122. – Er hat einige vage Bemerkungen über geplante Bauprinzipien der *Eiszeit* für eine *Festschrift des Schauspielhauses Zürich* (1958) niedergeschrieben, 8: 269–277.
75 Kersten
76 Gespräch mit Margot Hielscher, 27.9.1998. – Nicht ihr gegenüber, wohlgemerkt.
77 Kästner hat ein kleines Lektoratsgutachten über eine dem Buch vorausgehende Sammlung Manfred Kluges geschrieben, die er für »gescheitert« erklärte – er sei nicht anekdotenträchtig. Gleichzeitig kündigte er aber 15 Anekdoten an, die er selber beisteuern wolle (Gutachten für Kindler, 24.7.1970, NL).
78 Polyphon an Kästner, 21.10.1971, NL
79 Werbeagentur Troost an Kästner, 2.8.1963; Heinz Todtmann an Kästner, 12.3.1953; Werner Hary an Kästner, 28.6.1971; Hans Imhoff an Kästner, 22.7.1954, NL
80 Maggi an Kästner, 20.12.1967, NL
81 Enderle an Rosenow, 5.2.1969, NL
82 Telefonat mit Thomas Kästner, 11.9.1998
83 Gespräch mit Thomas Kästner, 8.9.1998
84 Werner Bachmann an Kästner, 21.8.1972, NL
85 Kästner, zit. n. Nagel
86 Spiel: 386
87 Mündliche Auskunft Eginhard Hora, 22.6.1998
88 dpa 1974, NL
89 Enderle 1995: 135
90 Gespräch mit Margot Hielscher, 27.9.1998
91 Testament, 21.2.1969, NL
92 Anonymus 1949: 29
93 Testament, 21.2.1969, NL
94 Bouché-Simon an Buhre, 12.12.1974, NLB
95 Buhre an Simon-Bouché, Entwurf, 27.12.1974, NLB

Bibliographie der Erstausgaben

Sammelausgaben

Gesammelte Schriften. Vorwort von Hermann Kesten. Zürich: Atrium, Berlin: Dressler, Köln: Kiepenheuer & Witsch 1959, 7 Bde. (1: Gedichte. – 2, 3: Romane. – 4: Theater. – 5: Vermischte Beiträge. – 6, 7: Romane für Kinder)
Gesammelte Schriften für Erwachsene. München, Zürich: Droemer Knaur 1969, 8 Bde. (1: Gedichte. – 2-4: Romane I–III. – 5: Theater. – 6-8: Vermischte Beiträge I–III)
Kästner für Erwachsene. Ausgewählte Schriften. Einleitung Hermann Kesten. Lebensbeschreibung Luiselotte Enderle. Mit Zeichnungen von Erich Ohser (e. o. plauen). Zürich: Atrium 1983, 4 Bde. (1: Gedichte. – 2: Romane. – 3: *Fabian*, Erzählungen, *Die Schule der Diktatoren*. – 4: *Als ich ein kleiner Junge war, Notabene 45, Erich Ohser aus Plauen*)
Kästner für Kinder. Zürich: Atrium 1985, 2 Bde.
Werke in neun Bänden. Hg. Franz Josef Görtz. München, Wien: Hanser 1998 (1: Gedichte, Hg. Harald Hartung in Zusammenarbeit mit Nicola Brinkmann. – 2: Kabarett, Chansons und kleine Prosa, Hg. Hermann Kurzke in Zusammenarbeit mit Lena Kurzke. – 3: Romane I, Hg. Beate Pinkerneil. – 4: Romane II, Hg. Helmuth Kiesel in Zusammenarbeit mit Sabine Franke und Roman Luckscheiter. – 5: Theater, Hörspiel, Film, Hg. Thomas Anz. – 6: Publizistik, Hg. Hans Sarkowicz und Franz Josef Görtz in Zusammenarbeit mit Anja Johann. – 7, 8: Romane für Kinder I, II, Hg. Franz Josef Görtz in Zusammenarbeit mit Anja Johann. – 9: Nacherzählungen, Hg. Sybil Gräfin Schönfeldt)

Selbständige Veröffentlichungen

Herz auf Taille. Illustriert von Erich Ohser. Leipzig, Wien: Weller 1928
Emil und die Detektive. Ein Roman für Kinder. Illustriert von Walter Trier. Berlin Grunewald: Williams & Co. 1930 [recte: 1929]
Lärm im Spiegel. Illustriert von Rudolf Grossmann. Leipzig, Wien: Weller 1929
Ein Mann gibt Auskunft. Illustriert von Erich Ohser. Stuttgart, Berlin: Deutsche Verlags-Anstalt 1930

Emil und die Detektive. Ein Theaterstück für Kinder. Berlin: Chronos 1930 [Bühnenms.]
Arthur mit dem langen Arm. Ein Bilderbuch von Erich Kästner und Walter Trier. Berlin-Grunewald: Williams & Co. 1931 [recte: 1930]
Das verhexte Telefon. Ein Bilderbuch von Erich Kästner und Walter Trier. Berlin-Grunewald: Williams & Co. 1931 [recte: 1930]
Leben in dieser Zeit. Lyrische Suite in 3 Sätzen. Text von Erich Kästner, Musik von Eduard Nick. Berlin: Chronos 1931 [Bühnenms.]
Fabian. Die Geschichte eines Moralisten. Stuttgart, Berlin: Deutsche Verlags-Anstalt 1931
Pünktchen und Anton. Ein Roman für Kinder. Illustriert von Walter Trier. Berlin-Grunewald: Williams & Co. 1932 [recte: 1931]
Pünktchen und Anton. Nach dem Roman für Kinder. Berlin-Halensee: Chronos 1931 [Bühnenms.]
Gesang zwischen den Stühlen. Stuttgart, Berlin: Deutsche Verlags-Anstalt 1932
Der 35. Mai oder Konrad reitet in die Südsee. Illustriert von Walter Trier. Berlin-Grunewald: Williams & Co. 1933 [recte: 1932]
Das fliegende Klassenzimmer. Ein Roman für Kinder. Illustriert von Walter Trier. Stuttgart: Friedrich Andreas Perthes [DVA] 1933
Drei Männer im Schnee. Eine Erzählung. Zürich: Rascher & Cie. 1934
Emil und die drei Zwillinge. Die zweite Geschichte von Emil und den Detektiven. Illustriert von Walter Trier. Basel, Wien, Mährisch-Ostrau: Atrium 1935
Die verschwundene Miniatur oder auch Die Abenteuer eines empfindsamen Fleischermeisters. Basel, Wien, Mährisch-Ostrau: Atrium 1936
Dr. Erich Kästners Lyrische Hausapotheke. Ein Taschenbuch. Enthält alte und neue Gedichte des Verfassers für den Hausbedarf der Leser. Nebst einem Vorwort und einer nutzbringenden Gebrauchsanweisung samt Register. Basel, Wien, Mährisch-Ostrau: Atrium 1936
Georg und die Zwischenfälle. Basel, Mährisch-Ostrau: Atrium 1938 [Nachkriegsausgaben seit 1949 u. d. T. *Der kleine Grenzverkehr*]
Till Eulenspiegel. Zwölf seiner Geschichten frei nacherzählt von Erich Kästner. Illustriert von Walter Trier. Zürich: Atrium 1938
Bei Durchsicht meiner Bücher. Eine Auswahl aus vier Versbänden. Zürich: Atrium, Stuttgart, Hamburg: Rowohlt 1946
Kurz und bündig. Epigramme. Olten: Vereinigung Oltner Bücherfreunde 1948
Der tägliche Kram. Chansons und Prosa 1945-1948. Singen/Hohentwiel: Oberbadischer Verlag 1948
Die Konferenz der Tiere. Ein Buch für Kinder und Kenner. Nach einer Idee von Jella Lepman. Illustriert von Walter Trier. Zürich, Wien, Konstanz: Europa, München: Desch 1949
Das doppelte Lottchen. Ein Roman für Kinder. Illustriert von Walter Trier. Zürich: Atrium, Berlin: Dressler 1949
Der gestiefelte Kater. Nacherzählt von Erich Kästner. Illustriert von Walter Trier. Zürich: Atrium, Wien, Heidelberg: Ueberreuter 1950
Des Freiherrn von Münchhausen wunderbare Reisen und Abenteuer zu Wasser und zu

Lande. Nacherzählt von Erich Kästner. Illustriert von Walter Trier. Zürich: Atrium, Wien, Heidelberg: Ueberreuter 1951

Die kleine Freiheit. Chansons und Prosa 1949-1952. Zürich: Atrium, Berlin: Dressler 1952

Die Schildbürger. Nacherzählt von Erich Kästner. Illustriert von Horst Lemke. Zürich: Atrium, Wien, Heidelberg: Ueberreuter 1954

Die dreizehn Monate. Mit Zeichnungen von Richard Seewald. Zürich: Atrium, Berlin: Dressler 1955

Der Gegenwart ins Gästebuch. Gedichte. Hg. Büchergilde Gutenberg. Frankfurt/M.: Büchergilde Gutenberg 1955

Leben und Taten des scharfsinnigen Ritters Don Quichotte. Nacherzählt von Erich Kästner. Illustriert von Horst Lemke. Zürich: Atrium, Wien, Heidelberg: Ueberreuter 1956

Die Schule der Diktatoren. Eine Komödie in neun Bildern. Illustriert von Chaval. Zürich: Atrium 1956

Eine Auswahl. Zürich: Atrium, Berlin: Dressler 1956

Als ich ein kleiner Junge war. Illustriert von Horst Lemke. Zürich: Atrium, Berlin: Dressler 1957

Rede zur Verleihung des Georg Büchner-Preises 1957. Zürich: Atrium 1957 [Jahresgabe für 1958]

Große Zeiten – kleine Auswahl. Hg. Friedrich Rasche. Hannover: Fackelträger 1959

Über das Nichtlesen von Büchern. Ein imaginärer Vortrag auf dem deutschen Büchermarkt über denselben. Nichtgehalten und mitstenographiert von Erich Kästner. Nichterlebt und mitgezeichnet von Paul Flora. Frankfurt/M.: Börsenverein des Deutschen Buchhandels 1958

Über das Verbrennen von Büchern. Den Freunden des Verlages zum Jahresbeginn 1959. Berlin: Dressler 1958

Münchhausen. Ein Drehbuch. Ungekürzte Ausgabe. Frankfurt/M.: Fischer Bücherei 1960

Notabene 45. Ein Tagebuch. Illustriert von Paul Flora. Zürich: Atrium, Berlin: Dressler 1961

Das Erich Kästner-Buch. Gedichte und Prosa. Hg. Rolf Hochhuth. Gütersloh: Bertelsmann Lesering 1961

Gullivers Reisen. Nacherzählt von Erich Kästner. Illustriert von Horst Lemke. Zürich: Atrium, Wien, Heidelberg: Ueberreuter 1961

Das Schwein beim Friseur und anderes. Illustriert von Horst Lemke. Zürich: Atrium, Berlin: Dressler 1962

Wieso? Warum? Ausgewählte Gedichte 1928-1955. Berlin: Aufbau 1962

Der kleine Mann. Illustriert von Horst Lemke. Zürich: Atrium, Berlin: Dressler 1963

Kästner für Erwachsene. Hg. Rudolf W. Leonhardt. Frankfurt/M.: S. Fischer 1966 (Die Bücher der Neunzehn)

Warnung vor Selbstschüssen. Ausgewählte Gedichte. Berlin: Aufbau 1966

Der kleine Mann und die kleine Miss. Illustriert von Horst Lemke. Zürich: Atrium, Berlin: Dressler 1967

Kennst Du das Land, wo die Kanonen blühn? Gedichte und Lieder zwischen zwei

Kriegen. Illustriert von Herbert Sandberg, Hg. Walter Püschel. Berlin: Eulenspiegel 1967
Die Zeit fährt Auto. Gedichte. Hg. Gerhard Seidel. Leipzig: Reclam 1968 (Reclams Universalbibliothek)
Da samma wieda! Geschichte in Geschichten. Hg. Richard Christ. Berlin: Verlag der Nation 1969
Friedrich der Große und die deutsche Literatur. Die Erwiderungen auf seine Schrift »De la littérature allemande«. Stuttgart u. a.: Kohlhammer 1972 (Studien zur Poetik und Geschichte der Literatur) [Dissertation Leipzig 1925]
Ein Mann, der Ideale hat. Vortragslyrik und Chansons. Hg. Helga Bemmann. Berlin: Henschel 1973 (Klassische kleine Bühne)
Das große Erich Kästner-Buch. Hg. Sylvia List. Geleitwort Hermann Kesten. München: Piper 1975
Briefe aus dem Tessin. Geleitwort Horst Lemke. Zürich: Arche 1977
Theaterstücke. Berlin: Henschel 1977
Das Erich Kästner Lesebuch. Hg. Christian Strich. Zürich: Diogenes 1978 (detebe)
Die Schule der Diktatoren und noch mehr Theater. Hg. Jochen Ziller. Berlin: Henschel 1978
Die Zunge der Kultur reicht weit. Verse und Prosa. München: Deutscher Taschenbuch Verlag 1978
Gedichte. Hg. Peter Rühmkorf. Frankfurt/M.: Suhrkamp 1981 (BS)
Mein liebes, gutes Muttchen, Du! Dein oller Junge. Briefe und Postkarten aus 30 Jahren. Ausgewählt und eingeleitet von Luiselotte Enderle. Hamburg: Knaus 1981
Lesestoff, Zündstoff, Brennstoff. Lyrik und Prosa gegen den Krieg. Hg. Rudolf Wolff. Berlin: Nishen 1984
Die lustige Geschichtenkiste. Gefüllt von Erich Kästner. Berlin: Dressler 1986
Gedichte. Hg. Volker Ladenthin. Stuttgart: Reclam 1987 (RUB)
Gemischte Gefühle. Literarische Publizistik aus der »Neuen Leipziger Zeitung« 1923–1933. Hg. Alfred Klein. Textredaktion Edda Bauer. Berlin, Weimar: Aufbau 1989, 2 Bde.
Montagsgedichte. Zusammengestellt und kommentiert von Alexander Fiebig. Berlin und Weimar: Aufbau 1989
Interview mit dem Weihnachtsmann. Hg. Franz Josef Görtz, Hans Sarkowicz. München, Wien: Hanser 1998
Seelisch verwendbar. 66 Gedichte, 16 Epigramme und 1 Prosaische Zwischenbemerkung. Hg. Teofila Reich-Ranicki, Nachwort Marcel Reich-Ranicki. München, Wien: Hanser 1998

Pseudonym erschienene Werke

Neuner, Robert [Pseudonym für Werner Buhre und Erich Kästner]: Das lebenslängliche Kind. Ein Lustspiel in vier Akten. Berlin: Chronos 1934 [Bühnenms.]
Foerster, Eberhard [Pseudonym für Erich Kästner und Eberhard Keindorff]: Verwandte sind auch Menschen. Lustspiel in drei Akten. Berlin: S. Fischer 1937 [Bühnenms.]

Brühl, Hans [Pseudonym für Erich Kästner und Martin Kessel]: Willkommen in Mergenthal. Lustspiel. Berlin 1937 [Bühnenms., verschollen]
Foerster, Eberhard [Pseudonym für Erich Kästner und Eberhard Keindorff]: Die Frau nach Maß. Ein Lustspiel in fünf Akten. Berlin: S. Fischer 1938 [Bühnenms.]
Foerster, Eberhard [Pseudonym für Erich Kästner und Eberhard Keindorff]: Das goldene Dach. Eine Komödie. Berlin: Suhrkamp 1939 [Bühnenms.]
Foerster, Eberhard [Pseudonym für Erich Kästner und Eberhard Keindorff]: Seine Majestät Gustav Krause. Eine Komödie in drei Akten. Berlin: S. Fischer 1940 [Bühnenms.]
Neuner, Robert [Pseudonym für Werner Buhre und Erich Kästner]: Das lebenslängliche Kind. Ein Lustspiel in vier Akten. Vereinfachte Fassung. Berlin: Chronos o. J. [1940, Bühnenms.]
Kurtz, Melchior [Pseudonym für Erich Kästner]: Zu treuen Händen. Komödie. Hamburg: Chronos 1948 [Bühnenms.]

Übersetzungen

Barrie, James M.: Peter Pan oder das Märchen vom Jungen, der nicht groß werden wollte. Ein Stück in fünf Akten. Berlin-Charlottenburg: Felix Bloch Erben 1951 [Bühnenms.]
Eliot, Thomas Stearns: Old Possums Katzenbuch. Englisch und Deutsch. Berlin, Frankfurt/M.: Suhrkamp 1952

Herausgeberschaften, Geleitworte

Mörike, Eduard: Novellen und Märchen. Textrevision Erich Kästner. Leipzig: H. Fikentscher o. J. [1927] (Hafis-Bücherei)
Stemmle, Robert A.: Ja, ja, ja, ach ja, 's ist traurig, aber wahr. Küchenlieder-Album. Vorwort Erich Kästner, Zeichnungen Erich Ohser. Berlin: Eduard Bloch 1931
Tucholsky, Kurt: Gruß nach vorn. Eine Auswahl. Hg. Erich Kästner. Stuttgart, Hamburg: Rowohlt 1946
Kesten, Hermann: Glückliche Menschen. Roman. Vorwort Erich Kästner. Kassel: Schleber 1948
Hazard, Paul: Kinder, Bücher und große Leute. Vorwort Erich Kästner. Hamburg: Hoffmann & Campe 1952
Kesten, Hermann: Copernicus und seine Welt. Biographie. Vorwort Erich Kästner. München, Wien, Basel: Desch 1953
Junker, Paul (Hg.): Kindertage/ Kinderseelen. Ein Bildwerk. Eingeleitet von Erich Kästner. Bonn: Athenäum 1956
Flora, Paul: Menschen und andere Tiere. An die Leine genommen von Erich Kästner. München: Piper 1957 (Piper-Bücherei)
Heiteres von e. o. plauen. Hg. Erich Kästner. Hannover: Fackelträger 1957

Heiteres von Walter Trier. Hg. Erich Kästner. Hannover: Fackelträger 1958

Kästner, Erich (Hg.): Heiterkeit in Dur und Moll. Deutscher Humor der Gegenwart in Wort und Bild. Hannover: Fackelträger 1958

Will, Erich [Pseudonym: Will Halle]: Jetzt kommt's raus... Vorwort Erich Kästner. Berlin: Staneck 1958

Oh, diese Katzen. Geschildert in 34 Fotos. Vorwort Erich Kästner. Frankfurt/M.: Umschau 1959

Hermann Kesten: Bücher der Liebe. Vier Romane. Vorwort Erich Kästner. München, Wien, Basel: Desch 1960

Kästner, Erich (Hg.): Heiterkeit kennt keine Grenzen. Ausländischer Humor der Gegenwart in Wort und Bild. Hannover: Fackelträger 1960

Asscher-Pinkhof, Clara: Sternkinder. Vorwort Erich Kästner. Berlin: Dressler 1961

Krüss, James: Der wohltemperierte Leierkasten. 12 mal 12 Gedichte für Kinder, Eltern und andere Leute. Mit dem »Nachwort eines älteren Kollegen« von Erich Kästner. Gütersloh: Bertelsmann 1961

Kästner, Erich (Hg.): Heiterkeit braucht keine Worte. Humor der Welt im Bild. Hannover: Fackelträger 1962

Kästner, Erich (Hg.): Heiterkeit in vielen Versen. Hannover: Fackelträger 1962

Linfield, Eric George, Egon Larsen: England vorwiegend heiter. Kleine Literaturgeschichte des britischen Humors. Übertragen ins Deutsche von Ursula und Egon Larsen. Vorwort Erich Kästner. München: Bassermann 1962

Bücher voll guten Geistes. 40 Jahre Büchergilde Gutenberg. Feierstunde zum 40jährigen Bestehen der Büchergilde Gutenberg am 4. September 1964 in der Paulskirche zu Frankfurt am Main. [Rede Erich Kästners, ohne Titel, S. 18-24]

Friedenthal, Richard: Gedichte für meine Freunde. Mit einem Gruß von Erich Kästner. München: Piper 1966

Morlock, Martin: Regeln für Spielverderber. Vorwort Erich Kästner. München, Bern: Scherz 1967

Enderle, Luiselotte (Hg.): Seufzer der Liebe. Einführung von Erich Kästner. Hannover: Fackelträger 1970

Es war einmal ein Rabe. 12 schöne Geschichten zum Malen für Kinder. Ausgewählt von Erich Kästner. Frankfurt/M.: Insel 1971

Enderle, Luiselotte und Erich Kästner (Hg.): Schmunzelschmöker für Kurzstreckenleser. Ein heiter-literarisches Sammelsurium. Red. Marion Beaujean. Hannover: Fackelträger 1974

Filmographie

Die Filmographie ist hier sehr knapp gefaßt, sie verzeichnet nur Kinofilme, deren Regisseure, Drehbuchautoren und Produzenten bzw. Produktionsfirmen; vgl. dagegen ausführlich Ingo Tornow: Erich Kästner und der Film. Mit den Songtexten Kästners aus »Die Koffer des Herrn O. F.«. München 1989; und die vollständig überarbeitete Neufassung unter dem selben Titel, München 1998 (dtv).
Auf ein Verzeichnis der Kästner-Vertonungen mußte verzichtet werden – ein weithin unerschlossenes Gebiet, weniger was die Opern angeht (Helmut Degen: *Die Konferenz der Tiere*, 1951; Violeta Dinescu: *Der 35. Mai oder Konrad reitet in die Südsee*, 1985); vielmehr die kaum überschaubaren Vertonungen einzelner Gedichte von Edmund Nick bis Friedrich Meyer.

Drehbücher Erich Kästners nach eigenen Stoffen

[zus. mit Emmerich Pressburger]: Dann schon lieber Lebertran. Regie: Max Ophüls. UFA 1931

Emil und die Detektive. Drehbuch: Billie Wilder, Emmerich Pressburger, Erich Kästner. Regie: Gerhard Lamprecht. Günther Stapenhorst/UFA 1931

Münchhausen. Drehbuch: Berthold Bürger [Pseudonym für Erich Kästner]. Regie: Josef von Baky. UFA 1943

Der kleine Grenzverkehr. Drehbuch: Berthold Bürger [Pseudonym für Erich Kästner]. Regie: Hans Deppe. UFA 1943

Das doppelte Lottchen. Regie: Josef von Baky. Günther Stapenhorst/Carlton-Film 1950

Die verschwundene Miniatur. Regie: Carl Heinz Schroth. Carlton-Film 1954

Das fliegende Klassenzimmer. Regie: Kurt Hoffmann. Carlton-Film 1954

Drei Männer im Schnee. Regie: Kurt Hoffmann. Ring-Film-Produktion Wien 1955

Salzburger Geschichten. Regie: Kurt Hoffmann. Georg Witt 1956 [nach *Der kleine Grenzverkehr*]

Liebe will gelernt sein. Regie: Kurt Hoffmann. Heinz Angermeyer/Independent Film 1963 [nach *Zu treuen Händen*]

Drehbuchmitarbeit

Das Ekel. Drehbuch: Emmerich Pressburger, Erich Kästner nach dem Theaterstück *Der Igel* von Hans Reimann und Toni Impekoven. Regie: Franz Wenzler, Eugen Schüfftan. UFA 1931

Die Koffer des Herrn O. F. Drehbuch: Leo Lania, Alexis Granowsky nach einer Idee von Hans Hömberg. Songtexte: Erich Kästner. Regie: Alexis Granowsky. Tobis 1931

Ich vertraue Dir meine Frau an. Drehbuch: Helmut Weiss, Bobby E. Lüthge, Berthold Bürger [Pseudonym für Erich Kästner] nach dem Bühnenstück von Johann von Vaszary. Regie: Kurt Hoffmann. Heinz Rühmann/Terra 1943

Synchronfassung

Alles über Eva. [Orig.: All About Eve]. Drehbuch: Joseph L. Mankiewicz nach der Erzählung »The Wisdom of Eve« von Mary Orr. Deutsche Dialoge: Erich Kästner. Regie: Joseph L. Mankiewicz. 20th Century Fox (USA) 1950

Verfilmungen nach Kästner-Stoffen

Emil and the Detectives. Drehbuch: Cyrus Brooks u.a. Regie: Milton Rosmer. J. G. & R. B. Wainwright (Großbritannien) 1935

Un Oiseau rare (»Ein seltener Vogel«). Drehbuch: Jacques Prévert nach *Drei Männer im Schnee*. Regie: Richard Pottier. Méga-Film (Frankreich) 1935

Stackars Miljonärer (»Arme Millionäre«). Drehbuch: Ragnar Arvedson, Tancred Ibsen nach *Drei Männer im Schnee*. Regie: Tancred Ibsen, Ragnar Arvedson. Olof Thiel/Irefilm (Schweden) 1936

Tři muži ve sněhu. Drehbuch: Vladimír Slavínsky, Otakar Vávra nach *Drei Männer im Schnee*. Regie: Vladimír Slavínsky. Metropolitan (Tschechoslowakei) 1936

Das Ehesanatorium. Drehbuch: Bobby E. Lüthge und Hans Fritz Köllner nach dem Bühnenstück *Willkommen in Mergenthal* von Hans Brühl [Pseudonym für Erich Kästner und Martin Kessel]. Regie: Toni Huppertz. Fred Lyssa/Cinephon 1938

Paradise for Three. Drehbuch: George Oppenheimer, Harry Ruskin nach *Drei Männer im Schnee*. Regie: Edward Buzzell. Sam Zimbalist/MGM 1938

Verwandte sind auch Menschen. Drehbuch: Peter Hagen nach dem gleichnamigen Bühnenstück von Eberhard Foerster [Pseudonym für Eberhard Keindorff und Erich Kästner]. Regie: Hans Deppe. Tobis 1939

Frau nach Maß. Drehbuch: Helmut Käutner nach dem gleichnamigen Bühnenstück von Eberhard Foerster [Pseudonym für Eberhard Keindorff und Erich Kästner]. Regie: Helmut Käutner. Terra 1940

Der Seniorchef. Drehbuch: Eberhard Keindorff, Wolf Neumeister nach der Komödie *Seine Majestät Gustav Krause* von Eberhard Foerster [Pseudonym für Eberhard Keindorff und Erich Kästner]. Regie: Peter Paul Brauer. Terra 1942

Hibari no komori-uta (»Das Wiegenlied der Lerche«). Drehbuch: Ichiro Watanabe nach *Das doppelte Lottchen*. Regie: Koji Shima. Daiei (Japan) 1952
Pünktchen und Anton. Drehbuch: Maria von der Osten-Sacken, Thomas Engel. Regie: Thomas Engel. Rhombus-Film, München, Ring-Film, Wien 1953
Twice Upon a Time. Drehbuch: Emeric Pressburger nach *Das doppelte Lottchen*. Regie: Emeric Pressburger. Empress-Film (Großbritannien) 1953
Emil und die Detektive. Drehbuch: Robert Adolf Stemmle. Regie: Robert Adolf Stemmle. Kurt Ulrich/Berolina 1954
Ja, so ist das mit der Liebe. Drehbuch: Kurt Nachmann, Gunther Philipp, Franz Antel nach dem Bühnenstück *Willkommen in Mergenthal* von Hans Brühl [Pseudonym für Erich Kästner und Martin Kessel]. Regie: Franz Antel. Österreichische Film GmbH (Öfa), Schönbrunn-Film 1954
Emil to tantei-tachi (»Emil und die Detektive«). Drehbuch: Kaoru Kataeka. Regie: Mitsuo Wakasugi. Seishi Matsamuru (Japan) 1956
Pega ladrão! (»Fangt den Räuber!«) Drehbuch: Paulo Roberto nach *Emil und die Detektive*. Regie: Alberto Pieralisi. Produções Cinematograficas Brasileiras (Brasilien) 1958
The Parent Trap (Die Vermählung ihrer Eltern geben bekannt). Drehbuch: David Swift nach *Das doppelte Lottchen*. Regie: David Swift. Walt Disney Prod. (USA) 1960
Emil and the Detectives (Emil und die Detektive). Drehbuch: A. J. Carothers. Regie: Peter Tewksbury. Walt Disney Prod. (USA) 1964
Die Konferenz der Tiere. Drehbuch: Curt Linda; Dialogbearbeitungen Oliver Hassencamp. Regie: Curt Linda. Linda-Film-Produktion 1969 [Trickfilm]
Das fliegende Klassenzimmer. Drehbuch: Georg Laforet [Pseudonym für Franz Seitz]. Regie: Werner Jacobs. Franz Seitz/Terra 1973
Drei Männer im Schnee. Drehbuch: Manfred Purzer. Regie: Alfred Vohrer. Luggi Waldleitner/Roxy Film 1974
Fabian. Drehbuch: Hans Borgelt, Wolf Gremm. Regie: Wolf Gremm. Regina Ziegler 1980
Charlie & Louise. Drehbuch: Stephan Reinhart, Klaus Richter nach *Das doppelte Lottchen*. Regie: Joseph Vilsmaier. Bavaria/Perathon, Peter Zenk/Lunaris 1994
The Parent Trap (Ein Zwilling kommt selten allein). Drehbuch: David Swift, Nancy Meyers, Charles Shyer nach *Das doppelte Lottchen*. Regie: Nancy Meyers. Charles Shyer/Walt Disney Prod. (USA) 1998
Pünktchen und Anton. Drehbuch: Caroline Link. Regie: Caroline Link. Lunaris/Bavaria 1998

Bildnachweis

Erich Kästner Archiv (Nachlaß Luiselotte Enderle), RA Peter Beisler, München:
S. 35/37/49/53/65/189/313/353/365 (Sämtliche Rechte bleiben vorbehalten)
Werner Arnhold: S. 39
O. E. Schröder: S. 101/105/111
Kasseler Post, 9.12.1935: S. 217
Dr. Michael Farin, München: S. 219
Silke von der Heyde: S. 239/241
Dr. Gisela Scola: S. 262/429
Helga Veith: S. 367
Deutsche Presse-Agentur: S. 381
Barbara Sies-Pleyer: S. 387
Thomas Kästner: S. 397/415
Stefan Moses: S. 425

Personenregister

Ackers, Maximiliane 207
 -*Freundinnen* 207
Adalbert, Max 125, 168
Adina, Lil 279
Adorf, Mario 393
Albers, Hans 171, 276, 295, 297f.
Ambesser, Axel von 280, 342
Amery, Carl 392
Améry, Jean 312
Andersch, Alfred 160, 326
Andersen-Nexö, Martin 82, 152
André, M.C. 113
 -*Ein Kartenhaus* 113
Antel, Franz 246
Apitz, Bruno 69
Arendt, Ekkehard 231
Arnheim, Rudolf 135, 137, 146, 209, 213, 328, 341, 353
Arnhold, Edith 32
Arnhold, Else 33
Arnhold, Werner 33
Arnold, Heinz Ludwig 77
Aufricht, Ernst Josef 163
Augustin, Dora 28, 48f., 51f., 100, 272
Augustin, Franz 14f, 18, 26, 48, 269f., 272
Augustin, Ida Amalie siehe Ida Kästner

Bab, Julius 209
Bächler, Wolfgang 326

Baky, Josef von 238, 295, 298, 309, 341, 352, 358, 376
Balász, Béla 145
 -*Hans Urian geht nach Brot* 145
Barrie, J.M. 43, 376
 -*Peter Pan* 43, 376
Bassermann, Albert 331
Bauer, Hans 68f., 82
Bauer, Walter 209
Baxter, Anne 377
Becher, Johannes R. 277, 345, 351f., 369, 375
Beckmann, Hans Fritz 246
Beckmann, Max 72
Bei, Heliane 384
Bemmann, Helga 69, 86, 251, 292
Benchley, Robert 333
Bendow, Wilhelm 246, 279, 298
Benjamin, Walter 152, 210, 274, 424
Benkhoff, Fita 412
Bergengruen, Werner 332, 346
Bergman, Ingmar 412
Bermann Fischer, Gottfried 345
Berndt, Alfred-Ingemar 234
Bernhard, Georg 151
Bernhard, Stephanie Ruth 151
Beyer, Paul 75, 135, 188
Bischoff, Friedrich 123
Blass, Ernst 131f.
 -*Sonntagnachmittag* 131f.
Bochmann, Werner 284
Böhmelt, Harald 245

478

Böll, Heinrich 355, 401
Borchert, Wolfgang 326f.
 -*Draußen vor der Tür* 327
Bormann, Martin 296
Bouché, Pony M. siehe Margot Schönlank
Bouché, René 223f.
Bracken, Brendan 247
Brandt, Willy 156, 428
Braun, Harald 306, 309, 341
Brausewetter, Hans 263, 298
Brecht, Bertolt 133f., 214, 247f., 302, 329, 346f.
 -*Mann ist Mann* 133
 -*Happy End* 133
 -*Kuhle Wampe* 133
 -*Dreigroschenoper* 133
 -*Leben des Galilei* 302
Breitbach, Josef 137
Breloer, Heinrich 306f., 315
Britten, Benjamin 175
Brod, Max 233, 346
Bromfield, Louis 333
Brooks, Cyrus 247
Brücher, Hildegard 327, 360
Brühl, Hans d.i. Martin Kessel und Erich Kästner
Brust, Alfred 148
Büchner, Georg 395
Buck, Pearl S. 333
Budzinski, Klaus 385
Buhre, Werner 62, 119, 136, 146, 149, 152, 162, 198, 218, 221, 225, 232, 235, 237, 257–260, 262, 264, 276, 289, 293, 310, 353f., 367, 420f., 429f.
 -*Das lebenslängliche Kind* 258f.
Bürger, Berthold d. i. Erich Kästner
Bürger, Gottfried August 298
 -*Münchhausen* 298
Burkhard, Paul 266
Burkhardt, Johannes siehe Ossip Kalenter
Burri, Emil 377
Busch, Ernst 123, 125

Camus, Albert 333
Čapek, Karel 333
Carné, Marcel 168
Carstens, Lina 69
Carver, David 398
Chagall, Marc 72
Chamberlain, Neville 247
Chaplin, Charlie 346, 378
Chaval 391
Cisek, Oskar Walter 148
Claudel, Paul 333
Claudius, Matthias 342
Collande, Volker von 246
Corell, Ernst Hugo 171
Courths-Mahler, Hedwig 78
Croce, Benedetto 326
Csokor, Franz Theodor 424
Cube, Irma von 164
Cziffra, Géza von 358

Dahlke, Paul 266, 279, 384
Dallmayr, Horst 414
Daudet, Alphonse 122
 -*Tartarin von Tarascon* 122
Daumier, Honoré 202
Davis, Bette 377
Decke, Hilde 87, 94, 148
Deppe, Hans 125, 238, 240, 280
Deutsch, Ernst 72
Dieterle, William 340
Dietrich, Marlene 182
Disney, Walt 363
Dix, Otto 72
Döblin, Alfred 214
Dor, Milo 327
Dorsch, Käthe 232
Dos Passos, John 333
Dostojewski, Fjodor 64, 80
 -*Dämonen* 64
Dressler, Cecilie 214, 230, 352, 399, 416
Dreßler, Helmut 394
Drexel, Ruth 393
Dunant, Gertrud 174
Durian, Wolf 142f., 170
 -*Kai aus der Kiste* 142, 170

Dürrenmatt, Friedrich 374, 393
    -*Die Ehe des Herrn Mississippi* 374

Ebermayer, Erich 335
Ebert, Friedrich 144, 157
Ebinger, Blandine 124f., 345
Eckardt, Felix von 276, 414
Eckert, Wolfgang 285
Edschmid, Kasimir 214, 287, 332, 369, 411
Eggebrecht, Axel 122, 213, 225, 332
Ehrenburg, Ilja 193
Einstein, Albert 212, 326
Eisenhower, Dwight D. 323f.
Eisenstein, Sergej 153
Eisner, Kurt 156
Eloesser, Arthur 77
Elsner, Max 231
Enderle, Luiselotte 11, 33, 40f., 44, 64, 74, 94, 176, 220, 236, 242, 268, 274, 287, 290–293, 298, 306f., 311, 322, 333, 339, 341, 345, 348, 354f., 360f., 364–366, 368, 378f., 382, 386, 390, 396, 398, 404–408, 410, 416f., 421–423, 426–430
Engel, Erich 163
Engel, Fritz 138
Enoch, Gebrüder 150
Erhard, Ludwig 326
Erhardt, Heinz 168
Erzberger, Matthias 156
Eysoldt, Gertrud 77

Fabian, Warner 206
    -*Flammende Jugend* 206
Fairbanks, Douglas 122
Fallada, Hans 209
Faulkner, William 333
Feiler, Hertha 280f.
Feilitzsch, Karl von 371
Felixmüller 72
Feuchtwanger, Lion 137, 213f.
Fichte, Johann Gottlieb 102
Finck, Werner 125, 229, 231, 285, 297, 329, 332

Fischer, Samuel 77
Flake, Otto 113f., 391
    -*Der gute Weg* 114
Flamm, Peter 148
Flaubert, Gustave 102
Fleißer, Marieluise 137
Flesch, Hans 123
Flint, Peter d.i. Erich Kästner
Foerster, Eberhard d. i. Eberhard Keindorff und Erich Kästner
Forst, Willi 233, 378
Forster, Friedrich 376
    -*Robinson darf nicht sterben* 376
Fortner, Wolfgang 130
Francke, Peter 119, 245
Frank, Leonhard 194
Franke, Walther 69
Freisler, Roland 285
Freud, Sigmund 233
Freybe, Sybille 238f.
Fricke, Gerd 71
Fried, Erich 402
Friedenthal, Richard 328, 411, 424
Friedl, Loni von 412
Friedmann, Hermann 369
Friedrich der Große 84
    -*De la littérature allemande* 84
Friedrich, Ernst 202
    -*Krieg dem Kriege* 202
Friese, Achim 233f.
Frisch, Max 346
Fritsch, Willy 280
Fritzsche, Hans 295
Fröhlich, Gustav 297
Fuchs, Eduard 124
Fulda, Ludwig 77, 194
Furtwängler, Wilhelm 354

Gay, Fritz 388
Geiger, Peter Paul 411, 420, 428
George, Götz 412
Gerbaulet, Gustav 286
Gide, André 333
Giesen, Heinrich 231
Gilbert, Robert 370f.

Gilliam, Terry 298
Giraudoux, Jean 333
Giraudoux, Jean-Pierre 406
Glaeser, Ernst 137, 196, 215
- *Gut im Elsaß* 196
Göbel, Heini 393
Godard, Jean-Luc 126
Goebbels, Joseph 214, 234, 255, 275f., 295–298, 305, 307, 316, 337
Goes, Albrecht 332
Goethe, Johann Wolfgang von 52, 54, 75, 85, 192, 374, 402
Goetz, Curt 246, 328, 345
Goetz, Valerie 246
Göring, Hermann 232, 283
Göthberg, Lennert 354
Gottgetreu, Erich 69
Goya, Francisco 382
Graf, Robert 393
Grafe, Frieda 173
Granowsky, Alexis 178
Gray, Allan 174
Grimm, Hans 213
Groll, Gunter 343, 371
Gross, Walter 231
Grossmann, Stefan 72, 92, 121,
Grosz, George 119, 124, 137, 152, 156, 284
Gründgens, Gustav 282
Grünewald, Matthias 137
Gryphius, Andreas 326
Günther, Isa 358
Günther, Jutta 358
Gyl, Cara 213, 216f., 221–224, 319, 390
- *Die Tournee* 221, 223

Haack, Käthe 169, 246, 298
Haas, Dolly 125, 171
Habe, Hans 323f., 328f., 354f.
Hagelstange, Rudolf 327
Hagen, Peter 240
Halle, Will 423
Hamm, Erich 82, 146
Hamm-Brücher, Hildegard siehe Hildegard Brücher

Hampel, Fritz 69
Hansen, Max 125f.
Harden, Maximilian 326
Harich, Wolfgang 237
Harlan, Veit 298, 300, 336
Harrison, Rex 377
Hasenau, Beate 426
Hasenclever, Walter 71–73, 424
- *Jenseits* 71–73
- *Der Sohn* 72
Hassencamp, Eva 268
Hassencamp, Oliver 370, 373
Haupt, Ullrich 306f., 318
Hauptmann, Gerhart 75, 77, 79
- *Einsame Menschen* 75
Hausenstein, Wilhelm 327
Hauser, Heinrich 337f.
Haushofer, Albrecht 332
Hausmann, Manfred 332
Heckel, Erich 72
Heine, Heinrich 326, 403
Held, Martin 412
Helwig, Werner 395
Hemingway, Ernest 333
Henry, O. 333
Herdan-Zuckmayer, Alice 329, 345
Herder, Johann Gottfried 18
Herking, Ursula 231f., 342f., 370f.
Hermlin, Stephan 375
Heß, Rudolf 275
Hesse, Hermann 209, 411
Hesterberg, Trude 125, 163, 393
Heuss, Theodor 326
Hielscher, Margot 428
Hiller, Kurt 212
Hilpert, Heinz 263
Hindenburg, Paul von 192f.
Hinkel, Hans 306, 316f.
Hippler, Fritz 294–297, 353
Hirschfeld, Kurt 391
Hirschfeld, Magnus 213, 284
Hitler, Adolf 157, 193f., 296, 314f., 337
Hochbaum, Werner 297, 337
Hoffmann, Kurt 238, 252, 264f., 279, 285, 388, 411f.

Hofmannsthal, Hugo von 72f.
Hofstaetter, Walter 62
Holl, Gussy 163
Hollaender, Friedrich 124, 231
Hollander, Walter von 327
Holthausen, Jeanette 98
Holzer, Rosa 414, 428
Hömberg, Hans 263f.
Hörbiger, Paul 246f.
Horney, Brigitte 298, 376
Horney, Karen 376
Horváth, Ödön von 133, 137, 243
    -*Italienische Nacht* 133
    -*Geschichten aus dem Wienerwald* 133
    -*Kasimir und Karoline* 133
Hübner, Bruno 342, 384
Hubschmid, Paul 388
Huch, Ricarda 332
Huchel, Peter 224
Huizinga, Johan 326
Huppertz, Toni 246
Hurtig, Maria 41, 44, 374f., 383, 386
Huxley, Julian 326

Ihering, Georg von 139
Ihering, Herbert 77, 122
Iltz, Walter 72
Impekoven, Toni 167f.

Jacker, Annie 144
Jacobs, Monty 209
Jacobsohn, Edith 136, 141f., 144, 149, 151, 161, 175, 181, 184f., 188, 214, 233
Jacobsohn, Siegfried 73
Jahn, Heinz 295
Jahnn, Hans-Henny 401
Jahr, John 286
Jannings, Emil 278, 298
Jenssen, Christian 215
John, Ernst 91, 135f., 148
    -*Anfangs terribles* 135
    -*Seemannslos* 136
Johst, Hanns 83
    -*Wechsler und Händler* 83
Joyce, James 333

Jugo, Jenny 277f.
Julius, Ilse 36, 70, 75, 80, 84, 93, 98–117, 139f., 151, 199, 368

Kalenter, Ossip 69, 81f., 86, 345
Kandinsky, Wassily 72
Kantorowicz, Alfred 209, 223
Kapp, Wolfgang 157
Karlstadt, Liesl 388
Kasack, Hermann 332, 395
Kaschnitz, Marie Luise 332
Kästner, Emil 13, 16f., 24, 30, 32–46, 166, 245, 291, 348, 374f., 382f., 386, 388–390, 407
Kästner, Ida 14–16, 21–24, 32, 34, 36, 40, 42–45, 47, 49, 52f., 101, 103, 106f., 112, 115, 119, 145f., 183, 188, 227, 231, 243, 255, 268, 283, 289, 291, 347–349, 352, 355, 375, 382
Kästner, Thomas 32, 395, 397, 407, 410f., 413–415, 420–422, 427, 429f.
Katz, Richard 80f., 136, 328
Keindorff, Eberhard 36, 237–239, 241, 245, 272, 352f.
    -*Das goldene Dach* 36
    -*Seine Majestät Gustav Krause* 238
    -*Verwandte sind auch Menschen* 238
    -*Der Seniorchef* 272
Keith, Brian 359
Kennedy, Bill 310
Kerr, Alfred 77, 213, 329f., 345
Kerr, Judith 329
    -*Eine Art Familientreffen* 329
Kersten, Hanns-Hermann 426
Kessel, Martin 120, 225, 246, 332, 395, 399
    -*Herrn Brechers Fiasko* 120
    -*Willkommen in Mergenthal* 246
Kesten, Hermann 10, 136–138, 144, 150, 153, 187, 195f., 198, 209, 312, 328, 341, 398, 411, 423f., 428
    -*Ein ausschweifender Mensch* 137
    -*Glückliche Menschen* 137
    -*Der Scharlatan* 137

- *Die heilige Familie* 137
- *Josef sucht die Freiheit* 137
- *Admet* 138

Keun, Irmgard 111
Kiaulehn, Walter 276, 332
Kienle, Else 167
Kiepenheuer, Gustav 150
Kiley, Dan 43
Kilpper, Gustav 179, 185, 196, 198, 214, 225
Kipphardt, Heinar 134
Kirchner, Herti 123, 187f., 219f., 224, 232, 236f., 243, 245, 267f., 319
- *Lütte. Geschichte einer Kinderfreundschaft* 267
- *Wer will unter die Indianer?* 267

Kisch, Egon Erwin 82, 213f.
Klabund 69
Klagemann, Eugen 277
Klee, Paul 72
Klein, Ruth 408
Klein-Rogge, Rudolf 263
Kleist, Heinrich von 18
Klemperer, Victor 45, 324
Klinger, Paul 384
Klüger, Ruth 356
Knauf, Erich 92, 144, 277, 283–285, 424
- *Schwarzes Schicksal* 284

Knuth, Gustav 237, 306, 319, 383
Kobus, Kathi 368
Koch, Marianne 388
Koeppen, Wolfgang 120, 310
Koestler, Arthur 328
Kokoschka, Oskar 72
Kolb, Annette 328, 386, 409, 424, 428
Kolbenhoff, Walter 326f.
Kollwitz, Käthe 212
Kolman, Trude 125, 231, 370f.
Kolpe, Max 194
Kordon, Klaus 216, 299
Kortner, Fritz 171
Köster, Albert 69, 74f., 77, 83f.
Kowa, Viktor de 232, 237, 306
Kracauer, Siegfried 137, 178, 210
Kramer, Stanley 377

Kraus, Karl 70
Kraus, Peter 384
Kraus, René 262
Kreimeier, Klaus 340
Krell, Max 82, 91, 93, 97, 151, 163
Kreuder, Ernst 395, 401
Krüger, Bum 342, 372
Krüger, Helmuth 342
Krüss, James 412, 423
Kühl, Kate 125
Kurtz, Melchior d. i. Erich Kästner
Kutscher, Arthur 366

Lampel, Peter Martin 133, 213
Landgut, Inge 171
Lang, Fritz 168
Lange, Horst 276, 332, 346
Langer, Felix 137
Langhoff, Wolfgang 330
- *Die Moorsoldaten* 330

Lania, Leo 178
Ledig-Rowohlt, Heinrich Maria 339
Lehmann, Paul 20f., 24
Leinert, A. Rudolf 73
Leisegang, Hans 78f.
Lembke, Robert 327
Lemke, Horst 409, 411, 414
Leonhard, Rudolf 149
Leonhardt, Rudolf Walter 411, 421
Lepman, Jella 360–362, 364, 416, 424
Lessing, Gotthold Ephraim 84f., 103, 326
Lewis, Sinclair 333
Lichtenstein, Alfred 129, 242
- *Die Wehmut* 129

Liebeneiner, Wolfgang 220, 238, 306
Lieck, Walter 231
Liliencron, Detlev von 326
Linda, Curt 363
Lindgren, Astrid 423
Lingen, Theo 163f., 231
List, Paul 91
Löbel, Bruni 372
Loren, Sophia 426
Lorre, Peter 178

Lowitz, Siegfried 342
Lüders, Günther 231f., 238, 246, 266, 282
Ludewig, Hans 273
Luft, Friedrich 352
Lühr, Peter 393
Lux, Arthur 274
Luxemburg, Rosa 156

Maass, Joachim 209f., 329
Macke, August 72
Mank, Dieter 299
Mann, Heinrich 111, 132, 135, 149, 157, 212, 214f., 329
 -*Flöten und Dolche* 214
 -*Der Untertan* 132
Mann, Klaus 214, 256f., 266, 310
 -*Anja und Esther* 257
Mann, Thomas 135, 214, 237, 328, 330-332, 345f., 388, 423
 -*Der Zauberberg* 237
 -*Bekenntnisse des Hochstaplers Felix Krull* 388
Marc, Franz 72
Marcuse, Ludwig 329
Marguth, Georg 87f., 95-97, 135
Marian, Ferdinand 300
Marx, Karl 233
Maschler, Kurt 228, 230, 345, 379, 394, 405, 408f., 416f., 422
Maugham, Somerset 269, 333
 -*The Breadwinner* 269
May, Karl 28
Mechnig, Elfriede 11, 93, 134, 176, 178, 183f., 197, 221, 229, 235, 269, 304, 348f., 351, 383, 394, 396, 421
Mehring, Walter 69, 82, 123, 127, 137f., 153, 243, 277
Meinecke, Eva-Maria 266, 372
Meisel, Kurt 393
Mendelssohn, Peter de 135, 216, 247, 310f., 317, 345
Meyen, Michael 95
Meyer, Alfred Richard 241f.
Meyer, Friedrich 429

Michael, Friedrich 87, 91, 93, 127, 144, 329
Millowitsch, Willy 259
Mills, Hayley 359
Mistral, Gabriela 333
Mitscherlich, Alexander 326
Molo, Kurt von 274, 378
Molo, Walter von 331
Monroe, Marilyn 377
Morgan, Paul 125
Morgenstern, Gustav 75, 77
Mörike, Martin 185, 197, 221f., 259, 261f., 289, 352
Mörike, Sofie 352
Morlock, Martin 370f., 423
Moser, Hans 168, 246, 280
Möser, Justus 85f.
Mulisch, Harry 7
 -*Selbstporträt mit Turban* 7
Müller, Johannes von 85
Müller-Seidel, Walter 85
Münzenberg, Willi 213
Muxeneder, Franz 372

Naacke, Franz 231, 282f.
Nadler, Joseph 286
Natonek, Hans 69, 82, 87, 93, 97, 135, 145, 188, 193, 209
Nauke d.i. Herti Kirchner
Neher, Caspar 194
Neumann, Alfred 328f.
Neumann, Friedrich 70
Neumann, Günther 232, 341
Neumann, Robert 209, 214, 232, 247, 305, 310, 345, 376, 411, 420, 424
Neumeister, Wolf 272
 -*Der Seniorchef* 272
Neuner, Robert d.i. Werner Buhre und Erich Kästner
Neußer, Erich von 170
Nick, Dagmar 327
Nick, Edmund 123, 231f., 237, 325, 327, 343, 368, 371, 419, 421
 -*Marschlied 1945* 343
Nielsen, Asta 82

Nieritz, Gustav 28–30
 -*Der Kantor von Seeberg* 29
 -*Der Lohn der Beharrlichkeit* 29
Nietzsche, Friedrich 61, 64, 319f.
 -*Zarathustra* 64
Nikolaus, Paul 125
Nossack, Hans-Erich 332
Nykvist, Sven 412

Ode, Erik 125, 237
Odebrecht, Luzie 292
Odebrecht, Paul 292
Ohnesorge, Wilhelm 117
Ohser, Erich 82, 92, 95, 118f., 123, 140, 142, 146, 153, 221, 283, 285, 423f.
Oliveira, Manoel de 126
Ophüls, Max 168, 169, 174, 206
 -*Dann schon lieber Lebertran* 168
Oprecht, Emil 345, 361
Ossietzky, Carl von 137f., 216, 320
Ostermayr, Paul 323
Osthoff, Otto 342
Otto, Hans 216

Pabst, Georg Wilhelm 168
Palmer, Lilli 377, 426
Panaït, Istrati 153
 -*Auf falscher Bahn* 153
Panter, Peter d. i. Kurt Tucholsky
Penzoldt, Ernst 332
Perutz, Leo 210
Picard, Fritz 184, 221, 228
Pinelli, Aldo von 225, 232, 237
Piscator, Erwin 134
 -*Theater der Zukunft* 134
Planck, Max 326
Platte, Rudolf 231
Pleyer, Barbara 342, 368, 378, 383, 385, 387, 424
Plivier, Theodor 134
 -*Des Kaisers Kulis* 134
Ploch 81f.
Polgar, Alfred 137, 329, 426
Pommer, Erich 340f.
Ponto, Erich 263

Preetorius, Emil 325
Pressburger, Emmerich 164, 167–170, 176, 194, 358f.
 -*Das Ekel* 164
 -*Dann schon lieber Lebertran* 164, 168
Prévert, Jacques 168
Proust, Marcel 333
Pudowkin, Wsewolod 153
Purrmann, Hans 411

Quest, Hans 372

Rabenalt, Arthur Maria 310
Raddatz, Fritz J. 317
Rappeport, Johnny 276, 319, 348, 352
Rascher, Max 252
Rasp, Fritz 172
Rathenau, Walter 156
Reck-Malleczewen, Fritz 332
Regler, Gustav 223
Regnier, Charles 342, 372
Reif, Adelbert 402
Reiff, Fritz 69
Reimacher, Eduard 148
Reimann, Hans 68f., 82, 92, 167f.
 -*Das Ekel* 167f.
 -*Sächsische Miniaturen* 68
Reinhardt, Gottfried 182
Reinhardt, Max 77, 120, 124, 182
Reinhold-Großweitzschen, Emil 14
Reissmann, Herta 139
Remarque, Erich Maria 214, 376, 378
Renn, Ludwig 137
Reusch, Josef Hubert 77
Richter, Emil 72
Richter, Hans Werner 327
Richter, Ludwig 382
Riefenstahl, Leni 335
Rilke, Rainer Maria 94, 326, 342
Ringelnatz, Joachim 69
Rinser, Luise 327
Rio, Dolores del 122
Rittmeyer, Linda 348
Robitschek, Kurt 125

Roda Roda 194
Roh, Franz 325
Rosenberg, Alfred 296
Rosenlöcher, Thomas 18
Rosenow, Liselotte 11, 410, 417, 422
Roth, Joseph 69, 82, 137
Rothe, Karl 89
Rowohlt, Ernst 264, 346
Rühmann, Heinz 219, 278–280, 339
Rühmkorf, Peter 132
Russell, Bertrand 326, 402
Rüthel, Else 210f.
Rütting, Barbara 412
Ruttmann, Walter 172

Saalfeld, Fritz 258
Sacher-Masoch, Leopold 233
Sahl, Hans 329, 353
Salzer, Marcell 135
Saroyan, William 21, 333
 -*Ich heiße Aram* 21
Sarto, Agnes del 69
Sartre, Jean Paul 326, 333
Schaefer, Oda 276, 332, 395
Schaeffers, Willi 125, 186, 246, 317
Schallück, Paul 401
Schanze, Oswald 231
Scharrelmann, Wilhelm 28
 -*Großmutters Haus und andere
   Geschichten* 28
Schiller, Friedrich von 70
 -*Wilhelm Tell* 70
 -*Die Braut von Messina* 70
Schilling, Heinar 73
Schirach, Baldur von 274
Schmid, Carlo 358
Schmidt, Arno 85
Schmidt, Eberhard 279, 293, 296, 306f.,
 309f., 317
Schmidt, Helmut 428
Schmidt-Rottluff, Karl 72
Schmiedel, Hans Peter 69
Schmiele, Walter 369, 396
Schmitthenner, Hansjörg 327
Schneyder, Werner 32, 40f.

Schnitzler, Arthur 77, 214, 233
 -*Der Reigen* 77f.
Schnorr von Carolsfeld, Friedrich 29
Schnurre, Wolfdietrich 326f.
Schoenberner, Franz 209, 329
Scholl, Roland 104
Scholz, Wilhelm von 148
Schönberg, Arnold 194
Schönböck, Karl 275f., 286f., 306, 342f.,
 370–372
Schönfeldt, Sybil Gräfin 312
Schönlank, Margot 139, 142, 145–147,
 149, 151f., 158, 223, 341, 348, 430
Schopenhauer, Arthur 64
Schouten, J. H. 286
Schroth, Carl Heinz 230
Schroth, Hannelore 169, 306
Schüfftan, Eugen 168f.
Schumacher, Kurt 326
Schultz, Bruno 285
Schündler, Rudolf 310, 342
Schünzel, Reinhold 118, 122, 164, 251
Schurig, Paul 18, 28, 47f., 50, 52, 60, 272
Schützler, Hannelore 371
Schwanneke, Victor 77, 120
Schwarzschild, Leopold 121
Schweikart, Hans 374, 394
Schwenzen, Per 370
Schwimmer, Max 82
Schwitters, Kurt 69
Segall, Lasar 72
Seghers, Anna 137, 212, 214, 223, 329,
 352
Shaw, Bernhard 205, 346, 426
 -*Zuviel Geld* 346
Sibelius, Johanna siehe Sybille Freybe
Siebert, Friedel 32, 368f., 385, 395–397,
 404, 406–408, , 410f., 415, 420–422,
 427
Siebert, Thomas siehe Thomas Kästner
Silone, Ignazio 333, 390
Simmel, Johannes Mario 377
Singer, Erich 138
 -*Bänkelbuch* 138
Siodmak, Robert 164, 168

Sladek, Maximilian 77
Slezak, Leo 298
Söhnker, Hans 276
Spengler, Oswald 64
Spiel, Hilde, 247, 310, 345, 428
Stadler, Toni 403
Stapenhorst, Günther 170, 341, 358, 424
Steinbeck, John 333
Steiner, Rudolf 233
Steinthal, Herbert 230, 256
Stemmle, Robert Adolf 119, 125, 218, 285, 310
Sternberger, Dolf 332
Stieler, Caspar 74
-*Geharnschte Venus* 74
Stramm, August 67
-*Tropfblut* 67
Strauss, Richard 428
Stresemann, Gustav 157f.
Stuck, Franz von 144
Stuckenschmidt, Hans Heinz 325
Süskind, Wilhelm E. 209, 324

Thiess, Frank 331
Thyl d.i. Erich Knauf
Toller, Ernst 83, 134, 137, 187, 212, 424
-*Hinkemann* 83
-*Hoppla - wir leben!* 134
Tolstoi, Alexej 134
-*Rasputin* 134
Tornow, Ingo 303
Trakl, Georg 326
Trautschold, Walter, 231
Traven, B. 214
Trenker, Luis 122, 220
Trier, Helene 353
Trier, Walter 144, 161, 181f., 218, 227, 240, 243, 247, 358, 362-364, 409, 423
Tucholsky, Kurt 123, 127, 137f., 147, 161-163, 193, 213f. 233f., 277, 320, 326, 403, 424
Tucholsky, Mary 213
Twain, Mark 28, 326
-*Huckleberry Finn* 28

Uhse, Bodo 223
Ullrich, Luise 280
Ullstein, Hermann 118
Undset, Sigrid 113
-*Jenny* 113
Urbanitzky, Grete von 207
-*Der wilde Garten* 207
Usinger, Fritz 332
Uzarski 233

Valentin, Karl 133
Valéry, Paul 333
Valetti, Rosa 82, 205f.
Vaszary, Johann von 279
Veidt, Conrad 122
Veith, Helga 366-369, 374, 378, 385
Verden, Alice 72f.
Verhoeven, Michael 384
Vesper, Will 261
Viertel, Berthold 70-73, 346f.
-*Karl Kraus. Ein Charakter und die Zeit* 70
Vilsmaier, Josef 359
Vita, Helen 371
Vohrer, Alfred 238
Vring, Georg von der 59f., 137
-*Soldat Suhren* 59

Walden, Herwarth 67
Waldoff, Claire 125
Wallenberg, Hans 323, 325, 340, 351
Walser, Martin 402
Walter, Dirk 201
Wassermann, Jakob 104f., 214, 233
-*Caspar Hauser* 104f.
Weber, Carl Maria von 382
Wedekind, Kadidja 353
Wedekind, Pamela 372, 393
Weigel, Helene 330, 341
Weill, Kurt 194
Weinert, Erich 69, 82
Weisenborn, Günther 332
Weiskopf, Franz Carl 137, 328, 341
Weiß, Ernst 135
Weiss, Peter 134, 423

Weizsäcker, Carl Friedrich von 402
Weller, Curt 127, 138, 140, 150f., 185, 196f.
Wells, Herbert George 152, 202–205
 -*Menschen Göttern gleich* 203
 -*Die Welt des William Clissold* 203, 205
Wenzler, Franz 168
Werfel, Franz 233
Werner, Bruno E. 327, 354, 403
Werner, Ilse 298
Wernicke, Otto 272, 319
Weyrauch, Wolfgang 137
Wezel, Johann Karl 85
Wiechert, Ernst 332, 345
Wieland, Ludwig 85
Wilder, Billy 169–172, 174, 352
Wilder, Thornton 333, 424
 -*Unsere kleine Stadt* 333
Wilhelm, Hans 215
Wimmer, Maria 412
Winckler, Josef 298
 -*Der tolle Bomberg* 298
Winsloe, Christa 206f.
 -*Mädchen in Uniform* 206
Wirth, Franz Peter 238

Wismann, Heinz 213f., 230
Witkowski, Georg 69, 77, 84
Witt, Claire 339
Witt, Herbert 232, 306, 342
Wloch, Erika 394
Wolf, Friedrich 133, 135, 166–168, 329
 -*Das bist du* 166
 -*Cyankali* 166f.
 -*Sturm gegen den Paragraph §218* 167
 -*Die Matrosen von Cattaro* 168
Wolfe, Thomas 333
Wolff, Kurt 345
Wolff, Theodor 180
Woolf, Virginia 333

Zacharias, Paul 19
Zeise-Gött, Hans 69
Zille, Heinrich 124
Ziller, Gerhart 355
Zimmermann, Emil 17, 32–46, 101, 127
Zucker, Ralph 62, 64f., 198
Zuckmayer, Carl 133, 182f., 194, 329, 346
Zweig, Arnold 137, 212, 214, 375
Zweig, Stefan 197, 214, 233

Werke Erich Kästners

Drama

Pünktchen und Anton 182f., 371
Acharner 373
Chauvelin oder Lang lebe der König 287, 347
Das faule Ei des Columbus 373
Das goldene Dach 36, 46, 246
Das lebenslängliche Kind 225, 257–263, 269, 347
Die Eiszeit 424
Die Frau nach Maß 245
Emil und die Detektive 158, 163
Häkchen und die drei Musketiere 246
Klaus im Schrank 91, 118, 142, 148
Leben in dieser Zeit 123, 164
Peter Pan 376
Schule der Diktatoren 132, 283, 287, 305, 390–393, 424
Seine Majestät Gustav Krause 238, 246, 269, 272
Verwandte sind auch Menschen 238, 280
Willkommen in Mergenthal 246
Zu treuen Händen 282, 341

Film

Er weiß nicht, ob er sie liebt 159
Die verschwundene Miniatur 384
All about Eve 373, 376f.
Dann schon lieber Lebertran 164, 168f., 176
Das doppelte Lottchen 281, 357f.
Das Ekel 164
Die Koffer des Herrn O. F. 178
Drei Männer im Schnee 264f., 277
Emil und die Detektive 164, 166f., 169–172, 174, 196, 228, 257
Ich vertraue dir meine Frau an 278f.
Liebe will gelernt sein 412
Münchhausen 245, 269, 276f., 277, 279f., 294–304, 334, 382
Robinson darf nicht sterben 376

Lyrik

Aktuelle Albumverse 193
Ansprache an Millionäre 204, 253
Ansprache einer Bardame 86
Auf einer kleinen Bank vor einer großen Bank 178
Bei Durchsicht meiner Bücher 341

Brief aus einem Herzbad 59, 188
Brief aus Paris 140f.
Chansonette 159
Chor der Fräuleins 130
Dämmerung 73
Das dämonische Weib 372
Das Führerproblem, genetisch betrachtet 193
Das Lied vom Warten 344
Deine Hände 100
Dem Revolutionär Jesus zum Geburtstag 160f.
Der Busen marschiert 159
Der kleine Mann im Ohr 372
Deutsches Ringelspiel 344
Die andere Möglichkeit 160, 179, 234, 242
Die deutsche Einheitspartei 193
Die dreizehn Monate 380, 426
Die Entwicklung der Menschheit 194
Die Gustavs 121
Die Jugend schreit! 65f.
Die Kantate „De minoribus" 372
Die Tretmühle 132
Die Welt ist rund 129
Ein alter Herr geht vorüber 344
Ein gutes Mädchen träumt 147, 158
Ein Kubikkilometer genügt 194
Ein Mann gibt Auskunft 151, 158–160, 179, 234
Eine Frau spricht im Schlaf 159
Elegie 342
Familiäre Stanzen 159
Fin de siècle 426
Frau Großhennig schreibt an ihren Sohn 128f.
Gefährliches Lokal 160
Gesang zwischen den Stühlen 121, 188, 193
Gewisse Ehepaare 159
Gleichnisse der Gegenwart 344
Handstand auf der Loreley 193
Heimkehr 73f.
Herbst auf der ganzen Linie 179

Herz auf Taille 86f., 121, 127, 129, 131, 134, 138
Hunger ist heilbar 193
Hymnus an die Zeit 87, 132
Jahrgang 1899 127, 139
Jardin du Luxembourg 140
Kennst Du das Land, wo die Kanonen blühn 127, 132
Kleine Freiheit 372f.
Kleine Führung durch die Jugend 127f.
Konferenz am Bett 159
Kurt Schmidt, statt einer Ballade 161
Kurz und bündig 287, 341
Kurzgefaßter Lebenslauf 19, 158
Lärm im Spiegel 59, 114, 138, 140, 150f.
Lyrische Hausapotheke 240, 242, 341
Mädchens Klage 131
Marschlied 343
Marschliedchen 193f.
Maskenball im Hochgebirge 159
Maulwürfe 372
Misanthropologie 159
Montagsgedichte 121f.
Moral 240f.
Moralische Anatomie 131
Nachtgesang des Kammervirtuosen 95, 102, 131
Notturno fantastico 87
Oh, du mein Österreich 343
Phantasie in a-moll 87
Präzision 287
Primaner in Uniform 55, 61, 158
Ragout fin de siècle 159
Repetition des Gefühls 116f.
Sachliche Romanze 114f.
Schicksal eines stilisierten Negers 159
Sentimentale Reise 129
Sergeant Waurich 55f.
Sogenannte Klassefrauen 159
Solo mit unsichtbarem Chor 372
Stiller Besuch 158
Stimmen aus dem Massengrab 132
Und wo bleibt das Positive, Herr Kästner? 158

Verdun, viele Jahre später 193
Von faulen Lehrern 131
Was auch geschieht 193

Weihnachtsfest im Freien 160
Wiegenlied eines Vaters an seinen Sohn 342

Prosa

Als ich ein kleiner Junge war 10, 13–31, 33, 42, 45, 48, 50f., 60, 355, 388–390, 398
Anfangs terribles 135
Arthur mit dem langen Arm 158, 161
Auf einen Sprung nach Rußland 153
Begegnung mit Tucho 162f.
Betrachtungen eines Unpolitischen 328, 330
Briefe an mich selber 273
Briefe in die Röhrchenstraße 213
Das doppelte Lottchen 347, 355–357, 363
Das fliegende Klassenzimmer 213f., 216–218, 225, 341, 383f.
Das Goethe-Derby 374
Das verhexte Telefon 158, 161
Der 35. Mai 91, 188, 412
Der Doppelgänger 236f., 319
Der gestiefelte Kater 363
Der kleine Grenzverkehr 243f., 280–282, 347, 388
Der kleine Mann 413, 417
Der kleine Mann und die kleine Miss 413f., 419, 423
Der tägliche Kram 323, 333, 339, 341, 347
Der Zauberlehrling 236f.
Die Chinesische Mauer 30, 339
Die Jugend als Vorwand 90
Die kleine Freiheit 339
Die verschwundene Miniatur 228f.
Don Quichotte 363, 376, 385
Drei Männer im Schnee 9, 33, 119, 141, 186, 213, 225, 227, 234, 249–266, 269, 341
Duell bei Dresden 137
Eine unbezahlte Rechnung 285, 334

Emil und die Detektive 22f, 29, 33, 119, 123, 141, 143–145, 149–151, 161f., 175, 214f., 218, 230, 355
Emil und die drei Zwillinge 174, 226–229, 412
Fabian 33, 64, 125, 135, 156, 158, 175f., 187, 195–211, 215, 255, 257, 284, 341, 393
Feier mit Hindernissen 74
Fräulein Paula spielt Theater 175
Friedrich der Große und die deutsche Literatur 84, 424
Gedanken über das Lachen 426
Gegen den Krieg in Vietnam 402
Gespräch im Ministerium 180
Gullivers Reisen 363, 399
Hauptgewinn 5 Pfund prima Weizenmehl 195
Heiterkeit... 424
Jüdische Literatur deutscher Sprache seit 1933 424
Kasperle besucht Berlin 191
Konferenz der Tiere 361, 363, 412f.
Mama bringt die Wäsche 289, 334
Märchen-Hauptstadt 83
Max und sein Frack 80, 102
Meß-Ouvertüre 79
Münchhausen 286, 363f., 373
Mutter und Kind im Kunstwerk 38
Neues von Gestern 333
Notabene 45 273, 305–321, 390, 399, 424
Pünktchen und Anton 151, 176, 181f., 184, 187, 196, 204
Rechtschreibung und Politik 89
Reise in die Gegenwart 345
Reise in die Vergangenheit 345
Reklame und Weltrevolution 203
Schildbürger 363, 384

Schmunzelschmöker für Kurzstrecken-
   leser 426
Sechsundvierzig Heiligabende 25,
   348
Seemannslos 136
Seufzer der Liebe 426
Talent und Charakter 334
Till Eulenspiegel 247

Über das Auswandern 339
Über das Verbrennen von Büchern 216,
   370
Und dann fuhr ich nach Dresden 351
Weltuntergang in Chikago 136, 188
Wert und Unwert des Menschen 334
Zur Entstehungsgeschichte des Lehrers
   50, 339

Dank

Ein Buch wie das vorliegende braucht viele Helfer. Für zahlreiche Gespräche, für seine Offenheit und sein nicht nachlassendes Interesse danke ich Peter Beisler, für ihre bereitwillige Hilfe Thomas und Lucia Kästner. Meinem Lektor Tobias Heyl danke ich für seelsorgerische Geduld und Ermunterung. Kerstin Dötsch, die unseren kargen Alltag der letzten Monate aufrecht- und alles zusammengehalten hat, ist dieses Buch gewidmet.

Für Gespräche, Hinweise, Quellen und Unterstützung vielerlei Art danke ich: Werner Arnhold (Grasse), Dr. Jan-Pieter Barbian (Duisburg), Dr. Andreas Bode (München), Dr. Heinrich Breloer (Köln), Patricia Brons (Hamburg), Werner Buhre (Wien), Eva Fink (München), Iris Stauch und Alf Furkert (Dresden), Hans Georg Heepe (Rowohlt Verlag, Reinbek), Karin Krug (Dresden), Silke von der Heyde (München), Margot Hielscher (München), Uwe Naumann (Rowohlt Verlag, Reinbek), Dagmar Nick (München), Sibylle Ostermeier (München), Heinz G. Schmidt (Dresden), Walter Schmiele † (Darmstadt), O. E. Schröder (Bochum), Dieter Schwalm (Kassel), Dr. Gisela Scola (München), Barbara Sies-Pleyer (München), Dr. Ingo Tornow (München), Rea Triyandafilidis (Hilperting), Helga Veith (Herrsching), Manfred Wegner (München/Berlin) und Harriet Wolff (München).

Ebenso den folgenden Institutionen und Verlagen: Ahn & Simrock-Verlag (München), Chronos-Verlag (Hamburg), Einwohneramt der Stadt Dresden, Einwohnermeldeamt Dießen/Ammersee, Einwohnermeldeamt München, Friedrich-Wilhelm-Murnau-Stiftung (Wiesbaden), Internationale Jugendbibliothek (München), Sächsisches Hauptstaatsarchiv Dresden, Stadtarchiv Dresden, Thomas Sessler-Verlag (Wien), Westdeutscher Rundfunk (Köln).

Erich Kästner im Carl Hanser Verlag

Werke in neun Bänden
Hrsg. v. Franz Josef Görtz
1998. Ca. 5200 Seiten
Broschur oder
Leinen mit Schutzumschlag und Fadenheftung
Ausstattung von Bernd Pfarr

Band 1
Zeitgenossen, haufenweise. Gedichte

Band 2
Wir sind so frei. Kabarett, Chansons und kleine Prosa

Band 3
Möblierte Herren. Romane I

Band 4
Junggesellen auf Reisen. Romane II

Band 5
Trojanische Esel. Theater, Hörspiel, Film

Band 6
Splitter und Balken. Publizistik

Band 7
Parole Emil. Romane für Kinder I

Band 8
Eintritt frei! Kinder die Hälfte! Romane für Kinder II

Band 9
Maskenspiele. Nacherzählungen

Erich Kästner im Carl Hanser Verlag

Seelisch verwendbar
Hrsg. v. Toefila Reich-Ranicki
mit einem Essay von Marcel Reich-Ranicki
1998. 152 Seiten. Gebunden

»Kästner hat niemanden mit seiner Dichtung zu erlösen versucht. Niemals war es sein Ehrgeiz, die Welt zu verändern. Er hatte nicht mehr und nicht weniger zu bieten als Grazie und Esprit, Humor und Vernunft. Er, der Sänger der kleinen Leute und der Dichter der kleinen Freiheit, gehört mittlerweile zu den Klassikern der deutschen Literatur unseres Jahrhunderts.« *Marcel Reich-Ranicki*

Interview mit dem Weihnachtsmann
Hrsg. und mit einem Nachwort
von Franz Josef Görtz und Hans Sarkowicz
1998. 136 Seiten. Gebunden

Bösartige Kinder, gemeingefährliches Spielzeug, treulose Eltern, diebische Weihnachtsmänner. Wer jetzt sagt: »Das klingt aber nicht nach dem Kästner, den ich kenne«, liegt damit richtig. Zu entdecken sind hier bisher unbekannte kleine, feine und gemeine Geschichten und Gedichte, in denen es – da bleibt sich Kästner treu – auch nicht an Moral fehlt.